Kohlhammer

Peter Witt

Verhaltensökonomik

Die psychologischen Determinanten menschlicher Entscheidungen

Verlag W. Kohlhammer

1. Auflage 2024

Alle Rechte vorbehalten
© W. Kohlhammer GmbH, Stuttgart
Gesamtherstellung: W. Kohlhammer GmbH, Stuttgart

Print:
ISBN 978-3-17-044545-1

E-Book-Formate:
pdf: ISBN 978-3-17-044546-8
epub: ISBN 978-3-17-044547-5

Inhalt

Vorwort 7

Teil 1: Die beteiligten Disziplinen 9
    1   Die Wirtschaftswissenschaften........................... 9
    2   Die Neurobiologie 30
    3   Die Psychologie 48
    4   Die Soziologie 69

Teil 2: Zentrale Erkenntnisse der Verhaltensökonomik 90
    5   Unsere Ziele und Präferenzen 90
    6   Unsere Wahrnehmung und Informationssuche 106
    7   Unser Umgang mit Prognosen und Wahrscheinlichkeiten 121
    8   Unsere Beeinflussbarkeit durch (irrelevante) Rahmen-
        bedingungen 140
    9   Unsere Entscheidungs-Heuristiken 157

Teil 3: Anwendungsbereiche der Verhaltensökonomik 176
    10   Finanzwirtschaft 176
    11   Marketing und Kundenverhalten 200
    12   Personalwirtschaft....................................... 224
    13   Unternehmensführung................................... 251

Teil 4: Die Zukunft der Verhaltensökonomik 280
    14   Menschliches und maschinelles Entscheiden............... 280
    15   Methoden zur Verbesserung von individuellen
        Entscheidungen 295

Literaturverzeichnis 309

Über den Autor 318

5

Vorwort

Die Verhaltensökonomik befasst sich mit den psychologischen und sozialen Einflüssen auf das menschliche Verhalten in wirtschaftlichen Entscheidungssituationen. Ihre ideengeschichtlichen Wurzeln reichen bis weit in die Vergangenheit der ökonomischen Forschung zurück. Die eigentliche Namensgebung der Disziplin als »Behavioral Economics« und eine intensivere Erforschung psychologischer Einflüsse auf menschliche Entscheidungen fanden dann ab den 1980er Jahren statt. Mittlerweile ist der Kenntnisstand der Verhaltensökonomie so weit ausgebaut, dass man von einer eigenständigen Disziplin innerhalb der Wirtschaftswissenschaften sprechen kann. Sie ersetzt die traditionelle ökonomische Theorie nicht, sie modifiziert und ergänzt sie. Die Vergabe mehrerer Nobelpreise für Ökonomie an Vertreter der Verhaltensökonomie zeigt jedoch, wie bedeutsam diese Modifikationen und Ergänzungen sind.

Der Grundgedanke der Verhaltensökonomik besteht darin, das Rationalitätspostulat der klassischen ökonomischen Theorie zu hinterfragen. In zahllosen Studien konnte gezeigt werden, dass Menschen sich nicht immer strikt rational verhalten. Das bedeutet nicht, dass sie sich irrational oder vollkommen erratisch verhalten. Die aus meiner Sicht beste Umschreibung ist die eines vorhersehbar irrationalen Verhaltens. Die Verhaltensökonomik weist also nicht einfach nur auf beobachtete Inkonsistenzen, Dummheiten oder Irrationalitäten hin, sie entwirft eine eigene Theorie menschlichen Verhaltens. Es handelt sich noch nicht um eine geschlossene Theorie, aber wesentliche Eckpfeiler können mittlerweile als breit akzeptiert gelten: Wir verhalten uns häufig zeitlich inkonsistent und zeigen eine Präferenz für sofortige Bedürfnisbefriedigung. Wir haben ein Interesse am Wohlergehen anderer Menschen und maximieren nicht nur unseren eigenen Nutzen. Unsere Risikoeinstellung hängt ab von der Darstellung des Entscheidungsproblems und von unserer Ausgangslage. Wir leiden mehr unter Verlusten als wir uns über gleich große Gewinne freuen. Wir überschätzen systematisch unsere eigenen Fähigkeiten. Wir nutzen einfache Daumenregeln (Heuristiken), um komplexe Probleme zu lösen. Wir lassen uns bei unseren Bewertungen und Entscheidungen von momentanen Emotionen leiten.

Psychologische und soziale Einflüsse auf menschliches Verhalten sind mittlerweile auch in anderen Disziplinen untersucht und in bestehende Theorien integriert worden. Am interessantesten sind vielleicht die Fortschritte in den Rechtswissenschaften. Dort spricht man explizit von »Behavioral Law«. Im Vordergrund dieses Buches stehen jedoch wirtschaftswissenschaftliche und insbesondere betriebswirtschaftliche Anwendungen. Am besten erforscht sind verhaltensökonomische Ansätze in der Finanzwirtschaft und im Marketing. Hier ist seit langer Zeit klar, dass in der Praxis erhebliche Abweichungen von strikt rationalem Verhalten vorliegen. Weniger erforscht, aber aus meiner Sicht nicht weniger wichtig sind verhaltensökonomische Erkenntnisse in den Bereichen Personalwirtschaft und Unternehmensführung. Hier gibt zwar niemand offen zu, dass es zu erheblichen psychologisch und sozial bedingten Abweichungen vom Rationalitätsprinzip kommt, aber die Folgen sind überall sichtbar.

Ein häufiger Vorwurf der Vertreterinnen und Vertreter der klassischen ökonomischen Theorie gegenüber der Verhaltensökonomie betrifft die Vielfalt, die Unübersichtlichkeit und die teilweise Widersprüchlichkeit ihrer empirischen Befunde. Dieser Vorwurf ist aus meiner Sicht unbegründet. Die Erkenntnisse der bisherigen verhaltensökonomischen Forschung sind weitgehend konsistent und lassen sich durchaus zu sinnvollen Theoriebausteinen aggregieren. Genau das will dieses Buch leisten. Es ordnet die bisher vorliegenden Erkenntnisse der Verhaltensökonomik den fünf Phasen eines Entscheidungsprozesses zu. Die Analyse beginnt mit einer Klärung menschlicher Ziele und Präferenzen, also der Frage, was wir eigentlich wollen. Dann geht es um unsere Wahrnehmung und unsere Methoden der Informationssuche. Wir stoßen in dieser Phase häufig auf schwierige Fragen, die wir nicht spontan beantworten können und die wir daher durch einfacher beantwortbare (aber nicht immer zielführende) Fragen ersetzen. Da fast alle Entscheidungen unter Unsicherheit und Risiko zu treffen sind, kommt Erkenntnissen zum typischen Umgang mit Wahrscheinlichkeiten und Prognosen große Bedeutung zu. Weiterhin hat die verhaltensökonomische Forschung gezeigt, dass wir bei unserer Bewertung von Informationen in hohem Maße beeinflusst werden von eigentlich irrelevanten Rahmenbedingungen. Besonders viel Einfluss hat die Art, wie uns Informationen zur Verfügung gestellt werden. Und am Ende des Prozesses steht die eigentliche Entscheidung. Hier findet keineswegs immer ein rationales Kalkül statt. Stattdessen verwenden wir vereinfachte Entscheidungsregeln oder vertrauen auf unsere Intuition.

Beim Schreiben dieses Buches haben mich mehrere Menschen unterstützt, bei denen ich mich herzlich bedanken möchte. Herrn Dr. Uwe Fliegauf und Herrn David Jäger vom Kohlhammer Verlag danke ich für die erneut sehr angenehme und professionelle Zusammenarbeit bei der Drucklegung des Buches. Meiner Frau Andrea und meinen drei Töchtern Laura, Julia und Alexandra danke ich für das Korrekturlesen des Manuskripts und für viele hilfreiche Anmerkungen. Noch mehr danke ich allen genannten Familienmitgliedern für unsere vielen Gespräche und Begegnungen. Durch sie weiß ich, was im Leben wirklich wichtig ist.

Euskirchen, im April 2024   Peter Witt

Teil 1: Die beteiligten Disziplinen

1 Die Wirtschaftswissenschaften

Das Erkenntnisinteresse der Wirtschaftswissenschaften

Die Wirtschaftswissenschaften befassen sich mit den Entscheidungen von wirtschaftlichen Akteuren wie Einzelpersonen, Unternehmen oder staatlichen Institutionen. Die wissenschaftliche Disziplin wird auch als Ökonomik bezeichnet. Im Kern geht es dabei immer um den wirtschaftlich effizienten Einsatz knapper Ressourcen. Er kann sich in zwei verschiedenen Vorgehensweisen ausdrücken. Entweder versucht man, mit gegebenem Input den größtmöglichen Output zu erzielen (Maximalprinzip), oder man versucht, einen vorgegebenen Output mit möglichst geringen Ressourceneinsatz zu erreichen (Minimalprinzip). Wirtschaftlicher Ressourceneinsatz ist immer dann erforderlich, wenn diese Ressourcen knapp sind, wenn also die Nachfrage nach ihnen das verfügbare Angebot übersteigt. Die Ökonomik nimmt an, dass der Austausch von Gütern und Dienstleistungen über Märkte erfolgt. Auf ihnen treffen Anbieter mit ihren Kosten und Nachfrager mit ihren Zahlungsbereitschaften aufeinander. Durch deren Interaktion bilden sich Marktpreise. Sie dienen den Marktteilnehmern als Knappheitsindikatoren und steuern so maßgeblich deren wirtschaftliche Entscheidungen. Der Gleichgewichtspreis ist der Preis für das Gut oder die Dienstleistung, bei dem die Angebotsmenge genau der nachgefragten Menge entspricht. Die entsprechende Menge heißt Gleichgewichtsmenge. Das Spektrum an real bestehenden Märkten ist groß. Es reicht von Arbeitsmärkten (Berufswahl) über Gütermärkte (Kauf sowie Verkauf von Waren und Dienstleistungen) bis hin zu Kapitalmärkten (Geldanlage oder Kreditaufnahme).

Die Wirtschaftswissenschaften lassen sich in zwei unterschiedliche Disziplinen einteilen, die Volkswirtschaftslehre und die Betriebswirtschaftslehre. Im Englischen verwendet man analog die Begriffe Economics und Business Administration. Die Volkswirtschaftslehre unterteilt sich in die Makroökonomik und die Mikroökonomik. Die Makroökonomik erklärt gesamtwirtschaftliche Zusammenhänge wie beispielsweise die Zinsentwicklung, internationale Warenströme oder Wirtschaftswachstum. Betrachtet werden nicht einzelne Wirtschaftsakteure, sondern Aggregate wie Haushalte, Unternehmen und der Staat. Die Makroökonomik ist für die Zwecke dieses Buches, das sich vornehmlich mit dem Verhalten einzelner Menschen beschäftigt, nicht von zentraler Bedeutung. Sehr viel relevanter ist die Mikroökonomik, die sich explizit mit dem Verhalten von einzelnen Wirtschaftssubjekten befasst. Sie will unter anderem erklären, wie eine typische Konsumentin, ein typischer Haushalt oder ein typisches Unternehmen handelt, welche Wirkungen von diesem Handeln auf andere Akteure ausgehen und wie Märkte funktionieren (Frambach 2013, S. 15). Entsprechend hat die Mikroökonomik Theorien des Haushalts, Theorien der Unternehmung, Theorien zu Marktgleichgewichten und Theorien zu Marktversagen hervorgebracht. Für uns sind insbesondere die ersten beiden Gruppen von Theorien von Interesse, sie bilden den Ausgangspunkt der Verhaltensökonomik.

Die Betriebswirtschaftslehre befasst sich mit der wirtschaftlichen Steuerung von Unternehmen. Diese Steuerung wird auch als Management bezeichnet. Es geht in der Betriebswirtschaftslehre um Entscheidungen von Einzelpersonen oder Leitungsgremien hinsichtlich eines effizienten Ressourceneinsatzes und einer bestmöglichen Zielerreichung. Das kurzfristig wichtigste Ziel eines Unternehmens ist die Sicherung der Zahlungsfähigkeit, also das Vermeiden einer Insolvenz. Mittelfristig verfolgen die meisten Unternehmen das Ziel der Gewinnmaximierung. Gewinne sind der Überschuss der Erträge über die Kosten. Ausnahmen vom Ziel der Gewinnmaximierung finden sich bei gemeinnützigen oder staatlichen Unternehmen, die jedoch beide auch kostendeckend arbeiten müssen. Ein langfristiges betriebswirtschaftliches Ziel besteht in der Wertsteigerung des Unternehmens. Der Unternehmenswert wird gemessen als Differenz aus der Rendite auf das eingesetzte Kapital und den Kapitalkosten. Ist ein Unternehmen an einer Börse notiert, dann kann man den Unternehmenswert aus dem Aktienkurs ableiten. Dieser Marktwert eines Unternehmens unterliegt jedoch mehr oder weniger starken Schwankungen, stellt also immer nur eine Momentaufnahme unter aktuellen Kapitalmarktbedingungen dar.

Die Wirtschaftswissenschaften und hier insbesondere die sogenannte neoklassische Theorie verwenden das Menschenbild des Homo oeconomicus. Ein solcher Mensch ist rational, hat klar definierte Präferenzen, maximiert seinen Eigennutz, ist frei von Emotionen und macht keine Fehler bei Wahrnehmung und Informationsverarbeitung. Der Homo oeconomicus strebt immer nach der optimalen Lösung für sich selbst und bringt auch genug Willenskraft mit, um seine Entscheidungen umzusetzen (Beck 2014, S. 2). Das klingt zunächst natürlich ein wenig unrealistisch. Allerdings darf man die Theorie auch nicht voreilig als unsinnig abtun. Zum einen nimmt sie nicht an, dass sich alle Menschen immer rational verhalten. Die Neoklassik unterstellt nur, dass Abweichungen von rationalem Verhalten so unsystematisch vorkommen und so geringfügig sind, dass sie vernachlässigt werden können (Angner 2021, S. 2). Zum anderen nimmt die klassische ökonomische Theorie auch nicht an, dass sich Menschen immer bewusst rational verhalten. Es reicht, wenn sie es intuitiv tun, wenn sie sich also so benehmen, als ob sie rationale Akteure wären. Dann kann man die Theorie des Homo oeconomicus als deskriptiv angemessen und gleichzeitig als normativ sinnvoll bezeichnen. Zudem können Wirtschaftswissenschaftlerinnen und Wirtschaftswissenschaftler mit ihrer Hilfe Modelle und Theorien ableiten, um zu neuen Erkenntnissen zu kommen. Es handelt sich um ein logisch geschlossenes, widerspruchsfreies Grundmodell.

Die Grundgedanken der Entscheidungstheorie

Im Mittelpunkt der wirtschaftswissenschaftlichen Analyse stehen die Entscheidungen von Privatpersonen, Unternehmen und staatlichen Organisationen. Wir bezeichnen die entsprechende Disziplin auch als Entscheidungstheorie. In diesem Buch wird es insbesondere um die Entscheidungen von einzelnen Menschen gehen. Sie können im privaten Umfeld stattfinden, zum Beispiel bei Konsumentscheidungen oder bei der Geldanlage, aber auch im beruflichen Umfeld, beispielsweise in Form der Einstellung von Mitarbeitern oder der Auswahl von Investitionsprojekten. Die präskriptive Entscheidungstheorie untersucht, wie sich Menschen unter der Annahme rationalen Verhaltens entscheiden sollten. Sie ist normativ ausgerichtet. Die deskriptive Entscheidungstheorie befasst sich mit der Frage, wie Menschen tatsächlich entscheiden. Sie versucht herauszufinden, wer in welchem Kontext welche Ziele verfolgt. Von Interesse ist auch, wie Menschen konkret verfügbare Informationen auswerten und wie sie nach neuen Informationen suchen. Weiterhin geht es um die Frage, welche Entscheidungsregeln angelegt werden, um die einmal gesetzten Ziele dann bestmöglich zu erreichen. Die deskriptive Entscheidungstheorie hat einen großen Vorteil. Mit ihr können auch nicht strikt rationale Verhaltensweisen beschrieben und möglicherweise erklärt werden. Dazu bedarf es dann allerdings oft psychologischer und sozialer Theorien. Und deren Berücksichtigung ist eines der zentralen Anliegen der Verhaltensökonomik.

In der klassischen ökonomischen Theorie werden menschliche Entscheidungen anhand eines Entscheidungsfelds beschrieben (Bamberger/Coenenberg/Krapp 2019, S. 15–26). Es besteht aus drei Komponenten: Aktionen, Zustände und Ergebnisse. Bei den Aktionen nimmt man an, dass es ein vollkommenes Angebot an Handlungsalternativen gibt, dass wir also gezwungen sind, eine der Alternativen zu ergreifen, und dass wir gleichzeitig immer nur eine der verfügbaren Alternativen ergreifen können. Die Ergebnisse der verfügbaren Aktionen können von variablen Umweltfaktoren, sogenannten Zuständen, abhängen. Aus einer bestimmten Aktion und einem bestimmten Umweltzustand ergibt sich dann das Ergebnis der Entscheidung, zum Beispiel eine bestimmte Auszahlung. Es kann auch sein, dass es einen direkten Zusammenhang zwischen Aktion und Ergebnis gibt, dass es also für das Ergebnis nicht auf das Eintreten bestimmter Umweltzustände ankommt. Im einfachsten Fall hat der Entscheider oder die Entscheiderin vollkommene Informationen über die eintretenden Zustände und die aus bestimmten Aktionen resultierenden Ergebnisse. Dann ist die Auswahl der richtigen Aktion eine reine Rechenübung. Sehr viel realistischer ist, dass sowohl die zukünftig eintretenden Zustände als auch die dann aus bestimmten Aktionen folgenden Ergebnisse unbekannt sind. Wir sprechen dann von Entscheidungen unter Ungewissheit oder unter Risiko, dazu später mehr.

Um jetzt die »richtige« Entscheidung treffen zu können, muss ein Mensch seine Ziele definieren können. Diese Ziele werden auch Präferenzen genannt. Im einfachsten Fall ist es nur ein einziges Ziel, zum Beispiel die Maximierung der Auszahlung als Ergebnis der gewählten Handlung. Rationalität erfordert dann nur, dass ich

11

mehr Geld besser finde als weniger Geld. Wenn es nicht um Auszahlungen geht, dann benötigen rationale Entscheider eine vollständige und transitive Präferenzordnung hinsichtlich der Ergebnisse. Vollständigkeit bedeutet, dass ich entweder Ergebnis A besser finde als Ergebnis B, oder Ergebnis B besser als Ergebnis A. Transitivität besagt: Wenn ich Ergebnis A besser finde als Ergebnis B und Ergebnis B besser als Ergebnis C, dann muss ich auch Ergebnis A besser finden als Ergebnis C (Angner 2021, S. 12–14). Es können mit einer Entscheidung jedoch auch mehrere Ziele gleichzeitig verfolgt werden. Dann wird es schwieriger, weil es möglicherweise zu Zielkonflikten kommt. Die eine Aktion erlaubt die bessere Erreichung des einen Ziels, eine andere Aktion führt zu einer besseren Erreichung eines anderen Ziels. Nur im Ausnahmefall steht eine Aktion zur Verfügung, die hinsichtlich aller verfolgten Ziele optimal ist. Die Annahme der ökonomischen Rationalität bedeutet, dass die Entscheidungsträger in jedem Fall ein widerspruchsfreies System an Zielen haben müssen und dass sie immer versuchen, diese Ziele bestmöglich zu erreichen.

In der klassischen Ökonomie werden Präferenzen häufig durch Nutzenfunktionen ausgedrückt. Sie ordnen jedem Ergebnis einer Handlung einen bestimmten Nutzenwert in Form einer Zahl zu. Die ganz frühen Arbeiten gingen sogar davon aus, dass der Nutzen kardinal, also in präzisen und intersubjektiv vergleichbaren Nutzenwerten gemessen werden könnte. Diese Annahme ist jedoch ganz unrealistisch. Hans Frambach weist das an einem konkreten Beispiel nach. Er stellt fest, dass niemand von sich sagen kann, dass ihm der Verzehr eines halben Apfels einen Nutzenwert von 1,38 einbringt (Frambach 2013, S. 38). Aus diesem Grund wird in wirtschaftswissenschaftlichen Modellen überwiegend mit ordinalen Nutzenfunktionen gearbeitet. Sie bilden die menschlichen Präferenzen in Rangfolgen ab. Ein bestimmtes Ergebnis A hat einen höheren Nutzwert als ein anderes Ergebnis B, weil die betreffende Person Ergebnis A gegenüber Ergebnis B präferiert. Wir sagen dann $U(A) > U(B)$. Solche ordinalen Nutzenfunktionen müssen ebenfalls vollständig und transitiv sein, damit Nutzenmaximierung dem Prinzip einer rationalen Entscheidung entspricht. Die absoluten Werte des Nutzens lassen sich jedoch nicht interpretieren. So können wir beispielsweise bei $U(A) = 4$ und $U(B) = 2$ nicht sagen, dass eine Person aus Ergebnis A doppelt so viel Nutzen zieht wie aus Ergebnis B.

Es ist schon in der klassischen Ökonomie klar gewesen, dass Entscheidungstheorie nur dann interessant und in der Realität hilfreich ist, wenn es um Entscheidungen bei Unsicherheit geht. Unsicherheit bedeutet, dass die zukünftigen Umweltzustände sowie die Konsequenzen heutiger Handlungen bei bestimmten Umweltzuständen gar nicht oder nur als Wahrscheinlichkeitsverteilungen bekannt sind. Dann müssen nicht nur klare Ziele vorliegen, sondern auch klare Vorstellungen hinsichtlich der eigenen Risikopräferenzen. Auch die Auswahl der richtigen Entscheidung wird schwieriger. Dazu müssen Prognosen gemacht und Wahrscheinlichkeiten berechnet werden. Das folgende Beispiel soll die Problematik verdeutlichen und zugleich einige mögliche Entscheidungsregeln vorstellen. Es ist ein vereinfachtes Beispiel, weil angenommen wird, dass die Auszahlungen einer bestimmten Aktion in einem bestimmten zukünftigen Zustand bekannt sind. Die Unsicherheit betrifft also nur die Frage, welcher Zustand wohl eintreten wird, nicht die Frage, was wohl in jedem zukünftigen Zustand passieren wird. Zudem müssen wir im Beispiel noch nichts über die Eintrittswahrscheinlichkeiten der einzelnen Zustände wissen. In der folgenden Matrix sind die Ergebnisse (Auszahlungen) der jeweiligen Aktion zu jedem Umweltzustand eingetragen (▶ Dar. 1).

Dar. 1: Entscheidungsregeln bei Ungewissheit

	Zustand 1	Zustand 2	Zustand 3
Aktion 1	7	2	0
Aktion 2	6	5	1
Aktion 3	2	5	2

Nehmen wir wie gesagt an, wir wüssten nichts über die Eintrittswahrscheinlichkeiten der drei Zustände. Wenn ein Entscheider oder eine Entscheiderin sehr risikoavers ist, dann wird er oder sie die Aktion wählen, mit der im ungünstigsten Zustand das beste Ergebnis erzielt wird. Man nennt eine solche Entscheidungsregel **Maximin-Regel**. Sie maximiert das minimale Ergebnis. Im Beispiel führt sie zur Wahl von Aktion 3. Die bewirkt nämlich im jeweils ungünstigsten Zustand die höchste Auszahlung ($E_3 = 2 > E_2 = 1 > E_1 = 0$). Wer sehr risikofreudig ist, der wählt die Aktion, die im bestmöglichen Umweltzustand das beste Ergebnis bringt. Eine solche Strategie heißt **Maximax-Regel**. Sie maximiert das maximal mögliche Ergebnis. Im Beispiel wäre das Aktion 1 ($E_1 = 7 > E_2 = 6 > E_3 = 5$). Wer risikoneutral ist und keine weiteren Informationen hat, der kann annehmen, dass alle drei Zustände gleich wahrscheinlich sind und anschließend den Erwartungswert pro Aktion ausrechnen. Wir nennen das die **Laplace-Regel**. Ihre Anwendung führt zur Wahl von Aktion 2, weil sie den höchsten Erwartungswert der Auszahlung bietet ($E_2 = 12/3 = 4 > E_1 = 9/3 = 3 = E_3 = 9/3 = 3$). Alle drei Regeln haben offensichtliche Nachteile. Die Maximin- und die Maximax-Regel drücken extreme Risikoeinstellungen aus, sie werden daher auch als »pathologisch pessimistisch« und »unverbesserlich optimistisch« bezeichnet (Bamberger/Coenenberg/Krapp 2019, S. 112–113). Die Laplace-Regel macht eine Wahrscheinlichkeitsannahme hinsichtlich des Eintretens der Umweltzustände, die völlig falsch sein kann.

Die Risikoeinstellungen eines Menschen können auch differenzierter mit entsprechenden Nutzenfunktionen erfasst werden. So drückt eine konkave (nach rechts gekrümmte) Nutzenfunktion wie beispielsweise $U(x) = x^{0,5}$ über ein unsicheres oder risikobehaftetes Ergebnis eine Risikoaversion aus (Bamberg/Coenenberg/Krapp 2019, S. 83). Der Nutzen einer sicheren Auszahlung ist dann höher als der Nutzen des gleich hohen Erwartungswerts der unsicheren Auszahlung: $U(s) > U(E(x))$, für $s = E(X)$. Die sichere Auszahlung s nennt man **Sicherheitsäquivalent**. Um mit dieser Methode Ihre persönliche Risikoeinstellung herauszufinden, beantworten Sie vielleicht einmal folgende Frage: Wie viel würden Sie für ein Lotterielos zahlen, dass Ihnen mit einer Wahrscheinlichkeit von 50 Prozent nichts und mit

13

einer Wahrscheinlichkeit von 50 Prozent 10 Euro auszahlt? Jeder kann leicht erkennen, dass der Erwartungswert der Auszahlung 5 Euro beträgt. Man kann aber auch erkennen, dass man mit dem Lotterielos niemals 5 Euro bekommt. Man bekommt entweder 10 Euro oder nichts. Wären Sie risikoneutral, dann würden Sie 5 Euro für das Lotterielos bezahlen, also genau den Erwartungswert. Dann wäre $s = E(x) = 5$ mit $U(s) = U(E(x))$. Die meisten Menschen sind aber nicht risikoneutral, sondern mehr oder weniger risikoavers. Sie zahlen also weniger als 5 Euro für das Los, zum Beispiel 3 Euro. Dann gilt: $s = 3 < E(x) = 5$, erneut mit $U(s) = U(E(x))$.

Theoretisch ist es auch denkbar, dass Sie risikofreudig sind. Sie wären dann bereit, mehr als den Erwartungswert für das Lotterielos zu bezahlen, zum Beispiel 6 Euro. Dann gilt: $s = 6 > E(x) = 5$. Das Sicherheitsäquivalent liegt dann höher als der Erwartungswert der unsicheren Auszahlung. Sie hätten durch Ihr Verhalten eine konvexe Nutzenfunktion angezeigt, beispielsweise $U(x) = x^2$. Während risikoscheue Menschen etwas bezahlen, um ihr Risiko zu verringern, ist es bei risikofreudigen Personen genau umgekehrt. Sie zahlen etwas, um am Risiko partizipieren zu können. Die Ökonomen sprechen von einer **Risikoprämie**. Technisch betrachtet ist die Risikoprämie r die Differenz aus dem Sicherheitsäquivalent und dem Erwartungswert der stochastischen Auszahlung: $r = s - E(x)$. Eine positive Risikoprämie ($r > 0$) zeigt Risikoaversion an. Wir zahlen etwas, um das Risiko loszuwerden. Eine negative Risikoprämie ($r < 0$) bedeutet Risikofreude. Hier zahlen wir etwas, um Zugang zu Risiko zu bekommen.

Das vielleicht klarste Beispiel einer positiven Risikoprämie findet sich beim Kauf einer Versicherung. Sie kostet uns einen sicheren Betrag, den Preis für den Abschluss der Versicherung, aber sie befreit uns vom Risiko eines ungünstigen zukünftigen Ereignisses mit einem potenziell sehr hohen Schaden. Wer eine Versicherung kauft, der gibt eine stochastische Auszahlung auf und tauscht sie gegen eine sichere. Falls eine Flut Ihren Keller unter Wasser setzt und Möbel zerstört, was mit einer zwar kleinen, aber positiven Wahrscheinlichkeit passieren kann, dann ersetzt die Elementarschadenversicherung Ihnen die Reparatur- und Ersatzkosten. Und die Differenz zwischen dem Versicherungsbeitrag, der sicheren Auszahlung, und dem Erwartungswert der stochastischen Auszahlung, dem erwarteten Schaden, ist genau die Risikoprämie. Ein Beispiel einer negativen Risikoprämie ist der Kauf eines Lotterieloses. Hier gebe ich einen sicheren Betrag auf (den Preis für das Los) und tausche ihn gegen eine stochastische Auszahlung (das Ergebnis des Loses). Ich bezahle etwas, um mich einem Risiko aussetzen zu können, wobei der Begriff des Risikos eben immer beides bezeichnet, den möglichen Verlust des Einsatzes und den möglichen Gewinn aus dem Los.

Die klassische Entscheidungstheorie, die wir gerade skizziert haben, ist nun ganz offensichtlich nicht immer gut geeignet, reales Verhalten von Menschen zu erklären. Das liegt vor allem an ihren **restriktiven Annahmen**. Entscheidungstheoretische Modelle unterstellen, dass die erforderlichen Informationen vorliegen. Im weiter oben genannten Beispiel sind das die Ergebnisse pro Aktion pro Zustand. Weiterhin wird angenommen, dass Menschen alle Alternativen vergleichen und alle Ergebnisse eindeutig bewerten können. Bereits frühzeitig wurden diese Annahmen als unrealistisch kritisiert: »(...) there is a complete lack of evidence that, in actual human choice situations of any complexity, these computations can be, or are in fact, performed« (Simon 1955, S. 104). Sehr viel realistischer ist die Annahme, dass Entscheider erst nach solchen Informationen suchen müssen, was Kosten verursacht. Und es ist auch realistisch, davon auszugehen, dass man nicht immer alle erforderlichen Informationen bekommen kann. Sie liegen entweder gar nicht oder nur als Wahrscheinlichkeitsverteilungen vor, sind also mit großer Unsicherheit behaftet. Fraglich ist dann, wie Menschen Wahrscheinlichkeiten interpretieren, wann sie die Suche nach weiteren Informationen abbrechen, wie sie sich bei fehlenden Informationen entscheiden und was ihre Risikopräferenzen beeinflusst.

Implizit nimmt die klassische Ökonomie auch an, dass eine große Auswahl für Konsumenten besser ist als eine kleinere Auswahl. Denn je größer das Angebot an verschiedenen Optionen zur Befriedigung eines bestimmten Bedürfnisses ist, desto eher müsste jede Konsumentin und jeder Konsument das für sich jeweils Passende am Markt finden. Mehr Entscheidungsalternativen bedeuten allerdings auch höhere Suchkosten. Im ungünstigsten Fall ist der Markt so groß und so verwirrend, dass die Auswahl des richtigen Angebots prohibitiv teuer wird. Schon aus diesem Grund ist eine große Auswahl nicht zwingend günstig für Konsumenten. Hinzu kommt das psychologische Problem, dass mit einer steigenden Anzahl von Entscheidungsalternativen auch die Wahrscheinlichkeit steigt, später die einmal getroffene Entscheidung zu bereuen. Man nennt das Phänomen **Nachkaufdissonanz** oder auch »post decision regret«. Sie wird ausgelöst, wenn Kunden nach getätigtem Kauf eine noch bessere Alternative finden. Und die Wahrscheinlichkeit, dass das passiert, steigt mit der Größe des Angebots. Zudem hat die psychologische Forschung gezeigt, dass wir unseren getätigten Kauf nicht nur mit einer nicht gekauften, zweitbesten Alternative vergleichen, sondern mit der Summe der positiven Eigenschaften aller nicht ausgewählten Alternativen (Sagi/Friedland 2007). Wenn es sehr viele Angebote gibt, dann ist es fast sicher, dass die Summe ihrer positiven Merkmale ex post besser erscheint als das Produkt, das wir gekauft haben. Viel Auswahl macht den Menschen also eher unglücklich als glücklich.

Das Konzept der Nutzenfunktion ist ebenfalls problematisch. Zum einen ist nicht garantiert, dass Menschen immer die gleiche Nutzenfunktion für verschiedene Entscheidungsprobleme verwenden. Zum anderen sind die meisten in der ökonomischen Literatur vorgeschlagenen Nutzenfunktionen schon in der theoretischen Berechnung sehr kompliziert. Es ist offensichtlich, dass Menschen ihre eigene Nutzenfunktion nicht kennen und dass sie in der Praxis ihrer Entscheidungen auch keine Nutzwerte berechnen. Viel plausibler erscheint es, dass sie grobe **Daumenregeln** benutzen oder sich ganz intuitiv entscheiden. Am problematischsten ist jedoch, dass der Begriff des Nutzens so häufig missverstanden wird. Er hat gar nichts mit den subjektiv empfundenen Glücks- oder Zufriedenheitsgefühlen der betreffenden Person zu tun. Wenn ich jetzt gerade eine Kiwi lieber mag als eine Banane, dann esse ich die Kiwi. Der Kiwi ordne ich also einen höheren Nutzwert zu als der Banane. Das Ausmaß meines Genusses wird mit der

Nutzenfunktion aber nicht gemessen. Und es kann auch durchaus sein, dass ich morgen in derselben Situation lieber eine Banane als eine Kiwi esse. Meine Präferenzen müssen also keineswegs zeitstabil sein, sie können sich von Tag zu Tag ändern. Dementsprechend ändert sich dann auch die Nutzenfunktion, die meine Präferenzen repräsentiert. Insofern ist es verständlich, dass das Konzept der Nutzenfunktion sogar von Ökonomen als »source of endless confusion« bezeichnet worden ist (Angner 2021, S. 27).

Die Grundgedanken der Spieltheorie

Häufig hängen die zukünftigen Ergebnisse heutiger Entscheidungen nicht nur von externen Unwägbarkeiten, sondern von den Entscheidungen anderer Menschen ab. Wir interagieren nicht nur mit oder gegen die Natur, sondern mit und gegen andere ökonomische Akteure. Die entsprechenden Entscheidungsprobleme bezeichnen wir als strategische Interaktionen. Sie sind Gegenstand der sogenannten **Spieltheorie**. Sie wurde als ökonomische Disziplin begründet durch den Mathematiker John von Neumann und den Ökonomen Oskar Morgenstern (von Neumann/Morgenstern 1944). Die Konsequenzen unserer eigenen Handlungen hängen in spieltheoretischen Situationen davon ab, wie sich andere Menschen verhalten. Obwohl das Wort Spieltheorie zu suggerieren scheint, dass es nur um Gesellschaftsspiele oder um sportliche Wettkämpfe wie Tennis geht, kommen ökonomische Interaktionen mit Unsicherheiten hinsichtlich des Verhaltens der anderen Beteiligten in sehr vielen realen Situationen vor. Typische Beispiele sind Preisentscheidungen von konkurrierenden Unternehmen, Lohnverhandlungen zwischen Gewerkschaften und Arbeitgeberverbänden sowie Anlageentscheidungen auf Kapitalmärkten. In allen genannten Fällen gibt es nicht die eine richtige Entscheidung. Ob eine Entscheidung zum gewünschten Ergebnis führt, hängt immer auch davon ab, was die anderen Spieler tun.

Ein berühmtes Beispiel einer spieltheoretischen Situation ist das **Gefangenendilemma**. Dabei werden zwei Personen betrachtet, die wegen des Verdachts eines schweren Verbrechens in Haft genommen wurden, es geht zum Beispiel um einen bewaffneten Raubüberfall. Die beiden Verdächtigen sitzen in unterschiedlichen Zellen eines Gefängnisses, können also nicht miteinander kommunizieren. Jede Person wird befragt und kann entweder gestehen oder nicht gestehen. Wenn keiner von beiden gesteht, dann bekommen beide Verdächtige eine geringe Haftstrafe von zwei Jahren, zum Beispiel wegen unerlaubten Waffenbesitzes. Wenn beide Personen gestehen, dann werden ihnen mildernde Umstände zugebilligt, aber beide erhalten wegen der Schwere des Vergehens eine Haftstrafe von zehn Jahren. Nun macht die Gefängnisleitung beiden Personen das Angebot, gegen den jeweils anderen auszusagen, also die gemeinsam begangene Straftat zuzugeben. Wer gesteht, während der andere nicht gesteht, ist Kronzeuge und erhält eine verkürzte Haftstrafe von einem Jahr. Dafür wird aber die andere, nicht geständige Person zu 20 Jahren Haft verurteilt. Die folgende Darstellung 2 illustriert die Situation. In den Klammern stehen die Ergebnisse der Entscheidungen in der Form: (Haftstrafe Person 1, Haftstrafe Person 2).

Dar. 2: Das Gefangendilemma

	Person 2: gesteht	Person 2: gesteht nicht
Person 1: gesteht	(10, 10)	(1, 20)
Person 1: gesteht nicht	(20, 1)	(2, 2)

Für beide Häftlinge gemeinsam wäre es am vernünftigsten, nicht zu gestehen. Könnten sich die beiden Personen absprechen, dann bestünde die beste Verhaltensstrategie darin, dass keiner der beiden gesteht und beide für zwei Jahre in Haft gehen. Da sich die beiden Häftlinge jedoch nicht absprechen können, müssen sie eine Entscheidung treffen, ohne die Entscheidung des anderen zu kennen. Individuell rationales Verhalten führt nun dazu, dass beide Personen gestehen und beide für zehn Jahre im Gefängnis bleiben müssen. Um zu sehen, warum das geschieht, betrachtet man am besten die verfügbaren Strategien jedes der beiden Beteiligten, also **die beste Antwort** auf das Verhalten des anderen. Beginnen wir mit Person 1. Für den Fall, dass Person 2 gesteht, ist die beste Antwort, auch zu gestehen. Zehn Jahre Haft sind besser als zwanzig. Für den Fall, dass Person 2 nicht gesteht, ist die beste Antwort erneut, selbst zu gestehen. Ein Jahr Haft ist besser als zwei Jahre Haft. Person 1 hat also eine dominante Strategie, nämlich zu gestehen. Betrachten wir nun die Entscheidung von Person 2. Für sie ist die Entscheidungssituation identisch. Für den Fall, dass Person 1 gesteht, ist die beste eigene Antwort, auch zu gestehen, denn zehn Jahre Haft sind besser als zwanzig. Für den Fall, dass Person 1 nicht gesteht, ist die beste Antwort, selbst zu gestehen und damit Kronzeuge zu werden. Ein Jahr Haft ist besser als zwei Jahre Haft. Auch Person 2 wird also gestehen, auch für sie ist es die beste Strategie.

Ökonomen nennen eine Entscheidung, die die beste Antwort auf alle möglichen Entscheidungen eines anderen Spielers darstellt, eine dominante Strategie. Die Kombination der dominanten Strategien bezeichnet man als **Nash-Gleichgewicht**. Mit dem Begriff wird der Entdecker dieses Gleichgewichts, der Nobelpreisträger John Forbes Nash geehrt. Er definierte das Konzept eines Gleichgewichts in dominanten Strategien und bewies seine Existenz schon 1950 in seiner Dissertation. 1994 erhielt er den Nobelpreis für Ökonomie. Das Leben dieses genialen, aber auch viele Jahre von Schizophrenie geplagten Mathematikers wurde im Film »A Beautiful Mind« nacherzählt. Das Beispiel des Gefangenendilemmas zeigt, dass ein Nash-Gleichgewicht keineswegs gleichbedeutend ist mit dem besten Ergebnis für alle Beteiligten. Das sieht man am Beispiel des Gefangendilemmas. Da die betroffenen Personen sich nicht abstimmen können, spricht die Spieltheorie von einem nicht-kooperativen Spiel. In ihm führen die individuell rationalen Entscheidungen zu einem für beide Personen sehr ungünstigen Ergebnis. In einem kooperativen Spiel hätten sich die Häftlinge vor ihren Aussagen abgesprochen, dann beide nicht gestanden und ein viel besseres Ergebnis erzielt.

Die Annahme der Nutzenmaximierung

Ein in allgemeiner Form formuliertes Prinzip zum Treffen von Entscheidungen, das in den klassischen Wirtschaftswissenschaften ebenfalls breit akzeptiert wird, ist die **Nutzenmaximierung**. Sie setzt im Fall einer Auswahlentscheidung voraus, dass die Kosten der verglichenen Alternativen ungefähr oder genau gleich sind. Die Entscheidungsregel lautet dann: Wähle die Alternative, die Dir den größten Nutzen verspricht. Das ist intuitiv gut nachvollziehbar und erscheint völlig klar. Die Schwierigkeit besteht darin, den persönlichen Nutzen zu messen. Im besten Fall gibt es dafür objektive, technische Kriterien. So werden Sie wahrscheinlich aus einer Menge von gleich teuren Bohrmaschinen die mit der größten Leistung oder der längsten Garantiedauer auswählen. Möglicherweise kann der Nutzen einer Auswahlentscheidung auch in Geld gemessen werden. Wenn Sie Ihr Geld anlegen, werden Sie vermutlich die Bank oder den Anlageberater wählen, der Ihnen die höchste Rendite auf das eingesetzte Kapital verspricht (auf die Probleme der Prognose dieser Rendite und die Abschätzung der mit einer bestimmten Geldanlage verbundenen Risiken werden wir an späterer Stelle dieses Kapitels noch zurückkommen).

In vielen Entscheidungssituationen ist der Nutzen aus der Entscheidung aber eher ein psychologischer, der nicht leicht in Geldäquivalente umgerechnet werden kann. Denken Sie beispielsweise an die Entscheidung, ein Studium zu beginnen. Wenn verschiedene Studiengänge dasselbe kosten und an derselben Universität angeboten werden, dann wählen Sie zweifellos denjenigen Studiengang aus, der Ihnen den meisten Nutzen verspricht. Die Frage ist nur, was das konkret heißt. Besteht der Nutzen eines Studiums für Sie im Kapitalwert des zu erwartenden Lebenseinkommens? (Dann werden Sie wahrscheinlich nicht Archäologie studieren wollen.) Oder sehen Sie den Nutzen Ihres Studiums darin, sich mit dem Fach beschäftigen zu können, das Sie am meisten interessiert? (Wer studiert dann Fächer wie betriebliche Steuerlehre?) Vielleicht wählen Sie ja auch das Studienfach aus, für das sich Ihre besten Freunde entschieden haben oder das Ihnen Ihre Eltern empfehlen. Wie Sie auch vorgehen, es ist zweifellos sehr schwierig, den Gesamtnutzen eines bestimmten Studiums zu ermitteln. Noch schwieriger ist der Vergleich der Nutzenwerte verschiedener möglicher Studiengänge.

Wenn der Nutzen aus einer Investition nicht objektiv anhand technischer oder finanzieller Daten bestimmt werden kann, sondern rein ideeller bzw. psychologischer Natur ist, dann hilft uns die Entscheidungsregel der Nutzenmaximierung gar nichts. Vor der Entscheidung, also ex ante, können wir nämlich nur ein **Bauchgefühl** für unseren Nutzen abfragen. Wir werden verschiedene Handlungsalternativen kaum vergleichen können. Wenn wir Glück haben, gibt uns jedoch unser Bauchgefühl einen klaren Hinweis auf einen Favoriten. Wenn Sie als Frau beispielsweise fühlen, dass Sie unbedingt eine Sonnenbrille von Chanel haben wollen, dass Sie sie sozusagen begehren, dann kaufen Sie sie eben, falls Sie jedenfalls über die nötigen finanziellen Mittel verfügen. Wenn Sie als Mann spüren, dass Sie eine Harley-Davidson (das legendäre amerikanische Motorrad) brauchen, um sich für ein paar Stunden pro Woche wieder jung und frei zu fühlen, dann kaufen Sie eben eine. Wenn Sie meine Beispiele zu stereotyp finden, haben Sie sicherlich recht. Dann habe ich noch ein anderes, eher unkonventionelles Beispiel für sie. Ich kenne einen ansonsten sehr konservativen Kollegen, der unbedingt eine bestimmte Prada-Handtasche haben wollte. Diese Handtasche, die eigentlich eher eine Umhängetasche ist, hat er dann auch gekauft. Er nutzt sie oft und gerne. Ich bin allerdings sicher, dass er vor dem Kauf keinen Nutzwert berechnet und auch keinen Vergleich mit anderen Taschen vorgenommen hat.

Mit der Nutzenmaximierungsregel verbinden sich zwei praktische Probleme. Zum einen müssen wir wissen, was wir wollen, welche Entscheidung uns also den größten Nutzen bringt. Auf dieses Problem werden wir an späterer Stelle dieses Buches noch ausführlich eingehen. Es ist nämlich keineswegs einfach, seine eigenen Bedürfnisse bzw. Nutzenvorstellungen in Erfahrung zu bringen. Das zweite Problem besteht darin, dass wir mit dem Prinzip der Nutzenmaximierung im Nachhinein alle Entscheidungen rechtfertigen können. Weil wir uns für etwas entschieden haben, muss es aus Sicht der klassischen Ökonomie zu dem Zeitpunkt der Entscheidung unseren Nutzen maximiert haben. Ob sich der erwartete Nutzen auch ex post, also nach getroffener Entscheidung, einstellt, ist dann irrelevant. Sie können zwar prüfen, ob sich die erwarteten Glücksgefühle bei der Benutzung Ihrer Chanel-Sonnenbrille, Ihrer Prada-Handtasche oder Ihrer Harley Davidson wirklich eingestellt haben. Sie werden aber nie in der Lage sein, diese Glücksgefühle mit denen zu vergleichen, die Sie ohne diese Sonnenbrille, diese Handtasche oder dieses Motorrad oder mit einem alternativen Produkt erlebt hätten. Die Marketing-Abteilung von Harley Davidson hat das Prinzip des unterbewussten Bedürfnisses übrigens perfekt verstanden. Das Unternehmen behauptet gar nicht, Motorräder zu verkaufen. Daher kann der Kauf einer Harley Davidson auch gar nicht mit dem Kauf eines anderen Motorrads verglichen werden. Der Slogan des Unternehmens lautet: »We sell you a dream. The bike is for free.«

Die Grundidee der Verhaltensökonomik

Die wissenschaftliche Disziplin, die sich mit der systematischen Erforschung der Bedeutung psychologischer sowie soziologischer Einflüsse auf das menschliche Entscheidungsverhalten befasst, heißt Verhaltensökonomik oder auch »behavioral economics«. Während traditionelle ökonomische Theorien bis heute an der Annahme des rationalen Verhaltens festhalten, also den beschriebenen Homo oeconomicus unterstellen, ergaben sich in der verhaltensökonomischen Forschung schon früh Hinweise darauf, dass **das tatsächliche Verhalten der Menschen** von dieser Annahme abweicht. Fasst man die entsprechenden Ergebnisse so knapp wie möglich zusammen, dann liegen folgende Befunde und Beobachtungen vor (Della-Vigna 2007): Menschen verhalten sich zeitlich inkonsistent, sie haben insbesondere eine Präferenz für sofortige Bedürfnisbefriedigung. Sie haben ein Interesse am Wohlergehen anderer Menschen, nicht nur an ihrem eigenen Wohlergehen. Die individuelle Risikoeinstellung hängt ab von der Darstellung des Entscheidungsproblems und vom Referenzpunkt. Der Begriff der Verlustaversion beschreibt menschliches Verhalten besser als der Begriff der Risikoaversion. Menschen überschätzen systematisch ihre eigenen Fähigkeiten. Sie nutzen einfache Daumenregeln (Heuristiken), um komplexe Probleme zu lösen. Sie lassen sich in ihrer Entscheidungsfindung von momentanen Emotionen leiten.

Diese Erkenntnisse sind nicht alle grundsätzlich neu oder erst in jüngerer Zeit entstanden. Schon in der ersten Veröffentlichung des schottischen Moralphilosophen **Adam Smith** (1723–1790), dessen Buch »The Wealth of Nations« als Startpunkt der klassischen Nationalökonomie gilt (Smith 1776), gibt es mehrere explizite Hinweise auf menschliche Leidenschaften, kurzsichtiges Verhalten und Willensschwäche (Smith 1759). Adam Smith wird deshalb von manchen Autoren als der erste Verhaltensökonom der Geschichte bezeichnet (Ashraf/Camerer/Loewenstein 2005). In der deutschsprachigen Betriebswirtschaftslehre hat **Erich Gutenberg** in seiner Habilitationsschrift von 1929 als erster darauf hingewiesen, dass Menschen in Unternehmen nicht immer den Postulaten des effizienten Ressourceneinsatzes und des wirtschaftlich rationalen Verhaltens folgen. Er schreibt: »Die Unvollkommenheit, mit der das wirtschaftliche Prinzip in der Praxis realisiert wird, stammt also zu einem wesentlichen Teile aus dem psycho-physischen Subjekt, dessen individuelle Fähigkeiten für wirtschaftliche Maßnahmen begrenzt sind und dem es häufig an Mitteln fehlt, an sich richtige Maßnahmen voll und ganz durchzusetzen.« (Gutenberg 1929, S. 39).

Ein weiterer früher Vertreter der Verhaltensökonomie ist **Herbert Simon** (1916–2001), der 1978 den Nobelpreis für Wirtschaftswissenschaft bekam. Er wird von führenden Vertretern der Verhaltensökonomik als »unbestrittener Held« und »Gründungsvater der Erforschung menschlicher Entscheidungen« bezeichnet (Kahneman 2012, S. 237). Simon stellte die Theorie des beschränkt rationalen Verhaltens auf. Dieser Theorie zufolge muss ein Mensch bei jeder Entscheidung abwägen, wann die Kosten einer zusätzlichen Informationsbeschaffung den Nutzen dieser zusätzlichen Information übersteigen. Statt echte Nutzenmaximierung zu betreiben, sucht der Mensch nur so lange nach mehr Informationen oder besseren Alternativen, bis er oder sie ein gewünschtes Nutzenniveau erreicht hat. Dieses Verhalten nennt man Anspruchserfüllung oder auch »satisficing« (Simon 1979). Es ersetzt das Prinzip der Nutzenmaximierung. Simon stellt fest: »Broadly stated, the task is to replace the global rationality of economic man with a kind of rational behavior that is compatible with the access to information and the computational capacities that are actually possessed by organisms, including man, in the kinds of environments in which such organisms exist« (Simon 1955, S. 99).

Maßgeblich weiter vorangetrieben wurde die Verhaltensökonomie dann von dem im März 2024 im Alter von 90 Jahren verstorbenen Psychologen **Daniel Kahneman**, der 2002 den Nobelpreis für Wirtschaftswissenschaft erhielt, und seinem langjährigen Freund und Kollegen **Amos Tversky**. Tversky war schon 1996 verstorben, er wäre ansonsten vermutlich auch mit dem Nobelpreis ausgezeichnet worden. Der wichtigste Beitrag dieser beiden Psychologen ist die Prospect-Theorie (Kahneman/Tversky 1979). Sie besagt, dass das individuelle Risikoverhalten von Menschen je nach ihrer gegenwärtigen Situation variiert. Diese Situation wird auch als Referenzpunkt bezeichnet. Er bestimmt sich durch das, was wir gegenwärtig schon haben. Wir beurteilen bei jeder Entscheidung, ob uns das Ergebnis dieser Entscheidung im Vergleich zu diesem Referenzpunkt besser oder schlechter stellt. Wenn wir danach besser dastehen, haben wir etwas gewonnen. Unser Nutzenniveau liegt höher. Wenn wir allerdings als Resultat unserer Entscheidung schlechter dastehen, dann haben wir etwas verloren. Unser Nutzenniveau hätte sich verringert. Die Prospect-Theorie besagt, dass Menschen unter Verlusten mehr leiden als sie von gleich hohen Gewinnen glücklich gemacht werden. Daher beurteilen sie das Risiko der Entscheidung nicht so sehr in absoluten Größen, sondern eher anhand des Verlustrisikos. Wenn das so ist, und dafür gibt es inzwischen viele Nachweise, dann beschreibt der Begriff der Verlustaversion das tatsächliche Verhalten von Menschen treffender als der Begriff der Risikoaversion.

Ein weiterer wichtiger Verhaltensökonom ist **Richard Thaler**. Er erhielt im Jahr 2017 den Nobelpreis und hat insbesondere Beiträge zur Erklärung von Marktanomalien an Kapitalmärkten geleistet. Von ihm stammt auch ein interessantes Buch zur Entstehungsgeschichte der Verhaltensökonomie (Thaler 2019). Die Arbeiten von Thaler sind aus zwei Gründen besonders interessant. Zum einen beruhen sie überwiegend nicht auf Erkenntnissen aus Experimenten, sondern aus Beobachtungen realen Verhaltens. Zum anderen ist Richard Thaler ein Pionier der Erforschung von Anomalien bei finanzwirtschaftlichen Entscheidungen von Menschen, insbesondere an Börsen (De Bondt/Thaler 1985; Benartzi/Thaler 1995) und bei der Altersvorsorge (Benartzi/Thaler 2007). Hier waren psychologische und soziologische Einflüsse auf das Verhalten am wenigsten erwartet worden. Und hier wurden die Ansätze der Verhaltensökonomie auch am heftigsten kritisiert. Denn gerade an Kapitalmärkten schien das Konzept eines Homo oeconomicus besonders angebracht zu sein. Die Ergebnisse der eigenen Entscheidungen lassen sich eindeutig in Geldgrößen messen, es gibt sehr viele Informationen und Menschen sollten auf jeden Fall ein klares Interesse an Geldvermehrung haben.

Und doch stammen die vielleicht auffälligsten Befunde der Verhaltensökonomie aus dem Bereich der Finanzwirtschaft. Richard Thaler konnte zeigen, dass Menschen zu wenig für ihr Alter sparen, dass sie Geld in verschiedenen mentalen Konten organisieren, dass sie zu emotional auf neue Nachrichten an Kapitalmärkten reagieren und dass sie ihre eigenen Prognosefähigkeiten sehr stark überschätzen. **Robert Shiller** ist ein weiterer bedeutender Kapitalmarktforscher und Verhaltensökonom. Er erhielt 2013 den Nobelpreis für Wirtschaftswissenschaft. Auch Shillers Arbeiten beschäftigen sich vornehmlich mit menschlichen Bewertungen und Entscheidungen an Börsen. Er wies dort irrational hohe Volatilitäten nach (Shiller 1981, 1984). Zudem konnte er Börsencrashs prognostizieren (Shiller 2000). Die verhaltensökonomischen Erklärungen für diese Phänomene stehen alle in auffallendem Gegensatz zu den Modellen der klassischen Ökonomie. So zeigen Menschen ein klares soziales Herdenverhalten bei ihrer Geldanlage. Sie kaufen und verkaufen, wenn andere Marktteilnehmer kaufen oder verkaufen, was zu zyklischen Entwicklungen der Marktpreise führt. Sie handeln auch viel zu viel, weil sie ihre Prognosefähigkeiten überschätzen und ungeduldig sind.

Zusammen mit dem Juristen **Cass Sunstein** hat Richard Thaler die Theorie der Anstupser entwickelt (Thaler/Sunstein 2008). Auch sie war anfangs umstritten, ist heftig kritisiert worden, aber hat sich dann auf breiter Front durchgesetzt. Anstupser (»nudges«) helfen Menschen, trotz der für sie typischen Wahrnehmungs-, Berechnungs- und Umsetzungsschwächen die für sie richtigen Entscheidungen zu treffen. Die beiden Forscher unterscheiden, mit unverkennbar ironischem Unterton, zwischen zwei Typen von Menschen, den Econs und den Humans (Thaler/Sunstein 2008, S. 7). Als Econ bezeichnen sie einen Menschen, der sich entsprechend der klassischen ökonomischen Theorie verhält, eben der Homo oeconomicus. Als Humans bezeichnen sie alle anderen Menschen. Die Ironie besteht darin, dass es Econs nur in der wirtschaftswissenschaftlichen Literatur gibt, aber nicht im richtigen Leben. Die beiden Autoren folgern, dass sich sowohl die Wirtschaftswissenschaften als auch die Rechtswissenschaften lieber mit dem tatsächlichen Verhalten von Menschen befassen sollten, also den Humans. Und diese Menschen verhalten sich eben nicht immer im besten eigenen Interesse. Sie sind manchmal willensschwach, denken nicht langfristig genug und können auch nicht beliebig viele Informationen verarbeiten. Solchen Menschen kann geholfen werden, das für sie Richtige zu tun, indem man ihnen bestimmte Voreinstellungen im Falle einer Inaktivität gibt, ihnen die Auswahl erleichtert oder ihnen leicht zu verstehende Informationen zur Verfügung stellt.

Dass verhaltenswissenschaftliche Erkenntnisse in den Wirtschaftswissenschaften zu anderen Ergebnissen führen als die Erklärungsansätze der klassischen Ökonomie, lässt sich schon am Beispiel des weiter oben beschriebenen Gefangenendilemmas zeigen. So liegt es bei einer realistischeren Beschreibung der Entscheidungssituation nahe, dass sich die beiden Häftlinge kennen. Sie stehen ja im Verdacht, gemeinsam einen Raubüberfall begangen zu haben. Und wenn sie sich gut kennen, dann ist es durchaus denkbar, dass **Vertrauen** zwischen ihnen besteht. Die Berücksichtigung von Vertrauen führt dazu, dass sich im Gefangenendilemma ganz andere dominante Strategien ergeben und damit auch ein anderes Ergebnis. Jetzt würde keiner der beiden Häftlinge das Verbrechen zugeben und sich als Kronzeuge zur Verfügung stellen. Jeder würde fest darauf vertrauen, dass der andere ihn auch nicht verrät. Die jeweils dominante Strategie bestünde darin, nicht zu gestehen, so dass sich ein Gleichgewicht ergibt, in dem beide nur eine geringfügige Strafe bekommen. Die beiden Häftlinge können also durchaus auch ohne Kommunikation das für sie beide gemeinsam beste Ergebnis erreichen. Sie müssen eben nur darauf vertrauen können, dass sich der andere auch kooperativ verhält. Econs tun das nicht. Für sie würden weder Vertrauen in den anderen noch eine Absprache vorab funktionieren, weil sie keine Bindungswirkung haben (Agner 2021, S. 223). Humans verstehen den beiderseitigen Nutzen von Vertrauen sehr wohl. Sie halten sich an Absprachen und vertrauen einander ohne Absprachen, auch wenn es keine Sanktionsmöglichkeiten für spätere egoistische Abweichungen gibt.

Spieler verhalten sich in einer experimentell kontrollierten Gefangenendilemma-Situation tatsächlich kooperativer als man es gemäß der klassischen Theorie erwarten würde. Sie tun das vor allem dann, wenn man das Spiel anders benennt. Bezeichnen die Versuchsleiter das Experiment beispielsweise als internationale Verhandlungssituation oder als Studie zu sozialem Austausch, dann ergeben sich viel häufiger kooperative Lösungen, als wenn sie es als Unternehmensspiel oder als einen Austausch auf Kapitalmärkten vorstellen. Der **begriffliche Rahmen und der Kontext** spielen also eine große Rolle für das individuelle Verhalten. Die Verhaltensökonomen sprechen von »social framing« (Ellingsen et al. 2012). Der vorgegebene Rahmen bestimmt, was für ein Verhalten wir bei den anderen Spielern erwarten. Und diese Erwartung beeinflusst dann unser eigenes Verhalten. Offensichtlich lösen bestimmte Worte wie »Gemeinschaft« und »sozialer Austausch« andere Verhaltenserwartungen aus als Begriffe wie »Wettbewerb« oder »Markt«. Das lässt sich mit sozialen Normen erklären, auf die wir noch im Detail eingehen werden. Menschen wollen diese Normen befolgen, vor allem wenn sie davon ausgehen, dass andere Menschen sie auch befolgen.

Mittlerweile gibt es in der Ökonomie viele weitere verhaltenswissenschaftliche Ansätze zur Erklärung von menschlichen Entscheidungen. Wir werden im dritten Teil dieses Buches noch detailliert auf sie eingehen. Ein interessanter Bereich ist die bereits angesprochene **Finanzwirtschaft.** Sie betrachtet beispielsweise Anlageentscheidungen am Kapitalmarkt oder die Ausgabenbudgetierung im privaten Leben. Dabei zeigen die bisher vorliegenden Ergebnisse eines ganz deutlich. Die meisten Menschen verhalten sich sowohl am Kapitalmarkt als auch in privaten Geldfragen nicht nur ein bisschen irrational, sondern auffallend irrational. Sie versuchen, Verluste wieder zurückzuholen, obwohl vergangene Verluste nicht entscheidungsrelevant sein dürften. Sie führen eine mentale Buchhaltung mit verschiedenen Konten für unterschiedliche Ausgaben. Sie kaufen und verkaufen Wertpapiere viel öfter, als es sinnvoll wäre. Sie folgen dem Verhalten anderer Kapitalmarktteilnehmer wie eine Herde von Lemmingen, obwohl ein antizyklisches Verhalten klar höhere Renditen verspricht. Ähnliche Befunde gibt es für andere Anlageformen wie Gold oder Immobilien. Immer wieder bilden sich sogenannte Blasen, also Zeiten von stark steigenden Preisen für bestimmte Anlageklassen, ohne dass diese Preisanstiege rational erklärbar wären. In Zeiten politischer Unsicherheit kaufen mehr Menschen Goldmünzen und legen sie dann in ein Bankschließfach. Aber wer garantiert, dass diese Menschen im Fall echter Krisen oder kriegerischer Auseinandersetzungen mit diesen Goldmünzen irgendetwas kaufen können?

Im **Marketing** ist rationales Verhalten ebenfalls eher die Ausnahme als der Normalfall. Die Annahme des Homo oeconomicus, der immer rational Kaufentscheidungen trifft, passt offensichtlich nicht auf die Wirklichkeit. Folgerichtig haben Theorien der Verhaltensökonomik im Verkauf sowie in der Werbung große Bedeutung erlangt. Sie persönlich können die Bedeutung psychologischer Einflüsse auf das Informations- und Kaufverhalten vielleicht am besten anhand der folgenden Fragen selbst nachvollziehen. Welche Person würde ernsthaft behaupten, dass sie ihren Schmuck als Ergebnis eines rationalen Kalküls, beispielsweise als Wertanlage gekauft hätte? Welcher Manager oder welche Managerin wäre ehrlich der Ansicht, dass ein sündhaft teurer Marken-Kugelschreiber (zum Beispiel einer mit einem weißen Fleck auf der Kappe, den man deutlich sichtbar in der Hemdtasche tragen kann) besser schreiben kann als einer der Plastikkugelschreiber, die überall als Werbegeschenk verfügbar sind? Wer glaubt wirklich, dass heranwachsende Jugendliche Markenkleidung wollen (die alle anderen Jugendlichen auch haben und die die Zugehörigkeit zu einer sozialen Gruppe symbolisieren), weil die rational bewertbare Qualität diese Kleidungsstücke höher wäre als bei Nichtmarkenkleidung? Selbst wenn Sie sich selbst für einen besonders rational handelnden Menschen halten, wird Ihr Kaufverhalten höchstwahrscheinlich doch unbewusst von psychologischen Faktoren beeinflusst. Wir werden das in einem späteren Kapitel noch detailliert prüfen können.

Psychologische und soziale Einflüsse auf menschliches Verhalten lassen sich auch im Bereich der **Personalwirtschaft** überall beobachten. Sie werden zwar häufig nicht unter der Überschrift der Verhaltensökonomik untersucht, aber die Disziplinen der Motivations- und der Arbeitspsychologie beschäftigen sich schon sehr lange mit ihnen. Und auch in diesem Anwendungsbereich lässt sich klar erkennen, dass die Annahme eines streng rationalen Verhaltens unrealistisch ist. Finanzielle Leistungsanreize, die zu den klassischen Motivationsinstrumenten der ökonomischen Theorie gehören, entfalten oft nicht die erwartete leistungssteigernde Wirkung. Geld ist nur eine von vielen Motivationsquellen für Mitarbeiterinnen und Mitarbeitern. Außerdem ist den meisten Menschen die Lohngerechtigkeit wichtiger als die absolute Höhe des Gehalts. Eine objektive Leistungsbeurteilung fällt bei vielen Berufen und Tätigkeiten schwer, zudem wird sie überlagert von persönlichen Sympathien oder Antipathien. Ähnliches gilt für Verfahren der Personalauswahl wie Bewerbungsgespräche, die jeder von uns schon einmal erlebt hat. Auch hier spielen psychologische und soziologische Einflüsse eine sehr große Rolle und machen streng rationales Verhalten sehr unwahrscheinlich.

Ein weiterer Bereich der Wirtschaftswissenschaften, der sich meiner Ansicht nach noch viel mehr mit Verhaltenswirkungen befassen sollte als bisher, ist das strategische Management. Deshalb ist es in den Kanon der Anwendungsgebiete der Verhaltensökonomik in diesem Buch bewusst aufgenommen worden. Gerade bei der **Strategieformulierung** dominiert in der Theorie noch sehr stark die Vorstellung rationaler Überlegungen. Wir erwarten, dass die Geschäftsführungen und Vorstände von Unternehmen bei wichtigen Entscheidungen, beispielsweise dem Kauf eines anderen Unternehmens, ein rationales Kalkül anlegen. Wir gehen davon aus, dass ganze Stäbe und Beratergruppen dabei helfen, vor solchen Entscheidungen Daten zu sammeln, Marktprognosen zu erstellen und einen sogenannten Business Case zu berechnen. Auf keinen Fall würden wir akzeptieren, dass der Kauf eines anderen Unternehmens eine Bauchentscheidung der Vorstandsvorsitzenden ist oder auf einer spontanen Emotion in einer Aufsichtsratssitzung beruht. Und doch sind Zweifel angebracht. Denn in den Leistungsgremien von Unternehmen sitzen auch nur ganz normale Menschen mit den für unsere Spezies typischen

Restriktionen bei der Informationsverarbeitung, mit ihren Vorlieben für vereinfachte Entscheidungen, mit ihrer Neigung zur Selbstüberschätzung und mit ihren verzerrten Risikowahrnehmungen.

Die Forschungsmethoden der Verhaltensökonomik

Viele berühmte Befunde der Verhaltensökonomik gehen zurück auf **Experimente** (Falk/Heckman 2009). Und viele dieser Experimente sind mit Studierenden an Universitäten durchgeführt worden. Besonders häufig waren die Teilnehmer Studierende im Fach Psychologie. Das liegt einfach daran, dass in der Psychologie schon seit längerer Zeit gerne Experimente durchgeführt werden. Sie erlauben das Ableiten von Ursache-Wirkungszusammenhängen mit Hilfe einer gezielten Manipulation einzelner Variablen. Störende Einflüsse können weitgehend kontrolliert werden. Und die Personen, die Wissenschaftlerinnen und Wissenschaftler im Fach Psychologie am leichtesten für eine Teilnahme gewinnen können, sind nun mal deren Studierende. Insofern lautet eine klassische Kritik an Experimenten, dass wir nur etwas über das Verhalten von Psychologiestudenten lernen, nicht notwendigerweise auch etwas über das Verhalten »normaler« Menschen. Diese Sichtweise ist allerdings keine echte Kritik an der Forschungsmethode des Experiments. Sie spricht eher dafür, Experimente auch mit anderen Personen durchzuführen. In der verhaltensökonomischen Forschung ist das auch wiederholt geschehen, zum Beispiel sind Finanzmarktanomalien anhand von Experimenten mit erfahrenen Händlern untersucht worden (Smith/Suchanek/Williams 1988).

Eine weitere Kritik an Experimenten betrifft das recht künstliche Umfeld eines Labors. Es ist nicht garantiert, dass sich Menschen im normalen Leben genauso verhalten wie unter Beobachtung in einem Labor. Das gilt insbesondere, wenn es um Geld geht. Ein Experiment ist ohnehin schon eine vergleichsweise kostspielige Forschungsmethode. Daher können die finanziellen Anreize zur Teilnahme oder die Auszahlungen an die Gewinner nicht sehr hoch sein. Es kann deshalb nicht ausgeschlossen werden, dass Menschen ein anderes Verhalten zeigen, wenn viel Geld im Spiel ist (Beck 2014, S. 20–21). Allerdings zeigen alle bisherigen Studien, dass Versuchspersonen sich im Labor durchaus so verhalten wie im richtigen Leben. Die finanziellen Anreize scheinen typischerweise ausreichend hoch zu sein. Experimente haben zudem einen wichtigen Vorteil. Sie führen zu präzisen Erkenntnissen hinsichtlich der Ursache-Wirkungszusammenhänge zwischen Variablen, weil sie die Ausprägungen einzelner Variablen sehr genau kontrollieren können.

Kritisiert wurde auch, dass die Teilnehmerinnen und Teilnehmer von Experimenten angeblich bewusst in die Irre geführt werden. Der Vorwurf lautet auf **Sprachtrickserei** (Beck 2014, S. 78) und auf absichtliches Herbeiführen von Fehlern, um der langen Liste von Heuristiken und Verzerrungen eine weitere Beobachtung hinzufügen zu können. Ein typisches Beispiel der entsprechenden Debatten ist die Unterscheidung der sprachlich ähnlich klingenden Begriffe »Wahrscheinlichkeit« und »Häufigkeit«. Möglicherweise interpretieren manche Menschen den ersten Begriff als individuelle und subjektive Wahrscheinlichkeit des Auftretens von singulären

Ereignissen, nicht als Wahrscheinlichkeit eines stochastischen Ereignisses. Demnach würden sie bessere Antworten geben, wenn ihnen Entscheidungsprobleme mit Fragen zu Häufigkeiten (»wie viele von hundert Personen tun dies und das ...«) präsentiert werden (Gigerenzer 1991, dessen Kritik jedoch zurückgewiesen wird in Kahneman/Tversky 1996). Insgesamt muss der Vorwurf der Sprachtrickserei nach vielen Jahrzehnten der Forschung als unbegründet gelten. Die allermeisten Befunde verhaltensökonomischer Experimente sind in sehr vielen Studien mit wechselnder Wortwahl und mit ganz unterschiedlichen Versuchspersonen repliziert worden. Hinzu kommen bestätigende Beobachtungen von realem Verhalten, bei denen es überhaupt keine Beeinflussungsmöglichkeit durch die Semantik der gestellten Fragen gibt.

Eine andere in der verhaltensökonomischen Forschung häufig verwendete Methode ist die **Korrelationsstudie**. Hier sammeln Forscher zu zwei oder mehr Variablen Daten, sei es durch eigene Befragungen oder aus verfügbaren Sekundärdaten, und prüfen dann Korrelationen. Diese Korrelationen dürfen nicht mit kausalen Zusammenhängen verwechselt werden. Nur weil zwei Variablen korrelieren, heißt das noch nicht, dass die eine Variable kausal auf die andere wirkt. Ein lustiges Beispiel aus der Psychologie ist der Befund, dass die Ehedauer mit dem Haarverlust bei verheirateten Männern korreliert. Das liegt wahrscheinlich einfach daran, dass die Ehedauer direkt mit dem Lebensalter korreliert und der Haarverlust mit dem Lebensalter. Es bedeutet jedenfalls nicht, dass den Männern wegen ihrer Ehe die Haare ausfallen oder dass Männer, denen die Haare ausfallen, bessere Ehemänner sind (Myers/DeWall 2023, S. 38). Allerdings können Korrelationen durchaus auf Ursache-Wirkungsbeziehungen hinweisen. Der klare Vorteil von Korrelationsstudien liegt darin, dass eine große Bandbreite von potenziell interessanten Variablen und ihren Auswirkungen auf menschliches Verhalten untersucht werden können, ohne Beobachtungs- oder Placebo-Effekte befürchten zu müssen. Die große Gefahr von Korrelationsstudien besteht im Übersehen von weiteren Variablen, die ebenfalls auf den untersuchten Zusammenhang wirken, aber nicht erfasst wurden. Im Beispiel der Korrelation zwischen Ehedauer und Haarverlust wäre das Lebensalter eine solche übersehene, aber erklärende Variable.

Eine dritte Forschungsmethode in der Verhaltensökonomie, aber auch in anderen Wissenschaftsgebieten, ist die **Beschreibung**. Sie findet statt in Form von Fallstudien, teilnehmenden Beobachtungen oder persönlichen Befragungen. Hier kann der Kontext erfasst werden. Zudem findet das beschriebene Verhalten im Falle der Beobachtung unter realen Lebensbedingungen statt. Bei der Befragung ist mehr Vorsicht geboten als bei der Beobachtung. Nicht immer sagen Menschen in Umfragen die Wahrheit. Oft geben sie sozial erwünschte Antworten. Das erklärt, warum Wahlprognosen manchmal daneben liegen. In einer Befragung auf der Straße gibt kaum jemand zu, eine extremistische Partei zu wählen. Aber in der Anonymität der Wahlkabine kann das durchaus der Fall sein. Bei Befragungen kommt es auch sehr auf die Wortwahl an. Sie kann die Antworten signifikant beeinflussen. Eine Gefahr der Beschreibung liegt darin, es nicht bei der Deskription der verfügbaren Daten zu belassen, sondern bei ihrer Erklärung Plausibilitätsüberlegungen oder eigene Erfahrungen einfließen zu lassen. Diese können ganz falsch sein und zu irreführenden Schlussfolgerungen führen (Kahneman 2012, S. 77). Deshalb müssen insbesondere Einzelfallstudien vorsichtig interpretiert werden. Die folgende Darstellung 3 fasst die typischen Forschungsmethoden der Verhaltensökonomik noch einmal zusammen (Myers/DeWall 2023, S. 43).

Dar. 3: Forschungsmethoden im Überblick

Methode	Ziel	Durchführung	Schwächen
Beschreibung	Verhalten beobachten und beschreiben	Fallstudien, Beobachtungen, Befragungen	Keine Kontrolle der Variablen, Einzelfälle können irreführend sein
Korrelationsstudie	Aufdeckung von Zusammenhängen, Prognosen	Datensammlung zu zwei oder mehr Variablen ohne Datenmanipulation	Keine Aussage über Kausalität möglich
Experiment	Aufdeckung von Ursache-Wirkungs-zusammenhängen	Manipulation der unabhängigen Variablen, Beobachtung	Ergebnisse nicht immer verallgemeinerbar, manchmal ethische Probleme

Die Kritik der traditionellen Ökonomen an der Verhaltensökonomik

Zunächst einmal ist es durchaus überraschend, dass es die Verhaltensökonomik als Teildisziplin der Ökonomik gibt. Denn jede ökonomische Theorie sollte sich ja mit menschlichen Entscheidungen befassen und daher psychologische sowie soziale Einflüsse berücksichtigen. Herbert Simon hat explizit auf diese Schwierigkeit des Begriffs hingewiesen und etwas provokant gefragt, ob es überhaupt »non-behavioral economics« geben könne (Simon 1987). Richard Thaler hat die Erwartung geäußert, dass es in Zukunft nur noch eine ökonomische Forschung geben wird, für die gilt: »All economics will be as behavioral as the topic requires.« (Thaler 2016, S. 598) Die Frage nach der Existenz einer ökonomischen Theorie ohne Berücksichtigung von Psychologie und Soziologie ist jedoch aus meiner Sicht zu bejahen. Es ist nicht unfair, die klassische ökonomische Forschung als bewusst anti-verhaltenswissenschaftlich ausgerichtet zu bezeichnen. Psychologische Effekte kommen in ihr nicht vor oder werden wegargumentiert. Alle wirtschaftlichen Aktionen werden so betrachtet, *als ob* ihnen ein rationales Kalkül zugrunde läge, selbst wenn das objektiv gar nicht möglich gewesen ist.

Eine solche Sichtweise auf ökonomisches Handeln hat sich jedoch auf Dauer nicht halten können. Die vielen Befunde der verhaltensökonomischen empirischen Forschung, über die in diesem Buch berichtet werden wird, sind einfach inkompatibel mit den Prognosen herkömmlicher ökonomischer Modelle. Sie können nicht mehr als eine Ansammlung von vereinzelt zu beobachtenden Anomalien und Verhaltensauffälligkeiten bezeichnet werden, weil sie in vielen Studien repliziert und bestätigt wurden. Anomalien und Auffälligkeiten des menschlichen Entscheidungsverhaltens sind auch nicht im Zeitablauf verschwunden. Das war eines der rettenden Argumente von Vertretern der klassischen Ökonomie. Es sollten auf Dauer nur rationale Marktteilnehmer langfristig erfolgreich sein und »überleben«. Das ist allerdings eindeutig nicht der Fall. Die von Verhaltensökonomen beobachteten Phänomene sind stabil und finden sich dauerhaft in vielen Kulturkreisen (Mullainathan/Thaler 2001). Irrationales oder begrenzt rationales Handeln wird nicht evolutorisch vom Markt verdrängt, sondern besteht fort. Es ist trotzdem (oder gerade deshalb) interessant, sich die Argumente näher anzusehen, die anfänglich gegen die Verhaltensökonomie vorgebracht wurden. Richard Thaler hat sie durchaus verächtlich als »explainawaytions« bezeichnet (Thaler 2016, S. 579).

Ein erstes Argument klassischer Ökonomen gegen die Gültigkeit von Theorien der Verhaltensökonomie ist die **Arbitragefunktion von Märkten.** Wenn es stabil irrationales Verhalten gäbe, dann müssten klügere Marktteilnehmer in der Lage sein, es auszunutzen und Arbitragegewinne zu erzielen. Auf diese Weise würden irrationale Personen auf Dauer vom Markt verdrängt werden und verschwinden. Der Arbitrage sind allerdings auf den meisten Märkten enge Grenzen gesetzt. Niemand kann durch Gegenwetten verhindern, dass einzelne Personen zu wenig für ihr Alter sparen, zu teure Autos kaufen oder die falschen Mitarbeiter einstellen. Sogar an Kapitalmärkten findet keine perfekte Arbitrage statt. Denn die Risiken einer Wette gegen den Markttrend sind hoch. Zudem lässt sich auch für »kluge« Anleger oft viel mehr Geld verdienen, wenn sie dem Verhalten von »dummen« Anlegern folgen, statt dagegen Arbitrage zu betreiben (Shleifer/Vishny 1997). Hinzu kommt, dass viele menschliche Entscheidungen gar nicht auf Märkten stattfinden. Denken Sie nur an die Partnerwahl oder die Wahl eines Studienfachs. Hier können keine Gegenpositionen aufgebaut oder Arbitrage betrieben werden. Niemand kann und wird unsere »dummen« Entscheidungen korrigieren.

Das zweite Argument gegen die Verhaltensökonomie verweist auf die **evolutorische Überlegenheit rationalen Verhaltens.** Es ist jedoch ebenfalls nicht überzeugend. Ein typisches Beispiel ist die Selbstüberschätzung. Sie ist irrational, kann aber nützlich sein. Es wäre durchaus denkbar, dass Menschen, die ihre eigenen Fähigkeiten überschätzen, erfolgreicher sind als ihre realistischeren Artgenossen, vor allem in spieltheoretischen Situationen, also im Wettbewerb. Dann würden die evolutorischen Kräfte nicht das irrationale Verhalten vom Markt verdrängen, sondern das rationale. Zudem haben viele menschliche Entscheidungen keinen unmittelbaren oder sogar gar keinen Einfluss auf unsere Überlebensraten. Wer zu wenig spart, der hat im Alter weniger Geld, aber er stirbt nicht früher. Gleiches gilt für falsche Anlageentscheidungen an Kapitalmärkten oder eine überhöhte Konsumneigung. Selbst bei Unternehmen, die systematisch falsche Personalentscheidungen treffen oder irrationale Strategien verfolgen, findet nicht zwingend eine evolutorische Auslese statt. Mit gewisser Wahrscheinlichkeit machen alle anderen Unternehmen die gleichen Fehler. Und auch am Markt der Produkte und Dienstleistungen führt eine unterdurchschnittliche Rendite nicht gleich zu einer Verdrängung. Solange ein Unternehmen nicht insolvent wird, kann es auch bei unterdurchschnittlicher Rentabilität dauerhaft am Markt bestehen.

Als drittes Argument für die Überlegenheit des Konzepts eines Homo oeconomicus und damit der klassischen ökonomische Theorien ist auf das **Lernen** verwiesen worden. Wer sich begrenzt rational oder irrational verhält, der sollte irgendwann merken, dass er schlechtere Ergebnisse erzielt. Er oder sie sollte aus diesen Fehlern lernen und sich so auf Dauer rationaler verhalten. Dieser Mechanismus versagt jedoch ebenfalls häufig. In sehr vielen Lebenssituationen können wir aus falschen Entscheidungen gar nichts lernen. Bleiben wir einen Moment bei der Beobachtung einer zu geringen Altersvorsorge. Wenn ich in jungen Jahren zu viel konsumiere und zu wenig für das Alter spare, dann merke ich das erst, wenn es zu spät ist (wenn ich nämlich alt bin). Wenn ich in Geschäften auf psychologische Tricks wie Preisangaben in roter Farbe oder vermeintliche Rabatte hereinfalle, dann merke ich das auch später nicht und lerne entsprechend nichts. In anderen Situationen gibt es einfach zu wenige Vergleichsmöglichkeiten, um aus irrationalem Verhalten zu lernen. Wie oft kann ich eine falsche Berufswahl korrigieren? Wie oft kauft eine Managerin oder ein Manager ein anderes Unternehmen? Was kann ich aus einem Fehlkauf am Aktienmarkt für weitere Käufe anderer Aktien lernen?

Eine wichtige, aber bisher noch nicht vollständig beantwortete Frage an die Verhaltensökonomie betrifft die **Existenz einer einheitlichen Theorie**. Es ist auf Dauer nicht ausreichend, auf Abweichungen des realen Verhaltens von perfekt rationalem Verhalten hinzuweisen. Es kann auch nicht das Ziel sein, menschliches Verhalten als komplett irrational und damit als rein stochastisch darzustellen. Die Verhaltensökonomik muss vielmehr Theorien eines vorhersehbar irrationalen Verhaltens entwerfen (Daxhammer/Facsar/Papp 2023, S. 331). Sie muss psychologische, soziale oder neurobiologische Erklärungen für bestimmte Entscheidungen liefern. Nur dann kann sie empirisch gehaltvolle, also testbare Hypothesen generieren. Es geht also darum, von rein deskriptiven Modellen des Verhaltens zu präskriptiven Modellen zu kommen. In manchen Bereichen ist das schon geschehen. Die bereits erwähnte Prospect-Theorie liegt vielen Erklärungen der Verhaltensökonomik zugrunde und eignet sich meiner Ansicht nach auch für Prognosen von Verhalten. In anderen Bereichen wurden jedoch unterschiedliche Verzerrungen und Anomalien beobachtet, die nicht mit einer einheitlichen Theorie erklärt werden können. Hier muss noch Theoriefortschreibung betrieben werden. Und dazu will dieses Buch einen Beitrag leisten.

Zusammenfassung

1. Bewertungs- und Entscheidungsprobleme behandelt die klassische Ökonomie in der Entscheidungstheorie und in der Spieltheorie.
2. Eine der zentralen Annahmen klassischer ökonomischer Modelle ist die Nutzenmaximierung durch rational handelnde Akteure. Diese Annahme wird von der Verhaltensökonomik in ihrer allgemeinen Form als unrealistisch angesehen.

3. Verhaltensökonomische Ansätze lassen sich bereits früh in wirtschaftswissenschaftlichen Untersuchungen nachweisen. Heute kann Verhaltensökonomik als etablierte Disziplin angesehen werden, deren Forschungsergebnisse bereits mit mehreren Nobelpreisen ausgezeichnet wurden.
4. Die Verhaltensökonomik nutzt ein breites Repertoire an Forschungsmethoden. Die anfangs vorherrschenden Experimentalstudien im Labor wurden später ergänzt durch Beobachtungen realer Entscheidungssituationen und empirische Analysen von menschlichem Verhalten.
5. Vertreter der klassischen Ökonomie erwarten, dass unvernünftiges menschliches Verhalten in der Realität durch Arbitrage, durch Lernen und durch Wettbewerb mit rationalen Marktteilnehmern ausgemerzt wird. Diesen Korrekturen sind jedoch enge Grenzen gesetzt.

2 Die Neurobiologie

Das Erkenntnisinteresse der Neurobiologie

Die Neurowissenschaft, die auch Neurobiologie heißt, ist ein Teilgebiet der Biologie. Sie hat zudem viele Berührungspunkte mit der Psychologie. Denn der Körper eines Menschen beeinflusst seine Gedanken und Gefühle. Umgekehrt gilt dasselbe. Unsere Gedanken und Gefühle drücken sich in körperlichen Reaktionen aus. Daher lautet eines der Grundprinzipien der Psychologie: »Alles, was psychisch ist, ist gleichzeitig auch biologisch« (Myers/DeWall 2023, S. 56). Diese Erkenntnis hilft sehr bei der Erklärung interessanter Phänomene des menschlichen Lebens wie Bewusstsein, Emotionen und Gedächtnis. Ausgangspunkt der Neurobiologie ist ein Verständnis des Aufbaus und der Funktionsweise von Nervenzellen, die auch **Neuronen** genannt werden. Sie bilden die kleinsten Bausteine unseres Nervensystems. Über Neuronen erfolgt die Informationsverarbeitung (Beck 2013, S. 41). Sie sind auch für die Entstehung und den Ablauf emotionaler Reaktionen zuständig. Jede Nervenzelle besteht aus einem Zellkörper und verschiedenen von ihm abzweigenden Fasern, den eher kurzen Dendriten und den zum Teil sehr langen Axonen. Über sie werden Impulse (Nachrichten) an andere Neuronen weitergeleitet. Die Axone sind von einer Fettgewebsschicht (Myelinschicht) umgeben, die die Weiterleitung von Impulsen beschleunigt. Bei neuronalen Erkrankungen wie der Multiplen Sklerose bildet sich die Myelinschicht um manche Nervenfasern zurück, was die Weiterleitung von Informationen über diese Fasern einschränkt oder ganz verhindert und zu entsprechenden Funktionsstörungen führt (Myers/DeWall 2023, S. 60).

Der Mensch hat ein zentrales und ein peripheres Nervensystem. Das zentrale Nervensystem besteht aus dem Gehirn und dem Rückenmark. Es fungiert als Schaltstelle für die Informationsverarbeitung und steuert die Reaktionen des Körpers auf Sinnesreize. Mit dem Begriff peripheres Nervensystem bezeichnen wir die Nervenzellen, die Signale zwischen dem zentralen Nervensystem und anderen

Teilen des Körpers hin- und herschicken. Sie tun das über die genannten elektrischen Impulse. Neurobiologen sprechen davon, dass Neuronen »feuern«, wenn sie von anderen Neuronen erregt werden und dann ihrerseits Signale übertragen. Die Verbindungsstellen zwischen Neuronen nennt man Synapsen oder auch synaptische Spalten. Die chemischen Botenstoffe, die die Synapsen überbrücken, werden als **Neurotransmitter** bezeichnet. Wichtige Neurotransmitter sind Dopamin, Serotonin, Glutamat und Noradrenalin. Ein Mangel an Neurotransmittern bewirkt neuronale oder psychische Störungen. So führt beispielsweise Serotonin-Mangel zu Depressionen und Dopamin-Mangel ist ein Merkmal der Parkinson-Krankheit. Manche neuronalen Vorgänge wie Sprache oder Bewegung werden bewusst durch das sogenannte somatische Nervensystem gesteuert. Andere Vorgänge wie Temperaturregulierung, Atmung oder Blutdruck laufen unbewusst ab. Dafür ist das vegetative Nervensystem zuständig. Neben der neurobiologischen Grundlagenforschung existiert eine medizinische Ausrichtung der Neurobiologie. Sie sucht nach Ursachen und Behandlungsmöglichkeiten von Nervenkrankheiten.

Die größte Bedeutung für das menschliche Leben hat das Gehirn. Es ist das Organ, mit dem wir unsere Entscheidungen treffen. Man sagt auch, dass uns erst das Gehirn zu Menschen macht. Die wissenschaftliche Beschäftigung mit dem Gehirn bezeichnet man als **Hirnforschung**. Durch die Nutzung bildgebender Verfahren und durch die großen Fortschritte in der Neurobiologie wissen wir heute sehr viel mehr über die Funktionsweise des Gehirns als noch vor einigen Jahren. Wir verstehen, welche Areale des Gehirns welche Aufgaben übernehmen. Wir verstehen ungefähr, wie die einzelnen Teile des Gehirns zusammenarbeiten. Darüber hinaus sind jedoch noch sehr viele Fragen offen. Insbesondere ist bislang unklar, wie genau unser Gehirn in welchen Situationen Entscheidungen trifft. Ich werde im Folgenden nicht versuchen, jedes Detail des menschlichen Gehirns und seiner Funktionsweise umfassend zu erklären. Dazu gibt es schon sehr gute Bücher (z. B. Carter 2014 oder Thompson 2016). Es geht mir nur darum, die Anatomie von Wahrnehmung, Emotion und Entscheidungen darzustellen, soweit sie eben nach dem Stand der gegenwärtigen Forschung bekannt ist.

Das Gehirn des Menschen kann ohne Übertreibung als ein **Wunderwerk** der Schöpfung bezeichnet werden. Es ist eine hochkomplexe Steuerungs-, Entscheidungs- und Informationszentrale. Es beeinflusst direkt oder indirekt alle Vorgänge in unserem Körper und alle unsere Reaktionen auf die Umwelt. Bei der Geburt wiegt unser Gehirn etwa 300 bis 400 Gramm. Wenn es ausgereift ist, wiegt es ungefähr 1,5 Kilogramm, das entspricht etwa 2 Prozent unseres Gesamtgewichts. Wenn Sie selbst größere Kinder haben, dann kennen Sie die immer wieder aufkommende Frage, wann denn das Gehirn eines Menschen endlich ausgereift ist. Rechtlich sind wir zwar ab 18 Jahren erwachsen, aber das Gehirn erreicht wohl erst im Alter von 30 Jahren seinen Reifestatus. Trotz des relativ geringen Anteils an unserem Gesamtgewicht ist das Gehirn für einen sehr großen Anteil unseres Energiebedarfs verantwortlich. Bei Erwachsenen sind es 20 Prozent. Bei Säuglingen und Kleinkindern gehen sogar 50 Prozent der verbrauchten Energie auf das Konto des Gehirns. Benötigt werden vor allem Sauerstoff und Zucker bzw. Glukose. Das

Gehirn kann nur sehr kurz ohne externe Energiezufuhr auskommen, es verfügt über keinen nennenswerten Energiespeicher. Bei einem Ausfall der Sauerstoffzufuhr entstehen schon nach wenigen Minuten bleibende Hirnschäden.

Unser Gehirn erfüllt im Wesentlichen **sechs Funktionen** (Roth 2007, S. 52–53). Die erste Funktion besteht darin, den Körper des Menschen am Leben zu erhalten. Wir müssen in der Lage sein, zu atmen, Nahrung aufzunehmen und uns vor Bedrohungen zu schützen. Die zweite Funktion des Gehirns ist die Wahrnehmung, die auch als Sensorik bezeichnet wird. Sie umfasst unter anderem ein visuelles (sehen), ein auditorisches (hören) und ein somatosensorisches System (Körperempfinden). Die dritte Funktion ist die Bewegungssteuerung, für die es ein motorisches und ein vestibuläres System (Gleichgewicht halten) gibt. Sie läuft weitgehend unbewusst ab. Wir zucken zusammen, wenn wir ein lautes Geräusch hören oder springen zur Seite, wenn ein Gegenstand plötzlich auf uns zukommt. Eine vierte Gehirnfunktion ist für die Emotionsregulierung und die Verhaltenssteuerung zuständig. Hier werden Sinneswahrnehmungen intuitiv und unbewusst bewertet. Die fünfte Funktion besteht im kognitiven Bewerten von Sinneswahrnehmungen, also im Denken, Vorstellen und Erinnern, aber auch im Sprechen. Die sechste Gehirnfunktion kann als Handlungsplanung und Handlungsvorbereitung bezeichnet werden. Sie versetzt uns Menschen in die Lage, angemessen auf Probleme zu reagieren und aus verschiedenen Handlungsalternativen bewusst auszuwählen.

Die Koordination der einzelnen Gehirnteile erfolgt über ein besonders enges Netz von Neuronen. Die Verbindungen sind so dicht, dass selbst unter einem Mikroskop kaum zu erkennen ist, wo ein Neuron endet und das nächste anfängt. Wird das Gehirn herausgefordert, zum Beispiel in der Entwicklung vom Kind zum Erwachsenen, durch Spielen oder durch konzentriertes Lernen, dann bilden sich neue Synapsen. Bleiben bestimmte Verbindungen längere Zeit ungenutzt, dann lösen sie sich auf. Deshalb bezeichnet man unser Gehirn auch als **neuroplastisch**. Es entwickelt sich immer weiter (Myers/DeWall 2023, S. 57). Die elektrischen Stimuli zwischen den Nervenzellen des Gehirns werden sehr schnell übertragen, in weniger als einem Tausendstel einer Sekunde. Bei anderen Neurotransmittern wie beispielsweise Noradrenalin, Dopamin oder Serotonin findet die Übertragung etwas langsamer statt (Roth 2007, S. 56). Das menschliche Gehirn ist insgesamt mit etwa 100 Milliarden Neuronen ausgerüstet. Seine hohe Leistungsfähigkeit entsteht jedoch nicht primär durch die große Anzahl der Neuronen, sondern durch die Vielzahl der Verknüpfungen der Neuronen untereinander.

Die Anatomie des Gehirns

Der entwicklungsgeschichtlich älteste Teil des menschlichen Gehirns ist das **Kleinhirn**. Es wird auch Cerebellum genannt, liegt am hinteren Teil des Hirnstamms und steuert vitale Funktionen wie Herzfrequenz, Blutdruck und Atmung. Der Hirnstamm verbindet die anderen Teile des Gehirns mit dem Rückenmark. Am Kleinhirn beginnen viele wichtige Nervenbahnen, u. a. der Sehnerv, der Riechnerv, der Hörnerv und der Gleichgewichtsnerv. Das Kleinhirn besteht aus zwei Teilbereichen, dem Wurm und den Hemisphären. Es steuert die Bewegungsabläufe. Dazu ist es zum einen mit dem Großhirn verbunden, was eine bewusste Steuerung von Bewegungen über Gelenke und Muskeln ermöglicht (Beck 2013, S. 19). Zum anderen ist das Kleinhirn direkt mit dem Gleichgewichtsorgan des Innenohres verbunden, was die Orientierung des Menschen im Raum erlaubt. Das Kleinhirn ist auch bei Lernvorgängen aktiv. Neueren Forschungsergebnissen zufolge ist es sogar an kognitiven Prozessen beteiligt. So wurde festgestellt, dass mit zunehmenden kognitiven Fähigkeiten ein Wachstum der Hemisphären einhergeht. Zudem kann man in bildgebenden Verfahren sehen, dass bei der Bearbeitung kognitiver Aufgaben das Kleinhirn aktiviert wird.

Vor und über dem Kleinhirn liegen Mittelhirn sowie Zwischenhirn. Den größten Teil des Zwischenhirns bildet der **Thalamus**. Er besteht aus mehreren Teilen. Am wichtigsten ist der Thalamus dorsalis. Er wird als »Tor zu unserem Bewusstsein« bezeichnet (Notebaert/Creuzfeldt 2015, S. 28). Er steuert Wachheit und Aufmerksamkeit. Der Thalamus ist die generelle Anlaufstelle für die Sinneswahrnehmung, also für Sehen, Hören, Schmecken und Fühlen. Nur wenn der Thalamus eingehende Informationen für relevant hält, gibt er sie an andere Teile des Gehirns weiter. Hält er sie nicht für relevant, dann erreichen sie gar nicht erst die restlichen Teile des Gehirns, sie werden ausgeblendet. Diese Filterfunktion erhöht die Effektivität des Gehirns, da weniger energieintensive Aktivitäten im Neokortex notwendig sind. Sie schützt unser Gehirn auch vor einer sensorischen Überlastung. Deshalb ist Drogenkonsum auch so schädlich. Er wirkt sich direkt auf den Thalamus aus. Er schaltet dessen Filterfunktion ab und lässt alle Informationen ungehindert zum Gehirn vordringen. Das Ergebnis ist eine starke Reizüberflutung mit entsprechenden Überlastungsreaktionen des Gehirns. Ist der Drogenrausch vorbei, folgt typischerweise eine sensible Phase. Die Filterfunktion des Thalamus ist wieder aktiviert, aber die Drogenkonsumenten sind nun sehr empfindlich bei sensorischen Einflüssen wie Schmerzen, Licht und Geräuschen.

Der **Geruchssinn** stellt eine Ausnahme bei der Verarbeitung von Sinneswahrnehmungen dar. Er wird nicht durch den Thalamus gefiltert, sondern endet direkt in anderen Hirnarealen. Das hat evolutorische Gründe. Für unsere Vorfahren war der Geruch der wichtigste Hinweis darauf, was sie essen konnten und was nicht (Goleman 1997, S. 28). Heute ist das Riechen für die Nahrungsaufnahme nicht mehr so wichtig, aber der Geruch hat im Gehirn noch immer Priorität. Er entscheidet zum Beispiel maßgeblich darüber, zu welchen Menschen wir uns hingezogen fühlen und zu welchen nicht. Die sprichwörtliche Liebe auf den ersten Blick ist in vielen Fällen eher eine Liebe »auf den ersten Geruch«. Im allgemeinen Sprachgebrauch heißt es daher auch, dass wir »jemanden nicht riechen können«, wenn wir ihn nicht mögen. Umgekehrt lässt sich der große Erfolg von Parfums damit erklären, dass der Geruch für die Partnerwahl nach wie vor von überragender Bedeutung ist. Man kann es auch so sagen: Menschen verlassen sich bei der Fortpflanzungsentscheidung mehr auf ihr Riech- als auf ihr Sehvermögen.

Der **Hypothalamus**, der genau unter dem Thalamus liegt, ist zuständig für die Steuerung des autonomen Nervensystems. Es sorgt für die Aufrechterhaltung lebenswichtiger Funktionen wie Energieeinsatz, Wasserhaushalt und Wärmeregulation, aber auch für die Steuerung von vier elementaren Verhaltensweisen, die im Englischen als die sogenannten vier F bezeichnet werden (Fight, Flight, Feed, Fortpflanzung). Es handelt sich um unsere wichtigsten sozialen Reaktionen, die das eigene Überleben und das der Spezies als Ganzes sichern sollen (Notebaert/Creuzfeldt 2015, S. 28). Mit dem Hypothalamus verbunden ist die Hypophyse, die auch Hirnanhangdrüse heißt. In ihr werden Hormone erzeugt und in das Blut ausgeschüttet. Mit ihnen steuert das Gehirn das vegetative Nervensystem, das für die Körpertemperatur, den Herzschlag, die Ausscheidung, aber auch für Bedürfnisse wie Schlaf, Sexualtrieb, Hunger und Durst verantwortlich ist. Essstörungen wie Adipositas oder Anorexie zeigen sich in Störungen der Sättigungsfunktion des Hypothalamus. Ein bekanntes Hormon, das der Hypothalamus ausscheidet, ist das Oxytocin. Es löst die Wehen bei der Geburt sowie das Einschießen der Muttermilch in die weibliche Brust aus. Oxytocin steuert auch die sexuelle Erregung, den Orgasmus sowie das Bindungsverhalten von Menschen. Manche bezeichnen es daher als Kuschelhormon. Leider baut unser Körper es relativ schnell wieder ab.

Das Großhirn des Menschen, der **Neokortex** (auch Cortex oder Kortex genannt), besteht ähnlich wie das Kleinhirn aus zwei nahezu symmetrischen Teilen, der linken und der rechten Gehirnhälfte. Auch sie sind miteinander verbunden. Der Neokortex wird als »der Sitz des Denkens« bezeichnet (Goleman 1997, S. 29). Seine beiden Gehirnhälften erfüllen verschiedene Funktionen des Wahrnehmens, Zusammenfügens und Begreifens, die rechte eher für den künstlerischen Bereich, die räumliche Wahrnehmung und die Kreativität, die linke mehr für das mathematisch-logische Denken. Die Großhirnrinde, der zerebrale Kortex, umgibt das Großhirn. Auf ihr lassen sich die sogenannten Rindenfelder lokalisieren. Sie werden unterschieden in primäre Felder und in Assoziationsfelder (Beck 2013, S. 31). Zu den primären Feldern zählen zum Beispiel der visuelle Kortex, auf dem die Projektionen der Sehnerven münden, und der auditorische Kortex, der der Verarbeitung akustischer Reize dient. Assoziative Felder finden sich unter anderem im vorderen Teil des Gehirns. Ihre Aufgaben sind zum Beispiel das Gedächtnis und höhere Denkvorgänge. Durch das motorische Feld werden alle bewussten Bewegungen der Körpermuskulatur gesteuert. Im sensorischen Feld werden die Reize der Haut verarbeitet. Die Assoziationsfelder stimmen verschiedene Funktionen aufeinander ab. Erst das korrekte Zusammenspiel verschiedener Felder ermöglicht eine Funktion.

Auch unsere Gefühle, die Ausdrucksformen von Emotionen, werden im Gehirn gesteuert. Dafür ist im Wesentlichen das **limbische System** zuständig. Es befindet sich unter dem Großhirn, wo es den Hirnstamm wie einen Saum umschließt. Es besteht aus mehreren Untereinheiten, die entscheidend an der Verarbeitung von Emotionen sowie an Lernprozessen beteiligt sind. Oft wird das limbische System als das emotionale Gehirn des Menschen bezeichnet (Goleman 1997, S. 28). Ein anderer Begriff ist das Reptilien- oder Eidechsengehirn, weil es sich in ähnlicher Form auch in anderen, viel einfacheren Spezies findet. Das limbische System verarbeitet positive sowie negative Emotionen und steuert unser Triebverhalten. Es meldet den anderen Teilen des Gehirns Grundbedürfnisse wie Hunger, Durst, Müdigkeit oder den Geschlechtstrieb. Das Eidechsengehirn steuert weiterhin plötzlich aufkommende Emotionen, sogenannte Affekte. Dazu gehören Wut, Hass, Panik und Aggressionen. Schließlich sammelt das limbische Gehirn laufend Informationen, bildet also ein emotionales Gedächtnis aus. Es ordnet bestimmten Erlebnissen schlechte oder gute Emotionen zu. Das geschieht unbewusst. Wenn wir Gefühle haben, dann kommen sie ursprünglich also immer aus dem limbischen System. Sie werden auch als »Kurzberichte aus dem emotionalen Gedächtnis« bezeichnet (Roth 2007, S. 147) und haben starken Einfluss auf unser Handeln.

Die größte Bedeutung für unser Entscheidungsverhalten hat ein mandelförmiger Teil des limbischen Systems, die Amygdala bzw. der **Mandelkern.** Er ist paarig angelegt, besteht also aus zwei etwa bohnengroßen Verbänden von Nervenzellen. Die menschliche Amygdala ist damit im Vergleich zu der von anderen Primaten auffallend groß. Sie spielt eine wichtige Rolle für Lernen, Gedächtnis und die Verarbeitung von Gefühlen. Die Amygdala ist das Angstzentrum des Gehirns. Sie speichert emotionale Erinnerungen und Erfahrungen, die später bei ähnlichen Sinnesreizen immer wieder und sehr schnell aufgerufen werden können. Ergibt sich aus dem Abgleich der Sinneswahrnehmung mit den gespeicherten Erinnerungen eine potenzielle Gefahr, dann werden Stresshormone ausgeschüttet. Das Ziel ist die Ermöglichung einer schnellen Reaktion zur Abwehr der Gefahr, zum Beispiel in Form von Weglaufen oder Angreifen. Ein Vorteil des Mandelkerns gegenüber dem Neokortex ist seine direkte Verbindung zu vielen anderen Hirnbereichen. Sie hat zur Folge, dass der Mandelkern auf externe Sinnesreize viel schneller reagieren kann als beispielsweise der Neokortex und damit das Bewusstsein (Notebaert/ Creuzfeldt 2015, S. 31). Unser Körper reagiert also automatisch und blitzschnell auf Bedrohungen, lange bevor sie bewusst wahrgenommen und rational gedeutet werden. Diese sehr schnell und unbewusst ablaufende Angstreaktion der Amygdala dient evolutorisch dem Überleben, kann jedoch bei manchen Menschen auch unerwünschte Folgen wie Panikattacken oder aggressive Wutausbrüche haben.

Ein Bindeglied zwischen Neokortex und limbischem System ist der **Hippocampus.** Er ist die Schaltstelle zwischen Kurz- und Langzeitgedächtnis sowie zuständig für den Orientierungssinn. Der Hippocampus ist Träger des Vorbewussten. Man kann ihn als Organisator des sprachlich formulierten, sogenannten deklarativen Gedächtnisses bezeichnen (Roth 2007, S, 47–48). Hier wird festgelegt, welche Erfahrungen wo abgelegt werden. Besondere Bedeutung hat dabei das Erlebnisgedächtnis. Es speichert ab, was im Laufe des Lebens mit uns und mit uns nahestehenden Menschen passiert ist. Es speist unser autobiografisches Gedächtnis, also wie wir uns selbst sehen. Aus dem Erlebnisgedächtnis wird auch eine Teilmenge in Form eines Wissensgedächtnisses abgeleitet. Es enthält Fakten, die wir zunächst persönlich erlebt haben, die dann aber ohne persönlichen Kontext abgespeichert werden. Es ist für Menschen nur sehr schwer möglich, sich Fakten zu merken, die keinen Bezug zum eigenen Erlebnisgedächtnis haben. Das kann sicher jeder bestätigen, der schon einmal versucht hat, abstrakte Theorien, Gesetzestexte oder Bilanzrichtlinien für eine Klausur auswendig zu lernen.

Neurologische Mechanismen der Wahrnehmung und Informationsverarbeitung

Unser Gehirn ist sehr gut darauf eingestellt, Objekte in verschiedenen Kontexten und unter verschiedenen Bedingungen treffsicher zu erkennen und wiederzuerkennen. Das war in unserer Evolution auch lebenswichtig. Unsere Vorfahren mussten Raubtiere auch auf größere Entfernung oder bei schlechter Beleuchtung rechtzeitig erkennen können. Sie mussten den Gesichtsausdruck von anderen Menschen zuverlässig interpretieren können, um Freunde von Feinden zu unterscheiden. Im **Erkennen von Gegenständen, Personen und menschlichen Stimmungen** ist unser Gehirn ein wahrer Meister. Es kann das viel besser als Algorithmen oder Maschinen (Gigerenzer 2022, S. 101–107). Neugeborene erkennen nach kürzester Zeit das Gesicht ihrer Mutter. Kleinkinder können schon sehr früh treffsicher Hunde und Katzen unterscheiden, obwohl die anatomisch ähnlich aussehen. Es gibt Fünfjährige, die jedes Auto, das sie sehen, korrekt benennen können. Erwachsene erkennen Prominente in Karikaturen, die nur aus wenigen Bleistift-Strichen bestehen. Und wir erkennen Menschen wieder, auch wenn wir sie vor vielen Jahren zum letzten Mal gesehen haben. Oft erinnern wir uns nicht an den Namen der Person oder den Ort der Begegnung, aber wir wissen beim ersten Anblick genau, dass wir diesem Menschen irgendwo schon einmal begegnet sind.

Unser Gehirn ist deshalb so gut im Erkennen und Wiedererkennen, weil es dafür verschiedene Sinne nutzt, nicht nur die Neuronen des Sehens, Hörens, Fühlens und Riechens. Es verfügt über sogenannte assoziative Areale, die selbst keine primären sensorischen oder motorischen Informationen verarbeiten, sondern solche Informationen aggregieren und sie mit Gedächtnisinhalten verbinden und assoziieren (Roth 2007, S. 42). Alle eingehenden Informationen werden also immer mit früheren Sinnesreizen, Erfahrungen und Emotionen abgeglichen. Sie werden kontextabhängig interpretiert. Dabei arbeiten das kognitive und das limbische System zusammen. Unser Gehirn prüft bei allen eigehenden Informationen zunächst, ob sie es überhaupt wert sind, ins Bewusstsein zu gelangen. Wenn etwas unwichtig erscheint, dann beschäftigt sich das Gehirn entweder gar nicht damit oder es bearbeitet die Information in einer unbewussten Routine. Das erklärt sogenannte **unterschwellige Wahrnehmungen**. Unsere Sinne sehen etwas, aber es dringt nicht bis ins Bewusstsein durch. Es kann direkt vor uns stehen und deutlich sichtbar sein, aber wir nehmen es nicht bewusst wahr. Ein bekanntes Beispiel ist die Butter im Kühlschrank. Sie steht direkt vor unseren Augen, aber wir sehen sie nicht. Wir behaupten im Brustton der ehrlichen Überzeugung, da sei keine Butter im Kühlschrank (vor allem Männer sind von diesem Phänomen betroffen, weil sie als Jäger und Sammler eher den Fernbereich als den Nahbereich der Wahrnehmung ins Bewusstsein gelangen lassen).

Eine besondere Eigenschaft der menschlichen Wahrnehmung ist ihre enorme Schnelligkeit. Zwischen einer Wahrnehmung eines externen Sinnesreizes und der vom Mandelkern ausgelösten Reaktion liegen nur 12 Millisekunden, also zwölf Tausendstel einer Sekunde (Goleman 1997, S. 42). Zum Überleben in der Frühzeit war eine schnelle Reaktion auf Gefahren sicherlich hilfreich. Der Nachteil der sehr schnellen und unmittelbaren Verdrahtung zwischen Thalamus und Mandelkern besteht jedoch darin, dass die emotionalen Reaktionen des Menschen rein intuitiv erfolgen und manchmal selbst ex post nur schwer zu begründen sind. In der Frühzeit des Menschen war das nicht schlimm. Wir brauchten als Urmenschen bei der Begegnung mit einem Tier oder einer Pflanze nicht zu wissen, um was für eine Spezies es sich genau handelt. Es reichte aus, zu wissen, dass dieses Tier oder diese Pflanze möglicherweise gefährlich ist. Und es war besser, einmal zu häufig mit Flucht zu reagieren als einmal zu wenig. Auch als Säugling bzw. Kleinkind sind **schnelle Reaktionen** des Mandelkerns überlebenswichtig. Für Erwachsene in der heutigen Zeit gilt das vor allem in sozialen Beziehungen allerdings nicht mehr. Hier können schnelle und instinktiv gesteuerte Reaktionen eher Schaden anrichten als schützen. Manchmal sind sie auch verwirrend oder belastend für die betroffene Person selbst. Eine Erklärung lautet, dass die Reaktion des Mandelkerns in einem frühen Abschnitt unseres Lebens geprägt wird, wenn alles noch verwirrend ist und wir auch noch keine Worte haben, um unsere Gefühle auszudrücken.

Manche Neurobiologen sprechen davon, dass wir ein zweites Wahrnehmungsorgan oder sogar ein zweites Gehirn haben. Gemeint ist unser **Verdauungstrakt** und dort insbesondere der Darm. Er ist über den Vagusnerv direkt mit dem Gehirn verbunden. Gehirn und Verdauungstrakt beeinflussen sich wechselseitig. Die eine Wirkungsrichtung ist allen Menschen gut bekannt. Unsere Stimmungen und Gefühle beeinflussen, was im Verdauungstrakt passiert. Stress, unangenehme Emotionen und insbesondere Angst schlagen uns sprichwörtlich auf den Magen. Wir haben keinen Appetit oder bekommen Magenschmerzen. Schwierige Entscheidungen, so sagt man, liegen uns »schwer im Magen«. Langanhaltende Stresssituationen und seelische Probleme bewirken Krankheiten des Verdauungstrakts wie Magengeschwüre und Reizdarm. Auch im positiven Sinne hat unser erstes Gehirn Auswirkungen auf das zweite Gehirn. Wenn wir verliebt sind, dann fühlen wir Schmetterlinge im Bauch. Das Sprichwort besagt: »Liebe geht durch den Magen.« Und auch weniger intensive positive Gefühle beflügeln unsere Verdauung. In guter Stimmung schmeckt uns das Essen besser. In Gemeinschaft essen wir mehr.

Bislang weniger erforscht, aber fast noch interessanter ist jedoch die umgekehrte Wirkungsrichtung. Sie ist Gegenstand einer relativ neuen Wissenschaftsdisziplin, der **Neurogastroenterologie**. Unstrittig ist, dass der Darm über hunderte Millionen Nervenzellen verfügt, mit denen er Informationen aufnimmt. Einen Teil dieser Informationen leitet er über den Vagusnerv an das Gehirn weiter. Dabei geht es kurzfristig um Mechanismen wie das Empfinden von Hunger oder die Appetitzügelung, wenn genug Nährstoffe im Darm angekommen sind. Der Darm sendet jedoch auch langfristige Botschaften und steuert unsere Gefühle. Verantwortlich ist dafür das sogenannte Mikrobiom, die Zusammensetzung von Bakterien, Viren und Pilzen im Darm. In verschiedenen Studien wurde gezeigt, dass sich das Mikrobiom von Menschen mit Krankheiten wie Depressionen, Parkinson, Adipositas (Übergewicht) oder Psoriasis (Schuppenflechte) signifikant von dem Mikrobiom gesunder Menschen unterscheidet (Cheung et al. 2019). Offen ist dabei zunächst, ob die Krankheit das Mikrobiom im Darm verändert, oder ob ein gestörtes Mikrobiom die Krankheit auslöst. In Mäuseversuchen konnten Krankheiten geheilt werden, einfach indem Bakterien aus dem Stuhl gesunder Mäuse in den Darm von kranken Mäusen übertragen wurden. Man nennt das Stuhltherapie. Sie ist beim Menschen noch nicht ausreichend erforscht, verspricht aber ganz neue Therapiechancen für bisher kaum behandelbare Leiden.

Noch weitergehender sind Studien, die einen **Zusammenhang zwischen dem Mikrobiom und der Persönlichkeit** eines Menschen vermuten. Der Anlass für diese Vermutung waren erneut Beobachtungen in Mäuseexperimenten. Implantiert man beispielsweise den Stuhl von Menschen mit Autismus in Mäuse, dann verändern die Tiere ihr Sozialverhalten. Sie werden ängstlicher und suchen weniger Kontakt zu ihren Artgenossen. Auch zum Menschen gibt es erste Erkenntnisse (Johnson 2020, Cheung et al. 2019). So wurden Versuchspersonen stressresistenter, wenn sie durch entsprechende Ernährungsumstellung die Diversität ihres Mikrobioms erhöhten. In den Därmen von extrovertierten, sozial aktiven und verträglichen Menschen kommen bestimmte Bakterienstämme häufiger vor als in denen von eher introvertierten Personen. Und bei autistischen Kindern sind es genau diese Bakterien, die weitgehend fehlen. Das ist sehr interessant und nicht ganz überraschend, wenn man sich bewusst macht, dass Probleme im sozialen Umgang mit anderen Menschen ein wesentliches Symptom des Autismus sind. Die gute Nachricht lautet jedoch, dass eine vermehrte soziale Interaktion die Vielfalt des Mikrobioms erhöht. Auch eine Ernährungsumstellung verbessert das Mikrobiom. Vielleicht können also psychische Erkrankungen in Zukunft dadurch geheilt werden, dass man mit Medikamenten oder Sozialtherapien bewusst auf eine Verbesserung der Vielfalt des Mikrobioms im Darm hinwirkt.

Bewusste und unbewusste Handlungen

Aus der Sicht der Verhaltensökonomik ist es besonders wichtig, zwischen bewusster und unbewusster Informationsverarbeitung zu unterscheiden. So wie ein Großteil unserer Wahrnehmungen nie ins Bewusstsein vordringt, laufen auch viele Prozesse der Informationsverarbeitung und viele körperliche Reaktionen auf eingehende Sinnesreize unbewusst ab. Manche Autoren bezeichnen diese vollständig automatisch ablaufenden neurologischen Prozesse als »Fight-Flight-Freeze-System« (Notebaert/Creutzfeldt 2015, S. 40). Es hat den bereits erwähnten Vorteil der Schnelligkeit und ist damit ein wichtiger Überlebensmechanismus bei real auftretenden Gefahren. Es spart aber auch mentale Energie. Wir müssen bei den allermeisten Reaktionen nicht lange überlegen oder Alternativen abwägen. Unser Nervensystem steuert unser Leben weitgehend automatisch, so wie der Autopilot ein Flugzeug steuert. Der Pilot (unser Neokortex) kann zwar mit bewussten Entscheidungen eingreifen, zum Beispiel bei Start und Landung, muss es aber nicht tun. Natürlich kann die unbewusste Informationsverarbeitung und Reaktion auch zu Problemen führen. Denn ihre Programmierung stammt ja aus der menschlichen Frühzeit. Mancher spontane Impuls war für Jäger und Sammler sinnvoll, ist aber in der modernen Welt unangemessen oder sogar gefährlich. So können Sie beispielsweise als Passagier in einem Flugzeug bei einem spontanen Angstgefühl nicht einfach aufstehen, eine Tür aufmachen und aus dem Flugzeug springen.

Das ist bei anderen Spezies nicht so. **Tiere** verbringen ihr ganzes Leben in einem unbewussten, vollständig automatisierten Modus. Eine Katze denkt nicht über die sozialen Folgen ihres Handelns nach. Ein Hund legt sich keinen Wurstvorrat für schlechte Tage an. Ein Krokodil erstellt nicht erst ein Punktbewertungsmodell möglicher Beutetiere, bevor es angreift. Tiere antizipieren weder die Zukunft noch schwelgen sie in Erinnerungen. Sie leben einfach in der Gegenwart und verlassen sich komplett auf ihre instinktiven Reaktionen. Insofern ist es nicht verwunderlich, dass die Gehirne von Tieren im Vergleich zu denen von Menschen oft erstaunlich klein sind. So ist ein Hai ein großes und ungeheuer effizient agierendes Raubtier. Seine Zähne wachsen nach. Seine Haut hat einen besonders geringen Reibungswiderstand. Ein Hai kann Blut im Wasser auch dann noch riechen, wenn es milliardenfach verdünnt ist. Beutetiere werden schon ab einem Abstand von 75 Metern eindeutig erkannt. Aber das Gehirn eines Hais ist erstaunlich primitiv. Das Riechzentrum macht zwei Drittel seiner Gehirnmasse aus. Wesentliche Wahrnehmungsnerven liegen nicht im Gehirn, sondern in anderen Teilen des Körpers. Ein Beispiel sind die sogenannten Seitenlinienorgane, mit denen das Tier Schwingungen im Wasser, Druckunterschiede, elektrische Felder und sogar den Magnetismus der Erde wahrnehmen kann. Und Haie gehen soziale Verbindungen ein. Das Magazin National Geographic wählte im Jahr 2018 in einem großen Bericht über Haie die Überschrift: »Sharks have best friends, like us.« Fraglich ist jedoch, ob Haie auch ein Bewusstsein ihrer Existenz haben, so wie wir.

Das menschliche Bewusstsein ist ein zentraler Forschungsgegenstand, sowohl in der Neurobiologie als auch in der Psychologie. Verortet wurde es früher in den höher entwickelten Hirnregionen wie dem Neokortex. Heute weiß man, dass Bewusstsein durch synchrone Aktivitäten in allen Teilen des Gehirns entsteht. Das Bewusstsein ergänzt unser instinktives, automatisch funktionierendes Nervensystem. Psychologen sprechen daher anschaulich vom **zweigleisigen Verstand** (Myers/DeWall 2023, S. 108). Sie benutzen auch Begriffe wie Selbstregulation und Impulskontrolle. Dabei geht es um die menschliche Fähigkeit, Emotionen, Gedanken und Handlungen willentlich zu steuern, um langfristige Ziele erreichen zu können. Neurobiologen bezeichnen das Bewusstsein in Abgrenzung vom Fight-Flight-Freeze-System als Verhaltenssystem, das instinktive Reaktionen unterdrücken (behavioral inhibition system) und willentlich gesteuerte Reaktionen (behavioral activation system) hervorrufen kann (Gray 1990). Für die Medizin besonders interessant sind veränderte Bewusstseinszustände wie das Träumen, durch Drogen ausgelöste Halluzinationen oder Zustände der Hypnose. In den Managementwissenschaften wird in jüngster Zeit verstärkt untersucht, wie Menschen durch Meditation und Achtsamkeitsübungen mehr Zugang zu ihren unbewussten Gedanken finden können. Das Ziel besteht darin, durch Achtsamkeit die eigene Produktivität zu steigern sowie Ängste abzubauen (Notebaert/Creutzfeldt 2015).

Bewusstsein bedeutet, sich selbst und seine Umgebung bewusst wahrzunehmen. Es bedeutet auch, im Sinne der eigenen langfristigen Interessen zu handeln, also nicht nur spontan Bedürfnisse zu befriedigen und akute Schmerzen zu vermeiden. Weiterhin bezeichnet Bewusstsein die Fähigkeit, die eigene Aufmerksamkeit auf bestimmte Sinneswahrnehmungen zu konzentrieren und dabei andere Sinneswahrnehmungen auszublenden. Das typische Beispiel ist ein Gespräch in einem überfüllten Restaurant. Wir konzentrieren uns auf unseren Gesprächspartner und nehmen dadurch die vielen anderen Stimmen, Klänge und Bewegungen im Raum nicht mehr bewusst wahr. Das bedeutet allerdings nicht, dass wir sie gar nicht mehr wahrnehmen. Der Autopilot unseres Nervensystems läuft weiter und registriert alle Signale der Umwelt. Er lässt sie nur nicht mehr ins Bewusstsein durchdringen. Nur wenn Gefahren drohen, zum Beispiel weil ein Teller mit lautem Knall auf den Boden fällt oder potenziell wichtige neue Sinnesreize eingehen, zum Beispiel weil ein anderer Gast unseren Namen ruft, wird unsere bewusste Wahrnehmung wieder aktiviert.

Eine solche selektive Informationsverarbeitung hat den Vorteil, dass wir uns auf eine wichtige Sache konzentrieren können. Wenn uns etwas Spaß macht und uns gedanklich herausfordert, dann können wir alles um uns herum vergessen und in den sogenannten »flow« kommen. Die menschliche Konzentrationsfähigkeit mit ihrer Ausblendung von vielen anderen Sinnesreizen hat den Nachteil, dass unser Autopilot eventuell doch wichtige weitere Informationen übersieht. Im Extremfall ist eine Person so konzentriert mit etwas beschäftigt, dass sie die gesamte Umwelt ignoriert. Ein typisches Beispiel sind Jugendliche, die sich in einem Online-Spiel befinden (sie selbst sagen »zocken«) und die die Eltern (typischerweise erfolglos) dazu bewegen wollen, zum Essen zu kommen. Ein anderes Beispiel sind in ihre Arbeit vertiefte Wissenschaftler. Ich hatte als Student einmal einen Professor, der seine Vorlesung phasenweise mit geschlossenen Augen hielt und sich dabei immer wieder mit dem Finger an die Stirn tippte. Er bemerkte gar nicht, dass er ein Stück Kreide in der Hand hielt und sich so die ganze Stirn mit weißen Punkten bemalte.

Die klassische Ökonomie nimmt an, dass wir unsere Präferenzen kennen, erforderliche Informationen aufnehmen und dann bewusst Entscheidungen treffen. Sie unterstellt also implizit immer den Zustand des Bewusstseins. Aus neurobiologischer Sicht ist das eine sehr restriktive Annahme. Man schätzt, dass 80 bis 90 Prozent von dem, was wir tun, unbewusst ist. Wir verhalten uns zwar nicht rein instinktgetrieben wie Tiere, fahren aber bildlich gesprochen doch überwiegend mit einem **Autopiloten**. Wir haben auch Schwierigkeiten, uns längere Zeit bewusst auf nur eine Sache zu konzentrieren. Die Digitalisierung hat dieses Problem verschärft. Man schätzt die durchschnittliche Aufmerksamkeitsspanne von Menschen auf Social-Media-Plattformen wie Instagram für eine bestimmte Nachricht auf weniger als vier Sekunden. Das Multitasking, also das parallele Verarbeiten von Sinnesreizen hat stark zugenommen. Wir fahren nicht einfach Auto und konzentrieren uns auf den Verkehr, sondern führen parallel Telefongespräche oder schreiben sogar Textnachrichten. Das beeinträchtigt unsere Fähigkeiten zu bewusstem Denken noch weiter. Multitasking schadet langfristig messbar dem Gehirn (dazu später mehr). Schließlich haben Menschen keineswegs immer gute Fähigkeiten zur Selbstregulation und zur Impulskontrolle. Sie handeln auch nicht immer im Sinne ihrer langfristigen Ziele. Jeder von uns folgt kurzfristigen Belohnungsimpulsen, auch wenn sie uns dauerhaft schaden, lässt sich von spontanen Emotionen leiten oder ist manchmal zu faul oder zu müde für Optimierungskalküle.

Manche Befunde der Neurobiologie wecken weitere Zweifel an der Annahme eines bewussten und rationalen Verhaltens. Sie stellen das **Konzept des freien Willens** insgesamt in Frage. So wurden Versuchspersonen in Experimenten gebeten, eine einfache Handbewegung immer dann auszuführen, sobald sie dazu Lust hatten. Explizit sollten diese Bewegungen nicht ex ante geplant oder von einem externen Signal ausgelöst werden, sondern spontan erfolgen. Während des Experiments wurden die Gehirnaktivitäten der Versuchspersonen mit einem auf dem Kopf angebrachten Elektromyogramm gemessen. Gleichzeitig konnten die Versuchspersonen anhand einer Art von Uhr mit revolvierendem Punktzeiger aussagen, wann sie sich entschieden hatten, die Hand zu bewegen. Nicht überraschend ist die Tatsache, dass der Entschluss zur Bewegung des Handgelenks etwa 200 Millisekunden vor der tatsächlichen Bewegung liegt. Der Körper braucht ein wenig Zeit, um eine gedanklich getroffene Entscheidung motorisch umzusetzen. Sehr überraschend ist jedoch, dass sich schon 350 Millisekunden vor der willentlichen Entscheidung der Versuchsperson ein sprunghafter Anstieg der Gehirnaktivität messen lässt (Libet 1985). Dieser Befund deutet an, dass eine Entscheidung möglicherweise schon unbewusst getroffen wird, bevor wir glauben, sie willentlich zu treffen. Eine andere (lustigere) Formulierung lautet, dass das Bewusstsein zu spät zu der Party kommt, auf der entschieden wird (Myers/DeWall 2023, S. 109). Wenn sich diese Befunde in allgemeineren Kontexten bestätigen lassen, dann wäre die humanistische Vorstellung von einem Menschen mit freiem Willen aus neurobiologischer Sicht eine Illusion.

Die Interaktion von Denken und Fühlen

In der Psychologie wird manchmal, aber nicht immer, zwischen Emotion und Gefühl unterschieden. **Emotionen** lassen sich beschreiben als eine Kombination von physiologischer Erregung, verändertem Ausdrucksverhalten, bewusster Erfahrung und einem zugrundeliegenden Gefühl. Sie haben immer eine neurobiologische Komponente (De Martino et al. 2006). Es ist allerdings nicht ganz klar, was in welcher Reihenfolge passiert. Das lässt sich am Beispiel der Angst zeigen, einem sehr stark verhaltensrelevanten Gefühl. Nehmen wir an, Sie hätten Angst vor Spinnen. Die bewusste Erfahrung wäre der Anblick einer großen Spinne auf Ihrem Kopfkissen. Die physiologische Erregung bestünde in Herzrasen oder einem plötzlichen Schweißausbruch. Das Ausdrucksverhalten könnte ein spitzer Schrei oder ein panisches Weglaufen sein. Es spricht viel dafür, dass die Emotion mit der Kognition beginnt. Ich muss die Spinne erst sehen, bevor sich eine Emotion aufbauen kann. Allerdings muss auch das Gefühl einer Angst vor Spinnen schon vorher bestehen. Sonst sehe ich die Spinne, aber reagiere gar nicht emotional. Ähnlich unklar ist die Sequenz von Gefühl und physiologischer Erregung. Das bewusste Gefühl der Angst könnte zu einem beschleunigten Puls führen. Ich könnte aber auch erst anhand meines schnellen Herzschlags merken, dass ich Angst habe. Schließlich könnte es gar keine echte Reihenfolge geben, wenn alle Komponenten einer Emotion mehr oder weniger gleichzeitig auftreten.

Die neurobiologische Forschung hat unstrittig gezeigt, dass Gefühle unser Verhalten oft besser erklären als rationale Überlegungen. Insbesondere **Zustände mit hoher Emotionalität** wie Wut, Angst oder sexuelle Erregung lassen Menschen Dinge tun, die sie bei ruhigem Nachdenken nie tun würden. Es setzt buchstäblich der Verstand aus. Ein sehr schönes Beispiel ist für mich persönlich immer das Verhalten von Fans in Fußballstadien. Vor dem Anpfiff sind das ganz normale und vernünftig handelnde Personen (die meisten jedenfalls). Sobald das Spiel jedoch begonnen hat, mutieren manche von ihnen zu anderen Menschen. Ihre Emotionen erlangen in Sekundenschnelle die Überhand, die Fans drehen förmlich durch. Sie zeigen sehr auffallende und manchmal auch sehr unangenehme Verhaltensweisen. Sie benutzen Wörter, die sie sonst nie sagen würden. Sie beschimpfen den Schiedsrichter auf das Übelste. Sie werfen Bierbecher auf das Spielfeld (die deshalb immer aus Plastik sind). Ist das Spiel dann vorbei, kehren diese Fans wieder zu ihrem normalen Alltagsverhalten zurück. Sie benehmen sich, als sei nichts gewesen. Das Emotionsniveau ist wieder zum Ausgangspunkt zurückgekehrt, der Verstand übernimmt wieder die Regie. Die Fans verlassen als »normale« Menschen das Stadion.

Nun werden Sie vielleicht denken, dass emotionsgesteuertes Verhalten im Fußballstadion harmlos ist und weitgehend ohne Folgen bleibt. Das stimmt auch. In anderen Lebensbereichen führen starke Emotionen jedoch zu sehr schlimmen Folgen. Menschen, die ihren Zorn nicht regulieren können, sind häufig in Schlägereien verwickelt und verhalten sich auch gegenüber Angehörigen oft gewalttätig. Im Zustand sexueller Erregung achten viele Menschen nicht mehr auf Empfängnisverhütung oder Gesundheitsschutz, auch wenn sie bei Befragungen im nicht erregten Zustand angeben, dass ihnen das sehr wichtig sei (Ariely/Loewenstein 2005). **Gier und Spieltrieb** erhöhen die Risikobereitschaft, zum Beispiel beim Kauf von Wertpapieren oder beim Glücksspiel. Auch Phobien, die ja ebenfalls sehr starke Emotionen darstellen, können ein Verhalten bewirken, das den Betroffenen bei nüchterner Betrachtung als unvernünftig erschienen wäre. So desinfizieren manche Menschen andauernd ihre Wohnung, weil sie Angst vor Bakterien und Viren haben. Faktisch schwächen sie dadurch jedoch ihr Immunsystem und machen sich und ihre Familien viel anfälliger für Infektionskrankheiten.

Nicht nur starke Emotionen bestimmen, was wir tun. Die neurobiologische Forschung hat eindrucksvoll gezeigt, dass schon kleine Variationen bei unseren Stimmungen und Gefühlen einen messbaren Einfluss auf unser Verhalten haben. Man kann auch sagen: »You are not the same person at all times« (Kahneman/Sibony/Sunstein 2021, S. 89). Das zeigen unzählige Beispiele. Ein Einflussfaktor ist das **Wetter**. Wenn die Sonne scheint, dann geben Menschen in Restaurants und Bars mehr Trinkgeld. Offensichtlich führt besseres Wetter zu besserer Stimmung und damit zu mehr Großzügigkeit. Bei regnerischem Wetter haben Menschen schlechtere Laune und geben weniger Trinkgeld. Sie kaufen aber auch weniger Aktien. Wer hätte gedacht, dass ein solcher Zusammenhang besteht, zumal wir doch gerade bei Aktienkäufen rationales Verhalten erwarten können? Auch die Entscheidung, sich bei einer bestimmten Universität einzuschreiben, hängt vom Wetter ab. Scheint beim Campusbesuch die Sonne, dann erfolgen signifikant mehr Einschreibungen als bei schlechtem Wetter. Allerdings gibt es bei gutem Wetter einen gegenläufigen Effekt, das ist Hitze. Sonnenschein ist gut, aber es darf nicht zu heiß sein. Bei starker Hitze werden Menschen weniger gut gestimmt, weniger wohlwollend und machen mehr Fehler (Sutter 2023, S. 221).

Ein anderer Einflussfaktor für unsere Stimmungen und damit für unser Verhalten ist **Musik**. Sie haben sich vielleicht schon einmal gefragt, warum in Einzelhandelsgeschäften und Einkaufszentren immer überall Musik läuft, zum Teil sehr laut. Der Grund ist, dass Menschen in bessere Stimmung kommen, wenn sie Musik hören, und dann mehr kaufen. Interessanterweise passiert das auch dann, wenn uns die Musik eigentlich gar nicht so gut gefällt oder wenn wir sie bewusst gar nicht wahrnehmen. Verkaufsveranstaltungen und Motivationsseminare nutzen auch praktisch immer mitreißende Musik, um die potenziellen Kunden in eine positive Grundhaltung zu bringen. Bei Sportevents wird ebenfalls Musik eingesetzt, um die Fans in Stimmung zu bringen, sei es nach der Erzielung eines Tors beim Fußball oder zum Einmarsch der Kontrahenten beim Boxen. In ähnlicher Weise werden Gerüche eingesetzt, um Menschen unbewusst zu beeinflussen. Am auffälligsten ist das vielleicht bei den Modeketten Hollister und Abercrombie & Fitch. In deren Geschäften wird so viel Parfum versprüht, dass man es bereits vor den Türen riechen kann. Auch Kosmetikgeschäfte und Restaurants nutzen den positiven Effekt, den angenehme Gerüche auf unsere Stimmungen und damit auf unser Verhalten haben.

Ein weiterer neurobiologisch relevanter Faktor ist **Stress**. Im gestressten Zustand treffen wir ganz andere Entscheidungen als in Ruhe. Wir denken weniger nach, machen mehr Fehler und nehmen weniger Rücksicht auf andere Menschen. Der für Stress typische Zeitdruck führt dazu, dass das limbische System häufiger und der Neokortex seltener aktiviert werden, um Entscheidungen zu treffen. Unser Gehirn nimmt jetzt neuronale Abkürzungen, um Probleme möglichst schnell zu lösen. Das kann schwerwiegende Konsequenzen haben. Gestresste oder erschöpfte Ärzte stellen sehr viel mehr falsche Diagnosen als ausgeruhte Ärzte. Gestresste Richter verhängen höhere Strafen als nicht gestresste. Gestresste Menschen geraten viel leichter in Streit mit ihren Lebenspartnern oder Kindern. Im gestressten Zustand verengt sich unsere Wahrnehmung, wir prüfen weniger Handlungsalternativen und wir werden anfälliger für Manipulationen durch andere Menschen und durch Unternehmen. Interessanterweise nimmt unter Stress auch unsere Risikobereitschaft zu. Es erfolgt eine Wahrnehmungsverzerrung zugunsten positiver Ergebnisse einer risikobehafteten Entscheidung und zu Ungunsten von negativen Ergebnissen. Das gilt für Männer noch mehr als für Frauen (Mather/Lighthall 2012).

Alle diese Erkenntnisse zum Einfluss von Emotionen auf unser Verhalten werfen die Frage auf, ob und inwieweit der Verstand **Möglichkeiten zur Beeinflussung der eigenen Gefühlswelt** hat. Niemand würde ja von sich sagen, dass er rein emotionsgetrieben handelt, also ein willenloser Spielball seiner Neurobiologie ist. Denken und Fühlen interagieren. Wenn es wahr ist, dass aus neurobiologischer Sicht die physiologische Erregung die Emotionen antreibt, dann könnte der Verstand ihnen immerhin noch die Richtung weisen (Myers/DeWall 2023, S. 510). Er könnte Emotionen auch wieder abbauen und damit ihre Verhaltenswirkungen kontrollieren. So besteht eine typische Therapie von generalisierten Angststörungen darin, die eigenen Ängste oder die eigene Wut anzuerkennen, sie ihre neurobiologischen Wirkungen entfalten zu sehen und sie dann aber auch wieder ausklingen zu lassen. Man könnte es auch einfacher ausdrücken: Es geht darum, bekannte und immer wiederkehrende Emotionen einfach auszuhalten und bewusst *nicht* auf sie zu reagieren. Dahinter stehen zwei Überlegungen. Zum einen hält keine Emotion sehr lange an. Sie klingt von selbst ab. Zum anderen hilft das Aushalten bei der Erkenntnis, dass die allermeisten Emotionen und insbesondere Ängste unbegründet sind. Die eigentlich befürchtete Konsequenz tritt nicht ein. Das erlebt man jedoch nur, wenn man auf das Angstgefühl nicht mit einer panischen Vermeidungsreaktion antwortet. Psychotherapeuten sprechen von einer »Stärkung der Denkkraft, mit der sich die emotionalen Wogen wieder beruhigen lassen« (Roediger 2009, S. 56).

Im Beispiel einer Arachnophobie (Angst vor Spinnen) würde es schon helfen, wenn die Betroffenen **sich informieren**. Wenn Sie beispielsweise wüssten, dass es in Deutschland keine giftigen Spinnen gibt, dann würden Sie vielleicht beim Anblick einer Spinne nicht gleich in Panik verfallen. Wenn Sie verschiedene Spinnenarten erkennen könnten, dann würden sie selbst in einem Land wie Australien, wo es durchaus sehr giftige Spinnen gibt, nicht beim Anblick *jeder* Spinne Herzrasen bekommen. Ob das allerdings wirklich gelingt, hängt vom Einzelfall ab. Manche Menschen verfügen über bessere Möglichkeiten der Emotionsregulation. Sie bleiben auch in Extremsituationen ruhig und handeln rational. Manchmal gelingt es auch, bestimmte Ängste durch eine wiederholte Exposition mit dem angstauslösenden Erleben abzubauen (wenn Sie Angst vor Spinnen haben, sollten Sie demnach eine riesige Vogelspinne auf Ihrer Hand herumkrabbeln lassen). Aus neurobiologischer Sicht muss man jedoch bei der Hypothese bleiben, dass Gefühle stärker sind als der Verstand. Denn es gibt wesentlich mehr Nervenbahnen, die von der Amygdala zum Neokortex verlaufen, als umgekehrt. Zudem laufen wichtige Emotionen ganz ohne kognitive Beteiligung ab. Sie nehmen das, was Neurobiologen den »unteren Weg« nennen. Diese neuronalen Bahnen verbinden die Sinnesorgane direkt mit der Amygdala, laufen also am Neokortex einfach vorbei (LeDoux 1996).

Das Forschungsfeld der Neuroökonomik

Die Neuroökonomik, eine vergleichsweise junge Forschungsrichtung, untersucht die biologischen Prozesse, die bei der Bildung individueller Einschätzungen, Präferenzen und Verhaltensweisen ablaufen. Sie will erklären, wie Entscheidungsprozesse neurobiologisch ablaufen und wie einzelne Teile des Gehirns dabei zusammenarbeiten. Sie nutzt dabei **bildgebende Verfahren** wie die funktionelle Magnetresonanztomographie (fMRI). Dort kann man erkennen, welche Hirnareale bei welcher Art von Tätigkeit aktiviert werden. Sie werden stärker durchblutet und leuchten dadurch im Scan auf (Schilke/Reimann 2007). Das Erkennen der genauen Funktionsweise des Gehirns bei der Abarbeitung konkreter Aufgabenstellungen ist jedoch zweifellos kompliziert und die Wissenschaft kann viele Fragen noch nicht beantworten. Einige Erkenntnisse liegen aber bereits vor. So hat die neuroökonomische Forschung gezeigt, im Gegensatz zu früheren Vermutungen, dass nicht nur das limbische System an der Entstehung von Gefühlen beteiligt ist. Viele andere Teile des Gehirns wirken mit (Damasio 1998, S. 85). Auch zur Rolle der Amygdala, des Mandelkerns, gibt es interessante Erkenntnisse. Sie wurden anfangs typischerweise mit Patienten gemacht, die durch Unfälle oder Operationen physische Schäden an der Amygdala erlitten hatten. Der Mandelkern ist wie erwartet zuständig für bestimmte negative Gefühle wie Angst und Wut, aber nicht für alle. Er spielt keine Rolle für negative Emotionen wie Verachtung. Er ist auch nicht am Aufkommen von positiven Emotionen wie Freude beteiligt.

Emotionen wirken sich unmittelbar in der Gegenwart auf unser Verhalten aus, sie ändern aber auch das zukünftige Denken und Handeln sowie unsere **Wahrnehmung**. Fakten werden eher aufgenommen und besser erinnert, wenn sie mit Emotionen verbunden sind. Das Gehirn ordnet ihnen dann offensichtlich eine größere Wichtigkeit zu und macht sie leichter abrufbar. Das kann jeder von uns bestätigen. Es ist schon nach wenigen Tagen extrem schwierig, sich an die Details von Steuergesetzen zu erinnern, die wir für eine Klausur lernen mussten. Die sind langweilig und mit keinerlei Emotion verbunden. Dafür erinnern wir uns auch Jahre später noch sehr lebhaft und detailreich an hoch emotionale Ereignisse wie den ersten Kuss oder die emotional aufwühlende Zeit als Wehrpflichtiger bei der Bundeswehr. Diesen Effekt macht sich übrigens die Werbung zunutze. Sie vermittelt zu ihren Angeboten nur wenige fachliche Informationen und koppelt wann immer möglich Fakten mit Gefühlen. Bevorzugt werden natürlich positive Emotionen, ausgelöst durch lachende Menschen, schöne Produktfotos oder blauen Himmel. Notfalls werden aber auch negative Emotionen ausgelöst. Die italienische Modefirma Benetton hat beispielsweise einmal schockierende Bilder von toten Soldaten in ihrer Werbung gezeigt. Dahinter stand die Überzeugung, dass negative Emotionen immer noch besser sind als gar keine.

Emotionen haben auch physiologische Auswirkungen direkt im Gehirn. Wer beispielsweise oft Angst empfindet oder sogar unter einer generalisierten Angststörung leidet, dessen Amygdala ist messbar größer als die von anderen Personen. Wenn sich Menschen auf bestimmte Aufgaben spezialisieren, dann wachsen im Laufe der Zeit die an dieser Aufgabe beteiligten Gehirnregionen ebenfalls an. Bei Taxifahrern in London konnte ein viel größerer Hippocampus als bei anderen Menschen nachgewiesen werden. Das liegt an ihrer Arbeit. Sie lernen durch tägliche Fahrten die Straßenpläne dieser riesigen Stadt auswendig und müssen sich räumlich sehr gut orientieren können. Der Hippocampus ist, wie bereits erwähnt, der Sitz des Gedächtnisses und der räumlichen Orientierung. Er kann neue Neuronen bilden, wächst also bei entsprechender Nutzung. Folglich haben Taxifahrer in London einen besonders großen Hippocampus. Solche und ähnliche Befunde der Neuroökonomik erklären, warum wir nicht immer gleich kompetent oder clever sind. Es kommt auf die zu bewältigende Aufgabe an. Intelligenz ist nach den Erkenntnissen der Neuroökonomik also nicht allgemein ausgeprägt, sondern themen- und aufgabenspezifisch (Beck 2014, S. 325). Vielleicht kommt Ihnen das bekannt vor. Wir können sehr gut in einer Sache sein und uns gleichzeitig ziemlich dumm bei einer anderen Sache anstellen.

Mit bildgebenden Verfahren versucht die Neuroökonomik vor allem, **das Zusammenwirken verschiedener Hirnareale** nachzuvollziehen und so bestimmte psychologische Befunde zu erklären. Ein Beispiel ist der Einfluss, den die Darstellung eines Sachverhalts auf unsere Entscheidungen hat, das sogenannte Framing (Tversky/Kahneman 1981). Wir werden an späterer Stelle noch detailliert darauf zurückkommen. Typischerweise werden Versuchspersonen zwei einfache Alternativen zur Auswahl angeboten, eine risikolose Auszahlung und ein Lotterielos. Variiert wird jeweils nur die Wortwahl der Darstellung des Lotterieloses. Die ökonomische Theorie erwartet, dass Menschen eine bestimmte Risikoeinstellung haben und sich daher unabhängig von der Formulierung des Problems immer gleich, also entweder für die risikoreichere oder für die risikolose Alternative entscheiden. Das passiert in Experimenten jedoch nicht. Dort hat die Formulierung der Problemstellung einen deutlich messbaren Einfluss auf die präferierte Alternative. Werden die möglichen Verluste des Lotterieloses betont, bevorzugen die Versuchspersonen die risikolose Auszahlung. Wird dagegen die Gewinnchance des Loses hervorgehoben, dann entscheiden sich mehr Menschen für das Los und gegen die sichere Auszahlung.

Die Neuroökonomie erklärt diesen Framing-Effekt damit, dass je nach **Wortwahl** einer Auswahlentscheidung unterschiedliche Hirnareale aktiviert werden. Eine verbale Einrahmung der Aufgabe in Form von drohenden Verlusten aktiviert die Amygdala, das Angstzentrum. Im Bild des fMRI leuchtet sie bei den entsprechend informierten Versuchspersonen deutlich sichtbar auf. Gleichzeitig scheint die Aktivität des Kortex reduziert zu werden, er leuchtet weniger stark. Das rationale Kalkül wird also unterdrückt, wenn die ganze Aufgabe in einem Verlustkontext präsentiert wird. Verwendet man dagegen in der Aufgabenstellung eine Wortwahl, die keine Verluste erwähnt, sondern die Gewinnchancen thematisiert, sieht das Bild des Gehirns ganz anders aus. Die Amygdala zeigt nur geringe Aktivität, dafür leuchten die relevanten Areale des Kortex stärker, sind also aktiver. Personen, denen eine Gewinnchance präsentiert wird, wählen häufiger die risikobehaftete Alternative. Man könnte sagen, dass in diesem Fall die Vernunft die Angst unterdrückt. Interessant ist auch, dass die Versuchspersonen auf beide Auswahlentscheidungen gleich schnell reagieren. Das Framing beeinflusst also die tatsächlich getroffene Entscheidung, nicht aber die Entscheidungsgeschwindigkeit (De Martino et al. 2006).

Die Erkenntnisse der Neuroökonomik sind vor allem für das Marketing relevant. Sie erklären besser als bisherige Theorien, warum Menschen bestimmte Produkte oder Marken bevorzugen. So untersuchten McClure et al. (2004) die Präferenzbildung für die beiden Wettbewerbsprodukte Coca-Cola und Pepsi. In sogenannten **Blindverkostungen** ließen sich keine signifikanten Unterschiede in der Hirnaktivierung und der Präferenz erkennen. Coca-Cola und Pepsi wurden als gleich gut bewertet. Die Geschmacksinformationen wurden dabei nur im präfrontalen Kortex verarbeitet. Wurde den Probanden jedoch eine Zusatzinformation gegeben, nämlich die Marken gezeigt, dann ergaben sich andere Präferenzen. Jetzt bevorzugten die meisten Versuchspersonen Coca-Cola. Das lag daran, dass beim Sehen der Marke drei weitere Gehirnareale aktiviert wurden, was zu abweichenden Ergebnissen führte. Die Studie beweist, dass Blindverkostungen das falsche Vorgehen sind. Denn in der Realität der Kaufsituation im Supermarkt ist die Marke sichtbar. Entsprechend nutzen potenzielle Kunden mehrere Hirnregionen. Es sind sowohl sensorische als auch affektive Prozesse an der Präferenzbildung beteiligt, nicht nur der Kortex. Zu ähnlichen Ergebnisse kommt eine Studie von Weis et al. (2006). Sie erklärt, warum es sinnvoll ist, in der Werbung Prominente einzusetzen. Die Wahrnehmung von Gesichtern aktiviert bei den potenziellen Kunden nämlich zusätzliche Gehirnregionen. Das verstärkt die Wiedererkennung des Produkts und damit die Kaufwahrscheinlichkeit.

Sehr interessant sind auch die neuroökonomischen Befunde zu Geld. Insbesondere stellt sich die Frage, ob Geld einen eigenen Belohnungsnutzen für Menschen hat, also zur Ausschüttung von Glückshormonen führt, und ob die gedankliche Ausrichtung auf Geld zu anderen Verhaltensweisen führt als die gedankliche Ausrichtung auf reale Objekte. Auch hier steckt die Forschung noch in den Anfängen, aber die ersten Befunde zeigen doch deutliche Abweichungen von den Annahmen der traditionellen Ökonomie, nach der Geld nur ein Tausch- und ein Wertaufbewahrungsmittel ist (Beck 2014, S. 326). Sie zeigen auch, zumindest aus meiner Sicht, eher schockierende Einsichten in die Natur des Menschen. So führt allein der Anblick eines Geldbündels dazu, dass Probanden in Experimenten ihre Mitspieler eher betrügen, mehr soziale Distanz einnehmen, anderen weniger helfen und sich mehr auf den eigenen Gewinn konzentrieren. Der **Anblick von Geld** ist auch in der Lage, Schmerzen zu lindern und das Gefühl sozialer Ausgrenzung zu verringern. Umgekehrt steigern Schmerzen und soziale Mangelgefühle den Wunsch nach Geld. Die symbolische Belohnungswirkung geht so weit, ob Sie es glauben oder nicht, dass der Gedanke an Geld sogar die Angst vor dem eigenen Tod reduzieren kann.

Es darf jedoch insgesamt nicht übersehen werden, dass die Neuroökonomie bisher nur ein begrenztes Erkenntnispotenzial zur Erklärung menschlichen Verhaltens hat. Sie ist zunächst wegen der erforderlichen Geräte sehr teuer. Dann findet sie fast immer unter Laborbedingungen mit ganz einfachen Entscheidungen oder Aufgaben statt. In der Realität sind Menschen einer Fülle von parallelen Sinneseindrücken und gleichzeitigen Entscheidungsproblemen ausgesetzt. Am wichtigsten ist aber der Bedarf an Theorien mit Prognosekraft. Forscher können bisher zwar sehen, welche Teile des Gehirns bei welchen Kognitions- und Entscheidungsleistungen zum Einsatz kommen. Sie können auch durch Blutdruck- oder Hautwiderstandsmessungen feststellen, wann Menschen emotionale Reaktionen zeigen. Man kann dem Gehirn sozusagen beim Denken zusehen. Wie die einzelnen

Gehirnregionen konkret zusammenarbeiten und welche neuronalen Prozesse dabei ablaufen, ist jedoch nicht sichtbar. Dazu bedarf es einer Theorie. Um im Bild zu bleiben, können wir dem Menschen beim Denken zusehen, aber sein Denken ohne eine Theorie noch nicht verstehen.

Es bleibt ohne Hinzuziehung anderer Forschungsdisziplinen auch offen, warum Sinneswahrnehmungen bei manchen Menschen bestimmte Emotionen auslösen und bei anderen nicht. Gerade Emotionen sind individuell sehr unterschiedlich. Was bei einer Person sehr starke Gefühle auslöst, lässt eine andere Person kalt. Ebenso muss geklärt werden, welche Emotionen zu welchen Formen von Verhalten führen. Auch hier gibt es zweifellos große individuelle Unterschiede, aber vielleicht eben auch allgemein gültige Muster. Die können nur in größeren Studien festgestellt werden, also unter Beobachtung von mehreren Versuchspersonen. Um individuelle Unterschiede zu verstehen und das menschliche Denken auch kausal erklären zu können, gehen neuroökonomische Studien überwiegend interdisziplinär vor. Sie nutzen Messmethoden der Neurobiologie, verknüpfen sie mit Erkenntnissen der Psychologie zu Kognition, Emotion sowie Verhalten und wenden sie auf ökonomische Fragestellungen an.

Zusammenfassung

1. Das Gehirn verfügt über mehrere Areale, die jeweils unterschiedliche Funktionen übernehmen, aber auch in sehr komplexer Weise miteinander interagieren.
2. Während der Kortex für das rationale Denken und Entscheiden zuständig ist, steuert das limbische System unser instinktives Verhalten.
3. Neurologische Prozesse verlaufen unterschiedlich schnell. Rationales Denken erfordert Zeit und Energie, während instinktive Reaktionen blitzschnell und ohne Energieeinsatz erfolgen.
4. Gefühle schlagen sich in körperlichen Reaktionen nieder. Sie entstehen meistens unbewusst, sind aber in hohem Maße verhaltensrelevant.
5. Die Neuroökonomik versucht, die Abläufe menschlicher Entscheidungsprozesse mit Hilfe bildgebender Verfahren von Gehirnaktivitäten besser zu verstehen.

3 Die Psychologie

Das Erkenntnisinteresse der Psychologie

Die Psychologie wird im breitesten Sinne als die Wissenschaft vom Erleben und Verhalten des Menschen definiert. Das umfasst verschiedene Dimensionen wie die Wahrnehmung, das Fühlen, das Denken und das Erinnern. Als allgemeine Psychologie bezeichnet man die Erforschung der generellen **Gesetzmäßigkeiten psychi-**

scher Prozesse. Die Entwicklungspsychologie beschreibt und erklärt, wie sich unser Erleben und unser Verhalten im Zeitablauf verändern. Dabei ist insbesondere die psychische Entwicklung von heranwachsenden Menschen interessant, die sogenannte Kinder- und Jugendpsychologie. Die Wahrnehmungspsychologie ist der Teilbereich der Psychologie, der sich mit dem subjektiven Erleben einer Situation befasst, also mit dem Zusammenhang zwischen einem eingehenden Sinnesreiz und der daraus resultierenden Emotion. Die Sozialpsychologie untersucht nicht den Menschen als Einzelperson, sondern den Einfluss anderer Menschen auf unser Empfinden und Verhalten. Die Persönlichkeitspsychologie betrachtet schließlich die individuellen Unterschiede zwischen Menschen hinsichtlich einzelner psychologischer Eigenschaften. Das Wissenschaftsgebiet der Psychologie darf nicht verwechselt werden mit der Psychiatrie. Die ist ein Teilgebiet der Medizin, das sich mit der Erkennung und Behandlung von psychischen Erkrankungen befasst. Allerdings ist der Übergang zur klinischen Psychologie fließend, denn auch sie beschäftigt sich mit psychischen Auffälligkeiten und Störungen beim Menschen.

Ein zentrales Konzept der Psychologie ist das **Bewusstsein.** Der Begriff bezeichnet die bewusste Wahrnehmung eines Menschen von sich selbst und von seiner Umgebung (Myers/DeWall 2023, S. 102). Neben dem Wachbewusstsein gibt es auch andere Bewusstseinszustände, zum Beispiel wenn wir schlafen, meditieren oder durch Drogen ausgelöste Halluzinationen haben. Eine faszinierende Eigenschaft des menschlichen Bewusstseins ist seine zeitliche Ausdehnung. Wir können uns an vergangene Erlebnisse erinnern, können über abstrakte Dinge nachdenken und zukünftige Aktivitäten planen. Allerdings kann sich unser Bewusstsein in jedem Moment immer nur auf eine Sache konzentrieren. Unsere Aufmerksamkeit ist in diesem Sinne selektiv, echtes Multitasking ist nicht möglich. Zwar werden von unserem Gehirn in jeder Sekunde zahllose Sinneswahrnehmungen verarbeitet, aber in unser Bewusstsein dringen immer nur einige wenige. Aus diesem Grund ist es gefährlich, beim Autofahren zu telefonieren. Und aus diesem Grund können wir auch nicht gut erklären, wie wir bestimmte unbewusst ablaufende Tätigkeiten wie Fahrradfahren genau machen. Und wenn wir anfangen, uns bewusst auf automatisierte Verhaltensweisen zu konzentrieren, dann gelingen sie uns oft nicht mehr so gut.

Unser Bewusstsein ist eng verknüpft mit der Fähigkeit, sich an Dinge zu erinnern, die wir früher wahrgenommen haben. Nur wegen dieser Fähigkeit können Menschen Sprachen sprechen, andere Menschen wiedererkennen oder den Weg nach Hause finden. Krankheiten wie Alzheimer werden als schlimm empfunden, weil mit dem Verlust des Erinnerungsvermögens auch jede menschliche Identität verloren geht. Die psychologische Forschung hat sich daher intensiv mit dem menschlichen **Gedächtnis** befasst (Hoffmann/Engelkamp 2017). Es lässt sich unterteilen in ein sensorisches Gedächtnis, das Sinneswahrnehmungen sehr kurz »zwischenspeichern« kann, ein Kurzzeitgedächtnis, das Informationen für kurze Zeit festhält und dann anschließend dauerhaft speichert oder vergisst, sowie ein Langzeitgedächtnis mit sehr großem Speichervermögen und unbegrenzt langer Speicherdauer. Es gibt nicht nur bewusste, sondern auch unbewusste Erinnerungen.

Ein Beispiel sind Kindheitserfahrungen. Wir wissen nicht mehr, was damals passiert ist, aber bestimmte Assoziationen wie vertraute Gerüche oder Stimmen rufen die entsprechenden Emotionen wieder ab. Psychologen nennen diesen Vorgang »priming« oder auch erinnerungslose Erinnerungen (Myers/DeWall 2023, S. 375). Sie prägen unser Verhalten als Erwachsene, aber wir können nicht mehr sagen warum.

Für die Fragen der Verhaltensökonomie sind Prozesse des Erinnerns und Vergessens von besonderem Interesse. Zum einen haben viele Studien gezeigt, dass unser bewusstes Gedächtnis eher unzuverlässig ist. Wir nehmen nur selektiv wahr, unterliegen häufig Fehleinschätzungen und bearbeiten unsere Erinnerung im Nachgang anhand von Plausibilitätsüberlegungen. Deshalb sind Zeugenaussagen bei der Polizei oder vor Gericht mit großer Vorsicht zu genießen. Wir vergessen schnell, was wir in der Schule und im Studium gelernt haben (manchmal bereits wenige Stunden nach der Klausur). Unsere Erinnerungen werden stark von Emotionen beeinflusst. Rückblickend sind wir davon überzeugt, bestimmte Dinge immer schon gewusst oder geahnt zu haben, obwohl wir sie damals nie antizipiert hätten. Und rückblickend werden viele Erinnerungen verklärt. Wir denken an die »gute alte Zeit« zurück, die jedoch zum Zeitpunkt, wo wir sie erlebt haben, gar nicht so gut war. Gleichzeitig leistet unser unbewusstes Gedächtnis Erstaunliches (Kahneman 2012, S. 416). Wir erlernen motorische und analytische Fähigkeiten, über die wir dann ein Leben lang verfügen. Wir erkennen andere Menschen auch nach Jahrzehnten noch wieder. Wir entwickeln ein System der intuitiven Bewertung von Sinnesreizen, das auf vergangenen Erfahrungen beruht und uns hilft, sehr schnell die richtigen Entscheidungen zu treffen.

Angeborene und anerzogene Verhaltensweisen

Eine in der Forschung zur Persönlichkeitspsychologie über viele Jahre geführte Debatte betrifft die Frage, ob unsere Persönlichkeitsmerkmale und damit unsere typischen Verhaltensweisen eher angeboren (»nature«) oder eher anerzogen (»nurture«) sind. Nach heutigem Kenntnisstand sind es jedoch die Wechselwirkungen zwischen vier verschiedenen Faktoren, die die Persönlichkeit eines Menschen formen (Roth 2007, S. 103–105). Der erste Faktor sind genetische Prädispositionen, also **angeborene Charaktereigenschaften**. Sie unterscheiden sich zwischen einzelnen Menschen recht stark. Der zweite Einflussfaktor ist die Art der Hirnentwicklung. Hier wirken sich insbesondere Fehlentwicklungen aus, zum Beispiel durch Medikamenten- oder Drogenmissbrauch der Mutter. Die ersten beiden Faktoren zusammen erklären etwa 50 Prozent der Persönlichkeit, wobei es je nach einzelner Charaktereigenschaft starke Schwankungen geben kann. Der dritte Faktor der Persönlichkeitsentwicklung sind vorgeburtliche und frühe nachgeburtliche Erlebnisse emotionaler Art. Sie beeinflussen die Ausbildung des limbischen Systems des ungeborenen Kindes und die Bindungserfahrung des neugeborenen Kindes. Psychologen schätzen den Einfluss der ersten Lebensjahre auf den Charakter und das Verhalten eines Menschen auf etwa 30 Prozent. Die verbleibenden 20 Prozent

50

werden dann durch Sozialisationserfahrungen der späteren Kindheit und der Jugend geprägt.

Man kann diese Forschungsergebnisse vereinfachend so deuten, dass etwa die Hälfte unseres Verhaltens genetisch und die andere Hälfte durch **Erziehung und Sozialisation** bestimmt wird. Man kann weiterhin den Schluss ziehen, dass die Möglichkeiten von Schulen, die Persönlichkeitsentwicklung von Kindern und Jugendlichen zu beeinflussen, begrenzt sind. Denn wenn ein Kind in die Schule kommt, sind die vorgeburtlichen und die frühen nachgeburtlichen emotionalen Einflüsse schon erfolgt. Durchschnittlich 80 Prozent der Persönlichkeit liegen jetzt schon fest. Man kann jedoch auch zu einer differenzierteren Sicht gelangen. Denn zum einen bestehen zwischen den vier genannten Faktoren Wechselwirkungen. Zum anderen sind die Ausprägungen der vier Faktoren auf das Verhalten und die Charaktereigenschaften von Menschen immer noch sehr individuell. Schließlich ist das Gehirn, wie bereits erwähnt, neuroplastisch. Verhaltensweisen lassen sich immer auch willentlich steuern und damit verändern. Insofern bin ich davon überzeugt, dass niemand ein weitgehendes Resultat seiner Genetik und seiner Hirnentwicklung ist (abgesehen von echten Hirnschäden). Man kann die Frage nach angeborenen oder angelernten Charaktereigenschaften in diesem Sinne auch so beantworten: »Die Erbanlage verteilt die Karten, die Umwelt spielt das Blatt aus.« (Myers/DeWall 2023, S. 156).

In der psychologischen Forschung wurden fünf Faktoren identifiziert, welche die Persönlichkeit eines Menschen am besten beschreiben. Sie heißen **die großen Fünf** oder auch die »big five« (McCrae/Costa 1987). Aus ihnen können dann je nach Ausprägung der einzelnen Merkmale noch Persönlichkeitstypen abgeleitet werden. Das kann in größerer oder in geringerer Differenzierung erfolgen und soll hier nicht weiter im Detail betrachtet werden. Es ist für die Zwecke der Verhaltensökonomik wichtiger, die möglichen positiven und negativen Ausprägungen der einzelnen Merkmale zu verstehen, um daraus dann Rückschlüsse auf typische Verhaltensweisen zu ziehen. Die folgende Darstellung (in Anlehnung an Roth 2007, S. 17–18) listet die großen Fünf auf.

Dar. 4: Die großen Fünf (Persönlichkeitsfaktoren)

	positiv	negativ
Extraversion	gesprächig, bestimmt, aktiv, energisch, offen, dominant, enthusiastisch, sozial, abenteuerlustig	still, reserviert, scheu, zurückgezogen
Verträglichkeit	mitfühlend, nett, bewundernd, herzlich, weichherzig, warm, großzügig, vertrauensvoll, hilfsbereit, freundlich, nachsichtig, feinfühlig	kalt, unfreundlich, streitsüchtig, hartherzig, grausam, undankbar, knickrig

Dar. 4: Die großen Fünf (Persönlichkeitsfaktoren) – Fortsetzung

	positiv	negativ
Gewissenhaftigkeit	organisiert, sorgfältig, planend, effektiv, verantwortlich, zuverlässig, genau, überlegt, gewissenhaft	sorglos, unordentlich, leichtsinnig, unverantwortlich, unzuverlässig, vergesslich
Neurotizismus	stabil, ruhig, zufrieden	gespannt, ängstlich, nervös, launisch, empfindlich, besorgt, reizbar, furchtsam, instabil, verzagt, sich selbst bemitleidend, mutlos
Offenheit	breit interessiert, einfallsreich, phantasievoll, intelligent, originell, wissbegierig, künstlerisch, gescheit, geistreich, weise	gewöhnlich, einfach, einseitig interessiert, ohne Tiefgang, wenig intelligent

Zunächst ist festzustellen, dass keine Korrelationen zwischen bestimmten Ausprägungen der großen Fünf und dem individuellen Risikoverhalten gefunden wurden (Buelow/Cayton 2020). Die Big Five erklären dafür aber sehr gut das Sozialverhalten von Menschen. Ein klares Beispiel ist die Verträglichkeit als Determinante von **Beziehungskompetenz** (Witt 2023, S. 15). Verträgliche Personen verhalten sich eher altruistisch als nicht so verträgliche Menschen. Ihnen ist Geld weniger wichtig als gute soziale Beziehungen. Das erklärt, warum sie sich in Verhandlungen nicht immer gut durchsetzen und warum sie ab und zu finanzielle Schwierigkeiten erleben. Wer verträglich ist, streitet sich weniger mit Mitmenschen, erfährt mehr Hilfe von anderen und hat typischerweise mehr Freunde als jemand, der sich eher egoistisch und wenig verträglich verhält. Ein hohes Maß an Verträglichkeit bedeutet jedoch nicht, dass die betreffende Person sich immer den Interessen anderer Menschen unterordnet und klein beigibt. Man kann hart in der Sache sein, aber freundlich zu anderen Personen bleiben. Menschen mit hoher Beziehungskompetenz versuchen, ihre Mitmenschen mit guten Argumenten zu überzeugen, anstatt sie zu bedrohen oder zu beleidigen. Sie verhalten sich menschlich angenehm, ohne ihre eigenen Bedürfnisse zu vernachlässigen.

Es gibt über Persönlichkeitsmerkmale hinaus noch mehr **genetische Prädispositionen**, die sich eindeutig nachweisbar auf Verhalten auswirken. Eine besonders interessante, aber leider nicht sehr positiv wirkende Gruppe von Genen kann wie folgt beschrieben werden (Eagleman 2013, S. 186): Die Personen, die sie tragen, werden in ihrem Leben mit einer um fast 900 Prozent höheren Wahrscheinlichkeit zu Verbrechern. Konkret ist es achtmal so wahrscheinlich, dass sie eine schwere Körperverletzung begehen, zehnmal so wahrscheinlich, dass sie jemanden ermorden, und 44-mal so wahrscheinlich, dass sie ein Sexualdelikt verüben. Von den Menschen, die im Gefängnis sitzen, weist die überwältigende Mehrheit die betreffende Genkombination auf. Es ist also offensichtlich, dass die Träger dieser Gene ein antisozialeres, aggressiveres und für Mitmenschen gefährlicheres Verhalten zeigen als andere Personen. Vielleicht fragen Sie sich jetzt, was das für eine Genkombination ist und ob man sie von außen erkennen kann. Das ist in der Tat so. Die soeben beschriebene Gruppe von Genen heißt Y-Chromosom. Die Personen, die sie aufweisen, bezeichnen wir als Männer. Dennoch besteht kein Grund zur Sorge, wenn Sie selbst ein Mann sind. Denn es werden ja nicht alle Männer zu Verbrechern, sondern nur ein ganz kleiner Anteil von ihnen (weniger als 1 Prozent).

Wir sind zu rationalem Denken fähig

Das aus meiner Sicht wichtigste Buch der letzten Jahrzehnte zur Psychologie menschlicher Entscheidungen stammt vom bereits erwähnten Psychologen und Nobelpreisträger Daniel Kahneman. Es heißt »Thinking Fast and Slow« bzw. in der deutschen Fassung »Schnelles und langsames Denken« (Kahneman 2012). Wenn Sie Ihr eigenes Verhalten und das Ihrer Mitmenschen besser verstehen wollen und wenn Sie dafür nur ein einziges Buch zu lesen bereit sind, dann sollte es dieses sein. Es fasst die wesentlichen Erkenntnisse und damit das Lebenswerk der beiden Forscher Daniel Kahneman und Amos Tversky zusammen. Diese Erkenntnisse beruhen nicht nur auf theoretischen Überlegungen, sondern auf unzähligen Experimenten und Beobachtungen von realem Entscheidungsverhalten. Der Grundgedanke besteht darin, dass jeder Mensch **zwei ganz unterschiedliche Systeme** hat, mit denen er Entscheidungen trifft. Das eine System ist langsam und rational, das ist der Verstand. Das andere System ist schnell und emotional, das könnte man den Bauch nennen (auch wenn es eigentlich und genau wie das zuerst beschriebene System im Gehirn angesiedelt ist). Viele der von Kahneman und Tversky festgestellten menschlichen Verhaltensweisen sind mittlerweile durch weitere Forschungsarbeiten auf dem Gebiet der Neurobiologie, der Psychologie und der Medizin bestätigt worden. Sie sollten diesen globalen Bestseller unbedingt selbst lesen, aber ich werde im Folgenden versuchen, die wichtigsten Erkenntnisse zusammenzufassen. Denn sie werden uns im Laufe des gesamten Buches begleiten und uns immer wieder dabei helfen, menschliches Verhalten zu verstehen. Sie sind aus meiner Sicht auch die wesentliche Grundlage vieler anderer Theorien der Verhaltensökonomik.

Kahneman bezeichnet die beiden menschlichen Entscheidungssysteme als System 1 und System 2. Er hat diese Begriffe nicht selbst erfunden, sie sind schon seit längerer Zeit in der Psychologie verbreitet (Eagleman 2012, S. 129–130). Es gibt auch ähnliche Begriffe wie den bereits erwähnten »zweigleisigen Verstand« (Myers/DeWall 2023, S. 108). Rationales Denken findet statt mit System 2. Andere Bezeichnungen für System 2, die vielleicht etwas deutlicher machen, was damit gemeint ist, sind »Kopf«, »Verstand« oder »bewusstes Entscheiden«. Wenn ich Sie vorab hätte fragen können, welches System Sie bei wichtigen Entscheidungen nutzen, dann hätten Sie ziemlich sicher System 2 beschrieben. Wir Menschen glauben, dass wir bei bedeutenden Entscheidungen vernunftgesteuert vorgehen. Wir glauben, dass wir Entscheidungsalternativen sorgfältig bewerten und dabei **ein**

rationales Kalkül anlegen. Wir berufen uns auf unseren Verstand und sind stolz auf seine Leistungsfähigkeit. Aber leider irren wir uns. Unser Verstand weist einige Besonderheiten und insbesondere einige Einschränkungen auf, die uns üblicherweise nicht bewusst sind. Er kann einige Dinge sehr gut und andere sehr schlecht. Die wichtigste Einschränkung ist jedoch, dass wir ihn nur selten wirklich gebrauchen. Wenn es nicht zwingend erforderlich erscheint, dann schaltet unser Gehirn den Teil, der für rationales Denken zuständig ist, einfach ab.

System 2 kann mittlerweile sehr gut im menschlichen Gehirn lokalisiert werden. Das ist insbesondere ein Verdienst der neurobiologischen Forschung, auf die wir schon näher eingegangen sind. System 2 befindet sich in den höher entwickelten Teilen des Gehirns, im Großhirn und in der Großhirnrinde, insbesondere im Neokortex. Dort ist der Sitz des bewussten Denkens (Goleman 1997, S. 29). Dort bündeln wir unsere Wahrnehmungen, führen komplexe Berechnungen durch und treffen bewusste Entscheidungen. System 2 hat eine interessante Eigenschaft. Es ist fest davon überzeugt, die Kontrolle zu haben und am wichtigsten zu sein (Kahneman 2012, S. 21). Deshalb glauben wir, dass wir uns überwiegend mit dem Verstand entscheiden. Deshalb beschreiben sich die allermeisten Menschen als rationale Entscheider. Und die Leistungsfähigkeit des Neokortex ist in der Tat beeindruckend. Er ist viel größer als bei unseren nächsten Verwandten, den Primaten. Kein anderes Lebewesen hat eine derart hoch entwickelte Denk- und Abstraktionsfähigkeit. Wir können uns Situationen gedanklich vorstellen, ohne sie selbst erlebt zu haben. Zudem lernt unser Gehirn lebenslang dazu, bildet neue Synapsen aus und entwickelt sich weiter. Das ist die bereits angesprochene Neuroplastizität. Aber die Kapazität unseres Neokortex hat eben auch Grenzen.

Der Titel des Buchs von Kahneman enthält schon einen Hinweis auf die erste Grenze von System 2. Es braucht Zeit. Der Verstand ist gekennzeichnet durch **langsames Denken**. Das können wir alle gut nachvollziehen. Wenn wir vor einer schwierigen Entscheidung sitzen, wenn wir Daten zusammentragen und Berechnungen anstellen, dann benötigen wir Zeit. Wir können uns mit System 2 nicht schnell entscheiden. Selbst sehr gute Schachspieler brauchen Bedenkzeit vor schwierigen Zügen. Keiner von uns kann eine aufwändige Investitionsrechnung in wenigen Minuten durchführen, selbst wenn alle Daten schon vorliegen. Die Langsamkeit allein erklärt schon, warum es noch ein weiteres Entscheidungssystem geben muss. Denn wir erleben tagtäglich viele Entscheidungssituationen, in denen einfach keine Zeit zum Nachdenken oder für aufwändige Berechnungen bleibt. Wenn Sie auf der Autobahn fahren und das Fahrzeug vor Ihnen abrupt bremst, dann haben Sie keine Zeit, um auszurechnen, ob der verbleibende Bremsweg ausreicht oder ob Sie lieber ausweichen sollten. Unseren Vorfahren ging es genauso. Wenn Sie als Neandertaler in einem Gebüsch ein Geräusch hörten, dann konnten Sie nicht erst langwierige Analysen anstellen, ob es sich den verfügbaren Informationen nach um ein Kaninchen oder um einen Säbelzahntiger handelt. Sie mussten blitzschnell entscheiden und sofort etwas tun.

Die zweite Besonderheit von System 2 ist sein enorm **hoher Energieverbrauch**. Wir hatten schon gesehen, dass unser Gehirn zwar ein vergleichsweise kleines

54

Organ ist, aber unverhältnismäßig viel Energie benötigt. Sein Hauptbrennstoff ist Glukose, also Zucker. Heutzutage ist Zucker immer und überall reichlich verfügbar. Aber das war nicht immer so. Als Neandertaler wussten Sie nicht, wann und wo Sie wieder Zugang zu kostbarer Glukose haben würden. Insofern hat das Gehirn im Laufe der Evolution gelernt, mit den Energievorräten des Körpers sparsam umzugehen. Wann immer wir den Neokortex nicht benötigen, schaltet er sich ab. Jede Nutzung des Verstands, jedes rationale Eingreifen, jede sogenannte Selbstregulation durch System 2 kostet Energie. Je mehr der Energievorrat des Gehirns zur Neige geht, desto seltener nutzen wir System 2, desto öfter wird es abgeschaltet. Psychologen bezeichnen dieses Phänomen als »Erschöpfung der Selbstregulation« oder als »ego depletion« (Notebaert/Creuzfeldt 2015, S. 70–71). Auch dieses Phänomen erklärt, warum es noch ein zweites Entscheidungssystem geben muss. Wie sonst könnten Menschen Entscheidungen treffen, wenn sie ihr System 2 abgeschaltet haben?

Die dritte große Begrenzung der Leistungsfähigkeit von System 2 besteht in den beschränkten Rechen- und Informationsverarbeitungskapazitäten des Menschen. Wir sind alle mehr oder weniger **schlecht in Statistik.** Selbst wenn wir vollständige Daten zur Lösung eines Problems oder zum Treffen einer Entscheidung vorliegen haben, machen wir doch oft Fehler. Natürlich gibt es intelligentere und weniger intelligente Entscheider. Ebenso selbstverständlich ist es, dass manche Menschen berufs- oder ausbildungsbedingt besser schwierige Aufgaben lösen können als andere. Entscheidend ist aber, dass ausnahmslos alle Menschen typischen Fehleinschätzungen unterliegen. Das liegt zum einen an der bereits beschriebenen selektiven Informationsverarbeitung im Gehirn. Es liegt aber auch daran, dass unser Neokortex nicht statistisch denkt. Er sucht eher nach plausiblen Erklärungen der eingehenden Sinnesreize und nach wiederkehrenden Mustern. Statistische Konzepte wie Grundgesamtheiten, Häufigkeiten und bedingte Wahrscheinlichkeiten entsprechen nicht dieser Suche nach Sinn und nach plausiblen Geschichten (Sibony 2020, S. 23).

Hinzu kommt, dass wir in der Realität eben häufig nicht über eine vollständige Beschreibung eines Entscheidungsproblems verfügen. Sehr oft unterliegen die Daten für unser Kalkül einer erheblichen Unsicherheit. Woher wollen Sie zum Beispiel wissen, wie sich die Immobilienpreise in Ihrer Stadt langfristig entwickeln? Wie gut können Sie die Wahrscheinlichkeit einschätzen, dass Ihr Ehepartner Sie verlassen wird? Wer kann eine gute Prognose über die Arbeitsmarktchancen für einen bestimmten Studienabschluss in fünf Jahren (wenn die betreffende Person ihr Studium beendet haben wird) abgeben? Wie wollen wir als Laien die Erfolgsaussichten eines bestimmten medizinischen Eingriffs einschätzen, der uns von einem Arzt oder einer Ärztin vorgeschlagen wird? Zudem wissen wir gar nicht immer genau, was wir uns eigentlich wünschen. Das zeigt das Beispiel Online-Dating (Ariely 2015, S. 269). Wir können zwar sagen, dass wir einen schlanken, mittelgroßen Menschen mit braunen Augen und sportlicher Statur bevorzugen und dann auf der Dating-Plattform danach suchen. Aber es kann durchaus sein, dass das mehr oder weniger irrelevante Kriterien waren. Vielleicht verlieben wir uns in der Realität in einen dicken, kleinen Menschen mit blauen Augen und unsportlicher Figur, der dafür aber über Charme, Witz und viel Empathie verfügt.

Meistens denken wir intuitiv

Weil System 2 den genannten Beschränkungen unterliegt und immer wieder für längere Zeiten inaktiv ist, gibt es ein zweites Entscheidungssystem, das System 1. Es funktioniert radikal anders als System 2. Es lässt sich in den älteren Teilen des Gehirns lokalisieren, insbesondere im limbischen System und dort vor allem im Mandelkern, der Amygdala. Wenn der Neokortex Sitz unseres bewussten Denkens ist, dann ist das limbische System Sitz unserer Intuition und unserer Gefühle. Intuitiv verständlichere und damit bessere Bezeichnungen für System 1 sind »emotionales Gehirn«, »Instinkt«, »unbewusstes Entscheiden« oder »Bauchgefühl« (Gigerenzer 2008, S. 25; Kahneman 2012, S. 20–21; Notebaert/Creuzfeldt 2015, S. 30–31). Wir hatten schon auf die umfangreichen neurobiologischen Befunde hingewiesen, nach denen die meisten Menschen glauben, dass es der Verstand ist, der sie durch das tägliche Leben leitet, während das in Wahrheit das System 1 tut. Es ist das emotionale Gehirn, das bildlich gesprochen am Steuer unseres Lebens sitzt. Der Hirnforscher David Eagleman benutzt in seinem Buch folgende anschauliche Formulierung: »Ihr Gehirn wird weitgehend von einem Autopiloten gesteuert, das Bewusstsein hat kaum Zugang zu der gewaltigen und geheimnisvollen Fabrik, die im Hintergrund rattert« (Eagleman 2012, S. 12). Diese geheimnisvolle Fabrik hat auch wieder ganz spezifische Stärken und Schwächen.

Beginnen wir mit einer Stärke. **System 1 verbraucht keine Energie.** Das ist sein großer Vorteil. Es kann angeschaltet bleiben und steht immer zur Verfügung. In ihm sind alle Erfahrungen abgespeichert. Dinge, die ein Mensch immer wieder tut, werden zu einer Routine und damit zu einer Entscheidung, die System 1 automatisch trifft. Routinen müssen nicht immer aufs Neue durch System 2 beurteilt und entschieden werden. Also verlagert das Gehirn die Steuerung solcher Tätigkeiten in das System 1. Es kann automatisiert und unbewusst auch komplizierte Aufgaben abarbeiten. Ein typisches Beispiel ist Autofahren. Während einer Autofahrt treffen Sie eine Fülle von Entscheidungen. Sie schätzen Entfernungen ein, sie bremsen, Sie wechseln die Fahrspur. Allerdings tun Sie das unbewusst. Wenn Sie jemand nach einer zweistündigen Autofahrt fragt, was Sie getan haben, dann sagen Sie wahrscheinlich: »nichts«. Für viele Tätigkeiten ist es sogar förderlich, wenn System 2 in Form des Verstands außen vor bleibt. Verschiedene Studien haben gezeigt, dass Sportler bessere Leistungen zeigen, wenn sie nicht lange darüber nachdenken, was sie am besten tun können, sondern es einfach tun. Pianisten können nur virtuos spielen, wenn sie vorher nicht erklären müssen, wie sie die Noten in Bewegungen ihrer Finger umsetzen. Wir können alle mit einem Fahrrad fahren, aber kaum jemand kann erklären, wie man Fahrrad fährt. Die Entscheidungsregel für Profis lautet daher: »Lass das Denken, wenn Du geübt bist« (Gigerenzer 2008, S. 42–46).

Die zweite Stärke von System 1 ist seine **Schnelligkeit**. Wir hatten schon bei der Betrachtung der Anatomie des Gehirns gesehen, dass das limbische System über direktere und damit wesentlich schnellere neuronale Verbindungen zu anderen Teilen des Gehirns verfügt als der Neokortex. System 1 reagiert nicht nur extrem schnell, es reagiert vor allem deutlich vor dem Verstand. In vielen Fällen werden eingehende Sinnesreize direkt an die Amygdala durchgeleitet, also am Neokortex vorbei geschleust. Die entsprechenden Reaktionen haben wir alle schon erlebt. Ein Gegenstand fällt vom Tisch und wir haben ihn aufgefangen, bevor es uns überhaupt bewusst war. Wir treffen andere Menschen und können in Millisekunden sagen, ob uns dieser Mensch sympathisch ist oder nicht. Die intuitive Einschätzung einer Gefahrensituation wird getroffen, lange bevor wir bewusst und mit unserem Verstand Entscheidungskriterien definieren und Bewertungen vornehmen könnten. Diese Schnelligkeit des limbischen Systems hat offensichtliche evolutorische Vorteile. Sie erlaubt es uns, rechtzeitig zu reagieren, bevor wir eine Situation wirklich verstehen und bewerten können.

Den zeitlichen Vorsprung von System 1 vor System 2 zeigt sich auch deutlich in sozialen Interaktionen. Menschen wählen ihre Freunde intuitiv aus, nicht rational. Wir empfinden Glücksgefühle in Gruppen von Gleichgesinnten, selbst wenn sie sich manchmal merkwürdig verhalten. Denken Sie nur an Fußballspiele, große Konzerte oder Betriebsfeiern. Wir verlieben uns in einen anderen Menschen, können aber nicht sagen warum. Wir fühlen uns in Gesellschaft bestimmter Mitmenschen unwohl, ohne dafür einen echten Grund angeben zu können. Prüfen Sie doch einmal anhand von einigen Testfragen, ob es bei Ihnen genauso ist: Sind Sie nach einer rationalen Analyse Fan eines bestimmten Fußballvereins geworden? Glauben Sie, Sie hätten Ihren Partner ausgewählt, weil er oder sie so gut aussieht, sich so kinderlieb verhält, so reich ist oder so gut kochen kann? Haben Sie Ihren Partner überhaupt bewusst ausgewählt? Können Sie die Qualifikationen Ihrer eigenen Kinder zutreffend beurteilen? Die ehrliche Antwort auf alle Fragen wird »nein« lauten. Sie wurden Fan des Fußballvereins, für den Ihr Vater oder Ihre Freunde schwärmten. Die Auswahl Ihres Partners hat nicht Ihr Verstand, sondern Ihr limbisches System übernommen. Die genannten rationalen Gründe kamen Ihnen erst später in den Sinn. Und niemand kann objektiv die Qualifikationen seiner eigenen Kinder beurteilen. Wir lieben sie und halten sie für großartig.

Die beruhigende Botschaft ist, dass uns System 1 üblicherweise sehr gut steuert. Seine Einschätzungen von Sinneswahrnehmungen sind valide, insbesondere in gewohnten Situationen. Seine spontanen Reaktionen auf Umweltreize sind meistens sinnvoll. Es stellt sich allerdings die Frage, wie System 1 konkret entscheidet und wann es vielleicht doch Fehler macht. Der entscheidende Trick, den unser limbisches System anwendet, besteht darin, nur vorhandene Informationen zu nutzen und dann dazu anhand der gespeicherten Erfahrungen **eine plausible Geschichte** zu bauen. Psychologen sprechen vom assoziativen Denken oder vom Prinzip »what you see is all there is« (Kahneman 2012, S. 85). Interessanterweise funktioniert das umso besser, je weniger Informationen vorliegen. Wir verlieben uns eher, wenn wir fast nichts von unserem Gegenüber wissen. Wir können uns leichter für einen Urlaub in einem Land entscheiden, das wir kaum kennen. Es ist immer einfacher, aus wenigen Informationen eine plausible Geschichte zu bauen als aus sehr umfangreichen Informationen (Gigerenzer 2018, S. 162).

In vielen Fällen wird die Entscheidung von System 1 auf **nur einer einzigen Information** beruhen. Das ist seine Schwäche. Es werden keine weiteren Informationen erhoben (dazu ist häufig auch gar keine Zeit). Erfahrungen, die zwar vorliegen, aber vom assoziativen Mechanismus nicht erfasst werden, bleiben ebenfalls unberücksichtigt. Eine Neandertalerin, die ein Geräusch im Gebüsch hörte, nutzte für ihre Entscheidung zur Flucht oder zum Angriff nur diese eine Information, die Art des Geräusches. Und wenn sie eine erfahrene Jägerin war, dann konnte sie tatsächlich sehr zuverlässig zwischen dem Geräusch eines Kaninchens und dem eines Säbelzahntigers unterscheiden. Nun sind die Zeiten der Neandertaler zwar vorbei, aber unser System 1 hat sich nicht sehr verändert. Ob Sie sich in jemanden verlieben oder nicht, hängt eindeutig nicht von einem rationalen Kalkül ab, sondern ist eine Bauchentscheidung. Und die wird von System 1 sehr schnell und anhand von nur ganz wenigen Kriterien getroffen. Dazu zählt der Geruch, der am Thalamus vorbei geleitet wird und daher besonders schnell in System 1 zur Verfügung steht. Großen Einfluss hat auch das äußere Erscheinungsbild eines Menschen, das wir in Bruchteilen einer Sekunde erfassen und bewerten. Oft machen wir mit dieser Bauchentscheidung alles richtig. Aber manchmal liegen wir leider auch völlig falsch und verlieben uns beispielsweise spontan in die falsche Person.

System 1 hat eine weitere Eigenschaft, die Stärke und Schwäche zugleich ist. Es bleibt immer angeschaltet. Es nimmt alles wahr, das meiste davon unbewusst. Es versorgt uns mit intuitiven Gefühlen und mit Meinungen zu praktisch allem, was uns täglich begegnet. Vielleicht ist es Ihnen nie so aufgefallen, aber das macht unser Leben sehr leicht. Wir mögen Menschen, ohne die Gründe zu kennen. Wir glauben, dass sich eine Aktie gut entwickeln wird, ohne viel von dem Unternehmen zu wissen. Wir können Fragen beantworten, die wir nicht richtig verstehen. Der zentrale Mechanismus, den System 1 für diese erstaunlichen Leistungen benutzt, ist **das Ersetzen von schwierigen Fragen durch einfachere** (Kahneman 2012, S. 97). Wenn wir nicht sehr schnell eine Antwort auf eine schwierige Frage haben, dann tauschen wir sie gegen eine einfachere Frage aus. Anschließend beantworten wird dann diese einfachere Frage. Das führt oft zu guten Ergebnissen, aber ab und zu auch zu völlig falschen. Um den Mechanismus bewusst in Aktion zu sehen, betrachten Sie bitte einmal folgende Darstellung (in Anlehnung an Kahneman 2012, S. 98–99). Dort sind schwierige Fragen aufgeführt (linke Spalte), die unser System 1 dann in eine einfacher beantwortbare Frage umwandelt (rechte Spalte). Sie werden sehr schnell erkennen, dass die Beantwortung der leichten Frage oft keine zuverlässige Antwort auf die schwierige Frage ergibt.

Dar. 5: Wie System 1 schwierige Fragen durch einfachere ersetzt

Ursprüngliche (schwierige) Frage	Leichter beantwortbare Frage
Wie viel würden Sie spenden, um eine gefährdete Tierart vor dem Aussterben zu bewahren?	Wie starke Emotionen empfinde ich, wenn ich ein Foto von dem Tier sehe, das vom Aussterben bedroht ist?
Wie zufrieden sind Sie mit Ihrem Leben insgesamt?	Wie ist meine momentane Stimmung?
Wie beliebt wird der Bundeskanzler kurz vor der nächsten Bundestagswahl sein?	Wie beliebt ist der Bundeskanzler jetzt?
Wie sollte jemand bestraft werden, der älteren Menschen am Telefon mit dem Enkeltrick Geld stiehlt?	Wie viel Wut empfinde ich, wenn ich an Enkeltrick-Betrüger denke?
Nikki Haley bewirbt sich in republikanischen Vorwahlen um das US-Präsidentenamt. Wird sie es schaffen, die erste weibliche Präsidentin zu werden?	Sieht Nikki Haley wie eine politische Gewinnerin aus?

Es wird Sie hoffentlich nicht überraschen, dass System 1 immer wieder auch groben Fehleinschätzungen unterliegt. Wenn wir System 2 als schlecht in Statistik bezeichnet haben, dann ist System 1 **sehr schlecht in Statistik**. Es nutzt ja nur die aktuell vorliegenden Informationen gepaart mit Erfahrungen. System 1 sucht nicht nach weiteren Informationen. Es prüft auch nicht die Richtigkeit von dem, was wir gerade zu sehen glauben. Der assoziative Mechanismus stellt inhaltliche Verbindungen zwischen Fakten und Erinnerungen her, die möglicherweise gar nicht bestehen. Mit einem solchen Vorgehen werden die elementarsten Regeln der Statistik missachtet. Man kann es auch anders ausdrücken: System 1 denkt überhaupt nicht statistisch. Es stellt Plausibilitätsüberlegungen an. Dadurch können natürliche große Fehler entstehen. Dass eine Interpretation von Umweltsignalen plausibel ist, bedeutet noch lange nicht, dass sie auch richtig ist. Dass wir uns zu bestimmten Ereignissen eine überzeugende kausale Geschichte ausdenken können, heißt nicht, dass diese Ereignisse wirklich kausal zusammenhängen. Dass uns eine bestimmte Beobachtung an ein früheres Ereignis erinnert, bedingt nicht zwingend, dass jetzt dasselbe Ereignis aufgetreten ist. Hinzu kommt, dass viele Reaktionen des limbischen Systems vor Millionen von Jahren angelegt wurden. Sie passten auf das Leben unserer Vorfahren, aber nicht mehr immer auf unsere moderne Welt.

Wir haben beschränkte Wahrnehmungs- und Informationsverarbeitungskapazitäten

Wir haben gesehen, dass wir den größten Teil des Tages im Autopilot-Modus des Systems 1 verbringen. Wir spulen Routinen ab und entscheiden uns unbewusst. Wir werden an späterer Stelle dieses Buches sehen, dass das unsere Präferenz für immer gleiche Entscheidungen erklärt. Denn solange sich keine neue Information ergibt, entscheiden wir uns bei vergleichbaren Aufgaben wie bisher. Wir nutzen dabei unsere Intuition und einfache Faustregeln. Solange diese Regeln auf einem guten Kriterium oder einem angemessenen Grund beruhen, treffen wir überwiegend richtige Entscheidungen. Mitunter treffen wir auch länger andauernd falsche Entscheidungen, zum Beispiel wenn wir an ungesunden Gewohnheiten wie Rauchen oder Alkoholkonsum festhalten. Im Extremfall handelt es sich um Suchtverhalten, das gar nicht mehr willentlich steuerbar ist. Psychologische Untersuchungen haben gezeigt, dass wir uns so lange auf unsere Intuition, also unser System 1, verlassen sollten, solange wir wenig Informationen haben und zukünftige Entwicklungen nur schwer vorhersagen können (Gigerenzer 2018, S. 162; Kahneman/Klein 2009, S. 524).

Ab und zu kommt es jedoch vor, dass System 1 nicht weiß, was zu tun ist. Die Umweltinformationen sind neu. Sie lassen sich nicht mit bisherigen Erfahrungen abgleichen. System 1 gibt uns keinen klaren Hinweis darauf, was zu tun ist. Es bedarf einer rationalen Analyse. Dann ruft unser Gehirn System 2 zur Hilfe. Das kann auch gezielt geschehen. So kann es sein, dass Sie vor einer folgenschweren Entscheidung stehen und sich der potenziellen Unzulänglichkeiten von System 1 bewusst sind. Sie entscheiden dann aktiv, eine bewusste Entscheidung herbeizuführen. Man nennt das auch **Selbstregulation** (Notebaert/Creuzfeldt 2015, S. 75). Die Aufwallungen des Mandelkerns werden im Fall der Selbstregulation aktiv vom Neokortex unterdrückt, die emotionale Reaktion wird gezügelt. Die Fähigkeit zu einer solchen Emotionsregulierung ist ein wesentliches Merkmal von emotionaler Intelligenz (Goleman 1997, S. 45). Als Verhaltensweise ist das aktive Hinzuziehen von System 2 dann empfehlenswert, wenn es gilt, die Vergangenheit zu erklären, wenn die Zukunft gut vorhersehbar ist oder wenn viele Informationen vorliegen (Gigerenzer 2018, S. 163).

Auch hier müssen wir uns allerdings darüber im Klaren sein, dass es zu Fehlentscheidungen kommen kann, entweder weil System 2 mit der Informationsauswertung überfordert ist oder weil ihm nicht genug Informationen zur Lösung eines Problems vorliegen. Wir werden im dritten Teil dieses Buches viele Situationen betrachten, in denen wir auch bei noch so sorgfältiger Suche nicht auf einen ausreichenden Informationsstand kommen. Beispiele sind die Auswahl von Fonds und Aktien am Kapitalmarkt, die Berufswahl oder der Kauf eines Hauses. Es kann auch sein, dass wir nur denken, wir hätten uns selbst reguliert und mit System 2 gearbeitet. Denn eine typische Verhaltensweise vieler Menschen besteht darin, intuitiv zu entscheiden und danach System 2 zu aktivieren, um die Entscheidung mit nachgeschobenen, quasi-rationalen Gründen zu rechtfertigen. Das typische Beispiel sind Spontankäufe eigentlich überflüssiger Konsumgüter, die wir nach getätigtem Kauf mit rationalen Argumenten rechtfertigen. Mit so einem Vorgehen betrügen wir uns selbst. Wir reden uns ein, eine Entscheidung rational getroffen zu haben, obwohl sie eigentlich System 1 getroffen hat.

Selbst wenn der Mensch rationale Entscheidungen anstrebt, unterlaufen ihm doch oft Fehler. Vor allem im **Umgang mit statistischen Daten** oder mit Prognosen über eine unsichere Zukunft fällt uns die Anwendung des rationalen Denkens schwer. Zum einen werden uns die Methoden der Mathematik und Statistik gar nicht immer in geeigneter Form beigebracht. Zum anderen kommt es beim Zusammenspiel von System 1 und System 2 zu vorhersehbaren Störungen. Denn System 1 ist schneller. Sobald es glaubt, ein Muster oder eine Lösung gefunden zu haben, kommt System 2 nicht mehr richtig zum Einsatz. Das zeigt sich beispielsweise an kleinen Logikrätseln und Rechenaufgaben, die uns typischerweise sehr schwerfallen, auch wenn sie bei systematischem Nachdenken eigentlich nicht sonderlich schwierig sind. Der Linguist Steven Pinker, der besonders nachdrücklich für die Nutzung des rationalen Denkens eintritt, hat viele anschauliche Beispiele für solche kleinen Aufgaben und Logikrätsel zusammengetragen. Probieren Sie es einmal selbst aus. Versuchen Sie, die folgenden vier Fragen zu beantworten (Pinker 2022, S. 8–11). Nehmen Sie sich dabei Zeit. Es kommt bei diesen kleinen Aufgaben nicht auf die Geschwindigkeit der Beantwortung an, nur auf das Finden der richtigen Antwort.

Dar. 6: Einige Logikaufgaben

1) Wenn 8 Drucker in 8 Minuten 8 Poster ausdrucken können, wie lange brauchen dann 24 Drucker für 24 Poster?
2) Ein Set enthält einen Tennisschläger und einen Tennisball. Das Set kostet 110 Euro. Der Schläger kostet 100 Euro mehr als der Ball. Wieviel kostet der Ball?
3) Wenn sich der Seerosenbestand auf einem Teich jeden Tag verdoppelt und der Teich nach 30 Tagen komplett bedeckt ist, nach wie vielen Tagen ist der Teich dann genau halb bedeckt?
4) Wenn Sie 400 Euro pro Monat auf ein Konto einzahlen, das 10 Prozent Zinsen pro Jahr bringt, wie viel Geld haben Sie dann nach 40 Jahren auf Ihrem Konto?

Die richtige Antwort auf die erste Frage lautet: acht Minuten. Ein einzelner Drucker braucht genau acht Minuten, um ein Poster auszudrucken. Die Drucker arbeiten ja parallel. Wenn es also 24 Drucker gibt, die 24 Poster ausdrucken sollen, dann druckt jeder Drucker genau ein Poster und das dauert acht Minuten. Die richtige Antwort auf die zweite Frage lautet: 5 Euro. Wenn der Ball 5 Euro kostet und der Schläger 100 Euro mehr als der Ball, dann kostet der Schläger 105 Euro. Beides zusammen kostet dann 105 Euro + 5 Euro = 110 Euro. Sie können es sich auch als Gleichung aufschreiben, wobei x der gesuchte Preis des Tennisballs ist: (x + (x + 100)) = 110. Daraus folgt: 2x = 10 und x = 5. Die richtige Antwort auf die dritte Frage lautet: 29 Tage. Denn am letzten Tag verdoppelt sich der Seerosenbestand noch einmal, so dass dann nach 30 Tagen der komplette Teich bedeckt ist. Die richtige Antwort auf die vierte Frage lautet: 2,5 Mio. Euro.

Bitte vergleichen Sie die richtigen Antworten mit Ihren Lösungen. Wenn Sie alle Aufgaben zutreffend beantwortet haben, dann sind Sie außergewöhnlich klug, praktisch ein Genie. Von den Harvard-Studenten, mit denen Steven Pinker diese Aufgaben regelmäßig durchgegangen ist, schafften das nur ganz wenige. Im Durchschnitt beantwortete ein Drittel der Harvard-Studenten alle vier Fragen falsch (und wir halten Harvard-Studenten ja an sich schon für besonders kluge Menschen). Studierende des MIT (Massachusetts Institute of Technology) in Boston, das weltweit berühmt ist für seine Ingenieursfakultät und seine mathematische Ausbildung, schnitten etwas besser ab. Sie beantworteten im Durchschnitt zwei der vier Fragen richtig. Aber auch hier gab es nur ganz selten Personen, die alle Aufgaben zutreffend lösen konnten. Es stellt sich also die Frage, warum die genannten Aufgaben so schwierig sind.

Zum einen sind die Fragen absichtlich so gestellt, dass Ihr System 1 angesprochen wird. Es produziert dann **voreilige, falsche Lösungen**. In der ersten Aufgabe ist das die Parallelität der Zahl 8 bei acht Druckern, acht Postern und acht Minuten. Sie verführt uns dazu, die eigentliche Frage mit 24 zu beantworten. Dann würde wieder dreimal die Zahl 24 auftauchen. Bei der zweiten Frage ist die intuitive Antwort, die uns allen sofort einfällt, ein Preis von 10 Euro. Diese Antwort ist zwar falsch, aber sie klingt sehr plausibel, wenn der Schläger 100 Euro mehr kosten soll als der Ball und das ganze Paket 110 Euro kostet. Überall taucht die Zahl 10 auf. Die dritte Aufgabe verwirrt uns, weil unser Gehirn sehr schlecht exponentielle Entwicklungen verstehen kann. Die intuitive (und erneut falsche) Antwort auf die Frage lautet: 15 Tage. Denn 15 ist die Hälfte von 30 und der Teich soll ja nur halb bedeckt sein. Das gilt auch für die vierte Frage. Die meisten Menschen schätzen einen Betrag von 200.000 Euro. Das ist die Zahl, die sich ergibt, wenn man 400 mit 12 und dann mit 1,1 und dann mit 40 multipliziert. Einigen Menschen ist bewusst, dass diese Antwort falsch sein muss, weil sie den Zinseszins-Effekt übersieht. Sie schätzen dann einen höheren Betrag. Aber wirklich niemand schätzt hoch genug, weil wir uns eben exponentielle Verläufe nicht richtig vorstellen können.

Es gibt jedoch auch gute Nachrichten. Versuchspersonen schneiden systematisch besser ab, wenn sie sich mehr Zeit für die Beantwortung der Fragen nehmen. Sie widerstehen dann der Versuchung von System 1, eine intuitive Antwort zu geben, die zwar schnell und plausibel ist, aber eben falsch. Wir können also durchaus System 2 benutzen und die Regeln von Logik und Statistik anwenden. Es kostet nur Zeit und Mühe. Die Antworten auf die beschriebenen Logik- und Statistikrätsel werden auch deutlich besser, wenn sie von Gruppen anstelle von Einzelpersonen gegeben werden. Hier zeigt sich die Macht der kollektiven Intelligenz. Das ist insofern beruhigend, als die Menschheit ihre großen Aufgaben typischerweise in **Teams** bearbeitet. Dort arbeiten nicht nur mehrere kluge Menschen zusammen, sondern auch Menschen mit unterschiedlichen Erfahrungen und unterschiedlicher Expertise. Das sichert in vielen Fällen die Rationalität der Lösungsfindung und verhindert (zumindest weitgehend) intuitive Fehlschlüsse. Wir werden allerdings in späteren Kapiteln sehen, dass Gruppenentscheidungen nicht immer frei von systematischen Verzerrungen und Wahrnehmungsfehlern sind. Ein erfahrener Unternehmensberater hat zur Entscheidungsfindung in Geschäftsführungsgremien ironisch angemerkt: »Making a really big mistake usually requires a team effort.« (Sibony 2020, S. 121).

Unserer Bewertungen und Entscheidungen unterliegen zufälligen Variationen

Neben systematischen Abweichungen von streng rationalem Verhalten in Form von Biases spielen auch zufällige Variationen von Einschätzungen und Bewertungen eine große Rolle bei der Erklärung tatsächlichen menschlichen Verhaltens. Sie werden als **Streuungen** oder als »noise« bezeichnet (Kahneman/Sibony/Sunstein 2021). Es gibt intrapersonelle und interpersonelle Streuungen. **Intrapersonelle Streuungen** bedeuten, dass ein und dieselbe Person zu unterschiedlichen Zeitpunkten zu unterschiedlichen Einschätzungen ein und derselben Situation kommt. Sie kommen häufiger vor, als man vielleicht erwartet. So variiert selbst bei erfahrenen Versicherungsvertretern die Bewertung eines konkreten Schadensfalls im Zeitablauf, wenn sich die betreffende Person nicht erinnert, denselben Sachverhalt schon einmal beurteilt zu haben. Das Gleiche gilt für Professorinnen und Professoren, die Klausuren von Studenten bewerten. Ein- und dieselbe Klausur kann von ein- und demselben Prüfer unterschiedliche Noten erhalten. Auch hier muss man sicherstellen, dass die betreffende Person ihre eigene frühere Benotung nicht sieht. Ärzte kommen beim Anblick desselben Röntgenbilds an unterschiedlichen Tagen zu unterschiedlichen Befunden.

Interpersonelle Streuungen von Prognosen und Bewertungen sind noch häufiger. Sie entstehen, wenn verschiedene Personen ein und denselben Sachverhalt unterschiedlich beurteilen. Das ist zunächst einmal völlig normal und auch positiv. Niemand möchte in einer Welt leben, in der alle genau denselben Geschmack haben und alle Ereignisse oder Gegenstände genau gleich bewerten. In Wettbewerbsmärkten ist die Varianz von Urteilen zwischen verschiedenen Personen sogar erwünscht. Transaktionen finden statt, weil Marktteilnehmer dieselbe Sache unterschiedlich bewerten. Man sagt: »Disagreements make markets« (Kahneman/Sibony/Sunstein 2021, S. 28). Es gibt auch einen Markt für Vorhersagen. Wir können mehrere Personen um eine Vorhersage bitten und dann ex post sehen, wer die beste Prognose gemacht hat. Wer systematisch bessere Voraussagen macht, kann am Markt Geld verdienen oder wird von seiner Organisation belohnt. Wer beispielsweise rechtzeitig einen Kurssturz an der Börse prognostiziert, der kann damit reich werden. Wenn ein Unternehmen es schafft, wirksame Medikamente früher als seine Wettbewerber zu entwickeln, dann wird es zuerst ein Patent anmelden und mit dem patentgeschützten Medikament viel Geld verdienen können.

Streuungen von Prognosen, Urteilen und Bewertungen wirken sich jedoch nicht nur positiv aus. Wenn es keinen Wettbewerb gibt und wenn es um Entscheidungen in Unternehmen oder in Behörden geht, dann bewirken Streuungen **unerwünschte Effekte**. Wenn die Person, die ein Urteil zu fällen oder eine Bewertung abzugeben hat, zufällig ausgewählt wird, aber nicht im Wettbewerb mit anderen Personen steht, dann sind unterschiedliche Bewertungen und Urteile schädlich. Ein wirtschaftswissenschaftliches Beispiel sind die Schadensbewertungen von einzelnen Versicherungsagenten, die Kunden mal besser und mal schlechter stellen. Der Kunde kann nämlich nicht auswählen, welcher Agent ihn besucht und den Schaden bewertet. Noch problematischer sind Bewertungsstreuungen in der Medizin. Wenn Sie in ein Krankenhaus kommen, dann können Sie sich den behandelnden Arzt nicht aussuchen. Sie sind auf das Urteilsvermögen der Person angewiesen, die Ihnen zufällig zugeordnet wird. Und es wäre nicht gut, wenn dieses Urteil bei gleichen Befunden von Arzt zu Arzt sehr unterschiedlich ausfallen würde. Wenn Sie beispielsweise einen Herzinfarkt erlitten haben, dann sollte der im Krankenhaus unabhängig vom behandelnden Arzt zutreffend erkannt und richtig therapiert werden.

Sehr gut dokumentiert ist die Problematik von Urteilsstreuungen auch in den Rechtswissenschaften. Entsprechend wird mittlerweile nicht nur von Behavioral Economics, sondern auch von **Behavioral Law** gesprochen (Zamir/Teichman 2018). So variieren Gerichtsurteile eines bestimmten Richters oder einer bestimmten Richterin zu derselben Art von Straftat systematisch je nach angeklagter Person, zum Beispiel weil impliziter Rassismus besteht. So wurde oft beobachtet, dass schwarze Angeklagte durchschnittlich höhere Strafen erhalten als weiße. Das entspricht einem Bias und der ist extrem problematisch. Die Urteile variieren aber auch zwischen verschiedenen Richtern. Manche Richter verhängen systematisch mildere Urteile als andere. Das ist Noise. Und diese Art Streuung ist ebenfalls extrem problematisch, weil Angeklagte sich ihren Richter nicht aussuchen können. Wenn Sie bei der Diagnose eines Arztes nicht ganz sicher sind, können Sie immer noch eine Zweitmeinung einholen, also eine andere Ärztin um eine Diagnose oder eine Therapieempfehlung bitten (außer natürlich Sie liegen bewusstlos in der Notaufnahme). Aber vor Gericht gibt es nicht die Möglichkeit, eine Zweitmeinung zu bekommen. Sie sind einfach der zufälligen Streuung der Urteile ausgesetzt. Daher kommt wahrscheinlich der Spruch: »Auf hoher See und vor Gericht sind wir in Gottes Hand«.

Die psychologische Forschung versucht seit langem, die Ursachen für Streuungen bei Bewertungen und Urteilen herauszufinden. Ein Faktor spielt ganz eindeutig eine Rolle, das ist unsere **Stimmung** (Forgas 2002). Menschen in guter Stimmung sind bei allen Bewertungen und Prognosen positiver. Gut gestimmte Richter verhängen mildere Strafen als übellaunige. Professoren vergeben in guter Stimmung bessere Noten als in schlechter Stimmung. Kapitalmarktanalysten beurteilen die zukünftige Entwicklung eines bestimmten Wertpapiers umso optimistischer, je besser sie sich fühlen. Und Menschen lassen sich eher zum Kauf von Produkten hinreißen, die sie eigentlich gar nicht brauchen, wenn sie guter Dinge sind. Ihre Bewertung dieser Produkte verbessert sich, was diese Produkte bei gleichbleibendem Preis begehrenswerter erscheinen lässt. Das Beispiel stimmungsabhängiger Einkäufe zeigt bereits, dass eine gute Stimmung nicht nur positive Auswirkungen hat. Sie macht uns auch gutgläubiger und leichter zu manipulieren (Kahneman/Sibony/Sunstein 2021, S. 88). Wer aber wegen einer Straftat vor Gericht steht, der kann nur hoffen, dass die Richterin oder der Richter am Vorabend guten Sex hatte, dass am Tag der Urteilsverkündung schönes Wetter ist oder dass der Lieblingsverein des Richters am Vortag ein Spiel gewonnen hat.

Zwei weitere Faktoren, die das Ausmaß von Noise signifikant und intuitiv leicht nachvollziehbar beeinflussen, sind **Müdigkeit und Stress**. Unser Urteilsvermögen nimmt ab, wenn wir müde oder gestresst sind. Wir sehen nicht mehr so sorgfältig hin. Wir verlassen uns eher auf eine voreilige und intuitive Erklärung. Wir suchen nicht mehr so lange rational nach alternativen Erklärungen oder Lösungen. Zudem sind wir typischerweise auch schlechter gestimmt, wenn wir müde und gestresst sind. Man muss also darauf hoffen, dass Personen, die wichtige Bewertungen vorzunehmen oder Urteile zu fällen haben, nicht zu müde oder gestresst sind. Das gilt insbesondere, wenn es um Leben und Tod geht, also in der Medizin. Die empirischen Befunde sind leider nicht ermutigend (Kahneman/Sibony/Sunstein 2021, S. 89). In Krankenhäusern machen Ärzte und Pfleger am Ende ihrer Schicht viel häufiger Behandlungsfehler als am Beginn. Niedergelassene Ärztinnen und Ärzte verhalten sich am Nachmittag systematisch weniger sorgfältig als am Vormittag. Sie schauen nicht mehr so genau hin, hören nicht mehr so gut zu und wählen viel häufiger sogenannte »quick fix«-Lösungen. Beispielsweise werden gegen Ende der täglichen Sprechstunde signifikant häufiger starke Schmerzmittel oder Antibiotika verschrieben als am Vormittag. Man kann als Patient daraus nur einen Schluss ziehen: Wenn es um etwas Wichtiges geht, dann vereinbaren Sie den Arzttermin lieber für morgens!

Variationen von Bewertungen ein und desselben Sachverhalts lassen sich schließlich auch auf **reine Zufallseffekte** zurückführen. Unsere Wahrnehmung ist selektiv. Wir versuchen immer so schnell wie möglich, eine Sinneswahrnehmung mit früheren Erfahrungen abzugleichen. Unser Gehirn sucht nach plausiblen Geschichten und bekannten Mustern. Insofern ist es nicht überraschend, dass wir uns in unserer Bewertung mal auf den einen und mal auf einen anderen Teil der Wahrnehmung stützen. Einer Professorin, die eine Klausur korrigiert, sticht mal der eine und mal ein anderer Satz ins Auge. Ein Analyst liest nie den ganzen Jahresbericht eines Unternehmens von vorne nach hinten durch, sondern schlägt ihn mal an der einen und mal an einer anderen Stelle zuerst auf. Eine Ärztin, die einen Patienten untersucht, prüft intuitiv, nicht immer in derselben Reihenfolge und auch nicht immer vollständig eine Reihe von möglichen Symptomen ab, um zu einer Diagnose zu kommen. Ein Richter konzentriert sich bei seiner Urteilsfindung mal stärker auf den einen Aspekt eines Falls und mal stärker auf einen anderen Aspekt. Diese rein zufällige Variation der Wahrnehmungsreihenfolge kann schon deutliche Streuungen bei der Wahrnehmungsbewertung ergeben.

Das Gefühl schaltet den Verstand aus

Wir hatten bereits gesehen, dass Emotionen im Gehirn entstehen und den physiologischen (körperlichen) Zustand eines Menschen verändern. Das ist mal sichtbar und mal nicht. Oft ist es den betroffenen Personen auch gar nicht bewusst. **Sichtbare Ausprägungen** haben Gefühle beispielsweise im veränderten Gesichtsausdruck, in der Körperhaltung, beim Erröten oder beim Schwitzen. Zu den nicht sichtbaren körperlichen Auswirkungen von Gefühlen zählen der Blutdruck, der Herzschlag oder ein Unwohlsein im Magen. Menschen können ihre Emotionen überwiegend nicht frei wählen oder selbst bestimmen. Sie sind neurobiologische Folgen von bestimmten Gedanken oder externen Ereignissen. Wir können uns höchstens entscheiden, uns bestimmten Situationen nicht auszusetzen, wenn diese erfahrungsgemäß negative Emotionen auslösen. Wer also weiß, dass er bei Flugreisen häufig Angstzustände erlebt, der könnte sich entscheiden, nicht mehr in ein Flugzeug einzusteigen. Alternativ (oder ergänzend) können Menschen Maßnahmen zur Emotionsregulierung einsetzen. Um im Beispiel zu bleiben, könnten Menschen mit Flugangst also auch Techniken lernen, um ihre Angstzustände im Flugzeug zu reduzieren. Emotionen lassen sich jedoch nie ganz kontrollieren oder unterdrücken. Sie entstehen viel schneller als wir bewusst denken können und verleiten uns zu sofortigen, nicht rational abgewogenen Reaktionen.

Um die Auswirkungen von Gefühlen auf unser Verhalten verstehen zu können, ist es zunächst einmal erforderlich, zwischen verschiedenen **Emotionsarten** zu differenzieren. Am einfachsten ist die Unterscheidung in positive und negative Gefühle. Erleichterung ist ein positives Gefühl, Angst ein negatives. Eine andere, inhaltlich schwierigere Kategorisierung ist die in sozial erwünschte und sozial unerwünschte Gefühle. So würden die meisten Menschen Freude als erwünscht und Hass als gesellschaftlich unerwünschtes Gefühl bezeichnen. Die Anthropologie hat versucht, sogenannte Basisemotionen oder Primäraffekte abzuleiten, die über alle menschlichen Kulturen hinweg auftreten und überall gleich verstanden werden. Zu ihnen zählen Freude, Wut, Ekel, Furcht, Verachtung, Traurigkeit und Überraschung (Ekman 1999). Etwas komplizierter, aber für die Zwecke der Verhaltensökonomik wichtiger, ist eine Unterscheidung nach der Herkunft und der Art eines Gefühls. Ein Beispiel ist die Wut, die auch als ein »kurzer Wahnsinn« bezeichnet wird (Myers/DeWall 2023, S. 526). Sie ist immer Reaktion auf etwas, was andere Menschen tun, hat also einen sozialen Ursprung. Dagegen kann eine Person Freude auch ganz für sich allein empfinden, zum Beispiel beim Anblick eines beeindruckenden Bergpanoramas. Weiterhin ist zu unterscheiden, ob sich eine Emotion auf vergangene, gegenwärtige oder zukünftige Ereignisse richtet. Einen Überblick über verschiedene Arten von Emotionen gibt die folgende Darstellung (in Anlehnung an Elster 1998, S. 48).

Dar. 7: Arten von Emotionen

Art der Emotion	Beispiele
Soziale Emotionen	Eifersucht, Hass, Neid, Scham, Wut
Individuelle Emotionen	Ekel, Schuld, Zufriedenheit
Emotionen hinsichtlich der Vergangenheit	Bedauern, Enttäuschung, Erleichterung
Emotionen hinsichtlich der Zukunft	Angst, Hoffnung
Emotionen über Ereignisse	Freude, Kummer

Emotionen sind eng verbunden mit anderen Gehirnfunktionen wie Erinnerung, Wahrnehmung, Willensstärke oder Entscheidung (Damasio 1998, S. 84). Die meisten

Gefühle verringern unser Denkvermögen. Unter starken Emotionen ist es für uns schwerer, Erinnerungen abzurufen oder Alternativen zu vergleichen. Wir haben auch weniger Willensstärke. Die Ausnahmen sind Traurigkeit und Sorgen, sie können das Denkvermögen stärken. Wir nehmen unsere Umwelt abhängig von der eigenen Gefühlslage anders war. Das wurde sehr anschaulich in Literaturklassikern wie Goethes Buch »Die Leiden des jungen Werthers« ausgedrückt. Der verliebte Werther sieht die Welt buchstäblich rosarot, für den unglücklichen Werther erscheint alles grau. Die Wahrnehmung und Bewertung von Risiken sind ebenfalls von unseren Gefühlen abhängig. Es gibt jedoch keinen allgemein gültigen Zusammenhang. Zwar verstärken emotionale Grundhaltungen subjektive Wahrnehmungen, aber je nach Gefühl kann die Risikobereitschaft zunehmen oder abnehmen. Ängste führen tendenziell zu einer Überschätzung von Risiken, Gefühle wie Ärger oder Wut bewirken dagegen eher eine Unterschätzung von Risiken.

In der klassischen ökonomischen Theorie kommen starke Emotionen wie Wut oder Angst nicht vor. Sie unterstellt, dass Menschen grundsätzlich mit kühlem Kopf beobachten, bewerten und entscheiden. Dass das im täglichen Leben eine unrealistische Annahme ist, weiß jeder. Viele unserer **Kaufentscheidungen** sind von diffusen und kaum rational durchdachten Emotionen getrieben. Das wird im Marketing ausgenutzt. Unternehmen machen uns Angst und bringen uns so dazu, eigentlich unnötige Dinge zu kaufen. So wird beispielsweise im Fernsehen und im Internet intensiv für eine Impfung gegen Gürtelrose geworben. Das geschieht, indem ein Sprecher mit sorgenvoller Stimme auf die möglichen schwerwiegenden gesundheitlichen Beschwerden und Folgeschäden bei einer Gürtelrose hinweist. Auch auf dem Markt für Versicherungen spielen Sorgen – die Vorstufe von Angst – und Ängste eine wichtige Rolle. Wir werden daran erinnert, was alles Schreckliches passieren kann, und dann informiert, wie uns der Kauf einer Versicherung vor diesen Gefahren schützt. Ängste wirken sich auch auf unsere Risikoeinstellungen aus. Ängstlichere Menschen begehen weniger Straftaten, fahren sicherer mit dem Auto und nehmen weniger Drogen (Windscheid 2021, S. 29).

Die psychologische Forschung hat sich schon sehr lange und sehr intensiv mit starken Gefühlen und ihren Auswirkungen auf unser Verhalten beschäftigt. Dabei sind drei zentrale Erkenntnisse entstanden (Beck 2014, S. 286). Erstens sind emotionale Reaktionen schneller als kognitive Prozesse. Die Gefühle entstehen zuerst, die kognitive Interpretation des Geschehens erfolgt erst später. Das führt zu dem bereits beschriebenen Effekt der Quasi-Rationalisierung. Unser limbisches Gehirn entscheidet etwas, das wir dann anschließend rational rechtfertigen. Zweitens haben Emotionen das Potenzial, uns in komplett andere Menschen zu verwandeln. Das gilt insbesondere für plötzliche und starke Gefühle wie Wut, sexuelle Erregung oder Angst. Drittens neigen Menschen dazu, die Auswirkungen von Emotionen auf ihre Wahrnehmung, ihre Risikoeinschätzung und ihr Entscheidungsverhalten zu unterschätzen. Wir halten uns für rationale Entscheider, werden aber im täglichen Leben stark von unseren Gefühlen beeinflusst. Wir handeln voreilig, unbedacht und spontan. Wir gehen in betrunkenem Zustand Risiken ein, die wir ansonsten vermeiden würden. Wir sind neidisch auf die Erfolge von Mitmenschen, obwohl wir uns für großzügig halten. Wir haben rachsüchtige Gedanken, wenn wir uns verletzt oder angegriffen fühlen.

Eine konkrete und häufig beobachtbare Auswirkung von Gefühlen ist das **Vermeidungsverhalten**. Das gilt insbesondere für die Emotion Angst. Wenn wir uns bewusst oder unbewusst vor etwas fürchten, dann gehen wir entsprechenden Situationen aus dem Weg. Wer Angst vor dem Zahnarztbesuch hat, der geht nur im äußersten Notfall zum Zahnarzt und schon gar nicht für prophylaktische Untersuchungen. Wer von den Eltern gelernt hat, dass Selbständige in ständiger Sorge um ihr Einkommen leben und scheitern können, der gründet später kein Unternehmen, sondern geht lieber in den öffentlichen Dienst (Witt 2019, S. 114–116). Wer befürchtet, am Kapitalmarkt falsche Anlageentscheidungen zu treffen, der legt sein Geld gar nicht an, sondern lässt es ohne Verzinsung auf dem Girokonto liegen. Im Extremfall hindern Ängste Menschen daran, Dinge zu tun, die sie eigentlich gerne tun würden und auch im besten Eigeninteresse tun sollten. So hält die (irrationale) Angst vor einer Ansteckung mit irgendwelchen Viren manche Menschen auch nach dem Ende der Pandemie davon ab, größere Veranstaltungen wie Familienfeiern zu besuchen. Andere haben so große Angst vor Verkehrsunfällen, dass sie die eigene Wohnung kaum noch verlassen. Menschen mit einer pathologischen Angst vor Verarmung versagen sich jede Konsumfreude und geben selbst dann so wenig Geld wie möglich aus, wenn sie objektiv mehr Geld auf dem Konto haben als sie jemals ausgeben können.

Starke Emotionen bewirken häufig auch eine Beschleunigung der Entscheidungsfindung. Die Phase der Informationsverarbeitung wird kürzer, der Mensch trifft im emotionalen Zustand **schnellere und extremere Entscheidungen**, aber nicht immer bessere. Besonders gut lässt sich das in Kasinos beobachten. Dort wirken Emotionen wie Gier und Angst sichtbar auf das Verhalten. Kaum ein Spieler denkt noch lange nach oder berechnet die Erfolgswahrscheinlichkeiten einzelner Handlungen, wenn er oder sie Geld auf dem Roulette-Tisch verteilt. Das geschieht ganz schnell und rein intuitiv. Ich habe das Verhalten von Menschen bei Glücksspielen immer gerne beobachtet und war jedes Mal fasziniert von der Geschwindigkeit, mit der Chips gesetzt, Knöpfe gedrückt oder Hebel an Slot-Maschinen gezogen werden. Glücksspieler geraten oft in einen rauschartigen Zustand, in dem sie mehr oder weniger blitzartig und rein intuitiv Entscheidungen treffen. Offensichtlich hilft Alkohol dabei, in einen solchen rauschartigen Zustand zu kommen. Daher sind Kasinos immer großzügig, wenn es um das Angebot von kostenlosen Drinks geht. Leider verstärkt Alkohol auch andere Emotionen wie Wut und sexuelle Erregung, die ebenfalls zu sehr schnellen, weitgehend unbedachten und damit oft nachteiligen Entscheidungen führen können.

Eine andere Auswirkung von Emotionen betrifft das **Zeitempfinden**. Je mehr Gefühle wir in einem bestimmten Zeitraum empfinden, desto länger kommt er uns vor. Unfälle erleben wir oft wie in Zeitlupe. Umgekehrt vergehen zwei Wochen Urlaub am Strand wie im Flug. In Kindheit und Jugend kam uns ein Jahr viel länger vor als im Erwachsenenalter. Der Grund ist die Emotionsdichte. Wir haben damals einfach viel mehr erlebt und viel mehr Gefühle verarbeitet als heute. Für sehr alte

68

Menschen vergeht die Zeit dagegen wie im Flug (Windscheid 2021, S. 68). Auch kontextabhängig variiert unser Zeitempfinden. Wenn wir auf etwas warten müssen, ohne uns ablenken zu können, dann dehnt sich die Zeit gefühlt aus. Tatenlose Wartezeiten bei Ärzten oder Behörden kommen uns dementsprechend unangenehm lang vor. Gut organisierte Arztpraxen vermeiden mit einem einfachen Trick, dass Patientinnen und Patienten Wartezeiten als zu lang empfinden. Sie lassen uns etwas tun. So wird beispielsweise Blut abgenommen oder der Blutdruck gemessen. Oder wir werden aufgerufen und schon mal in ein leeres Behandlungszimmer gesetzt. Denn wenn wir beschäftigt sind, zum Beispiel durch Ortswechsel oder irgendeine Aktivität, dann empfinden wir die vergangene Zeit kürzer als sie tatsächlich ist. Zudem entsteht bei Patienten so das Gefühl, die Behandlung habe bereits begonnen, man ist schon im System, es passiert bereits etwas.

Zusammenfassung

1. Menschen haben unterschiedliche Persönlichkeitsmerkmale. Deswegen verhalten sie sich auch nicht alle gleich. Die verhaltensrelevanten Persönlichkeitsmerkmale sind sowohl angeboren als auch anerzogen. In bestimmten Grenzen können sie willentlich beeinflusst werden.
2. Wir verfügen über zwei unterschiedliche Entscheidungssysteme, ein rationales (System 2) und ein intuitives (System 1). System 1 beeinflusst unser Verhalten viel stärker als System 2.
3. Unsere Fähigkeiten zur Wahrnehmung der Umwelt und zur Informationsverarbeitung sind beschränkt. Bei schwierigen Entscheidungen verlassen wir uns lieber auf unsere Intuition als auf eine rationale Analyse.
4. Menschliche Bewertungen und Beurteilungen unterliegen interpersonellen und intrapersonellen Variationen. Unser Verhalten wird von Stimmungen, Müdigkeit, Stress und Zufallsfaktoren beeinflusst.
5. Entscheidungen werden sehr stark von Emotionen wie Angst, Wut und Gier geprägt. Je emotionaler wir sind, desto weniger rational verhalten wir uns.

4 Die Soziologie

Das Erkenntnisinteresse der Soziologie

Die Soziologie als Wissenschaft untersucht **soziales Verhalten** von Menschen. Sie fragt nach den Voraussetzungen, den Abläufen, den Normen und den Folgen des menschlichen Zusammenlebens. In der Soziologie hat der Begriff der Gesellschaft große Bedeutung. Er bezeichnet die Summe von Beziehungen und Verhältnissen zwischen einzelnen Menschen. Wenn nur Teile einer Gesellschaft betrachtet werden, dann spricht man von speziellen Soziologien, zum Beispiel der Arbeitssoziologie, der Wirtschaftssoziologie oder der Familiensoziologie. Eine der zentralen

Fragen der Soziologie richtet sich auf die Formen des sozialen Verhaltens, deren Gründe und deren Grenzen. Dabei darf der Begriff des sozialen Verhaltens nicht missverstanden werden. Er meint nicht das, was wir umgangssprachlich als sozial bezeichnen würden, also freundliches, wohlwollendes oder altruistisches Verhalten. Es geht in der Soziologie zunächst um jede Form von Verhalten, das auf einen anderen Menschen bezogen ist. Wenn ich jemanden beleidige oder aus einer Gruppe ausschließe, dann ist auch das ein soziales Verhalten. Eine andere zentrale Frage der Soziologie betrifft daher die Bedingungen, unter denen menschliches Zusammenleben gelingt, also zum Vorteil aller Beteiligten stattfindet. Wieder eine andere Frage geht sozialen Ungleichheiten und dem Ausschluss von bestimmten Personen aus sozialen Gruppen nach.

Unstrittig ist, dass gesellschaftliche Erwartungen und soziale Rollen, die wir einnehmen, unser Verhalten beeinflussen. Das zeigt sich in kleinen, eigentlich eher unwichtigen Dingen wie unserer Kleidung. Wir beachten entsprechende soziale Normen und ziehen uns möglichst so an, wie alle anderen in unserer sozialen Bezugsgruppe es auch tun. Leider wirken sich soziale Einflüsse auch in wichtigen Dingen sehr stark auf unser Verhalten aus. Wir ahmen nicht nur das Verhalten unserer nächsten Mitmenschen nach, wir übernehmen auch deren Ansichten und Meinungen. Wir lernen in Institutionen wie Unternehmen, Behörden oder dem Militär, Anweisungen von Vorgesetzten zu befolgen, ohne deren Sinnhaftigkeit oder deren Vereinbarkeit mit unseren eigenen Werten zu hinterfragen. **Konformität** und Akzeptanz der anderen Gruppenmitglieder sind uns sehr wichtig. Verhaltensökonomische Studien haben gezeigt, dass Konformitätsstreben auch zu sogenanntem Herdenverhalten führt. Menschen ahmen dann das Verhalten anderer Menschen nach, auch wenn es gar nicht ihren Zielen oder Präferenzen entspricht. Ein eher harmloses Beispiel ist das Klatschen bei Kulturveranstaltungen. Sobald einige Personen im Saal anfangen zu klatschen, machen praktisch alle anderen mit, auch wenn die Aufführung ihnen gar nicht gefallen hat. Ein mittelmäßig harmloses Beispiel sind Kauf- oder Verkaufswellen an Kapitalmärkten. Ein sehr ernstes Beispiel sind Radikalisierungen junger Menschen in Internetforen.

Ein zentraler Begriff in der Soziologie ist der einer **Gruppe**. Fraglich ist, was eine soziale Gruppe ausmacht, wie sie entsteht und wie sie sich auf das Verhalten der einzelnen Mitglieder auswirkt (Dimbath 2021, S. 147–148). Ein offensichtliches Beispiel einer sozialen Gruppe ist die Familie. Die Entstehung ist hier rechtlich geregelt. Eine Familie wird gebildet durch Heirat und Kinderkriegen. Zwei Eltern und ihre Kinder bilden die Kernfamilie (Schäfers 2019, S. 78). Nahe Verwandte wie Großeltern oder Onkels und Tanten gehören im Verständnis der meisten Menschen auch zur Familie. Schwieriger wird die Feststellung der Familienzugehörigkeit, wenn die Eltern sich scheiden lassen und neu heiraten. Gehört der neue Ehepartner (oder auch nur Lebenspartner) dann auch zur Familie? Dass sich die Familienzugehörigkeit auf das Verhalten der einzelnen Familienmitglieder auswirkt, dürfte unbestritten sein. Im Idealfall sorgen wir in einer Familie wirtschaftlich füreinander, wir lieben uns und wir stehen uns gegenseitig bei Problemen bei. In der sozialen Gruppe der Familie macht die Annahme des rein eigennützig

70

handelnden Homo oeconomicus besonders wenig Sinn, insbesondere für das Verhalten der Eltern. Sie stellen ihre eigenen Bedürfnisse häufig hintenan, um für die Bedürfnisse ihrer Kinder sorgen zu können, vor allem wenn diese noch klein sind.

Die Entwicklungsgeschichte des Menschen ist nicht nur von der sozialen Gruppe der Familie geprägt worden, sondern immer auch von einem **Stamm**. Unsere frühen Vorfahren lebten in kleinen Gruppen von 30 bis 50 Menschen zusammen. Wahrscheinlich konnten gar keine klaren Grenzen zwischen einzelnen Familien gezogen werden. Die relevante soziale Bezugsgruppe war der Stamm. In der Gruppe wurde Nahrung geteilt. Es wurde arbeitsteilig gejagt und gesammelt. Die Gruppenmitglieder schützten sich gegenseitig vor Feinden. Allein konnte kein Mensch überleben. Daher waren die Zugehörigkeit zu einem Stamm und die Akzeptanz der anderen Stammesmitglieder überlebenswichtig. Dieses Stammesdenken steckt immer noch tief in uns Menschen drin. Wir fühlen uns einer kleinen Gruppe von Gleichgesinnten zugehörig. Das können die Bewohner des Dorfes sein, in dem wir leben, oder die Mitglieder eines Vereins, dem wir angehören. Wir identifizieren uns mit den Werten und Gebräuchen dieser Gruppe. Wir wollen auf keinen Fall aus einer solchen Gruppe ausgeschlossen werden. Typisch für das Stammesdenken ist die Unterscheidung zwischen »wir« und »die«. Mit »die« sind Angehörige eines anderen Stammes gemeint. Es ist nicht ausgeschlossen, dass wir mit einem anderen Stamm befreundet sind, aber im Zweifelsfall gehen die Interessen des eigenen Stammes vor.

In Gruppen gibt es ein gemeinsames Ziel, regelmäßige Kommunikation und ein Zusammengehörigkeitsgefühl. Meistens bestehen konkrete Erwartungen an das Verhalten einzelner Mitglieder. Jede Person nimmt in einer Gruppe eine **soziale Rolle** ein, hat also konkrete Rechte und Pflichten. Manchmal sind diese Rechte und Pflichten explizit festgeschrieben. Ein Beispiel ist der Ortsverband einer politischen Partei, die über eine Satzung und einen Geschäftsverteilungsplan verfügt. Der Schatzmeister kümmert sich um die Einziehung der Mitgliedsbeiträge und die Finanzbuchhaltung. Die Vorsitzende organisiert die jährlich stattfindenden Ortsparteitage, Vorstandssitzungen und Mitgliedertreffen. Die Beisitzer gratulieren den Mitgliedern zum Geburtstag und organisieren Wahlkampfveranstaltungen. Es kann jedoch auch sein, dass die sozialen Rollen einzelner Gruppenmitglieder nur implizit festgelegt sind. Ein Beispiel wäre eine Gruppe von Männern, die sich regelmäßig zum Kartenspielen trifft. Hier besteht die implizite Erwartung darin, dass die Teilnehmer reihum zu sich nach Hause einladen. An den Gastgeber richtet sich die Erwartung, ein Essen für alle vorzubereiten und Getränke anzubieten. Einer der Teilnehmer hat die soziale Rolle des Buchhalters, er muss immer die Spielergebnisse aufschreiben und am Ende die Abrechnung machen.

Kennzeichnend für soziale Gruppen ist, dass Abweichungen von den sozialen Rollen sanktioniert werden. Die Sanktion reichen von einfachen Hinweisen der anderen Gruppenmitglieder bis hin zum Ausschluss aus der Gruppe, der schlimmsten möglichen Strafe. Ein Ausschluss beendet die sozialen Beziehungen zur Gruppe, was zu unseren Neandertaler-Zeiten dem sicheren Tod entsprach. Insofern ist es nicht verwunderlich, dass unser Verhalten in Gruppen stark von den implizit oder explizit festgelegten Gruppenregeln bestimmt wird. Wir sind nicht völlig frei in unserem Handeln, solange wir Mitglied der Gruppe bleiben wollen. Wir wollen dazu gehören und von den anderen akzeptiert werden. Die Soziologie spricht daher auch vom **Homo sociologicus** (Dahrendorf 1965). Da Menschen immer mehreren sozialen Gruppen angehören, können allerdings Konflikte zwischen verschiedenen sozialen Rollen und den mit ihnen verbundenen Verhaltenserwartungen vorkommen, sogenannte Inter-Rollenkonflikte (Dimbath 2021, S. 168). Ein Beispiel wäre eine Abteilungsleiterin in einem Ministerium, die auf Anweisung einen Mitarbeiter entlassen muss, mit dem sie in derselben politischen Partei aktiv ist. Ein anderes Beispiel wäre eine Falschaussage vor Gericht, die zwar strafbar ist, die jemand aber trotzdem macht, um den besten Freund vor einer Verurteilung zu bewahren.

Eine interessante Disziplin an der Schnittstelle zwischen Soziologie und Psychologie ist die **Sozialpsychologie**. Sie befasst sich mit Themen des sozialen Denkens und sozialen Handelns von Individuen in unterschiedlichen Situationen. Von besonderer Bedeutung für die Verhaltensökonomik ist dabei die Frage, wann Menschen sich prosozial und wann sie sich antisozial verhalten. Erste Ansatzpunkte zur Beantwortung dieser Frage liefert die Attributionstheorie, nach der wir das Verhalten anderer Menschen erklären, indem wir es entweder der Situation oder der Persönlichkeit zuschreiben. Der für uns alle typische Attributionsfehler besteht darin, den Einfluss der Situation zu unterschätzen und den der persönlichen Veranlagung oder der Gruppenzugehörigkeit zu überschätzen (Myers/DeWall 2023, S. 566). Das passiert im positiven und im negativen Sinne. Statt zuerst den Versuch zu unternehmen, den Kontext der Entscheidungen eines anderen Menschen zu verstehen, schreiben wir dessen Verhalten sofort seiner Persönlichkeit zu. Antisoziales Verhalten kann demnach eine Reaktion auf Vorurteile, also auf negative Einstellungen gegenüber bestimmten Persönlichkeiten oder Gruppen sein. Wir sehen ein Verhalten oder ein äußerliches Merkmal, ordnen es einem Stereotyp zu und verhalten uns entsprechend ablehnend oder sogar diskriminierend. Prosoziales Verhalten entsteht, wenn wir anderen Menschen nahe sind, wenn wir sie für attraktiv halten und wenn sie uns ähnlich sind. In solchen Fällen interpretieren wir das positive Verhalten von anderen Menschen mit ihrer uns ähnlichen Persönlichkeit und das negative Verhalten mit ungünstigen Umständen.

Die Verhaltensökonomik hat diese Überlegungen der Sozialpsychologie aufgegriffen und sie mit ökonomischen Theorien verknüpft. Dabei geht es vor allem um die Frage, wann Menschen **moralisches Handeln** zeigen, sich also im Sinne einer sozialen Gemeinschaft verhalten. Aus ökonomischer Sicht wägen sie dabei Kosten, die für sie selbst entstehen, mit dem Nutzen für die Allgemeinheit ab. Denn das Gute ist typischerweise nicht kostenlos zu erreichen. Moralisches Handeln ist für den einzelnen Menschen teuer (Falk 2022, S. 28–29). Ein Beispiel für diese Art der Abwägung zwischen individueller Nutzenmaximierung und sozialem Verhalten ist der Klimaschutz. Jeder von uns versteht, dass bestimmte Verhaltensweisen wie Fliegen oder Fleischkonsum klimaschädlich sind. Aber nicht jeder verzichtet auf Fliegen und Fleischkonsum. Denn dieser Verzicht verursacht individuell Kosten. Ich könnte etwas nicht mehr tun, was ich eigentlich gerne täte. Ein anderes

Beispiel ist das Vordrängeln in einer Warteschlange. Ein solches Verhalten verurteilen wir bei anderen Menschen, tun es aber manchmal selbst, wenn wir es sehr eilig haben. Prosoziales, moralisches Verhalten hängt nach den bisherigen Erkenntnissen nicht nur davon ab, ob uns die betroffenen anderen Menschen bekannt, nahe und vertraut sind. Es kommt auch darauf an, wie hoch der Nutzen einer guten Tat im Vergleich zu ihren Kosten ist. Und auch dieser Nutzen hat eine soziologische Komponente. Wenn andere Menschen unsere guten Taten sehen können, dann verschaffen sie uns nicht nur das angenehme Gefühl, das moralisch Richtige zu tun, sondern verbessern auch unser soziales Ansehen, unser Image. Wenn uns dagegen niemand beobachten kann und die Kosten einer guten Tat hoch ausfallen, dann verhalten wir uns deutlich seltener prosozial.

Gute Beziehungen zu anderen Menschen machen uns glücklich

Die soziologische Forschung hat gezeigt, dass individuelle Nutzenmaximierung nicht ausreicht, um glücklich zu sein. Wir Menschen brauchen auch sinnstiftende Beziehungen mit anderen Menschen. Wir erfahren aus guter sozialer Interaktion Wohlbefinden und Zufriedenheit, aus schlechten sozialen Beziehungen entstehen uns Ärger, Frustration und Leid. Der Umgang mit Mitmenschen bewirkt in uns starke Emotionen. Glückliche Menschen sind mit anderen Menschen verbunden. Dafür verwendet Stephen Covey die Begriffe des öffentlichen Siegs und der **Interdependenz**. Interdependente Menschen kombinieren ihre eigenen Bemühungen mit denen anderer Menschen, um zum Erfolg zu kommen. Sie sind beziehungskompetent und verwenden ein Paradigma des »Wir« (Covey 1994, S. 49). Dahinter steht die Überzeugung, dass jeder von uns gemeinsam mit anderen Menschen sehr viel mehr erreichen kann als allein. Unsere tief verwurzelte soziale Orientierung bewirkt, dass wir andere Menschen nicht nur als Mittel zum Zweck der Erreichung eigener Ziele und Wünsche ansehen, sondern grundsätzlich auch gerne im Interesse der Wünsche und Ziele der Mitmenschen handeln. In der Psychologie spricht man deshalb auch von einer Netzwerk-Orientierung (Heller 2013, S. 116).

Empirische Untersuchungen von Daniel Kahneman und seinen Kollegen ergeben ähnliche Befunde. Menschen streben nicht nur nach materiellem Wohlstand. Und materieller Wohlstand ist auch nicht das wichtigste Ziel menschlichen Handelns. Was uns wirklich glücklich macht, ist ein Reichtum an befriedigenden zwischenmenschlichen Beziehungen (Kahneman et al. 2004). Das wurde wie folgt nachgewiesen: Teilnehmerinnen und Teilnehmer einer Studie sollten in Form einer schriftlichen Dokumentation alle Aktivitäten eines bestimmten Tages auflisten und bewerten. Es zeigte sich, dass die Menschen, mit denen wir etwas gemeinsam tun, den größten Einfluss auf unser Lebensgefühl haben. Sind es für uns angenehme Menschen, dann macht uns das froh. Sind es unangenehme Personen, macht uns das unglücklich. Die **Qualität der sozialen Beziehungen** während eines Tages erwies sich in der umfangreich angelegten Studie als viel wichtiger für Glück und Zufriedenheit als das Einkommen, der Stress auf der Arbeit oder der Familienstand. Reiche Menschen haben zwar möglicherweise mehr Vergnügungen während eines Tages, aber sie brauchen auch mehr Vergnügungen, um zufrieden zu sein. Die Forschergruppe um Daniel Kahneman hat weiterhin herausgefunden, dass wir instinktiv die Bedeutung von guten sozialen Beziehungen zu unseren Mitmenschen kennen. Die Teilnehmerinnen und Teilnehmer der Studie planten ihre Tage jedenfalls so, dass sie möglichst viel Zeit mit Menschen verbringen konnten, in deren Gegenwart sie sich wohl fühlten. Auch das beweist, dass der Mensch ein zutiefst soziales Wesen ist.

Weil ein gelingender Umgang mit anderen Menschen für uns so überragend wichtig ist, verfügen wir über ein besonders effektives soziales Wahrnehmungsvermögen (Witt 2023, S. 52–53). Wir sind seit Urzeiten darauf trainiert, unseren Mitmenschen nicht nur zuzuhören, sondern auch ihre Gesichter zu lesen und ihr Verhalten richtig zu interpretieren. Die **Mimik** ist ein wesentlicher Bestandteil jeder menschlichen Kommunikation. Wir erkennen in Sekundenschnelle, ob ein anderer Mensch wütend, traurig, fröhlich oder freundlich gestimmt ist. Dabei helfen uns die sogenannten Spiegelneuronen. Die im Gesicht ausgedrückten Gefühle eines Mitmenschen übertragen sich auf unsere eigenen Gefühle. Lachende Gesichter machen uns froh. Traurige Gesichter machen uns traurig. Wir können den Schmerz oder die Freude eines Mitmenschen in uns selbst körperlich spüren. Die Spiegelneuronen haben uns einen entscheidenden evolutorischen Vorteil verschafft. Wir können andere Menschen buchstäblich so wahrnehmen, als steckten wir in deren Haut. Wir können empathisch sein, also fühlen, was sie fühlen. Und wenn wir das Gesicht unseres Gegenübers nicht sehen können, zum Beispiel weil es durch eine Maske verdeckt ist, fühlen wir uns stark verunsichert.

Da soziale Beziehungen für unser Wohlbefinden so wichtig sind, richten wir unser Handeln und unsere Entscheidungen oft nach dem aus, was unsere Mitmenschen tun. Wenn wir uns nicht ganz sicher sind, was die richtige Entscheidung ist, dann kopieren wir das Verhalten von anderen. Das fängt im frühen Kindesalter an. Kinder zeigen keine Angst vor Hunden, wenn Eltern oder andere Bezugspersonen ohne Angst mit Hunden umgehen. Verhalten sich jedoch Erwachsene oder andere Kinder ängstlich, sobald ein Hund auftaucht, dann entwickeln Kinder auch Angst vor Hunden. In der Jugend ist das soziale Umfeld besonders relevant für das eigene Verhalten. Heranwachsende Jugendliche zeigen eine erstaunliche Konformität bei ihren Haarschnitten und ihrem Kleidungsstil. Auch Erwachsene richten sich nach dem Verhalten ihrer Mitmenschen aus, selbst bei trivialen Entscheidungen. Vielleicht haben Sie sich gefragt, warum populäre Sitcoms und Comedy-Serien immer Gelächter von einem Tonband einspielen. Die Antwort lautet: Wir lachen eher und länger, wenn andere lachen, sogar wenn es nur Gelächter von einem Tonband ist. Der Effekt wird übrigens umso stärker, je schlechter die Witze sind (Cialdini 2007, S. 115). Und vielleicht haben Sie sich auch gefragt, warum so viele Menschen zu Beginn der Corona-Pandemie Klopapier gehortet haben. Die Antwort lautet erneut: Ich fange an, Klopapier zu horten, wenn ich beobachte, dass andere Kunden im Supermarkt auch große Mengen Klopapier kaufen.

Unsere Orientierung am Verhalten von Mitmenschen wirkt sich ebenso deutlich bei wichtigen Entscheidungen aus, insbesondere bei großer Unsicherheit. Wir

74

lassen uns eher gegen ein neues Virus impfen, wenn Freunde und Bekannte es auch tun. Wir verkaufen unsere Aktien, wenn wir beobachten, dass viele namhafte Experten ihre Aktien veräußern. Wir kaufen ein Elektroauto, wenn wir in der Zeitung lesen, dass die Zulassungszahlen von Elektroautos stark gestiegen sind. In manchen Fällen wirkt sich die **soziale Orientierung** buchstäblich auf Leben und Tod aus. Die Veröffentlichung des Buches »Die Leiden des jungen Werther« von Johann Wolfgang von Goethe, in dem sich die Hauptfigur aus Liebeskummer umbringt, hatte eine Welle von Selbstmorden in Europa zur Folge. Militärische Studien zeigen, dass Soldaten eher auf wehrlose Zivilisten schießen, wenn es Kameraden und Vorgesetzte auch tun. Deshalb werden auch bei Erschießungskommandos immer mehrere Schützen eingesetzt, obwohl einer vollkommen ausreichen würde. Und es gibt es immer wieder Berichte von Mutproben und Wettbewerben auf TikTok, bei denen Jugendliche aufgefordert werden, gefährliche Aktivitäten wie U-Bahn-Surfing oder Selbst-Strangulierungen zu betreiben. Einige dieser Jugendlichen sterben bei diesen Aktivitäten, weil sie die Gefahren nicht richtig einschätzen können, aber unbedingt das Vorbild ihrer sozialen Bezugsgruppe nachahmen wollen.

So wie uns gute soziale Beziehungen glücklich machen, so machen uns fehlende Beziehungen zu anderen Menschen unglücklich. Das dabei dominant entstehende Gefühl ist **Einsamkeit**. Auch schlechte soziale Beziehungen wie zum Beispiel ein konfliktbeladenes Arbeitsumfeld oder eine schwierige Partnerschaft machen uns unglücklich. Es bleibt zudem nicht bei dem Problem des Unglücklichseins. Fehlende und schlechte soziale Beziehungen führen auf Dauer auch zu einer deutlich höheren Wahrscheinlichkeit, körperlich zu erkranken (Witt 2023, S. 25–256). Typische Beispiele solcher durch soziale Probleme beförderten Beschwerden sind Bluthochdruck, Diabetes, Depressionen und Magengeschwüre. Sozial wenig eingebundene Menschen erholen sich auch schlechter von Operationen oder Krankheiten. Einsamkeit verkürzt generell das Leben. Wer beispielsweise keine Partnerschaft oder Ehe eingeht, der hat eine geringere Lebenserwartung als verpartnerte Menschen. Für die Gefahr des Erleidens eines Herzinfarkts ist ein Single-Dasein ein noch größerer Risikofaktor als Rauchen. Der bei diesen statistischen Zusammenhängen wirksame Faktor ist vermutlich der Stress. Gute soziale Beziehungen reduzieren das Stressempfinden und die damit einhergehenden Stressreaktionen des Körpers.

Wir befolgen soziale Normen

Um das Verhalten von Menschen in prosoziale Bahnen zu lenken, entwickeln alle Gesellschaften **soziale Normen**. Diese Normen geben den Mitgliedern einer Gesellschaft vor, welches Verhalten akzeptabel und welches unakzeptabel ist. In der soziologischen Literatur werden Muss-Normen (Gesetze), Soll-Normen (Sitten) und Kann-Normen (Bräuche) unterschieden (Schäfers 2019, S. 42). Abweichungen von der Norm werden von der Gesellschaft bestraft, entweder über das offizielle Rechtssystem oder über informelle gesellschaftliche Sanktionen. Im einfachsten Fall handelt es sich um Normen, von deren Einhaltung alle profitieren. Ein Beispiel sind Verkehrsregeln. Es gibt jedoch auch soziale Normen, die einzelne Gruppen bevorzugen und andere diskriminieren. Ein besonders drastisches Beispiel ist die Beschränkung der Rechte von Frauen in Ländern wie Afghanistan. Und dann haben sich in vielen Gesellschaften soziale Normen entwickelt, die nirgendwo explizit aufgeschrieben werden und doch das Verhalten der Menschen prägen. Manche dieser sozialen Normen sind religiös begründet, zum Beispiel das Verbot von Schweinefleisch in muslimischen Ländern. Andere Normen gehen auf kulturelle Traditionen zurück, ohne immer einen erkennbaren gesellschaftlichen Sinn zu haben. Wir mähen in Deutschland unseren Rasen, weil wir das schon immer so gemacht haben und weil die Nachbarn auch ihren Rasen mähen.

Eine erste Erklärung für das Entstehen von sozialen Normen ist **individuelle Unsicherheit** (Beckert 1996). Wenn ich nicht genau weiß, welche Konsequenzen mein Handeln haben wird, dann macht es Sinn, die kollektive Intelligenz und die Erfahrung einer Gruppe zu nutzen. Soziale Normen sind Ausdruck einer solchen kollektiven Intelligenz. Sie schränken die Bandbreite möglicher Entscheidungen ein. Im Extremfall lassen sie nur eine Art von Entscheidung oder Verhalten zu, so dass es gar keiner weiteren Situationsanalyse und auch keines Optimierungskalküls mehr bedarf. Auf diese Weise wird verhindert, dass einzelne Mitglieder einer Gruppe etwas Dummes tun, einfach weil sie nicht wissen, dass es dumm wäre. Die Voraussetzung ist natürlich, dass die soziale Norm selbst nicht ein dummes Verhalten vorsieht. Soziale Normen verringern darüber hinaus Unsicherheiten hinsichtlich des Verhaltens von anderen ökonomischen Akteuren. Wenn ich darauf zählen kann, dass die Mitglieder meiner Gruppe die gleichen sozialen Normen befolgen wie ich selbst, dann kann ich deren Verhalten sehr viel verlässlicher prognostizieren. Es entsteht Vertrauen. Dieses Vertrauen hat einen hohen ökonomischen Wert, weil es den Bedarf an Schutzinstrumenten für wirtschaftliche Transaktionen in Form von Verträgen (oder bewaffneten Begleitern) reduziert. Wenn ich weiß, dass meine Vertragspartnerin sich an die soziale Norm »pacta sunt servanda« hält, dann kann ich Kaufverträge per Handschlag abschließen, Zahlungsaufschub gewähren und auf aufwändige Qualitätskontrollen verzichten.

Eine zweite Erklärung für das Entstehen und Befolgen von sozialen Normen ist die **Eindämmung von egoistischen und antisozialen Verhaltensweisen**, durch die es der Gesamtheit einer Gruppe besser geht. Fraglich ist dabei, was Menschen tun, wenn sie nicht beobachtet werden können oder wenn es keine Sanktionen für Fehlverhalten gibt. Wird die soziale Norm unter solchen Umständen immer noch eingehalten, dann unterscheidet sich ein Mensch im Sinne der Verhaltensökonomie, ein Human, wirklich von einem nutzenmaximierenden Homo oeconomicus, einem Econ. Denn dieser kann nur durch Strafandrohung dazu gebracht werden, eine soziale Norm einzuhalten, die seinen Eigeninteressen entgegensteht. Dazu muss es eine gewisse Aufdeckungswahrscheinlichkeit und ein abschreckendes Strafmaß geben. Beide sind partiell substituierbar. Bei einer sehr geringen Aufdeckungswahrscheinlichkeit braucht es eine drakonische Strafe, um Wohlverhalten zu bewirken. Ein Beispiel wäre Mord. Bei einer ausreichend hohen Aufdeckungswahrscheinlichkeit bewirken möglicherweise schon geringfügige Strafen ein Einhalten der Regeln. Ein Beispiel sind Knöllchen für falsches Parken. Allerdings wird sich ein Econ annahmegemäß wieder dann rücksichtslos egoistisch verhalten, wenn man sein Fehlverhalten nicht sieht oder wenn es keine effektive Strafe gibt. Ich werfe als Econ meinen alten Kühlschrank in einen benachbarten Wald, statt ihn kostenpflichtig auf einer Mülldeponie zu entsorgen, wenn das keiner beobachten kann. Ich schreibe bei meiner Masterarbeit an der Uni alles aus dem Internet ab, wenn ich weiß, dass die einzige Strafe im Fall der Plagiatserkennung mein Recht auf Schreiben einer neuen Masterarbeit ist.

Eine dritte Erklärung für soziale Normen verweist auf **Werte und Moral**. Nicht wenige Menschen befolgen soziale Normen um der Norm willen, nicht weil es potenzielle Sanktionen gibt. Sie tun bestimmte Dinge oder tun andere Dinge nicht, weil sie davon überzeugt sind, dass das richtig ist. Die Einhaltung einer sozialen Norm hat in ihren Augen einen eigenen Wert, sie macht das Leben aller Menschen besser. Das vielleicht älteste Beispiel sind die zehn Gebote. Sie formulieren einen religiös begründeten Moralkodex. Ein anderes Beispiel ist die soziale Norm des ehrbaren Kaufmanns. Er oder sie liefert, was versprochen wurde und was der Kunde bezahlt hat. Wir kennen ansonsten noch viele andere wirksame soziale Normen in verschiedenen Lebensbereichen. Prüfen Sie einmal selbst, welche auf Sie persönlich zutreffen. Werfen Sie bei einem Waldspaziergang Ihren Müll einfach in die Natur oder nehmen Sie ihn mit zum nächsten Rastplatz, wo ein Mülleimer steht? Geben Sie zu viel erhaltenes Wechselgeld zurück, selbst wenn der Kassierer den Fehler nicht bemerkt hat? Haben Sie Klausuren ohne Aufsichten geschrieben und trotzdem nicht gefuscht, weil das der Ehrenkodex der Universität war? Geben Sie einen bestimmten Teil Ihres Einkommens als anonyme Spende an Bedürftige, weil das eine Vorgabe Ihrer Religionsgemeinschaft ist? Erledigen Sie private Dinge während Ihrer unbeobachteten Arbeit im Homeoffice? Halten Sie nachts an einer roten Ampel an, auch wenn alle Straßen erkennbar leer sind?

Fraglich ist natürlich, woher soziale Normen kommen, wie wir sie erlernen und unter welchen Umständen wir sie nicht akzeptieren. In der Soziologie wird die Einflussnahme von Gruppen auf einzelne Menschen als **Sozialisation** bezeichnet. Typische Sozialisierungsinstanzen im Entwicklungsverlauf eines Menschen sind die Familie, der Kindergarten, die Schule, die Gruppe der Gleichaltrigen (Peer-Group) im Jugendalter und (eventuell) auch noch der Ausbildungsbetrieb oder eine Hochschule (Dimbath 2021, S. 181–182). Manche Menschen ordnen sich bereitwillig sozialen Normen unter, andere verhalten sich eher individualistisch oder sogar rebellisch. Abweichungen von sozialen Normen sind auch nicht immer schlecht. Sie können sogar einem moralischen sowie letztlich prosozialen Verhalten entsprechen, wenn nämlich eine bestehende soziale Norm der Allgemeinheit schadet. So kann es beispielsweise sein, dass ich einer ausländerfeindlichen Gruppe angehöre oder ausländerfeindlich sozialisiert wurde, mich aber selbst nicht ausländerfeindlich verhalte. Es ist also nicht zwingend, dass der einzelne Mensch jede Norm seiner sozialen Bezugsgruppen immer übernimmt (außer bei Gesetzen). Wir haben immer noch einen freien Willen und sind keine »Sozialidioten«.

Für die Akzeptanz einer sozialen Norm ist es auch von Belang, vom wem sie ausgeht. Der amerikanische Soziologe Mark Granovetter hat eine Theorie zu den verschiedenen Arten von sozialen Beziehungen vorgelegt (Granovetter 1973). Er unterscheidet zwischen starken und schwachen Verbindungen. Eine starke soziale Beziehung liegt vor, wenn wir einen anderen Menschen lange kennen und eine vertrauensvolle persönliche Beziehung zu ihm oder ihr unterhalten. Wir könnten diese Menschen auch gute Freunde oder Vertrauenspersonen nennen. Von denen haben wir nicht so viele, aber sie prägen unsere sozialen Normen sehr stark. Die Wahrscheinlichkeit ist hoch, dass wir das Verhalten unserer starken Verbindungen kopieren. Und dann gibt es noch die schwachen sozialen Verbindungen. Dabei handelt es sich um Menschen, die wir zwar kennen, mit denen wir aber nicht durch enge persönliche Freundschaft verbunden sind. Umgangssprachlich könnte man solche Mitmenschen als Bekannte oder Freunde bezeichnen. Sie spielen für unsere soziale Verbundenheit eine wichtige Rolle, die Qualität der Beziehung ist jedoch schwächer als bei starken Verbindungen. Es besteht kein bedingungsloses Vertrauen und wir würden das Verhalten dieser Menschen auch nicht immer automatisch als gültige soziale Norm akzeptieren. Aus unseren schwachen Verbindungen resultiert dennoch ein wichtiger Nutzen. Wir haben sehr viele davon. Und es handelt sich um Menschen mit nützlichen Informationen, Kenntnissen und Fähigkeiten.

Wir handeln reziprok

Reziprozität gehört zu den am tiefsten in uns Menschen verankerten Formen des sozialen Verhaltens. Wenn uns jemand freundlich begegnet, dann verhalten wir uns auch freundlich. Das nennt man positive Reziprozität. Begegnet uns jedoch jemand unfreundlich oder feindselig, dann verhalten wir uns ebenso und schlagen zurück. Das ist negative Reziprozität (Fehr/Gächter 2000, S. 160). **Reziprokes Verhalten liegt in unserer Natur,** es ist ein soziologisches Phänomen. Der Begriff wird jedoch manchmal missverstanden. Er hat nichts mit kooperativem Verhalten zu tun, wie es in der ökonomischen Theorie und speziell in der Spieltheorie untersucht wird. Menschen verhalten sich im Sinne der Spieltheorie kooperativ, wenn sie sich davon bei wiederholten Interaktionen mit einem anderen Menschen Vorteile versprechen. Das ist ein Verhalten, das mit der Annahme der Eigennutzmaximierung voll kompatibel ist. Wir signalisieren unseren Mitmenschen, dass er oder sie etwas davon hat, kooperativ zu sein, indem wir selbst zunächst kooperativ sind. Gleichzeitig signalisieren wir, dass wir auf nicht kooperatives Verhalten mit einer Strafe reagieren würden. Wir kopieren also immer das jeweils letzte Verhalten unseres Gegenübers. Ökonomen sprechen von »tit for tat«. Umgangssprachlich sagen wir: »Wie Du mir, so ich Dir«.

Reziprozität stellt jedoch gerade keine Form der Sanktionierung und keine »tit for tat«-Strategie dar. Diese Verhaltensweisen werden, wie bereits erläutert, eingesetzt, um bei wiederholter Interaktion auf das Verhalten der anderen Partei einzuwirken. Im Sinne der Spieltheorie bestrafen wir jemanden, um dadurch etwas zu bewirken, sodass sich diese Person beim nächsten Aufeinandertreffen besser verhält (Beck 2014, S, 258). Reziprokes Verhalten findet jedoch auch dann statt, wenn es gar keine wiederholte Interaktion gibt. Bei Reziprozität bestrafen wir unfaires Verhalten und belohnen faires Verhalten aus Prinzip, also auch dann, wenn uns dadurch kein materieller Nutzen entsteht. Wir nehmen sogar Kosten in Kauf. Bei Reziprozität geht es deswegen auch nicht um **Altruismus**. Mit diesem Begriff bezeichnet man ein Verhalten, das unabhängig vom Verhalten der Mitmenschen ist. Altruisten sind bedingungslos freundlich oder hilfsbereit. Reziprozität bezeichnet dagegen eine qualitativ gleichartige Reaktion auf ein bestimmtes Verhalten von anderen Menschen. Sie stellt eben kein bedingungsloses Verhalten dar, sondern eine Antwort auf das, was andere Menschen tun. In diesem Sinne ist Reziprozität eine soziale Norm, die Gruppen von Menschen insgesamt besserstellt, insbesondere wenn es für deren Zusammenarbeit keine vollständigen Verträge und keine vollständigen Informationen gibt (Fehr/Gächter 2000, S. 160).

Für die konkreten Auswirkungen von Reziprozität gibt es sehr viele Beispiele. So bieten Einzelhandelsgeschäfte ihren Kunden häufig kleine Geschenke oder kostenlose Warenproben an. Diese kostenlosen Proben steigern nachweislich die Kaufbereitschaft der Kunden. Wenn postalisch versandte Spendenaufrufe ein kleines Geschenk enthalten, beispielsweise eine Postkarte oder ein Foto, dann liegt die Spendenbereitschaft der Empfänger deutlich höher. Wenn in Verhandlungsrunden eine Seite der anderen warme Getränke wie Tee oder Kaffee anbietet, dann nimmt die Kompromissbereitschaft der anderen Seite messbar zu. Auch Nachbarschaften sind typische Beispiele der großen Bedeutung von Reziprozität. Wenn mir ein Nachbar beim Bau meines Gartenhauses hilft, dann fühle ich mich stark verpflichtet, ihm auch beim Bau seines Gartenhauses zu helfen. Nimmt meine Nachbarin meine Pakete an, dann werde ich auch ihre gerne annehmen. Reziprokes Verhalten äußert sich schon in kleinen Dingen des privaten Lebens. Wenn uns jemand anlächelt, lächeln wir zurück. Wenn uns jemand grüßt, grüßen wir diese Person auch.

Negative Reziprozität wirkt noch stärker als positive. Wir bestrafen ein Verhalten von Mitmenschen, das wir als unfair oder feindselig empfinden, selbst wenn wir diese Personen nicht persönlich kennen und für die Bestrafung hohe Kosten aufbringen müssen. Das fängt im Privatleben an. Wenn uns jemand beleidigt, erwidern wir etwas Beleidigendes. Wenn wir kritisiert werden, dann sehen wir die entsprechende Person auch kritisch. Ein typisches Beispiel negativer Reziprozität aus dem Geschäftsleben sind unzufriedene Kunden, die sich bei einem einzelnen Kauf von einem Unternehmen übervorteilt fühlen. Vertraglich oder gerichtlich können sie sich typischerweise nicht wehren, aber sie schlagen trotzdem zurück. Sie kaufen niemals mehr etwas von diesem Unternehmen und erzählen möglichst vielen Bekannten von ihren schlechten Erfahrungen. Auch im Beruf hat negative Reziprozität große Bedeutung, wie wir an späterer Stelle noch im Detail sehen werden. Denn Arbeitsverträge sind niemals vollständig. Sie können nicht alle Eventualitäten regeln und alle zukünftigen Ereignisse vorhersehen. Zudem haben Arbeitgeber fast immer einen Informationsvorteil. Wenn Sie sich als Mitarbeiterin oder Mitarbeiter schlecht behandelt, schlecht bezahlt oder ausgenutzt fühlen, dann werden Sie vermutlich nicht den Rechtsweg beschreiten. Sie werden sich einfach reziprok verhalten. Sie werden mit verringerter Arbeitsleistung reagieren oder beginnen, sich nach einem neuen Job umzusehen. Arbeitnehmer bestrafen das unfaire Verhalten eines Arbeitgebers nicht, weil sie dadurch etwas bewirken wollen oder die Hoffnung auf eine Einsicht in das Fehlverhalten haben. Sie schlagen einfach mit ihren Mitteln zurück, um das als unfair empfundene Verhalten zu bestrafen.

Reziprozität entspringt der Tatsache, dass Menschen soziale Wesen sind. Sie hat tiefe evolutionäre Wurzeln. Wir sind seit Urzeiten auf **Kooperation und Vertrauen** angewiesen, um überleben zu können. Wir haben gelernt, unser Essen mit denen zu teilen, die im Moment nichts haben. Wir mussten uns auf die Gastfreundschaft von Fremden verlassen können, wenn wir auf Reisen waren. Wir konnten nur öffentliche Güter wie Schulen oder Armeen schaffen, von denen alle in der Gemeinschaft profitieren, für die jeder einzelne aber lieber nichts bezahlen möchte, wenn wir die nicht kooperativen Mitglieder unserer Gesellschaft bestrafen konnten. Allerdings gibt es zur Erkenntnis der tiefen Verankerung von Reziprozität im menschlichen Wesen eine Einschränkung. Es verhalten sich leider nicht alle Angehörigen unserer Spezies reziprok. Man schätzt, dass etwa 30 bis 40 Prozent der Menschen auch dann rein eigennütziges Verhalten zeigen, wenn ihnen jemand etwas schenkt oder ihnen hilft (Berg/Dickhaut/McCabe 1995). Aus soziologischer und aus psychologischer Sicht ist das nicht überraschend. Wir wissen, dass es Egoisten, Narzissten und Soziopathen gibt, bei denen normale soziale Mechanismen nicht funktionieren und die sich deshalb eher so verhalten, wie es die klassische wirtschaftswissenschaftliche Forschung grundsätzlich unterstellt.

Wir zeigen mitunter auch antisoziale Verhaltensweisen

Soziale Beziehungen sind nicht zwangsläufig positiv. Es gibt auch Menschen, mit denen wir umgehen, aber die wir hassen oder ablehnen. Ökonomisch irrationales oder moralisch verwerfliches Verhalten kann durch Konformitätsstreben entstehen, aber auch durch Vorurteile oder durch eskalierende Konflikte mit anderen Menschen. Dementsprechend hat sich die Soziologie nicht nur mit gelingenden sozialen Beziehungen und prosozialem Verhalten beschäftigt, sondern auch mit sogenannten **antisozialen Beziehungen** (Myers/DeWall 2023, S. 588). Sie sind leider evolutorisch ebenso tief verankert wie prosoziale. Indem wir uns als Menschen zu Gruppen zusammenschließen und für diese Gruppen identitätsstiftende Merkmale festlegen, bestimmen wir, wer und was wir sind. Gleichzeitig legen wir allerdings auch fest, was wir nicht sind. Wir definieren, wer nicht zu unserer Gruppe gehört. Es gibt ein »wir« und ein »die anderen«. Und typischerweise halten wir uns selbst für klüger, besser und schöner als die anderen. Falls Mitmenschen mehr haben als wir, werden wir neidisch. Falls sie anders sind als wir, lehnen wir diese Andersartigkeit ab. Es entstehen antisoziale Beziehungen. Sie können mehr oder weniger schwerwiegende Konsequenzen haben, die von Diskriminierungen bis hin zu bewaffneten Konflikten oder Terroranschlägen reichen.

Ein wesentlicher Treiber von antisozialem Verhalten sind **Vorurteile**. Sie entstehen aus einer Mischung von negativen Gefühlen wie Neid, Verachtung oder Angst mit verallgemeinerten Überzeugungen, sogenannten Stereotypen. Die Verallgemeinerung wird oft schon sprachlich ausgedrückt mit Worten wie »der Italiener«, »alle Männer« oder »die Muslime«. Vielfach sind sich Menschen ihrer eigenen Vorurteile gar nicht bewusst. Sie werden aus dem Elternhaus oder dem sozialen Umfeld übernommen, aber nicht kritisch reflektiert. Dennoch führen Vorurteile, die ja zunächst nur individuell oder kollektiv empfunden werden, häufig zu entsprechend feindseligem Verhalten. Ein typisches Beispiel ist die Diskriminierung. Wer ablehnende Gefühle gegenüber Menschen anderer Hautfarbe hat, der setzt sich in der U-Bahn nicht neben sie oder vermietet ihnen nicht seine Wohnung. Wenn ein Mitglied eines Aufsichtsrats das Vorurteil hat, dass Frauen grundsätzlich keine guten Managerinnen sein können, dann spricht sich dieses Mitglied gegen die Berufung von Frauen in das Leitungsgremium des Unternehmens aus. Wer glaubt, dass alle unabhängigen Gebrauchtwagenhändler Betrüger sind, der kauft nur in renommierten Autohäusern.

Es gibt bei Vorurteilen sowie Diskriminierung **große internationale Unterschiede**, was auf kulturelle Wurzeln des Phänomens schließen lässt. So ist Rassismus gegenüber Schwarzen nach wie vor ein großes Problem in den USA. Sie werden sechs Mal häufiger ins Gefängnis gesteckt als Weiße. Auch bei der Anzahl der unbewaffneten Personen, die in den USA von der Polizei erschossen wurden, sind Afroamerikaner statistisch stark überrepräsentiert. In anderen Ländern finden sich deutliche Hinweise auf eine Diskriminierung von Frauen. In Indien und China werden deutlich mehr Mädchen als Jungen abgetrieben. Das hat dazu geführt, dass auf 100 neugeborene Mädchen in Indien 112 und in China 111 neugeborene Jungen kommen. In Afghanistan dürfen Frauen seit der Machtübernahme durch die Taliban nicht mehr studieren und kein Unternehmen mehr betreiben. Mädchen wird zum Teil sogar der Schulbesuch verwehrt. Und auch bei der Diskriminierung gleichgeschlechtlicher Paare zeigen sich große internationale Unterschiede. Während gleichgeschlechtliche Ehen in mehreren europäischen Ländern zugelassen sind, stehen schon gleichgeschlechtliche Beziehungen in sehr vielen anderen Ländern unter Strafe. In Saudi-Arabien steht auf Homosexualität im Extremfall sogar die Todesstrafe. Und die entsprechenden Vorurteile zeigen eine ähnlich große Variation. 98 Prozent der Menschen in Ghana halten Homosexualität für moralisch unakzeptabel, während das beispielsweise in Spanien nur 6 Prozent der Bevölkerung so sehen.

Eine extreme Folge von Vorurteilen ist die **Aggression**. Der Begriff bezeichnet physisches oder verbales Verhalten gegenüber anderen Menschen mit der Absicht, diesen Menschen zu schaden (Myers/DeWall 2023, S. 597–560). Im Kontext von antisozialem Verhalten geht es nicht um individuelle Konflikte zwischen Menschen, sondern um Aggressionen gegenüber ganzen Gruppen. An ihr sind bestimmte Personen überdurchschnittlich beteiligt, nämlich junge Männer. Man kann es auch präziser sagen. Zwei Drittel aller Gewalttaten und Verbrechen werden von Männern im Alter zwischen 12 und 28 Jahren begangen. Nochmal überdurchschnittlich vertreten sind innerhalb dieser Gruppe Personen, die einen unterdurchschnittlichen Intelligenzquotienten aufweisen, die überdurchschnittlich viel Testosteron im Blut haben und die betrunken sind. Wer das nicht glaubt, muss nur mal ein Revierderby in der Fußball-Bundesliga besuchen, an einer Demonstration zum Tag der Arbeit teilnehmen oder sich am Silvesterabend in einem sozialen Brennpunkt aufhalten. Auf internationaler Ebene bietet sich leider ebenfalls reichhaltiges Anschauungsmaterial für Aggressionen zwischen verschiedenen Ländern und Ethnien mit zum Teil selbstzerstörerischen Ausmaßen.

Eine interessante Erklärung für antisoziales Verhalten in Form von Vorurteilen und Aggressionen ist die **Sündenbocktheorie**. Nach ihr suchen Menschen gerne einen Schuldigen für Probleme, empfundene Ungerechtigkeiten oder Misserfolge. Statt sich der eigenen Verantwortung zu stellen, richten sich die Frustration und die Wut auf eine bestimmte Gruppe, den sprichwörtlichen Sündenbock. Die Abwertung dieser Personen oder aggressive Handlungen gegen sie verbessern das eigene Lebensgefühl. Psychologisch findet eine Entlastung statt, wenn man für Widrigkeiten und Probleme jemand anderem die Schuld geben kann. Es konnte nachgewiesen werden, dass Menschen, die mit ihrer wirtschaftlichen Lage unzufrieden sind, wesentlich häufiger einen Sündenbock benennen. Auch ein niedriges Selbstwertgefühl befeuert die Neigung, andere Gruppen zum Sündenbock zu machen. Die Folgen sind antisoziales Verhalten gegenüber dieser Gruppe. Wir freuen uns über ihre Misserfolge, neiden ihnen ihre Erfolge und bekämpfen sie, wo es nur möglich ist. Auch hier ist die Menschheitsgeschichte reich an Beispielen. Im Römischen Reich wurden Christen den Löwen zum Fraß vorgeworfen, wenn Missernten drohten. Im Mittelalter wurden Hexen verbrannt, wenn es Seuchen gab. Politikerinnen und Politiker werden bis in die Gegenwart hinein für Krisen verantwortlich gemacht und beschimpft, selbst wenn sie mit diesen Krisen gar nichts zu tun haben.

Wir sind in unserem wirtschaftlichen Handeln sozial beeinflusst

In der klassischen wirtschaftswissenschaftlichen Forschung werden Menschen und Institutionen, wie bereits beschrieben, als nutzenmaximierend und rational beschrieben. Man unterstellt, dass sie genau wissen, was sie wollen oder was ihnen den höchsten Nutzen verschafft. Soziale Überlegungen können in der Nutzenfunktion vorkommen, zum Beispiel in der Form des Altruismus oder in Form der Berücksichtigung des Wohlergehens der Familienmitglieder. Die Transaktionen mit anderen Menschen finden jedoch in der klassischen ökonomischen Theorie anonym oder zumindest ohne Berücksichtigung eines sozialen Kontextes statt. Tatsächlich sind jedoch sehr viele wirtschaftliche Transaktionen sozial eingebettet. Sie finden zwischen Menschen statt, nicht anonym. Soziologische Studien zeigen, dass diese **soziale Einbettung von Transaktionen** (Granovetter 1985) einen deutlichen Einfluss auf das Handeln der Personen hat. Ein Beispiel ist der persönliche Verkauf, in dem die soziale Beziehung zwischen Verkäufern und Kunden ganz offensichtlich eine bedeutende Rolle spielt. Wir kaufen nicht nur, was uns am besten erscheint, wir

82

kaufen auch von Menschen, die wir mögen. Ein anderes Beispiel sind Transaktionen zwischen kreditgebenden Banken und mittelgroßen Unternehmen. Je besser die sozialen Beziehungen zwischen den auf beiden Seiten beteiligten Personen sind, desto niedriger fallen die Kreditzinsen aus (Uzzi 1999).

Auch die Zusammenarbeit von Menschen innerhalb von Unternehmen oder Behörden kann grundsätzlich nicht rein ökonomisch oder rein technokratisch erklärt werden. Auch hier wird die Effizienz der Zusammenarbeit immer auch beeinflusst von der Qualität der sozialen Beziehungen zwischen den beteiligten Menschen. Ein sehr intensiv erforschtes Thema ist die Mitarbeitermotivation. Sie hängt ganz eindeutig sowohl von der Bezahlung und der Aufgabengestaltung als auch vom Verhalten der Vorgesetzten und Kollegen ab. **Unsere Arbeitsproduktivität wird vom Betriebsklima beeinflusst**. Dazu zählen die Informationspolitik, der Führungsstil, die Art der Kommunikation in den Teams sowie die Feedbackkultur. Die menschliche Motivation am Arbeitsplatz variiert unmittelbar und nachweislich mit allen diesen sozialen Faktoren. Wir arbeiten engagiert, wenn wir uns durch die Chefin gut behandelt fühlen. Wir werden zu guter Arbeitsleistung motiviert, wenn wir Entscheidungsfreiräume haben, zu Eigeninitiative ermuntert werden und eigene Ideen einbringen können. Wir sind demotiviert oder wechseln sogar den Job, wenn wir keine Anerkennung erfahren, wenn es keinen offenen Informationsfluss gibt oder wenn die Mitarbeiterführung autoritär erfolgt. Personalwirtschaftliche Studien belegen, dass ein guter Führungsstil nicht nur eine Aufgabenorientierung beinhalten sollte, sondern immer auch eine Mitarbeiterorientierung. Neben fachlichen sind also soziale Kompetenzen und Beziehungskompetenzen erforderlich. Sie werden auch vom Arbeitsmarkt honoriert. Die soziale Kompetenz von Managern (gemessen als Koordinationsvermögen, Verhandlungsgeschick, Überzeugungskraft und Einfühlungsvermögen) korreliert nachweislich mit ihrer Vergütung (Deming 2017).

Der Übergang von rein anonymen zu sozial eingebetteten wirtschaftlichen Transaktionen ist jedoch fließend. Es gibt aus meiner Sicht nicht nur einige, sondern viele Bereiche der Wirtschaftswissenschaften, die ohne eine Beachtung sozialer Beziehungen nicht richtig verstanden werden (Witt 2023, S. 14–15). Das beginnt mit Behörden wie Finanzämtern, die ihrer Zielsetzung nach eigentlich ohne Ansehen der Person und rein regelgebunden entscheiden müssen. Dennoch spielen soziale Beziehungen dort eine Rolle. Wer ein persönliches Verhältnis zu seiner Finanzbeamtin oder zu seinem Betriebsprüfer aufbauen kann, wird die inhaltlichen Fragen leichter klären und bei Ermessensentscheidungen der Behörde eher günstige Ergebnisse erreichen können. Ähnlich ist es in ökonomischen Situationen, bei denen wir nicht mit Maschinen, sondern mit Menschen interagieren. Das typische Beispiel ist die betriebliche Funktion des Einkaufs, bei der immer auch persönliche Kontakte zu Lieferantenunternehmen bestehen. Die Vertragspartner bauen eine soziale Beziehung auf, auch wenn es zunächst nur eine flüchtige Beziehung ist. Damit wirken bereits die ersten psychologischen Einflussfaktoren wie **Sympathie** oder geeignete Kommunikation. Wenn es zu wiederholten Interaktionen kommt, wie beispielsweise bei langjährigen Geschäftsbeziehungen, dann verstärkt sich die soziale Einbettung der jeweiligen Transaktionen. Die handelnden Personen bauen dann Vertrauen auf und erweitern möglicherweise ihre sozialen Kontakte mit dem jeweiligen Geschäftspartner in den privaten Bereich.

Und dann gibt es Bereiche der Wirtschaftswissenschaften, wo soziale Beziehungen so wichtig sind, dass sie möglicherweise stärker auf Entscheidungen und Verhalten einwirken als rein ökonomische Faktoren. Ein Beispiel sind Berufungen von einzelnen Personen in Aufsichtsgremien von Unternehmen. Sie werden zweifellos von individuellen Merkmalen wie Kompetenzen und Erfahrungen der zu berufenden Person beeinflusst. Mindestens so wichtig sind jedoch die angestrebten Verbindungen zu anderen Unternehmen, bestehende persönliche Freundschaften oder der Zugang zu den sozialen Netzwerken der betreffenden Person. Ein ähnliches Beispiel findet sich bei der Finanzierung von Gründungsunternehmen. Die Forschung hat nicht nur gezeigt, dass es einer guten sozialen Beziehung zwischen den Gründern und den sie finanzierenden Personen bedarf. Sie hat auch gezeigt, dass es enge persönliche Beziehungen zwischen verschiedenen Kapitalgebern von Gründungsunternehmen gibt. Wenn Gründer es schaffen, einen bestimmten Investor von sich zu überzeugen, dann wird es für sie deutlich leichter, andere Menschen oder Institutionen als Kapitalgeber zu gewinnen, die mit dem ersten Investor in einer freundschaftlichen Beziehung stehen. Der Erfolg des Gründungsunternehmens korreliert mit der Sozialkompetenz bzw. der Netzwerkkompetenz der Gründer (Witt 2004).

Eine geschlossene Theorie der Einflüsse sozialer Beziehungen auf menschliches Verhalten im ökonomischen Kontext fehlt allerdings bislang in den Wirtschaftswissenschaften. Es gibt keine Forschungsrichtung der **Social Economics** oder einer soziologisch ausgerichteten Betriebswirtschaftslehre. Sie ist auch nicht in allen Feldern der Ökonomie erforderlich. Es gibt zweifellos Bereiche des Lebens, in denen wirtschaftliche Transaktionen zwischen Menschen oder Institutionen keine soziale Dimension haben. Wenn wir an Kapitalmärkten Aktien oder Wertpapiere handeln, dann tun wir das mit anonymen Marktpartnern. Das Gleiche gilt, wenn wir im Internet etwas kaufen. Auch hier kommt es nicht zu einer direkten Interaktion zwischen Menschen, die Transaktion wird automatisch abgewickelt. Fragen der Kostenrechnung, der Erstellung von Jahresabschlüssen oder der steuerlichen Optimierung eines Unternehmens können in den Wirtschaftswissenschaften ebenfalls ohne Bezüge zu soziologischen Erkenntnissen behandelt werden. Dafür gibt es jedoch andere wirtschaftliche Entscheidungen, bei denen soziale Motive alle ökonomischen Entscheidungskriterien überlagern. Ein offensichtliches Beispiel sind Investitionen in eine gute Ausbildung der eigenen Kinder. Sie können nicht mit Eigennutz begründet werden, sondern nur mit dem sozialen (und psychologisch tief verankerten) Bedürfnis, den Kindern eine gute Zukunft zu ermöglichen.

Ein wichtiger Faktor für den Einfluss sozialer Institutionen und Normen auf das individuelle Verhalten ist die **Kultur einer Gesellschaft**. In kollektivistischen Kulturen wie beispielsweise der chinesischen wird sich der einzelne Mensch sehr viel eher dem Interesse der Gemeinschaft unterordnen als in sehr individualistisch geprägten Kulturen wie beispielsweise der US-amerikanischen. Ökonomische

Transaktionen werden in kollektivistischen Gesellschaften sehr stark von sozialen Normen geprägt, sie sind eher »übersozialisiert« als »untersozialisiert«. Ebenso prägt die Organisationskultur das Verhalten ihrer Mitglieder. In sehr stark hierarchisch geprägten Organisationen wie beispielsweise einer Armee gibt es nur wenig Spielraum für individuelle Bewertungen und Entscheidungen. Dort dominiert die soziale Norm von Befehl und Gehorsam. In anderen Institutionen wie beispielsweise einem Sportverein spielen Hierarchieverhältnisse eine sehr viel geringere Rolle. Das bedeutet jedoch keineswegs, dass es weniger soziale Normen gibt. Es sind nur eben andere soziale Normen. Und sie haben möglicherweise eine geringere Bindungswirkung für das Verhalten der einzelnen Gruppenmitglieder. Die Besonderheit kultureller Einflüsse auf Entscheidungen besteht darin, dass wir uns ihrer oft gar nicht bewusst sind. Es handelt sich um soziale Normen, die sich über lange Zeiträume entwickelt haben und die wir nur implizit kennen. Wir handeln nach ihnen, aber wir können sie nicht explizit benennen. Wir tun Dinge auf eine immer gleiche Art und Weise, weil das eben die »normale« Art ist, bestimmte Dinge zu tun. Und wir tun andere Dinge nicht, ohne bewusst in Frage zu stellen, warum eigentlich nicht. Wir sind in unserem Verhalten sozial und kulturell eingebettet, ohne es zu wissen.

Wir lehnen sehr große Ungleichheit ab

Mehrere verhaltensökonomische Studien zeigen, dass Menschen eine Aversion gegen sehr ungleiche Verteilungen von Einkommen und Vermögen haben. Wir wollen nicht, dass alle dasselbe haben, aber wir fühlen uns unwohl, wenn es sehr große wirtschaftliche Unterschiede zwischen Menschen gibt. Diese **Aversion gegen Ungleichheit** oder »inequity aversion« (Fehr/Schmidt 1999) lässt sich soziologisch durch die zwei Faktoren Missgunst und Mitgefühl erklären. Wenn jemand sehr viel mehr hat als wir, dann empfinden wir Neid und ein Gefühl der Ungerechtigkeit. Wenn jemand sehr viel weniger hat als wir, dann empfinden wir mit diesem Menschen Mitleid oder zumindest Mitgefühl. Möglicherweise fühlen wir uns auch schuldig, weil es uns so viel besser geht. Am wohlsten fühlen sich Menschen in Situationen moderater Ungleichheit, bei der sie im Vergleich zu anderen Personen etwas besser dastehen. Diese Hypothese der Ungleichheitsaversion wurde in vielen Experimenten bestätigt. Sie ist unabhängig von der absoluten Größenordnung des zu verteilenden Vermögens (Yang/Onderstal/Schramm 2016). Sie ist auch unabhängig vom Geschlecht sowie von der politischen Einstellung. Ungleichheitsaversion lässt sich also auch bei Konservativen nachweisen, nicht nur bei Linken.

Die Theorie der Ungleichheitsaversion erklärt nicht nur, was Menschen in Experimenten tun. Sie liefert auch überzeugende Begründungen für eine große Bandbreite an Verhaltensweisen in der realen Welt. So helfen Menschen sehr häufig anderen Menschen, die in Not geraten sind und plötzlich wirtschaftlich schlecht dastehen. Das geschieht beispielsweise durch Spenden oder durch Nachbarschaftshilfe. In vielen Ländern der Welt ist ein Steuersystem etabliert, das **progressive Einkommensteuern** vorsieht. Der Durchschnittsteuersatz steigt dann mit dem Einkommen, was zu einer Angleichung der Einkommen nach Steuern führt. Auch Vermögens- oder Erbschaftssteuern folgen dieser Logik einer Umverteilung von wohlhabenden Menschen an ärmere. Wie weit die Umverteilung von Einkommen und Vermögen gehen soll, ist jedoch politisch umstritten und wird von Land zu Land sehr unterschiedlich gehandhabt. Daraus kann man schließen, dass die gesellschaftliche Ungleichheitsaversion kulturbedingt ist und durchaus unterschiedlich hoch ausfällt. Manche Landeskulturen sind eindeutig egalitärer als andere. Es ist auch klar, dass das absolute Niveau an Einkommen und Vermögen eine Rolle spielt. Menschen bevorzugen grundsätzlich Länder mit mehr wirtschaftlichem Wohlstand. Auf jeden Fall lässt sich jedoch feststellen, dass Menschen in Ländern mit weniger Einkommens- und Vermögensungleichheit glücklicher sind und friedlicher leben (Alesina/Di Tella/MacCulloch 2004).

Ungleichheitsaversion darf nicht mit **Risikoaversion** verwechselt werden, auch wenn beide zu ähnlichen Ergebnissen führen können. Wenn Menschen erstmalig in ein ökonomisches System einsteigen, also beispielsweise ihren ersten Beruf oder ein Land für ihren Wohnort auswählen, dann wissen sie noch nicht, wie hoch ihr Einkommen ausfallen wird. Sie haben vielleicht eine Vorstellung von ihren eigenen Talenten und Qualifikationen, aber können sich noch nicht gut mit den anderen beteiligten Personen vergleichen. Wer jetzt sehr risikoavers ist, der wird einen Beruf oder ein Land mit wenig Arbeitslosigkeit auswählen oder in den Staatsdienst eintreten. Dann sind die Risiken gering, keinen Job zu finden und in Armut zu leben. Allerdings kann es in solch einem Land durchaus eine sehr große Varianz von Einkommen und Vermögen, also eine vergleichsweise große Ungleichheit geben. Wer dagegen eine große Ungleichheitsaversion aufweist, der wird ein Land mit geringer Einkommensvarianz bevorzugen, aber dort möglicherweise einen Job mit wenig Arbeitsplatzsicherheit annehmen. Risikominimierung ist also etwas anderes als die Vermeidung von Ungleichheit. Es handelt sich nicht um dasselbe Motiv, selbst wenn sich möglicherweise ähnliche Entscheidungen ergeben.

Ungleichheitsaversion scheint eine angeborene oder zumindest schon frühzeitig sozial gelernte Präferenz zu sein. In einem Experiment mit achtjährigen Kindern wurde die Versuchsanordnung so gewählt, dass die Auswirkungen von Risikoaversion und Ungleichheitsaversion getrennt untersucht werden konnten. Die Kinder konnten risikobehaftete Entscheidungen treffen und damit Preise erspielen. Das gesamte Preisgeld wurde dann nach unterschiedlichen Mechanismen auf alle Kinder in der Gruppe verteilt. Das Forscherteam fand heraus, dass sich bei einer Kontrolle des individuellen Risikos pro Teilnehmer eine klare Präferenz der Kinder für eine weniger ungleiche Verteilung des erspielten Gewinns ergab. Die Ungleichheitsaversion zeigte sich nicht nur bei Kindern, die in einem Kibbutz, also einer betont egalitären Gesellschaft aufwuchsen, sondern auch bei Kindern aus einer Großstadt (Kroll/Davidovitz 2003). Dieses Ergebnis ist aus meiner Sicht deshalb so interessant, weil Kinder in dem untersuchten Alter noch keine politisch korrekten oder angelernten Verhaltensweisen zeigen. Sie wählen ehrlich aus, was sie besser finden. Und das ist eine Verteilung mit wenig Ungleichheit.

Unsere Aversion gegenüber sehr ungleichen Verteilungen bezieht sich interessanterweise nur auf Einkommen, die aus Laborexperimenten stammen oder mit halbwegs normalen Berufen erworben werden. Sie gilt nicht für Einkommen, die aus besonderen Tätigkeiten entstehen. So ist es offensichtlich und breit akzeptiert, dass bestimmte **Talente und Fähigkeiten** sehr ungleich verteilt sind. Einige Menschen können viel besser singen, malen, Fußball spielen oder mit einem Rennwagen im Kreis fahren als wir selbst. Und damit verdienen sie häufig sehr viel Geld. Das macht uns aber nicht neidisch (mich jedenfalls nicht). Im Gegenteil, wir bewundern oft solche besonders begabten Menschen. Denken Sie nur an Spitzensportler, Musiker oder Filmschauspieler. Wir können es gut akzeptieren, dass diese Stars mit ihrem Talent sehr viel Geld verdienen. Interessanterweise beneiden wir eher »normale« Menschen, also Personen, die so ähnlich sind wie wir, die aber mehr Einkommen oder Vermögen haben. Kaum jemand empfindet Neid gegenüber prominenten Top-Verdienern wie Lionel Messi, Taylor Swift, Oprah Winfrey oder Arnold Schwarzenegger. Um die dahinterstehende implizite Unterscheidung von Berufstätigkeiten besser verstehen zu können, gibt es ein schönes Zitat der deutschen Fußball-Legende Franz Beckenbauer. Den müssten zumindest die älteren Leserinnen und Leser noch kennen. Als er während seiner aktiven Zeit als Fußballer gefragt wurde, ob ihm bewusst sei, dass er viel mehr Geld verdiene als der Bundeskanzler, antwortete Franz Beckenbauer: »Aber ich spiele doch auch viel besser Fußball als der Bundeskanzler.«

Wir bestrafen unfaires Verhalten

Einer der frühesten Befunde der Verhaltensökonomik entstammt aus einem berühmten Experiment, dem **Ultimatumspiel**. Es wurde erstmalig von einem deutschen Forscherteam entwickelt und ist seitdem unzählige Male in allen möglichen Varianten wiederholt worden (Güth/Schmittberger/Schwarze 1982). Das Ultimatumspiel hat eindeutig einen sozialen Kontext und wird zwischen zwei Personen gespielt. Person A erhält von der Spielleitung 10 Euro und kann dann vorschlagen, einen bestimmten Teil des Geldes an Spieler B abzugeben. Spieler B kann diesen Vorschlag annehmen oder nicht. Im Fall der Annahme wird das Geld so aufgeteilt, wie es Spieler A vorgeschlagen hat. Lehnt Spieler B jedoch das Angebot von Spieler B ab, dann bekommt keine der beiden Personen etwas. Die Spielleitung nimmt die 10 Euro in dem Fall wieder zurück. Das Ultimatumspiel hat darüber hinaus nur wenige, aber klare Vorgaben. Es wird nur einmalig gespielt, also nicht wiederholt. Beide Spieler kennen die Regeln. Verhandlungen oder Nebenabsprachen sind nicht erlaubt. Die Entscheidungen müssen schnell hintereinander getroffen werden. Person A nennt den Betrag, den sie oder er für Person B vorschlägt, Person B nimmt an oder lehnt ab. Die entsprechenden Zahlungen werden getätigt, dann ist das Spiel vorbei.

Es ist klar, welche Entscheidungen beider Spieler die klassische Ökonomie vorhersagt. Person A sollte so wenig wie möglich anbieten, im Extremfall nur einen Cent. Person B sollte das Angebot annehmen, weil ein Cent ja immer noch besser ist als nichts. Und weil A das weiß, braucht er oder sie auch nicht mehr als diesen Minimalbetrag anzubieten, um die Zustimmung von B sicherzustellen. Diese Vorhersage erweist sich jedoch in fast allen Gruppen und in fast allen Kulturkreisen der Welt als falsch (Jolls/Sunstein/Thaler 1998). Wenn Person A weniger als 20 Prozent abgibt, also Person B einen Betrag von 2 Euro oder weniger anbietet, dann lehnt B dieses Angebot ab. Die Begründung ist einfach. Das Angebot wird dann als unfair wahrgenommen. Person A will für sich einen viel größeren Anteil des Kuchens behalten und damit Person B übervorteilen. Das fühlt sich für Person B schlecht an und daher schlägt sie zurück. Sie lehnt das Angebot ab und stellt damit sicher, dass keine der beiden Personen etwas bekommt. Das verletzt die Annahme rationalen Verhaltens, die wir mit dem Homo oeconomicus verbinden, ist aber menschlich voll verständlich. Person B rächt sich für das unfaire Angebot, indem sie sicherstellt, dass keiner der beiden Spieler Geld bekommt.

Das Ultimatumspiel zeigt, dass Menschen ein aus ihrer Sicht unfaires Verhalten von Mitspielern bestrafen, auch wenn sie dadurch selbst finanzielle Verluste erleiden. Man nennt das **Fairness-Präferenz**. Sie lässt sich über viele verschiedene Altersgruppen, Kulturen und Nationalitäten hinweg nachweisen. Wie stark sie wirkt, hängt von der Qualität der sozialen Beziehungen und vom Kontext ab. Wer als Person A seinen Spielpartner gut kennt und mit ihm freundschaftlich verbunden ist, der wird im Ultimatumspiel eine faire Aufteilung des zur Verfügung stehenden Geldbetrags vorschlagen. Stellen Sie sich einfach vor, Sie würden mit Ihrer Oma spielen und wären Spielerin oder Spieler A. Würden Sie Ihrer Oma ernsthaft den Vorschlag machen, nur 2 oder 3 Euro abzugeben? Denselben Effekt haben Wiederholungen des Spiels, wie sie für soziale Beziehungen zwischen Menschen typisch sind. Wiederholtes Interagieren führt dazu, dass faire Lösungen signifikant häufiger sind. Und das ist eine realistische Beschreibung vieler Interaktionen im realen Leben. Sie verhandeln mit einem Zulieferer nicht nur einmal, sondern jedes Jahr wieder. Also ist es unklug, ihn heute zu sehr über den Tisch zu ziehen. Beim Umgang mit Ihren Kolleginnen und Kollegen kommt es auch immer wieder zu ähnlichen Situationen. Mal helfen Sie jemanden, mal wird Ihnen geholfen. Da ist es sinnvoll, mit fairen Vorschlägen in jede Spielrunde zu gehen.

Die Fairness-Präferenz darf jedoch nicht falsch interpretiert werden. Wir bestrafen unfaires Verhalten und sind dafür auch bereit, auf Geld zu verzichten. Aber wir fühlen uns nicht automatisch auch selbst immer verpflichtet, faire Angebote zu machen (Thaler 2019, S. 193). Das kann ich aus eigenen Erfahrungen nach zahllosen Durchführungen des Ultimatumspiels mit allen möglichen Gruppen von Studierenden bestätigen. Zwar ist die 50–50-Lösung (ein Angebot von 5 Euro) fast immer das häufigste Ergebnis. Ein solches, wirklich vollkommen faires Angebot von A wird von B auch praktisch immer angenommen. Aber keineswegs alle Spieler vom Typ A bieten ihrem Gegenüber immer 5 Euro an. Man ist als A auch mit etwas weniger fairen Vorschlägen fast immer erfolgreich. So kommt ein Angebot von 40 Prozent (also 4 von 10 Euro) empirisch oft vor und wird auch meistens angenommen. Selbst mit 30 Prozent (3 von 10 Euro) hat man als A noch eine gute Chance, dass Spieler B zustimmt. Die Logik von A ist dabei offensichtlich: Ich bekomme etwas mehr und

Du bekommst etwas weniger. Aber ich gehe nicht so weit, dass mein Angebot Dich echt wütend macht, Deine Fairnesspräferenz verletzt und Du es daher ablehnst.

Zusammenfassung

1. Gute soziale Beziehungen zu anderen Menschen sind für uns von überragend großer Bedeutung. Sie leiten unser Handeln mindestens ebenso stark wie ökonomische Ziele.
2. Wir befolgen soziale Normen und handeln reziprok, allerdings nur innerhalb unserer eigenen sozialen Bezugsgruppe. Gegenüber anderen Gruppen haben wir Vorurteile und zeigen manchmal auch antisoziales Verhalten.
3. Viele wirtschaftliche Transaktionen sind sozial eingebettet. Unsere sozialen Motive vermischen sich dann mit unseren wirtschaftlichen Motiven.
4. Wir lehnen zu große wirtschaftliche Ungleichheit ab. Gleichzeitig erkennen wir an, dass Talente und Fähigkeiten durchaus sehr ungleich verteilt sein können.
5. Wir erkennen unfaires Verhalten von Mitmenschen und bestrafen es nach Möglichkeit. Dabei nehmen wir ökonomische Verluste in Kauf.

Teil 2: Zentrale Erkenntnisse der Verhaltensökonomik

5 Unsere Ziele und Präferenzen

Wir haben grundlegende Bedürfnisse, die unser Handeln leiten

In der klassischen Ökonomie wird die Frage nach den Zielen menschlichen Verhaltens sehr einfach beantwortet. Es wird angenommen, dass Menschen in ihrem Verhalten und in ihren Entscheidungen ihren Nutzen maximieren und so Bedürfnisse befriedigen. Das wirft allerdings die Frage auf, was uns Menschen Nutzen verschafft oder welche Bedürfnisse für uns handlungsleitend sind. Dazu gibt es mehrere Theorien mit dem Anspruch auf breite Gültigkeit. Eine der ältesten und bekanntesten davon ist die **Bedürfnispyramide** von Abraham Maslow (1943, 1970). Der Psychologe unterschied fünf Ebenen menschlicher Bedürfnisse. Er nahm an, dass sie hierarchisch sind, also nacheinander einsetzen. Erst wenn eine bestimmte Bedürfnisebene erfüllt ist, werden nach dieser Theorie die Bedürfnisse der nächsten, darüber liegenden Ebene handlungswirksam. Ein temporär erfülltes Bedürfnis hat keine Motivationswirkung mehr. Die einzige Ausnahme stellt die oberste Ebene dar, darauf werden wir gleich noch näher eingehen. Maslows Theorie wird aus diesem Grund auch als Bedürfnishierarchie bezeichnet.

Die unteren beiden Ebenen beschreiben individuelle Bedürfnisse. Sie treten unabhängig vom Umgang mit anderen Menschen auf, haben also keinen sozialen Bezug. Auf der untersten Ebene stehen **physiologische Bedürfnisse** wie Hunger und Durst. Sie führen aus ökonomischer Sicht zu typischen Beschaffungsentscheidungen wie Lebensmittel einkaufen oder stehlen. In der Psychologie wird der entsprechende Prozess als Triebreduktion bezeichnet und etwas differenzierter dargestellt (Myers/DeWall 2023, S. 470). Demnach besteht zunächst ein Bedürfnis, zum Beispiel nach Essen. Es führt zu einem Trieb, dem Hunger. Der wiederum bewirkt triebreduzierendes Verhalten wie die Suche nach Nahrungsmitteln und ihren Verzehr. Externe Anreize verstärken die Motivation zur Triebreduktion. Wer beispielsweise Hunger hat, der wird geradezu magisch vom Geruch gebratenen Fleisches oder vom Logo eines Fastfood-Restaurants angezogen. Das Bedürfnis nach Schlaf lässt sich auch der untersten Ebene der Bedürfnishierarchie zuordnen. Wir empfinden Müdigkeit und suchen dann nach Möglichkeiten zum Schlafen. Wer satt und ausgeschlafen ist, der empfindet keine handlungsleitende Motivation mehr auf der ersten Ebene und reagiert auch nicht auf entsprechende externe Anreize.

Auf der zweiten Ebene stehen **Sicherheitsbedürfnisse** wie etwa ein Dach über dem Kopf zu haben oder auch Einkommenssicherheit. Wir versuchen, sie zu erfüllen, indem wir einen Job annehmen, eine Wohnung mieten oder Geld sparen. Sicherheitsbedürfnisse betreffen auch unsere Umgebung. Wir wünschen uns, dass die Welt geordnet ist und dass wir uns sicher fühlen können. Aus ökonomischer Sicht bedient der Markt für Versicherungen das Sicherheitsbedürfnis der Menschen. Manche Versicherungen werden in bestimmten Gesellschaften wie der deutschen als so unerlässlich angesehen, dass ihr Abschluss gesetzlich vorgeschrieben ist. Ein Beispiel ist die Krankenversicherung. Andere Versicherungen sind freiwillig. Hier entscheidet das individuelle Sicherheitsbedürfnis jedes Einzelnen darüber, ob sie gekauft werden oder nicht. Beispiele sind die Hausratversicherung oder die Berufsunfähigkeitsversicherung. Wer die Wahrscheinlichkeiten des Eintretens der entsprechenden Risiken hoch einschätzt und ein starkes Sicherheitsbedürfnis hat, der wird solche Versicherungen haben wollen. Wer sich hinsichtlich des Abbrennens der eigenen Wohnung oder einer Berufsunfähigkeit weniger Sorgen macht, der verspürt kein Bedürfnis nach entsprechenden Versicherungen.

Auf den Ebenen drei und vier finden sich **soziale Bedürfnisse** wie Liebe und Anerkennung sowie dann Status und Prestige. Auch sie führen zu bekannten und wissenschaftlich vielfach untersuchten Entscheidungen und Handlungen. Wir suchen nach einem Partner oder einer Partnerin. Wir zeugen Kinder. Wir engagieren uns in wohltätigen Organisationen oder Kirchen, um in unserer sozialen Umgebung anerkannt zu werden. Wir kaufen Dinge, die unseren Status und unsere gesellschaftliche Stellung sichtbar machen. Wir arbeiten hart, um Karriere zu machen, Titel zu erwerben oder bekannt zu werden. Die Theorie sozialer Bedürfnisse geht jedoch noch weiter. Nach ihr ziehen Menschen ihren Nutzen auch daraus, wie gut oder schlecht es anderen Personen geht (Beck 2014, S. 271). Sie haben die bereits erläuterte Ungleichheitsaversion. Wir fühlen uns unwohl, wenn es Menschen in unserem sozialen Umfeld gibt, die wirtschaftlich deutlich schlechter gestellt sind als wir selbst. Als Reaktion spenden wir Geld für gute Zwecke, engagieren uns ehrenamtlich oder unterstützen Bedürftige direkt. Das Prinzip wirkt jedoch auch in die andere Richtung. Wir fühlen uns potenziell ebenso unwohl, wenn es Menschen in unserer Umgebung wirtschaftlich sehr viel besser geht als uns selbst. Dann empfinden wir ein Gefühl von Ungerechtigkeit oder sogar Neid. Daraus resultieren Bedürfnisse nach staatlichen Umverteilungsmaßnahmen, zum Beispiel in Form einer Vermögenssteuer, einer Erbschaftssteuer oder einer Einkommensteuer mit mehr Progression. Manchen Menschen geht es sogar dadurch besser, dass anderen Menschen, die sie beneiden oder die sie nicht leiden können, etwas Ungünstiges zustößt.

Die oberste Ebene der Bedürfnispyramide nach Abraham Maslow beschreibt das Bedürfnis nach **Selbstverwirklichung**. Es ist im Gegensatz zu den vier darunter liegenden Ebenen ein Nichtsättigungsbedürfnis, kann also nie abschließend erfüllt werden. Es motiviert uns immer weiter. Das Bedürfnis nach Selbstverwirklichung ist von allen fünf Ebenen der Bedürfnispyramide die inhaltlich am schwierigsten zu greifende. Zumindest kann es für jeden einzelnen Menschen sehr unterschiedliche

Wege geben, um sich selbst zu verwirklichen. Im Kern geht es aber immer darum, die eigenen Potenziale zu nutzen und das Bestmögliche aus dem eigenen Leben zu machen. Manche Autoren ergänzen das Bedürfnis nach Selbstverwirklichung um ein Bedürfnis nach Selbsttranszendenz. Psychologen sprechen auch von Selbstüberschreitung (Myers/DeWall 2023, S. 471–472). Damit ist der Wunsch gemeint, über das eigene Dasein hinaus Sinn und Identität zu finden. Dieses Bedürfnis kann beispielsweise durch den Glauben an eine bestimmte Religion oder durch die Zugehörigkeit zu einer bestimmten Familiendynastie erfüllt werden.

So plausibel das auch alles klingt, es sind doch einige einschränkende Kommentare zu Maslows Theorie nötig. Sie ist in den 1950er Jahren entstanden und für Menschen aus der amerikanischen Mittelschicht dieser Zeit empirisch nachgewiesen worden. Insofern ist nicht sichergestellt, dass die Theorie auch auf Menschen aus anderen Kulturkreisen und anderen Zeiten passt. Spätere Studien haben zudem nachgewiesen, dass die Annahme der strikten Hierarchie der Bedürfnisebenen so nicht haltbar ist. Selbst wenn ein Bedürfnis auf einer niedrigeren Ebene noch nicht erfüllt ist, könnte das menschliche Handeln und Entscheiden schon von Bedürfnissen einer höheren Ebene geprägt sein. Die Ebenen würden demnach eine parallele Motivationswirkung aufweisen. Das zeigt ein Beispiel: Selbst Wohnungslose, die jeden Abend nach einem Platz zum Schlafen suchen müssen, können ein Bedürfnis nach Liebe haben. Ansonsten hat das Modell der Bedürfnispyramide jedoch gute empirische Bestätigung erfahren. Es bietet eine plausible Erklärung für viele unserer Entscheidungen und vor allem für die Prioritäten, die wir bei unserer Bedürfnisbefriedigung anlegen. Daran ändern auch pathologische Verhaltensweisen nichts, die natürlich ebenso in der Praxis beobachtet werden können. Das beste Beispiel ist der Hunger. Die meisten Menschen hören auf zu essen oder nach Essen zu suchen, wenn sie satt sind. Aber einige essen mehr als ihnen guttut. Ähnliches gilt für Statussymbole. Die meisten Menschen haben irgendwann genug davon, aber einige können ihr Bedürfnis nach Status nie ganz sättigen und brauchen immer mehr.

Die Bedürfnistheorie nach Maslow setzt nicht voraus, dass Menschen sich ihrer handlungsleitenden Bedürfnisse immer bewusst sind. Es kann durchaus sein, dass wir sogenannte **latente Bedürfnisse** haben. Sie stecken in uns, aber wissen es nicht. Wenn wir nach ihnen gefragt werden, bestreiten wir ihre Existenz. Aber unser Verhalten zeigt, dass sie doch da sind und unsere Entscheidungen prägen. So adressieren Social Media wie Facebook oder Instagram sehr effektiv das Bedürfnis nach Anerkennung und Verbundenheit mit anderen Menschen. Dieses Bedürfnis ist vielen Nutzern jedoch nicht bewusst. Hätte man sie vorab gefragt, ob sie persönliche Bilder von sich in das Internet stellen und ihre Aktivitäten täglich mit anderen Internet-Nutzern teilen wollen, hätten sie das vermutlich verneint. Aber seit es die entsprechenden Technologien gibt, erfreuen sich Social Media einer regen Nachfrage. Latente Bedürfnisse finden sich auch für Sicherheitsmotive. Viele Deutsche sind überversichert in dem Sinne, dass sie mehrere Versicherungen für das gleiche Risiko abschließen oder unerklärlich hohe Schadenssummen versichern. Dahinter stecken Ängste, die den betroffenen Personen nicht bewusst sind.

Eine Erklärung verweist beispielsweise auf das kollektive Erleben von zwei Weltkriegen, bei dem alle materiellen Besitzstände verloren gingen, und das über Generationen hinweg eine latente Risikoaversion bewirkt hat.

Wir wissen manchmal nicht genau, was wir wollen

Ein grundsätzliches Problem entsteht im Zusammenhang mit Nutzenmaximierung oder Bedürfnisbefriedigung immer dann, **wenn wir überhaupt nicht wissen, was wir wollen.** Wir verspüren möglicherweise eine gewisse Unzufriedenheit mit dem Status quo, können aber nicht genau sagen, womit wir eigentlich unzufrieden sind. Folglich können wir auch nicht genau sagen, was unser Nutzenniveau verbessern würde oder was genau wir ändern müssten, um mehr Glück oder Nutzen zu empfinden. In der Bedürfnispyramide nach Maslow betrifft das insbesondere die oberste Ebene, das Streben nach Selbstverwirklichung. Sie kann, wie bereits erwähnt, für jeden Menschen etwas anderes bedeuten. Für den einen geht es um die Verwirklichung bestimmter Talente oder um den Wunsch, etwas Schwieriges zu vollbringen. In der Theorie von David McClelland (1961) entspricht das dem »need for achievement«, dem Leistungsmotiv. Für andere Menschen könnte Selbstverwirklichung jedoch etwas ganz anderes bedeuten, zum Beispiel ein vertrauensvolles Verhältnis zu den eigenen Kindern aufzubauen. Viele Menschen können interessanterweise gar keine Antwort geben, wenn man sie spontan nach ihren Faktoren der Selbstverwirklichung fragt. Sie wissen einfach nicht, was sie wirklich dauerhaft motiviert oder was den Sinn ihres Lebens darstellt.

Noch schwieriger ist es für Menschen, sich ihre zukünftigen Präferenzen vorzustellen. Das ist jedoch immer wieder erforderlich. Bei der Frage nach der geeigneten Altersvorsorge, die wir an späterer Stelle des Buches noch einmal im Detail betrachten werden, geht es immer auch um die Prognose der Konsumwünsche im Alter, also um eigene Präferenzen, die Jahre oder Jahrzehnte in der Zukunft liegen. Beim Kauf eines Hauses müssen wir unsere Wohnpräferenzen und Raumbedarfe für viele Jahre im Voraus antizipieren. Und schon beim Einkaufen im Supermarkt müssen wir uns vorstellen können, was wir wohl am Ende des Tages oder im Rest der Woche essen wollen, damit wir die richtigen Lebensmittel kaufen können. Die verhaltensökonomische Forschung hat nun gezeigt, dass Menschen erstaunlich schlecht darin sind, ihre zukünftigen Präferenzen zutreffend zu antizipieren. **Wir wissen nicht genau, was wir zukünftig wollen werden.** Das wird Sie jetzt wahrscheinlich nicht überraschen. Denn wir hatten ja schon auf die Schwierigkeiten hingewiesen, im hier und jetzt immer zu wissen, was man will. Wie sollen wir da sagen, was uns in einem Jahr, in zehn Jahren oder in dreißig Jahren froh machen wird? Auch rückblickend liegen wir oft falsch. Viele Menschen beschreiben die Studienzeit als die glücklichste Zeit ihres Lebens. Befragt man jedoch Studierende, dann sind die im Durchschnitt keineswegs besonders glücklich.

Nun ist es aber unvermeidbar, die eigenen Präferenzen zu prognostizieren. Sonst können wir keine sinnvollen Entscheidungen hinsichtlich unserer Zukunft treffen. Also stellt sich die Frage nach der Art, wie wir unsere eigenen Bedürfnisse bestmöglich antizipieren können. Eine einfache Art der Prognose ist die Extrapolation. Wir schließen von unseren momentanen Wünschen und Vorlieben auf unsere zukünftigen. Dahinter steht die Annahme, dass sich in unserem Leben nichts Wesentliches ändern wird. Diese Annahme kann stimmen, aber sie kann natürlich auch zu enormen Fehlern führen. Denn Präferenzen können sich im Zeitablauf ändern. Instinktiv weiß das auch jeder von uns. Es ist nicht empfehlenswert, hungrig einkaufen zu gehen, weil wir dann zu viel, zu süß und zu fett einkaufen. Es ist keine gute Idee, als junges Pärchen eine kleine Wohnung im Ausgehviertel der Innenstadt zu kaufen, wenn man gleichzeitig plant, vier Kinder zu bekommen. Ebenso wenig ist es clever, sich mit ein paar Kumpels unter Alkoholeinfluss im Urlaub ein Tattoo mit einem riesigen Totenkopf stechen zu lassen. Denn dieses Tattoo trägt man dann den Rest seines Lebens mit sich herum. Und was bei einem 18-Jährigen vielleicht noch cool aussieht, sieht bei einem 40-Jährigen ziemlich sicher nur noch lächerlich aus.

Es ist auch schwierig, zwischen wollen und mögen zu unterscheiden. Es kann bei der Prognose der eigenen zukünftigen Präferenzen zu dem kommen, was die Verhaltensökonomie »miswanting« nennt (Angner 2021, S. 210). **Wir glauben, etwas zu wollen, obwohl wir es nicht richtig kennen.** Das klassische Beispiel ist die Berufsplanung. Manch einer will unbedingt Karriere machen und Chef eines Unternehmens werden, nur um dann festzustellen, dass es gar nicht besonders angenehm ist, Chef zu sein. Andere wollen möglichst frühzeitig in den Ruhestand gehen. Sie stellen sich das Dasein als Rentner paradiesisch vor. Wenn der Vorruhestand dann jedoch erreicht ist, sind sie eher gelangweilt, sozial isoliert und unglücklich. Wieder andere Menschen streben nach einem hohen Einkommen, weil sie erwarten, dass Reichtum sie glücklich macht. Wenn sie dann reich sind, hat sich ihr Glücksempfinden aber typischerweise gar nicht verbessert, sondern eher verschlechtert. Wir können auch nicht verlässlich wissen, wie es sich anfühlt, für Kinder verantwortlich zu sein, wenn wir noch keine haben. Schon bei kurzen Prognosehorizonten liegen wir oft falsch bei der Einschätzung, was wir wirklich mögen. Wir machen uns am Buffet den Teller voll, aber essen dann gar nicht alles auf. Wir melden uns im Fitness-Studio an, gehen später aber nur selten zum Training. Insofern besteht die vielleicht schwierigste Aufgabe bei der Prognose zukünftiger Präferenzen darin, herauszufinden, was wir langfristig wirklich wollen, was uns im Leben am wichtigsten ist.

Wir haben spontan auftretende Bedürfnisse

Ein zweites Problem bei der Erklärung menschlicher Entscheidungen betrifft spontan auftretende Wünsche. Sie werden auch als **volatile Bedürfnisse** bezeichnet und kommen in den Theorien der klassischen Ökonomie nur selten vor. Das Grundmodell einer Kaufentscheidung ist vielmehr der geplante Kauf aufgrund eines erkannten Bedarfs mit bekannten Qualitäts- und Preisvorstellungen. So könnte es sein, dass Sie in Ihren Kleiderschrank schauen, nach Socken suchen und dann feststellen, dass Sie nicht mehr genug Socken haben. Sie erkennen folglich Ihren Bedarf an neuen

Socken. Dieser wahrgenommene Bedarf löst dann eine Suche nach geeigneten Socken-Angeboten am Markt aus. Idealerweise haben Sie auch schon konkrete Vorstellungen, welche Art Socken Sie brauchen, also Auswahlkriterien wie beispielsweise Größe, Farbe und Materialmix. Eventuell kommt noch eine Markenpräferenz dazu. Sie wählen dann nach einer Such- und Bewertungsphase einen Anbieter aus, der Ihnen die Socken mit dem für Sie besten Preis-Leistungsverhältnis verkauft. So oder so ähnlich erwartet es zumindest die ökonomische Theorie.

Es könnte jedoch auch ganz anders ablaufen. Sie gehen nach Feierabend durch die Stadt. Weil Sie es nicht eilig haben, schlendern Sie dabei auch durch ein Kaufhaus oder eine Geschäftspassage. Dort fällt Ihr Auge auf eine Auslage mit besonders schönen Socken. Vielleicht fällt Ihr Auge auch auf die Auslage, weil die Socken als stark reduziertes Sonderangebot ausgewiesen werden. Sie entscheiden sich spontan, diese Socken zu kaufen, obwohl Sie eigentlich gar keine neuen Socken brauchen. Vermutlich wissen Sie zum Zeitpunkt der Kaufentscheidung gar nicht genau, wie viele Paar Socken Sie derzeit in Ihrem Kleiderschrank liegen haben. Sie folgen einfach einem spontanen Impuls und kaufen aus einer Eingebung heraus Socken. Vermutlich trifft Ihr Eidechsengehirn, also Ihr limbisches System diese Entscheidung, sie ist nicht Ergebnis eines streng rationalen Kalküls oder einer bewussten Auswahl.

Manche Menschen treffen so oft spontane und nicht rational geplante Kaufentscheidungen, dass sie objektiv viel zu viele Sachen besitzen. Eine psychologische Erklärung wäre, dass das Einkaufserlebnis an sich befriedigend ist. Der Kauf von Socken würde in diesem Fall selbst dann das Nutzenniveau erhöhen, wenn diese Socken niemals angezogen werden. Dann geht es nicht um einen funktionalen Nutzen aus der gekauften Sache, sondern um den Nutzen aus dem Kaufvorgang. Viele von uns können das sicherlich bestätigen. **Es macht einfach Spaß, etwas zu kaufen.** Die Verkäufer behandeln einen nett, was unser Bedürfnis nach Anerkennung befriedigt. Möglicherweise werden durch den Spontankauf auch unsere Instinkte als Jäger und Sammler bedient. Wir haben auf dem Markt des Lebens etwas erobert. Bekannte von mir sagen beispielsweise immer, sie hätten etwas »geschossen«, wenn sie über solche Spontankäufe berichten. Die Parallele zur Welt der Jagd ist bei dieser Wortwahl unübersehbar. Im genannten Beispielfall erleben wir dann nicht mehr den Nutzen aus dem Gebrauch von Socken, sondern »nur« die Freude beim Akt des Kaufes oder aus dem Besitz von Socken.

Kaufentscheidungen aufgrund spontan empfundener Bedürfnisse sind nicht so selten. Sie können einmal kritisch Ihren Kleiderschrank prüfen. Es wäre nicht überraschend, wenn Sie dort Kleidungsstücke finden, die Sie noch nie oder nur sehr selten angezogen haben. Bestimmt haben Sie auch schon mal im Supermarkt appetitlich aussehende Lebensmittel spontan gekauft, die Sie dann gar nicht gegessen haben, sondern irgendwann wegwerfen mussten. Ein klassisches Beispiel sind auch Werkzeuge. Sie werden im Baumarkt gerne gekauft, weil wir denken, dass wir sie bestimmt mal benutzen werden, aber tatsächlich benutzen wir sie dann gar nicht oder nur sehr selten. Die extreme Form der spontanen Kaufentscheidungen ohne echten Bedarf ist die Kaufsucht. Hier geht es nur noch um den flüchtigen Genuss des Kauferlebnisses, nicht mehr um die Nutzung der gekauften Produkte. Sie werden nach dem Kauf irgendwo abgestellt, häufig sogar noch in der ungeöffneten Verpackung. Ich kenne persönlich Menschen, die einen ganzen Schrank mit über 200 Paar Schuhen besitzen, etliche davon sind ganz unbenutzt. Wieder andere Menschen häufen Schulden an, weil sie Dinge kaufen, die sie sich eigentlich nicht leisten können, die sie aber »günstig« über einen Ratenkauf erwerben.

Unsere Präferenzen sind nicht immer konsistent

Eine der Grundannahmen der ökonomischen Theorie besagt, dass Menschen bei einem Vergleich mehrerer Alternativen, also einer Auswahlentscheidung, nicht nur vollständige, sondern auch konsistente Präferenzordnungen haben. Wenn Sie beispielsweise Bier lieber trinken als Wein und Wein lieber als Sekt, dann sollten Sie auch Bier gegenüber Sekt bevorzugen. Wenn Sie Opern lieber hören als Popmusik und Popmusik lieber als Heavy Metal, dann sollten Sie sich bei einer zu treffenden Auswahl zwischen einer Oper und einem Heavy Metal Song für die Oper entscheiden. Wenn Sie Restaurant A gegenüber Restaurant B bevorzugen und Restaurant B gegenüber Restaurant C, dann sollten Sie auch A gegenüber C bevorzugen. Folgt das tatsächliche Verhalten diesem Muster, dann sprechen Ökonomen von **transitiven Präferenzen** (Angner 2021, S. 18). Die Annahme einer transitiven Präferenzordnung ist grundsätzlich plausibel. Sie bedeutet, dass wir Dinge in eine eindeutige Reihenfolge bringen können. Transitivität der Präferenzen sollte vor allem dann gelten, wenn wir die Vergleichsobjekte oder Auswahlalternativen anhand eines klar beobachtbaren Kriteriums gut vergleichen können. In den soeben vorgestellten Beispielen wäre das der Geschmack. Es gibt jedoch einige offensichtliche Einschränkungen zur Annahme transitiver Präferenzen, die zur Erklärung tatsächlichen menschlichen Verhaltens hilfreich sind.

Präferenzen können sich im Zeitablauf ändern, sie sind nicht zwingend zeitstabil. Das gilt schon kurzfristig. So spielt häufig der Kontext eine Rolle. Vielleicht trinken Sie zum heutigen Abendessen mit Freundinnen oder Freunden lieber Bier, bevorzugen morgen alleine zuhause jedoch ein Glas Wein. In einer entspannten Stimmung hören Sie am liebsten eine Oper, aber nach einem langen und frustrierenden Arbeitstag gefällt Ihnen Heavy Metal besser. Dann gibt es einen natürlichen Wunsch nach Abwechslung und Variation. Vielleicht finden Sie grundsätzlich die Farbe Blau schöner als die Farbe Rot und die wieder schöner als die Farbe Schwarz, aber Sie werden sehr wahrscheinlich nicht nur blaue Pullover und Hosen in Ihrem Kleiderschrank haben. Ab und zu ziehen Sie lieber etwas Rotes oder etwas Schwarzes an. Genauso werden Sie wahrscheinlich auch nicht jeden Tag hintereinander das gleiche Restaurant bevorzugen, sondern zwischendurch auch bei dieser Auswahl mal variieren wollen. Selbst bei Auswahlentscheidungen mit starken Präferenzen könnte die Transitivitätsannahme verletzt sein. Sie sind Fan des BVB und mögen diesen Fußballverein immer lieber als Bayern München. Und Sie mögen Bayern München immer noch lieber als Schalke. Trotzdem könnten Sie bei einem bestimmten Spiel von Schalke gegen München für Schalke sein, zum Beispiel weil dadurch Ihr Lieblingsverein Dortmund eher Deutscher Meister wird.

Auch mittel- und langfristig sind Präferenzänderungen denkbar, ja sogar plausibel. Als junge Studentin wohnen Sie gerne im fünften Stock eines Altbaus mitten in der Großstadt, als Mutter von kleinen Kindern ist Ihnen eine ruhigere Wohnlage mit Haus und Garten im Speckgürtel einer Großstadt lieber. Als Kind essen Sie gerne Pommes oder Nudeln mit roter Soße. In der Jugend bevorzugen wir Pizza und Burger. Als ältere Menschen sind wir dann irgendwann Pizza und Burger leid und essen lieber traditionelle Gerichte oder Hausmannskost. Ähnliches gilt für politische Ansichten. Viele Menschen wählen in jungen Jahren linke Parteien und wechseln dann in höherem Alter zu konservativeren Parteien. Es gibt dazu die schöne Aussage: »Wer in jungen Jahren kein Kommunist ist, hat kein Herz. Wer in alten Jahren immer noch Kommunist ist, hat keinen Verstand.« Unsere Präferenzen sollten also immer nur als eine Momentaufnahme betrachtet werden, sie können sich im Zeitablauf und abhängig vom Entscheidungskontext ändern.

Die größere Problematik der Theorie transitiver Präferenzen besteht in der Annahme einer eindeutigen Vergleichbarkeit von Alternativen. Die ist in vielen realen Entscheidungssituationen nicht gegeben. Betrachten wir das Beispiel eines Hauskaufs. Bei einer so wichtigen Auswahlentscheidung sind sowohl die **Berücksichtigung mehrerer Kriterien** als auch ihre Integration in eine eindeutige Präferenzordnung durchaus angeraten. Denn es gibt eine große Anzahl an relevanten Bewertungsparametern, zum Beispiel Lage, Grundstücksgröße, Preis, Wohnfläche, Ausstattung, Renovierungsbedarf usw. Da ist schon der Vergleich von zwei Alternativen schwierig, weil es kaum jemals die Situation gibt, dass ein Haus hinsichtlich aller Kriterien besser ist als ein anderes. Typischerweise ist Haus A bei einigen Kriterien besser als Haus B und umgekehrt Haus B hinsichtlich anderer Kriterien attraktiver als Haus A. Um zu einem Gesamturteil zu kommen, können Sie jetzt die einzelnen Bewertungskriterien gewichten, jedes der beiden Häuser hinsichtlich jedes Kriteriums bewerten und dann einen gewichteten Mittelwert pro Haus bilden (Witt 2019, S. 84–87). Vollständig rationale Individuen würden es so machen. Für normale Menschen ist eine solche multikriterielle Analyse etwas weniger naheliegend. Sie stößt auch auf einige praktische Probleme.

Zunächst könnte unsere Bewertung einer bestimmten Alternative bei der Verwendung mehrerer Entscheidungskriterien erheblich davon abhängen, welche Objekte in den Vergleich miteinbezogen werden. Konkret könnte es passieren, dass wir A gegenüber B bevorzugen, dass jedoch das Einfügen einer Alternative C, die ganz klar den beiden Alternativen A und B unterlegen ist, unsere Präferenz beim Vergleich von A und B umkehrt. Das glauben Sie nicht? Dann denken Sie doch bitte einmal über das folgende Beispiel nach. In einem Experiment mussten sich Versuchspersonen für eine der genannten Optionen eines Zeitschriftenabonnements entscheiden. Mal wurden alle drei Optionen zur Auswahl angeboten, mal gab es nur eine Auswahl zwischen zwei Optionen (Angner 2021, S. 44–45):

Dar. 8: Der Vergleichseffekt

	Form des Abonnements einer Zeitschrift	Preis
Option 1	Nur Online-Abo	59,-
Option 2	Nur Print-Abo	125,-
Option 3	Online und Print-Abo	125,-

Wenn sie nur zwischen Option 1 und Option 3 wählen konnten, bevorzugten die meisten Probanden (68 Prozent) im Experiment Option 1. Das ist auch plausibel. Das Online und Print-Abo erscheint im Vergleich zum Online-Abo sehr viel teurer und damit unattraktiver. Nun wird Option 2 ergänzt. Sie ist den beiden anderen Optionen klar unterlegen. Niemand würde 2 gegenüber 3 bevorzugen. 2 kostet dasselbe, bietet aber weniger. Und wer vorher Option 1 gewählt hat, sollte auch jetzt bei dieser Auswahl bleiben. Das geschieht jedoch nicht. Beim Angebot aller drei Optionen bevorzugten 84 Prozent der Probanden Option 3. Das Ergänzen einer eigentlich irrelevanten Alternative hat also die Präferenzordnung hinsichtlich der Optionen 1 und 3 gedreht. Und auch das erscheint plausibel. Denn im Vergleich zu Option 2 sieht Option 3 jetzt sehr viel attraktiver aus. Man erhält zum gleichen Preis eindeutig mehr. Das ist der **Vergleichseffekt**. Das Einfügen einer weiteren Alternative enthält implizit eine neue Information zur Vorteilhaftigkeit der beiden anderen Optionen, hier zur Vorteilhaftigkeit der dritten Option. Sie erschien zunächst zu teuer, sieht aber unter Einbezug von Option 2 plötzlich sehr günstig aus.

Wenn es einen Vergleichseffekt gibt, dann macht es aus Anbietersicht Sinn, Alternativen zu ergänzen, die für sich betrachtet völlig unattraktiv sind und auch nie gekauft oder ausgewählt werden. Der eigentliche Sinn des Einfügens dieser Alternativen besteht darin, die Bewertung anderer Alternativen in den Augen der Auswählenden zu verändern. Und das funktioniert, weil die irrelevante Alternative das Augenmerk auf Bewertungskriterien richtet, die ansonsten außer Betracht geblieben wären. Im Ergebnis ist die Präferenzordnung nicht mehr transitiv. Sie lautet beim Vergleich von nur zwei Alternativen 1 > 3. Aber bei einer Berücksichtigung von drei Alternativen ergibt sich 3 > 1 > 2. Interessanterweise passiert das nicht nur in Laborexperimenten wie dem oben beschriebenen. Das Einfügen irrelevanter Alternativen zur Steuerung der Kundenpräferenzen ist eine sehr beliebte und sehr erfolgreiche Technik im Marketing. Sie funktioniert beim Angebot von Immobilien durch Makler, in Bekleidungsgeschäften, beim Angebot von elektronischen Konsumgütern, bei Verpflegungsangeboten in Hotels und vielen anderen Anwendungsbereichen. Wir sollten also nicht zu stark auf transitive Präferenzen vertrauen, auch wenn Ökonomen sie als relativ schwache Annahme bezeichnen (Angner 2021, S. 29).

Wir vermeiden Verluste

Einer der wichtigsten Beiträge zur Verhaltensökonomik ist die weiter oben bereits angesprochene »Prospect Theory«. Sie stammt von Daniel Kahneman und Amos Tversky und beschreibt das Phänomen der **Verlustaversion** (Kahneman/Tversky 1979). Es besagt, dass wir jede Entscheidungssituation immer von unserem jetzigen Standpunkt aus betrachten. Demnach kann uns eine bestimmte Entscheidung im Vergleich zu unserer jetzigen Lage entweder besser oder schlechter stellen. Im (seltenen) Extremfall lässt sie unsere Lage einfach unverändert. Wenn wir uns durch das Treffen einer bestimmten Entscheidung im Vergleich zum Status quo verbessern, dann sind wir erfreut. Ein Beispiel ist der Umzug in eine neue Wohnung. Das ist eine typische Entscheidung unter Risiko. Wir wissen vorab nicht genau, wie die Nachbarn so sind, welche Lärmquellen es eventuell gibt oder wie sich die Nebenkosten zukünftig entwickeln. Wenn sich unsere neue Wohnung dann als schöner als die alte Wohnung erweist, dann haben wir einen Gewinn. Unser Nutzenniveau ist gestiegen und wir sind erfreut. Ein ähnliches Beispiel ist die Suche nach einem neuen Partner. Wenn wir eine liebenswertere Person finden als den Partner, den wir jetzt haben, dann ist das ein Gewinn, wir haben uns verbessert.

Umgekehrt kann sich eine Entscheidung im Nachhinein auch als Verschlechterung gegenüber der jetzigen Lage, dem sogenannten **Referenzpunkt**, erweisen. Im genannten Fall eines Umzugs könnte sich herausstellen, dass die neue Wohnung schlechter ist als die alte. Dann hätten wir uns durch die Entscheidung des Umzugs verschlechtert. Die Entscheidung hätte zu einem Verlust im Vergleich zum Status quo geführt. Unser Nutzenniveau wäre abgesunken und wir wären entsprechend enttäuscht oder verärgert. Genauso kann es passieren, dass wir zu einem anderen Partner wechseln, der sich dann noch schlimmer verhält als der alte. Die zentrale Erkenntnis der Prospect Theory, die in vielen empirischen Studien bestätigt wurde, lautet, wie bereits dargestellt, dass uns Verluste mehr ärgern als uns Gewinne erfreuen. Verhaltensökonomen konnten sogar relativ genau feststellen, um wie viel mehr wir durchschnittlich unter Verlusten leiden als wir von Gewinnen profitieren. Der Faktor ist ungefähr zwei. Wir gewichten also Verluste doppelt so stark wie Gewinne. Oder in anderen Worten: Was für Menschen zählt, sind Veränderungen im Vergleich zum jetzigen Zustand, nicht absolute Beträge. Und bei diesen Veränderungen tun uns Verluste doppelt so weh wie uns Gewinne glücklicher machen (Thaler 2019, S. 58).

Am anschaulichsten lässt sich der Effekt der Verlustaversion zeigen, wenn man Gewinne und Verluste im Vergleich zum Referenzpunkt in Geldeinheiten messen kann. So könnte beispielsweise ein Jobwechsel als Entscheidung unter Risiko hinsichtlich des zukünftig höheren oder niedrigeren Gehalts aufgefasst werden. Das ergibt sich, wenn das Grundgehalt zwar gleich hoch, aber die zu erwartenden Bonuszahlungen unsicher sind. Im günstigen Fall ergeben sich im neuen Job höhere Bonuszahlungen als im bisherigen Job, das Gesamtgehalt fällt also höher aus. Im ungünstigen Fall zahlt der neue Arbeitgeber einen niedrigeren Bonus als der alte, sodass Sie einen Verlust an Gesamteinkommen im Vergleich zum Status quo erleiden. Verlustaversion bedeutet, dass uns Verluste mehr ärgern als uns Gewinne erfreuen. Ein Gehaltsplus von 1.000 Euro im Monat mit einer Wahrscheinlichkeit von 50 Prozent hat denselben absoluten Nutzeneffekt wie ein Gehaltsminus von 500 Euro, das ebenfalls mit einer Wahrscheinlichkeit von 50 Prozent auftritt. Verlustaverse Menschen würden also nur dann den Job wechseln, wenn sie beim neuen Arbeitgeber mit gleicher Wahrscheinlichkeit mindestens doppelt so viel Mehrgehalt erwarten als sie Mindergehalt befürchten.

Eine unmittelbare Konsequenz der Verlustaversion ist der **Besitzstand-Effekt**. Im Englischen spricht man vom »endowment effect« (Thaler 1980). Unsere Bewertung von Gegenständen hängt entscheidend davon ab, ob wir sie bereits besitzen oder nicht. Ganz grob gilt die oben bereits genannte Daumenregel, dass wir den Dingen, die wir bereits besitzen, einen doppelt so hohen Wert beimessen wie den denselben Dingen, die wir noch nicht besitzen. Die klassischen Experimente der Verhaltensökonomie wurden mit Kaffeebechern oder Kugelschreibern durchgeführt (Kahneman/Knetsch/Thaler 1990). Zunächst werden Versuchsteilnehmer gefragt, was sie für einen bestimmten Gegenstand, beispielsweise einen Kaffeebecher, zu zahlen bereit sind. Wenn einzelne Personen diesen Gegenstand dann gekauft haben, werden sie anschließend gefragt, für welchen Preis sie ihn jetzt wieder verkaufen würden. Wenn die Zahlungsbereitschaft (»willingness to pay«) vor dem Kauf bei 2 Euro lag, dann liegt der Angebotspreis (»willingness to accept«) jetzt durchschnittlich bei 4 Euro. Die psychologische Begründung für diesen auffallend großen Unterschied zwischen Zahlungsbereitschaft und Angebotspreis liegt im unterschiedlichen Referenzpunkt. Wenn mir etwas bereits gehört und ich es verkaufe, dann verschlechtere ich mich gegenüber dem Referenzpunkt. Ich werde nachher weniger haben als vorher, bin also in der Verlustzone. Wenn ich dagegen etwas kaufe, dann liegt mein Referenzpunkt anders. Ich habe noch nichts und stelle mich nach dem Kauf besser, bin also in der Gewinnzone.

Der Besitzstand-Effekt widerspricht dem **Coase-Theorem** der klassischen Ökonomie, nach dem die Bewertung eines Gutes unabhängig davon ist, wer es besitzt. Er hat aber auch weitreichende Konsequenzen für die wirtschaftlichen Entscheidungen jedes einzelnen Menschen, zum Beispiel bei der Geldanlage an Kapitalmärkten, bei Jobwechseln oder im Marketing. Wir werden sie in späteren Kapiteln noch näher untersuchen. Hier sollen nur einige Beispiele genügen. Internet-Versandhändler wie Zalando bieten kostenlose Rücksendeoptionen an, die wirtschaftlich unvernünftig erscheinen. Denn Rücksendungen verursachen ja Transport- und Handhabungskosten. Oft kann zurückgesandte Ware nicht noch einmal verkauft werden und muss weggeworfen werden. Kostenlose Rücksendungen erhöhen jedoch spürbar den Umsatz. Denn wenn ein Kunde oder eine Kundin etwas zugeschickt bekommen hat und anprobieren konnte, dann ist der gefühlte Besitzwechsel erfolgt. Es sinkt die Wahrscheinlichkeit der Rücksendung, denn der Wert der Ware in den Augen der Kunden hat sich durch den Übergang des Besitzes erhöht. Eine Rücksendung bedeutet den Verlust von etwas, was ich schon hatte.

Aus demselben Grund sind Autohändler großzügig bei Probefahrten und Verlage bei Probeabos. Wer ein Auto nicht nur im Ausstellungsraum betrachtet, sondern damit fährt, der fühlt es, riecht es und hört es. Die Probefahrt bewirkt, dass potenzielle Kunden sich das Auto psychologisch aneignen. Dasselbe passiert bei Probeabos von Zeitschriften. Wer sie nutzt und die Zeitschrift bereits liest, der wird zum Besitzer. Das Abonnement nicht zu verlängern, ist gleichbedeutend mit einem Verlust. Ich gebe etwas auf, was ich schon hatte. Aus diesem Grund werden Kreditkartengebühren in Geschäften typischerweise nicht als zusätzliche Gebühr für das Nutzen einer Kreditkarte, sondern als Barzahlungsrabatt ausgewiesen. Die Zusatzgebühr ist ein Verlust, unter dem Kunden leiden. Dagegen ist der Barzahlungsrabatt ein Gewinn, der Kunden besserstellt. Selbst wenn beide exakt gleich groß sind, werden die Zusatzgebühren als viel schlimmer empfunden. Aus demselben Grund sollte der Staat lieber Steuervorauszahlungen vorsehen als Steuernachzahlungen. Denn Nachzahlungen sind per Definition eine negative Abweichung vom Referenzpunkt und damit schmerzlicher als die Vorauszahlung.

In der Prospect Theory steckt noch eine weitere interessante Erkenntnis. Sie betrifft Gewinne und Verluste gleichermaßen. Wir haben bereits gesehen, dass Menschen sich über Gewinne weniger stark freuen als sie bei gleich hohen Verlusten leiden. Man sieht an der Wertfunktion im Modell von Kahneman und Tversky jedoch auch, dass die zusätzliche Freude aus jeder weiteren Gewinneinheit immer kleiner wird. Mehr Geld macht zwar absolut glücklicher, aber das zusätzliche Glück aus jedem weiteren Euro wird geringer. Das gilt ganz allgemein. Die Ökonomen sagen: **Der Grenznutzen des Geldes nimmt ab.** Anders ausgedrückt nimmt unsere Sensitivität für Gewinne ab (Thaler 2019, S. 57). Man kann also sein Glück steigern, indem man Gewinne oder Zahlungszuflüsse stückelt (Agner 2021, S. 155–156). Wer beispielsweise im Lotto diese Woche 50 Euro und dann nächste Woche noch einmal 100 Euro gewinnt, der freut sich wahrscheinlich mehr als jemand, der einmal 150 Euro gewinnt. Eine Chefin, die ihren Mitarbeitern zweimal im Jahr eine Prämie zahlt, erzielt wahrscheinlich mehr Zufriedenheit als eine, die nur einmal im Jahr eine doppelt so hohe Prämie gewährt. Und Ihre Kinder werden sich an Weihnachten wahrscheinlich mehr freuen, wenn sie drei verschiedene Pakete auspacken dürfen, als wenn sie ein Paket mit drei Geschenken darin erhalten.

Auch bei Verlusten nimmt unsere Sensitivität ab. Das bedeutet jetzt jedoch, dass das Grenzleid abnimmt. Jeder einzelne Verlust schmerzt uns, aber mit zunehmenden Verlusten schmerzt jeder weitere verlorene Euro etwas weniger als der vorherige. Hier sollten wir also keine Stückelung der Zahlungsabflüsse vornehmen, sondern lieber mehrere Auszahlungen aggregieren. Ein Verlust von 100 Euro schmerzt weniger als zwei Verluste zu je 50 Euro. Denken Sie beispielsweise an Steuerzahlungen. Die empfinden alle Menschen als Verlust und damit als unangenehm. Das Finanzamt kann unser Verlustempfinden, also unser Steuerleid, jedoch mindern, indem es seltener Nachzahlungen einfordert, dafür aber höhere. Ähnlich wirkt der psychologische Trick, eine hohe Auszahlung mit einer kleinen Rückvergütung zu koppeln. Im Englischen nennt man das »silver lining«. Im Deutschen würde man vielleicht **Silberstreifen am Horizont** sagen. Das machen beispielweise Autohändler gerne. Sie verkaufen ein Auto zum Listenpreis von 30.000 Euro und geben dem Kunden dann 1.000 Euro in bar zurück. Das Auto hätte auch einfach für 29.000 Euro verkauft werden können. Für das Autohaus käme das auf dasselbe heraus. Für den einzelnen Kunden sieht die Kombination aus höherem Preis und Rückvergütung jedoch attraktiver aus. Das zusätzliche Leid, 1.000 Euro mehr zu bezahlen, wiegt weniger schwer als der Nutzen aus dem kleinen Gewinn von 1.000 Euro.

Vielleicht darf ich Ihnen in diesem Kontext noch eine schwierige Frage stellen. Sie konnte in der bisherigen verhaltensökonomischen Forschung meines Wissens noch nicht geklärt werden. Es geht darum, ob sich die Prospect Theory auch auf unser Privatleben und speziell auf unsere Beziehungen auswirkt. Wenn das so wäre, dann müsste es auch hier Verlustaversion geben. Wir sollten das, was wir schon haben, höher bewerten als dasselbe, wenn wir es noch nicht haben. Konkret sollte uns der Verlust einer sozialen Beziehung, die wir hatten, stärker schmerzen als das Nichtzustandekommen einer sozialen Beziehung, die wir noch nicht hatten. Die in der soziologischen Forschung gestellte Frage lautet: »Haben Sie Ihren Partner, weil Sie diese Person lieben? Oder lieben Sie Ihren Partner, weil Sie diese Person haben?« Ich finde die Frage deshalb schwierig, weil es in sozialen Beziehungen nicht die »eine Sache« gibt. Anders als bei einem Kaffeebecher oder einem Kugelschreiber ist eine soziale Beziehung mit jemandem, den wir schon gut kennen, nicht dasselbe wie eine soziale Beziehung, die wir erst in Zukunft mit jemandem eingehen werden. Wir wissen erst, was wir gewonnen oder verloren haben, wenn wir die soziale Beziehung mit diesem Menschen hatten. Vorher kennen wir nur unsere Projektion dieser Beziehung und die ist bekanntlich in hohem Maße unzuverlässig.

Die Gegenwart ist uns (viel) wichtiger als die Zukunft

Eine interessante und universell beobachtbare Abweichung von rationalem Verhalten im Sinne des Homo oeconomicus besteht in der Kurzsichtigkeit (Zamir/ Teichman 2018, S. 89). Ökonomen bevorzugen den Begriff der **Zeitinkonsistenz** (Beck 2014, S. 213). Ein ähnlicher Begriff, der in diesem Zusammenhang verwendet wird, ist die Ungeduld. Nun ist menschliches Verhalten nicht einfach deshalb kurzsichtig oder ungeduldig, weil wir zukünftige Kosten und Nutzen diskontieren. Das ist perfekt rational, vor allem wenn es um zukünftige Zahlungen geht. Sobald es Inflation und Opportunitätserträge gibt, sind sofortige Einzahlungen höher zu bewerten als solche, die erst in Zukunft anfallen. Die verhaltensökonomische Forschung hat jedoch gezeigt, dass wir keine konsistente Diskontierung zukünftiger Kosten und Nutzen vornehmen. Wir gewichten typischerweise die Gegenwart viel stärker als die Zukunft, wenn der zu entscheidende Konsumverzicht in der nahen Zukunft liegt. Für die ferne Zukunft ist die Gegenwartspräferenz bzw. die Ungeduld dann schwächer ausgeprägt.

Eine beliebte ökonomische Erklärung für kurzsichtiges Verhalten verweist darauf, dass Menschen möglicherweise **unterschiedliche Zinssätze für unterschiedliche Zeiträume** verlangen. Insbesondere konnte gezeigt werden, dass der Diskontierungsfaktor umso geringer wird, je weiter ein Ereignis in der Zukunft liegt. Bei Entscheidungen, die sich in der nahen Zukunft auswirken, haben Menschen demnach eine sehr hohe Gegenwartspräferenz. Sie verlangen überraschend hohe Zinssätze, um auf sofortigen Konsum zu verzichten (Thaler 1981). Allerdings bedeutet ein solches Verhalten nicht zwingend einen Verstoß gegen die Annahme rationalen Verhaltens. Wer so handelt, verhält sich möglicherweise immer noch wie ein Homo oeconomicus, er oder sie wendet nur eben keinen konstanten, sondern einen hyperbolischen Diskontierungssatz an. Das hat zur Folge, dass man kurzfristig ungeduldig ist, aber umso geduldiger wird, je weiter ein Ereignis in der fernen Zukunft liegt (Beck 2014, S. 216–218).

Abgesehen davon, dass hyperbolische Diskontierungssätze zu sehr komplizierten Nutzenfunktionen führen, haben jüngere verhaltensökonomische Studien gezeigt, dass Menschen die fernere Zukunft keineswegs immer weniger stark diskontieren als die nahe Zukunft. Viele Personen fühlen sich wohler, wenn sie einen bevorstehenden finanziellen Verlust sofort und nicht erst in Zukunft zu erleiden haben. Dementsprechend realisieren sie den Verlust in der Gegenwart, obwohl das zu höheren Nutzeneinbußen führen müsste als ihn erst zu einem späteren Zeitpunkt zu realisieren. Medizinische Untersuchungen werden als weniger schlimm empfunden, wenn sie mit großen Schmerzen beginnen und mit geringen Schmerzen enden. Die umgekehrte Entwicklung wird insgesamt viel unangenehmer bewertet. Die meisten Menschen mögen auch Gehaltspläne lieber, die über die Jahre zu allmählichen Gehaltssteigerungen führen, als Pläne, die mit hohen Gehältern beginnen und dann allmähliche Gehaltsabsenkungen vorsehen (Zamir/Teichman 2018, S. 90). Alles das ist unvereinbar mit der Annahme hyperbolischer Diskontierungssätze und zeigt, dass es andere, vornehmlich psychologische Einflussfaktoren auf unser intertemporales Entscheidungsverhalten geben muss.

Auch im privaten Leben lässt sich Verhalten beobachten, das nicht zur Annahme der Gegenwartspräferenz passt. Nehmen Sie beispielsweise an, es gäbe an einem normalen Samstag zwei Aktivitäten, die Sie sich vorgenommen haben (Angner 2021, S. 204). Eine ist unangenehm, zum Beispiel das Haus putzen. Die andere ist angenehm, zum Beispiel Eis essen gehen. Die meisten Menschen würden jetzt so vorgehen, dass sie erst putzen und dann ausgehen. Wir fangen also nicht mit der angenehmen Aufgabe an, sondern wollen zuerst die unangenehme hinter uns bringen. **Ein Tag wird als schöner empfunden, wenn er mit einer angenehmen Tätigkeit endet.** In ähnlicher Weise lässt sich beobachten, dass Menschen angenehme Erfahrungen lieber über einen bestimmten Zeitraum verteilen, anstatt sie gleich alle zu Beginn zu machen. Wenn Sie so sind und eine Tafel Schokolade haben, dann essen Sie die nicht gleich zum Frühstück ganz auf, sondern nehmen sich lieber alle paar Stunden ein Stückchen, bis die Tafel abends weg ist. Alle diese Verhaltensweisen sind typisch menschlich. Sie widersprechen aber sowohl dem Modell mit exponentieller als auch dem mit hyperbolischer Diskontierung. Denn eigentlich sollten wir immer mit der angenehmen Tätigkeit beginnen wollen. Was die Menschen in den genannten Fällen tatsächlich tun, entspricht jedoch einer negativen Zeitpräferenz.

Natürlich gibt es auch das Gegenteil, also unerklärlich hohe Gegenwartspräferenzen. Eine psychologische Erklärung dafür ist fehlende oder **unzureichende**

Impulskontrolle. Wir geraten in Versuchung und tun dann Dinge, die wir eigentlich nicht tun sollten. So wissen wir durchaus, dass wir uns gesund ernähren und möglichst nicht zu viele Süßigkeiten essen sollten. Aber wenn die Süßigkeiten dann zum Greifen nah vor uns stehen, dann können wir uns nicht zurückhalten. Wenn Zucker in Kombination mit Fett angeboten wird, zum Beispiel in Form eines Stücks Sahnetorte, ist es schwer, nein zu sagen. Auch das hat mit unserem Eidechsengehirn, also mit Intuition und System 1 zu tun. Denn in früheren Zeiten wussten Menschen nie sicher, wann es Fett und Zucker zu essen geben würde. Es war demnach für Jäger und Sammler durchaus sinnvoll, sich den Bauch mit süßen Früchten vollzuschlagen, wenn man mal welche gefunden hatte. Heute gilt das nicht mehr. Nichts ist so universell und so kostengünstig verfügbar wie Zucker. Unsere Intuition oder unsere fehlende Impulskontrolle verleitet uns also dazu, zu viel Zucker zu essen, obwohl wir wissen, dass uns das langfristig schadet.

Einen ähnlichen Einfluss haben **starke Emotionen** wie Wut oder sexuelle Erregung. In emotional aufgeladenen Zuständen treffen wir kurzfristig orientierte Entscheidungen, die wir bei klarem Kopf niemals treffen würden. Wir werden anderen Menschen gegenüber gewalttätig, obwohl wir dafür ernsthafte Sanktionen zu erwarten haben, also hohe zukünftige Kosten tragen müssen. Wir verwenden beim Geschlechtsverkehr mit flüchtigen Bekannten keine Kondome, obwohl wir rational um die Gefahr von sexuell übertragbaren Krankheiten mit schwerwiegenden zukünftigen Gesundheitseinschränkungen wissen. In der Psychologie sind sexuelle Bedürfnisse und ihre Auswirkungen auf menschliches Handeln besonders intensiv untersucht worden (Myers/DeWall 2023, S. 522–527). Sie sind sowohl individuell als auch sozial relevant. Sie wirken sich bei Männern anders aus als bei Frauen. Sie führen besonders häufig zu impulsivem Verhalten, das nach Abklingen der sexuellen Erregung bedauert wird. Das gilt noch mehr nach Alkoholgenuss. Sexualität führt zu starkem Bindungsverhalten zwischen Menschen, kann jedoch auch äußerst emotionale Konflikte hervorrufen. Wir Menschen sind vielleicht in keinem Lebensbereich so weit weg vom Konzept des Homo oeconomicus wie im Zustand der sexuellen Erregung.

Die Steigerung von unzureichender Impulskontrolle und emotional geprägten Entscheidungen ist die **Sucht.** Wer Zigaretten raucht, alkoholabhängig ist oder sogar harte Drogen nimmt, der kann nicht mehr frei und rational entscheiden. Süchtige können schon gar nicht langfristig denken oder gar intertemporal ihre Entscheidungen optimieren. Für sie zählen nur die Gegenwart und der nächste Moment des Konsums der Droge. Technisch gesehen verwenden solche Menschen unvernünftig hohe Diskontierungssätze. Sie gefährden ihr Leben und ihre Gesundheit, nur um die nächste Dopamin-Ausschüttung im Gehirn und damit ein flüchtiges Glücksgefühl hervorzurufen. Süchtige beachten in diesem Sinne die Zukunft gar nicht mehr, sie leben nur noch für den Moment. Es ist offensichtlich, dass das Verhalten von Suchtkranken nicht mehr mit ökonomischen Theorien der Nutzenmaximierung über das gesamte Leben vereinbar ist. Wer süchtig ist, der ist krank. Er oder sie hat grundsätzlich keine rationale Kontrolle mehr über die eigenen Entscheidungen und das eigene Verhalten.

Eine andere Erklärung für kurzsichtiges Verhalten besteht meiner Ansicht nach darin, dass wir uns die ferne Zukunft und unser dann vorherrschendes Lebensgefühl nicht gut genug vorstellen können. Wir haben **keine bildliche Vorstellung von der Zukunft**. Konkret wissen wir nicht einmal, ob wir die ferne Zukunft überhaupt erleben werden. Daher macht eine sehr langfristige Optimierung bei Entscheidungen möglicherweise keinen Sinn. Ein gutes Beispiel ist die Altersvorsorge. Rational betrachtet ist es sinnvoll, schon in jungen Jahren regelmäßig Geld zur Seite zu legen, damit im Alter dann genügend finanzielle Reserven bestehen. Allerdings bestehen erhebliche Unsicherheiten. Zum einen wissen wir gar nicht, wie alt wir werden (und ob wir überhaupt das Rentenalter erreichen). Zum anderen wissen wir nicht sicher, wie viel Geld wir im Laufe unseres Lebens verdienen werden. Schließlich ist sehr schwer vorstellbar, wie hoch der Finanzbedarf in der fernen Zukunft des eigenen Alters sein wird. Hinzu kommen Unsicherheiten wie die Inflationsrate oder die geeignete Form der Anlage des Ersparten. Dinge, die viel Geld kosten und die wir heute gerne täten oder besäßen, können wir im Alter vielleicht gar nicht mehr tun oder nutzen, selbst wenn wir dann genug Geld haben. Man denke nur an Urlaub in der Ferne oder an einen sehr flach gebauten Sportwagen. Insofern mag der Konsum heute als klar bessere Alternative im Vergleich zum Sparen für das Alter erscheinen.

Ähnliches gilt für Gesundheit. Natürlich weiß jeder Raucher, dass er oder sie langfristig gesundheitliche Schäden befürchten muss. Aber das Bild von der Krankheit in ferner Zukunft ist verschwommen und unklar. Es ist in jungen Jahren schwer vorstellbar, später einmal ernsthaft an Krebs oder einem Herzinfarkt zu erkranken. Es ist auch schwer vorstellbar, wie man sich fühlen wird, wenn man tatsächlich Krebs hat oder einen Herzinfarkt erlitten hat. Dieses Bild von der Zukunft ist wenig greifbar. Dem steht der gegenwärtige Nutzengewinn des Rauchens sehr klar gegenüber, gerade für Jugendliche. Ich bin cool, ich kann meine Unsicherheit überspielen, ich komme schnell in Kontakt mit anderen Rauchern, ich finde Akzeptanz in der Clique meiner rauchenden Freunde. Ebenso lassen sich andere gesundheitsschädliche Verhaltensweisen wie Alkoholgenuss oder der Konsum von Süßigkeiten erklären. Rational weiß jeder, dass sich diese Gewohnheiten schädlich auf die Gesundheit auswirken. Aber wie genau dieser Schaden aussieht und ob er überhaupt eintritt, das ist unklar. Man braucht also weder Ungeduld noch fehlende Impulskontrolle, um selbstschädigendes Verhalten in der Gegenwart zu erklären. Die Zukunft mit ihren nachteiligen Folgen unseres heutigen Verhaltens ist einfach noch zu weit weg, um berücksichtigt zu werden.

Zusammenfassung

1. Unser Handeln wird primär von physiologischen und sozialen Bedürfnissen wie Hunger, Durst, Statusstreben und dem Sexualtrieb geleitet. Darüber hinaus haben wir Sicherheitsbedürfnisse.

2. Am stärksten motiviert das Bedürfnis nach Selbstverwirklichung. Diese kann jedoch für jeden Menschen etwas anderes bedeuten.
3. Wir wissen nicht immer genau, was wir wollen. Manche unserer Bedürfnisse treten spontan auf. Zudem ändern sich unsere Präferenzen immer wieder.
4. Wir sind nicht unbedingt risikoscheu, aber wir leiden unter Verlusten mehr als wir von Gewinnen profitieren. Wie wir uns entscheiden, hängt daher immer vom Referenzpunkt ab, also dem, was wir schon haben.
5. Die Gegenwart ist uns wichtiger als die Zukunft. Wir tun Dinge, die uns langfristig schaden, die uns aber heute einen Genuss verschaffen. Wir haben manchmal wenig Impulskontrolle und sparen nicht genug für das Alter.

6 Unsere Wahrnehmung und Informationssuche

Wir suchen nur begrenzt lange nach erforderlichen Informationen

Nehmen wir für einen Moment an, dass Sie bei einer wichtigen Entscheidung ganz bewusst Ihren Verstand bemühen. Nehmen wir weiterhin an, dass Sie die ernsthafte Absicht haben, eine rationale Entscheidung zu treffen, die auf objektiven Daten und nicht auf verzerrten Wahrnehmungen beruht. Ein Beispiel, auf das diese Beschreibung vielleicht am ehesten zutrifft, ist der Kauf eines Hauses oder einer Wohnung. Das ist typischerweise die größte Einzelinvestition im Leben eines Menschen, zumindest finanziell. Die wenigsten von uns werden ein Haus oder eine Wohnung einfach intuitiv oder aus dem Bauch heraus kaufen. Wir kommen vielleicht von einem Stadtbummel mit einer Hose oder einer Bluse nach Hause, die wir nicht wirklich brauchen und die wir nur spontan gekauft haben, aber nicht mit einer Immobilie. Lassen Sie uns noch eine vereinfachende Annahme machen. Nehmen wir an, dass Sie Ihr Haus oder Ihre Wohnung primär nach finanziellen Kriterien aussuchen, also nach dem Kaufpreis, nach dem Renovierungsbedarf, nach der zu erwartenden Wertentwicklung und nach den Unterhaltskosten. Alle diese Daten sind weitgehend objektiv zu erheben, aber sie stehen Ihnen nur selten schon fertig sortiert zur Verfügung. Dafür können wir eher emotionale Auswahlkriterien wie die Schönheit der Immobilie oder ihre Lage für den Moment außer Acht lassen.

Um die Entscheidung für den Kauf eines bestimmten Hauses oder einer Wohnung treffen zu können, müssen Sie also Informationen suchen. Manche dieser Informationen sind mehr, andere weniger verlässlich. Der **Aufwand der Informationsbeschaffung** ist zudem sehr hoch. Er besteht insbesondere in der investierten Zeit. Es reicht nicht, sich bei einer Tasse Kaffee die Exposés von einigen vielversprechenden Immobilien im Internet anzusehen und dann das beste Objekt auszuwählen. Sie müssen mit der Maklerin oder den Eigentümern einen Termin vereinbaren und sich das Haus oder die Wohnung selbst ansehen. Wenn es Ihnen an Sachverstand fehlt, um bestimmte Qualitätsmerkmale zu beurteilen, müssen Sie einen Sachverständigen beauftragen, der Sie zu diesem Besichtigungstermin begleitet. Oft passiert das nicht beim ersten Besichtigungstermin, sondern erst beim zweiten. Sie müssen sich die Studien zum Immobilienmarkt in Ihrer Region beschaffen und die gegenwärtigen Richtwerte für die Bodenpreise in Erfahrung bringen. Sie müssen gleichzeitig mit Banken sprechen, um Ihre Finanzierungsmöglichkeiten abzuklären.

Alle diese Maßnahmen zur Informationsbeschaffung sind durchaus machbar, aber sie kosten Zeit und Geld. Die Ökonomen nennen das Suchkosten. Zu den Suchkosten beim Kauf einer Immobilie zählen nicht nur die direkten finanziellen Kosten für Fahrten zu Besichtigungsterminen, Gutachter und Makler, sondern vor allem auch die Opportunitätskosten der aufgewendeten Zeit. Sie sind, zumindest für mein Empfinden, sehr hoch. Das wird jeder bestätigen, der schon einmal ein Haus oder eine Wohnung gekauft hat. Ich habe das in meinem bisherigen Leben zwar nur einmal gemacht, aber einmal ist genug, um das Ausmaß der Aufgabe verlässlich abschätzen zu können. Wir haben damals insgesamt 38 Häuser in fünf verschiedenen Orten angesehen, bevor wir schließlich eines kauften. Der gesamte Suchprozess hat anderthalb Jahre gedauert. Wir haben ein Haus besichtigt, das vor Ort ganz anders aussah als im Exposé. Der Makler hatte dem betreffenden Objekt aus Versehen das falsche Exposé zugeordnet. Das war ihm aber ganz offensichtlich weder vor uns noch dem Verkäufer gegenüber besonders peinlich. Wir haben Häuser gesehen, deren zu erwartende Renovierungskosten so hoch waren, dass sie selbst ein Sachverständiger kaum verlässlich prognostizieren konnte.

Mir persönlich hat die Suche nach einem Haus über einen Zeitraum von anderthalb Jahren eine Erkenntnis gebracht: Das ideale Haus, das alle Anforderungen erfüllt, gibt es nicht. Irgendein Makel oder irgendeine Unzulänglichkeit liegt immer vor. Folglich lautet die wesentliche Frage nicht so sehr, wie lange es dauert, bis man das perfekte Haus gefunden hat. Sie lautet eher: Wie viele Häuser bin ich bereit, zu besichtigen, bevor ich mich entscheide? Wann ist ein Haus gut genug in dem Sinne, dass es die meisten unserer Anforderungen erfüllt? Ähnliche Überlegungen sind anzustellen, wenn es um die Buchung einer Urlaubsreise, die Partnersuche oder den Wechsel des Arbeitgebers geht. Die eine perfekte Option, die alle unsere Wünsche erfüllt, wird es nicht geben. Wir müssen die Informationssuche irgendwann abbrechen, uns einfach entscheiden und uns auf erforderliche Kompromisse einstellen. Etwas allgemeiner formuliert müssen Menschen bei der Informationssuche immer abwägen, ab wann die zusätzlichen Informationskosten höher liegen als der zu erwartende Mehrertrag aus der verbesserten Entscheidung. Wann genau das ist, weiß aber auch niemand.

Die Frage nach dem geeigneten **Zeitpunkt des Abbruchs der Suche** und des Treffens einer Entscheidung ist sehr allgemein gültig. Es geht darum, wann Menschen die Suche nach weiteren Entscheidungsalternativen beenden und sich für eine Alternative aus der Menge der dann verfügbaren Objekte entscheiden. Auf diese Frage gibt es keine generelle Antwort. Sie hängt von der Höhe der Suchkosten ab. Und die nimmt jeder Mensch unterschiedlich wahr. Außerdem hängt sie von der Wahrscheinlichkeit ab, bei einer fortgeführten Suche überhaupt noch eine weitere Entscheidungsalternative zu finden. Auch diese Wahrscheinlichkeit wird jeder Mensch unterschiedlich wahrnehmen. Also kann es auch ganz unterschiedliche Suchstrategien geben. In der Praxis werden Sie aber immer ein unangenehmes Gefühl erleben: Sie denken irgendwann, dass Sie die beste Alternative schon ganz zu Anfang Ihres Suchprozesses gesehen hatten. Sie konnten sich aber als vernünftiger, rationaler Entscheider natürlich nicht dazu durchringen, gleich das erste oder zweite Angebot zu nehmen. Und wenn Sie dann später noch mal auf diese Option zurückkommen, dann ist das betreffende Angebot natürlich schon lange weg. Im Laufe der zeitaufwändigen Suche nach weiteren Alternativen und mehr Informationen verpassen wir möglicherweise gute Gelegenheiten.

Wir vergleichen nur sehr wenige Alternativen

Der Psychologe George Miller (1956) hat schon sehr früh die Hypothese aufgestellt, dass Menschen aus Gründen ihrer begrenzten Informationsverarbeitungskapazität nicht sehr viele Alternativen gleichzeitig vergleichen können, wenn sie eine Auswahlentscheidung zu treffen haben. Seiner Ansicht nach berücksichtigen wir **maximal sieben Alternativen.** Spätere Studien legen nahe, dass es vielleicht sogar nur vier Optionen sind, die wir bei einer Auswahlentscheidung sinnvoll miteinander vergleichen können. Auch das kann sicher jeder von uns aus eigener Anschauung bestätigen. Waren Sie schon mal in einem großen Möbelhaus, wenn Sie nur nach einer einfachen Sache wie einem Esstisch oder einem Kleiderschrank gesucht haben? Typischerweise finden Sie dort Dutzende oder sogar mehrere Dutzende verschiedene Esstische und Kleiderschränke. Ich war einmal in einem Möbelhaus, da waren allein die Esstische auf zwei verschiedene Gebäude verteilt. Noch schlimmer wird es, wenn Sie im Internet nach einem Esstisch suchen. Dann werden Ihnen hunderte von Angeboten gezeigt. Es ist völlig klar, dass Sie das eher frustriert, als dass es Ihnen hilft.

Empirische Studien haben diese Hypothese bestätigt. Sie haben gezeigt, dass eine große Auswahl die Menschen eher verwirrt. Sie erschwert die Entscheidung. Das steht im Gegensatz zu den Annahmen der klassischen ökonomischen Theorie, nach der mehr Optionen immer gegenüber weniger Optionen bevorzugt werden. Tatsächlich erhöht ein großes Angebot verschiedener Optionen nicht die Kaufwahrscheinlichkeit, sondern verringert sie. So wurden Besuchern eines Supermarkts einmal sechs verschiedene Marmeladensorten zum Probieren angeboten und einmal 24 Sorten. Das größere Angebot brachte zwar mehr Menschen dazu, am Stand anzuhalten und Marmelade zu probieren, aber es führte auch dazu, dass deutlich weniger Marmelade verkauft wurde. Beim Angebot von sechs Optionen kauften 31 Kunden ein Glas, beim Angebot von 24 Sorten waren es nur noch vier Kunden (Iyengar/Lepper 2000). Das ist nicht verwunderlich, weil es bei einer sehr großen Auswahl auch immer unklarer wird, worin sich die angebotenen Alternativen überhaupt unterscheiden. Wir können Marmeladensorten nach den verwendeten Früchten unterscheiden. Vielleicht haben wir sogar noch eine Präferenz für

Marmelade mit oder ohne Kerne (Gelee). Aber darüber hinaus wird es auf jeden Fall schwierig, Unterschiede zu erkennen.

Da wir in der Realität fast immer einer sehr großen Anzahl von Angeboten oder Handlungsalternativen gegenüberstehen, haben wir Mechanismen erlernt, die uns die Auswahl erleichtern. Wir sortieren beispielsweise zunächst alle Alternativen aus, die wegen eines bestimmten Merkmals sicher nicht in Frage kommen. Ich würde das eine **Vorabselektion** nennen. Wenn Sie beispielsweise nach dem besagten Esstisch suchen und einen mit glatter Oberfläche wollen, dann sortieren Sie alle Esstische mit unbehandelter oder unregelmäßiger Oberfläche aus. Beim Kauf im Internet werden Ihnen oft Filter bereitgestellt, mit denen Sie das Angebot einengen können. Ein anderer Mechanismus, um nur wenige Alternativen vergleichen zu müssen, besteht darin, Geschäfte mit wenig Auswahl zu besuchen. Sie würden also bewusst nicht in ein traditionelles Möbelhaus gehen, wenn Sie nach einem Esstisch suchen, sondern in ein Mitnahmemöbelhaus wie Ikea. Dort gibt es viel weniger Alternativen, dafür können Sie Ihren Tisch gleich mitnehmen. Beim Einkauf von Lebensmitteln würden Sie Discounter wie Aldi oder Lidl bevorzugen und nicht in große Lebensmittelläden gehen. Denn beim Discounter gibt es ebenfalls bewusst nur wenig Auswahl. Das erklärt auch die Beliebtheit dieser Supermärkte. Für uns Menschen ist ein überschaubares Angebot pro Produktkategorie beim Einkauf ein echter Vorteil, kein Nachteil.

Das menschliche Bedürfnis, nur wenige Alternativen zu vergleichen, spielt auch in anderen Bereichen der Verhaltensökonomik eine Rolle. Wenn wir es nämlich Menschen leichter machen wollen, das für sie selbst Richtige zu tun, dann helfen Dinge wie eine Beschränkung des Angebots oder eine voreingestellte Kombination, die nur bestätigt zu werden braucht. Ein klassisches Beispiel ist das Speisenangebot in Kantinen oder Restaurants. Was wir dort essen, hängt entscheidend davon ab, wie es uns angeboten wird. Wenn beispielsweise zum Mittagsmenu immer ein Salat und ein festes Tagesgericht gehört, dann essen die meisten Menschen das Mittagsmenu. Das ist einfacher und erfordert keine schwierige Auswahl aus der regulären Karte mit Dutzenden von Vorspeisen und noch mehr Hauptgerichten. Das Prinzip wird auch in Sterne-Restaurants angewandt. Die Karte ist dort typischerweise sehr übersichtlich. Es gibt nicht viel Auswahl (außer vielleicht beim Wein). Sie als Gast vertrauen dann darauf, dass alle Gerichte delikat zubereitet sind und müssen sich nicht durch eine lange Karte durcharbeiten. Manche Kunden wollen in Spitzenrestaurants gar nicht auswählen. Sie verlassen sich lieber auf die Empfehlung der Küche. Auch Kindern können Sie als Eltern das Leben erheblich leichter machen, wenn es beim Essen nichts zu wählen gibt. Wie soll eine Fünfjährige wissen, ob sie lieber Brokkoli oder Bohnen will?

Wir haben eine selektive Wahrnehmung

Um besser zu verstehen, wie Menschen Dinge beurteilen, müssen wir uns als Erstes der menschlichen Wahrnehmung zuwenden. Ein typisches Missverständnis besteht nämlich darin, dass es so etwas wie eine objektive Realität gibt, die für alle gleichermaßen gilt und die wir alle wahrnehmen können. Das stimmt zwar insofern, als es Ereignisse und Zustände der Welt gibt. Jedoch nimmt jeder Mensch sie unterschiedlich wahr. Die Verhaltensökonomie spricht von **selektiver Wahrnehmung**. Dabei dominiert der Sehnerv, aber viele andere Sinnesreize wie das Hören, das Schmecken, das Fühlen oder das Riechen kommen hinzu. Sie alle werden im Thalamus gefiltert und von dort in andere Regionen des Gehirns weitergeleitet (mit der bereits erwähnten Ausnahme des Geruchsinns). Das Gehirn baut dann eine Erklärung. Dabei lässt es Details aus, die es für unwichtig hält. Es ergänzt Informationen, die gar nicht aus den aktuellen Informationen der Sinne stammen, sondern aus früheren Erfahrungen (Roth 2007, S. 278). Insofern ist es auch nicht verwunderlich, dass Menschen ein und dieselbe Situation ganz unterschiedlich wahrnehmen. Jeder hat seine eigene Realität und schaut aus seinem eigenen Fenster (Medina 2014, S. 183).

Es gibt ein schönes Gedankenexperiment, um die Bedeutung der Filterung und Verzerrung von Ereignissen durch die menschliche Wahrnehmung deutlich zu machen. Stellen Sie sich bitte zunächst eine Zitrone vor. Jetzt frage ich Sie, welche Farbe die Zitrone hat, wenn Sie sie durch eine blaue Brille betrachten. Praktisch alle Menschen antworten mit »grün«. Aber bei ein wenig Überlegen werden Sie feststellen, dass das natürlich eine falsche Antwort ist. Wir nehmen die Zitrone als grün wahr, wenn wir sie durch eine blaue Brille betrachten, aber sie ist immer noch gelb. Die Farbe der Zitrone ist völlig unabhängig davon, durch welche Brille wir sie betrachten, aber so erleben wir es nicht. Und die Unabhängigkeit von unserer Wahrnehmung gibt es bei allen Ereignissen und Objekten. Sie sind, wie sie sind. Sie verändern sich nicht durch unsere Wahrnehmung. Und doch sieht jeder von uns mit seiner Brille etwas anderes. Vor allem sehen wir Dinge, die wir schon kennen oder auf die wir gerade unsere Aufmerksamkeit gelenkt haben. Wenn Sie beispielsweise im Urlaub einen gelben Fiat 500 als Mietwagen hatten, dann sehen Sie ab dann überall gelbe Fiat 500, die Ihnen vorher nie aufgefallen wären.

Für einen anderen wichtigen Sinn lässt sich ebenso häufig eine selektive Wahrnehmung feststellen. Es geht um **verzerrtes und unvollständiges Hören**. Klassische Modelle eines Gesprächs unterstellen, dass eine Senderin eine Botschaft an einen Empfänger schickt, die dieser versteht und verarbeitet. Hinter diesem Modell stecken drei Annahmen, die in der Realität keineswegs immer erfüllt sind. Die erste Annahme besteht darin, dass Menschen zuhören, wenn man ihnen etwas sagt. Das ist keineswegs immer der Fall, wie wir alle schon aus dem Privatleben wissen. Empfänger können abgelenkt sein oder unaufmerksam. Wenn die Kommunikationssituation emotional aufgeladen ist, sind Empfänger von Nachrichten oft mit ihrer Emotionsverarbeitung oder mit der Vorbereitung einer Antwort beschäftigt, nicht mit Zuhören. Die zweite Annahme lautet, dass der Empfänger die Nachricht versteht. Auch das passiert keineswegs automatisch. Wenn die Senderin viele Fachbegriffe oder Abkürzungen benutzt, wenn sie zu lange Sätze bildet oder wenn sie sich unklar ausdrückt, dann wird die Nachricht nicht oder falsch verstanden. Die dritte Annahme lautet, dass Menschen sich an das einmal Gehörte auch erinnern, was ebenfalls nicht garantiert ist. Die allermeisten Informationen, die wir hören, haben wir schon wenig später wieder vergessen.

Ich weiß nicht, was Sie von sich selbst denken. Ich will Ihnen auch nichts Falsches unterstellen. Aber rein empirisch betrachtet sind die meisten Menschen schlechte Zuhörer (Witt 2023, S. 113). Gerade in wichtigen Gesprächen sind wir oft so sehr damit beschäftigt, unsere eigenen Positionen zu erläutern, Vorwürfe abzuwehren oder gedanklich den nächsten Satz zu formulieren, dass wir gar nicht hören, was unser Gesprächspartner sagt. In Gesprächen mit vertrauten Menschen wie Ehepartnern oder anderen Familienmitgliedern hören wir oft nicht richtig zu, weil wir glauben, sowieso schon zu wissen, was der andere denkt und uns sagen will. Wenn Gespräche in einer für uns fremden Sprache stattfinden, was im Berufsleben mittlerweile durchaus häufig vorkommt, dann verstehen wir schon aus sprachlichen Gründen nicht alles richtig, was andere sagen. Um ein guter Zuhörer zu sein, hilft nur, sich der anderen Seite uneingeschränkt zuzuwenden, ihre Argumente zunächst zu durchdenken, aber noch nicht zu bewerten, und auf emotionale Verhaltensweisen nicht selbst emotional zu reagieren. Hilfreich sind auch Rückfragen, wenn wir etwas nicht richtig verstanden haben, und eigene Zusammenfassungen dessen, was Sie glauben, verstanden zu haben.

Die psychologische Forschung hat mittlerweile ein sehr gutes Verständnis davon, wann wir anfällig für Wahrnehmungs- und Bewertungsverzerrungen sind. Wir sprechen hier nicht von angeborener Dummheit oder von körperlichen Einschränkungen, sondern vom Kontext. Alle Menschen haben eine **schlechte Wahrnehmung bei schwierigen Aufgaben.** Personen werden buchstäblich blind und taub, wenn sie sich auf etwas konzentrieren. Je mehr Glukose Ihr Neokortex verbraucht und je stärker er mit einer als wichtig wahrgenommenen Aufgabe überlastet ist, desto mehr stellt er andere Aufgaben zurück. Konkret können Versuchspersonen, die aus zwei Quellen verbale Nachrichten hören und angewiesen werden, sich auf nur eine zu konzentrieren, sich nachher an fast keine Information aus der anderen Quelle mehr erinnern (DellaVigna 2009, S. 340). Probanden, die schwierige Wahrnehmungsaufgaben beim Betrachten eines kleinen Videos lösen müssen (die Anzahl der Pässe in einem Basketballspiel zählen), können andere Sinnesreize nicht mehr verarbeiten. So kommt bei einem berühmten Experiment in dem Video mit dem Basketballspiel auch ein Gorilla vor. Er läuft mehrmals durch das Bild und ist eigentlich deutlich zu sehen. Aber die Versuchsteilnehmer behaupten nach Beendigung der Aufgabe steif und fest, sie hätten keinen Gorilla in dem Video gesehen. Und das stimmt auch. Sie haben den Gorilla wirklich nicht gesehen, denn sie waren so sehr damit beschäftigt, die Pässe zu zählen, dass alle anderen Informationen ausgeblendet wurden (Kahneman 2012, S. 35).

Wir fallen auf falsche Informationen herein

Ein fundamentales Problem der menschlichen Informationsverarbeitung besteht in der **Schwierigkeit, zwischen wahr und falsch zu unterscheiden.** Unser Gehirn glaubt zunächst alles, was es an Daten geliefert bekommt. Diese Schwäche ist die

Kehrseite der Schnelligkeit unserer Intuition. Unser limbisches System sucht nicht nach weiteren Informationen, sondern entscheidet blitzschnell und ausschließlich auf der Basis der vorhandenen Wahrnehmung. Und die wird nicht in Frage gestellt. Wir glauben umso stärker an eine Information, je klarer wir sie erkennen können. Kahneman (2012, S. 62–70) nennt etliche Beispiele, wie die äußere Form der Präsentation einer Information ihre Glaubwürdigkeit und damit die Wahrscheinlichkeit ihrer Wahrnehmung erhöht. Alle diese Beispiele sind erschütternd, weil sie uns tagtäglich begegnen und weil wir mit ihnen so leicht manipuliert werden können. Aber unser Gehirn funktioniert eben so: Wir glauben Aussagen eher, wenn sie in kurzen Sätzen ausgedrückt sind. Wir vertrauen einem Bericht eher, wenn er keine oder nur wenige Fremdwörter enthält. Wir glauben Behauptungen eher, wenn sie von Menschen gemacht werden, die wir kennen. Wir glauben etwas eher, wenn es von einem gut angezogenen Menschen gesagt wird. Wir glauben insbesondere an Aussagen, die von Menschen in Uniform gemacht werden (selbst wenn es irgendeine selbst genähte Phantasieuniform ist). Schließlich glauben wir Behauptungen, die wir sehr oft hören, eher, als solche, die wir nur selten hören.

Menschen sind besonders anfällig für **Falschinformationen im Internet**. Man nennt sie auch »Deepfakes«. Denn mittlerweile können Fotos und Videos so täuschend echt gefälscht werden, dass ein normaler Beobachter es nicht mehr erkennen kann. Im Internet können Bots Falschnachrichten unter verschiedenen Namen verbreiten, so dass wir sie nicht nur wiederholt hören, sondern auch noch von verschiedenen Seiten. Das lässt sie glaubwürdiger erscheinen. Kriminelle nutzen die E-Mail-Adressen von uns bekannten Personen oder Institutionen, denen wir intuitiv vertrauen, für Phishing-Nachrichten. Sie haben solche Nachrichten sicherlich auch schon erhalten. Da geht es um eine angebliche Bestellung von Ihnen, die vom Paketdienst später ausgeliefert wird, oder um eine Benachrichtigung Ihrer Bank, das Passwort müsse geändert werden. Erstaunlicherweise fallen Menschen immer wieder auch auf völlig unrealistische Informationen oder Versprechungen herein, die ihnen digital übermittelt werden. Das vielleicht bekannteste Beispiel sind E-Mails, in denen Ihnen jemand einen sehr großen Geldbetrag überweisen will und dazu nur noch schnell Ihre Kontoverbindung benötigt. Ein anderes Beispiel sind Betrügerinnen und Betrüger auf Dating-Plattformen, die Liebe vortäuschen und dann irgendwann Geld wollen. Man würde denken, dass jeder von uns solche Fehlinformationen und Tricks sofort erkennt. Aber das ist leider nicht der Fall. Gerade die Digital Natives, also jüngere Menschen, die immer schon mit digitalen Medien zu tun hatten, sind besonders unkritisch und naiv im Umgang mit falschen Informationen im Internet (Gigerenzer 2022, S. 236–247).

Ein weiterer Fehler in der Informationsverarbeitung, der uns anfällig für Falschinformationen macht, besteht in der Bevorzugung von Informationen, die unserer Meinung oder Weltsicht entsprechen. Man nennt das »Myside Bias« (Pinker 2022, S. 292) oder auch **Voreingenommenheit**. Konkret bedeutet Voreingenommenheit, dass unser Gehirn häufiger und lieber die Nachrichten aufnimmt, die zu bereits bestehenden Ansichten und Überzeugungen passen. Umgekehrt werden neue Informationen, die unserer bisherigen Meinung widersprechen, häufig ausgeblendet, also nicht aufgenommen oder nicht weiterverarbeitet. Ähnliches gilt bei der Interpretation von Informationen. Wenn wir bereits eine feste Meinung haben und die neue Information diese Meinung zu bestätigen scheint, dann gehen wir sie nicht mehr so sorgfältig oder kritisch durch wie wir das bei einer Nachricht tun würden, die unserer bestehenden Meinung zu widersprechen scheint. Wir glauben Nachrichten eher, wenn sie uns bestätigen. Und wir sind skeptisch bei Nachrichten, die unserem Weltbild nicht entsprechen. Die Psychologen sprechen von einem Wahrnehmungsset oder einer mentalen Prädisposition, etwas Bestimmtes wahrzunehmen und nicht etwas anderes. Sie sagen: »Sehen heißt glauben, aber glauben heißt auch sehen« (Myers/DeWall 2023, S. 263).

Unsere Voreingenommenheit wirkt wie ein starker Informationsfilter. Auch das wird im Internet ausgenutzt, von Meinungsmachern und von Kriminellen. Daher bezeichnen manche Experten unsere von digitalen Informationen geprägte Zeit auch als »disinformation age« (Gigerenzer 2022, S. 247). Der Myside Bias wirkt sich insbesondere in politischen Fragen und bei der Nutzung digitaler Medien aus. Denn gerade auf Social Media müssen wir stark selektieren, was wir durch unseren Aufmerksamkeitsfilter durchlassen und wirklich zur Kenntnis nehmen. Dabei besteht die Gefahr, in sogenannten **Filterblasen** zu enden. Wir lesen mit größerer Wahrscheinlichkeit Berichte, die unsere politischen oder sonstigen Weltanschauungen bestätigen. Und je mehr solcher Berichte Sie lesen, desto wahrscheinlicher wird es, dass Ihnen der Algorithmus in Zukunft noch mehr ähnliche Nachrichten präsentiert. Wenn Sie konservativ sind, lesen Sie wahrscheinlich lieber konservative als linkslastige Zeitungen. Wenn Sie sich Sorgen über die Folgen des Klimawandels machen, dann nehmen Sie wahrscheinlich Studien über die katastrophalen Folgen der Erderwärmung eher zur Kenntnis als Studien über neue Technologien zur unterirdischen Speicherung von CO_2. Wenn Sie Angst vor Wölfen haben, dann lesen Sie jede Nachricht über die Sichtung eines Wolfes und sehen Sie als weiteren Beweis für Ihre ohnehin schon bestehende Meinung, dass Wölfe gefährliche Tiere sind und aus unserem Lebensraum verbannt werden sollten.

Voreingenommenheit wird durch negative Berichte verstärkt. Und negative Nachrichten haben leider eine deutlich größere Chance, medial aufbereitet zu werden, als gute Nachrichten. **Das Negative dominiert**. Wer der Meinung ist, dass die meisten Asylanten nur Zugang zu unseren Sozialsystemen wollen, dass sie den Sozialstaat betrügen und dass sie überdurchschnittlich häufig kriminell sind, der findet tagtäglich bestätigende Nachrichten. Immer gibt es irgendwo eine Messerattacke durch einen psychisch gestörten Asylbewerber oder ein Verbrechen, das von einem Mitglied eines kriminellen ausländischen Clans verübt wurde. Über solche schockierenden Vorfälle wird immer berichtet. Über statistische Daten, die ein anderes Bild vermitteln, also zum Beispiel zeigen, dass Asylbewerber nicht überdurchschnittlich häufig kriminell sind, wird nur selten berichtet. Und über die vielen Asylbewerber, die unsere Sprache lernen, sich nach der Befürwortung ihres Antrags in den Arbeitsmarkt integrieren und regelmäßig Steuern zahlen, wird überhaupt nie berichtet. Im Englischen sagt man: »Only bad news is good news«. Da ist es wenig überraschend, dass sich bestehende Vorurteile durch Horrormeldungen in der Presse verfestigen und positive Informationen, die Vorurteile ausräumen könnten, von vielen Menschen gar nicht wahrgenommen werden.

Die neurobiologische Erklärung für die Dominanz des Negativen verweist (wie fast immer) auf unsere Evolution. Es war und ist für das Überleben eines Menschen sinnvoll, sich mehr mit Gefahren und Bedrohungen zu beschäftigen als mit erfreulichen Ereignissen. Lieber sind wir zehn Mal unbegründet alarmiert als ein einziges Mal zu unaufmerksam. Unsere Sinnesorgane sind darauf trainiert, besonders wachsam bei schnellen Bewegungen in unserer Umgebung zu sein, weil das Raubtiere sein könnten. Wir sind außergewöhnlich gut darin, die Stimmungen anderer Menschen an ihren Gesichtern abzulesen, weil wir Aggressionen und Bedrohungen durch unsere Artgenossen frühzeitig erkennen müssen. Unsere Erinnerung ist lebendiger und präsenter für schlimme Erlebnisse als für schöne. Problematisch wird die Dominanz des Negativen dann, wenn sie zu Phobien, einer generalisierten Angststörung oder sogar zu Panikstörungen führt (Roediger 2009, S. 42–46). Besonders anfällig für solche Störungen sind Menschen, die wegen einer psychischen Überlastung eine dauerhaft erhöhte emotionale und sensorische Anspannung haben. Sie konzentrieren sich nur noch auf die Gefahrenabwehr und suchen aktiv nach negativen Informationen. Das vielleicht klarste Beispiel sind Hypochonder, die ständig in ihren Körper »hineinfühlen« und dann im Internet nach möglichen schlimmen Krankheiten suchen, die zu ihren gefühlten Symptomen passen.

Ein besonders extremer Fall von selektiver Wahrnehmung aufgrund von Voreingenommenheit sind Mythen und **Verschwörungstheorien**. Sie scheinen in jüngerer Zeit Hochkonjunktur zu haben, lassen sich aber in der gesamten Menschheitsgeschichte nachweisen. Das Besondere an ihnen ist, dass es per Definition keine objektiven bestätigenden Informationen gibt. So erhielt ich neulich eine E-Mail mit einer Warnung, die ich persönlich noch nicht kannte, die jedoch schon länger zu kursieren scheint. Es geht um die Verschwörungstheorie, dass die Kondensstreifen, die Flugzeuge am Himmel hinterlassen, in Wahrheit Spuren von Chemikalien sind, die im Rahmen eines geheimen Regierungsprogramms von Flugzeugen verteilt werden, um die Bevölkerung unter Drogen zu setzen. Die E-Mail rief dazu auf, nicht mehr zu fliegen und sich nicht mehr im Freien aufzuhalten. Sie finden, das klingt abstrus? Sie haben noch nie einen wissenschaftlichen Beleg für diese These eines geheimen Regierungsprogramms gesehen? Dann geht es Ihnen wie mir und wie vielen anderen. Das hält jedoch einige Menschen nicht davon ab, an diese Verschwörungstheorie zu glauben und sie mit anderen zu teilen. Die Tatsache, dass es keine Belege gibt, bewirkt kein kritisches Hinterfragen der Theorie. Es wird vielmehr als Bestätigung gewertet. Im genannten Fall lautet eine Erklärung dann ungefähr so: Die Verschwörung müsse ja wirklich von einer besonders mächtigen Organisation ausgehen, da sie schon so lange in der breiten Öffentlichkeit unentdeckt bleiben konnte.

Allerdings gibt es auch für die Existenz von Verschwörungstheorien eine plausible Erklärung. Sie ist im Kern soziologisch und besagt, dass der gemeinsame Glaube an Mythen und Verschwörungstheorien Menschen zu einer kohärenten Gruppe verbindet. Je absurder die Theorie ist, desto stärker wird ihre verbindende

Wirkung. Denn jemand, der sich nach außen zu diesem Mythos oder zu dieser Verschwörungstheorie bekennt, der wird typischerweise angefeindet oder ausgelacht. Das stärkt jedoch seine Position in der Gruppe. Umgekehrt würde jedes Aufgreifen eines Gegenarguments oder jedes kritische Hinterfragen der Theorie von den anderen Gruppenmitgliedern als Schwäche oder sogar als Verrat gewertet werden. Das typische Beispiel für solche soziologischen Prozesse der Polarisierung sind Sekten. Es gibt jedoch auch in harmloseren sozialen Gruppen wie politischen Parteien ähnliche Prozesse. Um von den anderen Mitgliedern anerkannt oder sogar in eine Führungsposition gewählt zu werden, sind unveränderliche Positionen und Voreingenommenheit eher geeignet als rationale Diskurse und das Abwägen von Argumenten sowie empirischer Evidenz (Pinker 2022, S. 298).

Wir benutzen unsere erste Wahrnehmung als Anker

Unsere erste Wahrnehmung eines Sachverhalts kann beeinflussen, wie weitere Ereignisse wahrgenommen werden. Das gilt insbesondere für Zahlen und Werte. Die Theorie der numerischen Prägung geht beispielsweise davon aus, dass Zahlen, wenn wir sie einmal gehört haben, unsere Wahrnehmung und unsere Schätzungen prägen. Wir neigen dazu, einen Schätzwert abzugeben, der möglichst nahe an einer zeitlich etwas früher wahrgenommenen Zahl liegt (Angner 2021, S. 63). Man bezeichnet das als »Anchoring« oder den **Ankereffekt**. Ein typisches Beispiel sind Preisverhandlungen. Je weniger gut wir den Wert eines Gegenstands oder einer Leistung kennen, desto anfälliger sind wir für Anker, die von erfahrenen Verkäufern gesetzt werden. Ein typischer Anker in Preisverhandlungen ist der Listenpreis. Der ist wahrscheinlich viel zu hoch und wird auch von kaum einem Kunden jemals bezahlt, aber er prägt unser Gefühl für den Wert des Produkts. Ein anderer wirksamer Anker ist der Verweis von Verkäufern auf ihre Einkaufskosten, zum Beispiel mit der Bemerkung: »So viel habe ich selbst dafür bezahlt.« In Gehaltsverhandlungen besteht ein beliebter Anker, der von der Personalabteilung ausgeworfen wird, in dem Verweis auf Gehaltsobergrenzen, die angeblich niemand im Unternehmen überschreitet.

Der Ankereffekt funktioniert interessanterweise für jede Zahl, die wir hören, unabhängig davon, was anschließend zu schätzen ist. **Jeder beliebige Anker wirkt**. So wurden Probanden in einem berühmten Experiment gebeten, ein Glücksrad zu drehen, das eine Nummer zwischen 0 und 100 anzeigt. Diese Nummer sollten sie aufschreiben. Anschließend mussten die Versuchsteilnehmer einen Prozentsatz zu einer ganz anderen Frage schätzen, nämlich wie viel Prozent der afrikanischen Staaten Mitglied der Vereinten Nationen sind (Tversky/Kahneman 1974). Die Probanden, die vorher eine höhere Zahl aufgeschrieben hatten, kamen auch zu höheren geschätzten Prozentzahlen. Das klingt absurd, denn der Anker kam in diesem Experiment ja aus einem inhaltlich völlig unverbundenen Kontext. Die Zahl, die das Glücksrad anzeigt, hat kausal gar nichts mit der inhaltlichen Frage nach dem Anteil afrikanischer Staaten, die Mitglied der Vereinten Nationen sind, zu tun. Sie kommt erkennbar aus einem Zufallszahlengenerator. Aber unser Gehirn

115

nimmt sie dennoch als Anhaltspunkt zur Beantwortung der (schwierigen) Schätzaufgabe. Und das geschieht automatisch. Die Teilnehmerinnen und Teilnehmer in dem besagten Experiment waren sich der Beeinflussung durch den willkürlich gesetzten Anker nicht bewusst.

Eine besondere Variante des Anker-Effekts sind **selbst gesetzte Anker**. Sie sind weniger kritisch zu sehen als extern gesetzte Anker. Hier behelfen wir uns bei Schätzungen von unbekannten Größen mit ähnlichen Problemstellungen, zu denen wir die richtige Antwort kennen (Beck 2014, S. 149–150). Stellen Sie sich beispielsweise vor, Sie müssten die Höhe des K2 schätzen (das ist ein Berg im Himalaya). Wenn Sie nun wissen, dass der Mount Everest mit 8.848 Metern Höhe der höchste Berg der Erde ist, und wenn Sie weiterhin wissen, dass der K2 der zweithöchste Berg der Erde ist, dann haben Sie einen recht guten Anker für Ihre Schätzung gefunden (die richtige Antwort ist 8.611 Meter). Die Kunst des selbst gesetzten Ankers besteht zum einen darin, einen guten Vergleichsmaßstab zu finden, und zum anderen in der geeigneten Anpassung der Schätzung nach unten oder oben. Wenn Sie beispielsweise die Angemessenheit des Mietzinses einer bestimmten Wohnung prüfen wollen, dann helfen Ihnen zum einen die Kenntnis der ortsüblichen Miete und zum anderen die Kenntnis der besonderen Eigenschaften der Wohnung. Sie adjustieren Ihre Schätzung der angemessenen Miete ausgehend von der ortsüblichen Miete nach oben, wenn die Wohnung besser als üblich ist, also beispielsweise über einen Garten verfügt, mit einer modernen Küche ausgestattet ist oder besonders hohe Decken hat. Umgekehrt nehmen Sie ausgehend von der ortsüblichen Miete Abschläge vor, wenn die Wohnung eine unterdurchschnittliche Qualität aufweist.

Der Ankereffekt zählt zu den robustesten Wahrnehmungs- und Bewertungsverzerrungen, die in der verhaltensökonomischen Forschung festgestellt wurden (Furnham/Boo 2011). Er lässt sich für verschiedenste Anwendungsbereiche wie allgemeine Wissensfragen, das Schätzen von Wahrscheinlichkeiten, die Bewertung von Gegenständen oder die Prognose von Strafen in Gerichtsverfahren nachweisen. Die Vorgabe von Ankern wirkt sowohl in Laborexperimenten als auch in Feldstudien. Sie wirkt sich umso stärker aus, je unsicherer die betreffende Person hinsichtlich der gestellten Frage ist, je weniger sie über den Kontext weiß und je glaubwürdiger die Person ist, die den Anker vorgibt. Ankereffekte bleiben auch dann bestehen, wenn die Versuchspersonen über die Tatsache der zufälligen Bestimmung des Ankers informiert werden oder wenn ihnen Belohnungen für besonders gute Schätzungen angeboten werden. Zwei psychologische Phänomene werden für den Effekt verantwortlich gemacht. Zum einen suchen Menschen in ihrer Erinnerung nach bestätigenden Informationen für den gesetzten Anker. Zum anderen gehen sie davon aus, dass extern gesetzte Anker aus einem bestimmten Grund vorgegeben wurden, dass die betreffende Person also mehr über den Sachverhalt weiß als sie selbst. Das vielleicht offensichtlichste Beispiel ist der Mindestpreis, der bei einer Auktion vorgegeben wird, etwa für ein Gemälde. Je weniger gut einzelne Bieter den wahren Marktwert des Gemäldes einschätzen können, desto eher verlassen sie sich auf den vom Auktionshaus vorgegebenen Anker des Mindestwerts.

Wir bewerten nicht absolut, sondern nur Veränderungen

Es gibt ein berühmtes Experiment, das sehr anschaulich eine andere Wahrnehmungsverzerrung erklärt, die unser Verhalten stark beeinflusst. Wahrscheinlich ist es gar kein echtes Experiment, sondern eher eine Anekdote. Es geht inhaltlich um die Schwierigkeit, absolute Niveaus von Zuständen zu bewerten. Das Versuchsdesign ist ein bisschen grausam. Es heißt »boiling in the pan« oder **Frosch im Kochtopf**. Der Ablauf geht so: Zunächst wirft man einen Frosch in einen Topf mit sehr heißem Wasser. Was denken Sie, was der Frosch tut? Er springt aus dem Topf mit heißem Wasser heraus. So weit, so gut. Das hätten wir erwartet. Der zweite Teil des Experiments führt jedoch zu einem überraschenden Ergebnis. Jetzt setzt man einen Frosch in einen Topf mit kaltem Wasser. Dem Frosch gefällt das, er bleibt im Wasser sitzen. Dann erhitzt man den Topf langsam. Das Wasser wird also wärmer und wärmer. Was denken Sie, was passiert? Wir erwarten eigentlich, dass der Frosch erneut aus dem Topf herausspringt, wenn das Wasser für ihn zu heiß geworden ist. Überraschenderweise geschieht das aber nicht. Der Frosch bleibt im Topf sitzen und kocht zu Tode. Er tut nichts, obwohl es eine bessere Verhaltensalternative für ihn gäbe.

Nun fragt sich natürlich jeder, warum der Frosch so dumm ist und nicht aus dem Wasser springt, wenn es zu heiß wird. Die Erklärung hat mit der Art der Informationsverarbeitung durch den Frosch zu tun. Sie bezieht sich auf Unterschiede im Zeitablauf und nicht auf absolute Größen. Diese Kognitionsverzerrung betrifft auch uns Menschen und wird als **marginale Wahrnehmung** bezeichnet. Der Frosch erfasst im Beispiel des heißer werdenden Kochtopfs nicht die absolute Temperatur des Wassers, sondern nur die Veränderung der Temperatur von einem Moment zum anderen. Wenn diese Veränderung groß ist und Gefahr signalisiert, dann reagiert der Frosch sofort. Das erklärt den ersten Teil des Experiments. Der Unterschied zwischen der normalen Temperatur der Luft und dem heißen Wasser im Topf ist sehr groß, der Frosch registriert das und springt aus dem Topf. Im zweiten Teil des Experiments funktioniert das aber nicht. Denn das Wasser wird ja allmählich erhitzt. Die Temperatur steigt nur langsam an. Wenn der Frosch seine Wahrnehmung zu zwei Momenten vergleicht, dann ist das Wasser zwar wärmer geworden, aber eben nur ein bisschen. Der Unterschied zwischen den beiden wahrgenommenen Temperaturen ist nicht groß genug, um eine Reaktion auszulösen. Also bleibt der Frosch auch dann noch im Topf sitzen, wenn es objektiv betrachtet schon viel zu heiß für ihn geworden ist.

Die Geschichte vom Frosch im Kochtopf ist zunächst einmal nur eine interessante Anekdote. Das Phänomen der marginalen Wahrnehmung ist aber real. Es handelt sich um einen Mechanismus des Gehirns, der ihm hilft, Energie zu sparen. Wir hatten schon gesehen, dass bewusste Aufmerksamkeit eine Aktivierung des Kortex erfordert und damit zu einem hohen Energieverbrauch führt. Um nicht zu viel Energie zu verschwenden, verwendet das Gehirn, wann immer möglich, lieber das limbische System, das intuitiv entscheidet und sehr einfache Entscheidungsregeln bzw. Heuristiken anwendet. Und die marginale Wahrnehmung ist eine solche

Heuristik. Sie ist einfach, denn sie nutzt nur die gerade verfügbare Information aus. Leider führt sie im Falle des Frosches im Kochtopf nicht zu einer guten Entscheidung. Wir Menschen machen es genauso. Es fällt uns schwer, Umweltzustände oder Lebenssituationen objektiv zu bewerten. Absolute Niveaus von Nutzen, Glück oder Leid sind sehr schwer zu bestimmen. Es ist für uns viel einfacher, einen Vergleich anzustellen. Dieser Vergleich kann mit anderen Dingen, anderen Menschen oder mit einer Situation zu einem anderen Zeitpunkt erfolgen. Wir nehmen also eher Veränderungen wahr als absolute Größen.

Dass unsere Entscheidungen sehr oft denen des Frosches im Kochtopf ähneln, zeigen viele Beispiele. **Wir halten eigentlich unerträgliche Zustände aus**, obwohl wir sie theoretisch verlassen könnten. Das liegt daran, dass die Verschlechterung allmählich erfolgt. Von Tag zu Tag ist sie kaum sichtbar oder fühlbar, aber im Laufe der Zeit wird es doch immer schlimmer. Für mich persönlich ist es vor allem überraschend, wie unglücklich viele Menschen mit ihrem Job sind. Jüngsten Gallup-Umfragen zufolge sind 75 Prozent der Arbeitnehmerinnen und Arbeitnehmer in Deutschland so unzufrieden mit ihren Arbeitsbedingungen, dass sie innerlich gekündigt haben. Diese Menschen arbeiten zwar noch für ihre Organisation, aber sie machen dort nicht viel mehr als Dienst nach Vorschrift. Ein anderes Wort für das Phänomen ist »quiet quitting«. Und viele dieser Unzufriedenen berichten davon, dass die Arbeit für sie jeden Tag ein bisschen schwerer zu ertragen wird. Aber es wird eben nur ein bisschen schwerer, also marginal. Und marginale Veränderungen führen nicht zu einer Reaktion. Ich frage mich trotzdem, warum jemand, der so unzufrieden mit seinem Job ist, dass er innerlich gekündigt hat, immer noch in diesem Job arbeitet. Warum springt ein vollkommen frustrierter Arbeitnehmer-Frosch nicht aus dem Topf und sucht sich einen Topf mit angenehmerem Wasser?

Die typische Antwort der betroffenen Menschen ist der Verweis auf die Existenzsicherung. Solche Menschen sehen Arbeit als ein notwendiges Übel an, um Rechnungen bezahlen und einen bestimmten Lebensstandard aufrechterhalten zu können. Sie wechseln den Arbeitgeber vor allem dann nicht, wenn er Arbeitsplatzsicherheit verspricht. Wer so denkt, der sucht seine Freude und seine Selbstverwirklichung offensichtlich außerhalb der Arbeit, zum Beispiel in der Freizeit oder in der Familie. Der hält es, um in unserem Frosch-Beispiel zu bleiben, auch in sehr heißem Wasser aus, solange das Gehalt stimmt. Aber vernünftig ist das nicht unbedingt, denn die Arbeit nimmt ja einen sehr großen Teil unserer Lebenszeit ein. Zudem könnte es eine andere Arbeitsstelle geben, bei der es ein ähnlich gutes Gehalt, aber viel mehr Spaß gibt. Wer nie wechselt, der kann bessere Optionen gar nicht erleben. Eine ähnliche Beobachtung gibt es bei Partnerschaften und Ehen. Manche Menschen leben in einer schlechten Ehe, die sie trotzdem nicht beenden. Das liegt möglicherweise erneut daran, dass sie nur die graduell von Jahr zu Jahr schlechter werdende Beziehungsqualität wahrnehmen, nicht das absolute Ausmaß des Elends. Und es liegt natürlich an versunkenen Kosten, also den bereits getätigten Investitionen in eine Beziehung.

Wir richten uns nach Expertenmeinungen

In vielen Fällen fehlt uns die erforderliche Expertise, um Optionen zu vergleichen oder Qualitäten einzuschätzen. In solchen Fällen können wir andere Menschen oder spezialisierte Institutionen mit der Informationssuche beauftragen. In der Literatur zur Verhaltensökonomie spricht man von »market-assisted search and evaluation« (Earl 2022, S. 168–172). Das klassische Beispiel sind **Vergleichsportale und Makler**, die uns helfen, eine Wohnung oder ein Haus zu finden, weil sie einen besonders guten Marktüberblick haben. Ein anderes Beispiel betrifft Anlageberater in Banken, die uns bei der Auswahl von Aktien und Fonds unterstützen können, weil sie über mehr Expertise auf dem Kapitalmarkt verfügen als wir selbst. Und dann gibt es in fast allen Märkten professionelle Portale und Institutionen, die Preis- und Qualitätsvergleiche für ihre Kunden durchführen. Beispiele sind die Stiftung Warentest, Check24 oder Verivox. Auch Privatpersonen engagieren sich als Experten oder Expertinnen, zum Beispiel indem sie Produktbewertungen auf Plattformen abgeben oder im Freundeskreis Empfehlungen aussprechen. Im Sinne der klassischen ökonomischen Theorie erhöhen alle diese Institutionen die Marktransparenz und erleichtern dadurch Kaufentscheidungen.

Im persönlichen Verkauf sind Expertenmeinungen fester Bestandteil des Kaufprozesses. Das klassische Beispiel ist der Textileinzelhandel. In einem guten Fachgeschäft besteht die wesentliche Funktion der Verkäuferinnen und Verkäufer darin, Ihnen bei der Navigation durch ein scheinbar unübersehbar großes Angebot zu helfen. Sie machen den Kauf leichter, indem sie zuerst nach unseren Wünschen fragen, uns dann zu bestimmten Produkten leiten und uns bei der Auswahl beraten. Verkäufer sind idealerweise echte Experten in dem Sinne, dass sie sich viel besser mit den Produkten und ihren Qualitäten auskennen als wir selbst. Auch in Stilfragen wissen gute Verkäuferinnen und Verkäufer wahrscheinlich besser Bescheid als ihre Kunden und können die so vor Fehlkäufen bewahren. Ein anderes Beispiel ist der Kauf eines Autos. Auch hier besteht die wesentliche Funktion der Verkäufer darin, den Kunden zu informieren, die für ihn relevanten Alternativen herauszusuchen und ihn dann zu beraten. Kompetente Autoverkäufer müssten sich demnach mindestens so gut mit Autos auskennen wie ihre Kunden. Sie müssten zudem aber auch in der Lage sein, die Wünsche des Kunden zu verstehen, selbst wenn die sie nicht so richtig artikulieren können. Grundsätzlich ist es also sicher eine gute Idee, bei fehlender eigener Expertise eine Expertenmeinung einzuholen.

Es ergeben sich durch die Hinzuziehung von Experten oder Verkaufspersonen jedoch auch neue Probleme. Zum einen verursacht das Einholen von Expertenmeinungen Kosten. Sie können erheblich sein. So nehmen beispielsweise Rechtsanwälte Gebühren von 300 Euro oder mehr pro Stunde eingesetzter Arbeit. Wer also einen juristischen Rat braucht und dazu eine Fachanwältin oder einen Fachanwalt aufsucht, zum Beispiel in einer erbrechtlichen oder einer familienrechtlichen Frage, der zahlt schnell viel Geld. Hinzu kommt das Problem, dass wir gar nicht immer beurteilen können, ob die befragte Person nun wirklich Experte ist oder nicht. **Es gibt viele selbsternannte Experten, die nicht wirklich Bescheid wis-**

119

sen. Sie sind jedoch nur schwer von echt kompetenten Ratgebern zu unterscheiden. Oder können Sie sofort sehen, ob ein Rechtsanwalt nun gut oder schlecht ist? Die Ökonomen verweisen bei diesem Problem auf die Möglichkeiten von Reputation und Signalen. So bietet es sich an, eine Rechtsanwältin um Rat zu bitten, die Ihnen von Freunden empfohlen wurde, die ihrerseits gute Erfahrungen mit dieser Person gemacht haben. Es bietet sich auch an, bei Anlageempfehlungen nicht auf irgendwelche selbsternannten Experten mit angeblich unfehlbaren Strategien zu hören, sondern auf Menschen, die Ihnen von Freunden empfohlen wurden.

Ob Sie dem Urteil oder der Intuition eines Experten vertrauen sollten oder nicht, hängt auch ab vom Kontext der Entscheidung, also der Art der Aufgabe. Es gibt bei der jeweiligen Aufgabenumgebung **Situationen mit hoher und mit niedriger Validität** (Kahneman/Klein 2009). Eine hohe Validität besteht, wenn das Umfeld vergleichsweise stabil ist und es eine Gelegenheit für die Experten gibt, in langjähriger Berufserfahrung den Zusammenhang zwischen bestimmten Hinweisen und zu erwartenden Ergebnissen zu erlernen. Typische Beispiele für Experten, die in hoch validen Umgebungen arbeiten, sind Ärzte und Feuerwehrleute. Eine geringe Validität der Arbeitsumgebung liegt vor, wenn zukünftige Ergebnisse kaum oder gar nicht zu prognostizieren sind und wenn die Experten kein Feedback auf ihre Vorhersagen bekommen. Typische Beispiele sind die bereits erwähnten Anlageexperten und Politikberater. Insofern macht es also Sinn, bei medizinischen Fragen auf den Rat von erfahrenen Ärztinnen und Ärzten zu hören. Und es macht wenig Sinn, bei der Altersvorsorge auf den Rat von Kapitalmarktexperten zu hören. Das gilt vor allem bei Experten, die sich ihrer Sache sehr sicher sind. Denn wahre Experten wissen, was sie nicht wissen. Selbsternannte Experten wissen das nicht.

An Kapitalmärkten ist vielleicht am besten sichtbar, dass die Einschätzungen von Experten – in diesem Falle geht es um Analysten – nicht nur oft daneben liegen, sondern starken systematischen Verzerrungen unterliegen. Konkret sind Analysten praktisch immer zu optimistisch. 95 Prozent aller Empfehlungen, die von Analysten in Banken und in Vermögensverwaltungen zu einzelnen Aktien ausgesprochen werden, lauten auf »halten« oder »kaufen«. Verkaufsempfehlungen werden also fast nie ausgesprochen. Weil sie diese systematische Verzerrung kennen, reagieren große institutionelle Investoren mit entsprechenden Korrekturen oder Abschlägen auf die Ratschläge von Analysten. Lautet die Empfehlung beispielsweise »halten«, dann verkaufen sie die entsprechenden Wertpapiere. Die Empfehlung »kaufen« wird in »halten« übersetzt. Kleine Privatanleger scheinen sich des Überoptimismus von Analysten jedoch nicht bewusst zu sein. Sie neigen empirischen Studien zufolge dazu, die Empfehlungen dieser Personen wörtlich umzusetzen. Lautet der Tipp etwa »kaufen«, dann kaufen sie die entsprechenden Aktien nach, anstatt sie zu halten (DellaVigna 2009).

Fraglich ist schließlich, ob die zu Rate gezogenen Expertinnen und Experten ihre Empfehlungen wirklich immer im besten Interesse der Auftraggeber abgeben. Das mag bei unabhängigen Experten so sein, ansonsten ist jedoch Vorsicht geboten. **Es gibt zweifellos eigennützig handelnde Experten**. Sie beraten uns nicht in unserem, sondern primär im eigenen Interesse. Interessenkonflikte sind immer dann zu erwarten, wenn die Ratgeber selbst Angebote im Markt machen. So darf es niemanden überraschen, dass Anlageberater in Banken bevorzugt die Produkte des eigenen Hauses empfehlen und nicht notwendigerweise die besten Anlagemöglichkeiten für ihre Kunden heraussuchen. Anlageberater in Banken haben zudem einen Anreiz, ihre Kunden zu häufigen Transaktionen zu bewegen. Denn die Bank verdient an jeder Transaktion mit. Auch Makler verfolgen eigene Interessen in Form von Provisionen. Sie haben Kosten zu tragen, die mit zunehmender Dauer des Prozesses ansteigen. Für Makler macht es deshalb wenig Sinn, endlos lange nach einem passenden Objekt für Kaufinteressenten zu suchen oder ein bestimmtes Objekt sehr lange zum Verkauf anzubieten. Je schneller eine Transaktion stattfindet, desto höher liegt der Stundenlohn eines Maklers. Zudem haben Makler keinen starken Anreiz, den bestmöglichen Preis für ihre Kunden zu erzielen. Auch hier ist ein schneller Vertragsabschluss für sie viel lukrativer als eine geringfügig höhere Provision wegen eines höheren Verkaufspreises, der sich erst nach langwierigen Verhandlungen und Gesprächen mit vielen Interessenten ergibt.

Zusammenfassung

1. Wir suchen nur begrenzt lange nach Informationen, vor allem bei hohen Kosten der Informationssuche. Irgendwann brechen wir die Suche ab und nutzen nur die Informationen, die wir schon haben.
2. Wir können nur begrenzt viele Alternativen vergleichen. Mehr Auswahl macht uns die Bewertung von Alternativen nicht leichter, sondern schwieriger.
3. Unsere Wahrnehmung ist sehr selektiv. Wir nehmen vor allem wahr, was unsere Meinung bestätigt. Wir können auch nicht immer gut zwischen wahren und falschen Informationen unterscheiden.
4. Wir lassen uns bei Schätzungen und Bewertungen von Ankerwerten beeinflussen, selbst wenn sie völlig willkürlich gesetzt wurden.
5. Wir richten uns oft nach Expertenmeinungen. Aber manche Experten sind nicht wirklich sachkundig und einige orientieren sich mehr an ihrem eigenen Interesse als an unserem.

7 Unser Umgang mit Prognosen und Wahrscheinlichkeiten

Wir interpretieren einfache Wahrscheinlichkeiten manchmal falsch

In der Realität menschlichen Lebens finden die meisten Entscheidungen nicht unter Sicherheit, sondern unter Unsicherheit statt. Wir müssen jetzt etwas tun oder entscheiden und wissen erst in Zukunft, was genau die Konsequenzen sein werden. Die mit einer Entscheidung verbundene Unsicherheit kann unterschiedliche Formen annehmen und wird mit entsprechend unterschiedlichen Begriffen bezeichnet. Wenn wir die zukünftig möglichen Ereignisse gar nicht kennen, dann spricht man von **Ungewissheit**. Ein Beispiel ist die Aufnahme eines Studiums. Wir wissen weder genau, wie ein Studium abläuft, noch ob es uns Spaß machen wird oder wir erfolgreich sein werden. Wenn wir zwar die zukünftigen Ereignisse kennen, aber nicht abschätzen können, mit welcher Wahrscheinlichkeit sie eintreten, dann liegt eine Entscheidung unter **Unsicherheit** vor. Das könnte beispielsweise für Anlageentscheidungen an Kapitalmärkten gelten. Der Kurs eines Wertpapiers kann von einem Tag auf den nächsten steigen oder fallen, aber wir wissen die Wahrscheinlichkeit der jeweiligen Entwicklung nicht. Manchmal können wir zukünftigen unsicheren Ereignissen jedoch Wahrscheinlichkeiten zuordnen, das nennt man eine Entscheidung unter **Risiko**. Das typische Beispiel ist der Wurf einer (fairen) Münze, die mit 50 Prozent Wahrscheinlichkeit so landet, dass »Kopf« zu sehen ist, und mit 50 Prozent Wahrscheinlichkeit »Zahl« zeigt.

Eine Wahrscheinlichkeit weist einem zukünftigen Ereignis eine Zahl zwischen null und eins zu. Die Zahl null besagt, dass das Ereignis nicht eintreten wird. Bei einer Wahrscheinlichkeit von eins wird das Ereignis ganz sicher eintreten. Alternativ können wir Wahrscheinlichkeiten als Prozentsätze angeben, sie liegen dann zwischen 0 und 100 Prozent. Wahrscheinlichkeiten können auch als Häufigkeiten in oft wiederholten Entscheidungen oder Handlungen interpretiert werden. So besagt eine Wahrscheinlichkeit von 50 Prozent für »Kopf« beim Münzwurf, dass das entsprechende Ereignis bei einer 100-maligen Wiederholung etwa 50-mal auftreten würde. Beim 100-maligen Wurf eines (fairen) Würfels erwarten wir, dass die Zahl »sechs« etwa 17-mal auftritt, weil die Wahrscheinlichkeit, bei nur einem Wurf eine »sechs« zu würfeln, genau $1/6=0{,}1667$ beträgt. Die bisherigen Studien der Verhaltensökonomik haben eines deutlich gezeigt: **Häufigkeiten sind besser zu interpretieren als Wahrscheinlichkeiten**, obwohl sie rein mathematisch dasselbe besagen. Die Wahrscheinlichkeit eines Ereignisses entspricht technisch gesehen dem Grenzwert der relativen Häufigkeit für sehr viele Wiederholungen einer Entscheidung oder eines Versuchs.

Beim Werfen einer Münze oder eines Würfels sind Wahrscheinlichkeiten noch recht gut zu verstehen. Auch bei Kasinobesuchen werden die meisten von uns noch berechnen können, mit welcher Wahrscheinlichkeit beim Roulette die Kugel pro Spiel auf eine bestimmte Zahl fällt. Selbst da kann es jedoch zu falschen Einschätzungen kommen. Ein bekannter Fehler ist der **Spielerfehlschluss**, der »gambler's fallacy«. Viele Menschen glauben, ein zufälliges Ereignis werde wahrscheinlicher, wenn es lange nicht eingetreten ist, und weniger wahrscheinlich, wenn es erst kürzlich aufgetreten ist (Rabin 2002). Ein anschauliches Beispiel ist Roulette. Hier beobachten viele Spielerinnen und Spieler die Zahlen der vergangenen Spiele. Wenn nun mehrmals hintereinander eine rote Zahl kam, dann glauben sie, nun müsse wegen des Gesetzes der großen Zahl bald mal wieder eine schwarze Zahl kommen. Gedanklich stellen sie sich das Roulette-Spiel wie eine Urne mit roten und schwarzen Kugeln vor, aus der ohne Zurücklegen gezogen wird. Wenn also schon viele rote Kugeln weg sind, dann müsse die Wahrscheinlichkeit für das

Ziehen einer schwarzen Kugel steigen. Das ist allerdings nicht der Fall. Roulette kann man durchaus mit dem Ziehen von Kugeln aus einer Urne vergleichen, aber jede Kugel wird nach dem Ziehen in die Urne zurückgelegt.

Andere Wahrscheinlichkeiten sind jedoch schwieriger zu verstehen. Das gilt vor allem, wenn **eine unklare Grundgesamtheit oder ein unklar definiertes Ereignis** vorliegen. Nehmen wir an, Sie lesen irgendwo, dass beim Skifahren die Unfallwahrscheinlichkeit 10 Prozent beträgt. Was heißt das jetzt? Bedeutet es, dass Sie aus zehn Skiurlauben einmal mit einem gebrochenen Bein nach Hause kommen? Oder bedeutet es, dass Sie bei einem Aufenthalt von zehn Tagen statistisch an einem Tag einen Unfall erleben werden? Konkret müssten wir also fragen, ob es um eine Wahrscheinlichkeit pro Tag oder pro Skiurlaub geht. Wir müssten weiterhin fragen, was alles als Unfall gezählt wird. Wenn Sie mit einer anderen Person zusammenstoßen, aber beiden nichts passiert, ist das dann schon ein Unfall? Oder werden nur Ereignisse als Unfall gezählt, bei denen Sie ärztlich behandelt werden müssen? Schließlich müssten Sie zur korrekten Interpretation der Angabe wissen, in welchem Skigebiet, in welchem Land und in welchem Zeitraum die Daten erfasst wurden, die zu der genannten Wahrscheinlichkeitsangabe geführt haben. Ansonsten können Sie mit der Information wenig anfangen.

Ähnlich schwierig zu interpretieren sind übrigens Wahrscheinlichkeitsangaben in Wettervorhersagen, obwohl wir sie täglich abrufen können und für sie eine Unmenge an meteorologischen Daten ausgewertet wurden. Nehmen wir an, für Ihren Wohnort und für morgen sei eine Regenwahrscheinlichkeit von 70 Prozent vorhergesagt. Das klingt sehr präzise, aber die meisten Menschen können nicht genau sagen, was diese Vorhersage bedeutet. Eine Interpretation lautet, dass es an 70 Prozent der Stunden des Tages regnen wird. Bei 24 Stunden pro Tag ergäbe das knapp 17 Stunden Regen. Eine andere Interpretation könnte sein, dass es in 70 Prozent der Stadtfläche regnen wird. Diese Interpretation wirft allerdings viele Zusatzfragen auf: Welche Stadtteile werden vom Regen betroffen sein? Wie lange wird es dort regnen? Eine dritte Interpretation der Wettvorhersage trifft besser, was uns der Wetterdienst eigentlich sagen will, ist aber schwerer zu interpretieren. Sie lautet: An sieben von zehn Tagen mit einer solchen Wettervorhersage hat es an den betreffenden Tagen tatsächlich geregnet (Gigerenzer 2013, S. 14). Allerdings bleibt auch hier die Messung des prognostizierten Ereignisses offen. Reicht ein kurzer Schauer? Oder muss es längere Zeit am Stück regnen, damit die Vorhersage bestätigt wird?

Einfache Wahrscheinlichkeiten für klar definierte zukünftige Ereignisse abzuleiten und zu interpretieren, sollte vergleichsweise einfach möglich sein, wenn jedenfalls die entsprechenden Daten vorliegen. Wir hatten die Beispiele eines Münzwurfs oder eines Durchlaufs beim Roulette betrachtet. Es erfordert allerdings gewisse **mathematische Grundkenntnisse**, über die nicht alle Menschen verfügen. Wer sich gut mit Mathematik auskennt, der macht nicht nur bessere Prognosen, er oder sie ist auch finanziell erfolgreicher im Leben. Um diesen Zusammenhang nachzuweisen, haben Wissenschaftler einen einfachen Fragebogen mit drei Fragen entwickelt. Haushalte, in denen beide Partner alle drei Fragen korrekt beantworten konnten, waren im Durchschnitt mehr als achtmal so wohlhabend wie Haushalte, in denen keiner der beiden Partner auch nur eine einzige Frage richtig beantworten konnte. Falls es Sie interessiert, wie gut Sie selbst bei dem Test wohl abschneiden würden, kommen hier die drei Fragen (in Anlehnung an Angner 2021, S. 7):

Dar. 9: Ein Test der eigenen Mathematik- und Statistikkenntnisse

Nr.	Frage	Antwort
1	Wenn die Wahrscheinlichkeit, eine Krankheit zu bekommen, bei 10 Prozent liegt, wie viele von 1.000 Menschen werden dann wahrscheinlich erkranken?	
2	Wenn fünf Personen dieselben richtigen Zahlen beim Lotto getippt und damit gewonnen haben, wie viel bekommt dann jede Person bei einem Gesamtgewinn von 2 Mio. Euro?	
3	Wenn Sie 200 Euro auf einem Konto anlegen, das 10 Prozent Zinsen pro Jahr erzielt, wie viel Geld haben Sie dann am Ende des zweiten Jahres auf Ihrem Konto?	

Sie haben die richtigen Antworten bestimmt gewusst. Sie lauten: 1) 100, 2) 400.000 Euro, 3) 242 Euro. Wenn Sie nicht überall richtig lagen, seien Sie nicht enttäuscht. Es geht vielen so wie Ihnen. Die Aufgaben erscheinen leicht, aber man muss sich schon konzentrieren oder sogar Papier und Stift zur Hand nehmen, um auf die richtigen Lösungen zu kommen. Wenn wir versuchen, sehr schnell und intuitiv zu antworten, dann machen wir wahrscheinlich Fehler.

Die statistisch korrekte Interpretation von Wahrscheinlichkeiten ist selbst dann schwierig, wenn wir in der Schule oder im Studium eine Ausbildung in deskriptiver Statistik und Wahrscheinlichkeitstheorie erhalten haben. Besonders schwierig ist für uns der geeignete Umgang mit sehr kleinen Wahrscheinlichkeiten, weil wir uns die nicht gut vorstellen können. Welcher Lotto-Spieler könnte schon sagen, was genau eine Wahrscheinlichkeit von 1 zu 140 Millionen, den Jackpot zu gewinnen, wirklich bedeutet? Und selbst wenn Sie rational wüssten, dass Sie im Durchschnitt 140 Millionen Tipps abgeben müssten, um einmal den Jackpot zu gewinnen, würde Ihnen das emotional oder intuitiv bei der Bewertung des Lottoscheins nur wenig sagen. Sie wüssten, dass es nicht sehr wahrscheinlich ist, dass Sie gewinnen. Aber Sie wüssten nicht, wie unglaublich unwahrscheinlich es ist. **Sehr kleine Gewinnwahrscheinlichkeiten werden überschätzt.** Das liegt daran, dass Sie sich einen Lottogewinn gut vorstellen können. Es liegt auch daran, dass tatsächliche Lottogewinner eine starke Beachtung in der Presse finden, also mental präsent sind. Ihr System 1 bewertet die Chancen beim Lotto also ganz anders als System 2. Es wird Ihnen Sätze wie die folgenden zuflüstern: »Diesmal wirst Du es sein, der gewinnt« oder »Wenn ich nicht mitspiele, kann ich nicht gewinnen«.

Während wir beim Lotto die Wahrscheinlichkeit eines Gewinns überschätzen, lassen wir in anderen Fällen sehr kleine Wahrscheinlichkeiten einfach außer Betracht, setzen Sie also gedanklich auf null. Das gilt insbesondere bei Unfallrisiken, bei Gesundheitsgefährdungen oder bei Spielen. **Sehr kleine Verlustwahrscheinlichkeiten werden ignoriert.** Auch das liegt an unserem Vorstellungsvermögen, in diesem Fall an einem mangelnden Vorstellungsvermögen. Wer noch nie Kontakt mit einem Lungenkrebspatienten hatte, der kann sich nicht richtig vorstellen, dass Rauchen Lungenkrebs auslöst. Die Gesundheitsgefährdung ist vielleicht rational bekannt, aber im tatsächlichen Verhalten wird sie unterschätzt. System 1 sagt dann Dinge wie: »Dich wird es schon nicht treffen« oder: »Helmut Schmidt hat auch ein Leben lang geraucht und ist 96 Jahre alt geworden.« Ähnliches gilt für Bergsteiger. Die Statistiken hinsichtlich der Unfallgefahr durch Steinschlag, Ausrutschen oder plötzliche Wetteränderungen liegen vor, müssten den Bergsteigern also rational bekannt sein. Aber bis ins Unterbewusste dringen sie nicht vor. System 1 hält die Gefahr eines Unfalls für vernachlässigbar. Das könnte an Selbstüberschätzung liegen, dazu gleich mehr. Es könnte aber auch daran liegen, dass die Wahrscheinlichkeit eines Unfalls immer noch gering ist, daher mental nicht durchdringt und folglich ganz ignoriert wird. Solange wir selbst niemanden kennen, der beim Bergsteigen umgekommen ist, können wir uns einreden, dass uns persönlich schon nichts passieren wird.

Da das Rechnen mit Wahrscheinlichkeiten manchmal schwierig ist, nutzen wir bei Wahrscheinlichkeitsangaben auch **Vereinfachungen** (Kahneman/Tversky 1979). Die meisten Menschen runden zum Beispiel sehr präzise Angaben auf oder ab. Eine Wahrscheinlichkeit von 52 Prozent wird dann als 50 Prozent gelesen, weil das leichter zu rechnen ist. Gibt es zwei Alternativen, von denen jede mit der Wahrscheinlichkeit von 30 Prozent eine Auszahlung von 500 Euro verspricht, dann vereinfachen wir mental die Darstellung zu einer Auszahlung von 500 Euro mit einer Wahrscheinlichkeit von 60 Prozent. Das ist allerdings nur zulässig, wenn die beiden Ereignisse unabhängig voneinander sind. Ein ähnliches Verfahren der Vereinfachung besteht darin, aus einer stochastischen Auszahlung, wie sie für Lotterielose und Glücksspiele typisch ist, eine sichere Auszahlung herauszurechnen. Das geht nicht immer. Aber wenn es geht, dann vereinfacht es psychologisch die Risikobewertung enorm. Wenn ich beispielsweise bei einem Los mit 70 Prozent Wahrscheinlichkeit 100 Euro bekomme und mit 30 Prozent Wahrscheinlichkeit 50 Euro, dann kann ich das Los gedanklich aufspalten in eine sichere Auszahlung in Höhe von 50 Euro und einen zusätzlichen Gewinn von 50 Euro, der mit einer Wahrscheinlichkeit von 70 Prozent eintritt.

Interessant ist auch die Frage, ob Menschen beim Umgang mit stochastischen Entscheidungsproblemen eher auf die Wahrscheinlichkeiten oder eher auf die jeweiligen Zahlungen achten. Betrachten Sie dazu bitte einmal das folgende Beispiel (Beck 2014, S. 134). Es zeigt zwei Spiele. In jedem Spiel sollen Sie sich entweder für Alternative A oder für Alternative B entscheiden.

Dar. 10: Subadditivität bei kleinen, aber nicht bei großen Wahrscheinlichkeiten

Spiel 1	(A) 6.000 Euro mit Wahrscheinlichkeit 0,01 %	(B) 3.000 Euro mit Wahrscheinlichkeit 0,02 %
Spiel 2	(A) 6.000 Euro mit Wahrscheinlichkeit 45 %	(B) 3.000 Euro mit Wahrscheinlichkeit 90 %

Wahrscheinlich haben Sie sich in Spiel 1 für Option A entschieden. Das tun in Experimenten jedenfalls die meisten Menschen. Der Verdoppelung der Wahrscheinlichkeit wird in diesem Fall weniger Gewicht beigemessen als der Verdoppelung des Auszahlungsbetrags. Man könnte auch sagen, dass Ihnen offensichtlich die Wahrscheinlichkeit des Gewinns so klein vorkommt, dass Sie eher auf den Gewinn achten. Der ist bei A doppelt so hoch wie bei B. Ökonomen nennen das Phänomen »Subadditivität für kleine Wahrscheinlichkeiten«. Interessanterweise tritt dieses Phänomen nicht bei großen Wahrscheinlichkeiten auf. Das sieht man an Spiel 2. Wenn Sie sich so entschieden haben wie die meisten Probanden in entsprechenden Experimenten, dann haben Sie beim zweiten Spiel Option B gewählt. Hier sind Auszahlungen und Wahrscheinlichkeiten auch verdoppelt worden. Offensichtlich beeindruckt Sie aber nun die Verdoppelung der Wahrscheinlichkeit mehr als die Verdoppelung des Gewinns. Das liegt daran, dass Sie die Wahrscheinlichkeit von 90 Prozent als sehr hoch empfinden, sie gedanklich aufrunden zu 100 Prozent und sie damit als eine (fast) risikofreie Auszahlung ansehen.

Wir interpretieren bedingte Wahrscheinlichkeiten oft falsch

Es fällt auch nicht jedem Menschen leicht, richtig mit bedingten Wahrscheinlichkeiten zu rechnen. Betrachten Sie beispielsweise die **Wahrscheinlichkeit von verbundenen Ereignissen**. Bezeichnen wir sie als die Ereignisse A und B. Es gibt dann eine Wahrscheinlichkeit für das Eintreten von A, prob(A), und eine Wahrscheinlichkeit für das Eintreten von B, prob(B). Nehmen wir als Beispiel das Werfen von zwei Würfeln. A sei das Ereignis, dass der erste Würfel eine sechs zeigt. B sei das Ereignis, dass der zweite Würfel eine sechs zeigt. Es gilt: prob(A) = 1/6 und prob (B) = 1/6. Die Wahrscheinlichkeit, dass A und B gemeinsam auftreten, lautet bei unabhängigen Ereignissen:

$$\text{prob}(A \text{ und } B) = \text{prob}(A) \times \text{prob}(B)$$

Das verbundene Ereignis »A und B« bedeutet in unserem Beispiel, dass beide Würfel auf die sechs fallen. Die Wahrscheinlichkeit für dieses Ereignis ist 1/36 (1/6 x 1/6). Wir müssen also die Wahrscheinlichkeiten der beiden Einzelereignisse miteinander multiplizieren. Ein anderes, hoffentlich ebenso anschauliches Beispiel für die Berechnung der Wahrscheinlichkeit von verbundenen Ereignissen, wir sprechen von einer »und-Verknüpfung«, ist das Geschlecht von Neugeborenen. Wenn wir von zwei möglichen Geschlechtern ausgehen, Junge oder Mädchen, und wenn beide Fälle

126

gleich wahrscheinlich sind, dann ist die Wahrscheinlichkeit, dass ein Paar zwei Mädchen hintereinander bekommt 25 Prozent (1/2 x 1/2 = 1/4 = 0,25). Die Wahrscheinlichkeit, drei Mädchen hintereinander zu bekommen, so wie es bei mir persönlich war, beträgt 12,5 Prozent (1/2 x 1/2 x 1/2 = 1/8 = 0,125). Ich denke, das ist für Sie alles noch sehr plausibel, aber es ist eben auch nicht mehr ganz trivial.

Eine Voraussetzung der beschriebenen Regel zur Berechnung der Wahrscheinlichkeit von verbundenen Ereignissen wird jedoch häufig übersehen. Diese Regel gilt nur, wenn die beiden Ereignisse unabhängig voneinander sind. Die **Unabhängigkeit von Ereignissen** ist in der Realität keineswegs immer gegeben. Betrachten wir dazu ein anderes Beispiel. Sei das Ereignis A die Tatsache, dass ein bestimmter Mensch, der in Deutschland lebt, an seinem 60. Geburtstag Diabetes hat (wir betrachten nur Diabetes Typ 2). Und sei Ereignis B die Tatsache, dass derselbe Mensch an seinem 60. Geburtstag stark übergewichtig (adipös) ist. Wir können anhand gesamtgesellschaftlicher Daten die Wahrscheinlichkeiten für die beiden einzelnen Ereignisse recht gut schätzen. Sie lauten: prob(A) = 10 Prozent und prob (B) = 25 Prozent. Wenn wir nun wissen wollen, wie hoch die Wahrscheinlichkeit ist, dass ein bestimmter in Deutschland lebender Mensch an seinem 60. Geburtstag Diabetes hat *und* stark übergewichtig ist, dann lautet die Antwort natürlich nicht 2,5 Prozent (0,1 x 0,25 = 0,025). Denn Diabetes und starkes Übergewicht sind eben keine unabhängigen Ereignisse. Im Gegenteil, sie sind hoch korreliert. Adipositas, also starkes Übergewicht, ist der mit Abstand größte Risikofaktor für Diabetes Typ 2. Faktisch haben mehr als 90 Prozent aller Menschen, die an Diabetes erkranken, auch schweres Übergewicht.

Oft geht es bei realen Entscheidungssituationen um **bedingte Wahrscheinlichkeiten**. Im zuletzt genannten Beispiel interessiert uns die Prognose, wie wahrscheinlich es ist, dass ein bestimmter Mensch Diabetes bekommt, wenn er schon übergewichtig ist. Allgemeiner ausgedrückt geht es um die Wahrscheinlichkeit eines Ereignisses A, gegeben dass ein anderes Ereignis B bereits eingetreten ist. Wir bezeichnen das als prob(A | B). Sie lässt sich wie folgt berechnen:

prob($A \mid B$) = prob(A und B)/prob(B)

Wenn beide Ereignisse unabhängig sind, dann gilt: prob(A | B) = [prob(A) x prob(B)]/ prob(B) = prob(A). Es spielt dann für die Wahrscheinlichkeit von A keine Rolle, was hinsichtlich B passiert. Wenn die Ereignisse jedoch nicht unabhängig sind, dann kann sich ein anderes Ergebnis einstellen, wie wir im Fall des Zusammenhangs von Adipositas und Diabetes gesehen hatten. Wenn uns interessiert, wie hoch die Wahrscheinlichkeit des gemeinsamen Auftretens von zwei Ereignissen dann ist, brauchen wir die eben genannte Formel nur ein wenig umzustellen. Es ergibt sich:

prob(A und B) = prob($A \mid B$) $\times$ prob(B)

Da 90 Prozent der Menschen mit starkem Übergewicht auch Diabetes haben, gilt: prob(A | B) = 90 Prozent. Wenn weiterhin 25 Prozent der Menschen stark übergewichtig sind, also prob(B) = 25 Prozent, dann liegt die Wahrscheinlichkeit, Diabetes und Übergewicht zu haben, bei etwa 22,5 Prozent (und nicht bei 2,5 Prozent, wie wir bei der Unabhängigkeitsvermutung berechnet hatten). Nur der Vollständigkeit halber sollten wir noch eine andere Erkenntnis festhalten. Es gibt einige wenige übergewichtige Menschen, die keine Diabetiker sind, und natürlich auch Diabetiker, die nicht übergewichtig sind. Wir sollten weiterhin festhalten, um Missverständnissen vorzubeugen, dass gilt: prob(A | B) ≠ prob(B | A). Die Wahrscheinlichkeit, Diabetes zu bekommen, wenn man übergewichtig ist, entspricht nicht zwingend der Wahrscheinlichkeit, übergewichtig zu werden, wenn man Diabetes hat.

Ich weiß nicht, wie Sie sich nach dem Lesen der letzten Absätze jetzt fühlen. Es würde mich aber nicht überraschen, wenn Sie ein wenig erschöpft wären und das Gefühl hätten, eine Pause zu brauchen. Da geht es Ihnen wie allen anderen Lesern (außer vielleicht ein paar echten Statistik-Profis, die die letzten Abschnitte sowieso überblättert haben). Der korrekte Umgang mit bedingten Wahrscheinlichkeiten ist selbst für gut ausgebildete Menschen kein leichtes Unterfangen. **Wir machen häufig Fehler**, vor allem wenn wir uns auf unsere Intuition verlassen oder bei den Berechnungen zu schnell vorgehen. Das passiert jedoch nicht nur Ihnen und mir. In verhaltensökonomischen Experimenten missachteten Doktoranden in einem Forschungsprogramm zur Entscheidungstheorie an der renommierten Stanford University genauso oft einfache statistische Regeln wie ganz normale Bachelor-Studierende an verschiedenen anderen Universitäten (Kahneman 2012, S. 158). Es gibt auch in der Praxis erschreckend viele Beispiele grober und folgenschwerer Fehler bei der Berechnung von bedingten Wahrscheinlichkeiten. Sie wurden zudem nicht von Idioten begangen, sondern von namhaften Medizinern, Anwälten und Politikern (Pinker 2022, S. 129–130).

Auch jeder von uns kann individuell von Fehlinterpretationen bedingter Wahrscheinlichkeiten betroffen sein. Das droht uns insbesondere in der Medizin. Ich will das anhand eines Beispiels illustrieren, das ich an anderer Stelle schon einmal behandelt habe (Witt 2019, S. 179–180). Nehmen wir an, dass die Wahrscheinlichkeit für das Vorliegen von Darmkrebs bei 3 Prozent liegt. So hätten beispielsweise in einer bestimmten Stadt 30 von 1.000 Personen Darmkrebs. Eine Vorsorgeuntersuchung, in diesem Fall eine Darmspiegelung, entdecke 97 Prozent dieser Fälle. Wenn alle 1.000 Bewohner der Stadt untersucht werden, erhalten 29 Personen einen zutreffenden Positiv-Befund. Es kann aber auch sein, dass der Krebs nicht entdeckt wird, obwohl es ihn gibt. Das nennt man einen »Falsch-Negativ-Befund«. Er kommt in unserem Beispiel nur sehr selten vor, in 1 von 1.000 Fällen (3 Prozent von 30). Nehmen wir weiterhin an, die Vorsorgeuntersuchung mache auch Fehler bei der Beurteilung gesunder Teilnehmer (was für alle realen Vorsorgeuntersuchungen der Fall ist). Die Falsch-Positiv-Rate betrage ebenfalls 3 Prozent. Von den insgesamt 970 Personen der betrachteten Stadt, die keinen Krebs haben und an der Vorsorgeuntersuchung teilnehmen, ergibt das 29 Personen (3 Prozent von 970). Diese 29 Menschen denken jetzt zunächst, sie hätten Krebs, haben aber gar keinen.

Die allgemein interessante Frage ist jetzt, wie wahrscheinlich ein solcher Falsch-Positiv-Befund ist. Man kann das mit der **Bayes-Regel** berechnen (Angner 2021,

S. 89–90) oder mit absoluten Zahlen. Nehmen wir die zweite Methode, weil sie anschaulicher ist, und bleiben bei unserem Beispielfall. Es erhalten insgesamt 58 Personen einen Positiv-Befund (29 zutreffend und 29 fälschlicherweise). Nur die Hälfte von ihnen hat also wirklich Krebs. Wir sehen damit, dass die Wahrscheinlichkeit eines Falsch-Positiv-Befunds bei stattlichen 50 Prozent liegt. In der Hälfte der Fälle eines Krebs-Alarms ist es falscher Alarm. Das ist für die Betroffenen zwar per se günstig, weil sie eben keinen Krebs haben, verleitet sie aber möglicherweise zu sehr unangenehmen oder sogar schädlichen Behandlungen wie Biopsien oder Operationen. Umgekehrt liegt die Wahrscheinlichkeit eines Richtig-Negativ-Befunds bei 941 von 942 Personen, beträgt also 99,9 Prozent. Das ist ein hoher Prozentsatz. Dennoch erlebt ein Mensch eine fatale Fehldiagnose. Er hat Krebs, wird aber wegen des fehlenden Alarms, des Falsch-Negativ-Befunds, nicht frühzeitig behandelt. Die folgende Darstellung (Witt 2019, S. 180) fasst die Überlegungen noch einmal zusammen.

Dar. 11: Falsch-Negativ und Falsch-Positiv-Befunde

Die Untersuchung führt mit einer Wahrscheinlichkeit von 97 Prozent zum richtigen Ergebnis.	Patient hat keinen Krebs 97-Prozent-Wahrscheinlichkeit 970 Personen	Patient hat Krebs 3-Prozent-Wahrscheinlichkeit 30 Personen
Untersuchung zeigt negativen Befund 942 Personen 99,9-Prozent-Trefferquote	Richtig-Negativ-Befund 941 Personen	Falsch-Negativ-Befund 1 Person
Untersuchung zeigt positiven Befund 58 Personen 50-Prozent-Trefferquote	Falsch-Positiv-Befund 29 Personen	Richtig-Positiv-Befund 29 Personen

Wir prognostizieren anhand von Plausibilitätsüberlegungen

Vor besondere Schwierigkeiten stellen uns nicht nur bedingte Wahrscheinlichkeiten, sondern auch verbundene Wahrscheinlichkeiten. Das Phänomen ist schon lange bekannt und wird als »Conjunction Fallacy« oder **Verknüpfungs-Fehlschluss** bezeichnet. Dieser wurde erstmalig von Amos Tversky und Daniel Kahneman am sogenannten Linda-Problem beschrieben (Kahneman/Tversky 1973 und Tversky/Kahneman 1983). In der Folgezeit hat es Linda dann in der verhaltensökonomischen Forschung zu einiger Berühmtheit gebracht. Die Fragestellung wurde in immer anderen Formulierungsvarianten erprobt, aber das typische Antwortverhalten blieb stabil. Die zu bearbeitende Fallstudie lautete so (Tversky/Kahneman 1983):

Dar. 12: Das Linda-Problem

Linda ist 31 Jahre alt, alleinstehend, eloquent und sehr klug. Sie hat einen Universitätsabschluss im Fach Philosophie. Als Studentin hat sie sich intensiv mit Fragen der Diskriminierung und der sozialen Gerechtigkeit befasst. Sie hat auch an Anti-Atomkraft-Demonstrationen teilgenommen. Wie hoch schätzen Sie die Wahrscheinlichkeit, dass die folgenden Aussagen jeweils zutreffen:

Aussage	Wahrscheinlichkeit
A) Linda ist Grundschullehrerin.	
B) Linda engagiert sich in der Feminismus-Bewegung.	
C) Linda ist eine psychologische Sozialarbeiterin.	
D) Linda ist eine Bankangestellte.	
E) Linda ist Versicherungsverkäuferin.	
F) Linda ist eine Bankangestellte und engagiert sich in der Feminismus-Bewegung.	

Was passiert, ahnen Sie vielleicht schon. Die Probanden halten speziellere Ereignisse für wahrscheinlicher als weniger spezielle, obwohl das natürlich statistisch falsch ist. Konkret halten die meisten Menschen im Linda-Problem Antwort F für wahrscheinlicher als Antwort D. Sie können sich eher vorstellen, dass Linda eine Bankangestellte ist, die sich in der Feminismus-Bewegung engagiert, als dass Linda eine Bankangestellte ist. Antwort F ist offensichtlich eine repräsentativere Beschreibung der Person, die uns vorgestellt wurde als Antwort D. Menschen berechnen im Linda-Problem also keine bedingten Wahrscheinlichkeiten, was ja auch sehr schwierig ist, sondern wenden eine **Repräsentationsheuristik** an. Sie fragen sich, ob eine spezielle Beschreibung repräsentativ für ein bestimmtes Ereignis ist. Das Bild von der feministischen Bankangestellten Linda ergibt eine kohärentere und damit plausiblere Geschichte, wenn auch nicht unbedingt eine wahrscheinlichere (Kahneman 2012, S. 159).

Steven Pinker hat ähnliche Fallstudien mit modernen Beispielen vorgelegt. Er beschreibt ebenfalls verschiedene zukünftige Ereignisse und bittet die Probanden, jeweils die Wahrscheinlichkeit des betreffenden Ereignisses zu schätzen. Sie finden eine Auswahl solcher Ereignisse in folgender Darstellung (in Anlehnung an Pinker 2022, S. 23). Bitte gehen Sie sie selbst einmal gedanklich durch und geben Sie eine eigene Wahrscheinlichkeitsschätzung pro Ereignis ab.

Dar. 13: Beispiele für Verknüpfungs-Fehlschlüsse

Ereignis	Wahrscheinlichkeit
1) Saudi-Arabien entwickelt und baut eine Atombombe.	
2) Die Welt erlebt eine weitere Pandemie, die noch tödlicher ausfällt	

Dar. 13: Beispiele für Verknüpfungs-Fehlschlüsse – Fortsetzung

Ereignis	Wahrscheinlichkeit
als Covid-19.	
3) Russland hat eine Frau als Präsidentin.	
4) Wladimir Putin tritt nach einem verlorenen Krieg gegen die Ukraine zurück und überträgt mit Hilfe seines noch intakten Machtapparats das Präsidentenamt auf seine Frau.	
5) Ein bisher unbekanntes Virus springt in einem chinesischen Wochenmarkt von Fledermäusen auf Menschen über und verursacht eine weltweite Pandemie, tödlicher als Covid-19.	
6) Nachdem der Iran eine Atombombe entwickelt und unterirdisch getestet hat, entwickelt Saudi-Arabien als Antwort eine eigene Atombombe.	

In den Beispielen von Pinker werden ebenfalls spezielle Bedingungen als wahrscheinlicher eingeschätzt als weniger spezielle Bedingungen. Die Wahrscheinlichkeit, dass Saudi-Arabien in Reaktion auf eine iranische Bedrohung eine Atombombe baut, wurde als höher angesehen als die Wahrscheinlichkeit, dass Saudi-Arabien eine Atombombe baut. Die in China auf einem Wochenmarkt entstandene neue Pandemie wird von vielen Probanden für wahrscheinlicher gehalten als das Auftreten einer neuen Pandemie. Und es erscheint den meisten Befragten wahrscheinlicher, dass in Russland eine Frau Präsidentin wird, nachdem der Ukraine-Krieg verloren wurde, als dass einfach so eine Frau Präsidentin wird. In allen Fällen wird durch die Anwendung der Repräsentationsheuristik ein statistischer Fehler gemacht. Die allgemein gehaltenen Antworten müssen wahrscheinlicher sein. Die spezielleren Antworten sind jedoch plausibler. Sie ergeben eine bessere Geschichte und erscheinen uns dadurch glaubwürdiger.

Die eigentliche Ursache des Verknüpfungs-Fehlschlusses ist das, was man einen **Prävalenzfehler** nennt. Die englische Bezeichnung ist »base rate neglect« (Kahneman/Tversky 1973). Er besteht darin, beim Abschätzen der bedingten Wahrscheinlichkeit prob(A | B) die A-priori-Wahrscheinlichkeit prob(A), also die Prävalenz des Ereignisses A zu ignorieren. Das geschieht, weil speziellere Informationen für relevanter gehalten werden als die A-priori-Wahrscheinlichkeiten von Ereignissen. Die verbalen Beschreibungen der speziellen zukünftigen Ereignisse in den genannten Beispielen sind in der Tat viel repräsentativer und damit viel plausibler als die der allgemeinen Ereignisse. Es passt einfach besser zur Fallbeschreibung, dass Linda Bankangestellte und Feministin ist. Es ist für die meisten Menschen ebenfalls viel plausibler, dass ein neues tödliches Virus auf einem chinesischen Wochenmarkt vom Tier auf den Menschen überspringt und eine Pandemie auslöst, als dass einfach so eine neue Pandemie entsteht. Dementsprechend schätzen die Probanden in den entsprechenden Fallstudien im eigentlichen Sinne gar keine bedingten Wahrscheinlichkeiten, sondern Plausibilitäten.

Logisch gesehen macht man mit dem Anwenden einer Repräsentationsheuristik natürlich grobe Fehler. Immer wenn ein Ereignis die Teilmenge eines anderen Ereignisses ist, kann seine Wahrscheinlichkeit nicht größer sein als die der Gesamtmenge. Es muss wahrscheinlicher sein, dass Linda eine Bankangestellte ist, als dass sie eine feministische Bankangestellte ist. Denn auch eine feministische Bankangestellte ist ja immer noch eine Bankangestellte. Und eine in China entstandene Pandemie ist immer auch eine Pandemie, kann also nicht wahrscheinlicher sein als die Pandemie im Allgemeinen. Wer den speziellen Fall im statistischen Sinne des Wortes für wahrscheinlicher hält als den allgemeinen, der verletzt die Konjunktions-Regel der Wahrscheinlichkeitstheorie. Nach der muss gelten: prob(A und B) < prob(A). Wer schätzt: prob(A und B) > prob(A), der macht einen Fehler. Die einzige logische Begründung für diese Einschätzung wäre, dass die Probanden die vorgelegten Ereignisse für Alternativen halten, die sich gegenseitig ausschließen. Das wird in der Fallbeschreibung zwar nirgendwo gesagt, aber es könnte implizit so interpretiert werden.

Wir benutzen subjektive Schätzungen

Bei komplexen Entscheidungen wie einem Hauskauf oder der Wahl eines Aktienfonds müssen Menschen nicht nur Informationen über bestehende Zustände erheben, sondern vor allem zukünftige Entwicklungen prognostizieren, um zu vernünftigen Ergebnissen zu kommen. Fast alle entscheidungsrelevanten zukünftigen Zustände sind jedoch, wie wir bereits gesehen hatten, unsicher. Und je weiter wir in die Zukunft schauen, um Prognosen für Einzahlungen und Auszahlungen abzugeben, umso größer ist diese Unsicherheit. Mit wirklich langfristigen Prognoseaufgaben ist selbst der klügste Mensch überfordert. Niemand kann ernsthaft wissen, was Strom in 20 Jahren kosten wird. Niemand kann valide abschätzen, wie sich die Immobilienpreise an seinem Wohnort über die nächsten Jahrzehnte entwickeln werden. Es ist völlig unmöglich, zutreffende Prognosen über Aktienkurse zu machen. Wer das könnte, der würde unermesslich reich werden. Wir können vielleicht noch die nähere Zukunft auf halbwegs stabilen Märkten verlässlich abschätzen. Und vielleicht haben wir gute Erfahrungswerte von anderen Menschen, die wir für unsere eigenen Prognosen nutzen können. Aber je schneller sich Märkte und Technologien entwickeln und je langfristiger unser Betrachtungshorizont ist, desto schwieriger wird eine datengestützte Prognose. Wir verlassen uns dann auf **Schätzungen**.

Es gibt mehrere Schätzverfahren, die in Experimenten und Feldstudien festgestellt wurden. Das vielleicht bekannteste ist die **Verfügbarkeitsheuristik** (Tversky/Kahneman 1973). Sie ersetzt die Frage nach der Wahrscheinlichkeit durch eine andere, leichter zu beantwortende Frage. Sie lautet: Wie gut kann ich mich an ein entsprechendes Ereignis erinnern? In der Verhaltensökonomik spricht man auch von der mentalen Verfügbarkeit von Beispielen (Beck 2014, S. 39). Je größer diese mentale Verfügbarkeit ist, desto größer wird die entsprechende Wahrscheinlichkeit eingeschätzt. Geht es beispielsweise um die Prognose der Wahrscheinlichkeit, dass die eigene Ehe geschieden wird, dann dient der relative Anteil der mir in Erinnerung kommenden Paare, die sich haben scheiden lassen, als Schätzwert. Geht es um die Gefahren der Atomenergie, also um die Wahrscheinlichkeit eines Reaktorunfalls, dann suche ich in meiner Erinnerung nach früheren Reaktorkatastrophen. Muss ich die Wahrscheinlichkeit eines Hauseinbruchs schätzen, dann orientiere ich mich (unbewusst) an Berichten über Hauseinbrüche, die mir in letzter Zeit zu Ohren gekommen sind.

Interessant ist natürlich, an welche Ereignisse sich Menschen gut erinnern und an welche schlecht. Das hängt von den beteiligten Emotionen ab. An alles, was unsere Aufmerksamkeit erregt und uns stark berührt hat, können wir uns leicht erinnern. Typische Beispiele sind Sex-Skandale von Politikern oder Ehescheidungen von Prominenten. Daher überschätzen wir die Wahrscheinlichkeit des Auftretens solcher Ereignisse. Noch besser ist unser **Erinnerungsvermögen bei persönlichen emotionalen Erlebnissen.** Das erhöht unsere Anfälligkeit für die Verfügbarkeitsheuristik. Wenn bei Ihnen beispielsweise schon einmal eingebrochen wurde, dann halten Sie die Wahrscheinlichkeit eines Einbruchs in Ihrer Wohngegend für höher, als wenn »nur« bei einem Ihrer Nachbarn eingebrochen wurde. Die Prävalenz persönlicher Erinnerungen hat einen weiteren interessanten Effekt. Wir überschätzen unseren eigenen Beitrag zur Teamarbeit, weil wir uns an unsere eigenen Leistungen viel besser erinnern können als an die der anderen Teammitglieder. Wenn man beispielsweise Paare einzeln befragt, wer welchen Anteil der Hausarbeit übernimmt, dann ergibt sich addiert ein Wert von deutlich über 100 Prozent. Jeder ist überzeugt, mehr beizutragen als der andere. Derselbe Befund gibt sich auch im Negativen, also wenn man beispielsweise fragt, wer wie häufig einen Streit anfängt. Auch hier ergibt sich bei Paaren ein Wert von über 100 Prozent. Er liegt allerdings etwas niedriger als bei der Frage nach der Hausarbeit (Kahneman 2012, S. 130–131).

Das Anwenden der Verfügbarkeitsheuristik führt zu einer sehr wichtigen Verzerrung von Prognosen. Denn was uns mental verfügbar ist, hängt wesentlich vom **Ausmaß der medialen Berichterstattung** ab. Menschen halten die Ereignisse für wahrscheinlicher, über die in den sozialen und den traditionellen Medien häufiger und emotionaler berichtet wurde. Das lässt sich an vielen Beispielen nachweisen. Da über Flugzeugabstürze immer viel und sehr dramatisch berichtet wird, sind Flugzeugabstürze für die meisten Menschen mental gut verfügbar. Ihre Wahrscheinlichkeit wird stark überschätzt. Auch die Wahrscheinlichkeit, einen Terroranschlag zu erleben, wird sehr stark überschätzt, weil Terroranschläge immer eine maximal große Medienwirkung entfalten. Am kuriosesten sind für mich persönlich Verzerrungen von Wahrscheinlichkeitsschätzungen, wenn es um Gefahren durch wilde Tiere wie Haie, Wölfe oder Schlangen geht. Es kommt wirklich extrem selten vor, dass Menschen von solchen Tieren angegriffen werden. Die statistische Wahrscheinlichkeit, selbst jemals einen Hai-, Wolf- oder Schlangen-Angriff zu erleben, ist verschwindend gering. Sie wird individuell jedoch viel höher eingeschätzt, weil über jede entsprechende Attacke ausführlich in den Medien berichtet wird. Hinzu kommt, dass unser limbisches System seit Urzeiten auf Gefahren durch wilde Tiere programmiert ist. Die Erziehung hat dann das ihrige ergänzt. Als Kinder haben wir Märchen vorgelesen bekommen, in denen der Wolf die Oma frisst. Und später haben wir dann alle den Film »Der weiße Hai« gesehen.

Die Verfügbarkeitsheuristik wird nicht nur über die Berichterstattung in den Medien verstärkt, sondern auch durch unsere Kommunikation mit anderen Menschen. Je weniger wir selbst wissen, desto eher richten wir unsere Prognosen nach den Meinungen und Erwartungen unserer Mitmenschen aus. Es entstehen dann sogenannte **Informationskaskaden** (Kuran/Sunstein 1999). Man spricht auch vom Schneeball- oder Mitläufereffekt. Wer selbst einen guten Informationsstand hat und sich seiner Prognosen halbwegs sicher ist, der wird weniger leicht von den Erwartungen anderer Menschen beeinflusst. Wer jedoch wenig weiß und eher unsicher ist, der wird anfälliger für Informationskaskaden sein. Besondere Bedeutung für die Entwicklung dieser Kaskaden haben Menschen, die in ihrer sozialen Bezugsgruppe ein hohes Ansehen genießen, auf die also oft gehört wird. Das soziale Ansehen kann auf einer bestimmten Expertise beruhen. So werden wir bei der Prognose in medizinischen Fragen eher auf Ärzte hören als auf Laien. Es kann sich aber auch aus dem sozialen Status einer Person ergeben, dass deren Prognose die von anderen Menschen beeinflusst. Manch einer richtet sich am ehesten nach dem, was der Pfarrer, die Bürgermeisterin oder der Bundeskanzler sagt.

Die Verfügbarkeitsheuristik kann auch ein Unterschätzen von Wahrscheinlichkeiten bewirken, und zwar wenn die entsprechenden Ereignisse in der Presse nicht behandelt werden. Sie sind uns dann mental nicht gut verfügbar. Auch dafür gibt es unzählige Beispiele. Die meisten Menschen halten die Wahrscheinlichkeit eines Autounfalls für gering, weil über die nur selten oder gar nicht berichtet wird. Während eine einzelne Messerattacke in der U-Bahn breite mediale Beachtung findet, kommt der Rückgang der Kriminalitätsrate im gesamten Land höchstens als Randnotiz vor. In der Presse wird generell mehr und länger über negative Ereignisse berichtet als über positive. Man sagt: »Nur schlechte Nachrichten sind gute Nachrichten«. Deshalb werden die Wahrscheinlichkeiten für positive Entwicklungen besonders unterschätzt. Viele Menschen sind unangemessen ängstlich oder pessimistisch, was gesellschaftliche Entwicklungen anbelangt. Andere Gefahren unterschätzen sie vollkommen. Wohlstandserkrankungen wie Diabetes und Übergewicht kommen häufig vor und ihre gesundheitlichen Folgen sind gravierend. Die Menschen könnten sich vor ihnen auch viel besser selbst schützen als vor Gefahren durch Terroranschläge oder Flugzeugabstürze. Da über die Gefahren von Übergewicht und Diabetes jedoch nur wenig berichtet wird, ist den meisten Menschen die Wahrscheinlichkeit entsprechender Erkrankungen nicht präsent. Sie sind in ihrem Lebensstil hinsichtlich dieser Bedrohungen vergleichsweise sorglos.

Wir glauben im Nachhinein, es vorher schon gewusst zu haben

Wie wir gesehen haben, behelfen sich Menschen bei schwierigen Prognoseaufgaben mit eigenen Schätzungen, die auf mentaler Verfügbarkeit beruhen. Oder sie verlassen sich auf Ratschläge von Experten. Alternativ gestehen wir uns ein, dass wir schlicht und ergreifend keine Ahnung haben, wie wahrscheinlich bestimmte Ereignisse sind. Dann erstellen wir unsere Prognosen »aus dem Bauch heraus«, also ohne weitere Informationsbeschaffung. Ein Phänomen ist allerdings auffallend und lässt sich konsequent beobachten. Im Nachhinein glauben wir fest, es immer schon gewusst zu haben. Verhaltensökonomen nennen das den »Hindsight Bias« oder die **Rückblick-Verzerrung**. Nachdem ein bestimmtes unsicheres Ereignis eingetreten ist, überschätzen wir dessen Prognostizierbarkeit sehr deutlich. Wir halten die Wahrscheinlichkeit dieses Ereignisses ex post für viel höher als ex ante. Das liegt natürlich daran, dass wir jetzt eine zusätzliche Information haben. Das Ereignis ist ja tatsächlich eingetreten. Die Rückblick-Verzerrung betrifft nicht nur uns selbst. Wir glauben auch, dass andere Menschen bestimmte Ereignisse, die bereits eingetreten sind, sehr viel besser hätten vorhersehen müssen, als es angesichts der vorhandenen Informationen tatsächlich der Fall war (Fischhoff 1977).

Die psychologische Forschung hat drei verschiedene Theorien zur Erklärung der Rückblick-Verzerrung vorgelegt. Zwei von ihnen betreffen typische menschliche Bedürfnisse. Das eine Bedürfnis ist der Wunsch, in einer stabilen und vorhersagbaren Welt zu leben. Chaos und unerwartete Wendungen des Lebens machen uns Angst. Je mehr wir glauben, dass tatsächlich eingetretene Ereignisse zu antizipieren gewesen wären, desto eher erscheint unsere Welt insgesamt als vorhersehbar und kontrollierbar. Das andere menschliche Bedürfnis, das bei der Rückblick-Verzerrung eine Rolle spielt, ist unser Wunsch, vor anderen Menschen nicht wie ein Idiot dazustehen. So fühlen wir uns immer dann, wenn etwas Unerwartetes passiert. Solange wir uns jedoch danach einreden können, dass wir in der Lage gewesen wären, ein bestimmtes, tatsächlich eingetretenes Ereignis vorherzusehen, fühlen wir uns klüger. Das entspricht auch einem anderen psychologischen Phänomen, nämlich seine eigenen Fähigkeiten im Vergleich zu denen der Mitmenschen zu überschätzen. Wir halten uns generell für cleverer als die meisten anderen Angehörigen unserer Spezies. Da passt es dann gut ins Bild, dass wir auch unsere Prognosefähigkeiten für besser halten. Selbst wenn andere es nicht haben kommen sehen, wir hätten es gewusst.

Die dritte und wichtigste Theorie zur Erklärung der Rückblick-Verzerrung bezieht sich auf unsere Wahrnehmung. Sie hat den schönen Namen **schleichender Determinismus** (Fischhoff 1975). Dieser Theorie zufolge verbinden Menschen beobachtete Zustände und zeitlich frühere Ereignisse in ihrer Wahrnehmung zu einer kohärenten Geschichte. Ereignisse, die im Nachhinein gesehen besser zum gegenwärtigen Zustand passen, werden stärker berücksichtigt. Ereignisse, die nicht zu unserer Geschichte passen, werden ausgeblendet. Dahinter steht unser menschliches Bedürfnis, den Lauf der Welt nicht als stochastisch oder chaotisch zu sehen, sondern als konsistente Abfolge von erklärbaren Ereignissen. Das gelingt umso besser, je mehr frühere Ereignisse wir als potenzielle Erklärungsvariablen für beobachtete Zustände zur Verfügung haben. Denn dann fällt es uns leichter, die passenden Ereignisse für unsere konsistente Geschichte herauszusuchen und die anderen mental zu verdrängen. Der Wunsch nach kohärenten Geschichten bedeutet deshalb auch, dass wir rückblickend betrachtet zu ganz anderen Wahrscheinlichkeitsurteilen kommen als vorausschauend.

Besonders folgenschwer ist der schleichende Determinismus übrigens an einer Schnittstelle zwischen Ökonomie und Rechtswissenschaften, bei Produkthaftungsklagen. Denn Richter und Geschworene werden in solchen Fällen regelmäßig aufgefordert, rückblickend Wahrscheinlichkeiten zu bestimmen. Sie müssen beispielsweise beurteilen, ob ein Unternehmen genug Vorkehrungen getroffen hat, um Produktfehler, die zu einem Unfall führten, zu vermeiden. Es geht um die juristisch äußerst relevante Frage, ob Produktfehler auf unvorhersehbare Umwelteinflüsse oder auf leicht fahrlässiges, grob fahrlässiges oder sogar vorsätzliches Handeln des Unternehmens zurückzuführen sind. Diese Einschätzung ist für Geschworene und Richter deshalb so schwierig, weil sie ja schon wissen, dass ein Produktfehler aufgetreten ist. Sie können sich nicht mehr ohne weiteres in die ex-ante-Situation hineinversetzen und werden die Wahrscheinlichkeit des Schadensereignisses ex post viel höher einschätzen. Die juristische Regel, dass es für eine Haftungsfreiheit ausreicht, eine angemessene Sorgfalt anzulegen, verwandelt sich bei Berücksichtigung der Rückblick-Verzerrung in der Rechtspraxis oftmals zu einer harten Haftungsregel (Rachlinski 2000, S. 100). Denn der eingetretene Schadensfall legt immer nahe, dass eben keine angemessene Sorgfalt aufgewendet wurde.

Wir überschätzen unsere eigenen Fähigkeiten

Besonders schlecht sind Menschen, wenn es um eine Einschätzung der eigenen Fähigkeiten, Chancen, Verhaltensweisen und Prognosefähigkeiten geht. Hier sind wir hoffnungslos optimistisch. Die Verhaltensökonomen sprechen von »overconfidence« oder **Selbstüberschätzung** (Beck 2014, S. 60–68). Das gilt zunächst einmal ganz allgemein hinsichtlich der persönlichen Zukunftsaussichten. Eigene Gesundheits- und Unfallrisiken werden unterschätzt, eigene Karrierechancen und Verdienstpotenziale werden überschätzt. Dann gilt es hinsichtlich der persönlichen Fähigkeiten. Wir halten uns für systematisch klüger, leistungsfähiger und attraktiver als wir es objektiv sind. Wir unterschätzen die Zeit, die wir zur Erledigung einer bestimmten Aufgabe benötigen. Selbstüberschätzung hat immer auch eine relative Komponente. Wir halten uns und unsere Kinder im Vergleich mit anderen Menschen für besser. Hier kommen einige typische Beispiele (Thaler/Sunstein 2008, S. 35; Gigerenzer 2013, S. 117): 19 Prozent der Amerikaner glauben, zu dem einen Prozent der absoluten Spitzenverdiener ihres Landes zu gehören. 18 Prozent der deutschen Eltern sind der festen Überzeugung, ein hochbegabtes Kind zu haben (was insgesamt auf nur 2 Prozent aller Kinder zutrifft). 93 Prozent aller Autofahrer bezeichnen sich selbst als überdurchschnittlich gute Autofahrer. 94 Prozent der Professorinnen und Professoren pro Fakultät halten sich für bessere Wissenschaftler als ihre Kolleginnen und Kollegen. Vorstandsvorsitzende in großen Unternehmen zeigen besonders hohe Werte an Selbstüberschätzung, die sich dann in fehlgeschlagenen Akquisitionen und zu spät abgebrochenen Projekten niederschlägt (Malmendier/Tate 2005a).

136

Ich kann diese Befunde aus einem eigenen kleinen Experiment bestätigen. Ich gebe Studierenden fünf prozentual gleich besetzte Leistungsklassen für ihre Intelligenz vor. Die Intelligenz soll gemessen werden durch die bisher im Studium erzielten Noten, was natürlich ein sehr diskussionswürdiges Maß ist. Aber es ist eben auch ein Maß, das jeder kennt. Klasse 1 bezeichnet das klügste 20-Prozent-Quantil, in Klasse 2 ist das zweitklügste 20-Prozent-Quantil und so geht es bis Klasse 5, die das 20-Prozent-Quantil der dümmsten Personen beinhaltet. Die befragten Studierenden gruppieren sich in ihrer Selbsteinschätzung typischerweise in das zweite Quantil ein. Sie tun das selbst dann, wenn man ihnen vorher erklärt, dass jede Kategorie definitionsgemäß mit 20 Prozent der Teilnehmenden besetzt sein muss. Kaum einer sagt von sich selbst, er oder sie sei unterdurchschnittlich intelligent. Niemand sieht sich selbst im fünften Quantil, zählt sich also zu den dümmsten 20 Prozent der Gruppe, obwohl es definitionsgemäß in dieser Kategorie gleich viele Personen geben muss wie in jedem anderen Quantil.

Selbstüberschätzung kann schon bei alltäglichen Entscheidungen von Einzelpersonen offensichtliche ökonomische Fehler nach sich ziehen. Ein Beispiel, das vielleicht viele von uns kennen, ist die **Anmeldung in einem Fitnessstudio**. Dort können Kundinnen und Kunden typischerweise zwischen einem monatlich kündbaren Vertrag, einem Jahresvertrag und einer Zehnerkarte (für zehn Besuche) ohne Vertrag wählen. Eine Studie aus den USA konnte zeigen, dass häufig ungünstige Verträge gewählt werden, weil die Kunden ihr eigenes Nutzungs- und Kündigungsverhalten falsch prognostizieren (DellaVigna/Malmendier 2006). Konkret kamen Kunden mit einem Monatsabo für 70 Dollar nur 4,3-mal pro Monat ins Fitnessstudie, so dass sie jeder Besuch umgerechnet 17 Dollar kostete. Beim Kauf einer Zehnerkarte hätte jeder Besuch nur 10 Dollar gekostet. Kunden mit einem monatlich kündbaren Vertrag, der teurer ist als ein nach zwölf Monaten automatisch auslaufender Jahresvertrag, blieben typischerweise länger als ein Jahr Mitglied im Fitnessstudio, hatten also ebenfalls einen zu teuren Vertrag gewählt. Die verhaltensökonomische Erklärung lautet, dass Menschen ihren Trainingsehrgeiz und ihre Kündigungsaktivität systematisch überschätzen. Sie zahlen also für etwas, was sie dann gar nicht nutzen. Fitnessstudios auf der ganzen Welt kennen natürlich diesen Effekt. Sie verdienen am meisten Geld mit Mitgliedern, die Jahres- und Monatsverträge abschließen, aber dann nur selten oder nie zum Training erscheinen.

Selbstüberschätzung geht typischerweise einher mit **Beratungsresistenz** und eskalierendem Festhalten an unrealistischen Zielen. Fatale Auswirkungen hat diese Kombination in der internationalen Politik und dort insbesondere bei der Kriegsführung. Die Geschichte der Menschheit ist reich an Beispielen, in denen Könige, Präsidenten oder Feldherren ihre militärische Überlegenheit unrealistisch hoch einschätzten, andere Länder überfielen, den Krieg dann verloren und untergingen. Ein berühmtes Zitat besagt: Nach dem ersten punischen Krieg (gegen die Römer) war Karthago noch mächtig. Nach dem zweiten punischen Krieg war es noch reich. Nach dem dritten Krieg existierte es nicht mehr. Weniger tödlich, aber ökonomisch ähnlich fatal, ist das Unterschätzen von neu in den Markt eintretenden Wettbewerbern durch etablierte Unternehmen. Auch hier gibt es eine lange Liste an Unternehmen, die untergegangen sind, weil sie ihre Wettbewerbsvorteile überschätzten, neue Wettbewerber unterschätzten und sich insgesamt fälschlicherweise für unbesiegbar hielten.

Der Zusammenhang zwischen Fachwissen und Selbsteinschätzung wurde in verschiedenen Experimenten näher untersucht. Dabei kam heraus, dass Unwissen oft zu mehr Selbstvertrauen führt als Wissen. Weniger kompetente Menschen neigen nicht nur dazu, ihre eigenen Fähigkeiten zu überschätzen. Sie können auch überlegene Kompetenzen bei anderen Menschen sowie das Ausmaß ihrer eigenen Inkompetenz nicht gut erkennen (Kruger/Dunning 1999). Selbstüberschätzung entsteht also gerade nicht durch besonders großes Fachwissen. Sie ist auch nicht auf einen Mangel an Daten zurückzuführen. Im Gegenteil, je mehr Daten man Versuchspersonen zur Verfügung stellt, selbst wenn diese gar nichts mit der zu lösenden Prognoseaufgabe zu tun haben, umso größer fällt die Zuversicht in die Richtigkeit der eigenen Prognose aus. Das Phänomen der Selbstüberschätzung nimmt nur dann ab, wenn Menschen regelmäßig Prognosen abgeben müssen, zu denen sie dann jeweils **schnelles und eindeutiges Feedback** erhalten. Durch dieses Feedback können sie ihre Prognosen regelmäßig kalibrieren und dazu lernen (Angner 2021, S. 114–116). Umgekehrt liegt das Niveau an Selbstüberschätzung höher, wenn Prognosen selten zu erstellen sind und es kein zeitnahes Feedback zu deren Qualität gibt. Das erklärt, warum Meteorologen oder professionelle Kartenspieler selten zu Selbstüberschätzung neigen, Politiker und Manager jedoch häufig.

Zum Phänomen der Selbstüberschätzung gibt es natürlich auch noch einige offene Fragen. Eine erste Unklarheit betrifft Teams. Fraglich ist, ob Entscheidungen in Gruppen das Problem der individuellen Selbstüberschätzung zu korrigieren vermögen. Weiterhin könnte es sein, dass kulturelle Unterschiede bestehen. Die bisher vorliegenden Ergebnisse stammen typischerweise aus Nordamerika. Erste Befragungsstudien aus anderen Ländern wie Japan zeigen viel geringere Werte an Selbstüberschätzung. Vielleicht bewirkt die in kollektivistischen Gesellschaften wie Japan übliche Bescheidenheit, dass die eigenen Fähigkeiten nicht so stark überschätzt werden. Aber vielleicht führt sie auch nur dazu, dass Versuchspersonen sich nicht entsprechend äußern. Man müsste also das tatsächliche Verhalten beobachten, um zu validen Bewertungen zu kommen. Ähnlich interessant ist die Frage, ob es sich bei Selbstüberschätzung vielleicht um ein typisches männliches Phänomen handelt. Denn Vergleichsstudien legen nahe, dass Frauen sehr viel weniger anfällig für Selbstüberschätzung sind, also ihre eigenen Fähigkeiten und die von anderen Menschen zuverlässiger einschätzen können als Männer. Wenn zu allen diesen Fragen neue Erkenntnisse vorliegen, dann werden sich auch wichtige Hinweise für die Besetzung von Führungspositionen in Unternehmen und in der Politik ergeben.

Menschen überschätzen auch ihre Fähigkeit, auf die Wahrscheinlichkeit des Eintretens bestimmter Ereignisse Einfluss nehmen zu können. Das Phänomen wird als **Kontrollillusion** bezeichnet (Beck 2014, S. 61). Weit verbreitet ist es in der Unternehmensführung, der ein späteres Kapitel dieses Buches gewidmet ist. Managerinnen und Manager sind fest davon überzeugt, dass sie durch ihre Entscheidungen den Unternehmenserfolg beeinflussen können. In vielen Kulturkreisen glauben die Menschen, dass sie durch Opfergaben Einfluss auf lebenswichtige Umweltbedingungen wie das Wetter oder die Verbreitung einer Krankheit nehmen können. Kontrollillusion kommt sogar dann vor, wenn bestimmte zukünftige Ereignisse eindeutig stochastisch sind, also ganz sicher durch niemanden von außen beeinflusst werden können. Ein Beispiel ist das Würfeln. Es wurde beobachtet, dass Spieler in Kasinos die Würfel sanft werfen, wenn sie sich eine niedrige Augenzahl wünschen, und kräftig, wenn eine hohe Augenzahl erzielt werden soll. Dieses Verhalten klingt verrückt, lässt sich jedoch in vielen Kontexten beobachten. So bewerten Lottospieler ihre Gewinnchancen höher, wenn sie die getippten Zahlen selbst auswählen konnten, als wenn sie ihnen zufällig vorgegeben wurden.

Selbstüberschätzung zeigt sich nicht nur hinsichtlich der eigenen Fähigkeiten und Prognosen, sondern auch ex post, also bei der Bewertung von bereits eingetretenen Ereignissen. Ein typisches Verhaltensmuster besteht darin, Erfolge auf die eigenen Handlungen und Misserfolge auf externe Umstände zurückzuführen. Es wird sie nicht überraschen, dass auch diese ex-post-Selbstüberschätzung, wie bereits erwähnt, insbesondere im Management von Unternehmen sehr häufig vorkommt (Malmendier/Tate 2005b). Dort kann das sicher mit Selbstvermarktung und Karrierestreben erklärt werden, aber es hat nachteilige Auswirkungen auf zukünftige Entscheidungen. Denn wer bei Misserfolgen anderen die Schuld gibt, der kalibriert seine eigenen Einschätzungen und Prognosen nicht. Er (oder sie) lernt dann nichts dazu, obwohl gerade Fehler großes Lernpotenzial bieten. Auch dazu gibt es einen lustigen Spruch. Er geht so: »Wenn Du tot bist, dann weißt Du nicht, dass Du tot bist. Es ist nur schmerzhaft für andere. Dasselbe gilt, wenn Du dumm bist.«

Zusammenfassung

1. Es ist für uns Menschen schwer, Wahrscheinlichkeiten richtig einzuschätzen. Noch schwerer ist die richtige Einschätzung von bedingten Wahrscheinlichkeiten.
2. Wir machen Prognosen anhand von Plausibilitätsüberlegungen. Gute Geschichten überzeugen uns mehr als statistische Daten.
3. Wir verlassen uns gerne auf subjektive Schätzungen. Diese werden nicht geprägt von Wahrscheinlichkeiten, sondern von der Leichtigkeit, mit der wir uns an entsprechende Ereignisse erinnern können.
4. Rückblickend sind wir klüger als im Moment einer Prognose. Wir glauben im Nachhinein, es vorher schon gewusst zu haben.
5. Wir überschätzen systematisch unsere eigenen Fähigkeiten. Gleichzeitig unterschätzen wir andere Menschen. Wir sind beratungsresistent und glauben irrtümlicherweise, bestimmte Wahrscheinlichkeiten beeinflussen zu können.

8 Unsere Beeinflussbarkeit durch (irrelevante) Rahmenbedingungen

Wir berücksichtigen die Formulierung des Entscheidungsproblems

Unser Gehirn verarbeitet Informationen immer eher in Form von Bildern als in Form von Zahlen. Deshalb kommt es darauf an, wie uns ein Entscheidungsproblem verbal und optisch präsentiert wird. In vielen verhaltensökonomischen Studien konnte gezeigt werden, dass die Entscheidung von Menschen für oder gegen eine Alternative maßgeblich davon abhängt, wie diese formuliert wurde. Psychologen nennen das »**Framing**« (Tversky/Kahneman 1981; Kahneman/Tversky 1984). Besondere Bedeutung hat das Framing für die menschliche Wahrnehmung von Risiken im Sinne der Prospect-Theorie. Sie besagt, dass wir ausgehend von einem Referenzpunkt Gewinne und Verluste unterschiedlich bewerten. Wir leiden unter Verlusten mehr als wir von gleich hohen Gewinnen profitieren. Diese Verlustaversion wird für das Framing genutzt, unter anderem auch in einem berühmten Experiment zu einer fiktiven Pandemie (Tversky/Kahneman 1981, S. 453). Die Entscheidungssituation ist dort beschrieben als der Ausbruch einer Krankheit, die erwartungsgemäß 600 Menschenleben fordern wird. Nun stehen zwei Programme zur Verfügung, um diese Krankheit zu bekämpfen. Bei Programm A werden 200 Menschenleben gerettet. Bei Programm B gibt es eine Wahrscheinlichkeit von einem Drittel, dass alle 600 Menschenleben gerettet werden und eine Wahrscheinlichkeit von zwei Dritteln, dass niemand gerettet wird. Da der Referenzpunkt auf 600 Tote gesetzt wurde, geht es um die Auswahl von zwei möglichen Gewinnen. Erwartungsgemäß entschied die Mehrheit der Versuchspersonen risikoavers, bevorzugte also Programm A, weil dort sicher Menschenleben gerettet werden.

Das Verhalten der befragten Personen änderte sich, als die Formulierung des Problems leicht und wie folgt abgeändert wurde: Bei Programm A sterben 400 Menschen. Bei Programm B gibt es eine Wahrscheinlichkeit von einem Drittel, dass niemand stirbt, und eine Wahrscheinlichkeit von zwei Dritteln, dass alle 600 Menschen sterben. Die objektiven Daten der Entscheidung haben sich zwar nicht geändert, aber es wurde im zweiten Experiment ein anderer Referenzpunkt gesetzt, nämlich dass niemand stirbt. Verglichen werden jetzt zwei mögliche Verluste. Unter dem Blickwinkel dieses Referenzpunktes verhalten sich die Versuchspersonen viel risikofreudiger. Sie präferieren jetzt mehrheitlich Programm B. Und dieses Entscheidungsverhalten erweist sich bei Wiederholungen des Experiments als sehr robust. Es bleibt auch dann bestehen, wenn die Teilnehmerinnen und Teilnehmer beide Experimente kurz nacheinander spielen und wenn sie Gelegenheit haben, die Inkonsistenz ihrer Antworten zu erkennen. Das Fazit der berühmten Studie lautete: »In their stubborn appeal, framing effects resemble perceptual illusions more than computational errors.« (Kahneman/Tversky 1984, S. 343).

Die große Bedeutung des Framing in schwierigen medizinischen Entscheidungssituationen konnte auch in der jüngeren Vergangenheit sehr gut beobachtet werden. Erinnern Sie sich nur daran, wie sich die Menschen in der **Corona-**

Pandemie über verfügbare Impfstoffe, deren Wirksamkeit und deren potenzielle Nebenwirkungen informierten. Niemand, noch nicht einmal Mediziner selbst, verstehen statistische Angaben zu pharmazeutischen und medizinischen Fragen wirklich gut. Was wir aber intuitiv sehr gut verstehen, sind bestimmte Worte wie Tod, schwerer Erkrankungsverlauf oder Überleben. Einige dieser Worte sind sehr positiv, andere sehr negativ belegt. Deshalb macht es psychologisch einen Unterschied, ob ich bei einer Corona-Impfung über Nebenwirkungen spreche oder über gerettete Menschenleben (Falk 2022, S. 69). Eine theoretische Erklärung für diesen Effekt lautet entsprechend, dass negative Informationen von Menschen stärker beachtet werden und einen größeren Einfluss auf ihr Verhalten haben als positive Informationen. Unsere Verlustaversion bringt uns dazu, uns gegen eine Krankheit impfen zu lassen, wenn wir glauben, dadurch die Wahrscheinlichkeit einer schlimmen Konsequenz (beispielsweise ein schwerer Corona-Verlauf) reduzieren zu können. Wir handeln risikofreudig in dem Sinne, dass wir die Wahrscheinlichkeit von (nicht als gleich schlimm empfundenen) Nebenwirkungen dafür in Kauf nehmen.

Es gibt jedoch über die menschliche Verlustaversion hinaus auch andere Erklärungen für Framing. So könnte es sein, dass mit bestimmten Formulierungen **Zusatzinformationen** verbunden sind, die Menschen erkennen und in ihren Entscheidungen berücksichtigen. Beck (2014, S. 159) nennt das Beispiel eines Messbechers, der in einer Problembeschreibung entweder als halb voll oder als halb leer bezeichnet wird. Technisch gesehen beschreiben beide Formulierungen denselben gegenwärtigen Zustand des Messbechers, müssten also von Lesern als gleichbedeutend gesehen werden. Faktisch ergibt sich aber eine wichtige Zusatzinformation. Wenn die Problembeschreibung das Glas halb leer nennt, dann deutet sich an, dass es vorher voll war. Der Begriff halb voll suggeriert dagegen, dass der Messbecher ursprünglich leer war. Und mit dieser Logik wählen Menschen auch ihre eigenen Formulierungen. Zeigt man Probanden zuerst einen vollen Messbecher mit einem Liter Wasser und danach einen mit einem halben Liter Wasser, dann benutzen die meisten Probanden zur Beschreibung des Zustands das Wort »halb leer«. Geht man umgekehrt vor, zeigt also zuerst einen leeren Becher mit einem Liter Fassungsvermögen und dann denselben Becher mit einem halben Liter Wasser, dann bezeichnen die Probanden diesen zweiten Becher als »halb voll«.

Framing bezeichnet allgemein ausgedrückt den Einfluss, den die Darstellung eines Entscheidungsproblems auf unsere Entscheidung hat. Aus ökonomischer Sicht werden jeweils dieselben Daten gezeigt, die Reaktion wird jedoch je nach Art der Darstellung eine andere sein. Um das zu verstehen, müssen wir zwischen dem logischen Informationsgehalt einer Nachricht und der mit einer Information ausgelösten **Assoziation** unterscheiden. Denken Sie beispielsweise an den US-Wahlkampf des Jahres 2020, in dem der Republikaner Donald Trump und der Demokrat Joe Biden gegeneinander antraten. Den Ausgang dieses Wahlkampfs können wir mit zwei verschiedenen Sätzen beschreiben. Wir können sagen: »Trump hat verloren.« Wir können aber auch sagen: »Biden hat gewonnen.« Inhaltlich besagen beide Sätze dasselbe, zumindest wenn man den Kontext kennt. Von der ausgelösten Assoziation des Informationsempfängers her unterscheiden

141

sich die beiden Sätze jedoch erheblich. Beim ersten Satz denken Sie wahrscheinlich an den wütenden Wahlverlierer Trump, der von Wahlmanipulationen spricht und seine Anhänger aufwiegelt. Beim zweiten Satz haben Sie wahrscheinlich eher das Bild des strahlenden Wahlgewinners Biden vor Augen, der lächelnd in die Menge winkt. Und diese Assoziationsunterschiede sind möglicherweise relevanter für das Verhalten von Menschen als die reine Information, die jemand aufnimmt. Betrachten Sie dazu bitte das folgende Beispiel (Kahneman 2012, S. 364):

Dar. 14: Ein Beispiel für Framing

Frage	Ihre Antwort
1. Würden Sie an einem Spiel teilnehmen, das Ihnen mit einer 10-Prozent-Wahrscheinlichkeit 95 Euro Gewinn und mit einer Wahrscheinlichkeit von 90 Prozent einen Verlust von 5 Euro bringt?	
2. Würden Sie 5 Euro bezahlen, um an einer Lotterie teilzunehmen, die Ihnen mit einer 10-Prozent-Wahrscheinlichkeit 100 Euro und mit einer Wahrscheinlichkeit von 90 Prozent nichts auszahlt?	

Sie können mit einigem Nachdenken feststellen, dass es sich in beiden Fragen um identische Situationen handelt. Wir müssten also in beiden Fällen dieselbe Antwort geben. Aber in der Praxis passiert das nicht. Die meisten Menschen sagen bei Frage 1 »nein« und bei Frage 2 »ja«. Das schlechte Ergebnis besteht bei beiden Varianten in einem Verlust von 5 Euro. Dieser Verlust ist psychologisch jedoch eher akzeptabel, wenn man ihn als die Kosten eines Lotterietickets beschreibt. Er ist weniger akzeptabel, wenn er einem Verlust in einem Glücksspiel entspricht. Wir haben andere Assoziationen mit einem Lotterieticket als mit einem Spiel, das eine Verlustmöglichkeit enthält. Insofern spielt es selbst in einer so einfachen Entscheidungssituation eine große Rolle, wie die Frage gestellt wird, also welches Framing Verwendung findet. Sie werden vielleicht einwenden, dass es sich bei dem genannten Beispiel um ein typisches Laborexperiment handelt, bei dem es um kleine Geldbeträge geht. Möglicherweise vertrauen Sie darauf, dass das Framing eines Problems bei wichtigeren Entscheidungen irrelevant ist. Leider zeigt die verhaltensökonomische Forschung das Gegenteil. **Framing beeinflusst jede Entscheidung**. Das gilt auch in Fällen, bei denen es um Leben und Tod geht. Hier führen Assoziationen sogar zu besonders starken Emotionen und entsprechend deutlichen Verhaltensunterschieden.

Betrachten Sie dazu bitte das folgende Beispiel. In einer berühmten Studie an der Harvard Medical School wurden Chirurgen zu den Erfolgschancen bei verschiedenen Behandlungsmethoden für Lungenkrebs befragt. Die eine Methode ist die Operation. Sie führt auf mittlere Sicht, also für einen Zeitraum von fünf Jahren, zu besseren Behandlungserfolgen, ist aber kurzfristig riskanter. Die andere Methode ist die Bestrahlung der Tumore. Sie hat kurzfristig weniger Risiken, zeigt aber mittelfristig schlechtere Ergebnisse. Die Risiken einer Operation wurden den Chirurgen in unterschiedlicher Form erläutert. Die eine Hälfte der befragten Expertinnen und Experten bekam Beschreibung 1 vorgelegt, die andere Hälfte Beschreibung 2. Lesen Sie selbst und versuchen Sie vielleicht auch gleich, eine eigene Einschätzung zu geben (in Anlehnung an McNeil/Pauker/Sox/Tversky 1982):

Dar. 15: Ein weiteres Beispiel für Framing

Frage	Ihre Einschätzung
1. Die einmonatige Überlebensrate nach einer Lungenkrebsoperation beträgt 90 Prozent.	akzeptabel/nicht akzeptabel
2. Bei einer Lungenkrebsoperation besteht eine 10-Prozent-Mortalitätsrate im ersten Monat nach der Operation.	akzeptabel/nicht akzeptabel

Auch als Laie erkennt man, dass beide Beschreibungen die identische Information enthalten. Dennoch ergaben sich deutliche Unterschiede in der Evaluation der Information durch die Chirurgen. Die Gruppe, die Beschreibung 1 erhalten hatte, sprach sich zu 84 Prozent für die Behandlungsmethode Operation aus. In der anderen Gruppe, die Beschreibung 2 bekommen hatten, votierten nur 50 Prozent der befragten Ärztinnen und Ärzte für die Behandlungsform Operation. Die Erklärung für diese deutlichen Unterschiede ist offensichtlich. Die Begriffe, die in den Beschreibungen verwendet wurden, sind psychologisch ganz unterschiedlich belegt. Sie wecken sehr verschiedene Assoziationen. Überleben ist gut. Mortalität ist schlecht. Eine 90-Prozent-Überlebenschance klingt ermutigend. Eine 10-Prozent-Sterbewahrscheinlichkeit schreckt ab. Eine medizinische Ausbildung schützt also offensichtlich nicht davor, vom Framing einer Entscheidungssituation stark beeinflusst zu werden. Legt man Laien dieselben zwei Fallbeschreibungen vor, ergeben sich übrigens genau dieselben Entscheidungsunterschiede. Framing wirkt also immer und bei allen Menschen.

Da das Framing bestimmte Assoziationen bei den Empfängern einer Nachricht auslöst, kann es nicht nur zur Beeinflussung von Entscheidungen für oder gegen etwas eingesetzt werden. **Framing beeinflusst auch die Zahlungsbereitschaft.** Mein persönliches Lieblingsbeispiel ist Shampoo. Altmodisch würde man vielleicht von Haarwaschmittel sprechen. In der Werbung für Männer-Shampoo wird auch genau diese Assoziation vermittelt. Es geht um ein Produkt, mit dem man sich die Haare waschen kann. Vielleicht geht es zusätzlich auch noch darum, die Schuppenbildung zu reduzieren oder den Haarausfall zu verringern. Aber im Kern wird das Produkt positioniert als ein Haarwaschmittel. Dafür gibt es natürlich eine Nachfrage und auch eine Bandbreite an individueller Zahlungsbereitschaft. Bei entsprechenden Produkten für Frauen erfolgt ein ganz anderes Framing. Hier wird nie von Haarwäsche gesprochen. Stattdessen werden Assoziationen wie Schutz, Pflege, Reparatur und Stärkung geweckt. Häufig verwendete Worte sind »geschmeidig«, »Volumen«, »weich«, »glänzend« und »gesund«. Es geht im Kern also um Schönheit. Und die Zahlungsbereitschaft für Schönheit ist natürlich viel höher als die für ein Haarwaschmittel. Die entsprechenden Produkte heißen deswegen auch nicht Shampoo, sondern »Serum«, »Elixier«, »Perfector« oder »Protector«. Insofern ist es auch nicht überraschend, dass Frauen-Produkte in diesem Marktsegment im Durchschnitt zehnmal teurer sind als Männer-Produkte.

Interessante Konsequenzen hat die verbale Beschreibung von Entscheidungsalternativen auch, wenn es um die **Integration oder Aufspaltung von mehreren Zahlungen** bei Vorliegen von Verlustaversion geht. Ein einfaches Beispiel betrifft das Gehalt. Ich frage Sie: Hätten Sie lieber ein Monatseinkommen von 10.000 Euro oder eines von 9.000 Euro mit einem garantierten Jahresendbonus von 12.000 Euro? Aus rein ökonomischer Sicht sind beide Varianten gleichwertig. Sie entsprechen einem Jahreseinkommen von 120.000 Euro. Aber aus psychologischer Sicht wird die zweite Variante den meisten Menschen attraktiver erscheinen. Denn im Nutzenmodell der Prospect-Theorie gilt bei Gewinnen: $U(x) + U(y) > U(x + y)$. Im Beispiel ergibt sich: $U(108.000) + U(12.000) > U(120.200)$. Die zugrundeliegende Idee ist von Richard Thaler viel anschaulicher in folgendem Satz ausgedrückt worden: »Don't wrap all the Christmas presents in one box.« (Thaler 1985, S. 202). Im Verlustbereich sähe es jedoch genau umgekehrt aus. Das nutzen beispielsweise Kreditkartenfirmen aus. Sie ersetzen viele kleine Abbuchungen durch eine große monatliche Abbuchung. Diese Integration mehrerer kleinen Zahlungen fühlt sich für die meisten Menschen besser an. Es gilt im Sinne der Prospect-Theorie im Verlustbereich: $U(-x) + U(-y) < U(-x-y)$, für x und y > 0.

Wir berücksichtigen irrelevante Alternativen

Die Entscheidungen eines Homo oeconomicus sind unabhängig vom Kontext und insbesondere unabhängig von irrelevanten Alternativen. Sie folgen der Annahme transitiver Präferenzen. Die Entscheidungen realer Menschen tun das nicht immer. So wurde vielfach gezeigt, dass wir eine Option als vorteilhafter ansehen, wenn sie im Vergleich mit anderen verfügbaren als mittlere Option erscheint. Extreme Optionen werden vermieden. Verhaltensökonomen nennen das den **Kompromiss-Effekt** (Kelman/Rottenstreich/Tversky 1996). Er zeigt sich beispielsweise bei Kaufentscheidungen für wertvolle Konsumgüter wie Laptops, Fernsehgeräte oder Kameras. Geschulte Verkäufer bieten gerne drei Optionen an, ein sehr teures Gerät, ein sehr günstiges Gerät sowie ein Gerät in der mittleren Preislage. Kunden entscheiden sich dann typischerweise für die mittlere Option, weil sie sehr teure und sehr günstige Angebote instinktiv für unattraktiv halten. Sie vermeiden eben die Extreme. Das wird von den Verkäufern ausgenutzt. Als mittlere Option wird die für das Unternehmen profitabelste Alternative positioniert, nicht die mit dem besten Preis-Leistungs-Verhältnis. Beim Angebot von Waren in Schaufenstern oder Regalen kann dasselbe Prinzip angewendet werden.

Der Kompromiss-Effekt bedeutet, dass unsere Bewertung von Handlungsalternativen dadurch verändert werden kann, dass Alternativen ergänzt oder entfernt werden. Hätten die Kunden im genannten Fall nur zwei Alternativen zur Auswahl, beispielsweise das sehr günstige und das mittlere Gerät, dann könnte es sein, dass sich die eine Hälfte der Kunden für das vergleichsweise günstigere und die andere Hälfte für das vergleichsweise teurere Gerät entscheidet. Ergänzt die Händlerin nun zu ihrem Angebotssortiment ein sehr teures Gerät, so stellt sie sich besser, selbst wenn niemand das teure Gerät kauft. Denn jetzt werden sich deutlich mehr Kunden für das mittlere Angebot entscheiden. In Experimenten waren es 72 Prozent. Umgekehrt funktioniert es genauso. Auch das Hinzufügen einer billigeren Alternative lässt die mittlere Option attraktiver erscheinen. Sie ist jetzt nicht mehr eine von zwei Alternativen, sondern die mittlere von insgesamt drei Alternativen. Und die wird fast immer bevorzugt. Also muss die Händlerin nur noch sicherstellen, dass die mittlere Alternative immer die mit der höchsten Gewinnmarge ist.

Die häufig erfolgende (und ökonomisch unsinnige) Berücksichtigung der dargebotenen Alternativen bei der Bewertung einer Sache passiert auch bei nur zwei Optionen. Die Verhaltensökonomik spricht dann von dem bereits erwähnten **Vergleichseffekt**. Uns erscheinen Optionen immer dann als vorteilhafter, wenn wir klar schlechtere Alternativen vor Augen haben. Auch das wird natürlich ausgenutzt. So zeigen beispielsweise Makler den Kaufinteressenten für ein bestimmtes Haus gerne auch noch ein deutlich schlechteres Haus. Das führt psychologisch dazu, dass die Kaufinteressenten das sie eigentlich interessierende Haus jetzt höher bewerten und deshalb auch bereit sind, mehr dafür zu bezahlen als sie ohne Kenntnis der Vergleichsalternative gezahlt hätten. Auf ähnliche Weise versuchen Menschen instinktiv (oder bewusst), ihre Chancen auf das Kennenlernen eines anderen Menschen in einem Club zu erhöhen, indem sie lieber eine unattraktivere als eine sehr attraktive Begleitperson mitnehmen. In den Augen der anderen Clubgäste sehen sie dann besser aus, als wenn sie allein oder mit einer deutlich attraktiveren Begleitperson aufgelaufen wären.

Sowohl der Kompromiss- als auch der Vergleichseffekt machen menschliche Entscheidungen manipulierbar. Wer die angebotenen Alternativen auswählen kann, der kann auch unmittelbar auf die Auswahlentscheidung Einfluss nehmen. Im Handel sind das die Unternehmen oder die von ihnen beauftragten Verkäufer, die die Kaufentscheidung von Konsumenten beeinflussen. Ähnliches geschieht jedoch auch in Unternehmen und anderen Institutionen, beispielsweise bei der Besetzung von Mitarbeiterstellen oder bei der Wahl von Gremienvertretern. Wenn ich als Chefin des Betriebsrats will, dass eine von mir präferierte Kandidatin für den Betriebsrat mit größerer Wahrscheinlichkeit von der Belegschaft gewählt wird, dann muss ich nur dafür sorgen, dass ein weiterer, offensichtlich ungeeigneter Kandidat ebenfalls zur Wahl steht. Wenn ich als Geschäftsführerin eine Präferenz für die Durchführung eines bestimmten Investitionsprojekts habe, dann stelle ich dem Beirat zwei weitere Projekte zur Auswahl vor, ein wesentlich größeres und teureres sowie ein wesentlich kleineres und billigeres. Dann wird das von mir bevorzugte Projekt als mittlere und damit als attraktivste Option wahrgenommen werden. Wer über die angebotenen Alternativen bestimmt, der bestimmt maßgeblich auch das Ergebnis.

Wir ignorieren Informationen, die als Warnungen dargestellt werden

Es gibt eine intensive Debatte, ob und wann der Staat Unternehmen dazu zwingen soll, auf bestimmte Gefahren des Konsums oder der Nutzung von deren Produkten hinzuweisen. Das klassische Beispiel sind Zigaretten. Die gesundheitsschädliche Wirkung des Rauchens ist allgemein bekannt. Niemand wird mehr ernsthaft behaupten können, er wisse nicht, dass Rauchen die Wahrscheinlichkeit einer Krebs- oder Herz-Kreislauferkrankung erhöht. Dennoch sind in vielen Ländern der Welt immer neue Informationserfordernisse für die Zigarettenhersteller eingeführt worden. In Deutschland sind seit Mai 2016 sogenannte **Schockbilder** auf den Verpackungen von Tabakerzeugnissen vorgeschrieben. Sie zeigen verschiedene Krebserkrankungen, Operationsnarben oder schwerkranke Menschen. Die Bilder sind in der Tat schockierend und sollen Menschen vom Zigarettenkonsum abschrecken. Allerdings scheint dieser gewünschte Effekt nicht einzutreten. Der Absatz von Zigaretten ist nach Einführung der Vorschrift nicht merklich zurückgegangen. In Befragungen geben Raucher und Raucherinnen an, dass die Schockbilder für ihre Kaufentscheidung irrelevant sind. Sie werden einfach gar nicht beachtet.

Eine ähnliche Debatte wird bei der Auszeichnung von Lebensmitteln geführt. Auch hier gibt es den politischen Wunsch, Konsumenten über den Nährstoffgehalt sowie potenzielle gesundheitsschädliche Inhaltsstoffe eines Produkts zu informieren. Ein typisches Beispiel für solche Initiativen ist die verpflichtende Angabe des Zuckergehalts in Erfrischungsgetränken oder in Milchprodukten. Ein anderes Beispiel ist der verpflichtende Hinweis auf den Fett- und Salzgehalt von Produkten wie Wurst oder Käse. Oft wird die einfache Angabe von Inhaltsstoffen als nicht ausreichend angesehen. Die Warnung vor potenziell gesundheitsschädlichen Lebensmitteln soll dann deutlicher und leichter verständlich erfolgen. Ein typisches Beispiel sind **Lebensmittelampeln**. In Großbritannien werden sie schon seit 2004 verwendet, in Deutschland gibt es seit November 2020 einen ähnlichen »Nutriscore«. Bei solchen Lebensmittelampeln signalisiert die Farbe Grün ein unbedenkliches Produkt, die Farbe Gelb steht für eine mittlere Bewertung, die Farbe Rot zeigt potenziell gesundheitsgefährdende Inhalte. Der empirische Nachweis steht noch aus, aber auch hier besteht die Befürchtung, dass Konsumenten die Warnhinweise schlicht ignorieren, dass die Nutriscores also keinerlei Wirkung auf das Kaufverhalten zeigen.

Verhaltensökonomische Studien haben sich mit der Frage befasst, wie Warnhinweise möglicherweise effektiver gestaltet werden können. Diese Studien haben ergeben, dass warnende Informationen wie Schockbilder und Lebensmittelampeln **nur unter bestimmten Voraussetzungen** die erwünschte Wirkung zeigen (Zamir/Teichman 2018, S. 351). Erstens müssen sie wahrgenommen und gelesen werden. Das ist bei sehr klein gedruckten Inhaltsangaben, wie man sie beispielsweise auf Joghurtbechern findet, schon sehr unwahrscheinlich. Es ist auch unwahrscheinlich, wenn es sich um regelmäßig konsumierte Produkte handelt. Wer liest schon immer aufs Neue vor dem Kauf am Supermarktregal, was genau in der Käsepackung drin ist? Zweitens müssen Warnhinweise verstanden werden. Instrumente wie die

Lebensmittelampel sollen dieses Verständnis fördern. Auch einfach zu sortierende Energieeffizienzklassen, wie sie auf Elektrogeräten angezeigt werden, dienen einem leichten Verständnis. Drittens müssen Warnhinweise eine Verhaltenswirkung auslösen. Psychologische Phänomene wie Selbstüberschätzung oder die Kontrollillusion stehen dieser Verhaltenswirkung jedoch entgegen. Wir wissen zwar, dass Rauchen Krebs auslöst, aber wir glauben nicht, dass es uns persönlich treffen wird. Wir sehen zwar, dass Cola viel Zucker enthält, aber wir reden uns ein, dass wir sie nur maßvoll konsumieren.

Warnhinweise gibt es nicht nur bei Tabakwaren und Lebensmitteln. Wenn ein Unternehmen an die Börse geht und seine Aktien zum Kauf anbietet, dann muss ein Emissionsprospekt erstellt werden. Er listet alle Risiken und Unwägbarkeiten auf. Ich weiß nicht, ob Sie schon einmal einen solchen Emissionsprospekt gelesen haben, aber er hat eher kaufverhindernden als werbenden Charakter. Die Formulierungen sind bewusst juristisch abschreckend gehalten. Die Darstellung von Gefahren, Risiken und drohenden Verlusten steht im Vordergrund. Und doch kaufen immer viele Privatanleger die Aktien von neu an der Börse notierten Unternehmen. Wahrscheinlich lesen sie die umfangreichen Emissionsprospekte gar nicht. Wer sie liest, versteht sie wahrscheinlich nicht richtig. Und wer sie liest und versteht, der lässt sich trotzdem nicht abschrecken, weil er auf seine eigenen Kapitalmarktkenntnisse und Prognosefähigkeiten vertraut. Auch auf vielen anderen Produkten finden sich Warnhinweise, zum Beispiel bei Kindersitzen für Autos, auf Kaffeebechern oder an Elektrogeräten. Sie dienen in erster Linie der juristischen Absicherung der Hersteller gegen Produkthaftungsklagen. Ob sie sich auch auf das Verhalten von Kunden auswirken, kann nicht generell beantwortet werden. Bei Fragen der korrekten Installation und Montage mag das so sein. Bei Fragen des laufenden vorschriftsmäßigen Gebrauchs sind schon eher Zweifel angebracht.

Wir berücksichtigen unsere früheren Entscheidungen

Psychologen wissen seit langem, dass unsere tatsächlichen Entscheidungen von früheren Entscheidungen abhängen, von denen sie eigentlich nicht abhängen dürften. Das gilt allen voran für Kosten oder Investitionen, die man in der Vergangenheit aufgewendet hat und die sich nicht wieder rückgängig machen lassen. Man nennt solche Aufwendungen **versunkene Kosten**. Sie sind für zukünftige Entscheidungen theoretisch irrelevant, weil sie sich eben nicht mehr rückgängig machen lassen. Wir sollten sie gar nicht wahrnehmen, wenn es um eine aktuelle Entscheidung geht, tun es aber doch. Insbesondere versuchen Menschen, die früher getroffene Entscheidung zu rechtfertigen. Das bewirkt eskalierendes Commitment. Wir wollen uns und anderen gegenüber nicht eingestehen, dass wir eine falsche Entscheidung getroffen und einen Verlust erlitten haben. Eher investieren wir noch mehr in ein Projekt oder unternehmen noch weitergehende Anstrengungen, um die frühere Entscheidung doch noch richtig werden zu lassen. Dahinter steht vor allem unsere Aversion gegenüber sicheren Verlusten (Zamir/Teichman 2018, S. 57).

Sie kennen entsprechende Situationen wahrscheinlich sehr gut. Denn versunkene Kosten beeinflussen unser aller Verhalten stark. Es ist nicht leicht, sich einfach mit einem Verlust abzufinden. Es ist nicht leicht, sich einen Irrtum oder einen dummen Fehler einzugestehen. Noch schmerzhafter ist es, vor anderen Leuten seinen Fehler zuzugeben und dann wie ein Idiot dazustehen. Es besteht bei allen von uns das Bestreben, die versunkenen Kosten aus unseren bisherigen Entscheidungen durch zukünftige Entscheidungen zu rechtfertigen bzw. »wieder hereinzuholen«. Insbesondere besteht die Tendenz, bei einer einmal getroffenen Entscheidung zu bleiben, um die versunkenen Kosten dieser Entscheidung vernünftig erscheinen zu lassen. Folglich sind wir bei vielen wichtigen Entscheidungen, bei denen wir versunkene Kosten sehen, zögerlich. Wir bleiben lieber beim Status quo. Wir scheuen vor Veränderungen zurück, selbst wenn sie das Potenzial haben, unser Leben viel besser zu machen.

Wie stark die Auswirkung versunkener Kosten auf die Entscheidungsfindung von Menschen ist, zeigen einige berühmte Experimente. So ließen Psychologen Versuchsteilnehmer an einer echt erscheinenden Bushaltestelle auf einen Bus warten. In regelmäßigen Abständen wurden die betreffenden Personen gefragt, ob und wie lange sie noch weiter auf den Bus warten wollten. Das faszinierende Ergebnis dieser Studie war: Je länger die Versuchspersonen bereits auf den Bus gewartet hatten, desto höher lag ihre Bereitschaft, noch weiter zu warten. Das ist durchaus überraschend, denn es wird ja irgendwann immer unwahrscheinlicher, dass der Bus noch kommt. Viel wahrscheinlicher ist, dass es mit dem Bus irgendein Problem gibt und er daher heute ausfällt. Aber die Versuchsteilnehmer hatten eben schon erheblich viel Zeit investiert, um auf den Bus zu warten, und wollten diese Zeit nicht einfach als verloren oder sinnlos abhaken. Die Psychologen fragten übrigens auch explizit nach dem Grund des weiteren Wartens. Die Antworten waren ähnlich und eindeutig: »Wir haben schon so lange auf den Bus gewartet, jetzt warten wir auch weiter. Denn der Bus muss ja irgendwann kommen.« Sie ahnen schon, was in dem Experiment tatsächlich passierte: Der Bus kam nie, genau wie im richtigen Leben. Trotzdem warteten die Menschen weiter.

Sogar im Ultimatumspiel, das wir weiter oben vorgestellt hatten, wirken sich versunkene Kosten aus. In einer Variante des Spiels werden die Teilnehmerinnen und Teilnehmer des Spiels gebeten, vorab 5 Euro für ihre Teilnahme an dem Spiel zu bezahlen. Diese Teilnahmegebühr wird in keinem Fall erstattet. Sie sollte für das Verhalten im Ultimatumspiel also eigentlich unbeachtlich sein. Es sind typische versunkene Kosten. Aber sie ist es in der Realität nicht. Wenn eine Teilnahmegebühr zu zahlen war, dann steigt der Betrag, den Person B mindestens haben will, um einen entsprechenden Vorschlag von A zu akzeptieren, deutlich an. Während es im normalen Ultimatum-Spiel für Person A reicht, 20 Prozent anzubieten, also 2 Euro, werden jetzt im Durchschnitt alle Angebote unter 3,50 Euro von den Spielern B als unfair abgelehnt. Die Spieler versuchen, ihre Teilnahmegebühr in Höhe von 5 Euro im Spiel wieder herauszuholen. Deshalb ist ihnen Fairness noch wichtiger als sonst. Die Zahlungsbereitschaft zur Bestrafung unfairen Verhaltens der anderen Person steigt durch die vorab gezahlte (und eigentlich irrelevante) Teilnahmegebühr signifikant an (Jolls/Sunstein/Thaler 1998).

Das Bestreben, versunkene Kosten zurückzuholen, zeigt sich nicht nur in Experimenten, sondern auch bei Entscheidungen im richtigen Leben. Ein typisches Beispiel ist der Verlust, den Sie mit der **Anlage Ihres Geldes** in eine bestimmte Aktie in der Vergangenheit gemacht haben und den Sie jetzt wieder zurückholen wollen, indem Sie die Aktie halten und auf bessere Kurse hoffen. Ein anderes Beispiel ist die Mühe, die Sie an Ihrem jetzigen Arbeitsplatz aufgewendet haben, um die Organisation zu verstehen, um die Kolleginnen und Kollegen näher kennen zu lernen oder um sich mit der dort verwendeten IT vertraut zu machen. Damit sich diese Mühen lohnen, bleiben Sie Ihrem Arbeitgeber treu und suchen sich keine neue Arbeitsstelle. Wieder ein anderes Beispiel sind die Kosten, die Ihnen für die Auswahl, die Renovierung und den Umzug in Ihre jetzige Wohnung entstanden sind und die Sie davon abhalten, bald noch einmal umzuziehen. Alle diese Kosten sind bereits getätigt und können nicht zurückgeholt werden. Dementsprechend müssten sie theoretisch für alle weiteren Entscheidungen, die Sie treffen, völlig unbeachtlich sein. In der Realität sind sie es jedoch nicht. Menschen versuchen, ihre früheren Entscheidungen zu rechtfertigen und zu bestätigen, indem sie noch weiter in sie investieren.

Wir hören auf (vermeintliche) Autoritäten

Das Hauptproblem einer intendiert rationalen Entscheidung ist immer die mangelnde Verfügbarkeit von Informationen. Sehr oft wissen wir einfach nicht genug, um die für uns beste Entscheidung zu treffen. Und oft können wir die erforderlichen Informationen auch nicht selbst beschaffen, selbst wenn wir noch so lange danach suchen würden. Dann macht es Sinn, wie wir bereits gesehen haben, sich auf das Urteil von Expertinnen und Experten zu verlassen. Nun verfügen auch Experten nicht immer über alle erforderlichen Informationen und können auch nicht alle zukünftigen Entwicklungen vorhersehen, aber sie beschäftigen sich doch hauptberuflich mit bestimmten Problemen. Daher werden sie typischerweise sachkundiger als Laien sein, die bestimmte Entscheidungen nur ganz selten treffen. Wir hatten als Beispiele Anlageberater als Experten für den Kauf von Aktienfonds, Ärzte als Experten für medizinische Fragen oder Immobiliensachverständige als Experten für die Bewertung einer Wohnung genannt. Der Expertenrat steht auch nicht immer kostenlos zur Verfügung, so dass für eine intendiert rationale Entscheidung die Kosten und der Nutzen einer Hinzuziehung von Experten abgewogen werden müssen. Das allein ist schon wieder eine Entscheidung unter Unsicherheit. Und schließlich hatten wir darauf hingewiesen, dass Experten möglicherweise nicht immer im besten Interesse des Auftraggebers beraten, sondern Eigeninteressen verfolgen könnten.

Eine schwierige Frage, die wir bisher ausgeklammert haben, bezieht sich auf den **Expertenstatus**. Wie können wir erkennen, wer auf einem bestimmten Gebiet oder zu einer bestimmten Frage wirklich Experte oder Expertin ist? Manchmal helfen

Titel oder Ausbildungszertifikate. Die Ökonomen sprechen von glaubwürdigen, weil mit Kosten verbundenen Signalen. Eine Ärztin hat ein Medizinstudium absolviert und vielleicht noch einen Doktortitel erworben. Ein Anlageberater hat in seinem Büro ein Zertifikat über einen Lehrgang zum Thema Kapitalmarkttheorie hängen. Eine Immobilienmaklerin gehört dem Verband der Immobilienmakler an und ist vielleicht noch nach einer behördlichen Qualitätsnorm zertifiziert. Allerdings sagen solche Qualifikationssignale noch nichts über die Verhaltensabsichten der betreffenden Personen aus. Sie könnten als Patient ja einer nachweislich exzellent ausgebildeten Ärztin gegenübersitzen, die Ihnen zu einer an sich unnötigen Operation rät, weil sie damit Geld verdient. Und Ihr Bankberater kann sich ja sehr gut mit der Geldanlage auskennen, aber Ihnen trotzdem Produkte des eigenen Hauses empfehlen, weil er dafür eine Prämie bekommt. Und Immobilienmakler haben auch einen klaren Anreiz, Ihnen eine schlechte Immobilie zu empfehlen, nur um möglichst schnell die Maklerprovision einzustreichen.

Die verhaltensökonomische Forschung hat gezeigt, dass Menschen aus diesen Gründen noch einen anderen Entscheidungsmechanismus anwenden. Sie vertrauen auf das Urteil, das Vorbild und die Anweisungen von **Autoritäten**. Dieser Mechanismus scheint sehr tief in uns verankert zu sein. Und er hat uns in unserer Evolution durchaus geholfen. Ein klares und mehrstufiges System von Weisungsbefugnis und Autorität macht es Menschen möglich, über große Distanzen hinweg zu kooperieren und sich in sozialen Gebilden wie Staaten zu organisieren (Harari 2014, S. 191). Gesellschaftliche Organisationen wir Bürokratie, Militär oder Justiz wären ohne klare Hierarchien mit Weisungsbefugnissen und Autorität unmöglich. Insofern ist das Anerkennen von Autorität gesellschaftlich sinnvoll und jedem von uns seit Kindertagen vertraut. Interessant ist jedoch, wie weit wir uns in unseren Entscheidungen Autoritäten unterwerfen und wen wir als Autorität anerkennen. Zu beiden Fragen haben verhaltensökonomische Studien Erstaunliches herausgefunden. Vor allem haben sie gezeigt, dass wir instinktiv schon auf ganz einfache Anzeichen von Status und Autorität reagieren. Es reicht beispielsweise aus, dass jemand gut gekleidet ist und selbstbewusst auftritt. Dann folgen andere Menschen dem Beispiel oder den Anweisungen dieser Person. Auch die bereits angesprochenen Uniformen erzielen denselben Effekt. Sie sind bei Berufsgruppen wie Polizisten oder Soldaten ein bekanntes äußeres Zeichen von Autorität. Überraschend ist nur, dass auch selbst erdachte Phantasieuniformen, wie sie Diktatoren gerne tragen, Autorität ausstrahlen.

Eine der ersten und wichtigsten Studien zur Relevanz von Autorität für menschliche Entscheidungen betraf eine Versuchsanordnung, in der Probanden auf Befehl eines Versuchsleiters anderen Menschen Elektroschocks zufügen sollten. Nennen wir sie die »Opfer«. Das war die berühmte Milgram-Studie (Milgram 1963). Diese Elektroschocks waren eine Strafe für das falsche Beantworten von Testfragen durch die Opfer, ihre Intensität wurde mit jeder falschen Antwort auf eine Frage weiter gesteigert. Sie wurden nicht wirklich ausgeführt, aber das konnten die Probanden nicht wissen. Ihre Aufgabe bestand lediglich darin, die Strafe auszuführen und den Stromstoß auszulösen. Obwohl die Probanden sehen konnten, wie die

Opfer der Elektroschocks (es waren Schauspieler) vor Schmerz schrien und um Beendigung des Experiments flehten, führte ein erschreckend hoher Anteil der Probanden, etwa zwei Drittel, die angeordneten Elektroschocks bis hin zur lebensbedrohlich höchsten Intensität aus. Sie befolgten einfach immer weiter die Anweisungen, die ihnen vom Versuchsleiter als **organisatorische Autorität** zugerufen wurden. Vielleicht werden Sie nun denken, dass es sich bei den Probanden um eine Gruppe von Sadisten oder Menschen ohne jegliche Empathie gehandelt haben muss. Aber das war nicht der Fall. Es waren ganz normale Studierende einer namhaften Universität.

Spätere verhaltensökonomische Studien in anderen Kontexten haben die menschliche Neigung, blind dem Vorbild oder den Anweisungen von Autoritätspersonen zu folgen, eindrucksvoll bestätigt. Ein besonders verstörendes Beispiel sind Kriege. Das Autoritätsprinzip kann Menschen dazu bringen, in Extremsituationen schreckliche Dinge zu tun. Eine Studie hat beispielsweise untersucht, warum Angehörige einer Reserve-Polizeieinheit im Sommer 1942 in einem Dorf in Polen einen Massenmord an jüdischen Frauen und Kindern begingen. Zwar war ein entsprechender Befehl an die Einheit ergangen, aber der Kommandeur hatte den Männern explizit erlaubt, sich nicht zu beteiligen, wenn sie die Aufgabe für unzumutbar hielten. Nur zwölf von 500 Polizisten nahmen das Angebot an und traten beiseite. Alle anderen beteiligten sich an dem Massenmord, obwohl sie weder besondere Antisemiten noch besonders parteitreue Nationalsozialisten waren. Die meisten waren mittleren oder höheren Alters, deshalb im Polizeidienst und nicht Angehörige der Wehrmacht. Fast alle hatten selbst Frauen und Kinder. Es standen ihnen auch nicht irgendwelche Beförderungen oder Orden in Aussicht. Es waren »ganz normale Männer«, wie die entsprechende Studie sie nannte (Browning 1999). Sie folgten den Anweisungen einer Autorität und wollten die Kameraden nicht im Stich lassen.

Ein anderes Beispiel ist die Medizin. Es wird Sie sicher nicht überraschen, dass in Krankenhäusern Ärztinnen und Ärzten als **medizinische Autoritäten** angesehen werden. Und es wird Sie zunächst wahrscheinlich auch nicht überraschen, dass es in Krankenhäusern hierarchische Entscheidungssysteme gibt. Krankenschwestern und Pfleger folgenden Anweisungen von Ärzten. Das erscheint sinnvoll. Geradezu verstörend ist jedoch, wie weit die Autoritätsgläubigkeit geht und welche schlimmen Fehler dadurch in Krankenhäusern gemacht werden (Cialdini 2007, S. 224–225). So waren Pfleger in Experimenten bereit, auf eine telefonische Anweisung irgendeines »Doktors« hin, den sie nicht einmal persönlich kannten, schädliche Dosen eines Medikaments an Patienten zu verabreichen. Als Autoritätsnachweis reichte die Nennung eines Namens mit Doktortitel am Telefon. Krankenschwestern wagen bei kritisch verlaufenden Operationen oft nicht, die operierenden Ärzte auf offensichtliche Fehler hinzuweisen. Studien konnten zeigen, dass der Grund die Autorität der hierarchisch höher gestellten Ärzte ist. Sie lässt es in der Kultur vieler Krankenhäuser nicht zu, dass Pflegepersonal Korrekturhinweise an Ärzte gibt (Syed 2015, S. 6–7).

In manchen Gesellschaften bestimmen auch **religiöse Autoritäten** das Verhalten der Menschen. Bei uns in Westeuropa ist der Einfluss religiöser Würdenträger auf individuelle Ansichten und Entscheidungen im Laufe der Geschichte geringer geworden, aber in anderen Teilen der Welt spielt er immer noch eine große Rolle. Die Geschichte der Menschheit an sich ist deutlich geprägt von der Ausbildung großer Religionen, ihren Verhaltensnormen und der Autorität ihrer jeweiligen Führungsfiguren (Harari 2014, S. 233–263). Die Furcht vor einem allwissenden und strafenden Gott wurde verwendet, um bestimmte prosoziale Verhaltensweisen zu fördern. Alle großen Religionen der Welt entwickelten einen Kanon von Geboten und Verboten, im Christentum beispielsweise in Form der zehn Gebote. Religiöse Autoritäten entschieden bei Zweifelsfragen, was richtig und was falsch ist. Sie genossen hohes gesellschaftliches Ansehen und wurden auch in Fragen zu Rate gezogen, die mit theologischen Fragen nicht viel zu tun hatten. In manchen Ländern ist es noch heute so, dass die Gerichtsbarkeit einer Glaubensgemeinschaft, ausgeübt von einer allseits geachteten religiösen Autorität, für die Menschen mehr Bedeutung hat als staatliche Gesetze. Manchmal gehen staatliche Autorität und religiöse Autorität auch ineinander über. Dann ist der oberste religiöse Würdenträger gleichzeitig auch die höchste staatliche Entscheidungsinstanz. Ein Beispiel ist der Iran.

Weniger dramatische, aber nicht minder interessante Beispiele der Auswirkungen von Autorität auf unsere Entscheidungen finden sich im Marketing. Hier hat die Forschung gezeigt, dass wir nicht nur auf Autoritätspersonen an sich reagieren, sondern auch auf die äußeren Merkmale von Autorität. Diese **symbolische Autorität** geht weit über die bereits genannten akademischen Titel oder Uniformen hinaus. Es reicht aus, dass Kunden gedanklich eine bestimmte Information mit einer Autorität assoziieren. Das sieht man oft in der Werbung. So werden Medikamente fast immer von Schauspielern empfohlen, die einen weißen Kittel tragen. Das erinnert an die Autorität von Ärzten. Es gab sogar einmal eine Werbung für Zahnpasta, die von einer »Zahnarztfrau« präsentiert wurde. Das stand exakt so unter ihrem Foto. Offensichtlich reicht es schon aus, mit einem Zahnarzt verheiratet zu sein, um als Autorität für Zahnpflege gelten zu können. Am lustigsten finde ich persönlich, dass Schauspieler aus populären Arztserien ebenfalls glaubhaft und sehr effektiv Werbung für Medikamente machen können. Die Menschen kennen diese Schauspieler als »den Landarzt« oder »die Bergärztin«, müssten aber trotzdem rational wissen, dass es einfach nur Schauspieler sind. Die Assoziation mit dem Arztberuf reicht aber offensichtlich als Autoritätsnachweis aus. Die Kunden kaufen das angepriesene Medikament deutlich häufiger, als wenn es von einem anderen Schauspieler beworben wird.

Unsere Anfälligkeit für eine Beeinflussung durch selbsternannte Autoritäten oder Symbole von Autorität wird natürlich nicht nur im Marketing ausgenutzt. Das Militär, der Inbegriff einer hierarchischen Organisation, nutzt Uniformen, Ehrenzeichen und Dienstgrade ebenfalls als sichtbare Zeichen von Autorität. Auch Politiker, Vertreter und Verkäufer achten auf gute Kleidung, um Autorität auszustrahlen. In Unternehmen dienen **Titel und Statussymbole** als Zeichen von Autorität. Menschen fahren teure Autos, weil ihnen dadurch mehr gesellschaftlicher Status und mehr Autorität zugeschrieben wird. In der Wissenschaft dienen akademische Titel, Institutsmitgliedschaften und Ehrenbezeichnungen als Nachweis von fachlicher Kompetenz und Autorität. Sogar in der Gestaltung von Gebäuden wird die tief in uns verwurzelte Autoritätshörigkeit ausgenutzt. Chefs sitzen bevorzugt in der obersten Etage und im größten Büro eines Gebäudes. Sie haben große (leere) Schreibtische. Der Weg für Besucher zu diesem Schreibtisch ist möglichst weit, was den Statusunterschied zwischen ihnen und dem Chef oder der Chefin spürbar macht. Kirchen sind so hoch gebaut, dass sich die einzelnen Gläubigen in ihnen ganz klein und unbedeutend vorkommen.

Wir hören auch deswegen gerne auf Autoritäten, weil es unsere Mitmenschen ebenso tun. Wir fühlen uns generell wohler, wenn wir uns wie die Angehörigen unserer sozialen Bezugsgruppe verhalten. Man kann auch sagen: »Wir tanzen nicht gerne aus der Reihe« (Gigerenzer 2008, S. 193). Wir lernen zudem vom Anfang unseres Lebens an nicht nur aus eigenen Erfahrungen, sondern auch vom **Verhalten unserer sozialen Bezugspersonen**, also den natürlichen Autoritäten. Bereits im Kindesalter erzählen uns die Eltern und Großeltern, was wir zu tun und zu lassen haben. Sie warnen uns vor Gefahren, denen wir uns nicht aussetzen sollten. In Unternehmen sind es die Chefs oder die erfahrenen Kollegen, die neuen Mitarbeiterinnen und Mitarbeitern sagen, »was hier getan wird und was nicht«. Im privaten Umfeld sind es die (echten oder selbsternannten) Expertinnen und Experten, die uns Tipps geben, welche Entscheidungen richtig und welche zu riskant sind und daher lieber nicht getroffen werden sollten. Wir wagen nur selten, uns anders zu verhalten als Autoritäten, insbesondere wenn wir selbst nicht viel über alternative Entscheidungsoptionen wissen. Wir hören eher auf den Rat von Personen aus unserem sozialen Umfeld, als neue Dinge auszuprobieren, Routinen aufzugeben oder eigene Erfahrungen zu machen.

Wir berücksichtigen, ob unser Verhalten beobachtbar ist (oder nicht)

Wenn wir klare Präferenzen haben, dann dürfte es eigentlich keine Rolle spielen, ob jemand anderes unsere Entscheidung oder unser Verhalten beobachten kann. Wenn ich einer gemeinnützigen Organisation Geld spenden will, dann sollte ich denselben Betrag spenden, egal ob meine Spende geheim bleibt oder veröffentlicht wird. Wenn ich der Überzeugung bin, dass ich meinen Müll nicht einfach auf den Gehweg werfen will, dann sollte ich ihn auch dann nicht auf den Gehweg werfen, wenn ich unbeobachtet bin. Wenn ich jemandem helfen will, dann dürfte es keine Rolle spielen, ob noch andere potenzielle Helfer verfügbar sind oder nicht. Und doch ist es nicht so. Menschen haben den starken Wunsch nach Anerkennung. Sie wollen vor anderen Menschen gut dastehen. Es spielt eine große Rolle für unsere Entscheidungen, ob sie beobachtbar sind oder nicht. Die Verhaltensökonomen sprechen vom **Image-Effekt**. Unter Beobachtung verhalten Menschen sich tendenziell anders, als wenn sie sich unbeobachtet wähnen. Man kann es auch konkreter sagen: Wir benehmen uns besser, wenn uns Mitmenschen sehen können, und schlechter, wenn wir allein sind.

Besonders deutlich kann man diesen Image-Effekt erkennen, wenn es um soziales Engagement und **prosoziales Verhalten** geht. Menschen tun eher und mehr

153

Gutes, wenn es sichtbar ist und dann von anderen Menschen positiv beurteilt wird (Falk 2022, S. 35). Auf Spendengalas wird mehr Geld gegeben, wenn die Namen der Spender und die Höhe ihrer Spenden veröffentlicht werden. In Kirchen erhöht sich die Kollekte, wenn sie nicht in einem Beutel, sondern auf einem flachen Teller eingesammelt wird. Dann sieht nämlich jeder, was der Vorgänger oder die Vorgängerin gegeben hat. Universitäten veröffentlichen die Namen von Spendern, indem sie beispielsweise Gebäude, Räume, oder sogar einzelne Plätze in Hörsälen nach diesen Spendern benennen. Das steigert die Spendenbereitschaft signifikant. Wenn es sich um sehr große Beträge handelt, die Personen einer Universität oder einer Fakultät als Spende zukommen lassen, dann sind sogar Umbenennungen der Institution möglich (und in den USA weit verbreitet). Das erklärt Namen von Fakultäten wie die McCombs School of Business in Austin, die Otto Beisheim School of Management in Vallendar oder die Kühne School of Logistics in Hamburg. Die Sponsoren tun also Gutes, sie sind Philanthropen, aber der angenehme Nebeneffekt besteht darin, dass dieses Verhalten sehr deutlich für den Rest der Welt sichtbar wird.

Auch negatives Verhalten wird durch Image-Effekte begrenzt oder verringert. Sobald man in einer Organisation offene Büros oder Glaswände einbaut, wird weniger Arbeitszeit auf private Aktivitäten verwendet. Kaum jemand will im beruflichen Umfeld von allen Kolleginnen und Kollegen als Drückeberger oder Faulenzer erkannt werden. **Egoistisches Verhalten** wird in Verhaltensexperimenten seltener beobachtet, wenn sich die Teilnehmer persönlich begegnen und ihre Entscheidungen gegenseitig sehen können. In Klausuren an Universitäten wird weniger betrogen, wenn mehrere Studierende zusammen in einem Raum sitzen, als wenn jeder die Klausur nur für sich online von zuhause aus schreibt. Wenn viele Menschen in einem Park unterwegs sind, wird weniger Müll auf die Gehwege geworfen, als wenn Menschen allein und unbeobachtet durch den Park gehen können. Auch hier wollen wir vor unseren Mitmenschen lieber gut dastehen. Nicht immer führt das Gefühl, beobachtet zu werden, jedoch zu sozial erwünschtem, also besserem Verhalten. Hilfeleistungen bei Verkehrsunfällen finden beispielsweise seltener statt, wenn viele Menschen sie gemeinsam beobachten. Wähnen wir uns ganz allein, dann helfen wir. Instinktiv wissen wir, dass es jetzt nur von uns abhängt, ob dem Opfer geholfen wird. Haben wir jedoch das Gefühl, dass es noch viele andere Beobachter der Szene gibt, dann vertrauen wir darauf, dass schon jemand anderes helfen wird, und tun selbst nichts.

Für diesen Effekt, der auch als **Diffusion von Verantwortung** bezeichnet wird, gibt es ein berühmtes Beispiel. Im Jahr 1964 wurde eine junge Frau in New York ermordet. Ihr Name war Kitty Genovese. Dieser Mord ist an sich schon schlimm. Wirklich schockierend war aber eine Analyse der New York Times, die zwei Wochen später erschien. Sie zeigte, dass mehrere Dutzend Menschen die Tat gehört oder gesehen hatten. Keiner von ihnen griff jedoch ein oder rief die Polizei (Falk 2022, S. 195–196). Nähere Befragungen der Zeugen und spätere Experimente ergaben dann den Grund für diese schockierende Passivität. Die Zeugen waren davon überzeugt, dass bestimmt schon jemand anderes die Polizei rufen oder Hilfe leisten würde. Verhaltensökonomen sprechen von der individuellen Überzeugung, nicht pivotal zu sein, also mit dem eigenen Verhalten keine Auswirkung auf den weiteren Verlauf der Situation zu haben. Da so viele Menschen Kitty Genovese hätten helfen können, tat es am Ende niemand. Wäre der Überfall auf sie dagegen von nur einem Menschen beobachtet worden, wäre ihr eher geholfen worden. Dieser Mensch hätte womöglich erkannt, dass nur er helfen kann, dass sein Verhalten für das Opfer also pivotal ist. Sicher kann man bei einem solchen Beispiel allerdings nicht sein. Etliche Zeugen des Mordes an Kitty Genovese sagten aus, dass sie Angst vor dem Mörder gehabt hätten oder nicht in das Verbrechen mit hineingezogen werden wollten.

Wir sind von unseren Stimmungen beeinflusst

Ein Befund der verhaltensökonomischen Forschung, der vielleicht am stärksten vom Menschenbild der klassischen Ökonomie abweicht, ist der starke Einfluss von momentanen Emotionen auf unsere Entscheidungen. **Wir entscheiden stimmungsabhängig**. Das wurde in unzähligen psychologischen Studien festgestellt und betrifft praktisch alle Lebensbereiche. Ich will hier nur einige wenige Beispiele nennen, die Ihnen wahrscheinlich alle vertraut vorkommen, weil Sie selbst auch davon betroffen sind. Ein scheinbar trivialer, aber wirkmächtiger Einflussfaktor auf unsere Stimmungen und damit auf unser Verhalten ist das Wetter. Wenn die Sonne scheint, geben Kunden in Restaurants systematisch mehr Trinkgeld. Bei Sonnenschein liegen auch die durchschnittlichen Renditen an der New Yorker Börse höher als an bedeckten Tagen, Anleger kaufen also mehr Wertpapiere. Ein anderer Faktor sind die Ergebnisse von Sportereignissen. Wenn die Nationalmannschaft eines Landes im Fußball verliert, dann sinken am nächsten Tag die Durchschnittsrenditen an der Börse dieses Landes. Wenn es ein wichtiges Spiel war, zum Beispiel im Rahmen einer Weltmeisterschaft, dann sind die negativen Effekte auf die Aktienkurse noch deutlich stärker. Ein dritter Einflussfaktor sind private Erlebnisse und Zustände. Wenn Menschen sich mit ihren Ehepartnern gestritten haben, geben sie weniger Geld für wohltätige Zwecke. Das Gleiche gilt, wenn sie längere Zeit nichts mehr gegessen haben. Und wenn wir verliebt sind, dann spenden wir mehr.

Es ist schon im Privatleben hinreichend irritierend, dass unsere Entscheidungen so stark durch unsere Stimmungen beeinflusst werden. Wenn es allerdings um berufliche Situationen oder um hoheitliche Entscheidungen geht, sind emotionale Einflüsse ein noch viel größeres Problem. Ein bereits genanntes Beispiel für Menschen, deren Entscheidungen in Abhängigkeit von Emotionen stark variieren, sind **Richter und Richterinnen**. Empirische Studien weisen nach, dass sie zu ein und demselben Vergehen je nach Wetterlage, je nach dem Ergebnis eines Fußballspiels am Vorabend oder je nach Tageszeit mal höhere und mal geringere Strafen aussprechen (Eren/Mocan 2018). Diese Art von Streuung in der Rechtsprechung ist aus moralischer Sicht unakzeptabel, zumal die empirisch beobachtbare Varianz riesig ist. Für einen Banküberfall mit identischen Begleitumständen reichte das von US-amerikanischen Richtern verhängte Strafmaß von 3 bis 20 Jahren Gefängnis. Für Drogenhandel, erneut in gleichem Umfang und unter gleichen Rahmenbedingungen, gingen Straftäter zwischen einem und zehn Jahren ins Gefängnis. Und auch bei kleineren Delikten wie dem Besitz von Marihuana variiert das beobachtete Strafmaß zwischen Bewährung und einem Jahr Gefängnis (Kahneman/Sibony/Sunstein 2021, S. 14–17).

Ein zweites, ebenfalls bereits genanntes Beispiel für die Verhaltensrelevanz von Stimmungen sowie physischer und psychischer Verfassung sind **Ärztinnen und Ärzte**. Das ist ein nicht minder beunruhigendes Beispiel. Denn Stimmungen sollten gerade für fachliche Urteile, bei denen es buchstäblich um Leben und Tod geht, keine Rolle spielen. Sie tun es aber. Der wichtigste Einflussfaktor scheint eindeutig das Stressgefühl zu sein. Morgens sind Ärztinnen und Ärzte noch ausgeschlafen und arbeiten sorgfältig. Im Laufe des Tages werden sie jedoch immer müder und immer angestrengter, häufig laufen sie ihrem Zeitplan hinterher. Dann variieren die Diagnosen immer stärker und Überweisungen zu Fachärzten werden seltener vorgenommen (Crombie/Cross/Fleming 1992). Betrachtet man noch wichtigere medizinische Aufgaben wie Operationen oder Notfallbehandlungen, dann wird klar, wie wichtig es ist, dass Stress und Überarbeitung vermieden werden. Das zeigen auch Erzählungen von eigentlich harmlosen Operationen, die durch stressbedingte Fehlentscheidungen von Anästhesisten und Operateuren schieflaufen und den betroffenen Patienten das Leben kosten (Syed 2015, S. 5–7).

Stimmungen haben ganz offensichtlich auch einen **Einfluss auf unsere Wahrnehmung**. Bei guter Stimmung nehmen wir Produktangebote als attraktiver wahr und kaufen mehr, bei schlechter Stimmung weniger. Wenn wir uns gut fühlen, erscheinen uns andere Menschen eher als freundlich. Umgekehrt gibt es ebenso einen Effekt. Das Wahrnehmen eines gekauften Produktes oder eines anderen Menschen löst neue Emotionen aus. Im positiven Fall sind es Glücksgefühle, im negativen Fall Enttäuschungen. In der psychologischen Forschung sind Stimmungen noch weiter differenziert worden. So kann eine negative Stimmung beispielsweise aus Wut, aus Traurigkeit oder aus Angst entstehen. Jedes Gefühl bewirkt etwas anderes für unser Verhalten. So ist es wahrscheinlich, dass ein wütender Mensch weniger genau nachdenkt, bevor er etwas sagt oder handelt, während ein trauriger Mensch eher tiefer und länger nachdenkt (Lerner/Li/Valdesolo/Kassam 2015). Sicher ist jedoch, dass Stimmungen vergänglich sind. Wenn wir also befürchten, dass wir stimmungsabhängig Dinge übersehen oder falsch wahrnehmen, dann hilft es, ein wenig abzuwarten. Das gilt auch für überstürzte Entscheidungen, die wir angesichts spontaner Stimmungen oder Emotionen treffen. Es wird nicht immer einfach sein, eine solche Impulskontrolle umzusetzen. Aber das Erkennen der eigenen Stimmung dient sicherlich als notwendiger erster Schritt dazu.

Zusammenfassung

1. Die Formulierung eines Entscheidungsproblems beeinflusst maßgeblich unser Verhalten. Wir reagieren auf eigentlich irrelevante Alternativen und ignorieren warnende Informationen.
2. Wir berücksichtigen unsere früheren Entscheidungen. Insbesondere versuchen wir, bereits erlittene Verluste und (versunkene) Kosten wieder zurückzuholen.
3. Wir hören auf Autoritäten, auch wenn wir deren Expertise gar nicht richtig beurteilen können.
4. Es spielt eine Rolle, ob unser Verhalten von anderen Menschen beobachtet wird oder nicht. Unter Beobachtung zeigen wir eher soziales Verhalten. Wenn wir uns unbeobachtet fühlen, handeln wir eher egoistisch.
5. Je schlechter wir gestimmt oder je müder wir sind, desto mehr verlassen wir uns auf intuitive Schnellschüsse.

9 Unsere Entscheidungs-Heuristiken

Wir optimieren nicht, sondern erfüllen nur Anspruchsniveaus

Einer der frühesten Beiträge zur Verhaltensökonomik stammt von dem im ersten Kapitel bereits erwähnten Nobelpreisträger Herbert Simon. Er hat die These aufgestellt, dass sich Menschen angesichts der oft schwierigen Informationsbeschaffung und der vielen täglich zu treffenden Entscheidungen an einem vorgegebenen Anspruchsniveau orientieren, statt alles zu optimieren. Er nennt das »satisficing« (Simon 1955). Wenn wir eine Lösung für ein Problem oder eine Entscheidungsalternative gefunden haben, bei der unsere Ziele erreicht werden, dann nehmen wir sie und suchen nicht weiter nach noch besseren Lösungen oder Alternativen. Der Theorie von Simon zufolge geht es Menschen nicht darum, immer das Optimum zu finden, es geht um die **Erfüllung von Anspruchsniveaus**. Es reicht, wenn etwas gut genug ist. Es muss nicht das Bestmögliche sein. Die Idee der Erfüllung von Anspruchsniveaus ist hoch plausibel. Wir haben bereits gesehen, dass die Kosten der Informationsbeschaffung prohibitiv hoch sein können und damit eine Optimierung im Sinne der klassischen ökonomischen Theorie verhindern, vor allem wenn viele Entscheidungsalternativen zur Verfügung stehen.

Der Kauf eines Hauses ist für mich das typische Beispiel. Es kostet einfach zu viel Zeit und Mühe, jedes angebotene Haus in einem angemessenen Radius um den gewünschten Wohnort herum anzuschauen oder gar bewerten zu lassen. Ähnliches gilt, wenn Sie in einer fremden Stadt zu Gast sind und ein Restaurant für das Mittagessen suchen. Sie könnten sich jetzt durch Internetkarten durcharbeiten und zu jedem Restaurant die Kundenbewertungen in Erfahrung bringen. Sie könnten sogar bei mehreren Restaurants vorbeigehen, die Karte studieren und das Ambiente bewerten. Aber das lohnt sich typischerweise nicht. **Der Aufwand einer umfassenden Marktstudie ist zu hoch** angesichts der Vielzahl der Angebote und der verbleibenden Unsicherheit hinsichtlich der Qualität des angebotenen Essens. Deshalb werden Sie wahrscheinlich etwas anderes tun. Sie werden das erstbeste Restaurant in der Nähe aufsuchen, das nett aussieht und noch einen freien Tisch hat. Das Finden der optimalen Alternative im Sinne der klassischen Ökonomie streben Sie für ein Mittagessen in einer fremden Stadt gar nicht an. Die Suchkosten sind der begrenzende Faktor für Ihre Optimierung.

Zudem lässt sich eine Lösung durch weitere Informationsbeschaffung oft gar nicht mehr oder nur noch marginal verbessern. Wenn ich etwas Alltägliches wie Butter kaufen will, dann macht es keinen Sinn, die Butterpreise in allen Supermärkten meines Wohnorts zu erheben und die absolut billigste Butter zu suchen. Sobald ich ein hinreichend günstiges Angebot gefunden habe, kann ich die Butter dort kaufen. Selbst wenn ein anderer Supermarkt die Butter noch günstiger anbieten sollte, wird es doch nur noch um wenige Cent Differenz gehen. Diese geringfügige zusätzliche Ersparnis ist die Mühe einer fortgesetzten Marktstudie nicht wert. Ähnliches gilt für die Qualität des Angebots. Solange die Unterschiede marginal sind, was bei Butter wahrscheinlich der Fall ist, lohnt sich eine langwierige Suche nach der am allerbesten schmeckenden oder der gesündesten Butter auch nicht. Die theoretische Erklärung für die Erfüllung eines Anspruchsniveaus anstelle einer Optimierung sind dann die abnehmenden Grenznutzen. Es ist zwar möglich, die Zielerreichung weiter zu verbessern, aber der Grad der zusätzlichen Zielerreichung pro Einheit eingesetzter Mühe (Zeit, Geld) nimmt immer weiter ab. Irgendwann liegt der Grenznutzen typischerweise sogar bei null.

Das Erfüllen von Anspruchsniveaus kann weiterhin mit mentaler Buchhaltung und damit auch ganz ohne die Existenz von Informationskosten verhaltensökonomisch erklärt werden. Dieser Theorie zufolge optimieren wir in vielen Situationen »**von Tag zu Tag**«, aber nicht über längere Zeiträume. Ein berühmtes Beispiel sind Taxifahrer in New York City (Camerer et al. 1997). Sie müssen ihrem Taxiunternehmen eine feste Gebühr für die zwölfstündige Nutzung ihres Taxis bezahlen, können alle Einnahmen behalten und entscheiden darüber, wie lange sie jeden Tag fahren. Manche Tage sind besser ausgelastet, zum Beispiel weil es regnet oder weil viele Besucher in der Stadt sind. Rational wäre es unter diesen Umständen, an guten Tagen länger zu fahren und an schlechten Tagen weniger lange. Faktisch ist es aber genau umgekehrt. Die Taxifahrer setzen sich ein festes Einkommensziel pro Tag. Sobald dieses Ziel erreicht ist, beenden sie ihre Schicht. Demzufolge fahren sie an guten Tagen nicht länger, sondern kürzer, weil sie ihr Einkommensziel früher erreichen können. An schlechten Tagen fahren sie länger herum, nämlich wieder genau so lange, bis sie ihr Zieleinkommen für den Tag erreicht haben. Eine Optimierung über mehrere Tage würde natürlich zu höheren Gesamteinnahmen führen, aber auch zu stärker schwankenden Tageseinnahmen. Attraktiver scheint im Falle der Taxifahrer eindeutig die Orientierung an einem festen Tageseinkommen zu sein.

Die Theorie der Erfüllung von Anspruchsniveaus wirft natürlich die Frage auf, wie Menschen ihre Zielvorgabe festlegen. Ab welchem **Grad der Zielerfüllung** kommen wir zum Ergebnis, dass eine Lösung gut genug ist? Was wissen wir überhaupt über die Qualität einer Lösung? Das hängt offensichtlich von der Art des Gutes ab (Earl 2022, S. 57). Wenn es sich um Informationsgüter handelt, dann können wir die Qualität selbst prüfen. Ein Beispiel wäre der Kauf einer Banane im Supermarkt. Anhand der Farbe, des Aussehens und des Geruchs können Sie die Qualität halbwegs verlässlich feststellen. Wenn es sich um Erfahrungsgüter handelt, dann wissen Sie erst nach der Nutzung, wie die Qualität war. Ein Beispiel ist der eben erwähnte Restaurantbesuch. Ob das Essen Ihnen schmeckt und gut bekommt, das wissen Sie erst nachher. Hier wird es also schon schwieriger, ex ante die Erfüllung Ihres Anspruchsniveaus sicherzustellen. Noch schwieriger wird es, wenn es sich um Vertrauensgüter handelt, deren Qualität Sie nie sicher feststellen können. Ein Beispiel ist ein Medikament. Hier müssen Sie sich weitgehend darauf verlassen, was der Hersteller oder die verschreibende Ärztin sagt. Ob das Medikament wirklich wirkt und welche Nebenwirkungen es hat, erfahren Sie in vielen Fällen nie. Selbst wenn Sie schnell gesund werden, heißt das noch nichts. Denn vielleicht wären Sie ja auch ohne das Medikament genauso schnell wieder gesund geworden.

Es wäre auch denkbar, dass die Zielvorgabe oder das Anspruchsniveau keine konstante Größe ist, sondern sich im Lauf der Suche nach Informationen und der Informationsverarbeitung verändert. **Ein variables Anspruchsniveau** bedeutet, dass wir unsere Informationsbeschaffung nicht immer zum gleichen Zeitpunkt beenden. Es bedeutet auch, dass gut genug nicht immer die gleiche Qualität bezeichnet. Das lässt sich anhand einiger Beispiele illustrieren. Beginnen wir mit dem Kauf eines Hauses. Wir starten unsere Suche nach einem geeigneten Haus vielleicht mit hohen Erwartungen an Lage, Qualität und Zuschnitt, die wir dann angesichts der verfügbaren Optionen nach und nach etwas zurückfahren müssen. Unsere ernüchternden Erkenntnisse bewirken, dass das Anspruchsniveau sinkt. Ähnliches kann in einem anderen Beispiel passieren. Wir suchen nach guten Anlagemöglichkeiten am Kapitalmarkt, geben eine Mindestrendite als Anspruchsniveau vor und lernen dann, dass wir dieses Renditeniveau bei gegenwärtigen Kapitelmarktbedingungen nicht werden erreichen können. Dementsprechend passen wir unsere Renditeforderung nach unten an. Wir werden bescheidener.

Gut vorstellbar ist auch, dass uns die Suche selbst so sehr erschöpft, dass wir uns irgendwann mit einem niedrigeren Qualitätsstandard als ursprünglich geplant zufriedengeben. Auch dann würde das Anspruchsniveau im Laufe des Prozesses der Entscheidungsfindung sinken. Eine umgekehrte Dynamik der Erwartungshaltung ist ebenso denkbar. Im Lauf der Informationssuche und Informationsverarbeitung werden wir anspruchsvoller. Wir lernen, dass mehr für uns erreichbar ist, als wir ursprünglich dachten. Denken Sie dafür vielleicht an ein anderes Beispiel. Sie wollen in den Urlaub fahren. Sie starten bei Ihrer Suche nach einem Urlaubsziel mit einem gegebenen Anspruchsniveau sowie einem vorgegebenen Budget. Ein typischer Startpunkt könnte Ihr letztjähriger Urlaub sein. Dann lernen Sie, dass es zu vergleichbaren Preisen noch deutlich bessere Angebote im Markt gibt. Ihr diesjähriger Urlaub könnte in einem besseren Hotel oder mit besserer Verpflegung im selben Hotel stattfinden. Folglich steigt Ihr Anspruchsniveau an. Was vorher gut genug erschien, ist jetzt nicht mehr gut genug.

Wir verwenden Entscheidungsregeln zweiter Ordnung

Eine Entscheidungsregel zweiter Ordnung dient dazu, Entscheidungsprobleme einfacher zu machen, bevor sie überhaupt auftreten. Statt von Fall zu Fall zu entscheiden, also immer wieder neu eine Entscheidungsregel erster Ordnung anzuwenden, legen wir uns vorab eine vereinfachende Strategie fest. Ein typisches Beispiel einer solchen Strategie ist eine feste Regel. Um beispielsweise nicht jedes Jahr aufs Neue überlegen zu müssen, ob und wie man bei der Steuererklärung betrügen soll, legt man für sich selbst die Regel fest, bei der Steuererklärung niemals zu betrügen. Ein anderes Beispiel für eine Entscheidungsregel zweiter Ordnung ist die **Zufallsauswahl**. Statt sich beispielsweise im Restaurant immer wieder Gedanken zu machen, ob man Mittagsmenü 1 oder Mittagsmenü 2 essen will, wirft man einfach eine Münze. Ein drittes Beispiel ist die Delegation einer Entscheidung an einen anderen Menschen. Nicht Sie entscheiden dann beispielsweise über das Ziel des nächsten Urlaubs, sondern Ihr Partner oder Ihre Partnerin. Der Grundgedanke aller Entscheidungsregeln zweiter Ordnung besteht darin, die Entscheidungsfindung zu vereinfachen und den Einfluss von Zufallsfaktoren auf die konkrete Entscheidung zu verringern. Im Idealfall müssen wir in der eigentlichen Entscheidungssituation gar keine Überlegungen mehr anstellen, sondern wenden die vorab gewählte Strategie an, die auch Meta-Entscheidung genannt wird.

Ob die Verwendung einer Entscheidungsregel zweiter Ordnung sinnvoll ist oder nicht, hängt zum ersten von der gewählten Regel, zum zweiten von den Entscheidungskosten und zum dritten von der Wahrscheinlichkeit einer falschen Entscheidung ab. Dabei sind zwei Zeitpunkte zu unterscheiden, der Zeitpunkt der Meta-Entscheidung und der Zeitpunkt der Anwendung der Meta-Entscheidung. Manche Entscheidungsregeln zweiter Ordnung sind aufwändig in der Erstellung, lassen also vorab hohe Kosten entstehen, machen die Anwendung im konkreten Fall aber dann ganz leicht. Das entsprechende Kostenpaar lautet dann: hoch – niedrig. Andere Entscheidungsregeln zweiter Ordnung wie die Zufallsauswahl verursachen sowohl vorab als auch im Moment der Anwendung nur niedrige Kosten. Das Kostenpaar lautet dann: niedrig – niedrig. Weitere Kostenkonstellationen sind denkbar und in der folgenden Darstellung dargestellt (in Anlehnung an Sunstein/Ullmann-Margalit 1999, S. 14). Zu jedem Fall ist, wenn möglich, auch immer schon eines der genannten Beispiele angegeben:

Dar. 16: Kosten von Entscheidungsregeln zweiter Ordnung

	Hohe Kosten vorab	Niedrige Kosten vorab
Hohe Kosten bei Anwendung	hoch – hoch	niedrig – hoch (Bsp. Delegation)
Niedrige Kosten bei Anwendung	hoch – niedrig (Bsp. Regel, Routine)	niedrig – niedrig (Bsp. Zufallsauswahl)

Die **Delegation** der Entscheidung erscheint zunächst als eine zu beiden Zeitpunkten kostengünstige Strategie. Wenn wir jemanden kennen, der vertrauenswürdig ist und der bei dem zu lösenden Problem kompetenter ist als wir selbst, spart die Delegationsstrategie Entscheidungskosten. So könnten Sie als Unternehmerin beispielsweise juristische Entscheidungen grundsätzlich an einen Anwalt delegieren. Sie müssten sich dann nicht jedes Mal über schwierige juristische Fragen den Kopf zerbrechen. Ob die Delegation auch insgesamt Kosten spart, ist offen. Wenn Sie Glück haben (oder clever ausgewählt haben), erbringt der Delegationsempfänger seine Leistungen kostenlos, zum Beispiel weil der Anwalt Ihr Ehepartner ist. Ansonsten fallen Kosten der Delegation, also der Leistungserbringung durch den Delegationsempfänger an. Es bleibt jedoch das Problem, dass diese Person möglicherweise Fehler macht oder Entscheidungen trifft, die Sie bei eigener Analyse der konkreten Situation nicht getroffen hätten. Insofern ist die Delegation in der obigen Tabelle in das Feld »niedrig – hoch« eingetragen worden.

Eine andere Entscheidungsregel zweiter Ordnung ist die **Routine**. Sie eignet sich insbesondere für kleinere Entscheidungen, die wir sehr oft treffen müssen und bei denen wir nicht immer neu nachdenken wollen. Eine Routine ist ein immer gleiches Verhalten. Sie kann nicht ganz trennscharf von einer Regel abgegrenzt werden, findet sich jedoch häufig in unserem Alltagsleben. Statt beispielsweise die Fahrt mit dem Auto zur Arbeit sowie die beste Zeit für diese Fahrt jedes Mal vor Fahrtantritt neu mit Google Maps zu planen, könnten Sie eine feste Route und eine feste Zeit bestimmen. Selbst wenn Sie dann im Einzelfall mal nicht die optimale Route fahren, ist Ihr Leben doch leichter. Vor allem wird Ihr Gehirn entlastet. Die Routine verschiebt die Entscheidung aus dem System 2 der bewussten Planung in das System 1, das automatisch abläuft und keine Energie verbraucht. Einen vergleichbaren Effekt haben Routinen wie ein gepackter Koffer für Dienstreisen. Bei mir bleiben beispielsweise ein Rasierapparat, ein Waschbeutel und ein Schlafanzug immer in diesem Koffer drin. Ich muss also nicht immer neu den ganzen Koffer packen und aufpassen, dass ich nichts vergesse. Es kommt nur noch die Kleidung dazu, die ich am nächsten Tag tragen will.

Wenn wir unabhängig von Entscheidungskosten unserer eigenen Rationalität oder unserer eigenen Willensstärke in der Entscheidungssituation nicht vertrauen, dann eignet sich das Instrument der **Selbstbindung** als Entscheidungsregel zweiter Ordnung (Witt 2019, S. 223–224). Am wirkungsvollsten ist sie in Form der Schaffung unveränderlicher (oder nur schwer veränderlicher) Tatsachen. Nehmen Sie beispielsweise an, Sie wollten abnehmen, können aber Ihren Appetit nicht immer zügeln. Ein radikales Instrument der Selbstbindung wäre dann die Magenverkleinerung. Dann können Sie gar nicht mehr viel essen. Ähnlich können Sie vorgehen, wenn Sie anfällig für Zeitverschwendung mit digitalen Spielen oder für bestimmte Social Media sind. Statt sich mit Hilfe von System 2 zu bemühen, die Bildschirmzeit zu begrenzen oder Tage ohne digitale Medien einzuplanen, löschen Sie besser das Spiel oder die Social Media App mitsamt aller Daten. Selbst wenn Sie das Spiel oder die App dann in einem schwachen Moment wieder neu installieren sollten, werden Sie keinen Spaß mehr daran haben. Denn Sie müssten jetzt wieder auf Level eins beginnen oder alle Daten neu eingeben.

Wir bevorzugen das Bekannte

Die psychologische Forschung hat wiederholt und eindeutig gezeigt, dass Menschen Unsicherheit vermeiden und das Gewohnte häufig gegenüber einer Veränderung bevorzugen. Wir mögen, was wir kennen. Das Risiko, wenn man etwas Neues tut oder ausprobiert, ist deutlich höher, als wenn man beim Bewährten bleibt. Psychologen nennen die entsprechende Entscheidungsregel die **Wiedererkennungsheuristik** oder auch das Wiedererkennungsprinzip (Gigerenzer/Goldstein 1996, 2011). Die Regel lautet: »Entscheide Dich bei einer Auswahlentscheidung für die Alternative, die Du schon kennst.« Wenn beide Alternativen bekannt sind, dann lautet die Regel: »Entscheide Dich für die Alternative, an die Du Dich zuerst erinnerst.« Wiedererkennung erlaubt es uns, an frühere Erfahrungen anzuknüpfen. Sie ist die Grundlage des Lernens und vereinfacht es, Entscheidungen zu treffen. Wenn wir beispielsweise eine bestimmte Käsesorte schon einmal ausprobiert haben und sie uns gut geschmeckt hat, dann kaufen wir sie beim nächsten Mal wieder. Wenn wir in einer bestimmten Produktkategorie noch keine eigenen Erfahrungen gemacht haben, dann kaufen wir das Produkt von einer Marke, die wir gut kennen. Hinter der Wiedererkennungsheuristik steckt immer die Annahme, dass eine Alternative, die wir wiedererkennen, bezüglich des relevanten Kriteriums einen höheren Wert hat als eine, die wir nicht wiedererkennen. Aus psychologischer Sicht finden also immer zwei Prozesse nacheinander statt, die Wiederkennung und die Bewertung.

Die Fähigkeit, Bekanntes von Unbekanntem zu unterscheiden, wird als das **Wiedererkennungsgedächtnis** bezeichnet (Gigerenzer 2008, S. 119). Es handelt sich um eine sehr elementare Gehirnfunktion. Sie bleibt auch dann noch erhalten, wenn viele andere Gedächtnisfunktionen ausgefallen sind. Umgekehrt erleben wir es als das letzte und schlimmste Stadium von Demenzerkrankungen, wenn die betroffenen Patienten ihre nächsten Angehörigen nicht mehr erkennen. Interessanterweise erlaubt es uns die Wiedererkennung oft, relativ gute Schätzungen und Prognosen zu machen, zumindest wenn die Tatsache der Wiedererkennung mit der zu prognostizierenden Größe korreliert. So konnten deutsche Versuchsteilnehmer die Bevölkerungsgröße amerikanischer Städte besser schätzen als die von deutschen Städten, obwohl sie über Deutschland mehr wussten. Sie verwendeten die einfache Regel, dass eine amerikanische Stadt, deren Namen sie wiedererkannten, größer sein muss als eine Stadt, von der sie noch nie gehört hatten (Gigerenzer/ Goldstein 1996). Mit solch einer Schätzung kann man natürlich auch falsch liegen. Wenn ich mich aus anderen Gründen an eine Stadt erinnere, zum Beispiel weil es dort eine berühmte Universität oder eine erfolgreiche Football-Mannschaft gibt, dann muss das nicht zwingend mit der Größe der Stadt korrelieren.

Empirische Studien zeigen, dass die Wiedererkennungsheuristik insbesondere dann zu guten Ergebnissen führt, wenn wir wenig wissen. So konnten Laien die Ergebnisse des Tennisturniers von Wimbledon besser vorhersagen als Experten (und auch besser als eine Prognose auf der Basis der aktuellen Plätze der beteiligten Spieler in der Weltrangliste). Sie wählten bei jeder Spielpaarung einfach den Namen als wahrscheinlichen Sieger aus, den sie schon einmal gehört hatten. Das klappt besser, je weniger die befragten Personen von Tennis verstehen. Die psychologische Forschung bezeichnet das Phänomen als **nützliches Maß von Unwissenheit** (Gigerenzer 2008, S. 129). Die Wiedererkennungsheuristik führt auch bei Geldanlagen von Laien zu besseren Entscheidungen als die ausgeklügelten Anlagestrategien von professionellen Anlagegesellschaften. In einem Experiment ließen Wissenschaftler Laien ein Portfolio von zehn Aktien zusammenstellen. Das einzige Auswahlkriterium, die Faustregel für das System 1 der Teilnehmerinnen und Teilnehmer, war die Bekanntheit. Die Laien sollten einfach die Aktien aussuchen, von denen sie schon einmal gehört hatten: »Investiere in das, was Du kennst.« Das entsprechende Portfolio wurde dann über einen bestimmten Anlagezeitraum gehalten und nicht mehr verändert (Buy-and-hold-Strategie). Diese Anlagestrategie erzielte eine weitaus höhere Rendite als ein von echten Kapitalmarktexperten ausgesuchtes und aufwändig verwaltetes Portfolio (Gigerenzer 2008, S. 37–38).

Die Nutzung der Wiedererkennungsheuristik ist voll kompatibel mit einem anderen Entscheidungsprinzip, der **Erfüllung von Anspruchsniveaus**. Wenn das, was wir kennen, gut genug ist, dann lohnt sich die Suche nach etwas Neuem nicht. Wenn wir jemanden oder etwas also nicht nur wiedererkennen, sondern uns echt daran erinnern, dann hat es unser Gehirn am leichtesten. Dann können wir der Person oder Sache frühere Erfahrungen zuordnen und wissen, ob sie oder es unser Anspruchsniveau erfüllt. Unsere Vorliebe für Menschen und Dinge, die wir schon kennen, hat vor allem große Bedeutung für alltägliche Entscheidungen, bei denen wir immer neue Suchkosten vermeiden. Wir essen zum Beispiel am liebsten das, was wir schon seit Kindertagen als wohlschmeckend erfahren und abgespeichert haben. Das gilt auch für sozial gelernte Vorlieben. Wenn Ihre Eltern Currywurst mit Pommes liebten und Currywurst mit Pommes als etwas besonders Gutes galt, dann werden Sie diese Einstellung als Kind möglicherweise übernehmen und dann ein Leben lang beibehalten. Sie werden auch in Ihrer Mittagspause möglicherweise gerne immer wieder zum selben Restaurant gehen, wenn Sie dort gute Erfahrungen gemacht haben. Es ist zwar denkbar, dass es irgendwo noch ein besseres Restaurant gibt, aber die Orientierung an einem Anspruchsniveau, die Unsicherheitsvermeidung und die Vermeidung von Suchkosten sprechen dafür, sich beim Mittagessen nicht immer wieder auf die Suche nach dem bestmöglichen Restaurant zu machen.

Die Präferenz für das Bekannte hat natürlich auch einen Nachteil. Wir mögen, was wir kennen, selbst dann, wenn es nicht besonders gut für uns ist. Das gilt insbesondere für **schlechte Angewohnheiten** und Süchte. Wenn Ihre Eltern den Abend immer vor dem Fernsehen verbrachten, dann verspüren Sie vielleicht das Bedürfnis, dasselbe zu tun, auch wenn Sie damit Ihre kostbare Lebenszeit verschwenden. Wenn Sie auf der Autobahn immer magisch von dem Logo eines bestimmten Fast Food-Restaurants angezogen werden, dann heißt das nicht, dass Sie dort zwingend das beste Essen bekommen werden. Aber es heißt, dass Sie wissen, was Sie dort bekommen. Es ist auch kein Zufall, dass Menschen sich empirisch nachweisbar für Ehepartner entscheiden, die einem Elternteil ähneln – und zwar im Guten wie im Schlechten. Wer beispielsweise in einer Alkoholiker-Familie aufgewachsen ist, der heiratet mit einiger Wahrscheinlichkeit selbst wieder einen Alkoholiker (oder, seltener, eine Alkoholikerin). Wer als Kind geschlagen wurde, schlägt oft selbst auch seine Kinder. Das klingt paradox, weil unsere initialen Erfahrungen ja sehr schlecht waren. Sie bewirken aber Vertrautheit. Wir empfinden das entsprechende Verhalten unserer Eltern als normal und kopieren es deswegen.

Wenig überraschend wird es für Sie sein, dass die Wiedererkennungsregel beim Konsumentenverhalten und damit im Marketing eine bedeutende Rolle spielt. Sie lautet dann: »Kaufe Produkte, deren **Markennamen** Du kennst.« Diese sehr einfache Regel wird von Menschen insbesondere bei Konsumgütern, die sie häufig kaufen, angewendet (Hauser 2011). Sie erleichtert die Auswahlentscheidung. Denn wenn wir beispielsweise im Supermarkt alltägliche Güter wie Spülmittel, Papiertaschentücher oder Tiefkühlpizza kaufen wollen, dann ist die Wahrscheinlichkeit groß, dass wir aus dem riesigen Angebot nicht alle angebotenen Waren schon kennen. Anhand der Verpackungsangaben können wir nicht viel über die Qualität oder den Geschmack lernen. Daher ist es sehr wahrscheinlich, dass wir einfach das Produkt auswählen, von dem wir schon einmal gehört oder dass wir schon einmal probiert haben. Geht es um eine neue Produktkategorie, dann bevorzugen wir das Produkt einer bekannten Marke. Wiedererkennung beeinflusst sogar unseren Geschmack. Menschen sagen konsistent aus, dass ihnen ein Produkt mit Markennamen besser schmeckt als ein No-Name-Produkt. Sie sagen das auch dann, wenn es sich um das identische Produkt handelt. Folglich ist es für Unternehmen sehr lohnend, Werbung zu betreiben und in die Markenbekanntheit zu investieren.

Wir hören auf unser Bauchgefühl

In vielen Entscheidungssituationen sind Menschen mit der Durchführung eines Optimierungskalküls im Sinne der klassischen ökonomischen Theorie überfordert. Das kann an einer zu großen Anzahl an Vergleichsalternativen, einer schwierigen Informationsbeschaffung oder an schwer zu interpretierenden Wahrscheinlichkeiten liegen. Oftmals ist es auch einfach zu anstrengend, eine Optimierungsrechnung durchzuführen, selbst wenn wir theoretisch alle erforderlichen Daten beschaffen und die Berechnung anstellen könnten. Es lohnt sich beispielsweise nicht, bei einem geplanten Kinobesuch einen kompletten Preisvergleich aller Kinos in der

Umgebung anzustellen oder zu jedem angebotenen Film vorher sorgfältig die verfügbaren Rezensionen zu lesen. Bauchentscheidungen sind insbesondere dann wichtig, wenn wir einer großen Auswahl begegnen. Denn die Kapazität unseres Systems 2 für einen Vergleich von Alternativen ist sehr begrenzt. Wir können, wie bereits erwähnt, im Durchschnitt nicht mehr als sieben Alternativen sinnvoll vergleichen. Wenn das Angebot umfangreicher ist, dann gibt unser System 2 auf. Wir entscheiden uns dann lieber gar nicht oder verlassen uns auf eine stark vereinfachte Auswahlregel. Und oft erweisen sich diese intuitiven Entscheidungen aus dem Bauch heraus im Nachhinein betrachtet als gut. Sie können sogar besser sein als Entscheidungen auf der Basis einer Optimierungsrechnung. Gerd Gigerenzer (2008) bezeichnet das als die Macht der Intuition oder als **die Intelligenz des Unbewussten**.

Der Ursprung unseres Bauchgefühls liegt in Erfahrungen, die wir früher selbst gemacht haben, oder in Ereignissen, die unseren Vorfahren vor noch längerer Zeit zugestoßen sind. Alle diese Erfahrungen, die eigenen und die unserer sozialen Bezugsgruppe, sind in unserem Unterbewusstsein und in unseren Genen gespeichert. Das erklärt auch, warum unsere unbewusste Intelligenz so beeindruckend hoch liegt. Wir wissen alle sehr viel und haben sehr viel gelernt, aber das meiste davon steht uns eben nicht bewusst, sondern nur unbewusst zur Verfügung. Das ist auch gar nicht schlimm. Denn es ist ja gerade nicht der bewusst arbeitende Teil unseres Gehirns, also das System 2, das zuerst eingreift, sondern das emotionale Gehirn, unser System 1. Wir können mit ihm viel mehr leisten, als wir bewusst mit Sprache auszudrücken vermögen. Erfolgreiche Sportler vollziehen perfekte Bewegungsabläufe, die sie aber nicht explizit beschreiben können. Eher ist das Gegenteil der Fall. Wenn sie anfangen, über ihre optimalen Bewegungsabläufe nachzudenken und dazu ihren Neokortex einschalten, funktioniert es nicht mehr richtig. Die unbewusste Intelligenz wird dann blockiert, obwohl sie eigentlich viel besser in der Lage ist, die Bewegungen des Sportlers zu steuern als der Verstand.

Dass uns die Intuition in vielen Situationen helfen kann, gute Entscheidungen zu treffen, ist unbestritten. Leider ist ebenso unbestritten, dass Menschen mit intuitiven Entscheidungen große Fehler machen können. Mit Bauchentscheidungen kann man auch völlig daneben liegen. So lässt unser System 1 oft verfügbare Informationen außer Acht, wendet irrelevante Entscheidungskriterien an, lässt sich emotional beeinflussen oder verlässt sich auf soziale Vorgaben, die im konkreten Entscheidungsfall keinen Sinn (mehr) machen. Wer sich also auf die Macht des Unbewussten verlässt, der muss ab und zu prüfen, nach welchen Kriterien seine Intuition eigentlich vorgeht. Das ist leichter gesagt als getan. Denn unsere Intuition arbeitet ja gerade ungesteuert und unbewusst. Wir können mit den Worten von Daniel Kahneman nicht wollen, was wir wollen. Wir können höchstens versuchen herauszufinden, warum wir bestimmte Dinge intuitiv wollen oder nicht wollen. Dazu bedarf es jedoch eines Blicks in unser Unterbewusstsein. Und der ist definitionsgemäß schwierig. Entsprechende Techniken gibt es, zum Beispiel Meditation oder das Aufrufen frühkindlicher Erinnerungen. Sie gelingen jedoch nicht allen Personen gleich gut und werden von den meisten Menschen auch niemals angewendet.

Wir treffen keine aktive Entscheidung (und lassen alles beim Alten)

Die Reaktion auf eine als schwierig empfundene Entscheidungssituation kann auch darin bestehen, keine aktive Entscheidung zu treffen. Faktisch ist das natürlich gleichbedeutend mit einer anderen Entscheidung, nämlich der, nichts zu tun und erstmal alles beim Alten zu lassen. Ein typisches Ergebnis dieses Vorgehens ist die **Prokrastination**. Der Begriff bezeichnet die freiwillige Verzögerung einer Aktivität oder Entscheidung trotz des Bewusstseins, dass diese Verzögerung einen nachteiligen Effekt auf das Erreichen der persönlichen Ziele hat. Viele Psychologen sehen Prokrastination als eine angeborene Eigenschaft an, die positiv mit Ablenkbarkeit und negativ mit Leistungsorientierung sowie Organisationvermögen korreliert ist (Zamir/Teichman 2018, S. 87). Man kann argumentieren, dass Prokrastination keine Entscheidungsmethode ist, weil die betreffenden Personen ja gerade keine Entscheidung treffen, sondern nichts tun. Allerdings wird implizit doch eine Entscheidung getroffen, nämlich die Entscheidung, den jetzigen Zustand beizubehalten. Das geschieht vielleicht nicht bewusst, aber die faktischen Konsequenzen der impliziten Entscheidung treten auf jeden Fall ein. Deshalb sagt man manchmal auch, es sei unmöglich, nicht zu entscheiden.

Es gibt neben der Prokrastination noch eine zweite Erklärung dafür, keine Entscheidung zu treffen und alles beim Alten zu lassen. Das ist die **Präferenz für den Status quo**. Wenn ich eine Handlungsoption habe, die ich nicht wahrnehme, dann kann das einfach daran liegen, dass ich sie als unattraktiv bewerte. Ich bekomme ein Jobangebot, aber bleibe lieber bei meinem jetzigen Arbeitgeber. Ein Mensch macht mir unverhohlen sexuelle Avancen, aber ich bleibe meinem Partner oder meiner Partnerin treu. Mir ist es lieber, so wie es ist. Die Beibehaltung des Status quo ist eine fast immer bestehende Entscheidungsalternative. Für sie sprechen verschiedene Gründe. Der erste ist Unsicherheitsvermeidung. Wenn ich eine Entscheidung treffe, die mit einer Veränderung verbunden ist, beispielsweise in eine neue Wohnung umzuziehen, dann entsteht Unsicherheit über die zukünftige Wohnsituation. Die neue Wohnung könnte besser oder schlechter sein als meine jetzige. Das werde ich aber erst wissen, wenn ich umgezogen bin. Hinter der Unsicherheitsvermeidung steht natürlich die bereits besprochene Verlustaversion. Wir leiden unter Verschlechterungen mehr, als wir von gleich hohen Verbesserungen profitieren. Unsicherheitsvermeidung lässt es im betrachteten Beispiel eines potenziellen Wohnungswechsels möglicherweise empfehlenswert erscheinen, nicht umzuziehen und in der bestehenden Wohnung zu bleiben. Das gilt insbesondere dann, wenn die potenzielle Verbesserung durch einen Umzug als gering eingeschätzt wird und dadurch die Gefahr einer Verschlechterung nicht kompensieren kann.

Unsicherheitsvermeidung erklärt menschliche Verhaltensweisen auch im Bereich politischer Entscheidungen. So konnte nachgewiesen werden, dass Amtsinhaber bei Wahlen einen Vorteil haben. Man spricht von einem **Amtsbonus**. Amtsinhaber erhalten deutlich mehr Stimmen als sie in einem neutralen Wahlverfahren erhalten würden, wenn also alle Kandidatinnen und Kandidaten neu angetreten wären (Samuelson/Zeckhauser 1988). Der Amtsbonus wirkt sogar dann, wenn die bisherige Politik der betreffenden Person eher negativ bewertet wird. Die Wählerinnen und Wähler sind vielleicht nicht sehr zufrieden, aber sie wissen beim Amtsinhaber wenigstens, was sie zu erwarten haben. Bei neuen Kandidaten besteht mehr Unsicherheit. Sie könnten bessere Politik machen, aber möglicherweise auch viel schlechtere Politik. Deshalb werden sie nicht so gerne gewählt. Demokratische Wahlen gehen erst dann zuungunsten eines Amtsinhabers aus, wenn die Unzufriedenheit der Bevölkerung sehr groß ist und Hoffnungen auf eine deutlich bessere Politik einer anderen Person bestehen.

Wir halten uns an Vorgaben

Eine weitere Heuristik, also eine einfache Regel, die System 1 verwendet und die in der Praxis häufig zu guten Entscheidungen führt, ist das Befolgen von **Vorgaberegeln** (Gigerenzer 2008, S. 194–206). Die Regel lautet: »Wenn es eine Vorgabe oder eine soziale Norm gibt, dann weiche nicht davon ab.« Eine sehr ähnliche Regel lautet: »Tue das, was die Mehrheit Deiner Bezugsgruppe tut.« Vorgaben können zum Beispiel Gesetze oder religiöse Handlungsempfehlungen sein. In ihnen sind typischerweise die Erfahrungen vieler Jahrzehnte und die Bedürfnisse einer großen Gruppe von Menschen zusammengeflossen. Es ist fast immer empfehlenswert, soziale Normen und Vorgaben zu beachten, auch wenn man sie vielleicht nicht sofort versteht. So macht es Sinn, in sehr heißen Ländern kein Schweinefleisch zu essen, weil Schweinefleisch bei Hitze besonders anfällig für Verderben und für Verunreinigung durch Bakterien ist. Die Regel, kein Schweinefleisch zu essen, mag in einem bestimmten Land religiös begründet sein. Es lohnt sich aber auch für Angehörige anderer Religionen, sie in dem betreffenden Land zu befolgen. Vorgaberegeln haben insbesondere bei hoher Unsicherheit und beim Fehlen eigener starker Präferenzen einen konkreten praktischen Nutzen. Sie ersparen uns viele Recherchen und Einzelentscheidungen.

Das Einhalten sozialer Vorgaben hat den Vorteil, dass es die **kollektive Intelligenz** großer Gruppen und ihrer Vorfahren nutzt. Wir können nicht alle Entscheidungssituationen schon selbst erlebt haben. Wir können nicht alles wissen, was unsere Bezugsgruppe weiß. Uns fehlt es an Expertise in vielen Disziplinen, in denen sich unsere Mitmenschen auskennen. Daher bietet es sich insbesondere bei großer Unsicherheit an, soziale Vorgaben einzuhalten oder das Verhalten anderer Menschen zu kopieren. Wenn Sie nicht genau wissen, wann die richtige Zeit für eine Heirat ist, dann heiraten Sie einfach, wenn die meisten Menschen Ihres Alters heiraten. Wenn die meisten Ihrer Freunde eine betriebliche Rentenversicherung abschließen, dann tun Sie das auch. Wenn es üblich ist, nach Feierabend zusammen mit den Kolleginnen und Kollegen noch ein Bier zu trinken, dann gehen Sie auch mit, selbst wenn Sie gar kein Bier mögen. Soziale Normen sind oft genau aus diesem Grunde entstanden. Sie übersetzen ein kollektiv über lange Zeiträume erworbenes und zum Teil sehr komplexes Wissen in leicht verständliche Regeln für jedes einzelne Gruppenmitglied. Das hat den Vorteil, dass einzelne Personen auch dann richtig handeln, wenn sie den Grund dafür nicht kennen oder nicht richtig verstehen.

Die soziologische Forschung hat gezeigt, dass fast alle sozialen Gruppen auf individuelle Abweichungen von geltenden Normen mit **Sanktionen** reagieren (Schäfers 2019, S. 64). Wer sich nicht an die Regeln hält, der wird bestraft. Das Spektrum der Sanktionen reicht von wohlwollenden Ermahnungen bis hin zu rechtlichen Konsequenzen. Meistens dient die Sanktion dazu, die betreffende Person eines Besseren zu belehren und zukünftig zur Einhaltung sozialer Vorgaben zu bewegen. Aber manchmal geht es auch darum, Abweichler dauerhaft aus der sozialen Gruppe auszuschließen. Gleichzeitig hat die soziologische Forschung gezeigt, dass gesellschaftliche Vorgaben einem stetigen Wandel unterliegen und kontextabhängig sind. Ein Beispiel ist die wandelbare Auffassung zur Akzeptanz von Diebstahl. Der Kölner Kardinal Josef Frings äußerte in seiner Silvesterpredigt 1946 Verständnis dafür, dass die notleidenden Menschen Kohle von vorbeifahrenden Zügen stahlen. Die Kölner Bevölkerung machte aus dieser Aussage das Verb »fringsen«. Es bezeichnet ein sozial akzeptables Stehlen, ein Stehlen aus der Not heraus. Aus meiner Sicht zeigt dieses Beispiel nicht nur die zeitliche Kontextabhängigkeit von sozialen Vorgaben, sondern auch die Bedeutung der Bezugsgruppe. Denn das Bestehlen von persönlichen Mitgliedern der eigenen sozialen Gruppe wird nie akzeptiert, auch nicht in Zeiten der Not. Aber wenn wir etwas von einer anderen Gruppe oder von einer anonymen Organisation wie dem Staat stehlen, dann ist es möglicherweise akzeptabel.

Es ist in der Praxis nicht ganz leicht, zwischen dem Einhalten von sozialen Vorgaben aus Angst vor Sanktionen und der Akzeptanz als Ergebnis der rationalen Diffusion von Informationen zu unterscheiden (DellaVigna 2009, S. 342). **Bessere Informationen anderer Menschen** sind allein schon ein guter Grund, deren Verhalten zu kopieren. Das gilt insbesondere auf Gebieten, wo wir uns nicht besonders gut auskennen. Wir lernen dann durch das Beobachten von Mitmenschen und das Nachahmen ihres Verhaltens. So war es in der Corona-Pandemie sicher eine gute Strategie, bei der Impfentscheidung dem Vorbild von Ärzten zu folgen. Ärzte sind in medizinischen Fragen viel besser informiert als normale Bürger. Statt sich also mühsam selbst mit medizinischen Statistiken und Expertenmeinungen auseinanderzusetzen, die man oft ohnehin nicht richtig versteht, ist es klüger, das zu tun, was der eigene Hausarzt auch tut. Wenn alle Nachbarn morgens eine bestimmte Mülltonne vor die Tür stellen, dann ist es vernünftig, diesem Beispiel zu folgen. Auf jeden Fall ist das einfacher, als erst selbst im Internet die Abholzeiten bestimmter Müllsorten zu recherchieren. Das Nachahmen des Verhaltens der Mitmenschen stellt dann eine effiziente Form der Informationsverteilung in sozialen Gruppen dar.

Das Einhalten einer sozialen Vorgabe, also konformes Verhalten, kann jedoch auch noch aus einem ganz anderen Grund sinnvoll sein. Es bewirkt nämlich **soziale Akzeptanz** bei den Mitmenschen. Wenn Sie das tun, was auch alle anderen tun, werden Sie eher in eine Gruppe aufgenommen. Die Normen einer Bezugsgruppe zu erkennen und nachzuahmen, ist ein wesentliches Merkmal sozialer Kompetenz

168

(Goleman 1997, S. 147). Sozial intelligente Menschen entscheiden sich manchmal selbst dann dafür, den Vorgaben ihrer Bezugsgruppe zu folgen, wenn sie individuell für sich allein anders entscheiden würden. Sie tun das immer dann, wenn ihnen die Zugehörigkeit zur Gruppe wichtiger ist als das Erreichen eines bestimmten individuellen Ziels. Vielleicht würden Sie Ihr Auto nur für sich selbst nicht regelmäßig waschen. Wenn Sie aber in einer Nachbarschaft leben, die Wert auf gewaschene Autos legt, dann waschen Sie eben auch regelmäßig Ihr Auto. Diese Form der Kooperationsbereitschaft ist ein wichtiges Merkmal sozial intelligenter Menschen. Sie versuchen nicht, in ihren Entscheidungen nur den eigenen Nutzen zu maximieren. Sie lassen auch andere Menschen ihre Ziele erreichen. An die Stelle eines »ich gewinne und Du verlierst« tritt ein »wir gewinnen beide«. In der ökonomischen Theorie sprechen wir von kooperativem Verhalten. Im Management und in Praxisratgebern wird für dieses Prinzip oft das Schlagwort »win-win« benutzt (Witt 2023, 201-202).

Ein bereits angesprochenes Beispiel für die Beachtung sozialer Normen sind öffentliche Güter wie **Müllentsorgung**. Denken Sie nur an die Entscheidung, eine Bananenschale in einem öffentlichen Park einfach auf die Erde zu werfen. Manche Menschen tun das selbst dann, wenn ein Müllbehälter in der Nähe ist. Das könnte Ausdruck eines ökonomischen Kalküls sein, weil der Müll so am schnellsten und am einfachsten entsorgt wird. Vielleicht handelt es sich um achtloses Verhalten ohne weiteres Nachdenken. Die Bananenschale auf den Boden zu werfen, könnte aber auch das Ergebnis einer Beachtung sozialer Vorgaben sein. Experimentelle Studien haben gezeigt, dass die Bereitschaft, Abfälle einfach auf den Boden zu werfen, mit der Menge des bereits sichtbaren Mülls ansteigt. Umgekehrt haben Menschen viel größere Hemmungen, eigene Abfälle achtlos wegzuwerfen, wenn die Umgebung ganz sauber ist. Offensichtlich wird das Fehlen von Müll als Zeichen gedeutet, dass es eine strikt beachtete soziale Regel gibt, keinen Müll auf die Wege zu werfen. Bereits vorhandener Müll in der Umgebung wird als Beweis dafür angesehen, dass es eben keine strikte soziale Norm gegen die Müllentsorgung in öffentlichen Bereichen gibt und dass es daher in Ordnung ist, das selbst auch zu tun (Falk 2022, S. 176-177).

Ein anderes Beispiel zeigt nicht minder eindrücklich, wie wichtig soziale Vorgaben und Normen für unsere Entscheidungen sind. In Ländern, in denen es gesetzlich vorgegeben ist, dass jeder Mensch potenziell **Organspender** ist, außer er entscheidet sich explizit dagegen (beispielsweise in Österreich), sind viele Menschen Organspender (99,9 Prozent der Bevölkerung). In anderen Ländern, in denen die Vorgabe lautet, dass nur der Organspender ist, der sich dazu explizit bereit erklärt (beispielsweise in Deutschland), gibt es sehr viel weniger Organspender, nämlich nur 12 Prozent der Bevölkerung. Wenn die Unterschiede nur auf die Passivität der Bevölkerung zurückzuführen sind, könnte ein Land also ganz einfach dadurch mehr Organspender bekommen, dass es die Vorgabe ändert (Gigerenzer 2008, S. 195-197). Die entsprechende Regel würde lauten: Wer sich nicht äußert, ist automatisch Organspender. Der in Österreich empirisch nachweisbare Erfolg einer solchen Vorgaberegel liegt natürlich daran, dass die meisten

Menschen aktive Entscheidungen vermeiden, wenn es um emotional schwierige Themen wie den Tod geht. Sie tun am liebsten nichts. Ein Gesetzgeber, der diese Passivität der Betroffenen nutzen möchte, sollte dann das gewünschte Verhalten als Standardentscheidung ansetzen, bei der nichts weiter zu tun ist.

Wir konzentrieren uns auf nur ein Entscheidungskriterium

Ein sehr wirkungsvoller und doch einfacher Mechanismus, um schwierige Entscheidungsprobleme zu lösen, besteht darin, sich zuerst die möglichen Gründe bzw. Kriterien für eine bestimmte Entscheidung zu überlegen. Es ist sinnvoll, anschließend mit dem wichtigsten Grund zu beginnen und die bestehenden Entscheidungsalternativen zunächst nur nach diesem Kriterium zu vergleichen. Dabei ist natürlich die Auswahl des wichtigsten Grundes an sich schon eine Entscheidung. Sollten die betrachteten Alternativen hinsichtlich dieses Kriteriums gleich gut ausfallen, wird das nächste Kriterium angewendet. In der ökonomischen Entscheidungstheorie bezeichnet man ein solches Vorgehen auch als Anwendung einer **lexikografischen Entscheidungsregel**, weil man nach demselben Prinzip Begriffe in einem Lexikon sucht. Das sequenzielle Vorgehen hat den Vorteil, die Komplexität einer Entscheidung mit mehreren Zieldimensionen deutlich zu reduzieren. Bei der Anwendung des Prinzips besteht die Hauptherausforderung darin, intuitiv oder bewusst rational den wichtigsten Grund bzw. das wichtigste Entscheidungskriterium zu bestimmen. Meistens reicht das schon für eine Auswahlentscheidung. Noch etwas plakativer ausgedrückt lautet die Entscheidungsregel: »Finde den wichtigsten Grund und vergiss den Rest.« (Gigerenzer 2013, S. 191).

Eine empirische Studie hat Anwendungsmöglichkeiten dieser Regel untersucht. Interessant ist beispielsweise, wie Eltern vorgehen, wenn ihr Kind schwer krank wird (Gigerenzer 2008, S. 156–159). Konkret geht es bei diesen Situationen um die Entscheidung, ob die Eltern ihren Hausarzt, einen bisher unbekannten Kinderarzt oder ein Krankenhaus aufsuchen sollen. Die möglichen Entscheidungskriterien lauten: Hört der Arzt zu? Ist der Arzt sachkundig? Wie lange müssen wir warten, bis wir drankommen? Den meisten befragten Eltern war es am wichtigsten, ob der Arzt zuhört oder nicht. Also legten sie diesen wichtigsten Grund zuerst als Entscheidungskriterium an. Und wenn die Eltern wussten, dass sowohl der Hausarzt als auch die Ärzte im Krankenhaus nie zuhören, dann war die Entscheidung schon getroffen. Die Eltern fuhren dann zum Kinderarzt. Für den Fall, dass es keine Informationen darüber gibt, welcher Arzt gut zuhört und welcher nicht, kommt der zweitbeste Grund zum Einsatz, zum Beispiel die erwartete Wartezeit. Man sieht an diesem Beispiel auch, dass es Entscheidungssituationen geben kann, für die vorab keine der Fragen beantwortet werden kann. Dann verlässt man sich am besten auf seine Intuition und damit auf System 1. Wer früher gute Erfahrungen bei Krankenhausbesuchen gemacht hat, dem wird sein emotionales Gehirn wahrscheinlich raten, wieder ins Krankenhaus zu fahren. Wer im Krankenhaus schlecht und beim Hausarzt gut behandelt wurde, der geht instinktiv auch mit seinem Kind zuerst zum Hausarzt.

Viele Anbieter von Produkten und Dienstleistungen wissen, wie schwierig es für uns ist, bei mehrfachen Kriterien eine Entscheidung zu treffen. Sie geben uns daher **ein dominantes Kriterium** vor oder lenken unsere Aufmerksamkeit auf ein einzelnes, besonders einfach zu verstehendes Kriterium. Ein typisches Beispiel sind Online-Dating-Plattformen. Sie führen für viele Menschen eher zur Frustration als zum Erfolg. Das liegt an der Vielzahl der Optionen. Ich kann nicht, wie im richtigen Leben, aus nur einigen wenigen potenziellen Partnern auswählen, sondern es werden mir immer gleich Listen mit bis zu 700 Personen oder mehr präsentiert. Jede Option ist anhand einer Vielzahl von Kriterien wie Größe, Haarfarbe, Hobbies oder Wohnort beschrieben. Alle diese Optionen mit so vielen Kriterien kann niemand sinnvoll vergleichen. Ein besonders einfaches, weil eindimensionales Auswahlkriterium, das Online-Dating-Plattformen daher anbieten, ist die Passung oder der »Matching Score«. Diese Größe fasst in einer einzigen Prozentzahl und unter Auswertung aller Kriterien zusammen, wie gut zwei Menschen wahrscheinlich zusammenpassen. Die Entscheidungsregel lautet: Sprich zuerst die Person an, mit der Du die höchste Passung, also den besten Matching Score erreichst. Wenn daraus nichts wird, dann sprich anschließend die Person mit der zweithöchsten Passung an. Eine ähnliche, ebenfalls eindimensionale und ziemlich witzige Heuristik zur Partnerwahl schlägt Gigerenzer vor. Sie nutzt das Prinzip, sich auf nur ein Kriterium zu konzentrieren, und kombiniert es mit dem Prinzip der sozialen Nachahmung. Die Regel lautet: »Versuche die Frau (oder den Mann) zu bekommen, die (oder den) Deine Freunde begehren.« (Gigerenzer 2013, S. 194).

Wir verwenden unterschiedliche mentale Konten

Für einen Homo oeconomicus müsste ein Euro immer gleich einem Euro sein. Es dürfte keine Rolle spielen, wofür er oder sie einen Euro ausgibt. Es sollte deshalb auch immer nur ein einziges Gesamtbudget an verfügbarem Geld für alle Ausgaben berücksichtigt werden. Tatsächlich handeln Menschen jedoch anders. Sie verwenden im Geiste (manchmal auch in realen Briefumschlägen oder leeren Marmeladengläsern) verschiedene Konten oder Budgets für verschiedene Ausgaben. Verhaltensökonomen bezeichnen das als »mental accounting« oder **mentale Buchhaltung** (Thaler 2019, S. 108–114). Der primäre Grund für die Nutzung einer mentalen Buchhaltung ist offensichtlich die Komplexitätsreduktion. Niemand kann bei einer Entscheidung immer alle Auswirkungen auf alle aktuellen und zukünftigen Optionen und alle möglicherweise betroffenen Vermögenspositionen berücksichtigen. Der Nachteil der mentalen Buchhaltung ist ebenso offensichtlich. Es macht einen Unterschied für unsere jeweilige Entscheidung, welchem Konto wir sie zuordnen, denn die Konten werden nicht gleichbehandelt. Vor allem hat sich gezeigt, dass die Risikoeinstellung der Menschen variiert, je nachdem, welches gedankliche Konto gerade aufgerufen wird. Betrachten Sie bitte einmal die folgenden vier Beispiele (in Anlehnung an Thaler 1985, S. 195).

Dar. 17: Beispiele für mentale Buchhaltung

1	Ein Ehepaar bekommt von einer Fluggesellschaft einen Gutschein über 300 Euro wegen eines ausgefallenen Fluges. Das Ehepaar nimmt das Geld und geht zum Abendessen in ein Restaurant. Es kostet 225 Euro. Das ist mehr als die beiden jemals zuvor für ein Abendessen ausgegeben haben.
2	Zwei Männer spielen in einer Pokerrunde und haben ähnlich gute Karten. Der eine Mann hat bereits 50 Euro gewonnen und erhöht den Einsatz. Der andere hat am selben Tag einen Zuwachs in seinem Aktiendepot in Höhe von 50 Euro gehabt, steht beim Pokerabend bei null und passt. Er sagt: »Hätte ich bereits 50 Euro gewonnen, wäre ich auch im Spiel geblieben.«
3	Ein Ehepaar spart für ein Ferienhaus. 30.000 Euro sind schon angespart und zu 5 Prozent Zinsen pro Jahr angelegt. In fünf Jahren soll das Ferienhaus gekauft werden. Das Paar kauft jetzt ein gebrauchtes Auto für 15.000 Euro und finanziert es mit einem dreijährigen Kredit zu 10 Prozent Zinsen.
4	Frau Schmidt sieht bei einem Online-Händler eine schöne Jacke für 300 Euro. Sie kauft sie nicht, weil sie die Jacke zu extravagant findet. Zu Weihnachten bekommt sie dieselbe Jacke von ihrem Mann geschenkt und freut sich sehr. Herr und Frau Schmidt führen ein gemeinsames Konto.

Alle Beispiele zeigen, wie deutlich sich mentale Buchhaltung auf wirtschaftliches Verhalten auswirken kann. Sie zeigen auch anschaulich, dass sie gegen das Prinzip der Nutzenmaximierung verstößt. Im ersten Fall wird die Flugkostenerstattung als unerwarteter Zufluss verbucht und aus diesem Grund für ansonsten als unangemessen angesehenen Luxus verausgabt. Im zweiten Fall wird der Gewinn beim Pokern auf ein anderes mentales Konto verbucht als der Gewinn aus Geldanlagen. Für den Einsatz von Pokergewinnen besteht eine höhere Risikobereitschaft als für Aktienkursgewinne. Im dritten Fall hat das Ehepaar offensichtlich Zweifel an der eigenen Willensstärke. Statt das Geld für das Auto aus dem Ferienhausguthaben zu nehmen, werden lieber höhere Kreditzinsen gezahlt. Das Paar weiß, dass die Bank die Rückzahlung für den Autokredit auf jeden Fall einfordert. Die beiden sind sich aber nicht sicher, dass sie selbst die Entnahme aus dem Sparkonto in ähnlicher Weise wieder zurückzahlen werden. Der vierte Fall zeigt das bekannte Phänomen, dass Menschen sich über Geschenke freuen, die sie sich selbst nicht kaufen würden. Die Beschenkten freuen sich auch dann, wenn sie diese Geschenke implizit selbst bezahlt haben.

Ein bekanntes Beispiel für mentale Buchhaltung ist auch das Verhalten von Kasinobesuchern. Sobald Sie Geld gewonnen haben, legen viele Spieler gedanklich zwei Konten an. Auf dem ersten Konto wird der ursprüngliche Einsatz verbucht, der durch den Gewinn wieder zurückgeholt wurde. Dieses Konto fassen Spieler dann nach Möglichkeit nicht mehr an. Sie verhalten sich also hinsichtlich des Einsatzkontos sehr risikoavers und stellen so sicher, dass sie nicht mit Verlust nach Hause gehen. Auf dem zweiten mentalen Konto wird der überschüssige Gewinn verbucht. Das ist das **Spielkonto**. Mit ihm wird ganz anders umgegangen. Das Geld auf dem Spielkonto wird sehr risikofreudig in weiteren Spielrunden eingesetzt. Bei Befragungen geben solche Spieler an, dass sie ihr zweites Konto gar nicht als »echtes Geld« auffassen. Es wird eher wie ein Konto mit fremdem Geld angesehen. Der Umgang damit fühlt sich so an, als würde man das Geld des Kasinos auf Spiel setzen, nicht das eigene (Thaler 2019, S. 117). Das erklärt auch die sehr unterschiedliche Risikobereitschaft beim Umgang mit den beiden Konten. Ein weiteres Beispiel zur Illustration von mentaler Buchhaltung beschäftigt sich mit Theaterbesuchen. Probanden sollten folgende zwei Fragen beantworten (in Anlehnung an Kahneman/Tversky 1984, S. 347):

Dar. 18: Die Folgen mentaler Buchhaltung

Frage 1: Sie wollen eine Theatervorstellung besuchen und haben bereits ein Ticket für 10 Dollar gekauft. Beim Betreten des Theaters stellen Sie fest, dass Sie das Ticket verloren haben. Würden Sie für 10 Dollar ein neues Ticket kaufen?	Frage 2: Sie wollen eine Theatervorstellung besuchen, für die ein Ticket 10 Dollar kostet. Beim Betreten des Theaters stellen Sie fest, dass Sie einen 10-Dollar-Schein verloren haben. Würden Sie jetzt trotzdem für 10 Dollar ein Ticket kaufen?
Antworten: ja (46 %), nein (54 %)	Antworten: ja (88 %), nein (12 %)

Man sieht, dass sich das Antwortverhalten bei den beiden Fragen deutlich unterscheidet. Während bei Frage 1 mehr als die Hälfte der Teilnehmerinnen und Teilnehmer kein neues Ticket kauft, sind es bei Frage 2 nur 12 Prozent. Man sieht bei näherem Hinsehen auch, dass die beiden Fragen rein finanziell eine gleichwertige Situation beschreiben. Aber offensichtlich wenden die befragten Personen eine mentale Buchhaltung an. Bei der ersten Frage geht es gedanklich um das Konto »Theaterbesuch«. Wenn dort durch das verlorene Ticket bereits eine Abbuchung erfolgt ist, sind viele Menschen nicht mehr bereit, noch eine weitere Abbuchung vorzunehmen. Das würde das Theater-Budget überziehen. Bei der zweiten Frage wird ein anderes mentales Konto angesprochen, das allgemeine Geld- oder Zahlungsmittelkonto. Zwar gibt es auch hier einen Verlust in Höhe von 10 Dollar, aber die weitere Ausgabenbereitschaft sinkt nicht stark ab. Das Geldbudget ist noch nicht erschöpft, erlaubt also weitere Abbuchungen.

Mentale Buchhaltung findet sich nicht nur bei Kasino- oder Theaterbesuchen, sondern auch bei vielen anderen Entscheidungen von Menschen. So haben die meisten Menschen unterschiedliche Konten für unterschiedliche Ausgaben. Es gibt ein Konto für Essen, ein Konto für Kleidung, ein Konto für den Jahresurlaub usw. Das ist zunächst sinnvoll, weil es eine systematische Ausgabenplanung erlaubt. Die Nutzung verschiedener mentaler Konten ist aus psychologischer Sicht ein **Instrument der Selbstbindung**. Das gilt insbesondere, wenn ich die Budgets für die einzelnen Konten in einem ruhigen Moment und bei bewusster Nutzung von System 2 aufstelle. So kann ich beispielsweise sicherstellen, dass ich genug Geld für das Alter spare, indem ich bewusst ein mentales Konto »Altersvorsorge« einrichte und zu Beginn jedes Monats Geld auf ein entsprechendes reales Sparkonto überweise. In diesem Fall korrespondieren zwei mentale Konten übrigens auch mit zwei verschiedenen realen Konten. Mentale Konten können im Sinne der Selbstbindung auch eine sinnvolle Vorgehensweise sein, um emotional bedingte Spontankäufe zu verhindern. Wenn mein Budget für Clubbesuche ausgeschöpft ist, dann verzichte ich in diesem Monat vielleicht auf einen weiteren Clubbesuch, bei dem ich ansonsten viel Geld ausgegeben und am Monatsende mein Konto überzogen hätte.

Wer unterschiedliche mentale Konten für Konsum- oder Investitionsausgaben verwendet, muss sich jedoch der realen Konsequenzen bewusst sein. Ein konkretes Ergebnis könnten durchaus **auch unnötige Ausgaben** sein. So kaufen Sie sich vielleicht ein weiteres Kleidungsstück, wenn noch Geld im Budget »Kleidung« übrig ist, obwohl Sie eigentlich gar keins brauchen. Die Gefahr besteht insbesondere, wenn einzelne mentale Konten zu großzügig geplant wurden. Diesen Effekt kennen wir sehr gut aus der Budgetierung in Unternehmen. Es besteht ein klarer Anreiz, ein zur Verfügung gestelltes Budget auch immer auszugeben, weil das Geld sonst weg ist. Die Betriebswirtschaftslehre nennt das entsprechende Phänomen »Dezemberfieber«. Wenn ein Geschäftsjahr im Dezember endet, dann geben alle Budgetverantwortlichen das noch zur Verfügung stehende Budget im Dezember ganz aus, um nur ja nichts übrig zu lassen. In dem Beispiel des Kasinobesuchs wäre es wahrscheinlich sinnvoller, das einmal gewonnene Geld nicht mental zum Spielkonto zu transferieren und es deshalb hochriskant wieder einzusetzen, bis es wieder ganz verspielt ist. Besser wäre es vielleicht, sich ein festes Zeitlimit zu setzen und dann mit dem Gewinn nach Hause zu gehen. Aber prüfen Sie sich selbst: Für die meisten von uns fühlt sich im Kasino gewonnenes Geld eher wie Spielgeld als wie echtes Geld an.

Ebenso sind unangenehme oder sogar **unsinnige Einsparungen** eine mögliche Konsequenz der Nutzung verschiedener mentaler Konten. Sie sparen vielleicht bei hohen Gas- oder Stromkosten an der Heizung und sitzen in einer kalten Wohnung, weil ansonsten das mentale Budget der Heizkosten überschritten würde. Wir konnten das beim starken Anstieg der Energiepreise im Winter des Jahres 2022 in vielen deutschen Haushalten beobachten. Sogar alte Menschen, für die das besonders unangenehm ist, drehten die Heizung so lange herunter, bis das mentale Konto der Heizkosten wieder eingehalten war. Bei einer Gesamtbetrachtung ihrer Finanzen und ihrer Präferenzen hätten diese Menschen aber wahrscheinlich lieber bei einer anderen Ausgabenposition gespart als gerade bei den Heizkosten. Umgekehrt kann mentale Buchhaltung auch zu erwünschten Einsparungen führen. Da es schwierig ist, jedes mentale Konto auch immer ganz genau auszugeben, bleibt bei einer strikten Anwendung des Prinzips wahrscheinlich bei vielen Konten am Ende der Planungsperiode (Monat oder Jahr) Geld übrig. Auch das kennen wir von Unternehmen. Wer darauf achtet, dass Budgets niemals überzogen werden, und gleichzeitig antizipiert, dass sie immer mal wieder unterschritten werden, der hat am Ende des Jahres immer irgendwo Geld gespart. Das klappt jedoch nur, wenn eingesparte Budgets nicht auf das nächste Jahr übertragen werden dürfen. Insofern könnte mentale Buchhaltung auch Privatpersonen dabei helfen, mehr Geld zu sparen, als sie es bei einer Gesamtbetrachtung ihrer Finanzen schaffen würden.

Mentale Buchführung hat nicht nur individuelle Konsequenzen, sondern kann auch **erhebliche volkswirtschaftliche Effekte** bewirken. Denn empirische Untersuchungen haben gezeigt, dass mentale Buchhaltung selbst dann stattfindet, wenn es sich um ganz unterschiedlich liquide Budgets handelt (Thaler 2019, S. 113). So fing die Immobilienblase in den USA damit an, dass immer mehr Amerikaner ihre Immobilien zusätzlich beliehen, um damit Konsumausgaben zu tätigen. Sie konnten das tun, weil die Immobilienpreise immer weiter stiegen und Hypothekenmakler Umschuldungen mit zusätzlicher Liquidität für die Immobilienbesitzer anboten. So waren im Jahr 2000 Wertsteigerungen im Immobilienbesitz zum wichtigsten Treiber der Verkäufe von neuen Autos geworden. Diese Art der mentalen Buchhaltung übersah allerdings, dass Immobilienpreise nur auf dem Papier steigen, während Konsumausgaben zu echten Abflüssen von Zahlungsmitteln führen. Als die Blase platzte, die Immobilienpreise also stark sanken, saßen viele Amerikaner auf Hypothekenkrediten, die über dem Marktwert ihrer Immobilien lagen. Sie waren überschuldet. Und ihre Immobilien konnten sie nicht leicht verkaufen, weil das zum einen sehr hohe Transaktionskosten mit sich bringt und sich zum anderen in einer solchen Krise kaum Käufer fanden, die noch Immobilien kaufen wollten.

Zusammenfassung

1. Menschen optimieren nicht andauernd jedes Detail ihres Lebens. Stattdessen erfüllen sie Anspruchsniveaus. Wenn die erreicht sind, suchen sie nicht weiter nach besseren Alternativen.
2. In schwierigen Entscheidungssituationen hören wir auf unser Bauchgefühl und führen keine rationale Analyse durch.
3. In schwierigen Entscheidungssituationen wählen wir die bekannteste Alternative, bleiben bei einer bereits früher gewählten Alternative oder halten uns an soziale Vorgaben.
4. In schwierigen Entscheidungssituationen mit mehreren Entscheidungskriterien konzentrieren wir uns auf nur ein (wichtigstes) Kriterium.
5. Wir verwenden als Instrument der Selbstbindung unterschiedliche mentale Konten für verschiedene Ausgabenkategorien. Das kann sowohl unnötige Ausgaben als auch unsinnige Einsparungen bewirken.

Teil 3: Anwendungsbereiche der Verhaltensökonomik

10 Finanzwirtschaft

Die Grundidee der Behavioral Finance

Der älteste und der nach wie vor wichtigste Anwendungsbereich verhaltensökonomischer Theorien ist die **verhaltensökonomische Finanzwirtschaft**. Die Disziplin ist bekannter unter ihrem englischen Namen »Behavioral Finance«. Dass sie sich als so ergiebig erwiesen hat, ist zunächst durchaus überraschend. Denn wenn überhaupt irgendwo zu erwarten ist, dass wir uns wie ein Homo oeconomicus verhalten, dann wohl am ehesten bei der Geldanlage (Mullainathan/Thaler 2001). Hier sollten Gefühle oder psychologische Befindlichkeiten am wenigsten relevant sein. Auch für mehrdimensionale Zielsetzungen gibt es zunächst keinen Anlass. Die einzige sinnvolle Zielsetzung ist die Maximierung der Rendite auf das eingesetzte Kapital. Wenn wir Geld anlegen, sollte es also ausschließlich um eindeutig messbare finanzielle Größen wie Zahlungsmittelzuflüsse und Zahlungsmittelabflüsse gehen (cash flows), nicht um das, was ein Unternehmen tut oder wie es sein Geld verdient. Zudem werden die meisten Menschen der Aussage zustimmen, dass mehr Geld besser ist als weniger Geld. Wenn also alle Marktteilnehmer ihre erwartete Rendite maximieren, wenn allen die gleichen Informationen über Anlagemöglichkeiten zur Verfügung stehen und wenn diese Informationen ohne größere Kosten zeitnah verarbeitet werden können, dann erscheint die Annahme rationalen Verhaltens im Bereich der Finanzwirtschaft berechtigt.

Nach dem Verständnis der traditionellen Kapitalmarkttheorie bewerten Investoren Risiko und Rendite eines Wertpapiers, nutzen alle vorhandenen Informationen und sorgen durch Käufe und Verkäufe dafür, dass sich die Marktpreise den jeweiligen fundamentalen Werten der entsprechenden Wertpapiere angleichen. Die Grundannahme lautet also, dass Menschen sich bei finanzwirtschaftlichen Entscheidungen strikt rational verhalten. Sie sind sich ihrer Risikopräferenzen bewusst und maximieren die erwartete Rendite auf das eingesetzte Kapital. Zu diesem Zweck beschaffen sie sich laufend die am Markt verfügbaren Informationen über die vorhandenen Investitionsalternativen. Sobald es neue Informationen gibt, beispielsweise in Form von verbesserten Umsatzerwartungen eines Unternehmens oder in Form von Produkthaftungsklagen gegen ein bestimmtes Unternehmen, nehmen Anleger diese Informationen auf und treffen entsprechende Kauf- und Verkaufsentscheidungen. Wenn alle Marktteilnehmer sich so verhalten, dann liegen **informationseffiziente Kapitalmärkte** vor. Abweichungen des Marktpreises vom fundamentalen Wert können dann nur durch unvorhergesehene Ereignisse, asymmetrisch verteilte Informationen oder hohe Transaktionskosten entstehen (Beck 2014, S. 351).

Ein erster Wermutstropfen der traditionellen Kapitalmarkttheorie besteht darin, dass es in einer Welt rationaler Anleger nicht viel Handel mit Wertpapieren geben dürfte. Man kann zumindest nicht leicht erklären, warum ein rationaler Anleger eine Aktie zu einem bestimmten Preis kaufen wollte, die ein anderer rationaler Anleger zum selben Preis verkaufen will. Solche Transaktionen machen nur bei unterschiedlichen Erwartungen zukünftiger Kurse Sinn. Wenn jedoch alle Marktteilnehmer der Meinung sind, dass ein Wertpapier (immer) richtig bewertet ist, dann wäre der Handel mit Wertpapieren nicht besonders attraktiv, vor allem unter Berücksichtigung der dabei anfallenden Transaktionskosten. Dieses »No-Trade-Theorem« (Thaler 2019, S. 279) steht in offensichtlichem Widerspruch zu den tatsächlichen Geschehnissen an Kapitalmärkten. Dort wird nämlich sehr viel gehandelt. So wird geschätzt, dass an einem normalen Börsenmonat etwa 5 Prozent aller Aktien gekauft und verkauft werden, also neue Eigentümer finden. Die tatsächlichen Handelsvolumina sind ausgesprochen hoch. Demnach liegt der Verdacht nahe, dass vielleicht doch nicht alle Marktteilnehmer rational handeln.

Empirisch wurden schon früh Zweifel an der Hypothese des rationalen Verhaltens von Anlegern an Kapitalmärkten geäußert. So stellte der Nobelpreisträger Robert J. Shiller fest, dass der Gegenwartswert der Dividenden amerikanischer Unternehmen zwischen 1880 und 1980 – also über einen sehr langen Zeitraum hinweg – weitgehend konstant war. Die um den langfristigen Trend bereinigten Aktienkurse zeigten über denselben Zeitraum jedoch sehr deutliche Schwankungen (Shiller 1981). Wenn der theoretische Wert eines Unternehmens dem Gegenwartswert aller zukünftig ausgezahlten Dividenden entspricht, und genau das besagt die traditionelle ökonomische Theorie, dann variieren die Aktienkurse zu stark. Sehr **hohe Volatilitäten** dieser Art sind mit der Annahme der Informationseffizienz nicht vereinbar. Der Artikel von Shiller wurde viel beachtet, zunächst in seiner Methodik kritisiert, aber dann doch in vielen Folgestudien bestätigt. Vor allem zeigte sich das Phänomen viel zu hoher Volatilitäten nicht nur bei Aktienkursen, sondern auch bei den Preisen von festverzinslichen Wertpapieren (Bonds) und Immobilien. In einer späteren Arbeit führte Shiller Modetrends, Gerüchte und »social dynamics« als Erklärung für die hohen Volatilitäten an Kapitalmärkten an (Shiller 1984).

Die verhaltensökonomische Forschung hat in vielen weiteren Arbeiten gezeigt, dass Menschen selbst bei einer sehr guten Informationslage und sehr gutem Verständnis der Produkte in Finanzfragen nicht immer das tun, was sie nach der traditionellen Theorie der Erwartungsnutzenmaximierung tun sollten. Sie verhalten sich zwar nicht vorsätzlich dumm, aber es gibt **vorhersehbar irrationales Verhalten**. Beschränkte Informationsverarbeitung, Heuristiken, Mehrfachzielsetzungen und Emotionen spielen eine Rolle. Sehr kleine Wahrscheinlichkeiten, beispielsweise die der Insolvenz eines Unternehmens, werden falsch eingeschätzt. Die eigenen Fähigkeiten bei der Beurteilung von Wertpapieren werden überschätzt. Die Risikobereitschaft ist nicht konstant. Sie hängt vielmehr davon ab, ob mit einer Investition bisher Verluste oder Gewinne erzielt wurden. Das Anlageverhalten orientiert sich nicht nur an den verfügbaren Informationen zu den einzelnen Wertpapieren, sondern auch am Verhalten der anderen Marktteilnehmer. Das Menschenbild, das sich in der Gesamtschau der verhaltensökonomischen Erkenntnisse zur Finanzwirtschaft ergibt, wird in manchen Büchern als »Homo economicus humanus« bezeichnet. Die entsprechenden Entscheidungen dieses Menschentyps werden semi-rational genannt (Daxhammer/Facsar/Papp 2023, S. 81).

Neuere verhaltensökonomische Arbeiten im Bereich der Finanzwirtschaft sprechen sogar von »**Emotional Finance**«. Diese Forschungsrichtung steht in der Tradition der Psychoanalyse nach Sigmund Freud. Sie verweist auf unbewusste menschliche Ziele, Emotionen und irrationale Informationsverarbeitungsprozesse, die sich auf finanzwirtschaftliche Entscheidungen auswirken können. Als Beispiele werden Fantasien, Ängste, Paranoia und gruppendynamische Prozesse genannt. Diese Emotionen können nicht direkt beobachtet, aber in Tiefeninterviews abgefragt werden (Taffler 2018). Kapitalmarktteilnehmer verhalten sich dieser Theorie zufolge wie Spieler in einem Kasino. Sie werden getrieben von Aufregung, Angst und Gier (Kumar 2009). Ob man in der Erklärung von Finanzwirtschaft nun unbedingt so weit gehen und die Annahme eines von unbewussten Trieben gesteuerten Menschen machen will, sei dahingestellt. Aus meiner Sicht können die entsprechenden emotionalen Einflussfaktoren aber genauso gut als verhaltensökonomisch bezeichnet werden. Denn in der Psychologie ist lange bekannt, dass unbewusste Kognitionen und Gefühle starke Auswirkungen auf unser Verhalten haben. Emotionen sind in der Verhaltensökonomie immer schon Bestandteil von Theorien zu menschlichen Entscheidungen gewesen.

Die wichtigsten Befunde der verhaltensökonomischen Forschung zu Fragen der Finanzwirtschaft will ich Ihnen im Folgenden im Einzelnen vorstellen. Dabei lade ich Sie dazu ein, jeden Befund immer gleich mit Ihrem eigenen Verhalten zu vergleichen. Es könnte sein, dass Sie bei sich keine der gleich zu erläuternden vorhersehbar irrationalen Entscheidungsmuster feststellen. Dann beglückwünsche ich Sie schon einmal. Dann sind Sie höchstwahrscheinlich sehr erfolgreich bei ihren Investments und verdienen entsprechend viel Geld an Kapitalmärkten. Es könnte aber auch sein, dass Sie sich in den folgenden Abschnitten mehrmals oder sogar häufig wiederfinden. Dann möchte ich Sie trösten. Wahrscheinlich verdienen Sie an Kapitalmärkten nicht immer Geld. Vermutlich treffen Sie mitunter auch Anlageentscheidungen, die Sie nachher sehr bereuen. Aber Sie sind wenigstens nicht allein. Sie tun einfach das, was die Mehrheit der Menschen tut, auch die Mehrheit der finanzwirtschaftlich sehr gut ausgebildeten Menschen. Sie verhalten sich eben nicht wie ein Homo oeconomicus. Denn nur weil es um das Anlegen von Geld geht, werden unsere archaischen Instinkte nicht bedeutungslos. Im Gegenteil, weil bei finanzwirtschaftlichen Investitionen immer sehr viele Informationen, unsichere Erwartungen und schwer bewertbare finanzielle Risiken vorliegen, verlassen wir uns besonders häufig auf Heuristiken.

Es gibt verschiedene Anomalien am Kapitalmarkt

Es kommt an Kapitalmärkten immer wieder zu extremen Kursänderungen, ohne dass irgendwelche neuen kursrelevanten Informationen vorlägen. Sie treten plötzlich und ohne erkennbaren Grund auf. Man spricht von **Börsenrallyes und Börsencrashs.** So kam es am 19. Oktober 1987 zu starken Kursverlusten an den Börsen der Welt, beginnend in Hong Kong. An der New York Stock Exchange brachen die Kurse um 20 Prozent ein. Es hatte jedoch keine neuen Informationen gegeben, weder finanzielle noch politische oder technologische. Es war einfach gar nichts passiert, außer dass ein weltweiter Börsencrash einsetzte. Solche kurzfristigen Kursausschläge ohne vorausgegangene Neuigkeiten sind mit der These der Informationseffizienz nicht vereinbar. Der Verhaltensökonom Richard Thaler bezeichnet allzu stark schwankende Preise einfach als »falsch« (Thaler 2019, S. 298). Aus seiner Sicht handelt es sich um Anomalien, die nur durch psychologische und soziale Phänomene erklärt werden können. Das drücken auch die umgangssprachlich geläufigen Begriffe wie »Panikverkäufe«, »Börseneuphorie«, »Blase«, »in ein fallendes Messer greifen« oder »Gewinnmitnahmen« aus.

In vielen anderen Arbeiten wurden weitere Anomalien festgestellt. Auch sie sind mit der Annahme der Informationseffizienz unvereinbar. Eine solche Anomalie ist der **Januar-Effekt**, nach dem eine Anlage in die Aktien kleinerer Unternehmen in den ersten Wochen des Monats Januar zu deutlichen Überrenditen führt (Thaler 1987). Eine mögliche Erklärung für diese Anomalie sind Steuereffekte. So haben Anleger einen Anreiz, bestimmte Wertpapiere am Ende eines Jahres zu verkaufen, um die entsprechenden Verluste steuerlich geltend machen zu können. Zu Beginn des neuen Jahres werden diese Wertpapiere dann zurückgekauft (Daxhammer/Facsar/Papp 2023, S. 120). Allerdings wurde der Januar-Effekt auch in Ländern nachgewiesen, in denen es gar keine Besteuerung von Kapitalerträgen gibt. Zudem wäre auch ein steuerlich motivierter Januar-Effekt nicht mit der Markteffizienzhypothese vereinbar. Denn es müsste ja an einem informationseffizienten Markt noch andere Anleger geben, die den Januar-Effekt antizipieren, die entsprechenden Aktien bereits im Dezember kaufen und dann Überrenditen erzielen. Es steht daher zu vermuten, dass es noch andere psychologische Erklärungen für das Phänomen gibt. Eine solche Erklärung wäre die mentale Buchhaltung, die manche Anleger dazu bewegt, ihre Verluste und Gewinne am Ende eines Jahres zu realisieren, um das Ergebnis des gesamten Jahres in Form von frei verfügbaren liquiden Mitteln sehen zu können.

Ein anderer kalendarischer Effekt, der sich in empirischen Studien immer wieder nachweisen ließ, ist der **Wochenendeffekt**. Demnach veröffentlichen Unternehmen schlechte Nachrichten bevorzugt am Wochenende, wenn die Börsen geschlossen sind. Das gibt Anlegern Zeit, die neuen Informationen zu verarbeiten. Wenn die Börsen dann am Montag wieder öffnen, sinken die Kurse, allerdings nur moderat. Werden schlechte Nachrichten an normalen Wochentagen veröffentlicht, so dass Anleger sofort reagieren können, sinken die Kurse vergleichsweise stärker. Auch das widerspricht der Hypothese einer effizienten Informationsverarbeitung.

Denn die Reaktion der Marktteilnehmer auf neue Informationen müsste immer gleich ausfallen, egal ob sie sofort erfolgt oder es eine Wartezeit gibt. Die verhaltensökonomische Erklärung für Wochenendeffekte verweist auf eine psychologisch motivierte Überreaktion auf neue Informationen. Sie lässt sich nicht nur für den gesamten Kapitalmarkt nachweisen (De Bondt/Thaler 1985), sondern auch bei eigentlich sehr gut informierten und sehr sachkundigen Marktteilnehmern wie Analysten (De Bondt/Thaler 1990). Anleger und Analysten reagieren insbesondere auf sehr gute oder sehr schlechte Nachrichten stärker, als es ökonomisch erklärbar wäre. In den Folgetagen korrigiert sich die Überreaktion dann wieder etwas. Deswegen macht es aus Sicht der Unternehmen Sinn, den Kapitalmarktteilnehmern zwei Tage zum Nachdenken zu geben, also besonders emotional aufwühlende Nachrichten am Wochenende und nicht mitten in der Woche bekannt zu geben.

In einer Welt informationseffizienter Kapitalmärkte dürfte man aus historischen Preisentwicklungen keine Hinweise auf zukünftige Preisentwicklungen ableiten können. Auch alle veröffentlichten Unternehmensanalysen, wir sprechen von Fundamentaldaten, würden keine Kauf- oder Verkaufshinweise geben. Denn alle verfügbaren Informationen zu den am Markt gehandelten Wertpapieren müssten schon eingepreist sein. Dem steht allerdings die Beobachtung gegenüber, dass sogenannte **technische Analysen**, die auch als Chart-Analysen bezeichnet werden, sehr populär sind. Ein erstes Buch dazu erschien bereits 1932 (Schabacker 1932). Die Anbieter solcher technischen Analysen versuchen, aus bisherigen Kursverläufen Prognosen der weiteren Kursentwicklung abzuleiten. Sie arbeiten mit Trendlinien und Trendkanälen, leiten längerfristige Widerstandslinien für Kurse ab, oder versuchen typische Chartbilder wie Kopf-Schulter-Formationen zu erkennen. Wissenschaftliche Belege für die Prognosekraft von solchen Chartanalysen gibt es nicht. Dennoch werden sie in vielen verschiedenen Formen angeboten und auch gekauft. Sie könnten auch durchaus einen realen Wert haben, wenn nämlich viele Menschen den aus Chartanalysen abgeleiteten Kauf- und Verkaufsempfehlungen folgen, so dass diese sich allein dadurch bewahrheiten. Man bezeichnet das als selbsterfüllende Prophezeiung, also eine Vorhersage, die ihre Erfüllung selbst bewirkt.

Wir verstehen finanzwirtschaftliche Produkte oft nicht richtig

Ein erster Ansatzpunkt der verhaltensorientierten Finanzmarkttheorie ist offensichtlich die Informationsverarbeitung. Es geht bei finanzwirtschaftlichen Entscheidungen, im Gegensatz zu vielen anderen Bereichen der Wirtschaftswissenschaft, nicht um einen Mangel an Informationen, sondern um einen Überfluss an Informationen. Das konkrete Problem einzelner Anleger besteht darin, dass es so unglaublich viele Investitionsalternativen gibt. Wir können aus unzähligen Aktien, Bonds, Derivaten, Fonds und vielem mehr auswählen. Zu jedem einzelnen Wertpapierangebot gibt es Angaben zum entsprechenden Emittenten, historische Zeitreihen der Kurse, Kennzahlen und viele weitere Informationen. Das sind zweifellos viel mehr Informationen, als ein einzelner Mensch verarbeiten kann, selbst wenn man sich auf einige wenige Anlagekategorien beschränkt. Es besteht folglich immer ein Problem der **Informationsüberflutung**. Sich einen kompletten Markt-überblick zu verschaffen und alle verfügbaren Informationen zu berücksichtigen, ist schlicht unmöglich, selbst wenn man den ganzen Tag nichts anderes tut als Börsenzeitungen zu lesen und das Internet nach neuen Unternehmensnachrichten zu durchsuchen. Hinzu kommt das Problem der schwierigen Überprüfung des Wahrheitsgehalts einzelner Informationen.

Informationsüberflutung führt zu **selektiver Wahrnehmung**. Etliche Informationen bleiben notgedrungen unbeachtet (Daxhammer/Facsar/Papp 2023, S. 175). Das Problem aus Anlegersicht besteht vornehmlich darin, relevante von irrelevanten Nachrichten zu unterscheiden und sich auf die relevanten zu konzentrieren. Informationsüberflutung führt aber auch dazu, dass einzelne Informationen nur flüchtig wahrgenommen werden. Wie bei einer Zeitung dienen bei Börsennachrichten die Überschriften als erster Filter. Erscheint eine Überschrift interessant, dann lesen wir (vielleicht) die Kurzzusammenfassung. Und nur im absoluten Ausnahmefall lesen wir den ganzen Artikel. Dieses Vorgehen ist angesichts einer Informationsüberflutung effizient, kann aber zu groben Fehlern führen. Als beispielsweise Elon Musk im Januar 2021 die Messaging-App Signal empfahl, stieg der Aktienkurs des medizintechnischen Unternehmens Signal Advance innerhalb von drei Tagen um das Fünfzigfache. Auch nachdem die Verwechslung der beiden Unternehmen mit dem ähnlichen Namen aufgeklärt war, stieg der Aktienkurs von Signal Advance weiter an. Der Grund für diese enormen Kurssteigerungen liegt offensichtlich in der erhöhten Aufmerksamkeit, die ein vorher weitgehend unbekanntes Unternehmen irrtümlich erfahren hatte.

Selektive Wahrnehmung wird auch von unseren früheren Entscheidungen beeinflusst. Nehmen Sie an, Sie hätten eine sogenannte Wachstumsaktie gekauft und hoffen auf langfristige Kurssteigerungen. Die Gefahr besteht jetzt darin, dass Sie bevorzugt solche Informationen wahrnehmen und verarbeiten, die Ihre ursprüngliche Erwartung bestätigen. Das wären beispielsweise Nachrichten über ein Wachstum des betreffenden Marktes, über die erfolgreiche Einführung eines neuen Produkts oder über Umsatzsteigerungen des betreffenden Unternehmens. Man nennt das **Bestätigungsverzerrung** oder auch »Confirmation Bias« (Zamir/Teichman 2018, S. 59). Diese Verzerrung bedeutet, dass nicht bestätigende neue Informationen eher ignoriert werden. Man könnte es auch anders ausdrücken: Wir finden, wonach wir suchen. Und wir sehen, was wir zu sehen erwarten. Alles andere sehen wir nicht oder verarbeiten es nicht weiter. An Kapitalmärkten gilt das insbesondere für Anleger oder Analysten mit psychologisch tief verankerten Erwartungen. Wer beispielsweise ein Crash-Prophet ist (ich kenne so jemanden persönlich), der deutet neue Kapitalmarktinformationen überwiegend als Hinweise auf demnächst abstürzende Börsenkurse. Und auch das jahrelange Ausbleiben der entsprechend prognostizierten Crashs bewirkt kein Umdenken. Für Crash-Propheten bleiben negative Informationen die bevorzugte Lektüre.

An Kapitalmärkten gibt es noch mehr Hinweise auf eine sehr selektive Wahrnehmung neuer Informationen in Folge von Informationsüberflutung (DellaVigna 2009). So reagieren die Aktienkurse verzögert auf die Veröffentlichung neuer

Gewinnerwartungen eines Unternehmens, wenn es am selben Tag noch neue Informationen von vielen anderen Unternehmen gibt. Es kommt auch darauf an, wie und wo neue Informationen veröffentlicht werden. Am 28.11.1997 wurde im Magazin Nature ein Bericht über eine erfolgreiche Patentanmeldung für ein neues Medikament des Unternehmens EntreMed veröffentlicht. Die New York Times berichtete am selben Tag darüber, allerdings auf Seite A28, also weiter hinten in der Zeitung. Nicht überraschend stieg der Aktienkurs von EntreMed am Folgetag um 28 Prozent an. Sehr überraschend war jedoch, was fast ein halbes Jahr später passierte. Diesmal brachte die New York Times auf der Titelseite einen Artikel über EntreMed. Er enthielt keine neuen Informationen und war auch sehr ähnlich zu dem bereits am 28.11.1997 veröffentlichten Artikel. Diesmal stieg der Aktienkurs von EntreMed aber dauerhaft um 330 Prozent. Gleichzeitig stiegen die Aktien aller börsennotierten Biotech-Unternehmen um 7,5 Prozent. Wer Beachtung finden will, sollte also versuchen, auf die Titelseite einer Zeitung oder die erste Seite einer Suchmaschine zu kommen.

Ein zweites Problem der Informationsverarbeitung besteht darin, dass viele Finanzprodukte für Laien nicht oder nur schwer verständlich sind. Ein klares Problem für die Annahme rationalen Verhaltens an Kapitalmärkten ist eine **unzureichende Finanzkompetenz** der handelnden Personen. Ein anderer Begriff für Finanzkompetenz ist finanzielle Bildung, im englischen spricht man von »financial literacy«. Sie ist eine Voraussetzung für rationales Verhalten. Ich kann nicht rationale Kauf- und Verkaufsentscheidungen an Kapitalmärkten treffen, wenn ich gar nicht genau verstehe, was ich da kaufe oder verkaufe. Und ein unzureichender finanzwirtschaftlicher Kenntnisstand liegt bei den meisten Privatanlegern vor, die keine systematische finanzwirtschaftliche Ausbildung genossen haben. Er bedeutet allerdings nicht, dass Menschen ihr Geld vollkommen ahnungslos anlegen. So ist es durchaus sinnvoll, dass Anleger ihre Investitionen auf die Wertpapiere beschränken, die sie verstehen. Wer beispielsweise weiß, was eine Aktie oder ein Fonds ist, aber die Funktionsweise von Optionen nicht genau versteht, der sollte sein Geld nur in Aktien oder Fonds anlegen und die Finger von Optionen lassen. Wer nicht weiß, was eine Kryptowährung ist und nach welchen Prinzipien sich an den entsprechenden Börsen die Preise bilden, der sollte auf keinen Fall in Kryptowährungen investieren. Und wer die Funktionsweise eines geschlossenen Immobilienfonds nicht durchschaut, der sollte sich von seiner Bank keine entsprechenden Produkte aufschwatzen lassen. Wir sollten nach Möglichkeit nur kaufen, was wir auch verstehen.

Prüfen Sie einmal selbst Ihren eigenen finanzwirtschaftlichen Kenntnisstand, ihre »financial literacy«. Sie müssen das sowieso tun, wenn Sie ein Depot anlegen. Denn dann fragt die Bank Sie nach Ihrem Wissen und Ihren Erfahrungen. Je nachdem, wie Sie antworten, werden Sie einige oder viele Produkte nicht handeln dürfen. In der Praxis besteht das Problem allerdings darin, dass Sie Ihre Angaben nicht zu belegen oder zu beweisen brauchen. Als ich zum ersten Mal mit einem Freund zusammen anfing, mit Optionen zu spekulieren, hatten wir weder viel finanzwirtschaftliches Wissen noch irgendwelche Anlageerfahrungen. Wir haben trotzdem alle entsprechenden Kästchen angekreuzt, denn sonst hätte uns unsere Online-Bank keine Optionen kaufen lassen. Wir haben dann auch ordentlich Lehrgeld bezahlt und mit unseren Optionsgeschäften praktisch das ganze eingesetzte Kapital verspielt. Man kann sagen: Wir wussten zwar nicht genau, was wir taten, aber wir taten es mit vollem Engagement, bis das Geld weg war. Der Online-Bank war das natürlich egal. Denn die verdient ihr Geld mit Gebühren für Transaktionen. Je mehr ein Kunde oder eine Kundin handelt, desto besser für die Bank. Ob die Kunden wissen, was sie da tun oder nicht, macht keinen Unterschied.

Anleger können ihren finanzwirtschaftlichen Kenntnisstand natürlich verbessern. Vielleicht haben Sie es besser gemacht als wir damals. Vielleicht haben Sie erst Bücher gelesen, Videos angeschaut oder sich auf anderem Wege schlau gemacht, bevor Sie die ersten Wertpapiere kauften. Vielleicht haben Sie sogar ein wirtschaftswissenschaftliches Studium absolviert. Dann haben Sie auf jeden Fall Vorlesungen zu Themen wie Investitionstheorie, Unternehmensfinanzierung oder Kapitalmarkttheorien gehört. Wir hatten das übrigens damals gemacht. Wir waren beide fortgeschrittene Studenten der Wirtschaftswissenschaften und hielten uns entsprechend für sehr clever. Doch selbst mit einem abgeschlossenen Wirtschaftsstudium wird es so sein, dass Sie nicht alle Produkte, die an Kapitalmärkten gehandelt werden, wirklich verstehen. Das ist auch keine Schande. Selbst Fachleute, die in den entsprechenden Unternehmen arbeiten, verstehen nicht alle Produkte des eigenen Hauses. Dazu sind sie einfach **zu komplex gestaltet**. Sagt Ihnen beispielsweise der Begriff strukturiertes Finanzprodukt etwas? Hätten Sie gewusst, dass es sich dabei um die Kombination von zwei Finanzprodukten handelt, von denen eines ein Derivat sein muss? Und wenn ja, könnten Sie sagen, welche konkreten Merkmale solcher Finanzprodukte einen Einfluss auf deren Risikoprofil und Preisbildung haben?

Ich erinnere mich noch gut, dass mein jüngerer Bruder damals am Lehrstuhl für Statistik der Universität Bonn seine Diplomarbeit in Volkswirtschaftslehre über die Preise von exotischen Optionen schrieb. Ich hatte mein Studium desselben Fachs an derselben Universität schon abgeschlossen und bot meinem Bruder an, seine Arbeit Korrektur zu lesen. Ich war auch wirklich interessiert, dieses Thema zu verstehen. Denn exotische Optionen hielten damals Einzug in den Kapitalmarkt und die Banken hatten begonnen, entsprechende Produkte zu vermarkten. Auch in der Theorie war das Interesse groß, Derivate mit neuartigen Risikoprofilen zu entwerfen. Zudem haben exotische Optionen auch exotische, vielversprechend klingende Namen. Sie heißen beispielsweise »Bermuda Option«, »Lookback Option«, »Knock-out Option« oder »Rainbow Option«. Faktisch war ich meinem Bruder jedoch keine große Hilfe. Denn ich habe einfach nichts verstanden. Schon am Ende der ersten Seite war ich hoffnungslos abgehängt. Ich war zwar Wirtschaftswissenschaftler mit soliden Kenntnissen in Finanzwirtschaft, aber ich hätte genauso gut versuchen können, eine Arbeit über Teilchenbeschleunigerphysik zu lesen. Meine »financial literacy« reichte (und reicht auch heute noch) bei weitem nicht aus, um exotische Optionen zu verstehen oder gar rational zu bewerten.

Wir überschätzen unsere Fähigkeiten

Die meisten Menschen überschätzen nicht nur ihre Fachkenntnisse, sondern auch ihre Fähigkeiten, gute Anlageentscheidungen zu treffen. Sie glauben, dass sie »den Markt schlagen«, also durch den gezielten Kauf und Verkauf von Wertpapieren überdurchschnittlich hohe Renditen erzielen können. Das entspricht dem bereits angesprochenen und in vielen Lebensbereichen nachgewiesenen Phänomen der **Selbstüberschätzung** bzw. »overconfidence«. Selbstüberschätzung betrifft nicht nur Privatanleger, sondern insbesondere auch professionelle Kapitalmarktteilnehmer, also beispielsweise Vermögensverwalter. Sie glauben, durch ihre besonderen Marktkenntnisse überdurchschnittlich erfolgreiche Kauf- und Verkaufsentscheidungen treffen zu können, und führen daher viel zu viele Transaktionen durch. Besonders besorgniserregend ist dabei die Tatsache, dass die Selbstüberschätzung bei sehr schwierigen Prognose- und Bewertungsfragen, wie sie für viele Wertpapiere typisch sind, eher größer als kleiner wird (Angner 2021, S. 116). Ebenfalls besorgniserregend ist die Beobachtung, dass die Selbstüberschätzung selbst dann nicht abnimmt, wenn sie zu schlechten Ergebnissen führt. Die werden nämlich externen Umständen zugeschrieben, während gute Anlageentscheidungen als Bestätigung der eigenen Expertise gedeutet werden.

In der Finanzwirtschaft zeigen praktisch alle empirischen Untersuchungen, dass Anleger ihre eigenen Kenntnisse und Fähigkeiten überschätzen. Die allermeisten aktiv verwalteten Fonds erzielen weniger Rendite als ein rein zufällig zusammengestelltes Portfolio. Man kann bildlich gesprochen einen Affen Dartpfeile auf eine Liste von Wertpapieren werfen lassen und die entsprechenden Titel kaufen. Mit diesem Depot erzielt man mehr Gewinn als 70 Prozent aller professionell verwalteten Fonds. Und das passiert zudem kostenlos, während Fondsverwalter sich ihre unterdurchschnittliche Leistung noch mit zum Teil heftigen Managementgebühren bezahlen lassen. Aus diesem Grund sind Investitionen in Indexfonds so empfehlenswert. Sie bilden einfach einen Marktindex wie den DAX oder den S&P 500 nach. Es fallen kaum Gebühren an, denn die zeitaufwändige Recherche zu einzelnen Wertpapieren entfällt. Anleger wetten mit solchen Fonds einfach auf den Index. Sie verlassen sich nicht mehr auf die Auswahlleistungen der Fondsmanager und riskieren nicht mehr, durch deren Selbstüberschätzung geschädigt zu werden.

Auch bei privaten Anlegern lässt sich Überoptimismus beobachten. Ich begegne beispielsweise vielen Studierenden, die in **Kryptowährungen** investieren. Sie sprechen allerdings nicht von »investieren«, sondern von »zocken«. Der Begriff trifft es auch viel besser, denn die Preisentwicklungen bei Kryptowährungen sind extrem volatil. Es gibt auch keine bewährten Bewertungsmodelle oder Fundamentaldaten, an denen man sich orientieren könnte. Schon kleinste externe Vorkommnisse haben in der Vergangenheit dazu geführt, dass die Kurse einzelner Titel stark stiegen oder stark fielen. Sprach beispielsweise Elon Musk in einem Nebensatz eine Empfehlung für eine bestimmte Kryptowährung aus, dann explodierte ihr Kurs. Wurde eine einzelne Krypto-Börse zahlungsunfähig, dann rauschten die Kurse vieler Kryptowährungen in den Keller. Insofern müssen Investments in entsprechende Produkte als hochspekulative Anlagen gelten. Sie haben mehr mit Glücksspiel zu tun als mit rationaler Geldanlage. Wer glaubt, mit bestimmten Anlagestrategien im Bereich der Kryptowährungen eine Überrendite erzielen zu können, der ist eindeutig überoptimistisch. Dasselbe gilt für Privatanleger, die glauben, mit ihrem begrenzten Informationsstand die Kursentwicklung von einzelnen Aktien oder Aktienindizes besser vorhersehen zu können als Großbanken oder Anlagegesellschaften. Das mag im Einzelfall und mit Glück gelingen, aber es wird nicht systematisch gelingen.

Empirische Studien haben weiterhin gezeigt, dass etliche Anleger zu viel handeln, weil sie Risiken nicht richtig verstehen und bewerten. **Die Einschätzung von Risiken hängt von der Darstellung der Daten ab.** Je nach Präsentationsform einer ansonsten identischen Information entstehen gänzlich andere Risikobewertungen. So wurden Versuchspersonen in einem Experiment mehrere Anlagealternativen mit ihren historischen Preisentwicklungen gezeigt. Das geschah in drei unterschiedlichen Darstellungsformen, einer verbalen Beschreibung, einem Balkendiagramm und einer Verteilungsfunktion (Weber/Siebenmorgen/Weber 2005). Wenn die Darstellungsweisen den Versuchspersonen bekannt waren, was insbesondere für die ersten beiden Formen gilt, wurden die Investitionsrisiken deutlich unterschätzt. Wenn Menschen mit der Darstellungsform nicht vertraut waren, was hier insbesondere bei der Verteilungsfunktion der Fall war, dann werden die Risiken eines Investments höher bewertet als sie tatsächlich sind. Hier wirkt sich der bereits aus vielen anderen Entscheidungssituationen bekannte Framing-Effekt aus. Er kann von Anbietern systematisch ausgenutzt werden, beispielsweise um Risiken zu verschleiern oder um bestimmte Wertpapiere attraktiver als andere aussehen zu lassen. Das letzte Ziel besteht bei der Auswahl einer geeigneten Darstellung von Informationen immer darin, die Kunden zu gebührenpflichtigen Transaktionen zu veranlassen.

Auch die Bewertung der grundsätzlichen Attraktivität eines Wertpapiers hängt von der jeweiligen Darstellung ansonsten gleicher Daten ab. Das wird von Anbietern in der Finanzwirtschaft natürlich berücksichtigt. Ein ganz einfacher Trick besteht in der **Auswahl des passenden Betrachtungszeitraums.** Soll ein bestimmtes Investment attraktiv erscheinen, wird für ein Chart der historischen Kursentwicklung der Zeitraum so gewählt, dass eine steil ansteigende Linie entsteht. Das beeindruckt Anleger. Wenn eine Aktie also beispielsweise lange schlecht lief und der Kurs erst in den letzten drei Wochen wieder anstieg, dann zeigt das Chart am besten nur die Kursentwicklung der letzten drei Wochen. Ein anderer Trick besteht in der Auswahl der geeigneten Informationen. Soll ein Investment attraktiv erscheinen, dann sind die Daten des Unternehmens auszuwählen, die sich positiv entwickelt haben. Bei einem E-Commerce-Unternehmen, das stark wächst, aber auch hohe Verluste macht, würde sich das Datenblatt auf Größenmaße wie Umsatz oder Mitarbeiteranzahl konzentrieren, nicht auf Profitabilität oder Kosten. Weit verbreitet sind auch Darstellungsformen, bei denen ein Wertpapier mit anderen verglichen wird. Ein typisches Beispiel ist der Vergleich der Aktienkursentwicklung eines bestimmten Unternehmens mit der eines Index oder mit der durchschnittlichen Wertentwicklung von Unternehmen derselben Branche. Je schlechter der Vergleichswert ist, desto besser sieht das betreffende Unternehmen aus.

Eng verbunden mit den Phänomenen der Selbstüberschätzung und der inkonsistenten Risikobewertung ist die Beobachtung, dass Anleger viel zu häufig kaufen und verkaufen. Man spricht von »**Overtrading**«. Für eine maximale Rendite wäre es besser, Wertpapiere lange im Depot zu lassen. Denn jeder Kauf und jeder Verkauf verursacht Transaktionskosten, die die Rendite mindern. Der legendäre Börsenexperte André Kostolany hat das so formuliert: »Kaufen Sie Aktien, nehmen Sie Schlaftabletten, und schauen Sie die Papiere nicht mehr an. Nach vielen Jahren werden Sie sehen: Sie sind reich.« Aber die meisten Menschen tun das nicht. Wegen ihres Überoptimismus glauben sie, immer wieder Chancen auf Gewinne identifiziert zu haben, die sie nur nutzen können, wenn sie ihr Depot kurzfristig umschichten. Tatsächlich werden sowohl schlechte als auch gute Aktien mit dieser Methode zu früh verkauft. Die neuen Investments erweisen sich auch nicht alle als ertragreich. Selbst wenn die eigene Fundamentalanalyse zutreffend war, ist es doch fast unmöglich, immer den richtigen Zeitpunkt für die entsprechenden Transaktionen zu finden. Zudem entstehen die besagten Transaktionskosten, sodass sich bei häufigem Handeln insgesamt eine weit unterdurchschnittliche Rendite ergibt (Barber/Odean 2001). Die entsprechende Börsenweisheit, die vor diesem Fehler warnt, lautet: »Hin und her macht Taschen leer.« Das versteht rational auch jeder. Allerdings ist die von Kostolany empfohlene Strategie (kaufen und liegen lassen) sehr passiv und daher psychologisch nur schwer auszuhalten.

Ökonomisch ineffizient viele Transaktionen können auch dadurch entstehen, dass Anleger automatisch auszuführende Aufträge platzieren, sogenannte »**Limit-Order**«. Sie werden auch als »Take-Profit«- oder »Stop-Loss-Order« bezeichnet (Daxhammer/Facsar/Papp 2023, S. 233). Am besten illustrieren lässt sich das Prinzip an einer Stop-Loss-Order. Unterschreitet der Kurs eines Wertpapiers einen bestimmten vorab festgelegten Wert, dann wird es automatisch verkauft. Die Idee hinter solchen Limit-Orders ist die Verlustbegrenzung. Sie gibt Anlegern ein Gefühl der Kontrolle. Rutscht der Markt ab, dann kommen sie mit ihrer Stop-Loss-Order noch rechtzeitig aus dem Markt heraus. Allerdings funktioniert dieses Prinzip nur bei stabilen Trends. Wenn die Kurse von Wertpapieren ohne einen bestimmten Trend Schwankungen unterliegen, dann löst die Limit-Order viel zu häufig Verkäufe aus, die Anleger dann durch spätere Zurückkäufe wieder ausgleichen müssen. Zudem ist die Idee der Verlustbegrenzung durch Limit-Orders auch ein Anzeichen von potenzieller Selbstüberschätzung. Denn implizit glauben Menschen, die solche Orders platzieren, ja an ihre Fähigkeit, den korrekten oder richtigen Preis des betreffenden Wertpapiers einzuschätzen. Limit-Orders befeuern auch Börsencrashs, vor allem wenn sie von sehr schnell und automatisch agierenden Handelsrobotern durchgeführt werden. Denn je mehr ein Kurs oder sogar ein Index fällt, desto mehr Stop-Loss-Orders werden fällig und ausgeführt. Sie bewirken ein weiteres Sinken des Kurses, das dann möglicherweise die nächsten automatischen Stop-Loss-Orders auslöst.

186

Wir bevorzugen bekannte Märkte und Wertpapiere

Ein in der Theorie der Behavioral Finance gut dokumentiertes Phänomen ist der »Home Bias«, also die **Bevorzugung des Heimatmarktes**. Eigentlich sollten Menschen bei ihrer Geldanlage international investieren, also ein Portfolio von Wertpapieren aus verschiedenen Ländern zusammenstellen. Das dient primär der Risikoreduktion, aber auch der Erhöhung der erwarteten Rendite auf das eingesetzte Kapital. Solche international gestreuten Investments sind auch für Kleinanleger problemlos möglich. Bei jedem Online-Broker können international investierte ETFs (Exchange Traded Funds) sowie Aktien und Anleihen aus allen möglichen Ländern gekauft werden. Auch Geldmarktfonds in unterschiedlichen Währungen können zu niedrigen Transaktionskosten gekauft und gehandelt werden. Anleger können zudem Fonds erwerben, die gezielt beispielsweise in Schwellenländern oder in bestimmten Regionen der Welt investieren. Trotz der offenkundigen Vorteile von international gestreuten Investitionen beobachtet man, dass in den Anlageportfolios der meisten Menschen ein deutliches Übergewicht bei Wertpapieren aus dem eigenen Land vorliegt (French/Poterba 1991). Manchmal wird nur im Heimatland und gar nicht international investiert. Die entsprechenden Portfolios sind dann aus theoretischer Sicht zu einseitig ausgerichtet und damit unterdiversifiziert.

Eine erste Erklärung für diesen Home Bias ist die bessere Informationsverfügbarkeit. Anleger wissen mehr über einheimische Unternehmen und ihr Wettbewerbsumfeld als über ausländische Unternehmen. Sie können die entsprechenden Unternehmensinformationen zudem in ihrer eigenen Sprache lesen. Vielfach kennen Anleger die Unternehmen nicht nur vom Kapitalmarkt, sondern auch als Kunden von deren Produkten und Dienstleistungen. Vertrautheit ersetzt also fehlende Information. Anleger verwenden die Verfügbarkeitsheuristik. Sie tun das insbesondere dann, wenn zusätzliche Informationen zu Wertpapieren für sie schwer zu beschaffen sind. Insofern ist zu erwarten, dass insbesondere weniger gut informierte Marktteilnehmer große Anteile ihres Portfolios in Wertpapieren aus dem eigenen Land halten. Und empirische Studien zeigen auch tatsächlich, dass der Home Bias bei professionellen Asset Managern weniger deutlich ausgeprägt ist als bei Privatanlegern (French/Poterba 1991).

Eine zweite Erklärung für das Auftreten des Home Bias nennt Transaktionskosten und wahrgenommene Risiken, also finanzwirtschaftliche Entscheidungsparameter. Häufig sind Transaktionen im Kapitalmarkt des eigenen Landes günstiger als in ausländischen Kapitalmärkten. Das kann beispielsweise an einer Doppelbesteuerung von ausländischen Erträgen liegen, aber auch an höheren Order- oder Börsengebühren im Ausland. Zudem beinhalten Investitionen an ausländischen Kapitalmärkten im Vergleich zu Investitionen im Heimatland ein zusätzliches Risiko: das Währungsrisiko. Wenn Anleger risikoavers sind oder die entsprechenden Währungsrisiken nicht gut einschätzen können, dann macht es für sie Sinn, ihr Portfolio auf Wertpapiere aus dem Heimatland mit der Heimatwährung zu beschränken. Das bedeutet natürlich auch, dass Chancen aus Wechselkursveränderungen ausgelassen werden, ist also im Sinne der traditionellen Kapitalmarkttheorie ein Anzeichen von hoher Risikoaversion. Zudem sind viele internationale Wertpapiere und Fonds auch an der heimischen Börse gelistet, können also von Anlegern in heimischer Währung gekauft werden.

Eine dritte Erklärung für den Home Bias verweist auf weitere Elemente in der Zielfunktion der Anleger. Neben das Ziel der Maximierung der erwarteten Rendite auf das eingesetzte Kapital tritt möglicherweise das Ziel, die heimische Wirtschaft zu stärken. Ähnliche Verhaltensweisen sind auch bei der Anschaffung von langlebigen Konsumgütern wie Autos bekannt. Deutsche kaufen deutsche Autos, Engländer kaufen englische Autos. Manche Menschen kaufen auch in anderen Produktkategorien bevorzugt heimische Produkte, aus Loyalität zu den entsprechenden Anbietern oder um Arbeitsplätze im Inland zu sichern. Ein ähnliches Motiv könnte Nationalstolz sein. Bei allen diesen Erklärungen ist zu beachten, dass es in der Praxis gar nicht immer einfach ist, wirklich in Unternehmen des eigenen Landes zu investieren. Die meisten großen Unternehmen sind multinational aufgestellt, also in vielen Ländern der Welt tätig. Dementsprechend sagt der Ort der Hauptverwaltung oder das Land der Börsennotierung nicht zwingend viel aus über die internationale Verteilung der Arbeitsplätze oder das Land der Produktion. Ich kann beispielsweise ein Auto von Mercedes kaufen, das in Amerika hergestellt wurde. Umgekehrt kann ich ein Auto von Tesla kaufen, das in einem deutschen Werk in Brandenburg gebaut wurde. Ich kann Aktien der Schweizer Großbank UBS kaufen, die Großteile ihres Geschäfts im Ausland macht und auch vornehmlich internationale Gelder verwaltet.

Die Bevorzugung eines bestimmten Kapitalmarktes oder Kapitalmarktsegments lässt sich allerdings nicht nur hinsichtlich nationaler Grenzen beobachten. Es gibt Menschen, die bevorzugt in die Unternehmen aus der Region investieren, in der sie leben. Das kann ein Bundesland, eine Provinz oder sogar nur die Heimatstadt sein. Manche Anleger halten bestimmte Wertpapiere aus rein emotionalen Gründen. Ein solcher Grund kann sein, dass man die Aktien von den Eltern geerbt hat und sie deshalb nicht verkaufen will. Ein besonders gut dokumentiertes Auswahlkriterium sind **Aktien des eigenen Arbeitgebers**. In den USA konnte nachgewiesen werden, dass Arbeitnehmer durchschnittlich 20 bis 30 Prozent ihrer steuerbegünstigten Alterssparpläne in Form von Aktien des Unternehmens halten, in dem sie arbeiten (Benartzi 2001). Dadurch sind diese Menschen gleich mehrfach unterdiversifiziert im Sinne der klassischen Finanzierungstheorie. Sie halten zu große Anteile ihres Portfolios an nur einem Unternehmen und sie beziehen zudem noch eine zweite Einnahmequelle von diesem Unternehmen, nämlich das Gehalt. Diese Präferenz für Aktien des eigenen Arbeitgebers hat übrigens nichts mit Insider-Informationen zu tun, denn die Renditen, die mit Anlagen in das Arbeitgeberunternehmen erzielt werden, sind unterdurchschnittlich. Eine verhaltensökonomische und damit überzeugendere Erklärung verweist auf Loyalität zum Arbeitgeber und auf die Bevorzugung des Vertrauten.

Manche Menschen verknüpfen die Rolle des Kunden mit der des Anteilseigners. Sie besitzen beispielsweise die Aktien des Herstellers ihres Autos. Sie haben diese nicht wegen hoher Renditeerwartungen gekauft, sondern weil sie so begeistert von dem Auto sind. Die Markenloyalität hinsichtlich des Produkts erweitert sich dann zu einer Loyalität gegenüber der Unternehmensmarke bei der Geldanlage. Ein Freund von mir ist BMW-Fan. Er würde nie ein anderes Auto als einen BMW kaufen. Vermutlich liegt das daran, dass sein Vater ein BMW-Autohaus hatte und er schon von Kindesbeinen an mit der Marke verbunden war. Dagegen ist auch nichts einzuwenden, vor allem, wenn man mit einem Anbieter sehr zufrieden ist. Verwunderlich war für mich nur, dass dieser Freund nach eigener Aussage auch seine BMW-Aktien niemals verkaufen würde, selbst wenn sie sich als sehr schlechtes Investment erweisen sollten. Dann fiel mir allerdings ein, dass ich selbst ebenso anfällig für emotionales Anlageverhalten bin. Ich habe lange Zeit Aktien eines Unternehmens besessen, die sich sehr schlecht entwickelten. Ich habe sie trotzdem nicht verkauft, weil diese Aktien ein Geschenk von Freunden zu meiner Hochzeit waren. Es hätte sich für mich sehr schlecht angefühlt, dieses nett gemeinte Geschenk durch einen Verkauf zu Geld zu machen. Andere Geschenke von Freunden und Verwandten verkauft man ja üblicherweise auch nicht, selbst wenn sie nutzlos oder hässlich sind.

Wir sind risikoscheuer, als wir es sein sollten

Einer der am häufigsten bestätigten Befunde der Forschung zu Behavioral Finance betrifft die Risikoaversion von Menschen. Sie ist höher, als es mit traditionellen Modellen der Finanzwirtschaft erklärbar wäre. Ein erstes Beispiel betrifft den Vergleich von Anlagen in Aktien mit Anlagen in festverzinsliche Wertpapiere, sogenannte Bonds. Über sehr lange Zeiträume betrachtet erzielen Aktienanlagen einen Renditeaufschlag im Vergleich zu Bonds in Höhe von etwa 3 bis 4 Prozentpunkten. Dieser Renditeaufschlag ist größer als es das höhere Risiko von Aktien im Vergleich zu Bonds rechtfertigen könnte. Bei einer vernünftigen Risikoscheu dürfte der Renditeaufschlag für Aktien im Vergleich zu Bonds nur bei etwa 0,35 Prozent liegen. Anleger an Kapitalmärkten müssten also eigentlich mehr Aktien kaufen, was den Preis für Aktien erhöhen und deren Rendite reduzieren würde. Sie tun es aber nicht. Anders ausgedrückt lautet der Befund: **Festverzinsliche Wertpapiere werden überbewertet**. Die englischsprachige Bezeichnung für das Phänomen lautet »equity premium puzzle« (Mehra/Prescott 1985).

In einer späteren Arbeit konnte gezeigt werden, woher die Überbewertung von festverzinslichen Wertpapieren tatsächlich kommt (Benartzi/Thaler 1995). Sie hängt nämlich von der Art der Darstellung ab. Wenn Menschen die durchschnittlichen Renditen einer Geldanlage in Aktien über einen Zeitraum von 30 Jahren gezeigt bekommen, immer im Vergleich zu einer Anlage in weniger riskante Bonds, dann legen 90 Prozent der Versuchsteilnehmer ihr Geld auch in Aktien an. Zeigt man ihnen allerdings die jährlichen Renditen, dann investieren nur noch 40 Prozent der Teilnehmer in Aktien. Menschen werden also umso risikoscheuer, je häufiger sie sich die Renditen ihres Anlageportfolios ansehen. Denn je öfter sie das tun, desto öfter sehen sie auch Verluste. Später wurden diese Ergebnisse anhand von Daten realer Investitionen bestätigt. Die Bereitschaft, in Aktien zu investieren, nimmt zu, wenn die Renditeangaben nicht monatlich, sondern jährlich gemacht werden. Die Darstellung kurzfristiger Renditeverteilungen bewirkt also das, was Richard Thaler eine »kurzsichtige Verlustaversion« nennt (Thaler 2019, S. 258).

Ein zweites Beispiel für erstaunlich hohe Risikoaversion sind Versicherungen. Wollte man den typischen Befund in einem Satz zusammenfassen, so müsste man sagen: **Die meisten Menschen sind überversichert.** Sie versichern sich gegen Risiken, deren Eintrittswahrscheinlichkeit extrem klein ist, und sie versichern sich gegen Risiken, deren Schadenshöhe sehr klein ist. So schließen beispielsweise viele Amerikaner eine Versicherung für die Telefon- oder die Wasserleitung zu ihrem Haus ab. Für die Versicherungen ist das ein gutes Geschäft. Denn im Schadensfall entstehen nur geringe Kosten von durchschnittlich 50 Dollar für eine Reparatur der Leitung. Da solche Schäden zudem nur selten auftreten, lohnt sich der Abschluss einer entsprechenden Versicherung ökonomisch nie (Cicchetti/Dubin 1994). In Deutschland schließen viele Menschen Berufsunfähigkeitsversicherungen ab, die sich ebenfalls ökonomisch nicht lohnen, weil sie so teuer sind. Hier liegt es nicht an einer niedrigen Schadenssumme, die liegt bei Berufsunfähigkeit tatsächlich sehr hoch, sondern an der extrem geringen Eintrittswahrscheinlichkeit. Denn der Begriff der Berufsunfähigkeit ist so strikt definiert, das ihn nur die wenigsten Versicherten jemals erfüllen, selbst nach schweren Unfällen oder Krankheiten.

Ein drittes Beispiel für hohe Risikoaversion sind Spielangebote mit positivem Erwartungswert, die von Versuchspersonen dennoch nicht angenommen werden. **Manche Menschen lehnen riskante Anlagen grundsätzlich ab.** Ein Beispiel geht wie folgt: Es wird eine faire Münze geworfen. Beide Seiten sind gleich wahrscheinlich (50 Prozent). Fällt die Münze auf Kopf, erhält die Spielerin 200 Euro, bei Zahl verliert sie 100 Euro (Thaler 2019, S. 251–254). Man sieht sehr schnell, dass der Erwartungswert dieses Spiels 50 Euro beträgt. Wer das Angebot also ablehnt, der ist risikoscheu. Das ist keine neue Erkenntnis und trifft sicher auf viele Menschen zu. Interessant wird das Spiel erst bei einer Spielerin, die nicht nur die einmalige Durchführung ablehnt, sondern auch eine 100-malige Wiederholung. Das klingt noch risikoscheuer, weil man ja nach dem Gesetz der großen Zahl erwarten kann, dass sich der Erwartungswert einstellt. Und tatsächlich ist die Wahrscheinlichkeit, jetzt Geld zu verlieren, sehr gering, nämlich 1 zu 2.300. Allerdings steigt auch der maximal mögliche Verlust auf 10.000 Euro. Diesen Verlust zu erleiden, ist sehr unwahrscheinlich, weil nun in allen 100 Würfen Zahl kommen müsste. Aber bei sehr großer Verlustaversion macht es doch Sinn, dieses Risiko nicht einzugehen. Der entsprechende Schaden wäre einfach unakzeptabel groß. Unklar bleibt, warum manche Menschen eigentlich eine so starke Verlustaversion haben. Eine mögliche Erklärung nennt schlechte Erfahrungen, die in der Vergangenheit mit risikobehafteten Geldanlagen gemacht wurden. Eine andere Erklärung sind Einflüsse der Sozialisation, zum Beispiel durch extrem risikoscheue Eltern oder das Aufwachsen in einem kapitalmarktfernen Kulturkreis.

Im Bereich echter Geldanlagen kann man eine extrem hohe Risikoscheu und Verlustaversion bei Menschen konstatieren, die nur in ganz risikolose Anlagekategorien investieren, auch wenn deren Rendite sehr gering ist. Vielleicht kennen sie solche Menschen auch. Sie haben Sparbücher und keine Aktien. Sie verteilen ihr Geld auf verschiedene Bankkonten, um jeweils nicht über den Anlagebetrag zu kommen, für den die Einlagensicherung gilt (in Deutschland sind das derzeit 100.000 Euro). Wenn sehr risikoscheue Anleger überhaupt Wertpapiere kaufen, dann sind es festverzinsliche Wertpapiere (Bonds) von Emittenten höchster Bonität. Ein Beispiel wären Schweizer Staatsanleihen. Typischerweise führt eine hohe Verlustaversion auch dazu, dass größere Anteile des Vermögens in nicht verzinslicher Form auf Girokonten liegen. Wer Angst vor existenziellen wirtschaftlichen Krisen hat, der kauft Gold (Münzen oder Barren) und lagert es in einem Bankschließfach. Geradezu pathologisch wird die Verlustaversion, wenn Menschen auch den Banken nicht trauen und ihr Geld sowie ihr Gold zuhause verstecken. Auch das gibt es. Bei Haushaltsauflösungen von Verstorbenen finden Angehörige immer wieder mal große Bargeldbestände. Verwunderlich ist das Verhalten, weil es das Risiko eines Diebstahls oder eines Einbruchs geringer einschätzt als das Risiko einer Bankinsolvenz oder eines Bankraubs bis hinein in die Schließfächer der Kunden.

Ein vierter interessanter Anwendungsbereich, in dem es zu überraschend hoher Risikoscheu kommen kann, sind **unternehmerische Investitionsentscheidungen**. Wir werden auf sie in einem späteren Kapitel noch im Detail zu sprechen kommen. Auch hier gibt es einen guten Grund für das zu beobachtende Verhalten. Denn Manager fürchten vor allem den Untergang ihres Unternehmens. Dann verlieren sie ihren Arbeitsplatz und ihre Reputation. Ist eine Investition also so groß, dass ihr Scheitern den Fortbestand des ganzen Unternehmens bedrohen würde, dann sollte das Risiko dieser Investition unbeachtlich der Gewinnchancen nicht eingegangen werden. Mental führen Manager aus diesem Grund keine umfassende Rendite-Risiko-Betrachtung durch, sondern unterscheiden unter Beachtung ihres Referenzpunkts drei Szenarien. Im ersten Szenario stellen sie sich besser. Die Investition ist erfolgreich, das Unternehmen macht mehr Gewinn und sie bekommen einen Bonus. Im zweiten Szenario stellen sich die Manager schlechter als vorher, sie bekommen keinen Bonus, aber das Unternehmen bleibt bestehen (und mit ihm der Job als Manager). Im dritten Szenario, das es unbedingt zu vermeiden gilt, geht das Unternehmen insolvent und alle Jobs werden mit ihm ausgelöscht. Hinsichtlich dieses Szenarios ist es sinnvoll, extrem risikoscheu zu sein.

Wir tun das, was auch alle anderen tun

An Kapitalmärkten führt das Prinzip der sozialen Nachahmung zu zyklischen Verhaltensweisen, die eindeutig als irrational und renditeschmälernd zu bezeichnen sind. Denn idealerweise investieren Sie antizyklisch, tun also genau nicht das, was alle anderen tun. Sie sollten Wertpapiere bei niedrigen Kursen kaufen und bei hohen verkaufen. Der Bankier Carl Mayer von Rothschild hat das so formuliert: »Kaufen, wenn die Kanonen donnern, und verkaufen, wenn die Violinen spielen.« Unser Eidechsengehirn legt jedoch eine ganz andere Regel nahe, nämlich das

Verhalten der anderen Stammesmitglieder zu kopieren, vor allem bei hoher Unsicherheit. Wenn wir beobachten, dass viele Marktteilnehmer verkaufen, so dass die Kurse fallen, dann verkaufen wir auch. Umgekehrt steigen wir in boomende Märkte ein und kaufen Wertpapiere, wenn auch die meisten anderen Anleger das tun. Man nennt das »herd behavior« oder **Mitläufereffekt** (Daxhammer/Facsar/Papp 2023, S. 104).

Der eine oder die andere von Ihnen kennt vielleicht auch den Begriff Lemminge-Effekt. Angeblich kopieren Lemminge, kleine Nagetiere aus der Familie der Wühlmäuse, in ihren Wanderungen das Verhalten ihrer Artgenossen, auch wenn ihnen das als Kollektiv schadet. Den meisten Menschen ist wahrscheinlich das Bild vor Augen, dass Lemminge sich nacheinander von einer Klippe in den Abgrund stürzen, nur weil andere Lemminge vor ihnen es auch tun. Dieser angebliche Massenselbstmord der Lemminge ist allerdings naturwissenschaftlich nicht belegt. Vermutlich stammt das Klischee aus dem Film »White Wilderness«. Dort sind Bilder von Lemmingen zu sehen, die sich in der Tat einen Abhang hinunterstürzen. Sie taten das jedoch nicht freiwillig. Das Filmteam hatte sie mit Hunden den Abhang hinuntergetrieben, diese Hunde dann aber im Film nicht gezeigt. Unabhängig davon, ob es den Lemminge-Effekte in der Natur nun gibt oder nicht, an Börsen ist der Mitläufereffekt regelmäßig beobachtbar. Anstatt eigene Informationen zu verwenden, orientieren sich Anleger am Verhalten der anderen Marktteilnehmer.

Der Mitläufereffekt kann stark zyklische Bewegungen an Kapitalmärkten bewirken. Man spricht von einer Blasenbildung oder auch von einem »Hype«. Ein solcher Hype läuft immer gleich ab. Typischerweise entsteht zunächst durch mediale Berichterstattung eine gesteigerte Aufmerksamkeit für ein bestimmtes Wertpapier oder einen Vermögensgegenstand. Daraufhin steigen neue Investoren in den Markt ein und kaufen. Das Verhalten dieser Käufer wird dann zunehmend von anderen Anlegern kopiert. Mit exponentiell steigender Nachfrage entsteht ein enormer Preisanstieg. Es baut sich eine sogenannte spekulative Blase auf. Je mehr die Preise schwindelerregende Höhen erreichen, desto mehr Anleger steigen in den Markt ein und treiben die Preise weiter nach oben. Irgendwann endet dieser Prozess abrupt. Die Anleger merken, dass die Bewertungen zu hoch sind. Sie versuchen jetzt, ihre Wertpapiere bzw. Vermögensgegenstände so schnell wie möglich zu verkaufen. Auch dieses Verhalten wird kopiert, das Angebot nimmt immer weiter zu, die Nachfrage bleibt aus. Dadurch platzt die spekulative Blase, am entsprechenden Markt kommt es zu einer starken Preiskorrektur nach unten, einem Crash. Dabei verlieren vor allem die Anleger viel Geld, die erst zu einer späteren Phase der Blasenbildung eingestiegen sind und viel zu hohe Preise gezahlt haben.

In der Geschichte der Menschheit hat es immer wieder spektakuläre Fälle von **Preisblasen** durch Mitläuferverhalten gegeben (Daxhammer/Facsar/Papp 2023, S. 104–162). Eines der ältesten Beispiele ist die Tulpenmanie, die im Jahr 1636 mit stark steigenden Preisen an den Blumenzwiebelmärkten im niederländischen Haarlem einsetzte. In der Spitze der Manie wurden für einzelne Tulpenzwiebeln Preise bezahlt, die das Jahresgehalt eines normalen Handwerkers oder den Durchschnittspreis für ein Haus in Amsterdam übertrafen. Die Blase platzte Anfang 1637, die Preise stürzten damals innerhalb weniger Tage um 95 Prozent ab. Auch an Aktienmärkten gab es immer wieder spektakuläre Blasen mit anschließendem Crash. So stieg die amerikanische Börse im Jahr 1928 kreditfinanziert stark an. Nach einer Zinserhöhung durch die Federal Reserve Bank (Fed) wurden Kredite knapper. Am 28. Oktober 1929 begann dann ein großer Crash, der nicht nur die Marktkapitalisierung der börsennotierten Unternehmen um knapp 90 Prozent reduzierte, sondern etwas später auch eine gesamtwirtschaftliche Rezession in den USA von bisher unbekanntem Ausmaß nach sich zog. Ähnliches ereignete sich dann während der sogenannten Dotcom-Blase. Ab 1999 stiegen die Kurse für Internetunternehmen stark an. Jeder neue Börsengang war vielfach überzeichnet. Die Blase platzte dann im März 2000, die Bewertungen reduzierten sich in den Folgemonaten um über 80 Prozent. Eines der jüngsten Beispiele für spekulative Blasen betrifft Kryptowährungen wie den Bitcoin. Dessen Preis stieg an den entsprechenden Börsen zwischen August und Dezember 2021 zunächst um 700 Prozent an und stürzte dann anschließend in wenigen Tagen wieder ab.

Vielleicht fragen Sie sich jetzt, wie Sie persönlich eine spekulative Blase rechtzeitig erkennen können. Dazu gibt es in der Tat eine vergleichsweise einfache Methode. Beachten Sie nicht nur die Kursentwicklung bestimmter Anlagekategorien, sondern auch die begleitendende mediale Berichterstattung. Wenn es irgendwann nur noch euphorische Berichte gibt und sogar Medien wie Fernsehzeitschriften, die sich sonst ganz anderen Themen widmen, Anlagetipps geben, dann ist es an der Zeit auszusteigen. Dann bildet sich wahrscheinlich gerade eine Blase und Sie müssen reagieren, bevor sie platzt. Manchen Anlegern gelingt das. So verkaufte der Vater des späteren US-Präsidenten John F. Kennedy, Joseph Kennedy, angeblich noch rechtzeitig vor dem Crash 1929 alle seine Aktien, weil er von einem Schuhputzer nach Aktientipps gefragt worden war. Im Jahr 2000 platzte die Preisblase, die sich bei Internetunternehmen gebildet hatte, die sogenannte Dotcom-Bubble. Der Ökonom Robert Shiller hatte in einem kurz zuvor erschienenen Buch mit dem Titel »Irrational Exuberance« genau vor dieser Blase am US-amerikanischen Kapitalmarkt gewarnt (Shiller 2000).

Schwieriger ist das Erkennen von **Preisblasen am Immobilienmarkt**. Sie kündigen sich an, wenn die Preise für Häuser und Wohnungen in einer bestimmten Gegend immer weiter steigen, obwohl die Mieten dort nicht mehr steigen. Ein anderer Indikator ist der durchschnittliche Fremdfinanzierungsanteil beim Immobilienkauf. Je mehr er sich dem Prozentsatz von 100 Prozent nähert, desto eher ist Vorsicht geboten. Für die Analyse von Preisblasen am Immobilienmarkt nutzt man idealerweise die Verkaufspreise wiederholter Verkäufe derselben Immobilien. Langfristig liegt das normale Verhältnis von Kaufpreis zu Jahresmiete eines vergleichbaren Hauses bei ungefähr 20 zu 1. Wenn diese Kennzahl nun deutlich über den Wert von 20 steigt, dann ist das ein Indikator für eine sich bildende Blase (Case/Shiller 2003). Sie kann sich recht lange aufbauen, droht aber in dem Moment zu platzen, wenn unerwartet die Zinsen steigen oder es zu einer gesamtwirtschaftlichen Rezession kommt. Auf dem amerikanischen Immobilienmarkt passierte das im Zuge der Finanzkrise im Jahr 2008. Man konnte den Effekt aber auch sehr gut Anfang des Jahres 2023 auf dem deutschen Immobilienmarkt beobachten. Die Bauzinsen stiegen in kurzer Zeit von unter 1 Prozent auf über 4 Prozent, das Preisniveau für Häuser sank anschließend um 10 bis 15 Prozent, der Neubau von Häusern kam fast gänzlich zum Erliegen.

Wir verkaufen gute Wertpapiere zu schnell und halten schlechte zu lange

Die Forschung zu Behavioral Finance hat ein bestimmtes Anlegerverhalten beobachten können, das die Rendite deutlich schmälert, folglich unvernünftig erscheint, aber psychologisch doch sehr gut erklärt werden kann: Anleger neigen dazu, Gewinne zu früh und Verluste nicht oder zu spät zu realisieren (Odean 1998). Wertpapiere, die sich gut entwickeln, werden verkauft, um den Gewinn einzufahren. Wertpapiere mit sinkenden Kursen werden nicht verkauft, sondern gehalten. Das geschieht in der Hoffnung, dass sich die Kursentwicklung irgendwann umkehrt und das entsprechende Wertpapier doch noch Gewinne abwirft. Die wissenschaftliche Bezeichnung für dieses Verhalten ist der **Dispositionseffekt** (Shefrin/Statman 1985). Er bestätigt die Prospect Theory, nach der wir im Bereich der Gewinne andere Risikopräferenzen aufweisen als im Bereich der Verluste. Insbesondere wirkt sich die Verlustaversion aus. Es fühlt sich sehr schlecht an, ein Fehlinvestment einzugestehen und den Verlust durch Verkauf zu realisieren. Daher behalten wir Verlustbringer lieber im Depot. Denn solange wir ein schlecht laufendes Investment nicht veräußern, hat sich psychologisch der Verlust noch nicht realisiert. Was wir dabei übersehen, sind die Opportunitätskosten. Denn unser Geld steckt jetzt in dem Fehlinvestment und kann nicht in bessere Wertpapiere mit viel höherer Rendite investiert werden.

Am Dispositionseffekt zeigt sich sehr deutlich die **Bedeutung von Referenzpunkten** für unsere Entscheidungen. Was wir im weiteren Zeitablauf mit einem Investment machen, hängt insbesondere davon ab, was wir beim Kauf für dieses Investment bezahlt haben. Dieser Einstandspreis ist unser Referenzpunkt und unser Preisanker (Beck 2014, S. 360). Nehmen Sie an, Sie hätten eine bestimmte Aktie für 270 Euro gekauft. Gegenwärtig notiere sie bei 170 Euro. Dann sind Sie tief in der Verlustzone, im Sinne der Prospect Theory im »negative domain«. Selbst wenn Sie ein weiteres Absinken des Kurses befürchten, verkaufen Sie nicht, weil das Ihren Verlust in Höhe von 100 Euro real werden ließe. Sie halten die Aktie, verhalten sich also risikofreudig und hoffen auf eine Trendwende. Höchstwahrscheinlich wird Ihre Risikofreude sogar umso größer, je tiefer Sie in die Verlustzone rutschen. Sie sagen sich selbst, dass es bei dieser Aktie doch irgendwann eine Erholung geben muss. Und damit warten Sie an der sprichwörtlichen Haltestelle auf den Bus, der niemals kommt. Es wäre besser, den Verlust jetzt zu realisieren, bevor der Kurs noch weiter fällt, und das Geld dann in ein besseres Wertpapier zu investieren. Sie sollten erkennen, dass der Bus an Ihrer Haltestelle nicht mehr vorbeikommt, und sich eine andere Transportmöglichkeit suchen.

Nehmen wir nun an, Sie hätten dieselbe Aktie, über die wir gerade nachgedacht haben, für 150 Euro gekauft. Dann wäre das jetzt der Referenzpunkt für Ihre weiteren Entscheidungen. Im Vergleich zu diesem Referenzpunkt stünden Sie gut da. Genauer gesagt stünde die Aktie aus Ihrer Perspektive heraus gut da. Sie sind mit 20 Euro im Plus. Oder anders ausgedrückt: Die Wertsteigerung liegt gegenwärtig bei 13 Prozent. Der Dispositionseffekt sagt voraus, dass Sie die Aktie unter diesen Umständen nun verkaufen werden, um Ihren Gewinn mitzunehmen. Das gilt insbesondere, wenn Sie für die nähere Zukunft einen Kursrückgang erwarten. Implizit handeln Sie nun viel weniger risikofreudig, weil Sie sich ausgehend von Ihrem Referenzpunkt in der Gewinnzone, im sogenannten »positive domain« befinden. Das ist psychologisch gut verständlich, aber im Sinne einer langfristigen Maximierung der erwarteten Rendite vermutlich falsch. Sie werden Ihre Aktie mit einiger Wahrscheinlichkeit zu früh verkauft haben, also weitere Wertsteigerungen auf dem Tisch liegen lassen. Um im Bild zu bleiben, sind Sie in den ersten Bus gestiegen, der an Ihrer Haltestelle ankam. Damit hatten Sie ein Erfolgserlebnis. Es war aber wahrscheinlich der falsche Bus. Wenn Sie gewartet hätten, wäre ein noch besserer Bus gekommen.

Wir betreiben zu wenig finanzielle Altersvorsorge

Eine schwierige finanzwirtschaftliche Frage betrifft die Altersvorsorge. Wie viel soll man idealerweise während seines Berufslebens sparen, um im Alter auskömmlich leben zu können? Bei welchen Einkommenssteigerungen darf mehr konsumiert werden? In welcher Form sollte für das Alter gespart werden? Die klassische Ökonomie hat zu diesen Fragen die **Hypothese des permanenten Einkommens** entwickelt. Sie stammt vom Nobelpreisträger Milton Friedman (Friedman 1956). Dieser Theorie zufolge richten Menschen ihre Konsum- und Sparentscheidungen nicht an ihrem kurzfristigen verfügbaren Einkommen aus, sondern an ihrem durchschnittlichen Lebenseinkommen. Sie sparen während ihres Berufslebens Geld an, weil dann das Einkommen höher ist als in der Zeit der Rente, und versuchen so, permanent den gleichen Lebensstandard zu halten. Die richtige Altersvorsorge bzw. die Sparrate ergibt sich folglich im Wesentlichen aus der Differenz des kurzfristig verfügbaren Einkommens und dem permanenten Einkommen.

Es ist leider in der Praxis sehr schwer, die Idee des permanenten Einkommens umzusetzen, auch für einen Homo oeconomicus. Zum einen weiß niemand, wie alt er oder sie werden wird. Wir können zwar Sterbetabellen oder durchschnittliche Lebenserwartungen zu Rate ziehen, aber es bleibt doch individuell unsicher, wann wir sterben werden. Da sich Renten und kurzfristig verfügbare Einkommen typischerweise deutlich unterscheiden, besteht auch eine erhebliche Unsicherheit hinsichtlich des durchschnittlichen Lebenseinkommens. Weiterhin können wir nicht leicht sagen, wie viel Geld wir im Alter pro Monat oder pro Jahr brauchen werden, um auskömmlich zu leben. Das hängt von der Inflationsrate, von unserem gewünschten Lebensstandard, von unserem zukünftigen Gesundheitszustand und vielen weiteren Rahmenbedingungen ab. Schließlich besteht bei vielen Menschen

Unsicherheit über das Einkommen, das sie nach Erreichen des Ruhestands beziehen werden, beispielsweise aus der gesetzlichen Rente, aus privaten Rentenversicherungen oder aus anderen Einkunftsarten. Die traditionelle Finanzierungstheorie nimmt trotz aller dieser Unwägbarkeiten an, dass Menschen entsprechende Prognosen abgeben, die erforderlichen Berechnungen anstellen und dann eine für sie passende Altersvorsorge treffen können (und das auch tun).

Die verhaltensökonomische Forschung hat wenig überraschend gezeigt, dass die Realität ganz anders aussieht. Viele Menschen sparen im Laufe ihres Berufslebens gar nicht, bilden also keinen Kapitalstock zur Altersvorsorge. Daten des sozio-oekonomischen Panels (SOEP) zeigen, dass 20 Prozent der Deutschen weniger als 3.000 Euro Vermögen haben oder sogar netto verschuldet sind. Diese Menschen verfügen demnach über keine finanziellen Reserven für das Alter. Das kann zunächst daran liegen, dass ihre laufenden Einkommen so niedrig sind. Bei Geringverdienern ist es vorstellbar, dass die betreffenden Personen jeden Euro brauchen, um ihre täglichen Ausgaben bestreiten zu können. Selbst bei höheren Einkommen muss es nicht zwingend unvernünftig sein, nicht zu sparen. Wer sicher weiß, dass er oder sie eine ausreichend hohe Rente oder Pension beziehen wird, der braucht eben nichts für das Alter zurückzulegen. Allerdings wird das nur auf wenige Personen zutreffen. Die meisten Menschen sparen wahrscheinlich nichts, weil sie Gedanken an das eigene Alter verdrängen und eine hohe **Konsumpräferenz** haben. Der Spatz heute (in der Hand) ist ihnen lieber als die Taube im Alter (auf dem Dach). Ökonomen würden in dem Fall eine hohe Gegenwartspräferenz konstatieren. Sie wurde auch empirisch nachgewiesen. Im Sinne einer mentalen Buchhaltung unterscheiden Menschen zwischen gegenwärtigem Einkommen und zukünftigen Einkommen. Die Konsumpräferenz ist deutlich höher beim gegenwärtigen Einkommen. Insofern besteht eine Idee zur Steigerung der Sparrate darin, sich vorab auf Sparpläne festzulegen, die nicht aus dem gegenwärtigen Einkommen stammen, sondern von zukünftigen Gehaltssteigerungen finanziert werden (Shefrin/Thaler 1988).

Wieder andere Menschen wollen grundsätzlich schon Geld sparen und so eine zusätzliche Altersvorsorge aufbauen, schaffen es aber nicht, diesen Plan auch in die Tat umzusetzen. Die täglichen Konsumverlockungen sind zu groß. Man könnte das als **Willensschwäche** oder auch als Genusssucht bezeichnen. Sie ist aus vielen Lebensbereichen bekannt. Vielleicht kennen Sie die guten Vorsätze zu Jahresbeginn, sich gesünder zu ernähren und mehr Sport zu treiben, die schon nach wenigen Wochen wieder aufgegeben werden, weil wir doch zu träge sind. In Finanzfragen entspricht Willensschwäche einem Sparvorsatz, der scheitert, weil am Ende jedes Monats nichts übriggeblieben ist, was gespart werden könnte. Falls es Ihnen auch so gehen sollte, dann können Sie gleich eine sehr praxisnahe Empfehlung der Behavioral Finance-Forschung umsetzen. Sparen Sie nicht das Geld, das am Monatsende noch auf dem Konto übrig ist, sondern legen Sie immer jeweils am Monatsbeginn ihren gewünschten Sparbetrag auf einem anderen Konto an. Tun Sie das am besten automatisch, also beispielsweise mit Hilfe eines Sparplans, der keine einzelnen Überweisungen mehr erfordert. Mit diesem Instrument der Selbstbindung umgehen

Sie das Problem einer möglichen Willensschwäche. Das Geld für die Altersvorsorge ist jetzt schon am Monatsanfang weg und kann von Ihnen nicht mehr für etwas anderes ausgegeben werden.

Es gibt noch andere Verfahren der Selbstbindung, die Menschen bewusst oder unbewusst anwenden, um Probleme der Willensschwäche beim Umgang mit Geld zu überwinden. Hilfreich ist beispielsweise die **Geldanlage in illiquiden Vermögensgegenständen** wie Goldmünzen oder Immobilien. Hier liegt die Hürde sehr hoch, wegen eines spontan auftretenden Konsumwunsches den Vermögensgegenstand zu veräußern. Eine ähnlich disziplinierende Wirkung haben Geldanalagen, die auf separaten Konten geführt werden, beispielsweise Wertpapierdepots bei einer anderen Bank als der Bank, bei der man sein Girokonto führt. Es gibt auch Banken, die den eigenen Kunden helfen, indem sie parallel zum Girokonto ein Sparkonto bereitstellen, auf das nur nach vorab festgelegten Bedingungen zugegriffen werden kann. Im Extremfall können Kunden gar nicht über ihr Sparguthaben verfügen, solange das selbst gewählte Sparziel noch nicht erreicht ist. Sie sind, bildlich gesprochen, wie Odysseus an den Mast ihres eigenen Schiffes gebunden, um nicht dem verführerischen Gesang der Sirenen folgen zu können (Ashraf/Karlan/Yin 2006). Ganz drastische Maßnahmen der Selbstbindung wie das Zerschneiden der eigenen Kreditkarte sind natürlich auch denkbar, um Konsumsucht zu stoppen, werden in der Praxis aber vermutlich nicht so häufig angewendet.

Die verhaltensökonomische Forschung hat auch Methoden vorgeschlagen, mit deren Hilfe der Staat oder der Arbeitgeber die Sparrate von Menschen positiv beeinflussen kann. Im Vordergrund steht dabei die **Gestaltung des Angebots**, die sogenannte »choice architecture« (Benartzi/Thaler 2007). Sie wirkt als Hilfestellung und als Vorschlag für eine Entscheidung im Interesse der Betroffenen. Eine konkrete Idee besteht beispielsweise darin, die Trägheit der Menschen zu nutzen, indem man eine bestimmte Form von Altersvorsorge oder Sparplan als Standard vorgibt. Wer nichts weiter tut, der investiert in diese Altersvorsorge. Die aktive Entscheidung wird ersetzt durch eine automatische Beitrittsregelung, die beispielsweise der Arbeitgeber einrichten kann. Wichtig ist die Tatsache, dass Mitarbeiter nicht gezwungen werden, an dem vorgeschlagenen Plan teilzunehmen. Jeder kann immer auch andere Anweisungen erteilen. Aber wer nichts weiter tut, der nimmt wenigstens automatisch an einem Sparplan teil und investiert so zu Beginn jedes Monats in ein bestimmtes Produkt der Altersvorsorge.

Die Verhaltenswirkungen einer solchen Voreinstellung sind beeindruckend deutlich. Wenn sich Mitarbeiter aktiv für die Teilnahme an einem Sparplan entscheiden müssen, dann nehmen nur 15 Prozent teil. Wenn sie sich jedoch aktiv für eine Nichtteilnahme an demselben Sparplan aussprechen müssen und ansonsten automatisch daran teilnehmen, dann nehmen 84 Prozent teil. Es gibt auch ähnliche Vorschläge, nach denen Mitarbeiter automatisch in einen Sparplan übernommen werden, wenn sie nicht widersprechen, aber dann innerhalb des Sparplans zwischen einigen Fonds wählen können. So wird die Passivität der Arbeitnehmer genutzt und doch mit einer Auswahlmöglichkeit kombiniert. Empirische Studien zeigen jedoch, dass es in diesem Fall nicht zu viele Wahlmöglichkeiten geben sollte, sonst geht der erwünschte Effekt verloren und die Menschen steigen aus dem voreingestellten Sparplan aus. Interessanterweise ergaben sich die höchsten Teilnahmequoten für Pläne mit nur zwei zur Auswahl stehenden Fonds (DellaVigna 2009). Das bestätigt die grundsätzliche Erkenntnis der Verhaltensökonomie, dass mehr Auswahlmöglichkeiten nicht immer besser sind. Ein sehr großes Angebot, im betrachteten Fall waren es 40 verschiedene Fonds, führt eher dazu, dass Menschen gar keine Entscheidung mehr treffen.

Ein weiteres potenzielles Hindernis für eine angemessene Altersvorsorge ist die bereits mehrfach erwähnte **Verlustaversion**. Verhaltensökonomische Studien haben herausgefunden, dass Menschen von einem unerwarteten Zusatzeinkommen höhere Prozentsätze sparen als von ihrem regulären Einkommen. Das liegt unter anderem daran, dass ein monatlicher Abzug vom Gehalt, beispielsweise in Form der regelmäßigen Teilnahme an einem Sparplan, von vielen Menschen als Verlust angesehen wird. Und da Verluste mehr schmerzen als zukünftige Gewinne Freude bereiten, wird zu wenig Altersvorsorge betrieben. Menschen mögen es einfach nicht so gerne, wenn sichtbar Abzüge von ihrem Gehalt vorgenommen werden. Die Sparraten lassen sich in diesem Fall erhöhen, wenn sie sich auf ein unerwartetes Zusatzeinkommen beziehen und nicht auf das monatliche Gehalt. Fraglich ist nur, wie ein Arbeitgeber oder der Staat es bewerkstelligen können, Teile des Gehalts in unerwartete Zusatzeinkommen umzuwandeln. Eine mögliche, aber auch umstrittene Lösung sind höhere Steuervorauszahlungen. Sie ärgern die Menschen zwar auch, lassen sich aber nicht ändern. Dafür führen sie dann am Jahresende zu höheren Steuererstattungen, die hoffentlich als unerwartetes Zusatzeinkommen empfunden und mit größerer Wahrscheinlichkeit in die Altersvorsorge gesteckt werden (Thaler 2019, S. 394).

Was Anleger besser machen können

Eine erste Empfehlung, die aus den Studien der Behavioral Finance folgt, ist die **langfristige Ausrichtung der Geldanlage**. Wer zu häufig kauft und verkauft, der reduziert seine durchschnittliche Rendite allein schon durch hohe Transaktionskosten. Es steigen zudem auch die Anfälligkeit für Herdenverhalten und die Gefahr, gut laufende Aktien vorzeitig zu verkaufen. Wer trotzdem zwischendurch Geld braucht, der kann in Aktien von Unternehmen investieren, die verlässlich Dividenden zahlen. Aus diesem Prinzip der langfristigen Ausrichtung folgt auch, dass man kein Geld in Aktien oder Aktienfonds investieren sollte, das man möglicherweise kurzfristig benötigt. Denn dann ist man im Bedarfsfall zu Verkäufen auch in ungünstigen Zeiten gezwungen. Insofern sollten beispielsweise ältere Menschen ihren Aktienanteil im Gesamtportfolio eher reduzieren. Schwierig bleibt beim Prinzip der langfristigen Geldanlage die Frage, wann man trotzdem aus bestimmten Positionen aussteigen, also schlecht laufende Wertpapiere verkaufen sollte. Denn bei Investitionen in einzelne Aktien kann es langfristig durchaus zu hohen Wertverlusten oder sogar zu einem Totalausfall durch Insolvenz kommen.

Eine weitere Empfehlung, von der Sie sicher schon einmal gehört haben, betrifft die Anlageklassen. Wer wenig Kapitalmarktwissen und wenig Zeit zur detaillierten Aktienanalyse hat, der sollte **in Fonds investieren und nicht in einzelne Aktien.** Denn in Fonds wird das Risiko einer Fehlinvestition sehr stark reduziert. Wenn es sich um börsennotierte Fonds handelt, die gängige Kapitalmarktindizes nachbilden, sind auch die Managementgebühren niedrig. Dann lässt sich die Empfehlung von André Kostolany, zu kaufen und sich anschließend schlafen zu legen, am leichtesten umsetzen. Sie investieren einfach in einen börsennotierten Fonds (ETF) wie den MSCI World, der viele Segmente des Marktes abbildet und auch global weit diversifiziert ist. Wenn Sie jung sind, dann können Sie gut für Ihr Alter vorsorgen, indem Sie einen Sparplan auf einen solchen Aktienfonds einrichten. Mit einem Sparplan wird jeden Monat ein fester Betrag in den Fonds (oder in die Fonds) Ihrer Wahl investiert. Sparpläne führen einmal zur Selbstbindung, aber Sie glätten auch die Bezugspreise, machen die Geldanlage also weniger anfällig für Kapitalmarktschwankungen. Denn bei hohen Kursen kaufen Sie mit Ihrem festen monatlichen Betrag etwas weniger Anteile, bei niedrigen Kursen kaufen Sie mehr.

Es gibt auch Möglichkeiten, das Phänomen des Herdenverhaltes zu seinen eigenen Gunsten zu nutzen. Denkbar ist beispielsweise eine Anwendung des Prinzips strikt **antizyklischer Investitionen.** Anleger tun dann genau das Gegenteil von dem, was die Herde tut. Wenn die Kurse steigen, es fast nur gute Nachrichten gibt und wichtige Marktteilnehmer wie beispielsweise Analysten euphorische Prognosen äußern, dann verkaufen antizyklisch handelnde Anleger ihre Wertpapiere. Umgekehrt kaufen sie, wenn die Kurse sehr stark gesunken sind und weiter sinken, wenn es gesamtwirtschaftliche Krisen gibt und wenn die Aussichten überwiegend düster ausfallen. Psychologisch ist das für uns als sozial ausgerichtete Wesen sehr schwer. Antizyklisches Anlageverhalten bedeutet zum einen, sich nicht von den Emotionen anderer Menschen anstecken zu lassen. Es bedeutet zum anderen, der eigenen Reputation zu schaden. Freunde und Bekannte werden einen jetzt möglicherweise als Sonderling oder sogar als Idioten bezeichnen, weil man in deren Augen genau das Falsche tut. Wenn Sie das nicht aushalten wollen, dann erzählen Sie einfach niemanden davon, wie Sie Ihr Geld anlegen. Es bleibt allerdings das schlechte Gefühl im Eidechsengehirn, einen offensichtlichen Trend zu verpassen, also etwas zu übersehen, was alle anderen Marktteilnehmer sehen.

Mit verhaltensökonomischen Erkenntnissen lässt sich eventuell auch kurzfristig Geld verdienen. So könnte eine Anlagestrategie der **Nutzung von Überreaktionen** darin bestehen, auf sehr schlechte oder sehr positive Nachrichten hinsichtlich einzelner Wertpapiere kurzfristig und genau gegenläufig zu reagieren. Fällt ein Aktienkurs nach einer schlechten Nachricht sehr stark, dann steht zu erwarten, dass sich der Kurs in den Folgetagen wieder erholen wird. Der Markt korrigiert die anfangs entstandene Überreaktion (De Bondt/Thaler 1985). Folglich sollte man solche plötzlich sehr stark gefallenen Aktien schnell kaufen. Umgekehrt bietet sich eine Verkaufsgelegenheit bei Wertpapieren, die infolge von sehr guten Nachrichten übertrieben stark gestiegen sind. Auch hier müsste nach der These der Überreaktion in der Folgezeit eine Korrektur erfolgen, die Kurse müssten also wieder zurückgehen, um den anfangs zu starken Anstieg zu kompensieren. Allerdings ist Vorsicht geboten, wie ich Ihnen aus eigener Erfahrung berichten kann. Denn manchmal folgen auf eine besonders schlechte Nachricht zu einem Unternehmen mit entsprechenden Kursrückgängen keine Erholungen, sondern weitere schlechte Nachrichten. Dementsprechend wird die Überreaktion auch nicht korrigiert, die Aktie verliert vielmehr immer weiter an Wert. Sie hätten mit einer Strategie der Nutzung von Überreaktionen buchstäblich in das fallende Messer gegriffen. Im Fall eines plötzlichen starken Kursanstiegs in Reaktion auf gute Nachrichten droht mit der Strategie der Nutzung von Überreaktionen der gleiche Fehler. Der Kursanstieg wird nicht korrigiert, sondern erweist sich nach weiteren guten Nachrichten als dauerhaft. Sie hätten dann zu früh verkauft.

Zusammenfassung

1. Die Finanzwirtschaft ist der älteste und der wichtigste Anwendungsbereich der Verhaltensökonomik. Gerade hier sind die vielfach beobachteten Abweichungen von rationalem Verhalten überraschend.
2. Wir verstehen finanzwirtschaftliche Produkte nicht richtig und überschätzen unsere eigenen Fähigkeiten, sie zu beurteilen.
3. Bei unseren Anlageentscheidungen bevorzugen wir Märkte und Anlagekategorien, die wir kennen. Dadurch sind wir oft unterdiversifiziert.
4. Wir lassen uns bei finanzwirtschaftlichen Entscheidungen stark vom Verhalten anderer Anleger leiten. Das hat unter anderem zur Folge, dass wir zu viel handeln und dass wir uns zu Herdenverhalten hinreißen lassen.
5. Wir betreiben zu wenig finanzielle Altersvorsorge. Das liegt an einer hohen Konsumpräferenz, an Willensschwäche und an Unsicherheit hinsichtlich der geeigneten Anlagemöglichkeiten.

11 Marketing und Kundenverhalten

Uns wird der Vergleich von Alternativen absichtlich erschwert

Von einem Homo oeconomicus erwarten wir, dass er oder sie ein bestimmtes Produkt oder eine Dienstleistung am Markt zum niedrigsten Preis kauft. Das setzt Produkte genau gleicher Qualität, vollkommene Markttransparenz und gleiche Transaktionskosten bei jedem Anbieter voraus. Solange es Vergleichsportale oder im Internet veröffentlichte tatsächliche Endkundenpreise gibt, sind Preisinformationen auch tatsächlich mit geringem Aufwand und in verlässlicher Form zu erheben. Das gilt zum Beispiel für den Kauf eines bestimmten Laptops. Hier können Sie als Kunde die für die Entscheidung benötigten Daten ziemlich leicht erheben. Sie finden mit ein paar Klicks im Internet das günstigste Angebot für das Gerät, das Sie sich kaufen wollen. Etwas schwieriger wird es bei Kostenvergleichen für

Produkte mit mehreren Preisbestandteilen. Das klassische Beispiel für **schlecht vergleichbare Preisangaben** sind Mobilfunkverträge. Hier machen die Anbieter es Ihnen bewusst schwer, die Preise und Leistungen zu vergleichen. Mal ist ein Smartphone in der monatlichen Gebühr enthalten, mal nicht. Mal haben Sie eine Flatrate in alle Netze, mal nur in bestimmte Netze. Mal steht Ihnen weniger Datenvolumen pro Monat zur Verfügung, mal mehr. Mal wird bei Überschreiten des Datenvolumens automatisch nachgekauft, mal wird Ihnen stattdessen die Übertragungskapazität gedrosselt. Mal ist ein Daten-Roaming in der EU kostenlos enthalten, mal nicht. Es ist auch für echte Experten und mit sehr viel Zeitaufwand kaum möglich, in diesem Markt das beste Angebot zu finden. Die folgende Darstellung zeigt ein Beispiel einer Marktübersicht für Mobilfunkverträge mit realen Daten eines Vergleichsportals:

Dar. 19: Ein Beispiel schwieriger Preisvergleiche

Kriterien des Vergleichs	Anbieter A	Anbieter B	Anbieter C
Monatlicher Tarif	49,99 Euro	24,99 Euro	63,99 Euro
Datenvolumen Inland	Unlimited (LTE)	Unlimited (LTE)	Unlimited (LTE)
Datenvolumen Ausland	k. A.	k. A.	Bis zu 75 GB (EU)
Datengeschwindigkeit	Bis zu 225 Mbit/s	15 Mbit/s	Bis zu 500 Mbit/s
Cashback	120 Euro	Nein	260 Euro
Bewertung	9,0	7,9	8,6
Vertragslaufzeit	24 Monate	1 Monat	24 Monate
eSim	Nein	Nein	Ja

Preisvergleiche werden noch schwieriger, wenn es sich nicht mehr um genau gleiche Produktqualitäten handelt oder wenn die tatsächlich gültigen Preise nicht mehr öffentlich einsehbar sind. So können Sie beim Kauf eines Autos zwar ganz genau den Fahrzeugtyp bestimmen und auch sehr viele Vergleichspreise im Internet finden, aber typischerweise bezahlt niemand den Katalog- bzw. den Listenpreis. Käufer können den Preis vielmehr mit dem jeweiligen Verkäufer individuell verhandeln. Die tatsächlich gezahlten Preise werden nicht im Internet veröffentlicht. Die Bereitschaft der Verkäufer, in Preisverhandlungen Zugeständnisse zu machen, wird auch nirgendwo veröffentlicht. Insofern können Sie als Kunde in solchen Fällen zwar Listenpreise vergleichen, aber keine tatsächlich gezahlten Preise. Häufig sind zudem für eine Kaufentscheidung nicht nur Preisdaten erforderlich, sondern auch Prognosen des zukünftigen Nutzens oder der Haltbarkeit eines Produkts. Dafür gibt es im

Internet typischerweise keine Vergleichsportale. Hier können Sie nicht auf bestehende Daten zurückgreifen, weil jeder Mensch seinen Nutzen aus anderen Kriterien ableitet und zudem einzelne Nutzenkomponenten anders beurteilt. Auch hier will ich Ihnen ein Beispiel mit realen Daten geben. Es geht um den Vergleich von Waschmaschinen:

Dar. 20: Ein Beispiel schwieriger Qualitätsvergleiche

Kriterien des Vergleichs	Produkt A	Produkt B	Produkt C
Kapazität	7 kg	9 kg	9 kg
Energieklasse	A	A	A +
Geräuschklasse	k. A.	A	A
Schleudergeschwindigkeit	1.400 U/min	1.600 U/min	1.400 U/min
Preis	389,99	519,90	399,99
Gewicht	61 kg	65	67 kg
Motor	Inverter PowerDrive	Direct Motion	Digital Inverter
Umweltbewertung	k. A.	climate friendly	k. A.
Smart Home	Nein	Ja	Nein

Wir lassen uns durch Tricks manipulieren

Im Marketing bieten sich für Unternehmen besonders gute Möglichkeiten, die Erkenntnisse der Verhaltensökonomik zu nutzen und Kunden entsprechend zu beeinflussen. Umgangssprachlich spricht man auch von Marketingtricks. Für unsere Wahrnehmung von Preisen spielen das Framing, unsere Verlustaversion sowie die wahrgenommene Fairness des Preises eine große Rolle (Thaler 2019, S. 177–184). Beginnen wir mit einer einfachen und fast überall verwendeten Methode. Sie betrifft reguläre Preise und Preisnachlässe. Unternehmen sollten den höchsten Preis, den sie setzen wollen, als den »normalen« oder »regulären« Preis bezeichnen. Abweichungen sollten dann als **Sonderangebote oder Rabatte** bezeichnet werden. So werden sie von Kunden und Kundinnen als Gewinne und damit positiv wahrgenommen. Streichungen von Rabatten oder das Ende einer Sonderangebotszeit werden von Kunden als fair wahrgenommen. Ganz im Gegensatz dazu stehen Preiserhöhungen oder Zuschläge. Sie werden typischerweise weit weniger positiv gesehen. Sehr hohe Preise in Zeiten von Lieferschwierigkeiten oder starker Nachfrage werden sogar als regelrecht unfair und verwerflich wahrgenommen. Ein Beispiel sind stark erhöhte Preise für Schneeschaufeln, wenn es gerade geschneit hat, oder Preiserhöhungen für Spielzeug kurz vor Weihnachten (Kahneman/

Knetsch/Thaler 1986a, S. 729 und 735). Sie führen manchmal dazu, dass Kunden die entsprechenden Produkte aus Wut gar nicht mehr kaufen. Unfair hohe Preise sollten also aus Sicht eines Unternehmens vermieden werden.

Bei der Preisgestaltung nutzen Unternehmen gerne unsere begrenzten Möglichkeiten der Informationsaufnahme und Informationsverarbeitung aus. Der Trick besteht darin, **intransparente Preiskomponenten** einzubauen, die potenziell übersehen werden. Ein typisches Beispiel sind Liefergebühren. Sie tauchen in den Übersichten vieler Suchmaschinen nicht direkt auf, sondern erst kurz vor Abschluss der Transaktion. Anbieter können also attraktiv erscheinen, wenn sie den Produktpreis senken und dafür höhere Liefergebühren nehmen. In einem entsprechenden verhaltensökonomischen Experiment wurden Auktionen auf eBay betrachtet. Ein bestimmtes Produkt wie eine Musik-CD wurde einmal zu einem Startpreis von 4 Dollar ohne Liefergebühren und einmal zu einem Startpreis von 0,01 Dollar und Liefergebühren von 3,99 Dollar angeboten. Wie aus Sicht der Verhaltensökonomik nicht anders zu erwarten, ließen sich mit dem zweiten Angebot deutlich höhere Umsätze erzielen als mit dem ersten (DellaVigna 2009). Ein anderes Beispiel sind Steuern, die von vielen Kunden nicht als Preisbestandteil wahrgenommen und daher von Unternehmen nach Möglichkeit nicht vorab ausgewiesen werden.

In manchen Branchen wird das Instrument der intransparenten Preiskomponenten geradezu exzessiv verwendet. Ein Beispiel sind Fluggesellschaften, die mit sehr niedrigen Preisen für ihre Flüge werben, dann aber eine Fülle von Zusatzgebühren erheben. So kostet das Aufgeben von Gepäck fast immer extra. Auch für das Vorab-Einchecken mit Sitzplatzauswahl werden Gebühren erhoben. Beim Bezahlvorgang fallen Kreditkartengebühren an, selbst wenn Kunden nur mit einer Kreditkarte bezahlen können. Und in manchen Fällen stehen noch Zusatzgebühren auf der endgültigen Rechnung, die gar nicht näher erklärt sind. Mein persönliches Lieblingsbeispiel bei Flugtickets sind »Servicegebühren«, bei denen völlig unklar ist, auf welcher gesetzlichen Grundlage und für was sie erhoben werden. Rechnet man zum Grundpreis des Tickets alle Zusatzgebühren dazu, ergibt sich ein Gesamtpreis, der gleich hoch oder sogar höher ist als bei anderen Anbietern. Das folgende Beispiel mit realen Daten soll eine typische Angebotsstrategie dieser Art illustrieren:

Dar. 21: Das Tarifsystem einer Discount-Airline

Leistungen	Tarif A	Tarif B	Tarif C	Tarif D
Transport	Ja	Ja	Ja	Ja
Sitzplatzreservierung	Aufpreis	Ja	Ja	Ja
Handgepäck	Aufpreis	2	2	2
Aufgabegepäck	Aufpreis	Aufpreis	1 (bis 20 kg)	1 (bis 20 kg)

Dar. 21: Das Tarifsystem einer Discount-Airline – Fortsetzung

Leistungen	Tarif A	Tarif B	Tarif C	Tarif D
Priority Boarding	Nein	Ja	Ja	Ja
Check-in	Nur online	Nur online	Online und am Airport	Online und am Airport
Umbuchbarkeit	Nein	Nein	Nein	Ja
Sicherheitskontrolle	Normal	Normal	Normal	Fast track
Verpflegung	Aufpreis	Aufpreis	Aufpreis	Aufpreis
Reiseversicherung	Aufpreis	Aufpreis	Aufpreis	Aufpreis

Ich bin persönlich nicht sicher, ob diese Preisstrategie wirklich zu mehr Umsatz führt. Es gelingt vielleicht einmal, einen Kunden zu überlisten und mit einem künstlichen niedrigen Grundpreis zum Kauf zu bewegen. Aber auf Dauer wird das nicht funktionieren. Eher besteht die Gefahr, dass Kunden die intransparenten Zusatzgebühren als unseriös oder sogar betrügerisch wahrnehmen und sich irgendwann ganz von dem betreffenden Unternehmen abwenden.

Eine sehr wirksame Strategie, um den Kunden die Bewertung eines Preises zu erschweren, besteht im **Angebot von eigentlich irrelevanten Alternativen**. Das können sehr teure oder sehr günstige Angebote sein. Deren Darstellung nutzt den bereits erwähnten Kompromiss-Effekt aus. Die Kunden sollen zum Angebot in der mittleren Preislage hingeführt werden. Das gelingt dann am besten, wenn es in einer bestimmten Kategorie drei alternative Produkte gibt. Das teuerste Produkt kommt typischerweise nicht in Frage, weil es weit über der Zahlungsbereitschaft des Kunden liegt. Es wird auch nur selten oder sogar gar nicht gekauft. Dennoch erfüllt es seinen Zweck, denn es lässt das Angebot in einer mittleren Preislage attraktiv aussehen. Die gleiche Funktion übernimmt das billigste Produkt der Kategorie. Es verfügt nicht über die Ausstattung oder die Qualität, die durchschnittliche Kunden erwarten. Deshalb wird es ebenfalls nur selten oder nie gekauft. Empirische Studien zeigen sehr deutlich, dass sich Kunden angesichts des Angebots dreier Varianten am liebsten für die mittlere Option entscheiden (Kelman/Rottenstreich/Tversky 1996). Das wissen Unternehmen und nutzen es in ihrer Angebotsgestaltung aus. Beim mittleren Angebot ist die Gewinnspanne am höchsten. Erfahrene Verkäuferinnen und Verkäufer kennen den Kompromiss-Effekt ebenfalls sehr gut. Sie werden Ihnen immer auch unangemessen teure und unangemessen billige Varianten vorführen und Sie so zu der für das Unternehmen (aber nicht für Sie als Kunden) günstigsten Variante hinführen.

Eine andere Technik, um Kunden zu mehr Konsum und zu weniger Preiselastizität zu bewegen, ist die **Reduzierung des Bezahlschmerzes**. Dahinter steht die Theorie, dass Menschen beim Kauf von Waren oder Dienstleistungen zwar eine hedonistische Freude am Konsum, aber auch einen Schmerz beim Bezahlen erleben.

So wird einem beispielsweise die Freude an einer Taxifahrt dadurch »vermiest«, dass das Taxameter läuft und uns dauernd auf die entstehenden Kosten hinweist. Ist eine Sache allerdings schon vorab bezahlt worden, dann können wir ihren Konsum unbelasteter genießen. Ein Beispiel ist die vor Reiseantritt bezahlte Urlaubsreise. Psychologisch wird der Schmerz des Bezahlens vom Genuss des Konsums getrennt. Und der Bezahlschmerz wird dadurch etwas verringert, dass wir uns vorab schon auf den Konsum freuen können. Insgesamt geben Menschen nachweislich mehr Geld für eine Sache aus, wenn sie vorab bezahlen (Prelec/Loewenstein 1998). Ähnlich kauffördernd wirken Methoden, bei denen der Bezahlvorgang abstrakt gestaltet wird und so weniger psychologische Schmerzen verursacht. Das klassische Beispiel ist das Bezahlen mit Kreditkarten oder mit dem Mobiltelefon. Beides fühlt sich weniger real an als das Bezahlen mit Bargeld. Urlaubsressorts und Kreuzfahrtschiffe nutzen übrigens dieselbe Technik. Dort bezahlt man mit seiner Club- oder Passagierkarte, manchmal auch mit Perlen oder Plastikchips. Abgerechnet wird zeitnah über die hinterlegte Kreditkarte, aber eben im Hintergrund und damit für den Kunden unsichtbar.

Auch jenseits der Preisgestaltung nutzen viele Unternehmen im Marketing und im persönlichen Verkauf manipulative Überzeugungstechniken und Tricks. Wer Sie beispielsweise dazu bewegen will, ihm oder ihr einen großen Gefallen zu tun, der beginnt erst mit einem kleinen Gefallen. Man nennt das die **Fuß-in-der-Tür-Technik**. So könnte eine Nachbarin Sie bitten, über ein Wochenende ihre Katze zu füttern. Das ist für Sie nur eine kleine Mühe und im Sinne einer guten Nachbarschaft werden Sie möglicherweise zustimmen. Wenn das dann gut geklappt hat, wird die Nachbarin Sie vielleicht beim nächsten Mal bitten, für einen zweiwöchigen Urlaub die Katze zu versorgen. Einen solchen Wunsch hätten Sie höchstwahrscheinlich abgelehnt, wenn die Interaktion damit begonnen hätte. Eine fremde Katze zwei Wochen lang zu füttern, ist für die meisten Menschen eine Zumutung. Aber weil Sie bereits einmal in einem kleineren Umfang zur Hilfe bereit waren, ist die Wahrscheinlichkeit jetzt deutlich höher, dass Sie auch den eigentlich unverschämten zweiten Wunsch erfüllen. Denn Sie wollen vor sich selbst konsistent sein. Erfüllen Sie den ersten Wunsch und lehnen den zweiten ab, erscheint Ihnen das möglicherweise inkonsistent. Es entspricht nicht Ihrem jetzt aufgebauten Selbstbild eines hilfsbereiten Nachbarn. Und das wird ausgenutzt.

Genau umgekehrt, aber nicht weniger wirksam, ist die Methode, mit einem viel zu weit gehenden Wunsch zu beginnen. Man spricht jetzt von **Tür-ins-Gesicht-Technik**. Der erste Wunsch wird immer abgelehnt, weil er ganz offensichtlich unzumutbar ist. Allerdings schließt sich dann ein zweiter Wunsch an, der im Vergleich zum ersten harmlos erscheint und daher mit einer gewissen Wahrscheinlichkeit erfüllt wird. Der Grund für die Annahme des zweiten Wunsches liegt im schlechten Gewissen, das die Ablehnung eines Wunsches bei vielen Menschen auslöst. Auch hier können wir die psychologischen Mechanismen am besten an einem Beispiel erkennen. Ein Kollege bittet Sie, für seinen gesamten vierwöchigen Urlaub dessen Vertretung am Telefon zu übernehmen. Das ist eine unverschämte Bitte, die entsprechend von Ihnen abgelehnt wird. Allerdings fühlen Sie sich doch ein klein wenig schlecht, weil Sie grundsätzlich hilfsbereit sind. Daher fällt die zweite, inhaltlich reduzierte Bitte Ihres Kollegen, dann doch wenigstens seine eingehende Post zu bearbeiten, möglicherweise auf fruchtbaren Boden. Es handelt sich im Grunde immer noch um eine zu weitgehende Bitte unter Kollegen, aber weil Sie schon einmal nein gesagt haben, stimmen Sie jetzt vielleicht zu.

Die genannten sozialen Tricks sind auch im persönlichen Verkauf wirksam und werden daher von vielen Verkäufern bewusst eingesetzt. Wenn Sie, wie die meisten Menschen, gerne vor sich selbst konsistent erscheinen wollen, dann sind Sie wahrscheinlich anfällig für die Verkaufsvariante der Fuß-in-der-Tür-Technik. Die Grundidee besteht darin, Ihnen zuerst etwas Kleines, nicht allzu Teures anzubieten. Das Ziel dieses ersten Verkaufs ist es nicht, Gewinn zu erzielen. Es geht nur darum, mit Ihnen ins Geschäft zu kommen und eine persönliche Beziehung aufzubauen (Cialdini 2007, S. 71–72). Der Verkäufer vertraut darauf, dass Sie bei einem zweiten, deutlich größeren Angebot eher ja sagen werden, wenn Sie schon einmal ja gesagt haben. Sie werden sich eher verpflichtet fühlen, erneut zu kaufen, wenn Sie von derselben Person bereits einmal etwas erworben haben. Dann zeigen Sie nämlich ein konsistentes Verhalten. Eine ähnliche Wirkung kann mit einem Newsletter oder mit Mitgliedschaften erzielt werden. Diese Angebote kosten typischerweise nichts. Sie wirken auf einen potenziellen Kunden daher als attraktives Angebot. Faktisch kommt das Unternehmen durch diese Maßnahmen jedoch an die Kontaktdaten des Kunden, kann die entsprechende Person individuell ansprechen und zudem das Konsistenz-Prinzip nutzen. Wer zu einer Club-Mitgliedschaft ja gesagt hat, der wird auch viel eher zu einem besonderen Angebot für Club-Mitglieder ja sagen als jemand, mit dem das Unternehmen noch gar keine Beziehung hat. Der Newsletter oder die Mitgliedschaft sind genau der Fuß in der Tür des Kunden, die sich damit für weitere Geschäfte öffnet.

Im Online-Handel geht es primär darum, den Bestellvorgang möglichst einfach zu machen. Kundinnen und Kunden sollen sofort auf visuelle Reize, Sonderangebote und Knappheitssignale reagieren können. Im Idealfall bedarf es nur eines einzigen Klicks, um etwas zu kaufen. Abschreckend wirken dagegen Kaufprozesse, die umfangreiche Dateneingaben erfordern und sich über mehrere Bearbeitungsschritte hinziehen. Aus psychologischer Sicht ist es ebenso wichtig, **großzügige Rücksenderegelungen** anzubieten. Denn gerade im Onlinehandel können Kunden die Produkte nicht so gut betrachten und nicht anprobieren wie im stationären Handel. Deshalb machen die Unternehmen den Kauf durch kostenlose Rückgaberechte so einfach und so risikolos wie möglich. Es geht darum, den Kunden einen physischen Zugang zu den Produkten zu ermöglichen. Ist die Ware erst ausgeliefert und beim Kunden angekommen, dann wirkt sich der Besitzstand-Effekt aus. Wenn Kunden die Ware ausgepackt, angesehen und an- oder ausprobiert haben, dann ist zwar juristisch gesehen noch nicht endgültig das Eigentum auf sie übergegangen, aber der Besitz ist übergegangen. Psychologisch bewirkt das eine deutliche Steigerung des Produktwertes, was die Wahrscheinlichkeit einer tatsächlichen Rücksendung sinken lässt (Zamir/Teichman 2018, S. 291).

Wir kaufen von Menschen, die wir sympathisch finden

Ein wichtiger Beitrag der Soziologie zur ökonomischen Theorie ist die Erkenntnis, dass viele wirtschaftliche Transaktionen sozial eingebettet sind. Wir kaufen zwar immer wieder an Automaten und im Internet, aber oft kaufen wir eben von anderen Menschen. Wenn Produkte besonders erklärungsbedürftig sind, dann lassen wir uns von Verkaufspersonal beraten. Wenn es um größere Transaktionen geht, dann finden vor dem Vertragsabschluss Verhandlungen statt. Das gilt bei Geschäften mit Privatkunden (B2C) genauso wie für Geschäfte zwischen Unternehmen (B2B). Insofern spielt in vielen Bereichen des Lebens der persönliche Verkauf eine große Rolle. Es wird Sie sicher nicht überraschen, dass im persönlichen Verkauf eine Fülle von soziologischen und psychologischen Einflüssen auf unser Verhalten wirken. Einige hatten wir schon betrachtet. Abweichungen von strikt ökonomischem Verhalten, die ja schon in anonymen Marktbeziehungen zu beobachten sind, kommen bei sozial eingebetteten Transaktionen noch häufiger vor. Dennoch gibt es eine gute Nachricht. Soziale Einbettung führt nicht zu irrationalem oder erratischem Verhalten. Sie führt zu dem, was wir bereits früher als vorhersehbar irrationales Verhalten bezeichnet haben. Eine wichtige Erkenntnis lautet beispielsweise: **Wir kaufen von Menschen, die wir sympathisch finden** (Cialdini 2007, S. 167). Von Menschen, die wir unsympathisch finden, kaufen wir nichts oder weniger, unabhängig von dem Produkt oder der Dienstleistung, um die es geht.

Da wir soziale Wesen sind, wollen wir gemocht werden und uns mit anderen Menschen verbinden. Wir umgeben uns bevorzugt mit Personen, die uns ähnlich sind, für die wir Sympathie empfinden und denen wir vertrauen. Die weitere wichtige Erkenntnis der verhaltensökonomischen Forschung zum persönlichen Verkauf wird Sie also sicher nicht überraschen. Verkäufer werden immer alles daransetzen, von ihren Kunden als sympathisch wahrgenommen zu werden. Dabei helfen viele Verkaufstechniken, die Sie vermutlich selbst auch schon alle erlebt haben. So ist schon lange bekannt, dass **Ähnlichkeit** zwischen Menschen Sympathie bewirkt und dass Kunden eher kaufen, wenn die Verkäufer ihnen ähnlich sind (Davis/Silk 1972). Das betrifft eine sehr breite Palette von Kriterien wie Alter, Hautfarbe, sozialer Status, Interessen und Persönlichkeit. Eine sehr wirksame Technik besteht deshalb darin, denselben Dialekt wie die Kunden zu sprechen. Eine positive Wirkung erzielen Verkäufer auch mit dem Hinweis, dass sie ein bestimmtes Produkt selbst so gekauft haben. Der Verweis auf gemeinsame Freunde und Bekannte ist ebenfalls sehr wirksam. Denn in uns Menschen ist ein soziologisches Prinzip fest verwurzelt: Der Freund eines Freundes ist auch unser Freund.

Das vielleicht einfachste Instrument, um Sympathie zu bewirken, sind **Komplimente**. Die hört jeder gerne. Und wer uns Komplimente macht, den finden wir nett. Das ist zunächst nicht verwunderlich. Aus psychologischer Sicht ist es nur erstaunlich, wie stark Komplimente wirken. Es ist ebenso erstaunlich, wie unkritisch Menschen Komplimente annehmen. Cialdini (2007, S. 174–176) berichtet von einem phänomenal erfolgreichen Autoverkäufer, der seinen Kunden jeden

207

Monat eine kurze Nachricht zukommen ließ. Sie lautete einfach: »I like you«. Man würde denken, dass diese Art von Kompliment zu plump, zu häufig und zu simpel ist. Es kam offensichtlich von jemandem, der seinen Kunden ein Auto verkaufen will. Aber der Erfolg gab dem Verkäufer Recht. Die Kunden mochten ihn. Sie beschrieben ihn als sympathisch. Und sie kauften mehr Autos von ihm als von irgendeinem anderen Autoverkäufer weit und breit. Dieser Befund konnte in vielen empirischen Studien bestätigt werden. Es ist egal, ob ein Kompliment der Wahrheit entspricht oder nicht. Es ist egal, ob hinter dem Kompliment ein offensichtliches Eigeninteresse der Person steht, die uns das Kompliment macht. Und es ist auch egal, wenn ein Kompliment zwar berechtigt, aber maßlos übertrieben ist. Wir lieben es trotzdem. Wir saugen es begierig auf. Und am wichtigsten ist folgender Effekt: Wir finden jemanden, der uns Komplimente macht, sympathisch. Cialdini (2007, S. 175) fasst es so zusammen: »We are phenomenal suckers for flattery«.

Ein anderes Verhalten, das einen Menschen für uns sympathisch macht, betrifft die Kommunikation. Konkret geht es um das **Zuhören**, das immer den Beginn jeder Kommunikation darstellt (Witt 2023, S. 163–165). Leider sind viele Menschen erstaunlich schlechte Zuhörer. Sie sind so damit beschäftigt, sich ihre eigenen Argumente zurecht zu legen, dass sie die Aussagen ihrer Gesprächspartner gar nicht richtig wahrnehmen. Statt zuzuhören, warten sie nur angestrengt auf die nächste Gesprächspause, um dann endlich selbst reden zu können. Viele Menschen denken auch, dass sie sowieso schon wissen, was der andere sagen wird. Sie konzentrieren sich dann auf die Vorbereitung der eigenen Antworten. Gute Zuhörer zeigen Mitgefühl und Empathie in Mimik und Gestik. Sie sind körperlich zugewandt und körpersprachlich offen. Sie wollen zunächst verstehen und erst dann verstanden werden. Sie stellen Rückfragen. Sie wiederholen ab und zu in eigenen Worten, was sie im bisherigen Gesprächsverlauf verstanden haben. Gute Zuhörer widmen sich ganz dem Gesprächspartner und unterbrechen ihn oder sie nicht. Wenn Gesprächspausen entstehen, weil der Partner nach Worten sucht, nachdenkt oder emotional überwältigt ist, sagen gute Zuhörer nichts. Sie warten einfach, bis der andere fortfährt. Gutes Zuhören ist die mit Abstand wichtigste Fähigkeit sozial intelligenter Menschen. Wir empfinden gute Zuhörer als sympathisch, weil sie einem das Gefühl vermitteln, es gäbe im Moment nichts Anderes von Bedeutung auf der Welt als man selbst. Deshalb sind gute Verkäufer in erster Linie gute Zuhörer und reden nicht selbst die ganze Zeit.

Ein weiterer Faktor für Sympathie kann nicht erlernt oder nachhaltig verändert werden, ist jedoch sehr wirkungsvoll. Es geht um **gutes Aussehen**, also körperliche Attraktivität oder Schönheit. Wir finden Menschen, die gut aussehen, eher sympathisch als Menschen, die nicht so gut aussehen. Wir assoziieren körperliche Attraktivität mit eigentlich völlig unverbundenen Attributen wie Ehrlichkeit, Talent, Intelligenz oder Freundlichkeit (Cialdini 2007, S. 171–172). Diese positive Reaktion auf gutes Aussehen scheint tief in unserem limbischen System verankert zu sein und wirkt sich vielfältig aus. Gutaussehende Politiker bekommen mehr Wählerstimmen. Schöne Menschen werden bevorzugt als Mitarbeiter eingestellt. Attraktive Straftäter erhalten vor Gericht geringere Strafen. Schöne Kinder bekommen in der Schule bessere Noten. Attraktive Kellnerinnen und Kellner verdienen signifikant mehr Trinkgeld. Insofern ist es hilfreich, wenn Verkäufer oder Verkäuferinnen attraktiv sind. Es lohnt sich auch, mit schönen Menschen Werbung zu machen, unabhängig vom beworbenen Produkt. Gutes Aussehen eines Werbeträgers oder einer Werbeträgerin strahlt ab auf Produkte und damit auf Kaufentscheidungen. Wir verbinden die körperliche Attraktivität einer Person mit vorteilhaften Merkmalen des Angebots, das diese Person uns präsentiert. Vielleicht haben Sie sich gefragt, warum früher immer knapp bekleidete Frauen neue Autos präsentierten? Heute macht man das bei Autos nicht mehr, aber das Prinzip ist wirksam geblieben. »Sex sells«. Es zieren immer schöne Menschen das Cover von Fernsehzeitschriften. In der Werbung kommen fast nur junge und gutaussehende Personen vor. Bei Umfragen in Fußgängerzonen oder bei Spendensammelaktionen werden attraktive Menschen eingesetzt.

Wir reagieren auf Preis- und Mengen-Anker

Menschen regieren in ihren Konsum- oder Auswahlentscheidungen mitunter auf Informationen, ohne sich des Einflusses dieser Informationen bewusst zu sein. Das geschieht selbst dann, wenn diese Informationen eigentlich keine Bedeutung haben sollten. Besondere Bedeutung hat der bereits vorgestellte Ankereffekt. Im Marketing nutzen Unternehmen gerne **Preisanker**, um die Zahlungsbereitschaft von Kunden zu beeinflussen, die die Qualität einer Ware oder Dienstleistung nicht gut einschätzen können. Ein solcher Preisanker kann beispielsweise in der Angabe eines Listenpreises bestehen. Je höher dieser Listenpreis liegt, desto höher fällt auch die Zahlungsbereitschaft der Kunden aus. Interessanterweise bewirkt die Angabe eines Listenpreises nicht nur bei Laien einen starken Ankereffekt, sondern auch bei Experten. So wurden beispielsweise Studenten und Immobilienmakler gebeten, den Wert eines Hauses anhand der Angaben im Verkaufsprospekt zu schätzen. Als Preisanker wurden unterschiedliche Listenpreise für die jeweilige Immobilie im Prospekt genannt. Überraschenderweise zeigten sich bei allen Versuchspersonen gleich große Ankereffekte. Die Experten waren also ebenso manipulierbar wie die Laien (Northcraft/Neale 1987).

Wie stark ein Preisanker wirkt, lässt sich empirisch bestimmen. Das entsprechende Instrument heißt **Ankerindex**. Er kann aus der Beobachtung von tatsächlichen Zahlungsbereitschaften ermittelt werden (Jacowitz/Kahneman 1995). Dabei beobachtet man Kunden in zwei verschiedenen Kaufsituationen, die sich nur in einem vorab genannten Preisanker unterscheiden. Anschließend misst man in beiden Fällen die Zahlungsbereitschaften. Der Ankerindex berechnet sich als die Differenz der genannten Zahlungsbereitschaften geteilt durch die Differenz zwischen den zwei Preisankern. Der Ankerindex liegt zwischen null und eins. Lassen sich die Kunden überhaupt nicht vom Preisanker beeinflussen, liegt der Index bei null. Geben die Kunden ihre Zahlungsbereitschaft genau in der Höhe der vorgegeben Preisanker an, lassen sich also maximal beeinflussen, dann beträgt der Ankerindex 100 Prozent. Betrachten Sie dazu bitte einmal folgende zwei Beispiele:

Dar. 22: Die Berechnung von Ankerindizes

Frage 1: Wie viel Geld würden Sie als Eltern für die Modernisierung Ihres Kindergartens spenden?	Anker 1: In der Nachbargemeinde hat jedes Elternpaar durchschnittlich 50 Euro gespendet.	Anker 2: In der Nachbargemeinde hat jedes Elternpaar durchschnittlich 200 Euro gespendet.
Durchschnittliche Spendenbereitschaft	70 Euro	100 Euro
Ankerindex	(100 - 70)/(200 - 50) = 30/150 = 20 %	
Frage 2: Was sind Sie bereit für einen Holz-Elefanten zu bezahlen, der von Einheimischen in Handarbeit gefertigt wurde?	Anker 1: Die Einheimischen erhalten einen Stundenlohn von 5 Euro.	Anker 2: Die Einheimischen erhalten einen Stundenlohn von 1 Euro.
Durchschnittliche Zahlungsbereitschaft	5 Euro	2 Euro
Ankerindex	(5 - 2)/(5 - 1) = 3/4 = 75 %	

Preisanker spielen auch beim Kauf mehrerer Gegenstände eine Rolle. Ein anschauliches Beispiel ist der Kauf eines Anzugs mit Zubehör in einem Bekleidungsgeschäft (Cialdini 2007, S. 13). Hier beginnen Verkäufer gerne mit dem teuersten Teil des Gesamtpakets, dem Anzug. Erst danach werden Ihnen ein passendes Hemd, eine Krawatte oder ein Gürtel angeboten. Die psychologische Erklärung ist einfach. Da der Anzug sehr viel teurer ist als die anderen Teile, erscheinen deren Preise niedriger als sie ohne den Anker des Anzugpreises wirken. Sie als Kunde würden vermutlich für ein einzelnes Hemd nicht leichtfertig 99 Euro ausgeben. Wenn sie aber bereits einen Anzug für 499 Euro gekauft haben, dann erscheint der Preis von 99 Euro für das Hemd im Vergleich zu dem Preis des Anzugs sehr viel niedriger. Verkäufer verkaufen also zu Recht das teuerste Teil zuerst. Sie setzen damit im Kopf der Kunden einen hohen Preisanker, der alle weiteren Produkte preisgünstiger erscheinen lässt.

Bei Preisverhandlungen sind Anker ebenfalls ein beliebtes Manipulationsinstrument. Das vielleicht bekannteste Beispiel ist die auf Wochen- und Trödelmärkten immer wieder genannte Behauptung von Verkäufern: »So viel habe ich selbst dafür bezahlt.« Dieser Preisanker setzt eine eigentlich irrelevante, aber psychologisch wirksame Preisuntergrenze. Eine ähnliche Wirkung soll der Verweis auf andere Kaufinteressenten und ihre bereits geäußerte Zahlungsbereitschaft erzielen. In anderen Verhandlungssituationen werden Anker gesetzt, um Preisobergrenzen zu etablieren. So verweisen Arbeitgeber in Gehaltsverhandlungen gerne darauf, dass angeblich niemand im Unternehmen auf einer vergleichbaren Position mehr verdiene (Witt 2019, S. 215). Theoretisch sollten Kunden oder Bewerber versuchen, den vom Verkäufer oder von der Personalabteilung genannten Preisanker zu ignorieren. Denn zum einen ist er definitionsgemäß irrelevant. Zum anderen wird er oft nicht wahrheitsgetreu verwendet, sondern ist einfach erlogen oder erfunden. Der Verkäufer hat in Wahrheit viel weniger beim Einkauf bezahlt, als er behauptet. In Wahrheit gibt es auf die ausgeschriebene Stelle gar keine anderen Interessenten, schon gar nicht welche mit einer höheren Zahlungsbereitschaft. Und in Wahrheit verdienen viele andere Mitarbeiterinnen und Mitarbeiter desselben Unternehmens mehr als man Ihnen in der Gehaltsverhandlung anbietet.

Im Marketing sind Preisanker vielleicht bekannter, die gewünschte Beeinflussungswirkung lässt sich jedoch auch mit einem **Mengenanker** erreichen. Er wirkt subtiler, denn er manipuliert nicht die Zahlungsbereitschaft pro Produkt, sondern die zu kaufende Menge. Werden Cola-Dosen beispielsweise nicht einzeln, sondern in Gebinden von 6 oder sogar 20 Dosen angeboten, dann kaufen Kunden durchschnittlich mehr Cola-Dosen, selbst wenn der Preis pro Dose derselbe ist. Der Ankereffekt besteht in diesem Fall darin, durch die Größe des Gebindes eine normale Verkaufsmenge zu suggerieren. Solche Mengenanker lassen sich auch in Kinos beobachten. Dort sind im Laufe der Jahre die angebotenen Bechergrößen für Getränke stark angewachsen. War es früher üblich, ein Getränk in einem 0,3-Liter-Becher zu verkaufen, sind mittlerweile oft Becher mit einem Liter Inhalt (!) die vorgegebene Standardgröße. Am subtilsten und damit auch am heimtückischsten wirken aus meiner Sicht Mengenanker, die sich auf den Verbrauch eines Produkts auswirken. Wird beispielsweise bei einem Shampoo die Ausflussöffnung verbreitert, dann verbrauchen die Kunden durchschnittlich pro Haarwäsche mehr Shampoo. Theoretisch könnten sie immer noch die gleiche Menge wie früher nehmen, aber die eingeübte Handbewegung und ihre eingeübte Zeitdauer verleiten bei einer größeren Öffnung dazu, mehr zu verbrauchen.

Wir lassen uns durch Geschenke zu Käufen verleiten

Eine für das Marketing typische Form des Geschenks sind **kostenlose Warenproben**. Sie nutzen das in uns Menschen tief verankerte Prinzip der Reziprozität. Jemand ist nett zu mir und schenkt mir etwas. Jetzt fühle ich mich verpflichtet, selbst auch nett zu dieser Person zu sein. Und die offensichtlichste Art, nett zu sein, besteht darin, dieser Person etwas abzukaufen (Cialdini 2007, S. 35). Kostenlose Warenproben gibt es häufig bei Lebensmitteln wie Käse, Schinken oder Keksen. Auch bei Wein sind sie beliebt. So veranstalten Winzer gerne Weinproben oder Verkostungen. Das Instrument wirkt in diesem Fall doppelt. Zum einen setzt das Prinzip der Reziprozität ein und verleitet die Teilnehmer einer kostenlosen Weinprobe dazu, dem Winzer oder der Winzerin Wein abzukaufen. Zum anderen führt die Weinprobe dazu, dass die Teilnehmerinnen und Teilnehmer zunehmend alkoholisiert und fröhlich sind. In diesem Zustand ist es sehr viel wahrscheinlicher als im Umfeld eines normalen Geschäfts, dass sie den Wein gleich vor Ort kaufen. Alkohol enthemmt und schränkt unsere Fähigkeit zu rationalem Denken ein.

Alkoholische Getränke eignen sich daher grundsätzlich hervorragend als initiales »Geschenk« an potenzielle Kunden.

Geschenke wirken zur Beeinflussung von Kunden deshalb so gut, weil das Bedürfnis nach Reziprozität in uns Menschen automatisch ausgelöst wird. Wir haben instinktiv immer das Bedürfnis, eine freundliche Geste zu erwidern. Kontrollierte Laborexperimente haben gezeigt, dass Menschen auf Geschenke positiv reagieren, selbst wenn sie klein sind, selbst wenn den Beschenkten bewusst ist, dass der Schenkende damit etwas erreichen will und selbst wenn das Geschenk keine positiven Informationen über das zu verkaufende Produkt enthält. Der Effekt tritt auch dann ein, wenn sich die Geschenkempfänger der Tatsache bewusst sind, dass sie »bestochen« werden, dass das Geschenk also dazu dient, eine dritte Partei auszuschließen oder zu benachteiligen (Malmendier/Schmidt 2017). Ein typisches Beispiel sind Pharmafirmen, die Ärzten großzügige Geschenke machen und sie zu luxuriösen Konferenzen einladen. Der Zweck dieser Zuwendungen besteht eindeutig darin, dass diese Ärzte dann in Zukunft die Medikamente des entsprechenden Pharmaunternehmens verschreiben und nicht die Konkurrenzprodukte. Die Grenze zwischen einer kostenlosen Warenprobe, einem Geschenk und einer **Bestechung** sind fließend. Der Mechanismus ist uns Menschen vertraut und wir können uns ihm dennoch kaum entziehen. Er wirkt selbst dann, wenn wir uns für immun halten. So zeigte eine andere Studie, dass nur 39 Prozent der Ärzte glauben, von Geschenken durch Pharmafirmen beeinflusst zu werden. 84 Prozent derselben Ärzte waren aber davon überzeugt, dass diese Geschenke das Verschreibungsverhalten ihrer Kolleginnen und Kollegen verändern (Steinman/Shlipak/McPhee 2001).

Im Marketing besteht der Grundgedanke der kostenlosen Warenproben darin, dass sie die Beschenkten dazu veranlassen, ihrerseits auch etwas zu geben. Typischerweise besteht die Gegenleistung darin, das Produkt, das man probieren durfte, dann auch zu kaufen. Und diese Gegenleistung fällt natürlich wertmäßig sehr viel höher aus als diejenige des Schenkenden. Diese Asymmetrie ist für mich das eigentlich Faszinierende an kleinen Geschenken. Der Wert der kostenlosen Warenprobe kann gering sein. Dennoch fühlen sich die Beschenkten veranlasst, sich reziprok zu verhalten. Sie empfinden diese Verpflichtung auch dann, wenn ihre Gegenleistung unverhältnismäßig groß ist. Ich habe selbst erlebt, wie Teppichhändler in der Türkei große Verkaufserfolge bei deutschen Touristen erzielten, einfach indem sie sehr gut deutsch sprachen und zur Begrüßung jedem Gast einen kostenlosen Raki (Anis-Schnaps) anboten. Beliebt sind auch warme Getränke wie Kaffee oder Tee. Sie kosten nur wenig, haben jedoch in fast allen Kulturen eine verbindende Wirkung. Warme Getränke werden daher gerne zu Beginn von Verkaufsgesprächen angeboten. Und es lohnt sich. Denn die Kosten einer Tasse Tee oder eines Glases Raki sind im Vergleich zu dem Gewinn, der aus dem Verkauf nur eines einzigen Teppichs erzielt wird, geradezu lächerlich gering.

Ein Geschenk, das reziprokes Verhalten auslöst, kann auch in Form von kostenlosen Teilleistungen oder **Zugaben** nach dem Kauf erfolgen. So bekommt man in einem Restaurant häufig zum Abschluss des Essens einen Grappa (Tresterbrand) oder einen Espresso geschenkt. Das erhöht signifikant die Bereitschaft der Gäste, Trinkgeld zu geben. Autohändler geben ihren Kunden gerne Zusatzleistungen, die sie selbst nicht viel kosten, die aber als großzügiges Geschenk erscheinen. Beispiele sind kostenlose Fußmatten, eine Abholung des Fahrzeugs im Werk oder eine kostenlose erste Inspektion. Auch bei Konsumgütern funktioniert das Prinzip der kostenlosen Warenzugabe, um Reziprozitätseffekte und dadurch deutlich erhöhte Zahlungsbereitschaften auszulösen. Wer eine teure Kaffeemaschine kauft, der bekommt ein Paket Kaffeebohnen gratis. Dessen Marktwert beläuft sich auf weniger als 10 Euro. Wer sich an einer renommierten amerikanischen Universität einschreibt, der erhält kostenlos einen Hoodie mit dem Logo der Universität (und fungiert dadurch auch noch als Werbeträger). Im Vergleich zu den zum Teil horrend hohen Studiengebühren erscheinen die Werte der kostenlosen Beigaben erneut geradezu lächerlich gering, aber psychologisch wirken sie trotzdem. Viele Studierende von Elite-Universitäten sind sogar stolz darauf, ihre Hoodies oder T-Shirts zu zeigen.

In ihrer extremen Form werden Geschenke dazu genutzt, **eine Sucht oder eine Abhängigkeit auszulösen.** So macht es für Zigarettenhersteller oder Drogenhändler durchaus Sinn, einem potenziellen Kunden die erste Dosis kostenlos anzubieten. Danach kann die abhängige Person dann keine autonome Kaufentscheidung mehr treffen und ist in der Sucht gefangen. Deshalb schreitet der Gesetzgeber immer dann ein, wenn Kinder oder Jugendliche durch Marketingmaßnahmen in Clubs oder Bars suchtgefährdenden Produktangeboten wie Alkohol oder Zigaretten ausgesetzt sind. Eine Sucht kann jedoch auch schon in weniger offensichtlichen Fällen entstehen. Bei Social Media, die sich speziell an Kinder und Jugendliche richten, sind die Algorithmen so effizient, dass sie durchaus zu suchtähnlichen Nutzungsgewohnheiten führen können. Deshalb sind Social Media auch immer kostenlos für die Nutzer. Sie sprechen primär junge Menschen an. Die Gewinne erzielen die entsprechenden Unternehmen aus der Vermarktung der Kundendaten an werbetreibende Unternehmen. Und das funktioniert umso besser, je mehr die Nutzer auf der Social-Media-Plattform von sich preisgeben. Dazu gibt es eine aus meiner Sicht sehr treffende Erkenntnis: Wenn Du bei einem kostenlosen Angebot das Produkt nicht erkennen kannst, dann bist Du selbst das Produkt.

Wir lassen uns durch optische Reize und Geschichten zu Käufen verleiten

Es ist offensichtlich, dass Wahrnehmungsverzerrungen insbesondere im Marketing ausgenutzt werden. Unternehmen verwenden psychologisch wirksame Maßnahmen, um Preise attraktiver erscheinen zu lassen, als sie es tatsächlich sind. Das vielleicht bekannteste Beispiel ist die **Gestaltung der Preisschilder.** So glauben Kunden in Geschäften, dass ein Preis besonders günstig ist, wenn das Preisschild in roter Farbe erscheint. Manche Geschäfte übertreiben es allerdings und drucken alle ihre Preisschilder in Rot aus, dann verschwindet der Effekt. Sehr bekannt sind auch ungerade Preise, zum Beispiel 1,99 Euro statt 2 Euro. Hier besteht der psychologische Effekt darin, dass Menschen Preise von links nach rechts lesen und sich meistens nur die Vorkomma-Zahlen merken. Der Produktpreis wird dann als 1 Euro und nicht als 2 Euro erinnert. Einen ähnlichen Effekt haben gebrochene Preise, etwa 1,73 Euro. Kunden gehen hier intuitiv von einer sehr scharfen Kalkulation mit einer entsprechend kleinen Marge aus. Häufig findet sich auf Preisschildern auch ein durchgestrichener alter Preis mit einem viel niedrigeren neuen Preis, zum Beispiel: 410 Euro, jetzt nur 99 Euro. Er signalisiert, dass wir als Kunden hier ein tolles Schnäppchen machen können. Für solche Effekte sind insbesondere Menschen empfänglich, die primär auf die Höhe des Rabatts oder der Ersparnis achten, nicht auf die absolute Höhe des Preises. Im Marketing nennt man sie »Schnäppchenjäger« oder »Discount Shopper«. Je höher der ausgewiesene Rabatt ist, desto begehrlicher erscheint diesen Personen das betreffende Angebot.

Eine **ästhetisch ansprechende Darstellung** von Produkten stellt einen positiven mentalen Rahmen dar, der sich auf unsere Bewertung der entsprechenden Produkte überträgt und der daher in zahllosen Verkaufskontexten verwendet wird. Wohnungen verkaufen sich nachweislich besser, wenn im Exposé schöne Fotos zu sehen sind, also Abendstimmungen mit indirektem Licht oder edles Mobiliar. In Bekleidungsgeschäften läuft im Hintergrund immer Musik, um die Kunden in eine gelöste und entspannte Stimmung zu versetzen. Küchenstudios stellen bevorzugt die bestausgestatteten und teuersten Küchen in verschwenderisch großen Räumen aus. Supermärkte vermeiden zu enge Gänge, weil das bei den Kunden Stress auslöst und die Gehgeschwindigkeit erhöht (was schlecht für den Verkauf ist). Werbung zeigt durchweg schöne Menschen und schöne Landschaften. Verkäufer kleiden sich sehr gut, weil wir ihnen dann eher glauben und ihnen mehr Kompetenz zusprechen. Kunstwerke verkaufen sich am besten, wenn man sie den Kunden zunächst kostenlos zur mehrwöchigen Ansicht nach Hause liefert. Hier wirkt sich zusätzlich noch der Besitzstand-Effekt aus. Er bewirkt, dass wir den Kunstwerken, die wir jetzt schon »besitzen«, einen höheren Wert zuschreiben, als wenn wir sie in der Galerie, also beim Verkäufer betrachten.

Eine zentrale Erkenntnis des Marketings besteht darin, dass Menschen die Produkte kaufen, die ihrem Selbstbild entsprechen. Wir begehren Dinge, die dazu passen, wie wir selbst uns sehen. Ob andere Menschen uns auch so sehen, ist irrelevant. Es geht um das Selbstbild. Und das kann im Einzelfall sehr deutlich vom Fremdbild abweichen. Insofern muss die Werbung versuchen, **Assoziationen zu bestimmten Lifestyles** herzustellen. Diese Assoziationen können naheliegend sein. Wenn ich mich für einen gesund lebenden Menschen halte, dann sprechen mich Produkte an, die als gesundheitsfördernd beworben werden. Wenn ich mich für sportlich halte, dann werde ich mir besonders sportlich aussehende Laufschuhe kaufen. Die Assoziationen zwischen einem bestimmten Produkt und einem Lifestyle können jedoch auch weit hergeholt sein. So wecken Zigarettenmarken in ihrer Werbung seit jeher Assoziationen, die mit dem eigentlichen Produkt nichts mehr zu tun haben. Da geht es um Themen wie Freiheit, Abenteuerlust oder Attraktivität. Das Rauchen einer Zigarette befördert faktisch nichts von alledem. Wer raucht, hat nicht mehr Freiheit, ist kein Abenteurer und wirkt auch nicht attraktiver auf andere Menschen. Aber es geht eben auch nur um die Verknüpfung des Konsums eines Produkts mit einem Lebensgefühl des Kunden. Und die kann sehr effektiv in der Werbung mit den entsprechenden optischen Reizen hergestellt werden.

Große Wirkung auf Kaufentscheidungen hat auch das **Angebot einer Standardoption** oder einer voreingestellten Entscheidung (»default choice«). Sie erleichtert solchen Kunden die Entscheidung, die am liebsten gar nicht aktiv entscheiden. Ähnliches gilt für Kunden, die generell Suchkosten scheuen. Unternehmen nutzen die Bequemlichkeit dieser Menschen aus, indem sie die Kaufentscheidung möglichst einfach machen oder sogar ganz automatisieren. Ein Beispiel ist eine voreingestellte Auswahl, die nur bestätigt werden muss. Sie ist einer der klassischen »Anstupser«, die im Buch von Richard Thaler und Cass Sunstein als Entscheidungshilfen vorgestellt werden (Thaler/Sunstein 2008). Wenn Anstupser im besten Interesse der Entscheiderin oder des Entscheiders gesetzt werden, führen sie in der Tat zu besseren Entscheidungen. Davon ist im Marketing jedoch nicht auszugehen. Ein Unternehmen wird die Anstupser setzen, die in seinem besten Interesse sind, nicht notwendigerweise im besten Interesse der Kunden. Die Bequemlichkeit der Kunden hilft bei der Gewinnmaximierung. Die profitabelsten Produkte werden als Standardoption positioniert. Wer sich keine großen Gedanken macht, der wählt diese Standardoption.

Das Ausnutzen von Bequemlichkeit auf Seiten der Kunden zeigt sich auch beim Warenangebot in Supermärkten. Die teuersten oder für das Unternehmen profitabelsten Produkte einer Kategorie stehen typischerweise in den Regalen oder in den Bereichen, die am besten zugänglich sind. Das ist ein mittlerer, leicht zu erreichender Regalplatz oder ein Display in der Wartezone kurz vor der Kasse. Wer also faul, unter Zeitdruck oder unachtsam ist, der greift zu diesem nächstgelegenen Angebot in der sogenannten **Grapsch-Zone**. Billigere oder weniger gewinnträchtige Produkte werden an anderen Stellen positioniert, in den sogenannten **Streck- und Bückzonen**. Wer solche Produkte finden und aus dem Regal nehmen will, der muss mehr körperlichen Aufwand leisten. Schwerer zu erreichende Regionen im Warenangebot sind gedacht für Kunden, die ihre Kaufentscheidung gut vorbereitet haben, die eine aufwändigere Suche im Supermarkt nicht scheuen und die auch die Mühe des Bückens oder Streckens auf sich nehmen.

Es gibt ein anderes Beispiel für die große Bedeutung von Darstellungsformen für Kaufentscheidungen. Wer schon einmal in einem großen Einkaufszentrum oder in einer amerikanischen Outlet-Mall war, dem wird es bekannt sein. Viele werden es auch aus IKEA-Möbelhäusern kennen. Die entsprechende Darstellungsform des Warenangebots wird in der Literatur nach ihrem Erfinder Victor Gruen benannt, dem Gestalter des weltweit ersten, vollständig umbauten und klimatisierten Shopping-Centers in Edina, Minnesota. Sie heißt »Gruen Transfer« oder auch »**Gruen-Design**« (Earl 2022, S. 267–268). Beim Gruen-Design liegen Geschäfte mit vergleichbaren Waren nicht, wie man vielleicht erwarten könnte, direkt nebeneinander, sondern an ganz verschiedenen Stellen des Centers. Wenn Sie beispielsweise in eine Shopping-Mall kommen, um Schuhe zu kaufen, dann finden Sie die drei oder vier Schuhgeschäfte des Centers gerade nicht nebeneinander, sondern über die gesamte Anlage verteilt. Sie müssen also durch alle Gänge und alle Ebenen laufen, um sämtliche Schuhgeschäfte aufsuchen und echt vergleichen zu können.

Ein solcher Aufbau des Centers und sein Zweck sind bei näherem Hinsehen leicht zu verstehen. Die Kunden sollen möglichst weite Wege gehen und dadurch im Kaufprozess bleiben. Sie sollen nicht nur das kaufen, weswegen sie in das Shopping-Center gekommen sind, sondern auch viele andere Dinge. Das geht am besten, wenn das Center-Design kompliziert erscheint und einzelne Geschäfte nicht leicht zu finden sind. Auf den langen Wegen durch die gesamte Anlage kommen Kundinnen und Kunden an unzähligen anderen Geschäften vorbei. Hier werden ihnen Waren angeboten, an die sie vorab vielleicht gar nicht gedacht hatten, die ihnen jetzt aber attraktiv erscheinen. Die einzige Ausnahme zum Prinzip der verteilt angeordneten Geschäfte ist die Gastronomie. Alle Imbissstände, Cafés und Restaurants liegen auf einer Ebene und direkt nebeneinander. Hier können Sie als erschöpfter Kunde oder ermattete Kundin ihre Energiereserven auffüllen, einen Moment verweilen und dann mit neuer Energie wieder durch die Weiten des Shopping-Centers wandern (und dabei tüchtig einkaufen).

In einem IKEA-Möbelhaus wird ebenfalls das Gruen-Design verwendet. Sie müssen einem vorgegeben, langen und schlangenförmigen Weg folgen, der zudem noch über zwei Ebenen geht. Auf diese Weise kommen Sie an allen Produktkategorien vorbei, nicht nur an den Möbelstücken, deretwegen Sie ursprünglich gekommen waren. Etwa in der Mitte Ihrer Wanderung liegt das Restaurant, wo Sie Köttbullar oder etwas anderes essen können, um wieder zu Kräften zu kommen. Es wird durch das Gruen-Design noch ein weiterer psychologischer Effekt genutzt, der enorm verkaufsfördernd wirkt. Sie investieren zwangsläufig viel Zeit. Folglich verlassen Sie das Shopping-Center oder den IKEA-Store nicht gerne, ohne etwas gekauft zu haben. Sie versuchen, die versunkenen Kosten Ihres langen Besuchs mental dadurch zu rechtfertigen, dass Sie etwas in Ihren Wagen tun. Das passiert bei IKEA typischerweise auf der unteren Ebene, wenn Sie sich der Kassenzone nähern. Dort sind Produkte platziert, die Sie eigentlich gar nicht brauchen, die aber auch nicht übertrieben teuer sind. Das typische Beispiel sind »Hinstellerchen« wie Vasen, Kerzen oder Plastikpflanzen. Die kaufen Sie jetzt am Ende Ihres Besuchs und verschaffen sich damit das gute Gefühl, dass der lange und ermüdende Besuch auf zwei Ebenen Verkaufsfläche nicht umsonst war.

Wir lassen uns von plausiblen Geschichten beeinflussen

Unser Gehirn hat eine Vorliebe für plausible Geschichten. Es kann sie viel besser behalten und verarbeiten als statistische Daten. Aus diesem Grund werden im Marketing auch nur selten Statistiken präsentiert oder viele verschiedene Aspekte eines Produkts beworben. Stattdessen konzentriert sich die Werbung auf einzelne Merkmale. Deren Vorteile werden anschaulich und lebendig anhand von Einzelfällen beschrieben. Obwohl sie wenig statistische Aussagekraft haben, lassen wir uns von **Einzelfallschilderungen** leicht beeindrucken. In der Werbung tritt eine sympathische Person auf, die freudestrahlend erzählt, wie sie mit einem bestimmten Joghurt in nur einem Monat fünf Kilo abgenommen hat. Wenn es überhaupt Berichte über empirische Studien zur Wirksamkeit gibt, dann werden sie grob vereinfachend beschrieben. Da steht dann zum Beispiel, dass 90 Prozent der Nutzerinnen und Nutzer einer bestimmten Gesichtscreme ihre Haut jetzt als spürbar straffer oder gesünder empfinden. Die Skalierung der Antwortmöglichkeiten sowie die Stichprobengröße werden nicht genannt. Wir müssten zwar rein rational wissen, dass solche Aussagen keinen Wert haben, aber für unser Unterbewusstsein sind sie trotzdem relevante und überzeugende Botschaften (Levitin 2014, S. 21).

Einzelfallschilderungen wirken auf uns Kunden noch stärker, wenn sie von Menschen kommen, die wir kennen oder mögen. Das erklärt zum einen erneut, warum Prominente und Influencer so effektiv als Werbetreibende sind. Es erklärt aber auch einen Verkaufstrick, der im persönlichen Verkauf gerne verwendet wird. Wir hatten ihn schon einmal kurz erwähnt. Verkäuferinnen und Verkäufer weisen nämlich im Laufe des Gesprächs mit Interessenten typischerweise darauf hin, dass sie selbst das betreffende Produkt auch gekauft haben. Das schafft Vertrauen bei den potenziellen Kunden, vor allem wenn wir die Verkaufsperson als ähnlich zu uns selbst wahrnehmen. Und der Bericht der Verkaufsperson über eigene Erfahrungen stellt eine dieser plausiblen Einzelgeschichten dar, die unser System 1 so liebt. Wir denken unbewusst: Wenn es bei diesem Verkäufer oder dieser Verkäuferin so gut funktioniert, dann wird es auch bei mir gut funktionieren. Wenn dieser vertrauenswürdige und sachkundige Mensch mit dem Produkt zufrieden ist, dann werde ich es auch sein. Ein einzelner plausibler Fall wirkt viel überzeugender als eine umfangreiche Statistik ohne die menschlichen Gesichter dahinter.

Auch in der Werbung weiß man schon seit langer Zeit um das Beeinflussungspotenzial plausibler Geschichten. Entsprechende Methoden werden dort als **Storytelling** bezeichnet. Die typischen Geschichten sind immer ähnlich aufgebaut. Sie haben als Hauptfigur den Kunden, nicht das werbetreibende Unternehmen. Der Kunde ist sozusagen der Held der Geschichte. Er oder sie steht vor einer bestimmten Herausforderung. Das können beispielsweise triviale Probleme wie Schuppen im Haar oder Fettreste beim Spülen von Töpfen sein. Die Methode wirkt aber auch bei eher peinlichen Erkrankungen wie Reizdarm oder Erektionsstörungen. Das Unternehmen hilft dem Kunden oder der Kundin bei der Bewältigung der Herausforderung mit einem Produkt oder einer Dienstleistung. Die Herausforderung wird im betrachteten Einzelfall mit Hilfe dieses Produkts nachweislich gemeistert, so dass der Kunde dann als glücklicher Held aus der Geschichte hervorgeht und allseitige Anerkennung erfährt. Die Schuppen sind verschwunden. Die Fettreste auf den Töpfen lassen sich kinderleicht abwischen. Die Darmbeschwerden »fühlen sich an wie weg« (um sich nicht juristisch angreifbar zu machen). Das Liebesleben funktioniert wieder einwandfrei. So durchschaubar ein solches Storytelling eigentlich ist, so schwer können wir uns doch seiner unterbewussten Wirkung entziehen. Der einzelne Fall eines glücklichen Helden oder einer glücklichen Heldin überzeugt uns eben mehr als jede Statistik.

Wir lassen uns durch Knappheitssignale zu Käufen verleiten

Psychologisch sehr wirksam ist auch, wenn ein Unternehmen die **Knappheit** seines Angebots signalisiert. Das kann durch zeitlich befristete Angebote, durch das Anzeigen angeblich bereits ausverkaufter Varianten, durch das künstliche Erzeugen eines Wettbewerbs unter potenziellen Interessenten und viele andere Instrumente geschehen. Bei Buchungsportalen sehen Sie als Kunde typischerweise mehrere dieser Instrumente gleichzeitig im Einsatz. Wenn Sie nach einem Hotelzimmer in einer bestimmten Stadt suchen, dann werden Ihnen im Portal immer auch Hotels angezeigt, die bereits ausgebucht sind. Sie werden auch darüber informiert, wie viele andere Menschen sich gerade dasselbe Angebot ansehen. Das führt psychologisch zum Gefühl, sich beeilen und schnell buchen zu müssen, bevor dieses Angebot weg ist. Ein künstlicher Wettbewerb ist auch in der Immobilienvermarktung gängig. Bei einer zu vermietenden oder zu verkaufenden Wohnung werden alle Interessenten zur selben Zeit zu einem Besuchstermin eingeladen. Das erzeugt das Gefühl einer starken Konkurrenz um das Angebot und erhöht psychologisch die Zahlungsbereitschaft.

Die Schaffung von Wettbewerb um ein angeblich knappes Gut ist der wichtigste Mechanismus bei **Auktionen und Versteigerungen.** Durch sie wird eine Ware an die Person mit der höchsten Zahlungsbereitschaft verkauft. Das klingt vernünftig und reduziert das Risiko eines Verkäufers, den Preis zu niedrig anzusetzen und beim Verkauf einer Ware Geld auf dem Tisch liegen zu lassen. Auktionen sind daher üblich bei wertvollen Kunstwerken, bei Immobilien oder bei Förderlizenzen für Öl- und Gasvorkommen. Je mehr Unsicherheit es über den Wert eines auktionierten Gegenstands gibt und je mehr Bieter teilnehmen, desto größer wird allerdings die Wahrscheinlichkeit, dass die siegreiche Bieterin zu viel bezahlt. Am einfachsten vorstellbar ist das bei dem besagten Ölfeld. Hier bedeutet »zu viel bezahlt«, dass der Marktwert des zu fördernden Öls unter dem gezahlten Preis für die Lizenz liegt. Die Siegerin der Auktion verliert also Geld. Die Verhaltensökonomie spricht vom »winner's curse« (Thaler 1988). Für das Phänomen gibt es zwei Gründe. Zum einen treiben die Gebote von dummen oder schlecht informierten Bietern den Preis nach oben. Sie signalisieren allen anderen Teilnehmern einen hohen Wert des Gegenstands. Wer also bei seiner eigenen Wertschätzung nicht ganz sicher ist, der passt sie möglicherweise in Reaktion auf die anderen Angebote nach oben an. Zum anderen geht es bei Auktionen um die Freude am Sieg. Am Ende bekommt ja nur eine Bieterin den Zuschlag, alle anderen »verlieren«. Es bedarf schon großer psychologischer Disziplin, um einen selbst gesetzten maximalen Preis einzuhalten und aus einer Auktion auszusteigen, wenn es nur noch wenige Bieter gibt und der Sieg greifbar nahe erscheint.

Eines der wirksamsten Instrumente zur Erzeugung eines Knappheitsgefühls bei potenziellen Kunden sind **zeitlich befristete Sonderangebote** (Zamir/Teichmann 2018, S. 288–289). Klassische Beispiele sind der Sommerschlussverkauf, Räumungsverkäufe oder der berühmte Black Friday, den es mittlerweile auch bei uns in Deutschland gibt. Zeitlich befristete Angebote wirken viel stärker umsatzsteigernd als Dauerniedrigpreise. Der Grund ist, dass Kunden nicht mehr so lange überlegen, sondern sich mit dem Kauf beeilen. Sie befürchten, nicht rechtzeitig zum Zuge zu kommen. Da aus psychologischer Sicht ein verpasster Gewinn einem Verlust entspricht, wirkt sich die Verlustaversion der Menschen hier positiv auf das Kaufverhalten aus. Auch Coupons, mit denen Rabatte verbunden sind, weisen fast immer eine zeitliche Limitierung auf. Es lässt sich zeigen, dass kurz vor dem Ablaufdatum solcher Coupons die Einreichungsquote noch einmal deutlich ansteigt. Auch hier befürchten die Kunden also, eine Chance auf einen Rabatt zu verpassen.

Manchmal ist die Wirkung von zeitlich befristeten Sonderangeboten in Verbindung mit einer Konkurrenzsituation so stark, dass es zu kurios anmutendem Kundenverhalten führt. Ein Beispiel ist das **Hamstern**, das auch als »in-store hoarding« bezeichnet wird. Dabei sammeln Kunden in einem Geschäft Produkte ein und tragen sie mit sich herum, selbst wenn sie noch gar nicht in jedem Fall zum Kauf entschlossen sind. Es geht ihnen darum, diese Produkte erst mal anderen Kunden »wegzuschnappen«. Einzelhandelsgeschäfte fördern das Hamstern von Produkten, die noch nicht endgültig gekauft sind, durch eine geschickte Darbietung ihrer Ware. So verleiten »Grabbeltische« dazu, schnell zuzugreifen und seinen Einkaufskorb voll zu machen. Denselben Effekt haben Schilder, die auf »letzte Angebote« hinweisen. Auch Lücken im Warenangebot in Form von leeren Ständern oder halb-leeren Regalen signalisieren den Kundinnen und Kunden, dass sie schnell zugreifen sollten, bevor es jemand anderes tut. Den wichtigsten Effekt machen sich hamsternde Kunden in den meisten Fällen jedoch gar nicht klar: Je länger sie die Sachen im Geschäft mit sich herumtragen, desto wahrscheinlicher wird es, dass sie die auch kaufen. Dafür sorgt das psychologische Gefühl der Aneignung, der Besitzstand-Effekt.

In vielen Branchen wird Knappheit erzeugt, indem es von Anfang an nur ein begrenztes Angebot gibt und das auch aktiv kommuniziert wird. So bieten Armbanduhren- und Automobilhersteller hochpreisige Produkte oft als **limitierte Sonderserien** an, die noch einmal deutlich teurer sind als die regulären Modelle. Idealerweise wird auf dem Produkt selbst kenntlich gemacht, dass es sich um ein limitiertes Modell handelt. Dann steht auf der Uhr beispielsweise: Nummer 299/500. Bei Autos werden die limitierten Modelle mit besonders einprägsamen Namen bezeichnet, um die entsprechende Begehrlichkeit zu wecken. Porsche brachte 2016 eine auf 991 Fahrzeuge limitierte Sonderserie seines Modells 911 mit dem Namen »911 R« auf den Markt. Das Modell verfügte über Handschaltung und Saugmotor, aber nicht über Rückbank, Klimaanlage oder Navigationssystem. Es kostete zudem deutlich mehr als das Serienmodell. Trotzdem war der 911 R sofort nach seiner Präsentation auf dem Genfer Autosalon ausverkauft. Mercedes-AMG bot im Jahr 2019 seine letzte Serie an Fahrzeugen mit riesigen V12-Motoren (für die Fans: AMG S 65) unter der Bezeichnung »Final Edition« an. Der US-Hersteller Dodge legte im Jahr 2023 gleich sieben Sonderserien seiner letzten HEMI-V8-Modelle Dodge Charger und Dodge Challenger auf, alle unter dem Namen »Last Call«. Die Fahrzeuge tragen diese Bezeichnung als Emblem am Motorblock und am Armaturenträger. So kann sie nicht nur der Fahrer (oder, weniger wahrscheinlich, die Fahrerin) sehen, sondern auch die Beifahrer.

Eine interessante Variante des Signalisierens von Knappheit besteht darin, Kunden warten zu lassen. Man würde zunächst erwarten, dass **Warteschlangen** am Telefon oder vor einem Geschäft den Kundennutzen reduzieren. Sie kosten Zeit und Nerven. Verhaltensökonomische Studien haben jedoch gezeigt, dass Warteschlangen positive Auswirkungen auf das Kaufverhalten haben. Konkret ergab sich, dass wartende Kunden den Wert der angebotenen Produkte umso höher einschätzten, je mehr Menschen *hinter* ihnen in der Schlange standen. Sie geben im Geschäft dann spürbar mehr Geld aus (Koo/Fishbach 2010). Warteschlangen haben noch einen psychologischen Vorteil. Sie führen dazu, dass die potenziellen Kunden Zeit investiert und damit versunkene Kosten produziert haben. Diese investierte Zeit wird dadurch gerechtfertigt, dass man im Geschäft dann auch etwas kauft. Markenartikel-Hersteller wie Louis Vuitton nutzen diesen Effekt konsequent aus. Sie platzieren grundsätzlich Wachleute an den Eingang ihrer Geschäfte, die Kunden nur nacheinander hereinlassen. Sie gestalten die Verkaufsprozesse so, dass nach Möglichkeit immer Menschen vor dem Geschäft warten. Und sie stellen sicher, dass die wartenden Kunden genau sehen können, dass andere Kunden hinter ihnen stehen.

Wir verlassen uns auf die Wiedererkennung durch Marken

Kunden verwenden wahrscheinlich immer dann eine Wiedererkennungsheuristik, wenn sie mit sehr vielen Entscheidungsalternativen konfrontiert sind, die sie alle nicht leicht bewerten können. Und das zentrale Marketinginstrument zur Nutzung der Wiedererkennungsheuristik ist, wie bereits erwähnt, die Marke (Earl 2022, S. 135–136). Schon aus strikt ökonomischer Sicht lohnt sich der **Markenaufbau**. Wir können bei vielen Kaufentscheidungen ex ante die Qualität nicht gut beurteilen. Die Investitionen in eine Marke helfen uns dann. Sie signalisieren den Kunden eine bestimmte Qualität. Und dieses Signal ist glaubwürdig. Denn der Markenaufbau ist kostspielig. Unzufriedene Kunden können durch öffentlich sichtbare Beschwerden den Markenwert verringern oder sogar ganz zerstören. Folglich hat das Unternehmen, das eine Produkt- oder Unternehmensmarke verwendet, einen höheren Anreiz gute Qualität anzubieten als ein Unternehmen ohne Marken. Marken reduzieren durch diesen Mechanismus schon bei voll informierten und perfekt rational handelnden Kunden die Qualitätsunsicherheit.

Die Bedeutung von Marken für die Kaufentscheidung geht jedoch noch viel weiter. Auf vielen Märkten gibt es keine nennenswerten technischen Qualitätsunterschiede. Ein Paar Sneaker von adidas ist technisch mehr oder weniger identisch mit einem Konkurrenzprodukt von Nike oder einem Paar Sneaker von einer unbekannten Marke. Oft kommen diese Sneaker buchstäblich aus derselben Fabrik und werden mit denselben Materialien hergestellt. Auch bei technischen Produkten wie Warmwassergeräten gibt es zwischen den Produkten verschiedener Hersteller keine relevanten Unterschiede. Das gilt selbst dann, wenn sie aus verschiedenen Fabriken kommen. Und der vielleicht offensichtlichste Fall von fehlenden Differenzierungsmerkmalen ist Strom. Zwar gibt es auch hier unterschiedliche Anbieter und

Marken, aber der Strom, der bei Ihnen zuhause aus der Steckdose kommt, ist immer der gleiche. In allen genannten Fällen behilft sich unser Gehirn bei der Kaufentscheidung mit der Wiedererkennungsheuristik. Wir können keine Qualitätsunterschiede erkennen und kaufen daher das Produkt, das wir kennen. Also kommt es auf die Marke, deren Bekanntheit und die mit ihr verbundenen Qualitätsassoziationen an. So vertrauen manche Menschen beim Kauf des erwähnten Warmwassergeräts gerne auf das Herstellerzertifikat »Made in Germany«. Sie glauben, dass ein in Deutschland hergestelltes Gerät besser ist als eines, das beispielsweise aus einer Fabrik in der Türkei oder in China kommt. Das mag manchmal stimmen. Oft stimmt es aber nicht. Die Qualität der Produkte eines Herstellers ist in allen Fabriken genau dieselbe.

Marken sind dann wertvoll, wenn sie die Kaufentscheidung der Kunden beeinflussen. Marketingforscher nennen das **Kaufrelevanz** oder »recall«. Wir kaufen das Produkt der Marke, die uns im Moment des Bedarfs zuerst in den Kopf kommt (Hauser 2011, S. 399). Kaufrelevanz ist viel wichtiger als das **Wiedererkennen** einer Marke, die »recognition«. Ich will das an einer persönlichen Erfahrung illustrieren. Jeder kennt das zentrale Markenlogo des Sportartikelherstellers Nike, den »Swoosh«. Die Wiedererkennungswerte sind überall auf der Welt hoch. Bei mir persönlich reicht das aber nicht für hohe Recall-Werte. Wenn es konkret darum geht, ein neues Paar Sneaker zu kaufen, dann greife ich intuitiv immer zur Marke adidas, die mir seit Kindheitstagen vertraut ist. Sie kommt mir zuerst in den Sinn und löst meine Wiedererkennungsheuristik aus. Für mich hat adidas sehr hohe Recall-Werte. Vielleicht ist es bei Ihnen umgekehrt. Oder Sie nutzen für Sneaker überhaupt keine Wiedererkennungsheuristik und sind damit unempfindlich für Markenprodukte. Auf jeden Fall aber lohnt es sich für Unternehmen, in Markenaufbau und Markenpflege zu investieren. Wenn wir nicht ganz sicher hinsichtlich der Qualität sind oder keine starken Präferenzen haben, dann kaufen wir einfach das, was uns zuerst in den Sinn kommt, zum Beispiel weil wir es andauernd in der Werbung sehen.

Markenloyalität spielt nicht nur intrapersonell eine Rolle bei Kaufentscheidungen. Sie kann auch interpersonell wirken. Wir verlassen und bei unserer Auswahl dann auf das, was wir bei anderen Menschen beobachten oder was sie uns über ein bestimmtes Produkt erzählt haben. Ein anschauliches Beispiel sind langlebige technische Geräte wie Waschmaschinen. Irgendwann kauft jeder Mensch seine erste eigene Waschmaschine. Das bedeutet jedoch nicht, dass wir gar keine Erfahrungen mit Waschmaschinen haben. Als Kinder konnten wir beobachten, welche Waschmaschine unsere Eltern gekauft haben. Wenn die Fans einer bestimmten Marke waren, dann hat sich die Begeisterung Ihrer Eltern möglicherweise auf Sie übertragen. Im Marketing nennt man das **intergenerationale Markenloyalität**. Eine Marke, die von einer solchen Loyalität über Generationen hinweg profitiert, ist das Familienunternehmen Miele. Fragen Sie doch bei Gelegenheit einmal Ihre Freunde (oder sich selbst), was sie für eine Waschmaschine haben. Ich könnte wetten, dass Sie früher oder später auf jemanden stoßen, der eine Waschmaschine von Miele gekauft hat. Die sind sicher sehr gut, aber sie sind eben auch viel teurer als vergleichbare Modelle anderer Hersteller. Vielleicht können Ihre Freunde (oder Sie) die technischen Vorteile der Miele-Maschine aufzählen und eine rationale Begründung für die Kaufentscheidung geben. Aber vielleicht wurden Sie von einer ganz anderen Erfahrung beeinflusst: Ihre Eltern hatten auch schon eine Miele-Waschmaschine und haben Ihre Wäsche immer so schön damit gewaschen.

Die größte Emotionalität und auch den engsten begrifflichen Bezug zur Psychologie zwischenmenschlicher Beziehungen hat das Konstrukt der **Markenliebe** (Langner/Schmidt/Fischer 2015). Wenn es einem Unternehmen gelungen ist, bei seinen Kunden ein Gefühl der Liebe für eine Marke zu erzeugen, dann führt das zu einer erhöhten Zahlungsbereitschaft, einer höheren Nutzungsintensität und zu häufigeren Weiterempfehlungen für das betreffende Produkt. Fraglich ist nur, durch welche Methoden die emotionale Verbundenheit von Kunden mit einem Produkt oder einer Dienstleistung so weit gesteigert werden kann, dass wirklich so etwas Markenliebe entsteht. Im Mittelpunkt steht dabei ein vergleichsweise rationales Kriterium, die Produktqualität. Sie ist notwendige Voraussetzung für Markenliebe. Aber auch weniger rationale Kriterien spielen eine Rolle. So können bestimmte Produkte Erinnerungen an schöne Momente oder glückliche Zeiten hervorrufen. Das erklärt die Popularität von Retro-Produkten, also Nachahmungen oder Wiederauflagen von bereits früher verkauften Produkten. Beispiele sind der neue Fiat 500, der dem alten Fiat 500 nachempfunden ist, oder das Sneaker-Modell »Samba« von adidas, das seit Jahrzehnten unverändert verkauft wird. Markenliebe entsteht auch dann, wenn Kundinnen und Kunden ein bestimmtes Produkt für unentbehrlich halten, es also sehr häufig und sehr intensiv benutzen. Hier muss man nicht lange nach einem Beispiel suchen. Für viele Menschen ist das sicherlich das iPhone von Apple.

Was Kunden tun können

Als Kunden können wir den genannten Methoden der psychologischen Einflussnahme durch Unternehmen recht gut begegnen, wenn wir es denn wollen. Wir müssen dazu als erstes die **Manipulation erkennen**, also bemerken, dass eine bestimmte Methode der Beeinflussung angewendet wird. Wir reagieren dann nicht mehr unbewusst, sondern wissen, was passiert. Der psychologische Effekt wird wahrscheinlich immer noch eintreten, aber wir können uns leichter dagegen wehren. So wird uns die Schmeichelei eines Verkäufers oder die kostenlose Warenprobe einer Verkäuferin immer noch positiv stimmen, aber wir werden nicht mehr automatisch mit einer Kaufentscheidung reagieren. Das Gleiche gilt für preispolitische Tricks wie Rabatte, rot geschriebene Preise oder Sonderangebote. Sie werden immer noch psychologisch auf uns wirken, aber wir können leichter dem spontanen Kaufimpuls widerstehen, wenn wir sie als Tricks durchschauen. Ebenso können wir uns auf Situationen des persönlichen Verkaufs vorbereiten, uns nicht mehr unter Druck setzen lassen und echte Manipulation als solche erkennen.

Eine der wichtigsten Maßnahmen, um nicht Opfer von manipulativem Marketing zu werden, besteht in der **Vermeidung von Zeitdruck**. Unter Zeitdruck kann niemand gut verhandeln. Er schürt Ängste vor Verlust und vor dem Verpassen einer Chance. Er soll Ihre Fähigkeit zu einer rationalen Analyse verringern. Es ist daher immer besser, noch einmal eine Nacht zu schlafen, bevor eine größere Kaufentscheidung getroffen wird. Wer sich rechtzeitig über das Angebot am Markt informiert, der braucht nicht kurzfristig das erstbeste (und viel zu teure) Produkt zu kaufen. Wenn Verkäuferinnen oder Verkäufer Zeitdruck erzeugen, indem sie auf andere Interessenten oder einen drohenden Ausverkauf hinweisen, dann ignorieren Sie als Kunde oder Kundin diesen Hinweis einfach. Er ist fast immer unwahr. Wenn Ihnen auf Internet-Plattformen suggeriert wird, dass Sie ganz schnell zugreifen und sich ein Angebot »sichern« müssen, bevor es zu spät ist, dann werden Sie erst recht skeptisch. Falls ein Teppichgeschäft einen Räumungsverkauf mit »letzten Chancen« wegen Geschäftsaufgabe durchführt, dann glauben Sie ihm nicht. Nächstes Jahr wird das gleiche Teppichgeschäft unter einem anderen Namen wieder da sein und die gleichen Teppiche zu den gleichen (unglaublich günstigen) Preisen anbieten.

Zudem haben Sie als Kunde eine mächtige Waffe, von der Sie wann immer möglich Gebrauch machen sollten. Das ist der **Preisvergleich**. Gerade bei hochwertigen Gebrauchsgütern wie Autos, Waschmaschinen oder Fernsehgeräten lassen sich die Angebote einzelner Händler sehr präzise vergleichen. Auch bei Urlaubsreisen können Sie mit etwas Hartnäckigkeit und Suchaufwand viel Geld sparen. Bei Flugreisen reicht es oft schon, vor der tatsächlichen Buchung noch einmal das Endgerät zu wechseln, damit die Cookies Sie nicht als früheren Interessenten identifizieren können und damit auch nicht die vorher angezeigten Preise kennen. Das Produkt ist in allen genannten Fällen dasselbe. Es ist über die Artikelnummer oder die Flugnummer eindeutig identifizierbar und hat eine immer gleiche Qualität. Bevor Sie also überstürzt irgendwo kaufen, werfen Sie lieber noch einmal einen Blick auf eines der Preisvergleichsportale im Internet. Oft müssen Sie nicht lange suchen, um genau dasselbe Produkt an anderer Stelle billiger zu bekommen. Wenn Sie etwas weiter mit dem Auto fahren müssen, dann lohnt sich auch das noch, wenn nämlich die Preisersparnis die Fahrtkosten deutlich übersteigt. Und manchmal müssen Sie gar nicht woanders hinfahren. Es reicht, wen Sie im Geschäft darauf hinweisen, dass es dasselbe Produkt woanders günstiger gibt. Mit etwas Glück wird man Ihnen dann denselben günstigen Preis gewähren.

Zusammenfassung

1. Nirgendwo werden die Erkenntnisse der Psychologie und der Verhaltensökonomik so systematisch genutzt, um Verhalten gezielt im Sinne der Unternehmen zu steuern, wie im Marketing.
2. Ein grundlegendes Prinzip der Preispolitik von Unternehmen besteht darin, den potenziellen Kunden den Preisvergleich zu erschweren. Das geschieht durch eine Vielzahl von Leistungsmerkmalen, durch Sonderangebote und durch intransparente Preiskomponenten.

3. Zu den psychologisch wirksamen Instrumenten des Marketings gehören Ankerpunkte, kleine Geschenke, optische Reize, prominente Werbetreibende und Knappheitssignale.
4. In Situationen des persönlichen Verkaufs werden sowohl psychologische als auch soziale Mechanismen genutzt, um Kunden zu einem Kauf zu bewegen. Wir können uns diesen Mechanismen nur schwer entziehen.
5. Produkt- und Unternehmensmarken werden im Marketing genutzt, um Wiedererkennen auszulösen, Qualitätsunsicherheiten abzubauen und Kundenbindung zu erzeugen.

12 Personalwirtschaft

Die klassische Ökonomie hat eine eingeschränkte Sicht auf die Arbeitswelt

Es gibt in der klassischen ökonomischen Theorie zwei grundsätzliche Vorstellungen von der Zielsetzung eines Menschen hinsichtlich der eigenen Berufstätigkeit. Die eine besteht darin, mit einer gegebenen Arbeitszeit möglichst viel Geld zu verdienen. Das entspricht dem Maximalprinzip, nach dem aus einem bestimmten Input der größtmögliche Output zu erzielen ist. Die andere Herangehensweise entspricht dem Minimalprinzip. Hier wird versucht, einen vorgegebenen Output mit möglichst wenig Input zu erreichen. Übertragen auf die Berufstätigkeit bedeutet das die Minimierung der Arbeitszeit zur Erreichung eines bestimmten Einkommensziels. Beide Ansätze sind theoretisch gleich vernünftig, es ist also nicht a priori einer besser als der andere. Allerdings sind beide Herangehensweisen auch gleich unrealistisch, zumindest in der dargestellten Reinform. Nicht jeder Mensch betreibt entweder **Aufwandsminimierung oder Einkommensmaximierung.** Zudem können sich die mit dem Arbeitsleben verbundenen Ziele im Zeitablauf immer wieder ändern. Als junger Mensch ohne Familie ist Einkommenserzielung vielleicht das wichtigste Ziel, dann setzen wir viel für unsere Karriere ein. Mit kleinen Kindern gewinnt dann das Ziel an Bedeutung, abends rechtzeitig zuhause zu sein. Wir sind vielleicht nicht mehr bereit, noch mehr Arbeitszeit einzusetzen, um noch mehr zu verdienen.

Am kritischsten anzusehen ist jedoch die zentrale Annahme der Personalökonomik, dass Menschen nämlich nur des Geldes wegen arbeiten und ansonsten ihren Arbeitseinsatz so gering wie möglich halten. Traditionelle ökonomische Modelle des Arbeitsverhaltens gehen nämlich alle von **Arbeitsleid** aus. Der Begriff besagt, dass wir negativen Nutzen aus Arbeit erfahren, also unter der Arbeit leiden. Wir arbeiten demnach nur, um Einkommen zu erzielen, das uns für das erlittene Arbeitsleid kompensiert. Würden wir aus anderen Quellen ein ausreichend hohes Einkommen erzielen können, zum Beispiel aus der Verzinsung eines Kapitalvermögens, aus einem Lottogewinn oder aus der Vermietung von Immobilien, dann würden wir nicht mehr arbeiten. Diese Sichtweise übersieht, dass mit Arbeit noch ganz andere Vorteile verbunden sein können. Der vielleicht wichtigste Nutzen besteht in sozialen Kontakten. Wir arbeiten gerne, weil wir dort andere Menschen treffen und soziale Beziehungen unterhalten. Säßen wir ohne Arbeit zuhause, hätten wir zwar viel mehr Freizeit, aber wir würden möglicherweise vereinsamen. Ein anderer wichtiger Nutzen, der aus einer Berufstätigkeit entspringt, ist die Sinnstiftung. In unserer Arbeit können wir unsere Talente zur Entfaltung bringen und etwas zur Gesellschaft beitragen. Eine dritte Nutzenkomponente der Arbeit ist die Anerkennung. Mit vielen Jobs ist ein gesellschaftlicher Status verbunden, ein sozialer Nutzen. Will man diese Überlegungen kompakt zusammenfassen, könnte man sagen: Arbeit macht Spaß. Zumindest kann Arbeit Spaß machen.

Dass es bei der Berufsausübung nicht nur um Aufwandsminimierung und Einkommenserzielung geht, zeigen viele Befunde aus der moderneren Personalforschung, aber auch die lebenspraktischen Erfahrungen, die jeder von uns selbst gemacht hat. So ist die Sterbewahrscheinlichkeit unmittelbar nach der Pensionierung viel höher als in den Jahren danach. Die Medizin bezeichnet das als Pensionierungsschock. Er trifft Führungskräfte besonders hart. Plötzlich gibt es nichts Sinnvolles mehr zu tun. Plötzlich ist der Terminkalender leer. Plötzlich ruft niemand mehr an, man wird nirgendwo mehr eingeladen. Die früheren Kolleginnen und Kollegen zeigen auch kein Interesse mehr. Wer also in Pension geht, ist gut beraten, sich rechtzeitig anderweitige Aktivitäten einzuplanen, die sinnstiftend sind, soziale Kontakte bieten und Spaß machen. Dass das Leben nicht unbedingt besser wird, wenn man nicht arbeitet, zeigt sich auch an anderer Stelle. So haben Menschen, die arbeitslos sind, deutlich mehr gesundheitliche Probleme als Berufstätige. Sie sind pro Jahr an 44 Tagen krank. Berufstätige und Selbständige kommen nur auf 13 und 12 Tage (Daten des Gesundheitsreports der Betriebskrankenkassen für Deutschland). Wer zwar viel Geld, aber keinen Job hat, ist auch nicht zufriedener, sondern unzufriedener als ein Mensch, der täglich zur Arbeit geht.

In der Personalwirtschaft geht es also nicht nur um ökonomische, sondern auch um psychologische und soziale Bedürfnisse aller Beteiligten. Es geht um die Zusammenarbeit von Menschen in Organisationen. Das bedingt automatisch **soziale Beziehungen**. Sie bestehen zunächst zwischen Kolleginnen und Kollegen. Gute soziale Beziehungen übersetzen sich in ein angenehmes und produktives Betriebsklima. Umgekehrt führen schlechte soziale Beziehungen zu Konflikten, zu niedriger Arbeitsproduktivität und insgesamt zu einem geringeren Unternehmenserfolg. Die Betriebswirtschaftslehre benutzt zur Beschreibung der sozialen Beziehungen in Unternehmen das Wort Unternehmenskultur. Sie ist in der betriebswirtschaftlichen Organisations- und Personaltheorie intensiv erforscht worden. Auch die Organisationssoziologie hat sich intensiv mit unternehmensinternen sozialen Beziehungen beschäftigt (Preisendörfer 2015). Die sozialen Beziehungen zwischen Führungskräften und Mitarbeitern sind traditionell Gegenstand der Theorien zur Mitarbeiterführung. Auch sie haben klar erkennbar eine soziale Dimension. Neben eine reine Aufgabenorientierung muss im Führungsverhalten immer auch eine Mitarbeiterorientierung treten. Denn auch im Führungsverhältnis sind gute soziale

Beziehungen mindestens ebenso wichtig für die Arbeitsmotivation wie die fachliche Anleitung.

Ein Beispiel für schlechtes Führungsverhalten ist die **Diskriminierung** einzelner Mitarbeiter, beispielsweise wegen ihres Geschlechts, ihrer Hautfarbe, ihres Gewichts, ihres Alters oder wegen eines anderen Kriteriums. Sie kann offen in Form von Beleidigungen, schlechterer Bezahlung oder Ausgrenzung erfolgen. Ein solches offen diskriminierendes Verhalten ist im Laufe der letzten Jahrzehnte wegen viel strengerer Gesetze in den meisten Ländern selten geworden ist. Subtil diskriminierendes Verhalten gibt es jedoch nach wie vor. Führungskräfte sprechen dann systematisch weniger mit bestimmten Mitarbeitern, übertragen ihnen seltener Verantwortung oder schlagen sie nicht so oft für Beförderungen vor. Verhaltensökonomische Studien haben gezeigt, dass ein solches diskriminierendes Führungsverhalten die Arbeitsproduktivität der betroffenen Personen deutlich senkt. Diskriminierte Mitarbeiter arbeiten langsamer, geben sich weniger Mühe und haben höhere Fehlzeiten (Glover/Pallais/Pariente 2017). Das ist an sich noch kein sehr überraschender Befund. Interessant ist jedoch, dass diskriminierendes Verhalten von Führungskräften auch die Arbeitsmoral aller anderen Beschäftigten verschlechtert. Da Menschen soziale Wesen sind, ist es ihnen nicht egal, wie Kolleginnen und Kollegen behandelt werden. Wer Diskriminierung beobachtet, der arbeitet weniger produktiv, auch wenn er gar nicht selbst betroffen ist.

Unternehmensintern bestehen nicht nur horizontale soziale Beziehungen zwischen Mitarbeitern einer Abteilung sowie vertikale Beziehungen zwischen Führungskräften und Mitarbeitern. Es gibt auch das, was ich laterale soziale Beziehungen nennen würde. Dabei geht es um die Zusammenarbeit und den Wissensaustausch zwischen verschiedenen Personen sowie Abteilungen. In der Betriebswirtschaftslehre sprechen wir von **abteilungsübergreifender Zusammenarbeit**, von Schnittstellenmanagement und vom Verfolgen gemeinsamer Unternehmensziele. Alles das funktioniert in vielen Unternehmen eher schlecht. Der Grund sind bekannte organisationstheoretische Phänomene wie Abteilungsegoismen oder Silo-Denken. Auch Anreizsysteme, die eher auf den Abteilungserfolg abzielen als auf den Erfolg des Gesamtunternehmens, tragen zu einer in der Praxis oft schwierigen abteilungsübergreifenden Zusammenarbeit bei. Sie lässt sich jedoch verbessern, wenn der Fokus mehr auf die Gestaltung der sozialen Beziehungen und weniger auf geeignete ökonomische Anreize oder hierarchische Abstimmungsmechanismen gelegt wird. Die verhaltensökonomische Forschung hat sich aus diesen Gründen mittlerweile intensiv mit dem Zusammenarbeiten von Menschen im Berufsleben und mit verhaltenswissenschaftlichen Aspekten der Personalwirtschaft befasst. Einer der profiliertesten Vertreter dieser Forschungsrichtung ist Matthias Sutter. Er hat einem seiner Bücher den treffenden Titel »Der menschliche Faktor« gegeben (Sutter 2023). Es zeigt anhand einer Fülle von einzelnen Beispielen und Studien, wie stark sich soziale und psychologische Effekte auf die Arbeitswelt auswirken.

Unternehmen wählen neue Mitarbeiter weitgehend subjektiv aus

Die klassische Methode der Rekrutierung von neuen Mitarbeiterinnen und Mitarbeitern besteht aus einem mehrstufigen Prozess. Zunächst wird eine **Stellenausschreibung** formuliert, in der die Anforderungen an die zu besetzende Stelle sowie die einzureichenden Unterlagen genannt werden. Diese Stellenausschreibung wird in verschiedenen Medien platziert, sei es offline oder online. Eingehende Bewerbungen werden gesichtet. Aus ihnen werden einige aussichtsreiche Kandidatinnen und Kandidaten ausgewählt und zu persönlichen Bewerbungsgesprächen eingeladen. Es kann sich um ein einzelnes Gespräch handeln oder um mehrere. Auch gleichzeitige Gesprächsformate mit mehreren Bewerbern und mehreren Bewertungspersonen sind denkbar, sogenannte Assessment-Center. Anschließend erfolgt die Auswahl der favorisierten Person, die erneut durch einzelne Personen oder durch ein Gremium getroffen werden kann. Mit dieser Person werden dann Verhandlungen aufgenommen. Alternativ wird ein nicht mehr verhandelbares Angebot ausgesprochen. Wird dieses Angebot von der Bewerberin oder dem Bewerber angenommen, dann kommt es zu einer Einstellung. Der gesamte Prozess kann nicht nur recht lange dauern, er verursacht auch sehr hohe Kosten. Sie bestehen insbesondere in der aufgewendeten Zeit aller Beteiligten.

Bei der **Sichtung von Bewerbungsunterlagen** können die vorab definierten Einstellungsvoraussetzungen im Allgemeinen noch weitgehend objektiv geprüft werden. Die Sorgfalt und die Leistungsbereitschaft von Bewerbern können möglicherweise an der äußeren Form der Bewerbung abgelesen werden, zum Beispiel anhand von Tippfehlern oder unverständlichen Formulierungen. Allerdings weiß man nie genau, ob nicht jemand anderes die Bewerbung für den Kandidaten oder die Kandidatin geschrieben hat, zum Beispiel ein Softwareprogramm mit Künstlicher Intelligenz (KI). Bei der Sichtung von Bewerbungsunterlagen kann es dann schon zu psychologisch bedingten Verzerrungen kommen, zum Beispiel in Form einer Bevorzugung von besser aussehenden oder jüngeren Personen. Aus diesem Grund ist es in Ländern wie den USA nicht üblich, einer Bewerbung ein Foto beizufügen oder das Geburtsdatum zu nennen. Auf diese Weise sollen Diskriminierungen, beispielsweise nach Hautfarbe, Alter oder Aussehen verhindert werden. Subtilere Formen der Verzerrung der Einladungsentscheidung bleiben jedoch möglich. So kann es sein, dass die auswählende Person oder das Auswahlgremium einen bestimmten Bewerber oder eine Bewerberin bevorzugt, nur weil er oder sie dieselbe Universität besucht hat, vorher bei derselben Firma gearbeitet hat oder im selben Ort aufgewachsen ist wie die Auswählenden. Solche Informationen können in Bewerbungsschreiben nicht weggelassen werden.

Bewerbungsgespräche stellen dann die nächste Stufe des Auswahlprozesses dar. Sie nehmen auf beiden Seiten sehr viel Zeit in Anspruch. Bewerber bereiten sich häufig sorgfältig auf die Gespräche vor. Wenn es um einen wichtigen Job geht, dann buchen sie möglicherweise vorab ein Bewerbungstraining. Die Personalabteilungen bereiten sich ebenfalls sorgfältig vor und investieren viel Zeit. Nicht selten nehmen mehrere Unternehmensvertreter an den Gesprächen teil. Mitunter werden auch externe Berater wie Psychologen zur Evaluierung der Kandidaten herangezogen. Bewerbungsgespräche werden auch deshalb als unerlässlich angesehen, weil sie es beiden Parteien ermöglichen, sich persönlich kennenzulernen und offene Fragen zu klären. Doch diese Gespräche, vor allem wenn sie keiner festen Struktur folgen, öffnen auch die Tür für eine erstaunlich große Bandbreite an potenziellen Verzerrungen und Streuungen der Beurteilungen. Sie führen oft zu falschen Auswahlentscheidungen. Obwohl man seit langem um seine Schwächen weiß, wird das Auswahlkriterium Bewerbungsgespräch seit Jahrzehnten in nahezu unveränderter Form angewendet. Der Glaube an seine Prognosekraft für zukünftige Arbeitsleistungen wird von Psychologen als »Fortbestand einer Illusion« bezeichnet (Dana/Dawes/Peterson 2013). Wir wollen im Folgenden die wichtigsten Fehler näher betrachten, die bei unstrukturierten Bewerbungsgesprächen gemacht werden können.

Der konsistenteste und wichtigste Befund lautet, dass in Bewerbungsgesprächen die Entscheidung für oder gegen eine Person meist schon **auf den ersten Blick**, konkret also nach der ersten Minute gefallen ist. Der Rest des Gesprächs ist für die Beurteilung irrelevant und damit Zeitverschwendung. Denn für die Einschätzung anderer Menschen ist unser System 1 zuständig, unser Eidechsengehirn. Es entscheidet sehr schnell und ohne eine Suche nach weiteren Informationen, ob wir jemanden sympathisch oder unsympathisch, bedrohlich oder freundlich, attraktiv oder unattraktiv finden. System 1 stützt sich bei dieser instinktiven Beurteilung von anderen Menschen auf äußere Merkmale wie Augenausdruck, Gesichtsproportionen, Stimmlage und Geruch. Für das archaische Überleben war diese Fähigkeit zur blitzschnellen Einschätzung von anderen Menschen unerlässlich. Wenn uns ein anderer, unbekannter Vertreter unserer Spezies nahekam, mussten wir sehr schnell zwischen Freund und Feind unterscheiden können. Wir mussten auch sehr schnell erkennen können, ob ein anderer Mensch sich möglicherweise als Fortpflanzungspartner eignet oder nicht. Deshalb glauben wir auch alle so fest daran, andere Menschen auf den ersten Blick valide einschätzen zu können.

Fraglich ist natürlich, ob unsere intuitive Einschätzung einer Person als sympathisch oder unsympathisch mit deren Eignung für eine zu besetzende Stelle korreliert. Hier sind Zweifel angebracht. Denn es wirken sich gleich mehrere psychologische Mechanismen aus, die unsere spontane Bewertung in die Irre leiten. Zum einen bevorzugen wir unbewusst Menschen, die uns ähnlich sind. Diese Tendenz wird **soziale Homophilie** genannt. Sie beruht auch wieder auf einem archaischen Instinkt, sich nämlich bevorzugt mit Menschen desselben Stammes zu umgeben. Das senkt das Risiko unerwarteter feindlicher Angriffe und erleichtert das gegenseitige Verständnis. Allerdings garantiert die Ähnlichkeit mit der auswählenden Person im Berufsleben natürlich nicht, dass ein Bewerber oder eine Bewerberin wirklich gut auf die ausgeschriebene Stelle passt. Sie sagt auch nicht zwingend etwas über die Motivation oder die Leistungsbereitschaft eines Menschen aus. Ähnlichkeit macht es höchstens wahrscheinlicher, dass zwei Personen gut miteinander kommunizieren können. Dieser Vorteil bleibt allerdings irrelevant, wenn jemand aus der Personalabteilung Auswahlentscheidungen trifft, der dann später gar nicht mit der betreffenden Person zusammenarbeitet.

Ein weiterer typischer Fehler bei der Durchführung von Bewerbungsgesprächen ist die Vorstellung, in einem unstrukturierten Gespräch ganz verschiedene Aspekte einer Person beurteilen zu können. Gerade erfahrene Personalverantwortliche glauben fest daran, dass sie in einem Gespräch von selten mehr als einer Stunde die Kompetenzen, die Stärken, die Schwächen, die Einsatzbereitschaft, das Kommunikationsvermögen, die Teamfähigkeit und die Passung zur ausgeschriebenen Stelle des Gesprächspartners beurteilen und in eine Gesamtbewertung überführen können. Sie verlassen sich auf ihre **Intuition**. Die empirische Validität einer solchen intuitiven Beurteilung einer Person hinsichtlich mehrerer Kriterien ist jedoch sehr schlecht. Entsprechende Studien bezeichnen Intuition im Bereich der Mitarbeiterauswahl als wenig verlässlich (Moore 2017, S. 9) oder sogar als völlig wertlos (Sibony 2020, S. 54–55). Die Folgen für das Unternehmen sind doppelt negativ. Zum einen werden Menschen eingestellt, die im Bewerbungsgespräch intuitiv als gut geeignet eingestuft wurden, dann aber später nur unterdurchschnittliche oder schlechte Leistungen zeigen. Zum anderen werden geeignete Kandidatinnen und Kandidaten nicht eingestellt, nur weil sie im Auswahlgespräch intuitiv als schlecht bewertet wurden.

Wenn Intuition hinsichtlich des Gesamteindrucks kein verlässlicher Ratgeber ist, dann stellt sich die Frage nach besseren Vorgehensweisen. Nehmen wir an, es wären in einem Bewerbungsgespräch verschiedene Anforderungskriterien zu prüfen. Das wird typischerweise der Fall sein und ergibt sich häufig schon aus der Stellenbeschreibung. Wenn beispielsweise an einer Universität eine Professur ausgeschrieben ist, dann geht es um Kriterien wie Forschungsstärke, Qualität der Lehre, Erfolge in der Drittmitteleinwerbung, Anzahl internationaler Kooperationspartner und Teamfähigkeit. Nehmen wir weiterhin an, diese Kriterien könnten anhand der Bewerbungsunterlagen und des Berufungsvortrags halbwegs verlässlich bewertet werden. Im nächsten Schritt muss dann geklärt werden, wie die verschiedenen Auswahlkriterien zueinander zu gewichten sind. So könnte ein Kriterium wie beispielsweise die Forschungsstärke wichtiger sein als ein anderes, beispielsweise die Qualität der Lehre. Die folgende Tabelle zeigt ein fiktives Beispiel der Eignungsprofile von zwei Kandidatinnen auf eine ausgeschriebene Professur. Für jedes Auswahlkriterium sind die Gewichtung sowie die pro Person jeweils vergebene Punktzahl angegeben. Der bestmögliche Punktwert ist zehn, der schlechteste mögliche Wert beträgt eins:

Dar. 23: Zwei Bewerberinnen für eine Professur

	Qualität Forschung	Qualität Lehre	Drittmittel	Internationale Partner	Teamfähigkeit
Gewicht des Kriteriums	20 %	20 %	20 %	20 %	20 %
Julia	8	9	6	6	6
Verena	6	6	7	5	8

Wenn alle Kriterien als gleich wichtig angesehen und entsprechend gleichgewichtet werden, dann gewinnt Julia. Sie kommt auf insgesamt 35 Punkte und einen durchschnittlichen Punktwert von 7. Verena erreicht insgesamt 32 Punkte und einen durchschnittlichen Punktwert von 6,4. Werden die Kriterien jedoch nicht gleich gewichtet, dann könnte sich ein anderes Ergebnis einstellen. Hält die Berufungskommission beispielsweise die Teamfähigkeit für am wichtigsten (40 Prozent Gewicht), die Drittmittelerfolge für am zweitwichtigsten (30 Prozent Gewicht) und die anderen Kriterien für gleich wichtig (jeweils 10 Prozent Gewicht), dann gewinnt Verena. Sie kommt jetzt auf einen durchschnittlichen Punktwert von 7, während Julia nur einen durchschnittlichen Punktwert von 6,5 erreicht. Es wird nun niemanden überraschen, dass die Gewichtung der Kriterien von den Mitgliedern der Berufungskommission strategisch eingesetzt werden kann, um eine bestimmte Kandidatin gewinnen zu lassen. Wer beispielsweise intuitiv Julia favorisiert, der wird sich für eine Gleichgewichtung der Kriterien stark machen. Wer sich dagegen Verena als neues Mitglied der Fakultät wünscht, der wird für die weiter oben erwähnte unterschiedliche Gewichtung der Kriterien plädieren. Es erfolgt also eine **Quasi-Rationalisierung intuitiver Urteile** und für die Rationalität der Auswahlentscheidung ist nichts gewonnen.

Das eigentliche Problem von personalwirtschaftlichen Auswahlentscheidungen ist aber ein ganz anderes. Es geht nicht um die Evaluierung der bisherigen Leistungen von Bewerbern, sondern um die **Prognose zukünftigen Verhaltens und zukünftiger Leistungen.** Beide Größen können korrelieren, aber dafür gibt es keine Garantie. Die Korrelation zwischen der Bewertung von Kandidaten in Bewerbungsgesprächen und ihrer späteren Leistung am Arbeitsplatz ist auch deshalb so gering, weil Menschen die Bewertungsaufgabe und die Prognoseaufgabe gedanklich vermischen (Kahnemann/Sibony/Sunstein 2021, S. 115). Selbst wenn Julia jetzt das klar bessere Profil hat, bedeutet das nicht, dass sie später auch die bessere Kollegin sein wird. Gerade im angesprochenen Beispiel kommt es immer wieder zu radikalen Verhaltensänderungen, sobald ein Professor oder eine Professorin auf Lebenszeit auf einen Lehrstuhl berufen wurde. Wer vorher sehr forschungsstark war, publiziert nach der Berufung nur noch wenig. Wer sich vorher vorbildlich um Studierende gekümmert hat und gute Lehrevaluationen vorweisen konnte, konzentriert sich nachher mehr auf große Drittmittelprojekte und deren Verwaltung. Was wir also wirklich bräuchten, sind empirische Daten über die Korrelationen zwischen bestimmten Merkmalen einer Person und dem späteren Erfolg auf der zu besetzenden Stelle. Leider liegen solche Daten in der Praxis fast nie vor.

Angesichts dieser eher ernüchternden Erkenntnisse der verhaltensökonomischen Forschung zum Nutzen von einzelnen Bewerbungsgesprächen wäre es schon eine Verbesserung, wenn mit einem Kandidaten oder einer Kandidatin **mehrere Gespräche** mit unterschiedlichen Personen geführt werden. Idealerweise prüft jeder Interviewer in seinem Gespräch alle Auswahlkriterien, so dass die Ergebnisse der Interviews vergleichbar sind. So wird die Gefahr von intuitiv verzerrten Beurteilungen zumindest reduziert. Ein solches Vorgehen ist natürlich zeitaufwändig. Es setzt auch voraus, dass die einzelnen Gespräche unabhängig voneinander erfolgen, dass also nicht ein Interviewer dem nächsten schon vor dessen Gespräch seinen persönlichen Eindruck mitteilt und so Voreingenommenheit bewirkt. Weiterhin bietet es sich an, auch zukünftige Kollegen oder Vorgesetzte an den Bewerbungsgesprächen zu beteiligen. Sie müssen später mit der eingestellten Kandidatin oder dem Kandidaten zusammenarbeiten und haben daher ein besonderes Interesse daran, die menschlich und fachlich bestqualifizierte Person auszuwählen. Zusätzliche Möglichkeiten, langfristig bessere Auswahlentscheidungen bei der Mitarbeiterrekrutierung zu treffen, sind Intelligenztests, Fallstudien, die Auswertung von Referenzen oder Probearbeiten (Moore 2017, S. 15). Eine weitere Idee besteht darin, aktuelle Mitarbeiter an der Anwerbung und Rekrutierung zu beteiligen. Das bewirkt empirischen Studien zufolge mehr Arbeitszufriedenheit und eine längere Verweildauer der neu eingestellten Mitarbeiter im Unternehmen (Sutter 2023, S. 22).

Unternehmen tun sich schwer, Mitarbeiter finanziell richtig zu motivieren

Es ist sicher nicht überraschend, dass sich sowohl die klassische Personalökonomie als auch die Verhaltensökonomik schon seit langer Zeit mit Fragen der geeigneten Mitarbeitermotivation befasst haben. Dabei ist ein Instrument besonders intensiv untersucht worden: der **Motivationsfaktor Geld**. Insbesondere die klassische Ökonomie unterstellt einen positiven Zusammenhang zwischen der leistungsabhängigen Bezahlung einer Mitarbeiterin oder eines Mitarbeiters und der Arbeitsmotivation der betreffenden Person. Dahinter steht die Annahme, dass sich Menschen mehr Mühe geben, wenn sie dadurch mehr Geld verdienen können. Ein klassisches Beispiel für eine leistungsabhängige Bezahlung von Mitarbeitern in der Produktion ist der Akkordlohn. In der Variante des Stückakkords steigt der Lohn eines Arbeiters oder einer Arbeiterin mit der Anzahl der gefertigten Stücke an. Solche leistungsabhängigen Löhne sind durchaus noch üblich. Bei Mitarbeitern im Vertrieb sind leistungsabhängige Formen der Bezahlung in Form von Vertriebsprovisionen oder umsatzabhängigen Bonuszahlungen ebenfalls üblich. Im Bereich der Verwaltung oder des Managements werden leistungsabhängige Bezüge typischerweise an Zielvereinbarungen geknüpft. Je besser die Zielerreichung ist, desto höher ist der Bonus des betreffenden Mitarbeiters. Durch die Kombination von Zielvereinbarungen und Bonuszahlung kann der Arbeitgeber unmittelbare Anreize für konkrete Verhaltensweisen und Arbeitsergebnisse setzen.

Die Grundannahme aller Formen der leistungsabhängigen Vergütungen lautet, dass Mitarbeiter sich ohne Boni, Prämien oder Leistungszulagen weniger anstrengen. Wir können die Annahme auch konkreter formulieren: Die klassische Ökonomie unterstellt den arbeitsscheuen, aufwandsminimierenden und faulen Menschen. Es bedarf eines externen Leistungsanreizes, um solche Menschen zu einer Arbeitsanstrengung zu bewegen. Man unterstellt also **extrinsisch motivierte Mitarbeiter**. Es ist sicher fraglich, ob diese Annahme für alle oder auch nur für die meisten Menschen zutrifft. Sicher ist jedoch, dass es auch bei Zutreffen der Annahme noch zwei Probleme der leistungsabhängigen Vergütung gibt. Zum einen könnten die Mitarbeiter gierig sein, für eine gleich gute Leistung also immer höhere finanzielle Anreize erwarten. Zum anderen könnte es bei vielen Jobs schwierig sein, die Leistung genau zu messen. Denken Sie nur an Mitarbeiter im Controlling oder im Rechnungswesen. Wie könnten hier geeignete Leistungsparameter festgelegt und gemessen werden? Diese Fragen sind schwierig zu beantworten. Auch bei anderen Berufen wie Lehrerinnen, Krankenpflegern oder Polizistinnen gibt es keine einfache Möglichkeit der Messung von Qualität und Menge der erbrachten Leistung. Werden in solchen Fällen die subjektiven Begutachtungen von Vorgesetzten zur Leistungs-messung verwendet, dann ist der Manipulierbarkeit und damit der Verzerrung des Leistungsanreizes insgesamt Tür und Tor geöffnet.

Ebenfalls schwierig zu beantworten ist die Frage, ob auch schon das Festgehalt eine motivierende Wirkung auf das Verhalten von Mitarbeitern hat. Bei einem klassischen Homo oeconomicus tut es das nicht. Wenn das Festgehalt unabhängig von der Arbeitsleistung ausgezahlt wird, dann setzt es bei solchen Menschen keine Leistungsanreize. Nur eine Überwachung der Arbeitsleistung in Kombination mit Sanktionen bei Schlechtleistung oder Belohnungen bei guter Leistung hätten dann eine produktivitätsfördernde Wirkung. Die modernere Personalforschung sieht das jedoch etwas anders. Ein hohes Gehalt signalisiert Wertschätzung. Es löst das Bedürfnis nach Reziprozität aus. Wer gut bezahlt wird, der wird sich von sich aus anstrengen und eine gute Leistung zeigen. Das gilt insbesondere, wenn eine **intrinsische Arbeitsmotivation** vorliegt, wenn die betreffenden Mitarbeiter also ihren Job sowieso mögen und ihn auch ohne Kontrolle oder externe Leistungs-anreize möglichst gut machen. Reziprozität wirkt in beide Richtungen. Wenn ein Unternehmen seine Mitarbeiter schlecht bezahlt, dann sendet das ein Signal der geringen Wertschätzung. Es löst erneut reziprokes Verhalten aus. Diesmal ist es das Verhalten, das die klassische Ökonomie als Normalfall unterstellt, nämlich Drückebergerei, Verantwortungsvermeidung und geringer Arbeitseinsatz.

Die verhaltensökonomische Forschung hat insgesamt sehr deutlich gezeigt, dass den Menschen die **Lohngerechtigkeit** wichtiger ist als ihr absoluter Lohn. Wer das Gefühl hat, ungerecht bezahlt zu werden, also für gleiche Arbeit weniger Gehalt zu bekommen als andere Mitarbeiter, der ist stark demotiviert und reagiert mit einer deutlich schlechteren Arbeitsleistung. Umgekehrt sind Menschen auch mit niedri-gen Gehältern zufrieden und motiviert, solange sie sich gleich gut bezahlt fühlen wie alle anderen. Sogar für Polizeibeamte konnte ein Zusammenhang zwischen der Arbeitsleistung, in diesem Fall gemessen an der Anzahl der aufgeklärten Verbre-chen, und der wahrgenommen Lohngerechtigkeit, gemessen am Ausgang eines Schlichtungsverfahrens im Rahmen der Tarifverhandlungen, nachgewiesen werden (Mas 2006). Für die meisten Menschen ist Geld auch nicht der einzige Faktor der Arbeitsmotivation. Andere Faktoren wie eine herausfordernde Aufgabe, nette Kol-legen oder die Möglichkeit der persönlichen Weiterentwicklung sind ihnen ebenso wichtig. Es reicht also aus verhaltensökonomischer Sicht nicht aus, wenn Organi-sationen finanzielle Leistungsanreize bieten, um ihre Mitarbeiterinnen und Mitar-beitern zu einer guten Arbeitsleistung zu motivieren.

Hinzu kommt der Befund, dass finanzielle Leistungsanreize wie Boni oder Erfolgsprämien oft gar nicht richtig eingesetzt werden können. Um das zu verstehen, müssen wir uns noch einmal die Voraussetzungen von Bonuszahlungen ansehen. Zum einen wird immer davon ausgegangen, wie bereits angesprochen, dass das Ergebnis der Arbeit eines Mitarbeiters oder einer Mitarbeiterin klar messbar ist. Wenn das nicht gilt, dann nützt auch eine Zielvereinbarung mit Bonusregelung wenig. Zum anderen muss dieses Ergebnis auch wirklich von der Leistung der betreffenden Person abhängen und nicht vom Zufall oder von externen Umständen. Diese Voraussetzung wäre beispielsweise bei Fabrikarbeit erfüllt, wenn der Arbeitseinsatz eines Mitarbeiters direkt und kausal die produzierte Menge beeinflusst. Bei vielen anderen Tätigkeiten sind die genannten Voraussetzungen jedoch nicht erfüllt. So lässt sich das Arbeitsergebnis bei vielen Berufen zwar eindeutig messen, aber es hängt eben nicht nur oder nicht einmal maßgeblich vom Arbeitseinsatz der betreffenden Person ab. Eine erfolgsabhängige Belohnung belohnt dann auch Glück, nicht nur gute Leistung. Und typischerweise sieht sie auch keine Verlustbeteiligung vor, so dass Pech nicht sanktioniert wird. Im Ergebnis liegen dann keine sinnvollen Leistungsanreize vor. Es werden eher Anreize zum Eingehen unangemessen hoher Risiken eingesetzt. Ein Beispiel sind Vermögensverwalter oder Wertpapierhändler. Wir können ihren Erfolg zwar gut messen, aber der kann zufällig sein. Wenn die Börse gut läuft, machen auch schlechte Vermögensverwalter Gewinne. Und wenn sie schlecht läuft, dann verlieren auch gute Händler Geld.

Die Ergebnisse der verhaltensökonomischen Forschung haben jedoch noch viel weitergehende Zweifel an der Wirksamkeit von finanziellen Leistungsanreizen geweckt. Demnach wirken finanzielle Anreize wie Boni oder Prämien nur leistungssteigernd, wenn es sich um **einfache und mechanische Aufgaben** handelt (Ariely 2015, S. 48). Unser vorhin genanntes Beispiel der einfachen Fabrikarbeit erfüllt diese Anforderung. Hier führt ein Akkordlohn wahrscheinlich tatsächlich zu höheren Arbeitsleistungen. Für Tätigkeiten, bei denen man kognitive Leistungen erbringen, nachdenken oder Ideen entwickeln muss, bewirken finanzielle Anreize jedoch keine bessere Arbeitsleistung. Es tritt eher der gegenteilige Effekt ein. Gerade überdimensionierte Anreize wie sehr hohe erfolgsabhängige Boni führen dann nicht zu besseren Arbeitsergebnissen, sondern zu schlechteren. Die Psychologen erklären diesen unerwünschten Effekt von sehr hohen Leistungsanreizen mit Stress. Die Aussicht auf einen großen Bonus lenkt die Aufmerksamkeit der Menschen von der Aufgabe weg hin zum Entgelt. Sie bewirkt eine Einengung des gedanklichen Suchfelds, nicht eine höhere Leistung. Sie nimmt den Menschen auch den Spaß an der Tätigkeit sowie den eigenen beruflichen Stolz, eine gute Leistung abzuliefern.

Eine zentrale Ursache für den mitunter produktivitätssenkenden Effekt von hohen leistungsabhängigen Vergütungen sind wahrscheinlich ihre negativen Auswirkungen auf die **Kreativität bei der Lösungsfindung**. Hohe Boni lassen Anspannung und Verkrampfung entstehen. Das dominierende Gefühl lautet: Ich darf das jetzt nicht versauen, sonst entgeht mir ein riesiger Gewinn. Dadurch wird das Ergebnis dann schlechter, nicht besser. Aus diesem Grund ist es auch nicht überraschend, dass leistungsabhängige Vergütungen nur selten in Arbeitsbereichen eingesetzt werden, in denen Kreativität und sorgfältiges Nachdenken gefordert werden. Beispiele sind Wirtschaftsprüfung, Wissenschaft und das Richteramt. Bei allen diesen Berufen kann die Qualität der Leistung weder gut gemessen noch mit einem finanziellen Bonus sinnvoll gesteigert werden. Denn es geht nicht um einfache, stark standardisierte Aufgaben, sondern um das Durchdenken komplexer Zusammenhänge und um das Auffinden von neuen Lösungen. Mengenmaße für die erbrachte Leistung wie die Anzahl der geprüften Jahresabschlüsse, die Anzahl der publizierten Zeitschriftenbeiträge oder die Anzahl der ausgesprochenen Urteile blenden die Qualität der erbrachten Leistung aus und sind daher ungeeignet.

Als ebenfalls ungeeignet haben sich auch Bonussysteme erwiesen, bei denen es eine bestimmte **Vorgabe für die erwartete Arbeitsleistung** gibt, die dann mit 100 Prozent gleichgesetzt wird. Bekommt eine Mitarbeiterin dann beispielsweise eine Bewertung von 120 Prozent, dann entspricht das einer als überdurchschnittlich eingestuften Arbeitsleistung. Wer eine Beurteilung von 80 Prozent erhält, dessen Arbeitsleistung wurde als unterdurchschnittlich bewertet. An diese Einstufungen werden dann Bonuszahlungen geknüpft. Interessanterweise ergeben sich daraus aber nicht die gewünschten Leistungsanreize. Empirische Studien haben vielmehr gezeigt, dass Beschäftigte mit einer Bewertung von knapp unter 100 Prozent sehr unzufrieden mit ihrer Einstufung sind und mit einer deutlich verringerten Arbeitsleistung reagieren, und zwar unabhängig von der Höhe des mit dieser Einstufung verbundenen Bonus. Wer knapp über 100 Prozent liegt, also eine nur unwesentlich bessere Beurteilung erhalten hat, zeigt keine besondere Reaktion. Verhaltensökonomen erklären das mit der Bedeutung des Referenzpunkts (Ockenfels/Sliwka/Werner 2015). Offensichtlich wird er durch die 100-Prozent-Marke festgelegt. Eine Bewertung unter 100 Prozent wird als Verlust und damit als Demütigung empfunden. Eine Bewertung knapp über dem Referenzpunkt führt erwartungsgemäß zu einem Gefühl, etwas gewonnen zu haben. Da Verluste jedoch schwerer wiegen als gleich hohe Gewinne, wirken Bewertungen unter der magischen Schwelle von 100 Prozent besonders demotivierend.

Die wichtigste Herausforderung ist die nicht finanzielle Mitarbeitermotivation

Es ist in Wissenschaft und Praxis viel diskutiert worden, ob sich die grundsätzlichen Motivationsfaktoren von Mitarbeiterinnen und Mitarbeitern im Zeitablauf verändert haben. So geht es beispielsweise um die Frage, welches Verhältnis von Arbeitszeit und Freizeit Menschen durchschnittlich anstreben. Es ist auch untersucht worden, wie wichtig Mitarbeitern (noch) eine Karriere ist, wie viel Zeit und Energie sie also in ein berufliches Fortkommen investieren wollen. Unstrittig ist dabei nur, dass nach modernen Erkenntnissen neben monetären Aspekten immer auch andere Faktoren der Arbeitszufriedenheit und der Motivation von Bedeutung sind. Sie lassen sich vielleicht am besten unter dem Begriff der **Unternehmenskultur** zusammenfassen. Zur Unternehmenskultur gehören die Werte eines Unternehmens, seine Traditionen, der Führungsstil und die Arbeitsumgebung. Der folgende Kasten zeigt ein Beispiel für klar formulierte Unternehmenswerte, in denen mehrfach die Kunden erwähnt sind, die Mitarbeiter allerdings nur am Rande vorkommen (www.vaillant-group.com):

234

Vision und Werte der Vaillant Group

Unsere Vision
Wir sorgen für ein besseres Klima. In jedem Zuhause und unserer Umwelt.
Unser Anspruch
Wir sind der verlässliche Weltmarktführer für Heizung und Warmwasserbereitung in Wohngebäuden, gleichermaßen stark bei Strom und Gas. Unsere effizienten und umweltfreundlichen Systeme und Dienstleistungen sorgen für Komfort bei unseren Kundinnen und Kunden.
Unsere Kultur
Als ein Team verfolgen wir unsere Ziele auf der Grundlage unserer Unternehmenswerte: Mut, Leidenschaft und Integrität.
Unser ethisches Fundament
Wir leben Nachhaltigkeit – für unsere Kundinnen und Kunden, die Gesellschaft und unser Unternehmen.

Die Unternehmenskultur hat unmittelbaren Einfluss auf das Verhalten von Mitarbeiterinnen und Mitarbeitern, im Positiven wie im Negativen. Zu ihr gehören niedergeschriebene Werte, wie im obigen Beispiel angegeben, aber auch implizite, nirgendwo aufgeschriebene Regeln. Sie werden von Führungskräften vorgelebt und von den Mitarbeitern untereinander weitergegeben. Es geht ganz allgemein ausgedrückt um die Art und Weise, »wie die Dinge in einem Unternehmen gemacht werden«. Die betriebswirtschaftliche Forschung beschäftigt sich seit vielen Jahren mit positiven (und negativen) Merkmale einer Unternehmenskultur. Die Ergebnisse sind weitgehend konsistent. Produktivitäts- und zufriedenheitsfördernd sind ein freier Informationsfluss, ein respektvoller Umgang miteinander, die Anerkennung guter Leistungen, eine gewisse Risikotoleranz und wenig Bürokratie. Große Bedeutung hat dabei das **Verhalten von Führungskräften** (Fallgatter 2020, S. 118). Sie sind Vorbilder für alle Mitarbeiterinnen und Mitarbeiter. Sie leben die Werte des Unternehmens vor, was viel wichtiger ist als die irgendwo im Leitbild aufgeschriebenen Werte. Führungskräfte können mit Charisma, Anerkennung guter Arbeitsleistungen, Vertrauen und diskriminierungsfreiem Verhalten große Motivationseffekte erzielen. Sie können aber auch eine erhebliche Demotivation von Mitarbeiterinnen und Mitarbeitern bewirken, wenn sie zum Beispiel cholerisch sind, einzelne Personen bevorzugen oder jede Form von Eigeninitiative durch ihren Kontrollwahn im Keim ersticken.

Zum Motivationsfaktor **Arbeitsumgebung** zählen die Arbeitsplatzausstattung, die Lage des Unternehmens, das Angebot an Zusatzleistungen sowie die Arbeitszeitregelungen. Interessanterweise werden Zusatzleistungen psychologisch positiver wahrgenommen als gleichwertige finanzielle Leistungen. Ein Beispiel sind die bei deutschen Führungskräften immer noch beliebten Dienstwagen. Einem Homo oeconomicus wäre es egal, ob er ein Auto gestellt bekommt oder eine gleichwertige Gehaltserhöhung erhält. Denn er oder sie könnte sich ja vom Zusatzeinkommen selbst ein Auto kaufen. Die Verhaltensökonomie verweist jedoch auf mentale Buchhaltung. Viele Menschen freuen sich über einen schönen Dienstwagen, würden sich denselben Wagen aber mit ihrem regulären Gehalt nicht kaufen. Andere Zusatzleistungen wirken ebenso motivierend, kosten ein Unternehmen aber viel weniger. Das wichtigste Beispiel hier ist Kaffee, bevorzugt aus einer hochwertigen, zentral aufgestellten und für jeden Mitarbeiter frei zugänglichen Kaffeemaschine. Angeblich hat kein anderes Merkmal der Arbeitsumgebung einen derart positiven Einfluss auf Motivation und Arbeitsproduktivität. Weitere Beispiele für motivationssteigernde Zusatzleistungen sind eine gute Kantine, Mitarbeiterrabatte beim Kauf der Produkte des Unternehmens oder ein Betriebskindergarten.

In der verhaltensökonomischen Forschung sind auch schlechte Unternehmenskulturen untersucht worden. Insbesondere ist die Frage von Interesse, wie es zu einer **Unternehmenskultur der Unehrlichkeit** und des Tolerierens von kriminellem Verhalten kommen kann. Solche Unternehmenskulturen wurden immer wieder beobachtet. Das Anschauungsobjekt einer besonders interessanten Studie waren Manager einer großen und international tätigen Bank (Cohn/Fehr/Maréchal 2014). Wurden sie als Privatpersonen angesprochen, berichteten sie in einem Münzwurf-Experiment mit finanzieller Belohnung auch unter Wettbewerbsbedingungen ehrlich über ihre Ergebnisse. Machten dieselben Personen jedoch in ihrer Rolle als Bankmanager bei dem Spiel mit, dann verhielten sie sich signifikant häufiger unehrlich. Sie versuchten also, durch Betrug gegen die jeweils andere Gruppe zu gewinnen. Es gibt meines Wissens noch keine Studien, die einen systematischen Branchenvergleich hinsichtlich kriminellen Verhaltens von Mitarbeitern und dessen Duldung durch Führungskräfte durchgeführt haben. Allerdings fällt auf, dass es besonders häufig in Unternehmen des Finanzsektors zu spektakulären Fällen von Betrug und strafrechtlich relevantem Fehlverhalten kommt. Beispiele sind die Bilanzmanipulationen beim Finanzdienstleister Wirecard, die Cumex-Betrugsfälle bei der Deutschen Bank sowie die umfangreichen Geldwäschetransaktionen bei der Credit Suisse. Es drängt sich der Verdacht auf, dass die für die Branche typischen Leistungsanreize in Form von sehr hohen Boni in Kombination mit anspruchsvollen Zielvorgaben möglicherweise kriminelles Mitarbeiterverhalten fördern.

Eine in der personalwirtschaftlichen Forschung und der Organisationspraxis aktuell intensiv untersuchte Form der Arbeitsorganisation ist das sogenannte **Homeoffice**. Menschen arbeiten dann nicht mehr in den Räumlichkeiten des Unternehmens, sondern zuhause oder irgendwo anders auf der Welt. Man spricht auch von mobilem Arbeiten. Diese Arbeitsform gibt es schon länger, aber während der Corona-Pandemie wurde sie weltweit sehr stark genutzt. Homeoffice-Regelungen sind auch nach dem Abklingen der Pandemie bestehen geblieben und werden von Mitarbeitern zunehmend eingefordert (zumindest in Berufen, wo das möglich ist). Die Vorteile aus Mitarbeitersicht liegen auf der Hand. Man spart sich den Weg zur Arbeit, wird bei der Arbeit weniger abgelenkt und kann möglicherweise Berufs- und Privatleben besser verbinden. Das gilt allerdings nur, wenn Mitarbeiter zuhause einen Arbeitsplatz haben, der ebenso gut ausgestattet ist wie der im Unternehmen. Diesen positiven Effekten stehen Nachteile wie die Gefahr einer Vereinsamung, die erschwerte Kommunikation mit Kollegen sowie die fehlende Trennung von Arbeit und Freizeit gegenüber. Nicht jeder Mensch ist produktiver, wenn er allein zuhause statt in einem Büro am Sitz des Unternehmens arbeitet

Aus Sicht des Unternehmens ergeben sich bei Homeoffice-Regelungen neue Herausforderungen wie beispielsweise die Mitarbeiterkontrolle und die Datensicherheit. Hinzu kommt die Frage, ob Mitarbeiter im Homeoffice wirklich produktiver sind. Da sich die meisten der bisher vorliegenden empirischen Studien mit der speziellen Zeit der Corona-Pandemie befassen, kann noch nicht abschließend beurteilt werden, wie sich welche Homeoffice-Regelungen auf Arbeitszufriedenheit und Arbeitsproduktivität auswirken. Es hängt vermutlich auch von der Persönlichkeit einzelner Mitarbeiter sowie ihrer Lebens- und Wohnsituation ab. Wahrscheinlich werden sich aber auf Dauer Modelle durchsetzen, bei denen Mitarbeiterinnen und Mitarbeiter zwei oder drei Tage zuhause und den Rest der Woche im Büro arbeiten. Ob solche Modelle wirklich das Beste aus beiden Welten kombinieren können, ist jedoch unklar. Schon jetzt ist jedoch eindeutig beobachtbar, dass der Bedarf der Unternehmen an Büroraum stark zurückgegangen ist. Während es bei Wohnimmobilien eine große Knappheit gibt, verzeichnen Gewerbeimmobilien hohe Leerstände. Neue Büroflächen werden fast gar nicht mehr gebaut.

Unternehmenskultur wird auch maßgeblich geprägt von den Werten, den Zielen und den Bedürfnissen der Belegschaft. Hier sind langfristig Veränderungen zu beobachten. Als Generation Y oder Millennials bezeichnet man Menschen, die im Zeitraum zwischen 1980 und 1996 geboren wurden. Die nachfolgende Kohorte wird **Generation Z** genannt. Das sind Menschen mit einem Geburtsdatum zwischen 1997 und 2012. Es gibt keine Einigkeit hinsichtlich der genauen Zeitangaben, aber eine Fülle von Studien zur Beschreibung der jeweiligen Lebensziele, Konsumgewohnheiten und Arbeitspräferenzen. Sie berichten übereinstimmend davon, dass die Menschen der Generation Z nicht länger anstreben, Karriere zu machen und ihr Leben vornehmlich auf den Job auszurichten, sondern stattdessen eine klare Trennung von Arbeit und Freizeit vornehmen. Sie wollen keine »Burnout-Generation« sein. Mit diesem Wort war die Vorgänger-Kohorte, die Millenials, in wissenschaftlichen Studien bezeichnet worden (Petersen 2021). Ein Begriff für die neue und andere Zielsetzung der Generation Z ist die »Work-Life-Separation«. Ein objektiv messbarer Indikator ist die maximale wöchentliche Arbeitszeit, die ein Mensch zu erbringen bereit ist. Waren es früher 40 Stunden pro Woche oder sogar mehr, so sind es heute oft nur noch 30 oder 25 Stunden.

Ich persönlich halte Begriffe wie »Work-Life-Balance« oder »Work-Life-Separation« für irreführend. Sie unterstellen, dass Arbeit nicht zum Leben gehört. Sie deuten auch an, dass eine Arbeit nur dazu da ist, das eigentliche Leben zu finanzieren. Beides lässt sich anhand vieler psychologischer Studien widerlegen. Zum einen verbringen Menschen so oder so einen großen Teil ihres wachen Lebens mit Arbeit, selbst wenn es nur 25 Stunden pro Woche sind. Zum anderen gibt es keinen Grund, nicht auch auf der Arbeit Spaß zu haben, Anerkennung zu finden und gute soziale Beziehungen zu unterhalten. Die individuell formulierten Zielsetzungen von Mitarbeitern lassen das klar erkennen. Auch die Vertreterinnen und Vertreter der Generation Z wollen einen Job, der Anerkennung bringt, der Spaß macht, der krisensicher ist, in dem sie sich entwickeln können, der gesellschaftliche sowie soziale Verantwortung beinhaltet und klare Arbeitszeiten mit sich bringt (Schroth 2019). Vielleicht fällt Ihnen beim Lesen dieser Wunschliste eines auf: Sie finden dort keinerlei Hinweise auf ein gutes Gehalt, auf Statussymbole oder auf leistungsabhängige Bezahlung. Der folgende Kasten zeigt ein Beispiel für ein Mission Statement mit mehrfachem und explizitem Bezug zu den Wünschen und Zielen der Mitarbeiterinnen und Mitarbeitern des Unternehmens (www.mercedes-benz-mobility.com).

Auszug aus den Werten der Mercedes-Benz Mobility AG

Integrität, Offenheit, Respekt
Integrität schafft Vertrauen. Das Vertrauen unserer Kunden, unserer Geschäftspartner und unserer *Mitarbeiterinnen und Mitarbeiter* ist die Basis für unseren Erfolg. Nur wo Vertrauen, Ehrlichkeit, Transparenz und ein fairer, respektvoller Umgang herrschen, kann eine wertvolle Zusammenarbeit stattfinden (...).
Inspirierte, eigenverantwortliche und vielfältige *Mitarbeiter*
Unsere Core Values machen den Unterschied, jedoch sind es die Menschen, die diese Werte jeden Tag zum Leben erwecken und damit unsere größte Stärke sind (...). Inspirierte, eigenverantwortliche und vielfältige *Mitarbeiter* sind die verschiedenen Stimmen, Persönlichkeiten und Perspektiven, die bei uns im Unternehmen zusammenkommen und Mercedes-Benz Mobility letztlich zu einem Great Place to Work machen.
Finanzielle und gesellschaftliche Verantwortung
Eine gesunde wirtschaftliche Entwicklung der Mercedes-Benz Mobility AG liegt nicht nur in unserem eigenen Interesse. Denn wir tragen sowohl Verantwortung für unsere *Mitarbeiterinnen und Mitarbeiter*, als auch gegenüber den Ländern und Kommunen, in denen wir aktiv sind. Auch deshalb ist es für uns von zentraler Bedeutung, umsichtig mit unseren Unternehmensressourcen umzugehen, Investitionen sorgsam zu prüfen und Risiken gewissenhaft abzuschätzen (...).
Kundenfokus
Den Kunden in den Mittelpunkt stellen – jeden Tag, jede Minute, jede Sekunde. Das ist unser Motto. Dabei ist es ganz egal, ob unsere *Mitarbeiterinnen und Mitarbeiter* im Service Center täglich mit Kunden telefonieren oder ohne direkten Kundenkontakt im Hintergrund agieren – wir versuchen täglich die Perspektive zu wechseln und nicht von uns als Unternehmen auszugehen, sondern die Bedürfnisse unserer Kunden als Grundlage zu nehmen (...).

Unternehmen tun sich schwer, Arbeitsleistungen richtig zu bewerten

Eine wichtige Aufgabe der Personalwirtschaft ist **Leistungsbeurteilung** von Mitarbeiterinnen und Mitarbeitern durch Vorgesetzte. Sie kann verhaltensorientiert oder ergebnisorientiert erfolgen (Fallgatter 2020, S. 225). Dementsprechend beruhen Leistungsbeurteilungen auf Zielvereinbarungen, Beobachtungen, persönlichen Gesprächen oder objektiv erhobenen Leistungsdaten. Mitunter erfolgt die Leistungsbeurteilung in beide Richtungen, man spricht dann von einer 360-Grad-Evaluierung. Die klassische ökonomische Sicht auf Leistungsbeurteilungen ist positiv. Sie verweist auf mehrere Vorteile. Zunächst machen Zielvereinbarungen den Mitarbeitern klar, was von ihnen erwartet wird. Leistungsbeurteilungen stellen ein regelmäßiges Feedback dar, sie geben den Evaluierten also eine Rückmeldung über ihr Verhalten und ihre Arbeitsleistung. Anhand der Leistungsbeurteilung können weitere Schulungsbedarfe oder Karrierepotenziale erkannt werden. Auf Dauer hilft das sowohl den Mitarbeitern als auch den Unternehmen dabei, jede Person auf den für sie am besten passenden Arbeitsplatz zu bringen. Die aus theoretischer Sicht vielleicht wichtigste Funktion der Leistungsbeurteilung ist die Mitarbeitermotivation. An die Ergebnisse der Leistungsbeurteilung können leistungsfördernde Anreize geknüpft sein, beispielsweise Bonuszahlungen, Beförderungen oder Belobigungen. Denkbar sind auch Sanktionen bei schlechter Bewertung, zum Beispiel in Form von Versetzungen oder Entlassungen.

Die Bewertung der Arbeitsleistung von Mitarbeiterinnen und Mitarbeitern macht in der unternehmerischen Praxis leider ähnlich viele Probleme wie die Personalauswahl. Eine offensichtliche Schwierigkeit besteht darin, dass es nicht für alle Tätigkeiten eindeutig und objektiv messbare Arbeitsergebnisse gibt. Wir hatten dieses Problem bereits angesprochen. Die Bewertung muss dann anhand von Zielvereinbarungen und **subjektiven Beurteilungen** der jeweiligen Zielerreichung durch die Vorgesetzten erfolgen. Diese werden von persönlicher Sympathie, Interessen des Bewertenden, Interpretationsspielräumen und Wahrnehmungsverzerrungen beeinflusst. Aus der Psychologie bekannte Effekte können ebenfalls eine stark verzerrende Auswirkung haben (Lueger 1992). Beim Ausstrahlungseffekt werden einzelne Persönlichkeitsmerkmale oder Verhaltensweisen überproportional berücksichtigt, sie »überstrahlen« alle anderen Merkmale. Gutes Aussehen eines Mitarbeiters oder einer Mitarbeiterin erhöht beispielsweise die Wahrscheinlichkeit guter Bewertungen und Beförderungen. Der Ähnlichkeitseffekt bedeutet, dass Vorgesetzte Mitarbeiter umso besser beurteilen, je ähnlicher diese Personen ihnen selbst sind. Will eine Organisation solche subjektiven Einflüsse verringern, muss die Leistungsbeurteilung jeweils von mehreren Führungskräften durchgeführt werden, was ihren Aufwand allerdings noch weiter erhöht.

Ein anderes Problem sind **halbherzig durchgeführte Leistungsbeurteilungen**, die man durchaus in vielen Unternehmen antrifft. Vorgesetzte scheuen das ehrliche Feedback aus Angst vor einer unangenehmen Gesprächssituation oder gar einem Konflikt mit der betreffenden Person. Man erkennt halbherzige oder konfliktscheue Leistungsbeurteilungen daran, dass alle Mitarbeiter mehr oder weniger gleich gut bewertet werden. Das demotiviert diejenigen, die gut gearbeitet haben. Es motiviert aber auch die schlechten Personen in einer Organisation nicht, sich mehr anzustrengen. Zudem gibt es Unternehmen, in denen die Leistungsbewertung explizit nicht mit der variablen Vergütung, also den Bonuszahlungen, verknüpft ist. In solchen Fällen liegen beide Komponenten, die eigentlich zusammengeführt werden sollten, vor, aber das geschieht trotzdem nicht. Der Sinn einer solchen Regelung bleibt völlig unklar. Die variable Vergütung ist nämlich in diesem Fall ausschließlich vom Wohlwollen oder Nichtwohlwollen der jeweiligen Vorgesetzten abhängig. Das ist an sich schon ungünstig, auch wenn es in vielen Organisationen durchaus noch die gängige Praxis darstellt. Aber im beschriebenen Fall weiß keiner, wofür man dann noch die Leistungsbewertung braucht. Sie verursacht erheblichen Aufwand, ihre Ergebnisse werden jedoch nicht verwendet.

Ungeachtet aller genannten Probleme werden Leistungsbeurteilungen in praktisch allen Unternehmen und Behörden durchgeführt, typischerweise in einem jährlichen Turnus. Sie verursachen einen entsprechend hohen Zeitaufwand. Empirische Studien schätzen, dass Führungskräfte pro Jahr 210 Stunden und Mitarbeiter 40 Stunden für die Vorbereitung und Durchführung von Mitarbeiterevaluationen einsetzen. Die durchschnittlichen jährlichen Kosten für ein Unternehmen mit 10.000 Mitarbeitern oder mehr werden in den USA auf etwa 30 Mio. Dollar geschätzt. Trotz dieses großen Aufwands und ihres weiten Verbreitungsgrads werden die entsprechenden Systeme sowohl von Vorgesetzten als auch von Mitarbeitern **extrem kritisch beurteilt.** Jeder hasst sie. Und der vielleicht schlimmste Befund lautet: Es lässt sich kein signifikanter Zusammenhang zwischen der durchschnittlichen Leistungsbewertung einer Organisationseinheit und deren Effizienz oder Profitabilität finden (Pulakos/Mueller-Hanson/Arad 2019, S. 250).

Idealerweise werden Arbeitsleistungen nicht in einer subjektiven Gesamtevaluation bewertet, sondern hinsichtlich verschiedener Dimensionen. Wünschenswert wäre es weiterhin, wenn nicht nur eine Person die Bewertung durchführt, sondern mehrere Personen unabhängig voneinander. Eine solche **strukturierte Bewertung** für jeden Kandidaten und für jede Dimension wird von mehreren Vorgesetzten vorgenommen und dann anschließend zu einer Gesamtbewertung aggregiert. So wird der Einfluss subjektiv geprägter Einzelbewertungen verringert. Zudem werden die einzelnen Bestandteile der Arbeitsleistung transparenter. Es ist durchaus möglich, dass eine einzelne Mitarbeiterin oder ein einzelner Mitarbeiter hinsichtlich einer bestimmten Leistungsdimension sehr gut und hinsichtlich einer anderen Dimension sehr schlecht bewertet wird. In einer Gesamtbewertung wären diese Unterschiede nicht zu erkennen, was es auch den Mitarbeitern selbst erschwert, dazu zu lernen und sich zu verbessern. Folgt man dieser Logik einer strukturierten und von mehreren Personen vorzunehmenden Bewertung, dann wird die Leistungsbeurteilung natürlich zu einer noch komplexeren und zeitaufwändigeren Aktivität.

Eine Alternative zur Einzelbewertung von Mitarbeitern besteht in der Bildung einer **Rangordnung** (Kahneman/Sibony/Sunstein 2021, S. 292–293). Vorstufen einer Rangordnung sind Mitarbeiterbewertungen, bei denen jede Note vergeben werden muss oder bestimmte Noten nur begrenzt oft vergeben werden dürfen. Das gibt es beispielsweise in Ministerien. Wer dort den Aufstieg in eine andere Besoldungsgruppe schaffen will, der muss über einige Jahre die Bestnote (fünf von fünf Punkten) erhalten. Vorgesetzte dürfen in ihrem Referat oder ihrer Abteilung aber nur einer vorab festgelegten Anzahl von Mitarbeitern die Bestnote geben. Auf diese Art wird verhindert, dass alle die Bestnote bekommen und dann alle einen Antrag auf Aufstieg stellen. Die konsequenteste Umsetzung einer Rangordnung nutzt feste Verteilungen. Man bildet beispielsweise drei Gruppen, erzwingt eine Normalverteilung (15 Prozent in der schlechtesten Gruppe, 70 Prozent in der mittleren und 15 Prozent in der besten Gruppe) und ordnet dann alle Mitarbeiter entsprechend ihrer Leistungen in die drei Gruppen ein. Typischerweise werden Mitarbeiter aus der Top-Performer-Gruppe befördert und Mitarbeiter aus der Low-Performer-Gruppe entlassen (Pulakos/Mueller-Hanson/Arad 2019, S. 252). Die meisten Unternehmen, die tatsächlich solche harten Rangordnungen verwendeten, gaben das Verfahren allerdings nach einigen Jahren wieder auf. Rangordnungen haben nämlich sehr negative Effekte auf das Teamgefühl und die Mitarbeitermotivation (Sibony 2020, S. 42).

Die verhaltensökonomische Forschung stellt die grundsätzlichen Probleme der Leistungsbeurteilung dar, indem sie die wesentlichen Annahmen an deren Funktionsfähigkeit überprüft und sie mit dem empirisch beobachtbaren Verhalten von Menschen vergleicht (Pulakos/Mueller-Hanson/Arad 2019, S. 253–254). Die erste Annahme lautet, dass Mitarbeiter auf ihrem Arbeitsplatz eine konstante Leistung erbringen, die ihrer Effektivität bei der Ausübung der entsprechenden Aufgaben entspricht. Diese Annahme übersieht ganz offensichtlich **den soziologischen Kontext von Arbeit**. Es ist durchaus denkbar, dass ein Mitarbeiter unter einer Vorgesetzten oder einem bestimmten Kunden gegenüber gute und unter einem anderen Vorgesetzten oder gegenüber einem anderen Kunden schlechtere Arbeitsleistungen erbringt. Insofern darf es auch nicht überraschen, wenn verschiedene Vorgesetzte zu unterschiedlichen Bewertungen ein und derselben Person kommen. Hinzu kommt eine Vielzahl von psychologischen Einflussfaktoren, die zu schwankenden Arbeitsleistungen führen. Hier wäre es wichtiger, die Einflussfaktoren zu erkennen, die vom Unternehmen ausgehen und verbessert werden können. Ein offensichtliches Beispiel ist der Führungsstil. Ein anderes offensichtliches Beispiel ist die Unternehmenskultur.

Die zweite Annahme für die Sinnhaftigkeit von Leistungsbeurteilungen betrifft die Vorgesetzten. Wir müssen annehmen, dass sie die Leistungen von Mitarbeitern valide bewerten können. Diese Annahme ist plausibel, solange es um die grundsätzliche Frage geht, wer seinen Job ordentlich macht und wer überfordert ist. Sobald aber Bewertungen auf viel feineren Skalen und für viel mehr Aspekte der Arbeitsleistung abgefragt werden, setzt bei Vorgesetzten eine **kognitive Überforderung** ein. Sie haben viele Mitarbeiter zu bewerten. Sie sehen die Arbeit dieser Mitarbeiter nicht jeden Tag. Sie erinnern sich zum Zeitpunkt der Bewertung nicht mehr an jeden einzelnen Aspekt des Mitarbeiterverhaltens. Aktuelle Eindrücke prägen den Gesamteindruck stärker als länger zurückliegende Eindrücke. Leistungsbeurteilungen auf Skalen mit fünf, sieben oder sogar zehn Messeinheiten können nur grob angenähert ausgefüllt werden und unterliegen damit einer hohen intrapersonellen Streuung. Das eigene Urteil wird beeinflusst von dem, was andere Vorgesetzte über die betreffende Person sagen. Einzelne Teilleistungen, die besonders sichtbar waren, zum Beispiel die Gewinnung eines neuen Kunden, werden andere, weniger sichtbare Aspekte der Arbeitsleistung überlagern. Insgesamt liegt es also nahe, dass viele Systeme der Leistungsbeurteilung die Wahrnehmungs- und Informationsverarbeitungskapazitäten von Evaluierenden überfordern.

Die dritte Annahme, die die klassische Ökonomie hinsichtlich der Leistungsbeurteilungen von Mitarbeitern macht, betrifft ebenfalls die Vorgesetzten. Sie unterstellt, dass Evaluierende ihre Mitarbeiter nicht nur valide bewerten können, sondern das auch wollen. Dieser Annahme stehen gleich mehrere verhaltensökonomische Erkenntnisse entgegen. Vorgesetzte haben nicht nur ein fachliches, sondern immer auch ein persönliches Verhältnis zu ihren Mitarbeitern. Insofern wird ihre Beurteilung der Arbeitsleistung beeinflusst von Sympathie und Antipathie. Weiterhin gibt es nicht wenige Vorgesetzte, die konfliktscheu sind und daher negatives Feedback ganz vermeiden. Das ist durchaus verständlich. Kritische Mitarbeitergespräche sind für beide Seiten unangenehm. Menschen neigen zur Überschätzung ihrer eigenen Fähigkeiten und Leistungen und reagieren daher oft sehr feindselig auf Kritik. Umgekehrt gibt es den klaren Anreiz, sehr gute Mitarbeiterinnen und Mitarbeiter nicht auch sehr gut zu bewerten. Denn dann werden diese wahrscheinlich befördert und stehen dem bewertenden Vorgesetzten nicht mehr zur Verfügung. Klüger ist es oft, den besten Mitarbeitern eine gute, aber keine sehr gute Bewertung zu geben, so dass sie der Organisationseinheit erhalten bleiben. Insgesamt ergeben sich also klare Anreize der **Vermeidung von sehr schlechten und sehr guten Bewertungen**. Vorgesetzte tun sich leichter, wenn sie keine großen Bewertungsunterschiede vornehmen und sich auf andere Instrumente der Mitarbeitermotivation verlassen.

Anhand eines abschließenden Beispiels möchte ich die Schwierigkeiten bei Leistungsbeurteilungen noch einmal illustrieren. In meinem Beruf beurteilen wir als Professorinnen und Professoren die Leistungen von Studierenden. Wir tun das anhand von Klausuren, Hausarbeiten, Seminarvorträgen und anderen Leistungsnachweisen. Das ist allgemein bekannt. Weniger bekannt ist jedoch, dass Studierende auch die Leistungen von Lehrenden bewerten. Das entsprechende Instrument heißt **Lehrevaluation**. Eine erste Frage zu diesem Instrument lautet, ob überhaupt alle Veranstaltungen verpflichtend evaluiert werden. Häufig findet die Evaluation nur freiwillig statt, was falsche Anreize setzt. Sehr gute Lehrende werden sich gerne evaluieren lassen, sehr schlechte werden für ihre Veranstaltungen einfach gar keine Evaluation durchführen. Eine zweite Frage betrifft die Veröffentlichung der Ergebnisse. An einigen wenigen Universitäten werden alle Lehrevaluationen in ein Ranking gebracht und veröffentlicht. Jeder kann sehen, wo jede Veranstaltung steht. Wenn ich mit einer Vorlesung den letzten Platz belege, dann bin ich einem großen Druck ausgesetzt, es beim nächsten Mal besser zu machen und den letzten Tabellenplatz abzugeben. An den meisten Universitäten werden die Ergebnisse der Lehrevaluation jedoch nur den betreffenden Dozenten mitgeteilt, sie sind also nicht öffentlich bekannt. Dann ist der Druck, sich zu verbessern, schon deutlich geringer.

Eine dritte Frage zu Lehrevaluationen richtet sich darauf, was Studierende in einer Vorlesungs- oder Seminarevaluation eigentlich bewerten. Psychologische Erkenntnisse legen nahe, dass vor allem zählt, ob der Dozent oder die Dozentin als sympathisch wahrgenommen wurde und ob man sich in der Veranstaltung wohl gefühlt hat. Eigentlich relevante Bewertungskriterien wären jedoch Fragen wie: Habe ich viel gelernt? Hat mich die Veranstaltung gut auf das Berufsleben vorbereitet? Lernerfolge können zum Zeitpunkt der Evaluation von den Studierenden aber nicht valide beantwortet werden. Eine vierte Frage lautet, ob an Veranstaltungsevaluationen Belohnungen oder Sanktionen geknüpft sein sollen. Monetäre Belohnungen sind denkbar, wenn die Zielvereinbarung eines Dozenten oder einer Dozentin eine Mindestnote bei der durchschnittlichen Vorlesungsevaluation vorsieht. Sanktionen wie eine Entlassung bei nachhaltig schlechten Vorlesungsbewertungen sind auch denkbar, kommen aber selten vor. Die meisten Universitäten machen es anders. Sie zeichnen die allerbesten Lehrenden mit Belobigungen aus. Diese **Lehrpreise** können mit einem Bonus gekoppelt sein, werden aber oft auch nur als öffentlich sichtbare Anerkennung ohne finanzielle Komponente verliehen.

So schön solche Lehrpreise für die Geehrten auch sind, als Motivationsinstrument für alle Professorinnen und Professoren sind sie ungeeignet. Denn die Wahrscheinlichkeit, einen solchen Lehrpreis zu bekommen, ist bei hunderten von Lehrveranstaltungen in jedem Semester einfach zu gering. Häufig ist es sogar so, dass jemand, der schon einmal einen Lehrpreis erhalten hat, in der Folgezeit keinen mehr bekommt, damit auch mal andere »drankommen«. Das ist mir persönlich einmal exakt mit diesen Worten kommuniziert worden. Sie können also in mehreren Semestern hintereinander immer die beste Evaluation haben, bekommen den Lehrpreis aber nur einmal. Das ist ungefähr so, als würde der deutsche Meister in der Fußball-Bundesliga in der kommenden Saison nicht mehr um den Titel mitspielen dürfen, weil er »ja schon mal gewonnen hat«. Das Prinzip ist trotzdem verständlich. Wenn es einzelne überragend gute Dozentinnen oder Dozenten gibt, die den Lehrpreis in jedem Semester gewinnen, dann ist die Motivationswirkung auf alle anderen noch geringer. Um im Beispiel des Sports zu bleiben: Wenn ich das historische Pech habe, zu Zeiten eines Usain Bolt Hundertmeterläufer zu sein, dann werde ich vielleicht mal den zweiten Platz machen, aber für Gold wird es niemals reichen. Warum sollte ich mich dann ganz extrem anstrengen?

Mitarbeiter passen sich an das Verhalten der Kolleginnen und Kollegen an

Einer der wichtigsten Befunde der verhaltensökonomischen Forschung im Bereich der Personalwirtschaft ist die Bedeutung des sozialen Kontexts. Das Verhalten von Mitmenschen übt einen großen Einfluss auf unsere eigenen Entscheidungen aus. Wir sind soziale Wesen und Herdentiere. Wir lernen nicht nur aus eigenen Erfahrungen, sondern auch vom Vorbild und den Erzählungen anderer Menschen. **Soziales Lernen** prägt unser Verhalten. Ein Experiment, das diesen Effekt gut illustriert, heißt »monkeys in a cage« oder »Affen im Käfig«. Bei diesem Tierversuch wurden in einem Käfig mit Affen appetitliche Bananen auf der Spitze eines Klettergerüstes angebracht. Sobald sich allerdings ein Affe den Bananen nähert, ergießt sich aus einem Schlauch, der in den Bananen versteckt ist, ein Schwall kalten Wassers auf ihn. Bei diesem Versuchsdesign lernen alle Affen schnell, dass es nicht empfehlenswert ist, sich den Bananen zu nähern. Sie klettern nach einer Weile nicht mehr hinauf zu den Bananen. Dieses Verhalten der Affen kann man gut mit der Lerntheorie erklären. Und wir Menschen machen es genauso. Wenn wir eigene unangenehme Erfahrungen mit einem bestimmten Verhalten machen, dann lassen wir in Zukunft das entsprechende Verhalten sein. Das klassische Beispiel ist die heiße, rot leuchtende Herdplatte. Wenn ein Kind eine solche Herdplatte anfasst und sich dabei die Finger verbrennt, dann lernt es schmerzlich und nachdrücklich, sich in Zukunft lieber von heißen Herdplatten fernzuhalten.

Der Versuch mit den Affen geht aber noch weiter. Die Forscher stellten den Wasserstrahl in den Bananen ab. Gleichzeitig begannen sie damit, neue Affen in den Käfig zu bringen und »altgediente« Affen aus dem Käfig herauszunehmen. Es fällt jedem sofort auf, dass das sehr viel mit dem Alltag der Personalwirtschaft in Unternehmen zu tun hat. Neue Mitarbeiterinnen und Mitarbeiter werden eingestellt, ältere Arbeitnehmer gehen in den Ruhestand oder wechseln zu anderen Unternehmen (Bitte lassen Sie sich nicht von dem Vergleich der Mitarbeiter in einem Unternehmen mit Affen in einem Käfig provozieren). Nun würde man erwarten, dass die neu hinzugekommenen Affen die Bananen sehen und versuchen, an sie heranzukommen. Sie haben ja selbst keine unangenehmen Erfahrungen mit der Annäherung an die Bananen gemacht. Und man würde erwarten, dass dieses Verhalten auch von Erfolg gekrönt ist, weil der Wassermechanismus ja abgestellt wurde. Die Affen kämen jetzt gefahrlos an die Bananen heran. Und doch passierte in dem Experiment das Gegenteil: Keiner der Affen versuchte, die Bananen zu erreichen. Alle blieben beim Status quo. Selbst nachdem alle Affen, die sich anfangs im Käfig befunden hatten, ausgetauscht waren, sich also eine komplett andere Gruppe in dem Käfig aufhielt, machte keiner einen Versuch, an die Bananen heranzukommen. Die Erklärung für dieses erstaunliche Verhalten ist soziales Lernen. Die Affen brauchen nicht das eigene Erlebnis des kalten Wasserschwalls, um sich von den Bananen fernzuhalten. Das erzählen ihnen die alteingesessenen Affen.

Übertragen auf die Personalwirtschaft kann der Effekt des sozialen Lernens erklären, warum **Veränderungsprogramme** so oft scheitern. Zum einen sind wir Menschen an sich schon skeptisch, wenn es um Veränderungen geht. Wir vermeiden Unsicherheiten und bevorzugen das, was wir kennen. Zum anderen sind wir aber auch soziale Wesen und tun am liebsten das, was alle anderen Menschen auch tun. Selbst individuell veränderungsbereite Mitarbeiterinnen und Mitarbeiter tragen in großen Organisationen Veränderungsprogramme nicht mit, einfach weil Kolleginnen und Kollegen diesen Programmen ablehnend gegenüberstehen. Wenn wir nicht sehr starke eigene Präferenzen haben, dann übernehmen wir die Meinungen und das Verhalten unserer sozialen Bezugsgruppe. Wir sind den Affen im Käfig also sehr ähnlich. Erfahrene Mitarbeiter leben Neuankömmlingen in Organisationen vor, was zu tun und was zu lassen ist. Sie übertragen Werte und Normen, die oft ungeprüft übernommen werden. Der Gruppendruck und das Gefühl der sozialen Verbundenheit verhindern, dass sich einzelne Mitarbeiterinnen und Mitarbeiter anders verhalten als die Mehrheit.

Soziales Lernen kann auch positive Effekte haben. Denn Mitarbeiterinnen und Mitarbeiter beobachten sich gegenseitig und passen das eigene Anstrengungsniveau an das der Kollegen an. Verhaltensökonomen nennen das einen »**peer effect**«. Er lässt sich schon bei ganz einfachen Tätigkeiten wie dem Eintüten von Briefen in Briefumschläge nachweisen (Falk/Ichino 2006). Verglichen wurden in dem betreffenden Experiment zwei verschiedene Arbeitsbedingungen. In der einen Konstellation arbeitete jede der zwei Versuchspersonen allein in einem Raum, in der anderen Versuchsanordnung saßen sie nebeneinander im selben Raum. In der Paarkonstellation ergab sich eine systematisch höhere Arbeitsproduktivität, es wurden also mehr Briefe pro Stunde und pro Person eingetütet. Die Arbeitsleistung zeigte auch weniger Variation. Man kann präzise sagen, was genau der Effekt der Arbeit von zwei Personen in einem Raum nebeneinander ist: Die weniger fleißige Person steigert ihre Arbeitsleistung, wenn sie direkt neben der fleißigeren Person sitzt. Ich halte das für ein bemerkenswertes Resultat. Es hätte ja auch sein können, dass sich die fleißigere Person an das langsamere Arbeitstempo der anderen anpasst. Aber die gegenseitige Beobachtbarkeit erhöht eindeutig die Produktivität. Der Fleißige dient dem weniger Fleißigen als Vorbild und nicht umgekehrt.

Der Vorbildeffekt lässt sich auch bei anspruchsvolleren Tätigkeiten und bei mehreren Beschäftigten nachweisen. In einer realistischen Büro- oder Werkstattwelt gilt: Was ich als angemessenes Verhalten bei anderen Mitarbeitern wahrnehme, das setze ich auch für mich selbst um. Verhaltensökonomische Studien haben konkret gezeigt, dass sich die Arbeitsleistung von Beschäftigten an die der Kolleginnen und Kollegen anpasst, von denen sie potenziell beobachtet werden können. Die Beobachter etablieren aus psychologischer Sicht eine soziale Norm für den Arbeitseinsatz (Mas/Moretti 2009). Dieser **Einfluss der Beobachtbarkeit** spricht für eine offene Büroorganisation, beispielsweise in Form von Großraumbüros oder offenen Werkstätten. Sie sind zwar manchmal etwas laut und unruhig, aber es gibt weniger Möglichkeiten für Drückebergerei. Und wenn sich einige sehr fleißige Personen im Großraumbüro befinden, dann färbt deren Vorbild hoffentlich auf das Arbeitsverhalten der anderen Kolleginnen und Kollegen ab. Produktivitätsfördernde soziale Normen durch Vorbildverhalten gehen weitgehend verloren, wenn die Arbeit in Einzelbüros stattfindet. Sie sind ganz unmöglich, wenn Menschen von zuhause arbeiten, also im sogenannten Homeoffice. Dort kann ich keine Kollegen beobachten und deren Arbeitsmoral stärken, aber mich selbst beobachtet eben auch niemand.

Der peer effect ist noch aus einem weiteren Grund von Bedeutung. Denn der Erfolg eines Menschen hängt dann nicht nur von diesem Menschen selbst ab, sondern von seinen Wegbegleitern. Und die werden oft zufällig ausgewählt. Verhaltensökonomen haben folgende Hypothese aufgestellt (und empirisch bestätigt):

Karrieren entscheiden sich schon in der Schule. Die eigene persönliche und berufliche Entwicklung hängt nämlich davon ab, mit wem man in der Schule oder der frühen Phase des Studiums zusammenarbeitet. Je besser die Freunde sind, mit denen man in Arbeitsgruppen eingeteilt wird oder mit denen man gemeinsam Arbeiten schreibt, desto besser werden die eigenen Leistungen (Elsner/Isphording 2017). Umgekehrt weisen Schüler umso geringere schulische Leistungen und umso ungünstigere berufliche Entwicklungen auf, je schlechter ihre peer group in der Schule ist und je schlimmer diese peer group bei Verhaltensweisen wie Rauchen, Schlägereien und Drogenkonsum abschneidet. Alle diese Effekte sind nicht überraschend, wenn man die Bedeutung von sozialen Normen und Gruppenverhalten für menschliches Verhalten kennt. Sie werfen nur die Frage auf, ob und wann Gruppen wirklich zufällig gebildet werden sollten.

Zumindest aus der Sicht von Eltern bietet es sich eher an, die peer group positiv zu beeinflussen, wenn das jedenfalls möglich ist. Wenn Ihr Kind in der Schule mit leistungsstarken und motivierten anderen Kindern zusammen ist, wird es auch bessere schulische Leistungen erbringen. Leider können Sie das als Eltern nur indirekt beeinflussen. So bietet es sich grundsätzlich an, eine gute Schule zu wählen, einfach weil dann die Wahrscheinlichkeit höher ist, dass Ihr Kind dort Gruppen mit anderen guten Kindern bildet. Allerdings geht das nicht immer. Privatschulen sind sicher oft besser als öffentliche Schulen, aber nicht jeder kann sich Privatschulen leisten. Dann hängt es vom Wohnort ab. Wer in einer besonders strukturschwachen Gegend oder gar einem sozialen Brennpunkt wohnt, der läuft viel eher Gefahr, dass die Kinder ungünstigen »peer effects« in der Schule ausgesetzt sind, als jemand, der in einer guten Gegend wohnt. Es bleibt dann noch die Möglichkeit, auf die Freizeitgestaltung der Kinder Einfluss zu nehmen und so die Zugehörigkeit zu einer günstigen peer group zu erreichen. Es ist insgesamt aus meiner Sicht nicht völlig deterministisch, was aus einem Kind wird. Denn irgendwann ist jeder Mensch reif genug, sich seine peer group auszuwählen. In späteren Schuljahren, in der Ausbildung oder im Studium kann ich mir meine Freunde und meine Arbeitsgruppen selbst aussuchen. Ich kann mich (hoffentlich) aus ungünstigen Gruppen lösen und mich förderlichen Gruppen anschließen.

Mitarbeiter bestrafen unfaires Verhalten des Arbeitgebers

Die Verhaltensökonomik hat sich intensiv mit Fragen der Fairness und der Reziprozität in Arbeitsverhältnissen befasst. Die Grundhypothese lautet, dass wir Menschen auch auf der Arbeit soziale Wesen sind. Zudem können die zu erbringenden Arbeitsleistungen und die Erfolgsmaße einzelner Mitarbeiter in Arbeitsverträgen nie vollständig abgebildet werden. Demnach sind reziproke Verhaltensweisen und ein Bedürfnis nach Fairness auch hier relevant. Wenn ein Arbeitgeber Mitarbeiterinnen und Mitarbeiter unfair behandelt, dann ist zu erwarten, dass die entsprechend reagieren, zum Beispiel mit **Krankfeiern oder Dienst nach Vorschrift**. Und genau das konnte wiederholt gezeigt werden. Ein bekanntes Beispiel sind Auseinandersetzungen zwischen Mitarbeitern und Managern in einer US-amerikanischen

Fabrik des Reifenherstellers Bridgestone-Firestone. Sie begannen im Jahr 1994, verliefen sehr kontrovers und führten erst im Jahr 1996 zu einer Einigung. Als besonders unfair nahmen die Mitarbeiter den Einsatz von nicht gewerkschaftlich organisierten Leiharbeitern durch die Unternehmensleitung in Zeiten von Streiks wahr. Das Gefühl des unfairen Arbeitgeberverhaltens wurde noch verstärkt durch die Tatsache, dass den Gewerkschaften durch die lange Streikphase das Geld ausgegangen war. Die dadurch erzwungene Annahme des Arbeitgeberangebots fühlte sich für alle Beschäftigten wie eine Niederlage an. Der wahre Verlierer des Arbeitskampfes war jedoch das Unternehmen. Denn in der Zeit zwischen 1994 und 1996 stieg die Fehlerrate bei den in dieser Fabrik hergestellten Reifen um das Zehnfache an. Die Folge waren Kundenbeschwerden und ein massiver Rückgang des Marktanteils (Krueger/Mas 2004). Das Übervorteilen der Mitarbeiterinnen und Mitarbeiter führte also zu reziprokem Verhalten und dadurch insgesamt zu einem wirtschaftlichen Nachteil für das Unternehmen.

Fairness und Verlustaversion spielen grundsätzlich eine große Rolle bei der Beurteilung von Gehaltsveränderungen. Allerdings zeigte sich, dass es auf die Rahmenbedingungen und die Art der Darstellung ankommt. So empfanden 62 Prozent der Mitarbeiter in einer großen Befragung eine Gehaltskürzung um 7 Prozent bei einer Inflationsrate von 0 Prozent als unfair. Gleichzeitig beurteilten aber nur 22 Prozent der Befragten eine Gehaltserhöhung von 5 Prozent bei einer Inflationsrate von 12 Prozent als unfair (Kahneman/Knetsch/Thaler 1986b). Das ist insofern überraschend, als es sich in beiden Fällen um den gleichen Reallohnrückgang handelt. Eine Erklärung wäre, dass sich die Verlustaversion der Mitarbeiter auf nominelle Gehaltsänderungen bezieht, aber nicht auf reale. Eine andere Erklärung verweist darauf, dass die Inflationsrate von den Beschäftigten als extern wahrgenommen, also nicht dem Arbeitgeber angelastet wird. Viel wahrscheinlicher ist jedoch, dass Mitarbeiterinnen und Mitarbeiter den Status quo, also ihr jetziges Gehalt, als Referenzpunkt verwenden. Gehaltskürzungen sind dann immer Verluste, Gehaltserhöhungen immer Gewinne. Andere Faktoren wie die Inflationsrate spielen vermutlich keine oder nur eine untergeordnete Rolle.

Dass der Status quo eine Rolle bei der Beurteilung von Gehaltserhöhungen und Gehaltskürzungen spielt, ergibt sich auch aus anderen Studien. So wurde Befragungsteilnehmern ein Kopiershop präsentiert, der einen Mitarbeiter hat und ihm gegenwärtig 9 Dollar Lohn pro Stunde zahlt. Aufgrund einer Fabrikschließung in der Nähe sind jetzt mehr potenzielle Arbeitnehmer auf dem Markt und andere kleine Geschäfte stellen Mitarbeiter für 7 Dollar pro Stunde ein. Eine Lohnsenkung für den Mitarbeiter von 9 Dollar auf 7 Dollar beurteilten 83 Prozent der Befragten als unfair. Wenn der eine Mitarbeiter aber kündigt und ein neuer Mitarbeiter zu einem Stundensatz von 7 Dollar eingestellt wird, halten 73 Prozent der Befragungsteilnehmer das für fair. Der Referenzpunkt zur Beurteilung der Fairness ist also nicht der Marktlohn, sondern der Lohn, den jemand schon bekommt (Kahneman/Knetsch/Thaler 1986a, S. 730). Aus allen diesen Befunden ergibt sich für Arbeitgeber eine einfache, aber wichtige Erkenntnis: **Lohnkürzungen sind nach Möglichkeit zu vermeiden.** Sie werden von der Belegschaft als Verluste wahrgenommen und wiegen entsprechend schwer. Im Sinne des Aufrechterhaltens der Mitarbeitermotivation sind andere Maßnahmen besser geeignet, zum Beispiel Einstellungsstopps oder Entlassungen.

Auch jenseits der Bezahlung führt unfaires Verhalten von Vorgesetzten zu sehr starker Demotivation und entsprechend reziprokem Verhalten in Form von Minder- oder Schlechtleistung. Als besonders unfair wird interessanterweise die Nichtbeachtung der Arbeitsleistung empfunden. Nichtbeachtung bedeutet, dass Vorgesetzte einzelne Mitarbeiter ignorieren und weder deren Arbeitseinsatz noch deren Arbeitsergebnisse zur Kenntnis nehmen. **Nichtbeachtung ist das Gegenteil von Anerkennung**. In verhaltensökonomischen Experimenten sieht man, wie stark demotivierend ein solches Verhalten ist. Dort wurde ein und dieselbe Aufgabe in drei verschiedenen Gruppen bearbeitet (Ariely 2015, S. 92–93). Es ging um das Auffinden von Tippfehlern in einseitigen Texten. In der ersten Gruppe wurde die Arbeitsleistung des Teams von der jeweiligen Führungskraft in Form eines sorgfältigen Lesens der einzelnen Blätter und eines anerkennenden Nickens gewürdigt. Diese Gruppe hieß »anerkennen«. In der zweiten Gruppe wurden die abgegebenen Blätter von der Führungskraft zwar eingesammelt, aber nicht angesehen. Die Arbeitsergebnisse wurden ignoriert. Dementsprechend war auch der Gruppenname »ignorieren«. In der dritten Gruppe war das unfaire Verhalten der Vorgesetzten noch extremer. Die Führungskraft nahm jedes fertig bearbeitete Blatt zwar an, sah es aber gar nicht durch, sondern steckte es sofort in eine Mülltonne. Diese Gruppe bekam den vielsagenden Namen »vernichten«. Die Aufgabe war wiederholt zu bearbeiten. Es ist sicher nicht überraschend, dass die Anerkennungsgruppe das bei weitem beste Ergebnis erzielte. Was aber vielleicht doch überrascht, ist die Tatsache, dass »ignorieren« und »vernichten« zu ähnlich schlechten Arbeitsergebnissen führte. Wenn Sie als Manager oder Managerin Ihr Team also maximal demotivieren möchten, dann ignorieren Sie einfach deren Arbeitsergebnis oder, noch besser, werfen Sie es vor deren Augen in den Müll. Sie können dann sicher sein, dass es zu reziprokem Verhalten kommen wird.

Es gibt jedoch eine gute Nachricht. **Positive Reziprozität** wirkt in Arbeitsverhältnissen ebenso wie negative. Verhält sich ein Arbeitgeber großzügig, zum Beispiel bei Urlaubsregelungen oder bei Zusatzleistungen wie einer Kantine, dann geben sich auch die Mitarbeiter und Mitarbeiterinnen bei ihrer Arbeit mehr Mühe. Oft erhöhen solche immateriellen Leistungen des Unternehmens die Zufriedenheit und damit die Arbeitsproduktivität stärker als leistungsabhängige finanzielle Anreize wie Boni oder Prämien (Fehr/Gächter 2000, S. 171). Unterlässt es ein Unternehmen bei schlechten Auftragseingängen, Mitarbeiter zu entlassen, dann zeigen diese Mitarbeiter auch bei Vorliegen attraktiver anderer Angebote am Arbeitsmarkt mehr Loyalität gegenüber ihrem bestehenden Arbeitgeber. Verzichtet ein Arbeitgeber auf Strafen bei individuell schlechter Arbeitsleistung, dann verbessern sich das Betriebsklima und die gesamte Arbeitsproduktivität. Der Umfang von strafrechtlich relevantem Fehlverhalten am Arbeitsplatz, zum Beispiel in Form von Diebstählen, nimmt ab (Bewley 1995). Innerhalb der Belegschaft funktioniert Reziprozität ebenso als produktivitätsfördernde soziale Norm. Wenn einzelne Mitarbeiter sich als Drückeberger verhalten, dann werden die Kolleginnen und Kollegen dieses Verhalten nach Möglichkeit bestrafen. Und wenn sich einzelne Mitarbeiter hilfsbereit und unterstützend verhalten, dann werden sich die anderen ihnen gegenüber ebenfalls hilfsbereit und unterstützend zeigen.

Was Organisationen besser machen können

Zur Personalauswahl gibt es eine erste eindeutige und wichtige Empfehlung, die sich aus den Ergebnissen der verhaltensökonomischen Forschung ableiten lässt. Unternehmen und andere Organisationen sollten Einstellungsentscheidungen nicht allein auf der Grundlage eines unstrukturierten Interviews treffen. Sie sollten verschiedene Personen Einstellungsgespräche mit Kandidatinnen und Kandidaten führen lassen. In jedem Interview sollte ein jeweils anderer Aspekt der Qualifikation oder des Verhaltens überprüft werden. Und **die einzelnen Interviews sollten unabhängig voneinander geführt werden**. Die Unternehmensvertreter sollten ihre Eindrücke aus einem Gespräch also nicht den Kolleginnen und Kollegen mitteilen, die dann als nächste ein Gespräch mit dem betreffenden Bewerber führen. So kann sichergestellt werden, dass nicht alle Evaluationen implizit vom ersten Interview beeinflusst oder sogar geprägt werden. Im Nachgang werden dann die Ergebnisse aller Interviews aggregiert und diskutiert. Erst danach sollte eine Einstellungsentscheidung getroffen werden. Das muss nicht zwangsläufig einstimmig geschehen. Sollte jedoch ein Interviewer ernsthafte Bedenken äußern, dann ist es besser, die betreffende Person nicht einzustellen. Ein solches Vetorecht kann auch formell vereinbart werden.

Wenn es um wichtige Positionen oder Leitungsfunktionen geht, dann bietet es sich an, die fachliche Evaluation von Kandidatinnen und Kandidaten um eine **Beurteilung der sozialen Kompetenzen** zu ergänzen. Ein typisches Beispiel sind Mitglieder von Leistungsgremien wie Geschäftsführung oder Vorstand. Soziale Kompetenzen sind hier zweifellos mindestens ebenso wichtig wie fachliche, aber sie sind auch schwieriger zu bewerten. Es besteht daher die Gefahr, dass die Auswählenden eine in der Verhaltensökonomik bekannte Heuristik verwenden, nämlich die schwierige Frage nach der sozialen Kompetenz oder Passung durch eine einfachere Frage zu ersetzen. Das wäre dann die nach der persönlichen Sympathie. Es besteht auch die Gefahr der Homophilie, dass Organisationen nämlich bevorzugt Menschen einstellen, die den auswählenden Personen ähnlich und daher sozial angenehm sind. Im Sinne der Diversität und der Vielfalt der Sichtweisen ist diese Homophilie jedoch schädlich. Das ist aus meiner Erfahrung das grundsätzliche Dilemma des Konzepts der sozialen Kompetenzen. Es ist leichter und angenehmer mit Menschen zusammenzuarbeiten, die einem selbst ähnlich sind, aber es führt nicht notwendigerweise auch zu besseren Arbeitsergebnissen. Zudem ist es ex ante auch nicht immer leicht, das Sozialverhalten und die Teamfähigkeit von Menschen einzuschätzen. Bewerberinnen und Bewerber haben einen klaren Anreiz, sich in den Auswahlgesprächen kooperativer und kollegialer darzustellen, als sie es tatsächlich sind.

Es gibt ein Instrument zur Beurteilung von sozialen Kompetenzen, das in manchen Organisationen mit Erfolg angewendet wird. Es ist vergleichsweise zeitaufwändig, läuft eher informell ab und ist hinsichtlich der inhaltlichen Bewertungskriterien nur unscharf definiert. Ich meine **das gemeinsame Mittag- oder Abendessen** mit einzelnen Bewerberinnen und Bewerbern. Wenn Sie so etwas selbst schon einmal mitgemacht haben, dann wissen Sie, wie anstrengend und gezwungen solche Essen ablaufen können, und zwar für beide Seiten. Sie können auch sehr gut verlaufen. Ein gemeinsames Essen vermittelt auf jeden Fall einen vergleichsweise validen Eindruck davon, wie sich ein Mensch in informellen sozialen Situationen verhält. Dabei geht es nicht um die Prüfung, ob jemand Messer und Gabel richtig benutzen kann. Der Kontext eines gemeinsamen Essens vermittelt vornehmlich einen Eindruck davon, wie gut jemand zuhört, wie leicht jemand Smalltalk machen kann, und wie emotional intelligent die Person ist. Ein ungünstiger Eindruck entsteht, wenn Bewerberinnen oder Bewerber das Gespräch dominieren. Ebenso ungünstig ist es, wenn sie sich gar nicht am Gespräch beteiligen. Positive Signale sind das Interesse an der Organisation und den dort arbeitenden Menschen sowie die Fähigkeit, auf unterschiedliche Gesprächspartner am Tisch gleichermaßen einzugehen.

Bei der Motivation von Mitarbeitern spielen nach den Erkenntnissen der Verhaltensökonomie immaterielle Anreize eine mindestens ebenso große Rolle wie materielle. Unternehmen sollten also überlegen, ob sie ihr Geld anstatt für höhere Boni und Leistungszulagen nicht lieber für **eine bessere Unternehmenskultur** ausgeben sollten. Dazu zählen eine zentral platzierte und hochwertige Kaffeemaschine, ein anerkennender Führungsstil, ein offener Informationsaustausch, soziale Events wie Betriebsausflüge und Weihnachtsfeiern sowie eine moderne Gestaltung der Arbeitsplätze. Diskriminierungen führen zu deutlich geringeren Arbeitsleistungen und dürfen niemals toleriert werden. Den einzelnen Mitarbeiterinnen und Mitarbeitern sollte möglichst viel Entscheidungsautonomie gewährt werden. Es ist auch produktivitätsfördernd, wenn die Belegschaft physisch eng zusammensitzt, zum Beispiel in Open-Space-Büros. Das macht die Arbeitsplätze zwar etwas lauter und hektischer, aber die gegenseitige Beobachtbarkeit und das Teamgefühl steigern nachweislich die Arbeitsproduktivität. Die empirischen Befunde zum Homeoffice sind noch unzureichend und bisher eher inkonsistent, aber auch hier sprechen soziale sowie psychologische Überlegungen eher für einen begrenzten Einsatz. Wer seine Kolleginnen und Kollegen nur einmal pro Woche oder noch seltener real sieht, der verliert das Gefühl der Bindung an das Unternehmen und vereinsamt irgendwann.

Auch bei der **Gestaltung der finanziellen Leistungsanreize** haben verhaltensökonomische Studien wichtige Empfehlungen zu geben. Am wichtigsten ist die Einhaltung der wahrgenommenen Lohngerechtigkeit. Nichts wirkt stärker demotivierend als Vergütungssysteme, die von Mitarbeitern als ungerecht empfunden werden. Das gilt sowohl für das Festgehalt als auch für variable Entlohnungsformen. Zu niedrige Gehälter sollten vermieden werden. Nach dem Prinzip der Reziprozität führen sie zu Unzufriedenheit und zu geringem Arbeitseinsatz. Intrinsisch motivierte Mitarbeiter brauchen gar keine finanziellen Leistungsanreize wie

Prämien, Boni oder Erfolgsbeteiligungen. Sie motiviert ein Unternehmen am besten mit guten Arbeitsbedingungen und mit einer Anerkennung besonderer Leistungen. Bei Menschen mit extrinsischer Arbeitsmotivation reichen moderate leistungsabhängige Formen der Entlohnung aus. Eine Bonusinflation führt weder zu mehr Motivation noch zu mehr Loyalität, aber zu einer deutlich höheren Risikobereitschaft der betreffenden Personen und vereinzelt sogar zur Sabotage der Arbeit von Kollegen. Wenn die Beiträge einzelner Teammitglieder zu den Arbeitsergebnissen des gesamten Teams nicht valide gemessen werden können, dann eignen sich Boni für das Team besser als Boni für Einzelpersonen (Sutter 2023, S. 130–184).

Zusammenfassung

1. Einstellungsentscheidungen werden in vielen Organisationen aufgrund von persönlichen Gesprächen und damit weitgehend subjektiv sowie nach wenigen Minuten getroffen. Die Prognosekraft solcher Bewerbungsgespräche für zukünftige Arbeitsleistungen ist sehr gering.
2. Der Motivation von Mitarbeitern durch finanzielle Leistungsanreize sind enge Grenzen gesetzt. Wichtiger sind nicht finanzielle Leistungsanreize wie eine informelle Unternehmenskultur, Entscheidungsfreiräume, Anerkennung und wenig Bürokratie.
3. Die faire und anreizverträgliche Bewertung der Arbeitsleistung ist in vielen Berufen und Organisationen ein ungelöstes Problem.
4. Mitarbeiter passen ihr Arbeitsverhalten an das ihrer Kolleginnen und Kollegen an, im Guten wie im Schlechten.
5. In der Arbeitswelt spielt Fairness eine große Rolle. Mitarbeiter bestrafen unfaires Verhalten des Unternehmens durch Minderleistung und geringe Loyalität. Besonders demotivierend wirken Lohnkürzungen.

13 Unternehmensführung

Unternehmensführung besteht aus Entscheidungen in Gruppen, …

Unternehmensführung ist in größeren Organisationen Teamarbeit. Sie findet statt in mehrköpfig besetzten Gremien wie einer Geschäftsführung, einem Vorstand oder einem Board of Directors. Das ist zunächst einmal eine gute Nachricht. Die Chancen auf rationale, wohlabgewogene Entscheidungen sind in Gruppen grundsätzlich größer als bei Einzelpersonen. Es werden mehr Meinungen angehört. Es gibt potenziell mehr Fachwissen und mehr Lebenserfahrung in der Diskussion. Schon das Hinzuziehen einer weiteren Person ohne relevante Vorkenntnisse in Kombination mit einer einfachen Durchschnittsbildung der beiden Meinungen oder Antworten hilft, die Prognosequalität deutlich zu verbessern. Verhaltensökonomen nennen das **die Weisheit der Gruppe** oder auch »wisdom of the crowd«

(Kahneman/Sibony/Sunstein 2021, S. 83). In Leitungsgremien von Unternehmen sollten die positiven Effekte noch stärker sein. Denn dort sitzen ja nicht zufällig ausgewählte Menschen zusammen, sondern Expertinnen und Experten mit komplementären Qualifikationen und langer Berufserfahrung. Das müsste Wahrnehmungs-, Bewertungs- und Entscheidungsverzerrungen stark reduzieren. Wenn es schon keinen einzelnen Homo oeconomicus gibt, dann könnte es vielleicht ein rationales Leitungsgremium im Sinne der klassischen ökonomischen Theorie geben.

In der betriebswirtschaftlichen Forschung wird seit vielen Jahren untersucht, welche personelle Zusammensetzung von Leitungsgremien wie Vorstand oder Geschäftsführung zu den besten Ergebnissen für das Unternehmen führt. Typische Fragen betreffen den Einfluss von **Diversität und Größe der Leitungsgremien** auf den Unternehmenserfolg. Allerdings gibt es keine klaren Antworten. Es finden sich immer wieder erfolgreiche Unternehmen mit sehr großen und sehr wenig diversen Entscheidungsgremien. Der Automobilhersteller Toyota hatte beispielsweise viele Jahre ein Board mit 60 Direktoren, die alle männlich waren. Dennoch war das Unternehmen sehr profitabel. Umgekehrt finden sich Unternehmen mit kleineren und viel diverser besetzten Leitungsgremien, die nicht erfolgreich geführt werden. Offensichtlich bedeutsam sind die berufliche Erfahrung sowie die Managementkompetenzen von Mitgliedern der Unternehmensleitung (Forbes/Milliken 1999). Empirisch betrachtet gibt es hier jedoch nur wenig Varianz. Wer nicht über viel Erfahrung und Managementkompetenz verfügt, der schafft es auch nicht in den Vorstand oder in die Geschäftsführung. Ausnahmen sind vielleicht Familienunternehmen, bei denen die Eltern ihre eigenen Kinder unbeachtlich deren Qualifikation als Nachfolger installieren oder Wachstumsunternehmen mit zwar kompetenten, aber noch unerfahrenen Topmanagern. Insofern gibt es für wissenschaftliche Studien eigentlich keine Kontrollgruppen von Unternehmen mit eindeutig inkompetenten und unerfahrenen Leitungspersonen.

Die betriebswirtschaftliche Forschung hat weiterhin prozessuale Merkmale der Arbeit von Leitungsgremien untersucht, also **Diskussions- und Entscheidungsfindungsprozesse**. Diese Art der Forschung ist schwierig, weil Wissenschaftlerinnen und Wissenschaftler die Arbeit von Leitungsgremien nur selten direkt vor Ort beobachten können. Interviews mit Topmanagern sind zwar möglich, aber es besteht die offensichtliche Gefahr einer eigennützigen und damit verzerrten Darstellung der tatsächlich ablaufenden Prozesse. Einige Erkenntnisse konnten dennoch aus Befragungen von Managern abgeleitet werden. Je mehr Zeitdruck und je mehr Konformitätsdruck bei der Arbeit des Gremiums bestehen, desto weniger intensiv werden Informationen erhoben und ausgewertet (Malenko 2014). Umgekehrt finden besser begründete Entscheidungsprozesse statt, je mehr Zeit die Mitglieder des Leitungsgremiums auf eine Aufgabe aufwenden und je ergebnisoffener die Diskussion erfolgt. Schwierigere Variable sind die gegenseitige Sympathie sowie die Ähnlichkeit der Mitglieder der Gruppe. Zu wenig von beidem macht Diskussionen konfliktbeladen und langwierig, zu viel führt potenziell zu ineffizient wenig Diskussionen (Forbes/Milliken 1999).

Es gibt noch eine zweite Institution der Unternehmensführung, die Hoffnung auf rationale Entscheidungen macht. Denn das Leitungsgremium ist in seinen Entscheidungen nicht vollständig autonom. Es muss sich gegenüber Anspruchsgruppen wie den Anteilseignern rechtfertigen, beispielsweise auf der jährlich stattfindenden Gesellschafter- oder Hauptversammlung. Größere Entscheidungen bedürfen sogar der expliziten Zustimmung dieser Anspruchsgruppen oder eines Kontrollgremiums. Die entsprechende Organisation von Leitung und Kontrolle in einem Unternehmen bezeichnen wir auch in Deutschland als »Corporate Governance«. Die **Überwachungs- und Kontrollgremien** heißen hierzulande Beirat oder Aufsichtsrat. Im angelsächsischen System der Corporate Governance gibt es nur ein Board of Directors, dort üben die sogenannten »non-executive directors« die Aufsichts- und Beratungsfunktion gegenüber den »executive directors« aus. Der Grundgedanke ist jedoch in allen Governance-Systemen der Welt derselbe: Durch eine Kombination von Überwachung und Beratung sowie das Recht der Überwachungsgremien, einzelne Mitglieder der Unternehmensleitung bei Bedarf zu ersetzen, soll die Qualität unternehmerischer Entscheidungen verbessert werden (Witt 2003).

Die Realität der Organisation von Leitung und Kontrolle in Unternehmen ist jedoch komplexer, als wir sie bisher beschrieben haben. Zum einen findet nur dann eine effiziente Überwachung des Leitungsgremiums durch das Kontrollgremium statt, wenn die Mitglieder des Kontrollgremiums **persönlich unabhängig** vom Leitungsgremium sind. Das Kriterium der Unabhängigkeit ist nicht erfüllt, wenn die Überwachung durch Familienangehörige, Freunde oder Dienstleister des Vorstands erfolgt. So selbstverständlich diese Anforderung vielleicht aus theoretischer Sicht klingt, so wenig selbstverständlich ist ihre Einhaltung in der Praxis. In Familienunternehmen werden häufig sowohl die Geschäftsleitung als auch das Überwachungsgremium mit Familienmitgliedern besetzt. In Start-ups sitzen häufig Freunde der Gründer im Aufsichtsrat. Und selbst in großen, global agierenden Unternehmen finden sich Boards, in denen Personen für die Überwachung zuständig sind, die mit dem Vorstandsvorsitzenden befreundet sind oder in einem geschäftlichen Abhängigkeitsverhältnis zu ihm stehen. Ein berühmtes Beispiel ist das Unternehmen Wirecard, das 2020 in die Insolvenz ging. Mitglieder des Vorstands hatten Bilanzen gefälscht und in großem Umfang Geld unterschlagen, ohne dass das dem Aufsichtsrat aufgefallen wäre. Allerdings waren die meisten Mitglieder des Aufsichtsrats auch persönlich vom Gründer des Unternehmens, Markus Braun, ausgesucht worden und eng mit ihm befreundet.

... aber Gruppenentscheidungen führen nicht automatisch zu mehr Rationalität

Empirische Studien wecken deutliche Zweifel an der Hypothese, dass unternehmerische Entscheidungen in Leitungsgremien immer rational erfolgen. Gerade in Stresssituationen, die für die Unternehmensführung ja typisch sind, neigen Gruppen dazu, sich auf vorab bevorzugte Handlungsoptionen zu konzentrieren sowie zunehmend Daten zu ignorieren, die gegen diese Option sprechen. Sie umgeben sich am liebsten mit Mitarbeiterinnen und Mitarbeitern, die so denken wie sie selbst (Zook 2004, S. 94). In vielen Leitungsgremien gibt es **eine dominante Person**, meistens der oder die Vorstandsvorsitzende. Ich habe selbst erlebt, wie der Vorstandsvorsitzende eine Strategiediskussion des gesamten Vorstands gemeinsam mit der ersten Managementebene wie folgt eröffnete: »Meiner Meinung nach sollten wir auf jeden Fall x tun, aber jetzt freue ich mich auf alle Ihre Ideen und Vorschläge.« Sie können sich vorstellen, wie viele abweichende Vorschläge dann kamen, nämlich kein einziger. Die Einflussnahme einer dominanten Person auf die Meinungen der anderen Gremienmitglieder kann natürlich auch subtiler oder implizit erfolgen. Eine psychologisch wirksame Methode, um sich durchzusetzen, besteht darin, sich in einer Diskussion als Erster zu Wort zu melden (Kahneman/Sibony/Sunstein 2021, S. 97). Eine andere Methode ist die Vorab-Einholung der Zustimmung von einigen Mitgliedern des Gremiums, die in der Diskussion der ganzen Gruppe dann die Position der dominanten Person unterstützen. Manchmal reicht einfach die hierarchische Position als Vorsitzender oder Vorsitzende aus, um eine eigentlich mehrheitlich entscheidende Gruppe zu dominieren.

Die Beförderungsprinzipien der meisten Unternehmen belohnen ein starkes Selbstvertrauen, ein großes Ego und eine hohe Risikobereitschaft. Befördert wird, wer Erfolg hatte. Und wer mehr Risiken eingeht und sich als durchsetzungsstärker erweist, der hat statistisch gesehen häufiger Erfolg. Die üblichen Vergütungssysteme für Topmanager, die hohe erfolgsabhängige Komponenten in Form von Aktienoptionen enthalten, verstärken die Risikobereitschaft (Gervais/Heaton/Odean 2011). Insofern darf es niemanden verwundern, wenn an der Spitze eines Unternehmens und damit auch an der Spitze des Leitungsgremiums eine dominante Einzelperson steht. Es wird auch niemanden überraschen, dass das Phänomen der **Selbstüberschätzung bei Vorstandsvorsitzenden** deutlich häufiger zu beobachten ist als bei anderen Managerinnen und Managern (Malmendier/Tate 2005a; Malmendier/Tate 2005b). Die systematische Selektion von durchsetzungsstarken, erfolgsorientierten und von sich selbst überzeugten Personen bei der Besetzung der obersten Entscheidungsinstanz in Unternehmen führt dazu, dass die Dominanz einer Person im Leitungsgremium eher die Regel als die Ausnahme darstellt. Im US-amerikanischen Unternehmensrecht ist sie sogar institutionell verankert. Dort ist der Chief Executive Officer (CEO) gegenüber den anderen executive directors im Board weisungsbefugt, ihnen also eindeutig vorgesetzt.

Leitungsgremien zeigen generell ein gewisses **Streben nach Einmütigkeit**. Sie bevorzugen einstimmige Entscheidungen. Das hat zum einen juristische Gründe. Es ist für Anteilseigner viel schwieriger, eine Gruppe wie den gesamten Vorstand oder die gesamte Geschäftsführung zu verklagen als ein einzelnes Mitglied. Dann gibt es praktische Gründe für ein einheitliches Votum. Solange man annehmen kann, von kompetenten Kolleginnen und Kollegen umgeben zu sein, macht es Sinn, auf deren Expertenmeinung zu hören. Das gilt insbesondere dann, wenn man sich selbst nicht ganz sicher ist, was am besten zu tun wäre. Es gibt aber auch psychologische Gründe für das Streben nach Einmütigkeit. Die Mitglieder eines Gremiums passen aus einem Bedürfnis nach Konformität und Gruppenzugehörigkeit heraus ihre

Meinung an die der anderen Mitglieder an. Sie wollen nicht als Spielverderber oder Bedenkenträger erscheinen. Dieses Konformitätsstreben kann so weit gehen, dass das Gremium einstimmig Entscheidungen trifft, denen die einzelnen Mitglieder des Gremiums vorab jeweils nicht zugestimmt hätten. Das Phänomen heißt »Groupthink« (Sibony 2020, S. 135). Es tritt umso eher auf, je größer der Gruppenzusammenhalt ist, je mehr sich die Gruppe nach außen abschottet und je stärker emotional aufgeladen eine zu treffende Entscheidung ist.

Groupthink wird gefördert durch das menschliche Bestreben nach **Konformität** (Greene 2018, S. 412). Es beginnt damit, dass Menschen, die neu zu einer Gruppe dazukommen, sich in Kleidung und Sprache den anderen Mitgliedern der Gruppe anpassen. Noch wichtiger ist, dass Konformitätsdruck hinsichtlich der Werte, der Ideen und der vorherrschenden Meinungen einer Gruppe besteht. Wer neu in eine Gruppe aufgenommen wurde, der versucht zunächst, sich ein Gespür für die dominierende Meinung zu verschaffen, bevor er oder sie eigene Meinungen äußert. Es gibt zwar immer wieder Personen in Leitungsgremien, die Einzelmeinungen vertreten und sie gegen die Mehrheitsmeinung durchhalten. Aber sie sind selten. Es gibt auch Gruppenmitglieder, die besonderen Spaß am Widerspruch und an der Äußerung von Bedenken haben. Mitunter werden Personen bewusst mit dieser Rolle beauftragt. Man nennt solche Menschen »advocatus diaboli«. Dennoch zeigen alle empirischen Studien, dass das Streben nach Gruppenzugehörigkeit und der Wunsch nach sozialer Akzeptanz bei den anderen Mitgliedern des Leitungsgremiums wichtiger sind als inhaltliche Überzeugungen. Wir wollen als gute Teamplayer wahrgenommen werden. Wir fühlen uns wohler, wenn wir mit den anderen Mitgliedern der Gruppe auf einer Wellenlänge liegen und dieselben Ansichten vertreten. Wir passen im Laufe von Diskussionen unsere eigene Meinung an die Mehrheitsmeinung der Gruppe an. Dieser Trend zur Kohäsion in einer Gruppe lässt deutliche Zweifel aufkommen, dass Gremien der Unternehmensführung wie Vorstände, Boards, oder Geschäftsführungen wirklich immer rationalere Entscheidungen treffen als Einzelpersonen.

Ich kann an dieser Stelle nicht die jahrzehntelange und international betriebene Forschung zu Fragen einer wirksamen Corporate Governance nachzeichnen (Witt 2003), aber insbesondere hinsichtlich der Möglichkeiten einer effizienten Überwachung der Unternehmensleitung dürfen wir nicht zu viel erwarten. Denn bei der Besetzung der Aufsichtsgremien wie Aufsichtsrat oder Beirat besteht üblicherweise ein **Initiativrecht der Unternehmensleitung**. Das Aufsichtsgremium befasst sich nur mit den Vorschlägen und Projekten, die ihm von der Geschäftsführung vorgelegt werden. Es ist psychologisch leicht, die präferierte Alternative als besonders günstig und andere Alternativen als eher ungünstig erscheinen zu lassen. Denn eine Geschäftsführung ist immer viel besser informiert als ein Aufsichtsgremium. Die Wirksamkeit der Überwachung wird weiterhin dadurch eingeschränkt, dass die Mitglieder der Aufsichtsgremien in vielen Fällen nicht unabhängig sind. Rein rechtlich ernennen sie zwar die Mitglieder des Vorstands bzw. der Geschäftsführung. In der Praxis ist es jedoch oft genau umgekehrt. Das Leitungsgremium macht der Gesellschafterversammlung Vorschläge für neue Mitglieder im Aufsichtsgremium. Dabei wählt es aus nachvollziehbaren Gründen lieber befreundete Personen aus als besonders kritische Aufseher.

Noch weniger effektiv ist die Überwachung der Geschäftsleitung durch eine Gesellschafter- oder **Hauptversammlung**. Hier sind die Informationsasymmetrien noch größer. Die Anteilseigner können zwar auf der Versammlung ihr Stimmrecht ausüben und Fragen stellen, aber sie können nicht selbst Projekte vorschlagen oder Handlungsalternativen nennen. Zudem sind auch ihre Kontrollrechte in der Praxis sehr begrenzt. Wer einmal selbst an einer Hauptversammlung teilgenommen hat, wird das bestätigen können. So dürfen Anteilseigner zwar Fragen stellen und Kritik äußern, die Unternehmensleitung muss jedoch gar nicht alle Fragen beantworten. Die zur Verfügung gestellten Informationen beschränken sich auf den Jahresbericht und, falls vorhanden, die Quartalsberichte. In einer Aktiengesellschaft müssen die Mitglieder des Vorstands nach deutschem Recht von der Hauptversammlung entlastet werden, aber eine Nichtentlastung kommt nur extrem selten vor. Zudem hat sie keine relevanten rechtlichen Konsequenzen. Bei einem Unternehmen in der Rechtsform der GmbH sind die Kompetenzen der Gesellschafterversammlung weitreichender als in der Aktiengesellschaft, aber bei verteiltem Anteilsbesitz sind die Möglichkeiten der Einflussnahme einzelner Gesellschafter auf Unternehmensentscheidungen dennoch begrenzt. Eine Kurzbeschreibung des Verhältnisses von Unternehmensführung und Anteilseignern lautet daher: »strong managers, weak owners« (Roe 1994).

Viele glauben an das Klischee der genialen Unternehmerperson

In der Literatur zur Unternehmensgeschichte gibt es eine lange Tradition der Heroisierung von einzelnen Führungspersonen. Typischerweise wird dem oder der Vorstandsvorsitzenden, in amerikanischen Unternehmen dem CEO, der ganze Erfolg eines Unternehmens allein zugeschrieben. Die Leistungen aller anderen Mitarbeiter, die Umstände oder das Glück werden ausgeblendet. Das mündet mitunter in einem fast religiösen **Personenkult**, der durch entsprechende Biografien noch weiter ausgebaut wird. Bekannte Beispiele sind Steve Jobs für das Unternehmen Apple, Jeff Bezos für das Unternehmen Amazon und Elon Musk für die Unternehmen Tesla und SpaceX. Die Geschichten sind ähnlich. Ein visionärer Unternehmer setzt sich gegen alle Widerstände durch, gibt nie auf, trifft einsame, aber geniale Entscheidungen und treibt das gesamte Unternehmen zu Höchstleistungen an. Der Unternehmenserfolg wird direkt und ausschließlich auf das Wirken dieser einen Person zurückgeführt. In Ländern wie den USA, die von einer individualistischen Kultur geprägt sind, sind solche unternehmerischen Heldengeschichten noch beliebter als in Ländern wie Deutschland mit ihrer stärker kollektivistisch geprägten Kultur.

Die Heroisierung von visionären Unternehmern leidet an vielen Denkfehlern. Manche sind offensichtlicher als andere. Der vielleicht klarste Fehler ist das, was die verhaltensökonomische Forschung die **Rückblickverzerrung** oder den »Survivorship Bias« nennt (Sibony 2020, S. 46). Denn es werden in den Heldengeschichten per Definition nur erfolgreiche Unternehmen betrachtet. Nicht erfolgreiche Unternehmen, mit vielleicht ebenso visionären, risikobereiten und genialen Unternehmerpersönlichkeiten bleiben außen vor. Und von denen gibt es sehr viele (Malmendier/Tate 2005b, S. 38). Die Grundgesamtheit der gescheiterten Unternehmerpersönlichkeiten ist wesentlich größer als die kleine Gruppe der in Management-Lehrbüchern immer wieder beschriebenen Super-CEOs. Genau die unternehmerischen Verhaltensweisen, die in einem Fall als Ursache für spektakulären Erfolg identifiziert werden, haben in vielen anderen Fällen zu Fehlschlägen und Insolvenzen geführt. Aber Geschichten von Misserfolg werden nicht erzählt. Und es wird auch nicht im Zeitablauf überprüft, ob sich eine bestimmte Strategie nicht nur einmal, sondern wiederholt als erfolgsfördernd erweist. Hinzu kommt das Problem, dass es für strategische Entscheidungen des Top-Managements keine Laborbedingungen gibt. Wir können nicht wissen, was mit einem Unternehmen passiert wäre, wenn es einen anderen strategischen Weg eingeschlagen hätte.

Ein weiterer, aus meiner Sicht ebenso offensichtlicher Fehler vieler populärer Unternehmensgeschichten besteht in der Fokussierung auf eine einzige Person. Jeder, der schon einmal in einem Unternehmen gearbeitet hat, weiß, dass Heldengeschichten von CEOs **die Bedeutung von Teamarbeit ignorieren**. Eine einzige Person kann in großen Organisationen mit mehreren Leitungseben selbst in der Rolle als CEO nur wenig bewirken. Zweifellos gibt es Manager mit Visionen, die andere Menschen gut motivieren und inspirieren können. Und offensichtlich trifft die oberste Unternehmensleitung die wichtigsten Entscheidungen. Aber auch dort wird in Teams gearbeitet. Auch die Unternehmensleitung muss sich gegenüber den Mitgliedern eines Aufsichtsrats oder Beirats verantworten. Hinzu kommen ganze Stäbe von hoch qualifizierten Menschen, die der Unternehmensleitung zuarbeiten, indem sie Entscheidungsvorlagen erstellen, Wettbewerbsanalysen machen und Strategien entwerfen. Und die Umsetzung von Strategien, selbst wenn sie noch so clever und visionär sind, kann nur gelingen, wenn viele Mitarbeiterinnen und Mitarbeiter die entsprechenden Maßnahmen ergreifen, hart arbeiten und sich mit eigenen Ideen einbringen. Man muss also sagen: Der Unternehmenserfolg hat immer viele Väter und Mütter, nicht nur einen oder eine.

Ein vielleicht weniger offensichtlicher Fehler des Personenkults um erfolgreiche Unternehmerpersönlichkeiten betrifft richtige und falsche Entscheidungen. In den Biografien gibt es einen **Fokus auf erfolgreiche Projekte**. Es wird der Eindruck erweckt, dass wirklich alles, was diese Person angefasst hat, zu Gold wurde. Beim genaueren Hinsehen erweist sich das jedoch fast immer als falsch. Selbst der berühmte Steve Jobs hatte bei Apple etliche Fehlschläge zu verantworten. Der Home Computer Apple III, der 1980 erstmalig ohne den Apple-Mitgründer Steve Wozniak entwickelt wurde, war nicht kompatibel zum Vorgängermodell Apple II. Er erwies sich als fehleranfälliger Flop, der es dem Konkurrenten IBM erlaubte, in den Markt der Home-Computer einzusteigen. Der nach der Tochter von Steve Jobs benannte Rechner Apple Lisa, der 1983 auf den Markt kam, wurde bereits nach einem Jahr wegen unzureichender Verkaufszahlen vom Markt genommen. Ein tragbarer CD-Spieler, der Apple PowerCD, der 1993 vorgestellt wurde, fand ebenfalls kaum Käufer. 1998 präsentierte Apple die Hockey Puck-Maus für den iMac. Sie funktionierte so schlecht, dass sich sehr schnell ein Markt für Drittanbieter mit wesentlich besseren Mäusen für Apple-PCs entwickelte.

Das Klischee der genialen Unternehmerperson stellt nicht nur die Vergangenheit von Unternehmen verzerrt dar, es befördert auch den **Größenwahnsinn**, also die maßlose Selbstüberschätzung der aktuell handelnden Führungspersonen. Denn wer es einmal zum Vorstandsvorsitzenden, zur Geschäftsführerin oder zum Präsidenten einer Organisation gebracht hat, der sieht sich selbst auf der Erfolgsspur. Er sieht sich als Mitglied der (kleinen) Gruppe von visionären Unternehmensführern. Es ist dann naheliegend, sich für besonders talentiert und urteilsfähig zu halten. Es ist auch naheliegend, den Anteil des Zufalls und des persönlichen Glücks in den bisherigen Erfolgen zu übersehen. Wer sich dann noch zusätzlich in einer Kultur bewegt, die fest an das Genie erfolgreicher Führungspersönlichkeiten glaubt, der hält sich selbst möglicherweise irgendwann auch für ein Genie. Und je länger eine bestimmte Person in einer Führungsrolle ist, desto mehr verdichtet sich dieser Glaube. Solche Personen hören immer weniger auf externen Rat, dominieren alle Entscheidungen des Leitungsgremiums und umgeben sich bevorzugt mit Ja-Sagern.

Die Gefahr der Selbstüberschätzung bis hin zum Größenwahnsinn ist einer der Gründe, warum Vorstände und Geschäftsführer typischerweise **begrenzte Amtszeiten** haben. Auch in der Politik wird aus denselben Überlegungen heraus das Prinzip der Begrenzung von Amtszeiten verwendet. In manchen Institutionen ist auch die Wiederwahl nur begrenzt möglich. Das alles dient dazu, der Entwicklung von Selbstüberschätzung entgegenzuwirken, also dem menschlichen Verhalten, das Robert Greene »the law of grandiosity« nennt (Greene 2018, S. 291 ff.). Der Autor zitiert ausführlich die Geschichte von Michael Eisner, der als CEO der Disney Corporation zunächst große Erfolge feierte, dann aber anfing, sich für unfehlbar zu halten. Seine Selbstüberschätzung führte zu eklatanten Fehlinvestitionen wie dem Projekt Euro Disney Resort (heute Disneyland Paris) oder dem Kauf des Medienunternehmens ABC. Ein anderes Beispiel eines CEO, dessen Selbstüberschätzung fast das von ihm geleitete Unternehmen ruinierte, ist Steve Case von AOL. Er initiierte den Kauf des Unternehmens Time Warner durch AOL. Diese Übernahme wurde in der wissenschaftlichen Literatur später als der »worst merger of all time« bezeichnet und explizit mit der Hybris, also dem Größenwahn des Vorstandsvorsitzenden erklärt (Malmendier/Tate 2015b, S. 38).

Projekt- und Investitionsplanungen erfolgen systematisch zu optimistisch

Ein seit Jahrzehnten immer wieder und überall auf der Welt beobachtetes Phänomen sind die **Kosten- und Zeitüberschreitungen bei Großprojekten**. Trotz sorgfältiger Planungen von Expertenteams und jahrelanger Vorbereitungen werden große Bauvorhaben fast immer deutlich teurer und dauern deutlich länger als geplant. Dass Kosten- und Zeitüberschreitungen vorkommen, ist an sich noch nicht so verwunderlich, das kennen wir auch aus privaten Projekten wie Hausbau oder Wohnungsrenovierung. Was aber aus meiner Sicht wirklich überraschend ist, sind die Dimensionen dieser Planüberschreitungen. Wir brauchen weder weit in der Geschichte zurückzugehen, noch in das Ausland zu blicken, um spektakuläre Beispiele zu finden. 2017 wurde die Elbphilharmonie in Hamburg eröffnet, ein Opern- und Konzerthaus. Sie gilt mittlerweile als Wahrzeichen der Stadt Hamburg. Sie wird als Jahrhundertbauwerk bezeichnet. Die Architektur sowie die Akustik im Inneren werden in der Presse und in der Selbstdarstellung mit Begriffen wie »atemberaubend« und »spektakulär« bedacht. Das ist auch zweifellos zutreffend. Allerdings waren die Kostenüberschreitungen beim Bau ebenfalls atemberaubend und spektakulär. Statt geplanter 77 Mio. Euro kostete das Projekt am Ende 866 Mio. Euro. Ein anderes Beispiel, das vielen sicher noch gut in Erinnerung ist, war der Berliner Flughafen BER. Statt der ursprünglich geplanten Baukosten von 2 Mrd. Euro schlugen hier am Ende knapp 7,3 Mrd. Euro zu Buche. Die Eröffnung, die ursprünglich für 2007 geplant war, fand erst 2020 statt. Die folgende Darstellung zeigt die Meilensteine dieses Großprojektes, das zwischendurch ganz zu scheitern drohte.

Dar. 24: Die Chronologie des Projekts BER

1992	Beginn der Planungen unter dem Projektnamen Berlin Brandenburg (BBI). Der Name war jedoch schon an einen indischen Flughafen vergeben und wurde daher später in Flughafen Berlin Brandenburg Willy Brandt (BER) geändert.
1996	Geplanter Baubeginn, Vergabe des Projekts an das Bauunternehmen Hochtief AG, geplanter Eröffnungstermin: Ende 2007.
1999	Das Oberverwaltungsgericht erklärt die Vergabe für nichtig. Es muss eine neue Ausschreibung erfolgen.
2003	Bund und die Länder Berlin sowie Brandenburg entscheiden sich, den neuen Flughafen selbst zu bauen.
2006	Erster Spatenstich des Bauvorhabens, neuer geplanter Eröffnungstermin: Juni 2012.
2012	Die Genehmigungsbehörde, der Landkreis Dahme-Spreewald, verweigert die Inbetriebnahme des Flughafens wegen einer Fülle von technischen Schwierigkeiten und Unzulänglichkeiten, Verschiebung des geplanten Eröffnungstermins auf Oktober 2013.
	Das Abgeordnetenhaus Berlin setzt einen Untersuchungsausschuss ein, um »die Ursachen, die Konsequenzen und die Verantwortlichkeiten für die Kosten- und Terminüberschreitungen« aufzuklären.
2013	Der Aufsichtsratsvorsitzende, der Regierende Bürgermeister von Berlin, tritt zurück. Der Ministerpräsident des Landes Brandenburg übernimmt die Aufgabe.
	Das neue Brandschutzkonzept erfüllt erneut nicht die behördlichen Vorgaben, die Eröffnung wird auf unbestimmte Zeit verschoben.

Dar. 24: Die Chronologie des Projekts BER – Fortsetzung

2015	Erneuter Wechsel des Aufsichtsratsvorsitzenden und Wechsel des Geschäftsführers der Flughafengesellschaft Berlin Brandenburg, neuer geplanter Eröffnungstermin: Ende 2017.
	Stopp der Bauarbeiten in der Haupthalle wegen erheblicher Überschreitungen der Gewichtsbelastungen im Dach durch zu schwere Rauchgasventilatoren, Insolvenz eines wesentlichen Zulieferers (Imtech), auch andere Zulieferer stellen die Arbeit ein.
	Die Staatsanwaltschaft Neuruppin erhebt Anklage gegen einen ehemaligen Prokuristen der Flughafengesellschaft wegen Korruptionsverdacht.
2017	Erneuter Wechsel des Geschäftsführers, erneute Verschiebung des geplanten Eröffnungstermins.
2020	Die Nutzungsfreigabe wird im April erteilt, der Havarie-Check verläuft erfolgreich, die ersten Linienflüge landen am 31.10.2020.

Die betriebswirtschaftliche Forschung hat die Ursachen für diese und ähnliche Zeit- und Kostenüberschreitungen in Großprojekten umfassend analysiert (Barshop 2016). Sie kommt zu konsistenten Befunden. Vor allem zeigt sich, dass Unternehmen schon in der Frühphase des Projekts **systematische Planungsfehler** machen. So werden die technischen Anforderungen nicht klar genug festgelegt, was dann später zu Spezifikationsänderungen führt. Bei einer zu flüchtigen Planung werden manche Kostenpositionen ganz übersehen und müssen dann nachträglich ergänzt werden. Viele Leistungen werden ausgeschrieben und an den günstigsten Anbieter vergeben. Das setzt starke Anreize bei Zulieferern, im Angebot zunächst unrealistisch niedrige Kosten anzusetzen, um den Auftrag zu bekommen. Später werden dann alle möglichen Zusatzleistungen in Rechnung gestellt, die für die Fertigstellung unumgänglich sind, so dass die Zulieferer am Ende mit dem Projekt doch genug Geld verdienen. Auch das Risikomanagement wird in der Planungsphase oft vernachlässigt. Das führt dazu, dass alle Planungen den jeweils idealen Ablauf ohne Störungen oder Komplikationen unterstellen.

Zeit- und Kostenüberschreitungen in Großprojekten lassen sich auch psychologisch gut erklären. Die Unternehmensführung oder Projektleitung hat klare Anreize, ein Projekt in der Planungsphase den Auftraggebern gegenüber attraktiv erscheinen zu lassen. Sehr hohe Kosten oder sehr lange Realisierungsdauern schrecken sowohl interne als auch externe Kunden ab und werden daher vermieden. Wer also etwas bewegen und große Projekte durchführen will, der tut sich bei optimistischen Prognosen hinsichtlich der Kosten und der Realisierungszeit deutlich leichter. Hinzu kommt **das persönliche Prestige** der Durchführung eines Großprojektes. Ein großes Bauvorhaben, die Akquisition eines anderen Unternehmens oder der Eintritt in einen neuen Markt sind Vorhaben, die den ohnehin schon überdurchschnittlichen Ehrgeiz von Mitgliedern der Unternehmensleitung anspornen. Wenn solche Projekte erfolgreich sind, dann sind die Namen der verantwortlichen Top-Manager dauerhaft mit dem entsprechenden Erfolg verbunden. Wenn es nicht klappt, dann können typischerweise externe Gründe angeführt werden, damit die eigene Reputation nicht zu großen Schaden nimmt.

Informationen werden verzerrt wahrgenommen

Ein typisches Manko in der Unternehmensführung besteht darin, kein funktionsfähiges organisationales Gedächtnis aufzubauen. **Aus Fehlern wird nicht gelernt.** Zu gescheiterten Projekten gibt es keinen Abschlussbericht und keine Erfassung der »lessons learned«. Sogenannte Post-Mortems oder Autopsien, wie sie in der Medizin, bei Flugzeugabstürzen oder bei anderen Katastrophen üblich sind, bleiben aus. Fehler, die gemacht und erkannt wurden, werden nicht zugegeben. Stattdessen wird anderen Personen oder externen Umständen die Schuld für Fehlschläge gegeben. Gerade bei CEOs ist dieses Verhalten besonders häufig nachweisbar (Syed 2015, S. 109). Psychologisch ist das verständlich, weil Top-Manager um ihren guten Ruf fürchten und sich gerne mit der Aura der Unfehlbarkeit umgeben. Aber ökonomisch ist die Nichtaufarbeitung von gescheiterten Projekten ein großer Fehler. Sie führt dazu, dass dieselben Fehler immer wieder neu gemacht werden. Ein viel besserer Ansatz besteht darin, schon zu Beginn eines Projekts eine Analyse vergangener Fehler durchzuführen und sich zudem aktiv vorzustellen, welche weiteren Fehler gemacht werden könnten. Man nennt das Pre-Mortem (Sibony 2020, S. 224). In ihm stellt sich das Projektteam eine Zukunft vor, in der das Vorhaben gescheitert sein wird, und sucht dann nach den möglichen Ursachen. Wir werden am Ende des Kapitels noch einmal auf diese Technik zurückkommen.

Ein ähnlicher Fehler besteht im **Ignorieren der Grundgesamtheit** und ihrer statistischen Informationen. Die Verhaltensökonomen nennen das den Prävalenzfehler oder die »base rate neglect«, die wir schon einmal kurz betrachtet hatten. Dabei geht es um die Zugehörigkeit eines bestimmten Projekts oder einer Investition zu einer Klasse von Entscheidungen, also einer bekannten Grundgesamtheit. Wenn für diese Grundgesamtheit historische Daten zu den Erfolgswahrscheinlichkeiten vorliegen, dann haben sie eine gewisse Prognosekraft für ähnliche Vorhaben. Solche statistischen Erfolgswahrscheinlichkeiten werden von der Unternehmensführung jedoch häufig entweder ganz ignoriert oder für nicht relevant gehalten (Kahneman/Lovallo 1993). Eine typische Begründung lautet, dass jedes Projekt einzigartig ist. Eine andere typische Begründung verweist auf die besondere Kompetenz des Managements, die eine im Vergleich zur Grundgesamtheit ganz überdurchschnittliche Erfolgswahrscheinlichkeit zur Folge hat. Beides ist durchaus möglich, aber eben sehr unwahrscheinlich. Viel wahrscheinlicher ist, dass das Top-Management seine Kompetenzen überschätzt, Wettbewerber unterschätzt oder unberechtigt optimistisch hinsichtlich der Rahmenbedingungen eines Investitionsvorhabens ist.

Die verfügbaren Daten zu den Erfolgsaussichten größerer Investitionen und Erweiterungen des Geschäftsmodells mahnen eher zur Vorsicht. So schätzt das Beratungsunternehmen Bain, dass bei Expansionsprojekten ausgehend vom bisherigen Kerngeschäft schon ein einziger neuer Faktor, zum Beispiel ein neues Kundensegment, neue Wettbewerber oder ein neuer Distributionsweg, zu einer Erfolgswahrscheinlichkeit von nur noch 37 Prozent führt. Sind zwei Faktoren neu, ergeben sich also zum Beispiel bei einer Geschäftsfelderweiterung neue Kunden und ein neuer Distributionsweg, sinkt die statistische Erfolgswahrscheinlichkeit auf 28 Prozent. Bei drei neuen Faktoren liegt sie bereits bei unter 10 Prozent (Zook 2004, S. 86–88). Eine klassische Diversifikationsstrategie, die aus der Einführung eines neuen Produkts in einen neuen Markt besteht, hat also rein statistisch nur sehr geringe Erfolgsaussichten. Dennoch gibt es immer wieder namhafte Unternehmen, die eine solche Strategie verfolgen und fest davon überzeugt sind, sie erfolgreich umsetzen zu können. Sie ignorieren empirische Daten zu ähnlichen Vorhaben und sehen ihr Projekt als etwas völlig Einzigartiges an.

Noch ungünstiger sind die statistischen Erfolgswahrscheinlichkeiten, wenn es um den Kauf eines anderen Unternehmens geht. Wir sprechen in der Betriebswirtschaftslehre von »mergers and acquisitions« (M&A). Zu solchen Investitionsentscheidungen gibt es gute Daten aus vielen Ländern und über lange Zeiträume. Und sie sind ernüchternd. Statistisch gesehen schaffen 70 bis 90 Prozent aller **M&A-Transaktionen** keinen Wert, sondern sind ökonomische Fehlschläge (Christensen/Alton/Rising/Waldeck 2011). Manche Akquisitionen vernichten nicht nur den gesamten Wert des übernommenen Unternehmens, sondern gefährden auch noch den Fortbestand des übernehmenden Unternehmens. Daher sollte eigentlich jedes M&A-Vorhaben besonders kritisch betrachtet werden. Die Berücksichtigung der Grundgesamtheit und der statistisch verfügbaren Ergebniswahrscheinlichkeiten legen nahe, dass ein Scheitern viel wahrscheinlicher ist als ein Erfolg. Auch hier wird die Zugehörigkeit eines konkreten Vorhabens zu einer bekannten Grundgesamtheit von der Unternehmensleitung häufig komplett ignoriert. Jedes M&A-Projekt wird als neu und einzigartig angesehen. Die individuelle Erfolgswahrscheinlichkeit wird dramatisch überschätzt. Die folgende Darstellung zeigt ein aktuelles Beispiel einer großen Unternehmensübernahme, deren Ausgang zwar noch offen ist, die aber bereits jetzt zu erheblichen Wertverlusten geführt hat:

Dar. 25: Die Chronologie der Übernahme von Monsanto durch Bayer

September 2016	Die Bayer AG kündigt die Übernahme des US-amerikanischen Saatgutherstellers Monsanto Company an. Bekannte Produkte des Unternehmens sind verschiedene transgene Maissorten und Breitbandherbizide mit dem umstrittenen Wirkstoff Glyphosat (Markenname: Roundup).
Juni 2018	Die Transaktion wird zu einem Kaufpreis von 60 Mrd. Euro abgeschlossen. Der Name Monsanto wird gestrichen.
August 2018	Ein US-Gericht verurteilt die Bayer AG zu Schadenersatzzahlungen wegen Lymphdrüsenkrebs infolge von Glyphosat-Anwendung an Dewayne Johnson sowie Strafzahlungen in Höhe von insgesamt 253 Mio. Euro.

Dar. 25: Die Chronologie der Übernahme von Monsanto durch Bayer – Fortsetzung

Juli 2018	Es wird bekannt, dass weitere 8.000 Klagen wegen Glyphosat-Schäden anhängig sind. Der Vorstandsvorsitzende der Bayer AG, Werner Baumann, räumt ein, dass sein Unternehmen keinen Zugang zu internen Monsanto-E-Mails über die Gesundheitsrisiken von Roundup gehabt habe, bevor Bayer Monsanto kaufte.
März 2019	Ein US-Gericht verurteilt die Bayer AG zu Schadenersatzzahlungen an Edwin Hardeman in Höhe von 20 Mio. Euro. Erstinstanzlich war eine Strafe in Höhe von 2 Mrd. US-Dollar festgelegt worden. Daraufhin sinkt der Kurs der Bayer AG um etwa 40 Prozent.
April 2019	Auf der Hauptversammlung der Bayer AG wird dem Vorstand von den Aktionären die Entlastung verweigert. Das geschieht erstmalig in der Geschichte von DAX-Konzernen.
Februar 2020	Die Bayer AG beantragt eine Sonderprüfung des Monsanto-Kaufs. Der Prüfer kommt zum Ergebnis, dass die konzerninternen Vorgaben und Anforderungen von Bayer zur Due-Diligence angemessen gewesen seien.
August 2020	Bayer stimmt einem Vergleich in Höhe von 11 Mrd. US-Dollar zu, um 150.000 laufende Glyphosat-Klagen beizulegen. Das Unternehmen macht einen Rekord-Quartalsverlust in Höhe von 9,5 Mrd. Euro.
Dezember 2021	Aktionäre reichen eine Musterklage gegen die Bayer AG ein wegen fehlerhafter Kapitalmarktkommunikation im Zusammenhang mit der Monsanto-Akquisition. Die Gesamtforderungen belaufen sich auf 1,5 Mrd. Euro.
Mai 2023	Baumann tritt vorzeitig als Vorstandsvorsitzender der Bayer AG zurück. Das Unternehmen ist zu diesem Zeitpunkt weniger wert als es 2018 für Monsanto als Kaufpreis bezahlte.
November 2023	Bayer wird zu weiteren Schadensersatzzahlungen in Höhe von 1,5 Mrd. US-Dollar verurteilt. Gleichzeitig erweist sich ein wichtiger Medikamentenkandidat als Flop. Die Aktie verliert an einem Tag 20 Prozent ihres Wertes.

Es gibt noch zwei weitere Gründe für die Popularität von M&A-Transaktionen trotz ihrer grundsätzlich geringen Erfolgsaussichten. Der eine Grund liegt in der »Storytelling Trap« (Sibony 2020, S. 23). Mit dem Begriff bezeichnet man die **Anfälligkeit für schöne Geschichten**. Von ihr sind alle Menschen betroffen, aber bei Fragen der Unternehmensstrategie spielen sie eine besonders große Rolle. Denn Business Cases zu M&A-Gelegenheiten erzählen immer eine plausible und hoch attraktive Geschichte. Sie handelt von Synergien, Technologieführerschaft und von gemeinsamer Stärke. Für das intuitive Gehirn von Laien ist das schon gut nachvollziehbar. Für die Unternehmensführung klingen solche Geschichten aber geradezu märchenhaft gut. Manager glauben die positiven Business Cases zu Akquisitionen auch deshalb gerne, weil die Zahlen so wunderbar zu der fundamentalen Story passen.

Die Geschichte des schnellen Wachstums durch den Zukauf anderer Unternehmen klingt einfach zu gut, um nicht wahr zu sein. Synergien sind viel leichter vorstellbar als hohe Integrationskosten und nicht zu integrierende Unternehmenskulturen. Das Bild eines globalen Marktführers ist viel schöner als die Vorstellung von einem langsamen, mühsamen und organischen Wachstum.

Der andere Grund für die Popularität von Unternehmenskäufen liegt im **Einfluss von Beratern**, die an ihnen verdienen. Selbst wenn sich M&A-Transaktionen später als Fehlschlag erweisen, für Investment-Banken, Unternehmensberater und Rechtsanwaltsfirmen sind sie immer ein gutes Geschäft. Für Anwälte und Berater gilt das schon in der Vorbereitungsphase, also wenn potenzielle Übernahmekandidaten zu prüfen, Business Cases zu erstellen und eine Due Diligence durchzuführen ist. Diese Dienstleister werden pro Stunde bezahlt. Sie verdienen also Geld, auch wenn es am Ende gar nicht zu einem Unternehmenskauf kommt. Für Investmentbanken stellt sich die Situation ganz anders dar. Sie werden nicht für die Vorbereitung von M&A-Deals bezahlt, sondern nur im Erfolgsfall vergütet, also nur bei tatsächlich erfolgter Transaktion (dann allerdings großzügig und mit einem Prozentsatz des Transaktionswertes). Insofern haben alle Dienstleister im Bereich der Unternehmenskäufe einen klaren Anreiz, Unternehmensleitungen die Übernahme anderer Unternehmen schmackhaft zu machen. Einen noch größeren Anreiz haben jedoch die Investmentbanken. Sie leben davon, dass M&A-Transaktionen nicht nur geprüft, sondern auch tatsächlich umgesetzt werden. Insofern darf es niemanden überraschen, dass die großen Investmentbanken regelmäßig und von sich aus an ihre Klienten herantreten, um ihnen »attraktive« M&A-Aktivitäten vorzuschlagen.

Auch im Ablauf von M&A-Projekten kommt es im Übrigen zu einer verzerrten Informationsverarbeitung. Gute Nachrichten werden organisationsintern gerne weitergegeben, weil Manager so bei ihren Vorgesetzten einen positiven Eindruck machen können. Schlechte Nachrichten werden nach Möglichkeit zurückgehalten, weil sie potenziell der eigenen Reputation schaden. Zumindest werden Mitarbeiter erst versuchen, ein Problem zu lösen, bevor sie ihren Vorgesetzten davon berichten. Es gibt eine **Dominanz des Positiven**. Da dieses Verhalten auf allen Managementebenen stattfindet, kommen bei der Unternehmensleitung fast nur gute Nachrichten an, selbst wenn ein Projekt vor ernsthaften Schwierigkeiten steht oder bereits deutlich in Schieflage geraten ist. Im Umgang mit dem Aufsichtsrat oder Beirat setzt sich die Dominanz der positiven Berichterstattung dann fort. Auch dort berichten Top-Manager lieber über Erfolge als über Fehlschläge oder ungelöste Probleme. Die Amerikaner nennen das Phänomen »happy talk«. Die Folge ist, dass auch Überwachungsgremien ein zu positives und damit falsches Bild von der tatsächlichen Lage bekommen. Sehr anschaulich ließ sich das beim weiter oben beschriebenen Bau des Berliner Großflughafens BER beobachten. Er war von Pannen und technischen Rückschlägen geprägt wie kaum ein anderes Großprojekt, aber die Mitglieder des Aufsichtsrats berichteten wiederholt, sie hätten nie etwas von irgendwelchen Problemen gehört.

Unternehmensstrategien folgen Management-Moden

Bei Unternehmensstrategien gibt es häufig den Fall, dass sie für ein individuelles Unternehmen erfolgversprechend sind, aber sinnlos werden, wenn alle Wettbewerber einer Branche dieselbe Strategie anwenden. Ein typisches Beispiel ist die anorganische Wachstumsstrategie, bei der über einen Zukauf von Wettbewerbern die eigene Profitabilität gesteigert werden soll. Ein einzelnes Unternehmen kann so möglicherweise Größenvorteile realisieren und den Gewinn steigern. Wenn aber alle Konkurrenten dieselbe Strategie anwenden, dann steigen einfach nur die Preise für die wenigen verfügbaren Übernahmekandidaten und niemand wird sein Ziel erreichen. Es erfolgt durch das Verfolgen derselben Strategie **ein kollektiver Fehler**. Ein anderes Beispiel ist die Strategie der Marktpenetration durch Preissenkungen. Hier besteht das Ziel in einer Steigerung des eigenen Marktanteils. Den Wettbewerbern sollen durch niedrigere Preise Kunden abgeworben werden. Auch mit dieser Strategie kann ein einzelnes Unternehmen nur dann erfolgreich sein, wenn die anderen Unternehmen der Branche ihre Preise konstant halten. Verfolgen alle Wettbewerber gleichzeitig eine Strategie der Preissenkungen, dann bleiben die Marktanteile gleich, aber die Gewinnspannen gehen für alle Anbieter zurück. Was also individuell Erfolg verspricht, führt kollektiv zu einer deutlichen Verschlechterung für alle Unternehmen im Markt.

Man kann das Prinzip auch anhand eines ganz anderen Beispiels erläutern. Denken Sie bitte an ein Fußballstadium, das nur Sitzplätze hat. Wenn Sie nicht gut sehen können, dann könnten Sie auf die Idee kommen, aufzustehen. Wenn nur Sie allein aufstehen, dann funktioniert die Strategie auch wirklich. Sie sehen jetzt mehr als vorher. Stehen aber alle Besucher im Stadion gleichzeitig auf, dann sehen Sie individuell wieder genauso wenig wie vorher. Bei der Formulierung von Unternehmensstrategien ist es genauso. Es kommt für deren Erfolgsaussichten nicht nur darauf an, was das einzelne Unternehmen tut, es kommt auch darauf an, was alle anderen tun. Das Verhalten von Wettbewerbern ist jedoch schwer zu prognostizieren. Eine Ausnahme besteht lediglich dann, wenn es sich bei einer Strategie um eine Modeerscheinung handelt. Dann ist die Wahrscheinlichkeit hoch, dass andere Unternehmen dasselbe tun werden. Und dann ist entsprechend der Theorie kollektiver Fehler auch besondere Vorsicht geboten.

In der betriebswirtschaftlichen Forschung ist schon früh die Vermutung geäußert worden, dass es sich bei bestimmten Unternehmensstrategien und Steuerungstechniken um **Management-Moden** handelt (Abrahamson 1991). Der Begriff bezeichnet eine Vorgehensweise, eine Methode oder ein Konzept, das gerade populär ist und deshalb von vielen Unternehmen gleichzeitig angewendet wird. Das funktioniert umso eher, je einfacher das Konzept ist, je mehr es auf ein drängendes Problem passt und je größer die versprochenen Gewinne aus seiner Anwendung ausfallen. Die Verbreiter von Management-Moden sind zum einen Unternehmensberatungen, die mit der Einführung und Anwendung des Konzepts Geld verdienen, und zum anderen Management-Gurus, die zu dem jeweiligen Konzept Bücher schreiben. Der Begriff der Management-Mode legt nahe, dass es sich bei der entsprechenden Methode oder Vorgehensweise um ein nicht dauerhaft erfolgreiches Konzept handelt. Wie auch andere Moden, beispielsweise bei Bekleidung oder bei Haarschnitten, ist sie ein vorübergehendes, vergängliches Phänomen. Bekannte Beispiele von Management-Moden, die die genannten Merkmale erfüllen, sind »Business Process Reengineering«, »Balanced Scorecard«, »Lean Production«, »Six Sigma«, »Scrum« oder »Total Quality Management«.

Unternehmen sind anfälliger für Management-Moden, wenn sie gegenwärtig wenig Erfolg haben, unter hoher administrativer Komplexität leiden und starken Wettbewerbsdruck empfinden. Ein neues Management-Konzept erscheint in dieser Situation attraktiv, wenn es als wirkungsvoll, aber einfach zu implementieren angeboten wird. Viele Management-Bestseller suggerieren deshalb gleich am Anfang, dass ein Unternehmen noch einmal ganz von vorne anfangen kann, dass man nur das sprichwörtliche leere Blatt Papier benötigt. Wenn einige Pionierunternehmen mit guter Reputation die neue Technik bereits einsetzen, dann kommt ein weiteres Kaufargument hinzu, nämlich die Angst, einen wichtigen Trend zu verpassen. Solche Trends lassen sich linguistisch nachweisen (Abrahamson/Eisenman 2008). Bestimmte Wörter werden dann immer häufiger in Zeitschriften, Büchern und Presseberichten verwendet. Diese Wörter müssen dabei inhaltlich gar nicht immer klar verständlich sein. Ein aktuelles Beispiel für ein solches Wort ist »Agilität«. Es lässt sich mit Schnelligkeit oder auch Flexibilität übersetzen. Besonders populär ist es im Projektmanagement. Aber auch bei Aufbauorganisationen oder Führungsstilen wird zunehmend von Agilität gesprochen. Auf dem Höhepunkt einer Management-Mode haben Topmanager das Gefühl, die Methode auf jeden Fall einsetzen zu müssen, weil es einfach alle tun. Etwas später tauchen dann erste kritische Stimmen auf. Die versprochenen Erfolge stellen sich bei vielen Unternehmen nicht ein. In der letzten Phase verschwindet die Management-Mode dann wieder vom Markt, nur einige wenige Unternehmen halten dauerhaft an ihr fest.

Die interessante Frage lautet natürlich, wann und warum sich neue Managementtechniken zu einer Mode entwickeln. Die verhaltensökonomische Erklärung verweist auf ein aus anderen Kontexten bekanntes Phänomen, **das Prinzip der sozialen Nachahmung**. Top-Manager können nämlich zwei Fehler machen. Nehmen Sie an, es gäbe ein neues Konzept am Markt, beispielsweise in Form einer Beratungsleistung einer namhaften Unternehmensberatung oder in Form eines neuen Bestsellers bei Harvard University Press. Und nehmen Sie weiterhin an, dass Sie persönlich nicht viel von diesem neuen Konzept halten. Der Fehler erster Art besteht darin, das Konzept nicht im eigenen Unternehmen einzuführen, obwohl fast alle Wettbewerber es tun, und dann festzustellen, dass es doch nützlich gewesen wäre und dass es die Konkurrenten erfolgreicher macht. In diesem Fall haben Sie etwas nicht getan, was Sie ex post betrachtet hätten tun sollen. Der Fehler der zweiten Art besteht darin, das Konzept gegen die eigenen Bedenken einzuführen, einfach weil alle anderen Unternehmen es auch tun, und dann festzustellen, dass es weitgehend nutzlos ist. In diesem Fall haben Sie etwas getan, was sich ex post als überflüssig herausstellt.

Man sieht sofort, dass der Fehler der ersten Art sehr viel schlimmer ist. Sie sehen in dem Fall als Top-Managerin oder Top-Manager schlecht aus. Man wird Sie fragen, warum Sie es versäumt haben, diese tolle neue Methode in Ihrem Unternehmen einzuführen. Ihr Versäumnis wird als besonders dumm erscheinen, da ja alle Wettbewerber die Methode eingeführt haben. Der Nutzen der Managementmethode muss also ziemlich offensichtlich gewesen sein und nur Sie haben es verpennt. Der Fehler der zweiten Art wiegt weit weniger schwer. Sie haben einfach das getan, was alle anderen auch getan haben. Sie waren davon überzeugt, dass es sich um ein gutes Konzept handelt, so wie alle anderen Manager auch. Wenn sich nun wider Erwarten herausstellt, dass die neue Methode doch nichts taugt, dann lassen sie die einfach unauffällig auslaufen. Ihre Konkurrenten werden dasselbe tun. Auf jeden Fall stehen Sie aber nicht als dumm oder ignorant dar. Faktisch wird der Fehler der zweiten Art von der Außenwelt gar nicht als Fehler wahrgenommen werden. Die Übernahme einer Management-Mode entspricht damit insgesamt der verhaltensökonomisch lange bekannte Erfolgsregel der sozialen Nachahmung: Wenn Du Dir nicht ganz sicher bist, dann tue das, was alle anderen auch tun.

Manager sind bei großen Projekten risikofreudiger als Anteilseigner

Die klassische ökonomische Entscheidungstheorie geht immer davon aus, dass Menschen über den Einsatz ihres eigenen Geldes entscheiden. In kleinen, eigentümergeführten Unternehmen, in denen das Management unbegrenzt für die Verbindlichkeiten der Gesellschaft haftet, trifft das auch zu. Angestellte Manager in großen Unternehmen befinden sich jedoch in einer ganz anderen Situation. Sie investieren nicht eigenes Geld, sondern das Geld der Kapitalgeber, also das Geld von Anteilseignern und Kreditgebern. Angestellte Manager sind zwar häufig am Gewinn eines Unternehmens beteiligt, zum Beispiel in Form eines gewinnabhängigen Bonus, aber praktisch nie am Verlust. Das Schlimmste, was ihnen im Fall einer unternehmerischen Fehlentscheidung mit großen Verlusten für das Unternehmen passieren kann, ist die Entlassung, also der Verlust des Jobs. Insofern gibt es eine **begrenzte persönliche Risikoposition von Managern**. Damit sieht sie ganz anders aus als die von Anteilseignern oder gar Kreditgebern. Die finanziellen Verluste sind auf den Verlust des Arbeitsplatzes begrenzt. Die potenziellen Gewinne aus risikobehafteten Unternehmensentscheidungen sind jedoch nach oben hin unbegrenzt. Ökonomen beschreiben die persönliche Auszahlungsfunktion dementsprechend als geknickt oder asymmetrisch. Das führt schon bei perfekt rationalem Verhalten zu mehr Risikofreude im Vergleich zu Entscheidungen hinsichtlich des eigenen Geldes.

Noch stärkere Anreize zu risikobehafteten Investitionen setzen **Aktienoptionen**. Sie verbriefen das Recht, aber nicht die Verpflichtung, Aktien des Unternehmens zu einem vorab festgelegten Ausübungspreis zu kaufen. Der minimale Wert einer solchen Aktienoption ist immer null. Wenn der Kurs der Aktie unterhalb des Ausübungspreises liegt, dann werden die Inhaber ihre Option einfach nicht ausüben, sie verfällt. Nach oben sind die Gewinnmöglichkeiten aus Aktienoptionen jedoch unbegrenzt. Je höher der Aktienkurs steigt, desto größer wird der Wert der Option. Dadurch entsteht für die Begünstigten ein asymmetrisches Auszahlungsprofil. Der Wert der Option ist nach unten auf null begrenzt, aber nach oben offen. Insofern lohnt es sich, große Risiken einzugehen. Geht alles gut, dann steigt der Kurs der Aktie sehr stark und Manager verdienen mit den Optionsprogrammen sehr viel Geld. Geht die riskante Option schief und fällt der Aktienkurs entsprechend, dann entstehen zwar den Anteilseignern Verluste, nicht aber den Managern. Entsprechend heftig umstritten ist in der betriebswirtschaftlichen Forschung, ob und inwieweit Aktienoptionen geeignete Formen der Vergütung von Mitgliedern der Unternehmensleitung sind. Die verhaltensökonomische Forschung hat noch ein weiteres Problem herausgearbeitet. Denn mit der Vergabe von Aktienoptionen an Vorstandsmitglieder korreliert leider auch die Wahrscheinlichkeit für betrügerisches Verhalten in Form von Bilanz- und Kursmanipulationen durch die begünstigten Vorstände (Denis/Hanouna/Sarin 2006).

Ganz ähnlich sieht es hinsichtlich der Risikofreude im Übrigen für Unternehmensgründer aus. Sie setzen typischerweise relativ wenig eigenes Geld ein und besitzen dennoch die Mehrheit der Anteile des Start-ups, zumindest in frühen Phasen der Unternehmensentwicklung. Das meiste Kapital kommt von professionellen Risikokapitalgebern wie Business Angels oder Venture-Capital-Gesellschaften. Diese externen Investoren verfügen über umfangreiche Informations- und Kontrollrechte, bleiben jedoch überwiegend Minderheitsgesellschafter. Aus diesem Grund lohnt es sich für Gründer, relativ hohe Risiken einzugehen. Wenn sich das Unternehmen gut entwickelt und irgendwann ein erfolgreicher Trade Sale (Unternehmensverkauf) oder ein IPO (Börsengang) stattfindet, dann werden sie reich. Wenn das Start-up insolvent wird, dann verlieren die Gründer zwar ihr eingesetztes Kapital, aber mehr auch nicht. Wir haben es also wieder mit einer unternehmerischen Situation zu tun, in der es sich für die Entscheidungsträger schon bei vollkommen rationalem Verhalten lohnt, risikofreudige Entscheidungen zu treffen. Die Verteilung der möglichen Auszahlungen ist auch hier geknickt, also nach unten hin begrenzt und nach oben hin unbegrenzt.

Manager gehen bei sehr großen Investitionsvorhaben auch deshalb gerne Risiken ein, weil sie glauben, diese Risiken beeinflussen zu können. Sie unterliegen der **Kontrollillusion** (Kahneman/Lovallo 1993, S. 28). Psychologisch ist das durchaus verständlich. Zum einen verleitet die akademische Ausbildung von Managern an Universitäten und Business Schools dazu, zukünftige Ereignisse als beeinflussbar wahrzunehmen. Angehende Führungskräfte lernen Erfolgsfaktoren und erfolgversprechende Strategien. Es fällt als Manager schwer, sich bei unternehmerischen Entscheidungen einer stochastischen Situation ausgesetzt zu sehen, also die Wahrscheinlichkeiten des Eintretens zukünftiger Ereignisse als rein zufallsabhängig anzusehen. Aus diesem Grund unterscheiden Manager in Befragungen auch immer strikt zwischen risikobehafteten Entscheidungen und Lotterien. Zum anderen muss man bedenken, dass es einen Karriere- und Selektionsprozess in Unternehmen gibt. Durch ihn kommen nur besonders erfolgreiche Persönlichkeiten in die Unternehmensleitung. Letztlich werden Menschen nur dann in Leitungsgremien wie einen Vorstand oder ein Board berufen, wenn sie in der Vergangenheit viele gute Entscheidungen getroffen haben, nicht wenn sie besonders oft gescheitert sind. Insofern ist es naheliegend, dass die betreffenden Personen besonders zuversichtlich hinsichtlich ihrer eigenen Urteils- und Leistungsfähigkeit sind. Es ist auch naheliegend, dass sie sich nicht wie Spieler am Roulette-Tisch sehen, sondern wie Menschen, die Einfluss auf den Verlauf der Kugel nehmen können.

Selbst wenn Manager individuell und persönlichkeitsbedingt eine gewisse Risikoscheu aufweisen und Wahrscheinlichkeiten als extern gegeben akzeptieren, verleiten die Rahmenbedingungen ihrer Arbeit sie dennoch dazu, größere Risiken einzugehen, als sie es mit privatem Geld tun würden. Zum einen wird das Eingehen von Risiken als Teil der Aufgabe von Unternehmensleitungen angesehen. **Risikofreude ist eine erwartete Eigenschaft von Top-Managern.** Dann gibt es eine Vielzahl von Möglichkeiten, die wahren Risiken von unternehmerischen Entscheidungen auszublenden. Empirische Studien haben gezeigt, dass Manager ihre Risikoaversion psychologisch außer Kraft setzen, indem sie sehr große Risiken mit kleinen Eintrittswahrscheinlichkeiten ganz ignorieren (Sibony 2020, S. 107). Manager setzen das Wort Risiko auch eher mit einem Verlust gleich, nicht mit einer Wahrscheinlichkeitsverteilung des zukünftigen Ergebnisses. Sie zeigen in Befragungen die bereits erläuterte Verlustaversion, jedoch keine Risikoaversion im ökonomischen Sinne des Wortes. Konkret bedeutet das, dass Manager Entscheidungen vermeiden, die mit einer gewissen Wahrscheinlichkeit zu einem katastrophalen Verlust führen könnten. Bei Projekten, die einen mehr oder weniger hohen Gewinn versprechen, werden die Wahrscheinlichkeiten jedoch oft gar nicht betrachtet. Stattdessen wird die Alternative mit dem höchstmöglichen Gewinn gewählt (March/Shapira 1987, S. 1408).

Eine von mir persönlich häufig beobachtete Methode des Umgangs mit Risiken durch Manager besteht darin, vor jeder risikobehafteten Entscheidung immer zunächst einen Business Case berechnen zu lassen. Das gilt als Ausdruck der unternehmerischen Vorsicht und der datenbasierten Entscheidungsfindung. Aus Sicht der Verhaltensökonomie würde ich es eher **Quasi-Rationalisierung** nennen. Den Mitarbeiterinnen und Mitarbeitern, die solche Business Cases erstellen, wird nämlich häufig von Anfang an eine positive Erwartungshaltung hinsichtlich des Ergebnisses kommuniziert. Falls diese das nicht verstehen und der Unternehmensleitung wider Erwarten doch mal einen negativen Business Case vorlegen, dann geben Top-Manager diesen Case gern zur »Überarbeitung« an ihre Teams zurück. Das geschieht so lange, bis die Zahlen gut aussehen. Denn die Mitarbeiterinnen und Mitarbeiter verstehen natürlich irgendwann, was eigentlich von ihnen erwartet wird. Die verhaltensökonomische Forschung nennt dieses Vorgehen eine risikoscheue oder konservative Entscheidung auf der Basis von übertrieben optimistischen Prognosen (Kahneman/Lovallo 1993).

Ökonomisch betrachtet ist ein solches Verhalten natürlich unsinnig. Es wird viel Zeit und Energie verschwendet, um vor einer Entscheidung einen Business Case zu erstellen, selbst wenn die externe Unsicherheit sehr groß ist und alle Prognosen im

Case auf subjektiven Schätzungen beruhen. Dabei ist die eigentliche Entscheidung schon längst rein intuitiv getroffen worden. Zwei andere Vorgehensweisen wären besser. Zum einen könnte die Erstellung eines Business Cases wirklich ergebnisoffen geschehen. Legen die Zahlen nahe, dass man das Projekt lieber nicht umsetzen sollte, dann wird es eben nicht umgesetzt. Zum anderen könnte die intuitive Entscheidung des Vorstands einfach sofort umgesetzt werden. Das hätte wenigstens den Vorteil der Schnelligkeit. Ein solches Vorgehen bietet sich an, wenn die Unsicherheit so groß ist, dass die Erstellung eines Business Cases sowieso keinen Sinn ergibt. Das müsste der Vorstand jedoch offen zugeben. Die üblichen quasirationalen Business Cases haben nämlich gar keine entscheidungsvorbereitende Funktion. Sie dienen der Unternehmensleitung nur als Alibi einer rationalen Entscheidung gegenüber Aufsichtsräten oder Anteilseignern.

Die Risikofreude der Unternehmensleitung bei der Beurteilung von großen Investitionsvorhaben steigt im Verlauf von Projekten eher noch an. Dafür ist ein psychologisches Phänomen verantwortlich, das wir bisher als versunkene Kosten bezeichnet haben. Ein anderer Begriff ist **eskalierendes Commitment** (Ross/Staw 1986). Menschen wollen gerne eine früher getroffene Entscheidung beibehalten, selbst wenn sie nicht die erwarteten Ergebnisse zeigt. Sie versuchen dann, diese Ergebnisse über die Bereitstellung zusätzlicher Ressourcen zu verbessern, anstatt das bislang nicht erfolgreich verlaufende Projekt zu beenden. Die Wahrscheinlichkeit für dieses eskalierende Commitment ist umso größer, je mehr Zeit und Geld bereits investiert wurde. Es nimmt auch in dem Maße zu, in dem Mitglieder der Unternehmensleitung sich persönlich für ein Projekt stark gemacht und es öffentlich unterstützt haben. Denn mit dem Abbruch eines großen Projekts sind für solche Top-Manager immer ein Gesichtsverlust und das demütigende Erlebnis eines Fehlschlags verbunden. Der Einsatz von noch mehr Geld und noch mehr Zeit dient dazu, das Scheitern des Vorhabens abzuwenden und langfristig die versunkenen Kosten wieder zurückzuholen. Er dient auch als Rechtfertigung der eigenen Entscheidung, zum einen gegenüber sich selbst und zum anderen gegenüber anderen Menschen.

Die verhaltensökonomische Forschung hat gezeigt, dass Phänomene des eskalierenden Commitments irgendwann von der persönlichen Ebene auf die **institutionelle Ebene** und damit auf ganze Organisationen oder sogar Systeme übergehen. Ist es anfangs nur ein Mitglied des Vorstands, das sich für ein bestimmtes risikobehaftetes Projekt einsetzt, werden es im Projektablauf typischerweise immer mehr Beteiligte. Häufig spricht sich irgendwann der gesamte Vorstand einstimmig für die Durchführung und dann für die Fortführung aus. Die eingesetzten Projektleiterinnen und Projektleiter verbinden irgendwann auch ihre persönliche Reputation mit dem Vorhaben und schrecken vor einem Projektabbruch zurück. Zulieferer und Dienstleister, die aus dem Investitionsprojekt Einnahmen erzielen wollen, werden ebenfalls eine Fortführung befürworten, selbst wenn die bisherigen Ergebnisse nicht zufriedenstellend sind. Bei sehr großen Projekten ist dann häufig noch der Staat beteiligt, beispielsweise in Form von Fördergeldern oder Subventionen. Politiker, die sich öffentlich sichtbar für ein Vorhaben ausgesprochen haben, fürchten sich mindestens so sehr vor einem Gesichtsverlust wie Manager. Im Ergebnis ist eskalierendes Commitment dann nicht mehr nur ein individuelles Phänomen, sondern das Problem eines ganzen Systems.

Welche verheerenden wirtschaftlichen Folgen eskalierendes System-Commitment haben kann, zeigt sich an defizitären Großprojekten wie dem bereits erwähnten Euro Disney Resort (Greene 2018, S. 294), der fehlgeschlagenen Umstrukturierung des Handelsunternehmens J. C. Penney (Sibony 2020, S. 27–29) oder der verlustreichen Expo 86 in Vancouver (Ross/Staw 1986). Noch schlimmer sind die Folgen von eskalierendem Commitment im Bereich politischer Projekte oder militärischer Operationen. Sie werden trotz negativer Entwicklungen und immer deutlicheren Hinweisen auf die Unmöglichkeit eines Erfolgs oft nicht abgebrochen, sondern noch intensiviert. Regierungen und insbesondere Diktatoren werden nie öffentlich Fehler eingestehen. Stattdessen setzen sie ihre Pläne unbeirrt weiter um und investieren immer mehr Ressourcen, selbst wenn es sich dabei um enorme Budgets handelt. Im Falle von militärischen Projekten oder Kriegen kostet das eskalierende Commitment Menschenleben und zerstört ganze Regionen. Das vielleicht schrecklichste Beispiel einer solchen System-Eskalation in der bisherigen Menschheitsgeschichte ist der Zweite Weltkrieg. Leider ist nicht sichergestellt, dass es das schlimmste Beispiel bleibt. Insbesondere die Option einer nuklearen Eskalation, die ja in mehreren Teilen der Welt gegeben ist, bedroht den Fortbestand der gesamten Menschheit.

Unternehmensleitungen denken eher kurzfristig

Theoretisch sollte eine Unternehmensleitung versuchen, den langfristigen Erfolg des Unternehmens zu maximieren. Das wirft die bereits angesprochene Frage auf, wie lange eigentlich die lange Frist ist. Ökonomische Studien zu den Auswirkungen von Unternehmensstrategien verstehen darunter Zeiträume von 10, 15 oder sogar 20 Jahren. Bei sehr langfristigen Investitionen, zum Beispiel in Grundlagenforschung, könnte es sogar noch länger dauern, bis sich erste finanzielle Rückflüsse ergeben. Gleichzeitig ist auch klar, dass mit dem Begriff »langfristig« keine beliebig langen Zeiträume gemeint sein können, weil es dann keine vernünftige Planung und Steuerung mehr geben kann. Dem britischen Ökonomen John Meynard Keynes wird das dazu passende Zitat zugeschrieben: »In the long run we are all dead«. Ein anderes Bild verdeutlicht ebenfalls das **Problem der zeitlichen Ausrichtung** von unternehmerischen Entscheidungen. Es vergleicht betriebliche Investitionen mit landwirtschaftlichen Strategien: Wer schnellen Erfolg will, der sollte Tomaten anpflanzen. Die reifen in einigen Monaten. Wer länger warten kann, der pflanzt einen Apfelbaum. Der trägt nach einigen Jahren Früchte. Und wer sehr lange warten kann, der pflanzt einen Olivenbaum. Der trägt erst eine Generation später Früchte.

In Familienunternehmen ist eine Olivenbaumstrategie vielleicht noch am ehesten umsetzbar, weil Management und Anteilseigentum dort bevorzugt an die eigenen Kinder übergeben werden. Jeder Mensch kann sich das Wohlergehen seiner

Kinder gut vorstellen. Wer Kinder hat, ist es in der Elternrolle auch gewohnt, eigene Bedürfnisse hinter die der Kinder zu stellen. Insofern wären in einem Familienunternehmen Strategien und Entscheidungen denkbar, die zwar nicht mehr der jetzigen Familien- und Management-Generation Früchte bringen, aber der nächsten Generation. In einem börsennotierten Unternehmen sieht es jedoch ganz anders aus. Dort lastet auf der Unternehmensführung der Druck, kurzfristige Erfolge zu zeigen, weil zumindest im jährlichen oder sogar im vierteljährlichen Abstand über Erfolgskennzahlen wie Umsatz und Gewinn berichtet werden muss. Eine Olivenbaumstrategie wird vom Kapitalmarkt möglicherweise nicht verstanden und mit Kursrückgängen abgestraft. Insofern darf es niemanden überraschen, dass angestellte Manager in großen Unternehmen keine sehr langfristige Erfolgsorientierung aufweisen. Sie werden eher Tomaten pflanzen als Olivenbäume. Die verhaltensökonomische Forschung bezeichnet das als »managerial myopia« (Sibony 2020, S. 111) oder auch als Kurzfristorientierung von Managern.

Typische Vergütungs- und Anreizsysteme für Top-Manager verstärken die Kurzfristorientierung der Unternehmensleitung. So werden fast immer jährliche Boni ausgezahlt. Ihre Bemessungsgrundlage wird jeweils einzeln vertraglich festgelegt. Bei Mitgliedern der Unternehmensleitung sind es traditionell Boni in Abhängigkeit vom Gewinn, von der Dividende oder vom Aktienkurs des betreffenden Unternehmens. Sehr langfristige Investitionen, die kurzfristig den Gewinn schmälern, erscheinen dann unattraktiv. Umgekehrt erscheinen Maßnahmen attraktiv, die kurzfristig den Gewinn erhöhen, selbst wenn sie zu Lasten zukünftiger Gewinne gehen. Ein Beispiel sind Kürzungen beim Budget für Forschung und Entwicklung. Auch andere Instrumente einer leistungsabhängigen Vergütung können Anreize zu einer eher kurzfristigen Optimierung des Geschäfts setzen. So kommt es bei der Vergabe von Aktienoptionen entscheidend auf die Laufzeit und auf den vereinbarten Ausübungspreis an. Beides sollte theoretisch langfristige Anreizwirkungen entfalten. Die Laufzeit müsste lang sein, die per Option erworbenen Aktien sollten nicht gleich verkauft werden dürfen und die Ausübungskurse sollten deutlich über dem gegenwärtigen Aktienkurs des Unternehmens liegen.

In der Praxis finden sich jedoch nicht selten jährlich neu ausgegebene Optionspakete mit entsprechend kurzfristigen Anreizen für kurssteigernde Maßnahmen. Die Ausübungspreise sind oft wenig ambitioniert, belohnen also schon Kurssteigerungen im Rahmen der normalen Kapitalmarktentwicklung. Mitunter werden sogar die Ausübungspreise für bestehende Aktienoptionsprogramme herabgesetzt, wenn sich der Aktienkurs des betreffenden Unternehmens nicht positiv genug entwickelt hat. Ein unrühmliches Beispiel ist das Unternehmen Apple, das von 1981 bis 1995 sechsmal hintereinander die Ausübungspreise der Aktienoptionen für seine Führungskräfte absenkte, einfach weil der Aktienkurs von Apple immer weiter gefallen war. Eine mögliche Erklärung für die in vielen Fällen zu hohen und nicht ambitioniert genug gestalteten Aktienoptionsprogramme sind Vergütungsberater. Sie werden gerade bei großen Unternehmen häufig eingesetzt und machen dem Vergütungsausschuss des Aufsichtsrats Vorschläge für eine marktgerechte Entlohnung der Vorstandsmitglieder. Diese Vergütungsberater sollten sich

272

unabhängig äußern, werden faktisch aber vom Vorstand engagiert. Aus diesem Grund ist es auch nicht überraschend, dass ihre Empfehlungen sich weniger an den Aktionärsinteressen als vielmehr an dem Wunsch der Vorstandsmitglieder nach einer möglichst hohen Vergütung ausrichten. Meist genügt den Vergütungsberatern ein Vergleich mit einigen anderen, besonders hoch bezahlten Vorständen anderer Unternehmen, um einen weiteren Anstieg der Vorstandsvergütung als »marktüblich« empfehlen zu können.

Schließlich entscheidet **die vertragliche Bestellungsdauer** als Vorstand oder Geschäftsführerin über den Planungshorizont des Leitungsgremiums. Top-Manager haben typischerweise Arbeitsverträge für vier oder höchstens fünf Jahre. Bei schlechter Performance können sie auch vorzeitig abberufen werden. Olivenbaumstrategien haben jedoch per Definition den Nachteil, dass sie Investitionen zum heutigen Zeitpunkt erfordern, die sich erst in ferner Zukunft auszahlen werden. Sie gehen fast immer zu Lasten des aktuellen Gewinns. Insofern gehen angestellte Mitglieder der Unternehmensleitung das Risiko ein, dass sie die Früchte einer langfristig ausgerichteten Unternehmensstrategie gar nicht ernten können. Sie werden eher dazu neigen, kurzfristige Erfolge zu realisieren und so die Anspruchsgruppen des Unternehmens zufriedenzustellen. Das erhöht ihre Chancen, den Job zu behalten oder sogar für eine weitere Amtszeit ernannt zu werden. Länger als zwei Amtszeiten plant eigentlich kein Top-Manager. Zum einen ist nach zwei Amtszeiten typischerweise das Ruhestandsalter erreicht. Zum anderen ist die Tätigkeit als Vorstandsvorsitzende oder als Geschäftsführer so anstrengend, dass kaum jemand sie länger als acht oder zehn Jahre machen will. Mir hat einmal ein sehr angesehener und erfolgreicher Vorstandsvorsitzender, den ich kurz nach seinem Ruhestand traf, gesagt: »Man ist froh, wenn man es gesundheitlich halbwegs gut überstanden hat und in Ehren ausscheiden kann.«

In Familienunternehmen überlagern familiäre Einflüsse die unternehmerischen Entscheidungen

Familienunternehmen zeichnen sich dadurch aus, dass das Anteilseigentum und eventuell auch die Leitung in den Händen einer Familie oder einiger weniger Familien liegt. Im einfachsten Fall gehören alle Mitglieder der Unternehmensführung der Unternehmerfamilie an. Man spricht dann von einem reinen Familienmanagement. Ein gemischtes Management liegt vor, wenn im Leitungsgremium sowohl familienfremde Personen, sogenannte Fremdmanager, als auch Familienangehörige tätig sind. Es gibt auch Familienunternehmen mit reinem Fremdmanagement. In allen Fällen ergänzen die familiären Beziehungen die institutionellen Beziehungen oder überlagern sie sogar. Denn die handelnden Personen begegnen sich gleichzeitig privat in der Rolle als Familienmitglieder und in beruflichen Rollen im Unternehmen. Die Unterschiede zu anderen Unternehmensformen, beispielsweise zu börsennotierten Großunternehmen, fangen bei der **Zielsetzung** an. Viele Familienunternehmen verfolgen nicht nur Ziele wie Gewinnmaximierung oder Wertsteigerung. Sie sehen den Erhalt eines geschlossenen Gesellschafterkreises, also die Wahrung der Tradition des Familieneigentums, als gleichwertiges oder sogar wichtigeres Ziel an. Die Unterschiede sind auch bei der Finanzierungspolitik erkennbar. Wegen des Verzichts auf familienfremde Gesellschafter sind die Möglichkeiten der externen Eigenkapitalfinanzierung begrenzt. Das führt oft zu einem langsameren Wachstum, aber auch zu weniger externer Einflussnahme auf die Unternehmenspolitik.

Eine große Herausforderung in Familienunternehmen ist ein **Gesellschafterausstieg**, also das Ausscheiden eines Familienmitglieds aus der Leitung oder aus dem Gesellschafterkreis (Redlefsen/Witt 2006). Das gilt besonders in Fällen eines auf einer der beiden Seiten unfreiwilligen Ausscheidens. Wenn ein Gesellschafter oder eine Gesellschafterin ausscheiden will, der Rest der Familie das aber missbilligt oder sogar als Verrat an der Familie ansieht, spricht man in Familienunternehmen von »Fahnenflucht«. Wenn die Familie ein Mitglied gegen dessen Willen zum Ausstieg bewegen will, nennt man das »Herausdrängen«. Es wird niemanden überraschen, dass solche Konstellationen starke Emotionen hervorrufen. Es ist sowieso schon eine menschlich schwierige Entscheidung, als Aufsichtsrat oder Beirat ein Mitglied der Geschäftsleitung zu entlassen. Deutlich schwieriger wird diese Entscheidung, wenn es sich bei dem zu entlassenden Mitglied der Geschäftsleitung um ein Familienmitglied, also beispielsweise um den eigenen Bruder oder eine Cousine handelt. Insofern muss auch damit gerechnet werden, dass familiär-emotionale Motive in solchen Fällen möglicherweise stärker gewichtet werden als rationalökonomische. Die empirische Forschung bestätigt das ebenso wie die vielen Praxisfälle von spektakulären und zum Teil öffentlich ausgetragenen Konflikten zwischen Verwandten in Familienunternehmen.

Eine ähnlich große Herausforderung stellt die **Nachfolgeregelung** in der Unternehmensleitung dar. Es hat sich gezeigt, dass bei der Ernennung von neuen Mitgliedern der Geschäftsführung in Familienunternehmen sehr oft familiäre Bande wichtiger sind als fachliche Qualifikationen. Die allermeisten Familienunternehmer wollen ihre eigenen Kinder als Nachfolger installieren (Felden/Hack/Hoon 2019, S. 207). Sie wollen das auch dann, wenn es objektiv betrachtet fachlich besser geeignete Fremdmanager im Unternehmen gäbe. Eine objektive Personalauswahl nach rationalen Kriterien ist in solchen Fällen nicht zu erwarten. Blut ist eben dicker als Wasser. Interessant ist jedoch, dass die Nachfolgeregelung in Familienunternehmen keineswegs immer frühzeitig und transparent angegangen wird. Oft erwarten Eltern implizit, dass ihre Kinder irgendwann die Firma übernehmen, sie sagen es ihnen aber nie oder erst viel zu spät. Dann kann es vorkommen, dass sich die Kinder längst für eine eigene Karriere außerhalb des elterlichen Unternehmens entschieden haben. Mir ist auch ein Fall bekannt, bei dem der überlebende Elternteil erst zu einem Zeitpunkt mit dem Nachfolgeplan an seine beiden Kinder herangetreten ist, als diese Kinder selbst schon in Rente gegangen waren.

Ein weiteres wichtiges, emotional schwieriges und daher nicht rein ökonomisch zu behandelndes Thema ist das **Vererben**. In Familienunternehmen geht es insbesondere darum, wer die Gesellschaftsanteile erben soll. Die Problematik beginnt damit, dass der Gedanke an den eigenen Tod sehr unangenehme Emotionen hervorruft. Er wird daher gerne verdrängt. Das gilt leider auch für Unternehmertestamente. Das zweite Problem besteht darin, dass Erblasser als alte Menschen leicht beeinflussbar sind. Sie ändern ihr Testament möglicherweise »auf Zuspruch« mehrmals, bis niemand mehr weiß, was die letzte und damit die rechtlich gültige Fassung ist. Emotionen bewirken dabei mitunter ökonomisch unsinnige Regelungen. Manche Unternehmer wollen im hohen Alter plötzlich ihre Kinder enterben, weil sie sich von diesen in jüngster Zeit allein gelassen oder vernachlässigt fühlen. Andere sind mit der Partnerwahl ihrer Kinder nicht einverstanden und haben Angst, dass die Schwiegertochter oder der Schwiegersohn sich das Familienunternehmen aneignet. Psychologische Einflüsse auf das Verhalten zeigen sich auch auf Seiten der Erben. Ein typisches Gefühl bei der Kenntnisnahme eines Testaments ist das der Ungerechtigkeit oder der Kränkung. Die Folge sind Erbstreitigkeiten und auch manchmal langwierige Gerichtsverfahren, die das Vermögen des Familienunternehmens immer weiter aufzehren.

Im laufenden Geschäft lassen sich die meisten Konflikte in Familienunternehmen zum Thema **Dividende** beobachten. Sie entstehen insbesondere zwischen Familienangehörigen, die in der Leitung des Unternehmens tätig sind, sogenannten aktiven Gesellschaftern, und den nicht in der Leitung tätigen, passiven Gesellschaftern. Während die klassische ökonomische Theorie unterstellt, dass die Dividendenentscheidung im Sinne der Finanzierungspolitik und der Unternehmensstrategie getroffen wird, spielen in Familienunternehmen unweigerlich auch psychologische und soziale Faktoren eine Rolle. Passive Gesellschafter haben manchmal kein eigenes Einkommen aus einer Berufstätigkeit, sondern leben ausschließlich von den Dividenden aus dem Familienunternehmen. Sie sind also auf diese Dividenden angewiesen und werden in der Gesellschafterversammlung sehr starken Widerstand leisten, wenn die Unternehmensleitung eine Kürzung oder gar eine Aussetzung der Dividendenzahlung vorschlägt. Die aktiven Gesellschafter, die ja die Unternehmensleitung bilden, sind viel weniger auf Dividenden angewiesen als diese passiven Gesellschafter. Denn sie beziehen ja ein marktübliches Gehalt und möglicherweise noch nicht finanzielle Nebenleistungen vom Unternehmen. Insofern werden sie sich viel leichter für eine interne Finanzierungsstrategie durch die Thesaurierung (Einbehaltung) von Gewinnen aussprechen.

Was Unternehmen besser machen können

Dass sich bei der Unternehmensführung viele Wahrnehmungsverzerrungen und emotionale Aspekte auswirken, ist in der wissenschaftlichen Forschung lange bekannt. Auch die Unternehmenspraxis, also die betroffenen Top-Manager selbst, wissen das. Allerdings wird das Ausmaß dieser Verzerrungen typischerweise unterschätzt. Hinzu kommt die (unbegründete) Zuversicht, selbst weniger anfällig für entsprechende Fehler zu sein. Die Schwierigkeit besteht also darin, nicht nur die Prognose- und Bewertungsfehler anderer Menschen zu erkennen, sondern vor allem auch die eigenen. Darin sind Menschen leider erstaunlich schlecht. Kahneman hat festgestellt: »We can be blind to the obvious, and we are also blind to our

275

blindness (Kahneman 2012, S. 24). Eine einfache Möglichkeit der Reduzierung von Wahrnehmungsverzerrungen und Emotionalität in der Unternehmensführung besteht demnach darin, **neutrale Beobachter** einzusetzen (Kahneman/Sibony/Sunstein 2021, S. 240–241). Sie begleiten den Prozess der Informationsverarbeitung und Entscheidungsfindung. Sie sind an diesem Prozess nicht selbst beteiligt. Sie sollten von den Mitgliedern der Unternehmensleitung wirtschaftlich unabhängig sein. Ihre einzige Aufgabe besteht darin, auf die Biases hinzuweisen, die sie beobachten. Das ist keine angenehme Aufgabe. Sie erfordert auch sehr viel verhaltensökonomische Expertise des neutralen Beobachters. Solche Personen können den Mitgliedern einer Gruppe jedoch nachweislich sehr dabei helfen, die eigene Blindheit zu erkennen und zu kompensieren.

Eng verwandt mit der Idee eines neutralen Beobachters ist das bereits kurz erwähnte Konzept des »Anwalts des Teufels«, auch »advocatus diaboli« genannt. Er oder sie geht bewusst gegen die Gruppenmeinung an, stellt Annahmen in Frage und entwirft gegensätzliche Szenarien. Es reicht nicht aus, darauf zu hoffen, dass zufällig ein Mitglied des Teams gerne den Anwalt des Teufels spielt. Er muss bewusst ernannt werden. Insofern wird die entsprechende Person auch besser als ein **beauftragter Bedenkenträger** bezeichnet. Sie soll sich absichtlich und konsequent gegen den Trend der Gruppe stellen. Sie soll auch auf Wahrnehmungsverzerrungen und möglicherweise falsche Annahmen hinweisen. Wenn möglich, soll die Bedenkenträgerin oder der Bedenkenträger alternative Handlungsoptionen vorschlagen, auch wenn sie zunächst absurd klingen mögen. Das alles ist keine angenehme Aufgabe. Jeder will ein guter Teamplayer sein. Das Phänomen des Groupthink wirkt sehr ansteckend. Deshalb werden Bedenkenträger von den anderen Mitgliedern des Entscheidungs- oder Leitungsgremiums schnell als »Bremser« oder »Erbsenzähler« diskreditiert. Falls sie jedoch bewusst ernannt werden und ihre Rolle allen anderen Gruppenmitgliedern bekannt ist, können beauftragte Bedenkenträger ähnlich wie neutrale Beobachter viel zur Rationalitätssicherung der Unternehmensführung beitragen.

Ein weiteres, recht einfaches Instrument zur Reduzierung von vielen der weiter oben genannten Wahrnehmungs- und Bewertungsverzerrungen ist die **Checkliste** (Sibony 2020, S. 182). Sie hat sich als Instrument zur Vermeidung von Fehlern vor allem in Bereichen bewährt, in denen es um Leben und Tod geht. Beispiele sind medizinische Operationen, Flugverkehr und Raumfahrt. Hier haben Fehler potenziell katastrophale Auswirkungen und müssen daher auf jeden Fall verhindert werden. Checklisten stellen sicher, dass wichtige Voraussetzungen geprüft und potenzielle Probleme nicht übersehen werden. Checklisten können auch explizit eingesetzt werden, um Entscheidungsverzerrungen zu entdecken (vgl. zum Beispiel die umfangreiche Liste in Kahnemann/Sibony/Sunstein 2021, S. 388–389). Im Fall von unternehmerischen Entscheidungen wie dem Kauf eines Unternehmens oder der Durchführung eines großen Investitionsprojekts könnte eine Checkliste beispielsweise die folgenden Fragen umfassen:

Dar. 26: Beispiel einer Checkliste für Investitions- und M&A-Projekte

Nr.	Frage	Status
1	Wurden relevante Alternativen bei der Entscheidungsfindung berücksichtigt? Gab es keine Vorabentscheidung?	√
2	Haben wir Wirtschaftlichkeitsrechnungen (Kapitalwertberechnungen) durchgeführt?	√
3	Haben wir die Annahmen dieser Wirtschaftlichkeitsrechnungen möglichst objektiv überprüft?	√
4	Haben wir für die Wirtschaftlichkeitsrechnungen Sensitivitäts- und Szenarioanalysen durchgeführt?	√
5	Liegt eine Risikoanalyse zu jeder Alternative vor (einschließlich Risikobewertung und Reaktionsstrategien)?	offen
6	Wurden ex ante klar messbare Abbruchkriterien für das gewählte Projekt definiert?	offen

Eine interessante Technik zur Vermeidung von vorschnellen Entscheidungen ist die Analyse des Scheiterns, bevor das Projekt überhaupt begonnen hat. Man nennt das, wie bereits kurz erwähnt, **Pre-Mortem** (Syed 2016, S. 311). Sie hat den Charakter einer Ideensammlung oder einer Brainstorming-Sitzung. Die Durchführung eines Pre-Mortem ist etwas anderes als die Analyse möglicher Ursachen für ein Scheitern. Es wird jetzt nämlich unterstellt, das Projekt sei bereits gescheitert. Die Teilnehmerinnen und Teilnehmer der Analyse sollen ein Desaster nicht verhindern, sondern sich plausible Gründe überlegen, warum es zum Desaster gekommen ist. Analogien zur Anwendung in der Unternehmensführung sind die Autopsie einer Leiche in der Medizin oder die Auswertung des Flugdatenschreibers nach einem Flugzeugabsturz. Die Neigung des Menschen, bekannte Fakten zu plausiblen Geschichten zu verarbeiten, wird jetzt für die Risikoanalyse genutzt. Das Augenmerk der Mitwirkenden wird bewusst auf eine negative Projektentwicklung und ihre Ursachen gelenkt. Die Informationssuche beschränkt sich dann nicht, wie sonst häufig, auf positive Einflussfaktoren und günstige Umstände, sondern auf das genaue Gegenteil. Ein Pre-Mortem hat den Vorteil, relativ leicht durchführbar zu sein. Es ist möglich, viele Expertinnen und Experten einzubinden und auf diese Weise die Schwarmintelligenz der Gruppe zu nutzen.

Eine wesentliche Voraussetzung für rationale Entscheidungsfindung in Unternehmen ist der offene Dialog (Sibony 2020, S. 231). Durch eine **freie Diskussion** können viele Verzerrungen verringert oder ganz verhindert werden. Dabei muss insbesondere klar gemacht werden, dass es um eine Diskussion geht und nicht um eine Entscheidungsfindung. Die zu treffende Entscheidung darf noch nicht feststehen. Die hierarchische Position einzelner Diskussionsteilnehmer darf keine Rolle spielen. Der Praktikant hat dasselbe Mitspracherecht wie die Vorstandsvorsitzende. Vor allem darf sich das Top-Management noch nicht auf eine Handlungsalternative festgelegt haben, sonst wird die »freie« Diskussion zur Farce. Offene Gespräche erfordern auch genug Zeit. Idealerweise liegt ein großes Spektrum an Erfahrungen und Expertisen bei den Teilnehmern vor. Das Auftreten von unterschiedlichen Einschätzungen und Meinungen ist willkommen. Allen Mitwirkenden muss klar sein, dass die eigentliche Entscheidungsfindung nicht in der Diskussionsrunde, sondern erst später erfolgt. Man darf eine offene Diskussion daher auch nicht mit einer demokratischen Entscheidungsfindung verwechseln. Die letzte Entscheidung trifft immer die Unternehmensleitung. Sie kann sich der Mehrheitsmeinung der Diskussionsrunde anschließen oder auch nicht.

Schließlich gibt es die Methode, von der Innensicht auf die **Außensicht** zu wechseln. Unternehmensleitungen sollen bewusst die »rosa Brille« absetzen, die durch Selbstüberschätzung, Unterschätzung der Konkurrenz und die Wahrnehmung jedes Projekts als einzigartig entsteht. Sie sollen einen »outside view« einnehmen (Lovallo/Kahneman 2003). Er besteht darin, ein Projekt mit mehreren ähnlichen Projekten zu vergleichen. Auf diese Weise entsteht so etwas wie eine objektive Grundgesamtheit, für die dann Erfolgswahrscheinlichkeiten erhoben werden. Je mehr ähnliche Projekte es schon gegeben hat, desto besser ist die entsprechende Datenlage. Wenn ein Unternehmen beispielsweise darüber nachdenkt, eine neue Fabrik zu bauen, dann sollten erst Daten zu den Erfolgen anderer Fabrikneubauten vorliegen. In Nordamerika gibt es beispielsweise den klaren Befund, dass 70 Prozent aller neu errichteten Fabriken innerhalb der nächsten zehn Jahre wieder geschlossen werden mussten. Die Erfolgsquote in der Grundgesamtheit liegt also bei nur 30 Prozent. Das Unternehmen müsste bei einer Investitionsentscheidung jetzt schon sehr gute Gründe nennen, warum sein eigener Fabrikneubau besser abschneiden sollte als der Durchschnitt ähnlicher Projekte. Oder anders ausgedrückt: Der aus der Innensicht heraus entwickelte (wahrscheinlich zu optimistische) Business Case müsste entsprechend nach unten korrigiert werden.

Zusammenfassung

1. Die für Unternehmen typischen Gruppenentscheidungen führen nicht zwangsläufig zu mehr Rationalität bei der Entscheidungsfindung. Viele Unternehmen glauben zudem nach wie vor an das Klischee einer einzelnen genialen Unternehmerperson.
2. Projekt- und Investitionsplanungen in Unternehmen erfolgen systematisch zu optimistisch. Das liegt an der Kontrollillusion sowie der Selbstüberschätzung von Managern, aber auch an den fehlenden Vergleichen mit statistischen Grundgesamtheiten.
3. Angestellte Manager haben eine andere Risikoposition als die Anteilseigner eines Unternehmens. Sie sind an Gewinnen, aber nicht an Verlusten beteiligt. Zudem werden Tatkraft und Risikofreude von ihnen erwartet.

4. Angestellte Manager haben aufgrund ihrer kurzen Vertragslaufzeiten keine wirksamen Anreize zur langfristigen Wertsteigerung des von ihnen geleiteten Unternehmens. Bei börsennotierten Unternehmen ist die Ausrichtung oft noch kurzfristiger.
5. In Familienunternehmen überlagern familiäre und soziale Überlegungen die ökonomischen Zielsetzungen. Im Zweifelsfall ist die Bewahrung des Unternehmens in Familienhand wichtiger als die Gewinnmaximierung.

Teil 4: Die Zukunft der Verhaltensökonomik

14 Menschliches und maschinelles Entscheiden

Was können Modelle und Maschinen besser als Menschen?

Die Verhaltensökonomie befasst sich im Kern mit den systematischen Unzulänglichkeiten menschlicher Informationsverarbeitung und Entscheidung unter Unsicherheit. Sie ist deshalb auch als Theorie der »heuristics and biases« bezeichnet worden (Tversky/Kahneman 1974). Berücksichtigt man zusätzlich noch Arbeiten, die nicht nur systematische, sondern auch zufällige Variationen von Bewertungen und Urteilen erfassen, dann könnte man von einer **Theorie der Verzerrungen und Streuungen im menschlichen Verhalten** sprechen. Angesichts der umfassenden und vielfach bestätigten Befunde zur Relevanz dieser Theorie erscheint es dann naheliegend, bestimmte Informationsverarbeitungs- und Entscheidungsprozesse gar nicht mehr Menschen zu überlassen, sondern Maschinen zu nutzen. Mit dem Begriff Maschine meine ich Softwareprogramme oder Algorithmen, die vom Menschen oder von anderen Maschinen mit Daten gefüttert werden, diese auswerten und gegebenenfalls auch autonom Entscheidungen treffen. Solche Maschinen oder Programme könnten im Laufe der Anwendung verbessert werden oder sogar selbstständig lernen. Bei geeigneter Programmierung würden sie keinen systematischen Verzerrungen unterliegen und auch keine Streuungen ihrer Ergebnisse aufweisen. Sie wären also möglicherweise dem Menschen überlegen.

Ein erster bahnbrechender Beitrag zur Frage, ob Modelle oder Menschen bessere Prognosen machen, stammt vom Psychologen Paul E. Meehl. Er wertete mehre Studien aus, in denen anhand von klinischen Daten Vorhersagen gemacht wurden, zum Beispiel zum akademischen Erfolg von Studienanfängern oder zum Verlauf psychischer Erkrankungen. Er kam zum Ergebnis, dass eine **Prognose anhand eines formalen Modells**, das sich auf einige beobachtbare Variable stützt, bessere Ergebnisse liefert als menschliche Experten. In der Medizin schlagen Modelle auch bessere Therapien vor als Ärztinnen und Ärzte (Meehl 1954). Die Studie stieß erwartungsgemäß auf sehr viel Kritik. Denn die subjektive Auswertung von vielfältigen Informationen verbunden mit einem intuitiven Urteil ist ja gerade die zentrale Arbeitsleistung von Experten wie Psychologen und Medizinern. Sie halten sich nicht nur für gut, sondern für unersetzlich. Die Befunde von Meehl, die später in sehr vielen Folgestudien bestätigt wurden, widerlegen jedoch dieses Selbstbild. Selbst gut ausgebildete und erfahrene Spezialisten sind erschreckend schwach in dem, was sie für ihre größte Stärke halten, nämlich verschiedene Arten von Information zu integrieren (Kahneman 2012, S. 224). Das können Modelle besser, selbst wenn es sich um ganz einfache lineare Modelle mit nur wenigen Variablen handelt.

Der wesentliche Grund für die Überlegenheit von formalen Algorithmen gegenüber Expertenurteilen ist ihre **Reliabilität**. Ein Modell kommt mit denselben Daten immer zu derselben Prognose. Bei Menschen ist das nicht der Fall. Ihre Bewertungen und Urteile sind in hohem Maße inkonsistent. Bei einer Auswertung der exakt gleichen Datenlage kommen Expertinnen und Experten durchaus häufig zu unterschiedlichen Ergebnissen, selbst wenn die Prognosen oder Urteile nur wenige Minuten auseinanderliegen. Das liegt daran, dass sie nicht jedes Mal das genau gleiche Modell anlegen, sondern einzelne Kriterien mal stärker und mal weniger stark beachten. Diese Inkonsistenz bei der Auswertung gleicher Daten wurde für eine extrem große Bandbreite an Anwendungen nachgewiesen. Sie zeigte sich beispielsweise bei der Beurteilung der psychologischen Eignung von jungen Soldaten für Führungsaufgaben, bei der Auswertung von Röntgenbildern durch Radiologen, bei der Abschätzung des Insolvenzrisikos anhand von Jahresabschlussdaten durch Wirtschaftsprüfer oder bei der Prognose des zukünftigen Wertes von Weinen durch Önologen. In praktisch allen Fällen machte ein Modell bessere Vorhersagen als die jeweiligen menschlichen Experten (Shanteau 1988).

Hinzu kommt die Erkenntnis, dass es kein sehr aufwändiges Modell sein muss. In der wissenschaftlichen Forschung arbeiten wir typischerweise mit multivariaten Regressionen. Sie berücksichtigen mehrere Prognosevariable und können diese unterschiedlich gewichten. Gesucht wird dann die gewichtete Kombination aus unabhängigen Variablen, die die abhängige Variable bestmöglich erklärt oder prognostiziert. Multivariate Regressionen sind Bestandteil jeder Statistik-Vorlesung. Sie sind Grundlage vieler Formen der Marktforschung. Und jedes Statistik-Paket kann multivariate Regressionen berechnen. Allerdings zeigen Studien, dass dieser Aufwand gar nicht nötig ist. Eine Gleichgewichtung aller erklärenden Variablen, der sogenannten Prädiktoren, kommt zu gleich guten Ergebnissen. Und die Prädiktoren müssen auch nicht sehr komplex sein oder erst aufwändig statistisch hergeleitet werden. **Jedes lineare Modell ist besser als menschliche Expertise**. In einer viel beachteten Studie wurde beispielsweise ein Prognosemodell für die Ehe präsentiert, das erstaunlich einfach ist und doch sehr akkurate Prognosen macht. Sie können es selbst sofort anwenden. Demnach hängt der Erfolg Ihrer Ehe ab von der Differenz zweier Zahlen, der Häufigkeit, mit der Sie im Monat Sex haben, minus der Häufigkeit, mit der Sie im Monat streiten. Dieser Wert sollte positiv sein. Und je größer er ist, desto besser sind die Aussichten für eine erfolgreiche Fortführung Ihrer Ehe (Dawes 1979).

Es gibt mittlerweile viele Anwendungsbereiche, in denen mit einfachen Modellen gearbeitet wird, um Inkonsistenzen menschlicher Bewertungen auszuschließen und reliable Prognosen zu machen. Ein Beispiel ist der sogenannte **Apgar-Test**, mit dem der Gesundheitszustand von Neugeborenen bewertet wird (Kahneman 2012, S. 227). Er umfasst fünf Variable: Herzschlag, Atmung, Reflexe, Muskelspannung und Farbe der Haut. Jede Variable wird sofort nach der Geburt von der Hebamme oder den anwesenden Ärzten mit drei möglichen Werten beurteilt: 0, 1 oder 2. Je besser das jeweilige Kriterium erfüllt ist, desto höher liegt der zu vergebende Punktwert. Diese Punktwerte pro Kriterium werden einfach über alle Variable addiert. Wenn ein Baby einen Gesamtpunktwert von acht oder mehr aufweist, dann ist es gesund. Konkret bedeutet das beispielsweise: Es hat einen Puls von 100 Schlägen pro Minute oder mehr, schreit, windet sich, macht Grimassen und hat eine rosige Haut. Liegt der Gesamtwert unter vier, dann besteht sofortiger ärztlicher Handlungsbedarf. Das Baby ist dann in lebensbedrohlich schlechtem Zustand. Sein Puls ist schwach, es schreit nicht, es bewegt sich nicht, seine Muskeln sind schlaff, seine Haut ist bläulich.

Ähnlich funktionieren **Prognosemodelle für Erkrankungen von Erwachsenen**, beispielsweise für Patienten, die mit Verdacht auf Herzinfarkt in die Notaufnahme von Krankenhäusern kommen. Eine erste Diagnoseform ist das Elektrokardiogramm (EKG), das die elektrischen Aktivitäten der Herzmuskelfasern aufzeichnet. Es dauert nur wenige Minuten und zeigt an, ob und wie stark Muskelgewebe im Herzen geschädigt ist. Manchmal erbringt ein EKG jedoch kein klares Ergebnis. Eine valide Diagnose liefert die Untersuchung des Troponin-Spiegels im Blut. Das Ergebnis liegt aber erst eine Stunde nach der Blutabnahme vor. Um eine einfache, modellgestützte Prognose machen zu können, möglichst bereits beim Erstkontakt mit den Patienten, reichen jedoch einige wenige Variable aus. So fragen Rettungssanitäter nach kardiologischen Vorerkrankungen, nach dem Alter, nach Diabetes und nach dem subjektiven Schweregrad der Brustschmerzen. Ähnlich wie im Fall der Beurteilung des Gesundheitszustands von Neugeborenen reichen hier einfache Beurteilungen anhand einiger weniger Variable aus, um die erste Verdachtsdiagnose zu stellen und keine Zeit für die weitere Behandlung zu verlieren. Denn es kommt auf jede Minute an. Je früher ein Herzinfarkt entdeckt und behandelt wird, desto besser sind die Überlebenschancen.

Die Potenziale der künstlichen Intelligenz

Wenn schon einfache Modelle Bewertungs- und Prognoseaufgaben besser lösen können als menschliche Experten, dann müssten sich mit Verfahren der **Künstlichen Intelligenz** (KI) und des maschinellen Lernens noch viel bessere Ergebnisse erzielen lassen. Der Begriff des maschinellen Lernens bezeichnet die Generierung von Wissen aus Erfahrungsdaten. Es bedarf keines kausalen Modells für Zusammenhänge zwischen unabhängigen und abhängigen Variablen. Stattdessen sucht ein Algorithmus nach Korrelationen zwischen verfügbaren Daten. Das System lernt aus Beispielen und passt sein Prognosemodell ständig an. Die entsprechenden Algorithmen generieren ein Zusammenhangsmodell, das auf beobachteten Daten beruht und dann anhand von Testdaten überprüft wird. So werden auch solche Muster und Gesetzmäßigkeiten erkannt, die in theoretischen Modellen bisher nicht betrachtet wurden. Maschinelles Lernen ist wesentlich einfacher geworden, seitdem große Datensätze in verschiedenen Bereichen des Lebens leicht verfügbar sind. Ein typisches Beispiel sind Online-Handelsunternehmen wie Amazon, die über umfangreiche Kundendaten verfügen und so valide Prognosen über das zukünftige Kaufverhalten machen können.

Der Begriff der künstlichen Intelligenz wird unterschiedlich definiert und ist stark umstritten. Am besten passt aus meiner Sicht die Begriffsdefinition des Software-Unternehmens Microsoft: »Unter künstlicher Intelligenz verstehen wir Technologien, die menschliche Fähigkeiten im Sehen, Hören, Analysieren, Entscheiden und Handeln ergänzen und stärken.« Das Ziel ist es also gerade nicht, menschliche Verhaltensweisen zu imitieren oder menschliche Intelligenz nachzubilden. Denn die Resultate der verhaltensökonomischen Forschung zeigen ja sehr deutlich auf, dass es mit der menschlichen Intelligenz und dem menschlichen Urteilsvermögen nicht immer weit her ist. Künstliche Intelligenz soll bestimmte Probleme besser lösen als Menschen es zu tun vermögen. Sie soll gerade nicht den typisch menschlichen Wahrnehmungs-, Bewertungs- und Entscheidungsverzerrungen sowie der typischen menschlichen Streuung von Beurteilungen unterliegen. Wenn menschliche Intelligenz vornehmlich intuitiv ist, dann sollte künstliche Intelligenz sich vor allem durch **Reliabilität, Verzerrungsfreiheit und die Nutzung von sehr großen Datenbeständen** auszeichnen. Künstliche Intelligenz sollte in der Tat die Intelligenz des Menschen ergänzen und stärken, nicht sie nachbilden. Die folgende Darstellung zeigt einige Meilensteine der Entwicklung von KI.

Dar. 27: Meilensteine der Entwicklung von KI

1950	Turing-Test	Entwickelt von Alan Mathison Turing. Testet, ob ein Computer Kommunikationspartner ist.
1966	ELIZA Chatbot	Entwickelt von Joseph Weizenbaum. Das Programm kann Gesprächspartner simulieren.
1972	MYCIN Expertensystem	Entwickelt an der Stanford University. Das System dient der Diagnose von Infektionskrankheiten.
1986	NETtalk Sprachsynthese	Entwickelt von Terrence J. Sejnowski und Charles Rosenberg. Das System generiert Sprache.
1996	Deep Blue	Entwickelt von IBM. Das System besiegt Weltmeister Garri Kasparow im Schach.
2002	Romba	Entwickelt von iRobot. Das Gerät ist ein autonom arbeitender Staubsaug-Roboter.
2011	Siri	Entwickelt von Apple. Die Software erkennt und verarbeitet gesprochene Sprache.
2016	Alexa	Entwickelt von Amazon. Das Gerät fungiert als sprachgesteuerter persönlicher Assistent.
	Alpha Go	Entwickelt von Google DeepMind. Das System besiegt den weltbesten Go-Spieler.

Dar. 27: Meilensteine der Entwicklung von KI – Fortsetzung

2017	Libratus	Entwickelt an der Carnegie-Mellon-University. Die Poker-KI kann bluffen und gewinnt 1,7 Mio. Dollar.
2022	ChatGPT	Entwickelt von Open AI. Der Chatbot kann Fragen beantworten, Texte schreiben und programmieren.

Ein dem Begriff der KI eng verwandter Begriff ist **maschinelles Lernen**. Damit wird die Fähigkeit eines Algorithmus bezeichnet, im Laufe der Bearbeitung von Aufgaben automatisch immer bessere Lösungen zu finden. Man gibt beispielsweise einem Roboter vor, welche Arbeitsleistung er auszuführen hat, sagt ihm aber nicht, wie er diese Leistung zu erbringen hat. Der Roboter probiert dann verschiedene Herangehensweisen aus, ermittelt jeweils die Qualität des Ergebnisses und verbessert so Schritt für Schritt seine Lösungsmethode. Wenn es um Software geht, dann bedeutet maschinelles Lernen, dass die KI ihre Programmcodes selbst erstellt und laufend optimiert. Ein Anwendungsfall ist die Bilderkennung. Zunächst wird die Software anhand eines Trainingsdatensatzes angelernt, zum Beispiel um auf Tierbildern einen Hund von einer Katze zu unterscheiden. Dann werden ihr neue Daten (Bilder) präsentiert, mit deren Hilfe der Algorithmus seine Zuordnung eines Bildes zu einer bestimmten Klasse immer weiter verbessern kann. Das nennt man überwachtes maschinelles Lernen. Unüberwachtes maschinelles Lernen funktioniert ohne eine solche Anlernung oder Vorgabe. Die Software würde dann beispielsweise sehr viele Tierbilder vergleichen und sie nach selbst gelernten Merkmalen bestimmten Klassen zuordnen. Im Ergebnis könnten dann beispielsweise Hundebilder eine Klasse bilden. Allerdings wüsste die Maschine nicht, dass es Hunde sind.

Typische Anwendungsbeispiele für KI und maschinelles Lernen finden sich schon heute in vielen Lebensbereichen. So können aus den Transaktionsdaten von Kreditkartenkonten automatisch Hinweise auf Betrugsversuche abgeleitet und dann frühzeitig unterbunden werden. Die KI erkennt dabei ein vom üblichen Verhalten eines Kunden abweichendes Transaktionsmuster. Auch die Möglichkeiten der Gesichtserkennung sind weit fortgeschritten. Sie werden in Social Media wie beispielsweise Facebook verwendet, um Personen auf Fotos deren Nutzerprofilen zuzuordnen. Und auch bei Polizeibehörden wie dem FBI werden sie zur Identifizierung von Verbrechern eingesetzt. Sprachassistenten wie Alexa oder Siri erkennen gesprochene Sprache und wandeln sie in Befehle für Software um. Mit Verfahren des maschinellen Lernens verbessern solche Systeme ihre Spracherkennungsfähigkeiten immer weiter, so dass sie auch Menschen mit Dialekt oder undeutlicher Aussprache immer besser verstehen. Weit verbreitet ist KI auch im Online-Handel. Anhand einer Auswertung bisheriger Transaktionsdaten bei einem Anbieter und zusätzlich, wenn verfügbar, auch der Verhaltensprofile auf Social Media werden den Kundinnen und Kunden maßgeschneiderte Werbung und spezifische Kaufempfehlungen gesendet. In Unternehmen wird KI für die vorausschauende Wartung von Anlagen genutzt. Die KI erkennt anhand von Betriebsdaten der Anlage, wann Reparaturen erforderlich werden, und zwar bevor die Anlage tatsächlich wegen eines Defekts stehen bleibt.

Der traditionelle Vorbehalt gegenüber Verfahren der KI ist ihre Unfähigkeit, **spezifische Einflussfaktoren** zu erkennen. Dieser Vorbehalt wird häufig am sogenannten Gebrochenes-Bein-Beispiel erläutert (Kahneman/Sibony/Sunstein 2021, S. 129–132). Nehmen Sie an, ein Modell müsste eine Vorhersage machen, ob bestimmte Personen an einem Abend ins Kino gehen oder nicht. Nehmen wir weiterhin an, das Modell könnte mit allen möglichen demografischen Daten und Verhaltensdaten gefüttert werden. In einem besonderen Fall könnte ein einzelner Mensch nun immer eine bessere Prognose machen als das Modell. Wenn dieser Mensch nämlich wüsste, dass eine bestimmte Person sich gerade das Bein gebrochen hat, dann wüsste er auch, dass diese Person garantiert nicht ins Kino gehen wird. Menschliche Prognosen sind also dann potenziell besser als maschinelle, wenn sie auf spezifische Informationen zurückgreifen können, über die das Modell nicht verfügt. Je mehr Daten dem Modell zur Verfügung stehen, desto seltener wird das allerdings der Fall sein. Wüsste die künstliche Intelligenz beispielsweise, dass die betreffende Person am Morgen im Krankenhaus war, dann könnte sie ebenfalls darauf kommen, dass diese Person krankheitsbedingt nicht ins Kino gehen wird.

Die Antwort auf die am Anfang des Kapitels gestellte Frage, wann Modelle und Maschinen bessere Prognosen machen und bessere Entscheidungen treffen, hängt also sehr von der Informationsverfügbarkeit ab. Es ist eine der großen Stärken von künstlicher Intelligenz, auch seltene Einflussfaktoren zu identifizieren, jedenfalls wenn sie auf sehr große Datenbestände zugreifen kann. Ich will das an einem Beispiel illustrieren. Ein großes Problem an Universitäten sind **Studienabbrüche**. Sie sind verbunden mit verschwendeten Ressourcen und mit enttäuschten jungen Menschen. Daher versuchen Universitäten, die Gründe für einen Studienabbruch zu entdecken, die individuelle Wahrscheinlichkeit eines Studienabbruchs zu prognostizieren und nach Möglichkeit rechtzeitig gegenzusteuern. Eine altmodische Methode besteht darin, Studienabbrecher in Gesprächen nach ihren Gründen zu fragen. Solange einige dieser Gründe mit der Universität zu tun haben und beobachtet werden können, helfen die Erkenntnisse vielleicht dabei, die Anzahl der Studienabbrecher in Zukunft zu verringern. Den betroffenen Personen helfen sie aber nicht, denn es ist ja schon zum Studienabbruch gekommen. Mit Methoden der künstlichen Intelligenz könnten jedoch möglicherweise rechtzeitige Prognosen ermöglicht werden.

Erste Schritte in diese Richtung sind bereits unternommen worden. Da mittlerweile alle Studienunterlagen auf Lernplattformen angeboten werden, kann die Universität sehen, ob und wann sich einzelne Studierende die Kursunterlagen herunterladen. Wer diese Lernplattform niemals besucht und sich gar keine Unterlagen herunterlädt, der wird wahrscheinlich nicht ernsthaft studieren und sein Studium irgendwann abbrechen. Die Universität weiß ferner, wer sich für welche Klausuren angemeldet hat. Eine Klausurteilnahme ohne Anmeldung ist nicht möglich. Damit steht ein weiterer Prädiktor des Studienabbruchs zur Verfügung. Wer sich nämlich bisher noch für keine einzige Klausur angemeldet hat, der wird vermutlich auch irgendwann demnächst sein Studium abbrechen. Andere Variable sind derzeit noch nicht erfasst, könnten aber in das Prognosemodell aufgenommen werden. Seitdem es beispielsweise das 49-Euro Ticket für den öffentlichen Nahverkehr gibt, sind die Abbruchszahlen deutlich gestiegen. Vermutlich handelt es sich um Menschen, die nur wegen der vergünstigten Bus- und Bahntickets immatrikuliert sind, nicht weil sie wirklich studieren wollen. Relevant sind potenziell auch demografische Merkmale von Studierenden wie Bildungsstand der Eltern, Alter oder Muttersprache. Darüber hinaus könnten Merkmalskombinationen existieren, zu denen wir (noch) keine Erklärung haben, die aber hochgradig mit einem Studienabbruch korrelieren.

KI-Systeme produzieren ab und an jedoch auch **unsinnige Zusammenhänge**. Das liegt daran, dass sie keine Kausalität erkennen, sondern nur Korrelationen. Und einige Korrelationen sind zwar beeindruckend, aber nutzlos (Gigerenzer 2022, S. 118–120). So korreliert der Anteil der Nobelpreisträger an der Gesamtbevölkerung sehr stark mit dem Schokoladenverbrauch pro Kopf. Die Schweiz liegt bei beiden Kennzahlen weit vorne, China liegt weit hinten. Die Anzahl der Menschen, die in einem bestimmten Jahr in ihrem Swimmingpool ertrinken, korreliert deutlich mit der Anzahl der Filme mit Nicolas Cage, die im selben Jahr herausgekommen sind. Und die vielleicht absurdeste Korrelation, die jemals von einer KI gefunden wurde, betrifft die Prognose von Ehescheidungen. So gibt es einen nahezu perfekten Zusammenhang zwischen der Scheidungsrate in einem bestimmten Bundesstaat der USA (Maine) und dem Pro-Kopf-Verbrauch von Margarine in den gesamten USA. Die genannten Beispiele zeigen eindrucksvoll, dass zwischen Mustererkennung in Daten und Prognosen oder Handlungsempfehlungen unterschieden werden muss. Es wird nicht gelingen, die Scheidungsrate in Maine zu senken, indem man den Amerikanern empfiehlt, weniger Margarine zu essen. Und China wird seinen Anteil an Nobelpreisträgern nicht dadurch steigern können, dass man den Chinesen empfiehlt, mehr Schokolade zu essen.

Der eigentliche Nutzen von KI besteht auch nicht darin, große Mengen von Daten auszuwerten, zusammenzufassen und dann einem Menschen zur Interpretation zu übergeben. Denn der Mensch wird dann immer noch seine typischen Fehler machen. Er wird kausale Zusammenhänge sehen, wo es keine gibt. Er wird sich auf nur einige wenige Zusammenhänge konzentrieren. Er wird lineare Zusammenhänge vermuten, wo nichtlineare Einflüsse vorliegen. Und er wird für Entscheidungen seine Intuition einsetzen, auch wenn die zum speziellen Problem vielleicht gar nichts beizutragen hat. Damit bleiben alle die Verzerrungen und Streuungen, die in diesem Buch behandelt wurden, weiter erhalten. Um wirklich bessere Ergebnisse zu erzielen, müssen wir in manchen Fällen auch die Interpretation der Daten und das Treffen der Entscheidung der KI überlassen. Das hat eine radikale Konsequenz: **Der Mensch wird ganz herausgenommen**. Denn die KI kann unendliche feine Segmente in Datensätzen finden, sie kann Nichtlinearitäten berücksichtigen, sie findet auch nichtintuitive Zusammenhänge und sie entscheidet bei gegebenen Daten immer gleich. Beispiele für Anwendungsbereiche einer solchen reinen KI-Lösung sind das Bestellwesen in Logistiknetzwerken, Marktforschungsstudien oder die Bewertung der Kreditwürdigkeit einer Person oder eines Unternehmens.

Was können Menschen besser als Modelle und Maschinen?

Eine klassische (und falsche) Interpretation der wesentlichen Erkenntnisse der Verhaltensökonomik lautet, dass Menschen grundsätzlich dumm, kurzsichtig, emotional und irrational sind. Sie verstehen Statistik nicht richtig, sind unaufmerksam, verlassen sich auf ihr Bauchgefühl und verknüpfen unabhängige Ereignisse zu aus ihrer Sicht plausiblen, aber objektiv unsinnigen Geschichten. Wenn das wirklich so wäre, dann müssten wir nicht nur Routineauswertungen, sondern möglichst viele Bewertungen und Entscheidungen an Maschinen delegieren. Und es gibt tatsächlich viele Bereiche, wo das geschieht. Flugzeuge werden größtenteils über Autopiloten geflogen, nur bei Start und Landung greifen menschliche Piloten ein. In vielen Städten fahren U-Bahnen führerlos, werden also nicht mehr von Menschen gesteuert. Manche Technologieunternehmen nutzen für die Einstellung von neuen Mitarbeitern keine Bewerbungsgespräche mehr, sondern eine KI, die sowohl das Bewerbungsschreiben als auch den Lebenslauf maschinell auswertet und daraus eine Einstellungsempfehlung ableitet. Im Hautkrebsscreening ersetzen zunehmend maschinelle Diagnosen die Untersuchung durch Hautärzte. Manche Investment-Banken haben ihre Händler an Börsen bereits vollständig durch Handelsroboter, also Systeme der künstlichen Intelligenz, ersetzt. Sogar für die Entscheidung von Richtern, Angeklagte auf Kaution freizulassen, wurden Verfahren der KI entwickelt, die bessere Entscheidungen treffen als menschliche Richter (Kleinberg et al. 2018). Es gibt jedoch auch viele **Fälle, wo KI nicht zu guten Ergebnissen führt**, wo also Menschen einen besseren Job machen.

Zunächst einmal zeigt der Stand der KI-Entwicklung, über wie erstaunlich gute Wahrnehmungs- und Interpretationsfähigkeiten der Mensch verfügt. So ist es für eine Maschine auch bei großen Datensätzen und langen Lernphasen immer noch schwierig, auf Fotos einen Hund von einer Katze zu unterscheiden. Kleine Kinder können das jedoch schon im Alter von drei Jahren mit hundertprozentiger Treffsicherheit. Ähnliches gilt für unsere Spracherkennung. Selbst wenn wir die Sprache nicht beherrschen, können wir doch oft andere Menschen verstehen. Unser Gehirn verknüpft mühelos Informationen von Mimik, Gestik, Stimmlage und Kontext, um so gut wie möglich mit anderen Menschen zu kommunizieren. Auch hier sind wieder Kinder ein gutes Beispiel. Ihre Kinder werden im Urlaub sehr gut mit anderen Kindern spielen und sich blendend verstehen, auch wenn die eine andere Sprache sprechen. Auch bei Erwachsenen lässt sich das beobachten. Wir verstehen ironische Bemerkungen und sogar sarkastischen Humor, weil wir eben nicht nur das gesprochene Wort auswerten, sondern die Mimik, die Gestik und den Kontext des Gesagten berücksichtigen. Umgekehrt verstehen selbst aufwändig programmierte Spracherkennungssysteme nicht immer richtig, was wir meinen, wenn wir ihnen Anweisungen erteilen.

Ein typisches Beispiel für noch nicht optimal entwickelte KI sind Chatbots, die Mitarbeiterinnen und Mitarbeiter in Call-Centern ersetzen sollen. Man bezeichnet sie auch als textbasierte Dialogsysteme oder einfach Bots. Ich weiß nicht, ob Sie bereits mit solchen Maschinen zu tun hatten. Ich bin sehr sicher, dass Sie nicht gerade verwöhnt sind von der Qualität der menschlichen Kundengespräche in vielen Call-Centern. Aber Versuche der Problemlösung mit einem Bot oder mit einer KI können noch viel frustrierender sein (für den Menschen, der KI sind Sie egal). Das liegt zum einen daran, dass Chatbots keine Emotionalität und keine **Empathie** zeigen können, egal welche Sätze ihnen auch antrainiert wurden. Oft versteht die Maschine noch nicht einmal Ihre Frage, weil unsere menschliche Sprache sehr kontextabhängig und mehrdeutig ist. Weiterhin besteht das Problem, dass Chatbots immer nur auf eine begrenzte Menge an Lösungsvorschlägen angelernt werden können, sie sind nie kreativ oder kulant. Spezielle, seltener auftretende Anfragen und Probleme werden typischerweise gar nicht verstanden. Daher kommt auch so oft am Ende eines fruchtlosen Chats mit einer Maschine der Hinweis: »Bitte wenden Sie sich an einen unserer Mitarbeiter.«

Menschen sind auch besser als künstliche Intelligenz, wenn es um **kreative Aufgaben** geht. Es gibt zwar Systeme der künstlichen Intelligenz, die Bilder malen, Musik komponieren und Romane schreiben können, aber die bisherigen Ergebnisse sind nicht ermutigend. Die künstlich erstellten Werke berühren uns nicht, sie wirken fast immer langweilig. Auch im Bereich der Neuproduktentwicklung in Unternehmen kann maschinelles Lernen bestenfalls die menschliche Arbeit unterstützen. Ein wichtiger Bestandteil der Kreativität ist kritisches Denken. Eine künstliche Intelligenz stellt ihre eigenen Algorithmen nicht in Frage. Sie kann nicht erkennen, wann ihre Bewertungen oder ihre Entscheidungen absurd sind. Sie erkennt auch nicht ihre eigenen Verzerrungen. Das kann nur der Mensch. Denn die große Stärke des menschlichen Gehirns ist seine Abstraktionsfähigkeit und seine Kreativität. Ein gutes Beispiel für die Grenzen einer künstlichen Intelligenz bei der Bearbeitung von kreativen Aufgaben ist ChatGPT, ein Sprachmodell des US-amerikanischen Unternehmens OpenAI. ChatGPT kann Fragen beantworten und Texte schreiben. Es lernt aus der Interaktion mit den Nutzern und wird mit Millionen von Texten aus dem Internet, aus sozialen Medien, Online-Foren, Zeitungsartikeln und Büchern trainiert. Dennoch macht das System Fehler und stellt falsche Informationen bereit, insbesondere wenn es um aktuelle Ereignisse oder komplexe Themen geht. ChatGPT beantwortet auch nicht alle mathematischen Fragen richtig. Da es sich um eine KI handelt, hat ChatGPT grundsätzlich Schwierigkeiten, Kontext, Humor oder Zwischentöne in Anfragen zu verstehen. Manche Antworten wirken deshalb lustig oder unpassend.

Der dritte Bereich, in dem Menschen bessere Einschätzungen vornehmen und bessere Entscheidungen treffen, ist die **Bewertung persönlicher Beziehungen**. Das klingt vielleicht trivial, ist es aber nicht unbedingt. Denn es kommt immer auf den konkreten Anwendungsfall an. Vielleicht fangen wir mit einem hoffentlich unstrittigen Beispiel an: Wir sollten unsere Partnerwahl selbst vornehmen und nicht an einen Roboter delegieren. Eine KI kann nicht gut prognostizieren, ob sie sich verlieben und sich gut mit einem anderen Menschen verstehen. Schon etwas umstrittener ist das zweite Beispiel: KI kann die Personalauswahl vorbereiten, aber wir sollten immer noch Mitarbeitergespräche von Mensch zu Mensch führen. Die endgültige Einstellungsentscheidung sollten Unternehmen nicht einer KI überlassen. Auch das dritte Beispiel ist durchaus umstritten: Kundenbetreuung führt zu besseren Ergebnissen und zufriedeneren Kunden, wenn sie von Menschen und nicht von Maschinen durchgeführt wird. Denn nur Menschen können die Gefühle ihres Gegenübers erkennen und angemessen darauf reagieren. Sie können Empathie zeigen und den Kontext einer Kundenanfrage verstehen. Diese Empfehlung schließt nicht aus, dass KI bei der Marktforschung eingesetzt wird und große Datenbestände an Kaufverhalten auswertet. Hier ist es durchaus vorstellbar, dass eine Maschine das Kundenverhalten besser verstehen und prognostizieren kann als die Betroffenen selbst.

Bei Entscheidungen des Staates ist besondere Vorsicht in der Anwendung von KI geboten. Oft geht es dabei um **Ermessensentscheidungen**. Zudem können Menschen, die von staatlichen Verwaltungsakten betroffen sind, nicht zu anderen Anbietern wechseln. Sie können höchstens vor Gericht gehen, wenn sie glauben, unfair behandelt worden zu sein. Ein Beispiel wäre eine Sachbearbeiterin in einem Amt, die über die Angemessenheit von Wohnraum bei Bürgergeld-Empfängern entscheidet. Sie könnte durchaus eine Miete über dem Regelsatz akzeptieren, weil sie sieht, dass ein Umzug für die betreffende Person nicht zumutbar oder unverhältnismäßig wäre. Eine künstliche Intelligenz würde rein regelbasiert entscheiden. Sie würde feststellen, dass die Wohnung zu teuer ist und die betreffende Person umziehen muss. Das könnte eine sozial unerwünschte, weil zu harte Entscheidung sein. Auch bei anderen Verwaltungsakten besteht grundsätzlich ein Ermessensspielraum. Ein Beispiel ist die Erteilung einer Baugenehmigung. Zwar ist denkbar, dass eine KI auf eine große Fülle an Kriterien für das Ausüben einer solchen Ermessensentscheidung trainiert wird, aber die Betroffenen kennen diese Kriterien typischerweise nicht und können sie daher auch nicht angemessen hinterfragen.

Können wir Modellen und Maschinen vertrauen?

Der Gedanke, bestimmte Entscheidungen ganz an eine KI zu delegieren, ist für viele Menschen unheimlich. Wir werden erinnert an klassische Filme, in denen die Dystopie einer von Maschinen beherrschten Welt beschrieben ist, in der der Mensch nur noch um das nackte Überleben kämpft. Ein frühes Beispiel ist der Film **»2001 – Odyssee im Weltraum«** von Stanley Kubrick aus dem Jahr 1968. Er wurde im Jahr 2022 zum besten Film aller Zeiten gewählt und ist unstrittig ein beklemmendes Meisterwerk. In dem Film geht es im dritten Akt um eine Weltraummission zum Jupiter mit zwei Raumfahrern und drei in Dauerschlaf versetzten Forschern. Der Bordcomputer trägt den Namen HAL 9000 und spricht mit einer ruhigen menschlichen Stimme. Erst im Laufe der Mission findet die Besatzung heraus, dass HAL eine autonom agierende KI ist, die eigene Ziele verfolgt, die

Gespräche der Besatzung in der abhörsicheren Raumkapsel anhand von deren Lippenbewegungen lesen kann und das Raumschiff selbständig steuert. Nur mit Mühe können die beiden Astronauten HAL abschalten. Dieser versucht im Gespräch mit der Besatzung noch, seine eigene Abschaltung zu verhindern und simuliert dabei sogar Angstgefühle. Die letzten Worte der KI sind ein immer stärker verzerrt vorgetragenes Kinderlied.

Ein weiterer Meilenstein der Kinogeschichte, der die Dystopie einer Herrschaft von Maschinen mit KI über Menschen thematisiert, ist »**Terminator**« von James Cameron. Der Film stammt aus dem Jahr 1984. Arnold Schwarzenegger spielt darin einen Androiden mit menschlichem Gewebe, den Terminator T-800. Er ist aus dem Jahr 2029 in die Vergangenheit gereist, um die Mutter eines zukünftigen Anführers menschlicher Aufstände zu töten. Denn im Jahr 2029 wird die Welt beherrscht von einer globalen KI mit dem Namen Skynet, die eine Armee von Kampfrobotern befehligt und die Menschheit ganz ausrotten will. Der Film machte Arnold Schwarzenegger zu einem Weltstar, obwohl er nur 21 Minuten zu sehen ist und nicht mehr als 17 Zeilen spricht. Allerdings gehören einige dieser kurzen Texte zu den berühmtesten Zitaten der Filmgeschichte, insbesondere der Satz »I'll be back«. Aus meiner Sicht besteht die große Faszination des Films, der noch mehrere Fortsetzungen hatte, in dem archaischen Kampf des Menschen gegen übermächtige und intelligente Maschinen. Hier hat die KI erstmals ein Gesicht. Der Terminator sieht wirklich aus wie ein Mensch und spricht wie ein Mensch (wenn auch manchmal ein wenig sonderbar). Unter der menschlichen Hülle verbirgt sich jedoch ein intelligenter und mörderischer Kampfroboter, der die Menschheit vernichten will.

Die Dystopie einer möglichen Herrschaft von KI über den Menschen ist nicht nur in Filmen, sondern auch in wissenschaftlichen Untersuchungen thematisiert worden. Der aus meiner Sicht eindringlichste Beitrag stammt vom israelischen Historiker Yuval Noah Harari. In seinem Buch »Homo Deus« (Harari 2016) beschreibt er das Zusammenwachsen von zwei Disziplinen, der Biotechnologie und der KI. Sie führt nach Ansicht des Autors dazu, dass in Zukunft einige wenige Menschen sehr lange oder sogar ewig leben können. Harari nennt sie **Supermenschen** (»superhumans«). Das sind Milliardäre, die sich mit Hilfe von biotechnologischen Verfahren und KI genetisch optimieren und laufend erneuern. Dieses biologische Engineering wird ergänzt durch ein Cyborg Engineering, welches das menschliche Gehirn mit nicht organischen Hilfsmitteln verbindet, beispielsweise bionischen Händen, künstlichen Augen oder Nanorobotern. Die damit zu Supermenschen aufgerüsteten Personen beherrschen die Welt und benötigen andere Menschen nicht mehr zur Existenzsicherung, sondern nur noch zur Unterhaltung. In dieser Dystopie regieren also nicht direkt Maschinen die Welt, sondern die Supermenschen. Sie halten sich normale, sterbliche Menschen höchstens noch als »Haustiere«.

Es ist schwer zu beurteilen, wie weit weg wir von solchen Zukunftsszenarien noch sind. In einigen Bereichen hat die KI-Entwicklung zweifellos bereits eindrucksvolle Fortschritte gemacht. So kann der bereits erwähnte Chatbot ChatGPT bereits täuschend echt Stimmen imitieren. Es ist also möglich, mit einer KI einen Anruf zu tätigen, bei dem der Angerufene nicht mehr erkennen kann, ob es ein echter Mensch oder ein Bot ist, der anruft. Auch die Bild- und Videobearbeitung ist weit entwickelt. Eine KI kann anhand von bestehenden Film- und Sprachdaten Videos erstellen, in denen Menschen beliebige Dinge tun und sagen. Für Beobachter ist nicht mehr feststellbar, ob es sich um eine echte Videoaufnahme oder um eine Fälschung handelt. Da sich jegliche Inhalte über Social Media rasend schnell verbreiten lassen, können solche **Fake-News** sehr leicht missbräuchlich zur Meinungsbeeinflussung eingesetzt werden. Prominenten werden Aussagen in den Mund gelegt, die sie nie gemacht haben. Aus Kriegs- und Konfliktregionen wie der Ukraine oder dem Gaza-Streifen werden massenhaft gefälschte Videos und Bilder gepostet. Insgesamt entsteht so die Gefahr, dass irgendwann niemand mehr weiß, welchen Nachrichten er noch glauben kann und welchen nicht.

Ein grundsätzliches Problem besteht bei KI-Anwendungen, die potenziell die Rechte von Menschen beeinträchtigen. Ein offensichtlicher Fall sind Algorithmen, die Strafmaße in Gerichtsverfahren festlegen oder über die Freilassung auf Kaution entscheiden. Ein anderer Fall sind KI-Systeme zur Prüfung der Kreditwürdigkeit, die manchen Menschen einen Kredit gewähren und ihn anderen Personen verwehren. Ein weiteres Beispiel sind KI-Anwendungen im Gesundheitswesen, die anhand von Patientendaten über Krankenversicherungen entscheiden. Solange die Betroffenen nicht wissen, nach welchen Kriterien die KI entscheidet, liegt ein **Black-Box-Algorithmus** vor. Die Entscheidung wird uns mitgeteilt, aber wir können nicht beurteilen, wie sie zustande gekommen ist. Diese Intransparenz der Entscheidungskriterien ist von Fachleuten als rechtlich unakzeptabel bewertet worden (Gigerenzer 2022, S. 154). Richter, Kreditsachbearbeiter oder Versicherungen müssen ihre Entscheidungen begründen. Den Betroffenen steht der Rechtsweg offen, wenn sie sich ungerecht behandelt fühlen. Bei einer Black-Box-KI geht das nicht. Mit ihr kann man nicht reden oder verhandeln, und man kann eigentlich auch nicht vernünftig gegen ihre Entscheidungen klagen.

Die EU-Kommission hat die Problematik von Black-Box-Algorithmen erkannt und in ihrer **Richtlinie zum Datenschutz** (GDPR) festgelegt, dass bei automatisierten Entscheidungen Informationen über die verwendete Logik des Algorithmus bereitgestellt werden müssen. Sie hat auch vorgeschrieben, dass Menschen nicht einer Entscheidung mit rechtlichen Konsequenzen unterworfen werden dürfen, die automatisch auf der Basis großer Datensätze vergleichbarer Personen getroffen worden ist. Allerdings hat die Regulierung einen Schwachpunkt. Sie gilt nicht mehr, wenn am Ende des Entscheidungsprozesses ein Mensch steht, beispielweise eine Richterin, ein Polizist oder eine Verwaltungsbeamtin. Das ist aber fast immer der Fall, wenn es sich um eine entscheidungsunterstützende KI handelt (Gigerenzer 2022, S. 155). Formell trifft dann zwar ein Mensch die letzte Entscheidung, aber er leitet sie ja mehr oder weniger ungeprüft aus dem Vorschlag eines Black-Box-Algorithmus ab. Insofern müsste die Regulierung eigentlich noch weiter gehen. Sie müsste Behörden und Unternehmen auch dann zur Veröffentlichung der Logik oder der Kriterien des Algorithmus zwingen, wenn dieser nur entscheidungsunterstützend eingesetzt wird. Das bedeutet nicht, dass der Quellcode offengelegt werden muss. Den würden die allermeisten Menschen sowieso nicht verstehen.

Es gibt auch bei weniger stark in die Grundrechte eingreifenden KI-Systemen Herausforderungen, die berücksichtigt werden müssen. So wird die Nutzung von KI vorgeschlagen, um die Mitarbeiterrekrutierung von Unternehmen und Behörden zu objektivieren. Konkret sind Algorithmen entwickelt worden, die Bewerbungsunterlagen sowie von Bewerbern auszufüllende Fragebögen maschinell auswerten und die entsprechenden Personen dann in drei Kategorien einteilen (grün, gelb, rot). Die Kategorie grün entspricht einer Einstellungsempfehlung, rot bedeutet »nicht geeignet«. Die Personalverantwortlichen können sich zwar über den Einstellungsvorschlag der KI hinwegsetzen, aber empirische Studien legen nahe, dass sie das nicht tun sollten. Die von der KI ausgewählten Bewerberinnen und Bewerber waren in der entsprechenden Studie produktiver und blieben dem Unternehmen länger treu als die von Menschen gegen die Empfehlung des Algorithmus eingestellten Personen (Sutter 2023, S. 17–18). Allerdings gibt es ein Problem. Bewerberinnen und Bewerber haben einen klaren **Anreiz zum Betrug**. Sie können ihre Bewerbungsunterlagen ebenfalls von einer KI erstellen lassen. Sie können bei der Beantwortung der Fragebögen die Unwahrheit sagen. Und in Ansätzen lässt sich ein solches Verhalten schon jetzt beobachten. Ein harmloses Beispiel sind Anschreiben, die von einer KI formuliert und nicht selbst geschrieben wurden. Man erkennt sie an immer gleichen Formulierungen wie beispielsweise »I hope this message finds you well.« Aber es gibt auch schwerwiegendere Fälle.

So wissen wir von Bewerbungen aus dem Ausland für Studiengänge an deutschen Hochschulen, bei denen die entsprechenden Kandidatinnen oder Kandidaten perfekt gestaltete Lebensläufe, überzeugend formulierte Anschreiben und druckreife Essays in Goethe-Deutsch einreichen. Sind die zum Studium zugelassenen Personen erst einmal vor Ort, stellt sich oft heraus, dass sie kaum Deutsch können und auch fachlich nicht annähernd so qualifiziert sind, wie es aus den Unterlagen hervorging. Ihre Essays waren von ChatGPT geschrieben, ihre Bewerbungsunterlagen von KI-Systemen optimiert worden. Eine ähnliche Beobachtung gibt es bei Klausuren und Hausarbeiten. Hier geht es nicht um Deutschkenntnisse, sondern um inhaltliche Kenntnisse. Studierende können Klausuren und Hausarbeiten leicht von einer KI schreiben lassen, ohne dass das beim Lesen feststellbar wäre. Die Texte sind (meistens, aber nicht immer) inhaltlich richtig und überzeugend formuliert. Demnächst wird es auch möglich sein, Literaturverweise zu generieren und in den Text einzubauen. Ganz absurd werden solche Formen der Leistungsüberprüfung, wenn die Korrektur der Texte oder Klausurantworten ebenfalls mit einer KI vorgenommen wird. Auch das ist schon vorgeschlagen worden. **Eine KI bewertet dann die Arbeit einer anderen KI.** Es steht nicht zu erwarten, dass auf diesem Wege bessere Einstellungsentscheidungen oder bessere Lernerfolge erzielt werden. Wir können höchstens noch feststellen, welcher Bewerber oder welcher Student besser mit KI umgehen kann.

Was bleibt für den Menschen zu tun?

Zunächst einmal ist es die Aufgabe von Menschen, geeignete Algorithmen zu programmieren. Menschen müssen **KI entwerfen**. Wenn die falschen Daten ausgewählt werden, dann wird eine KI keine sinnvolle Entscheidungsunterstützung leisten. Wenn eine KI anhand von verzerrten Daten lernt, wird sie selbst auch verzerrte Ergebnisse abliefern. So ist es durchaus denkbar, dass eine KI implizit rassistisch handelt, zum Beispiel wenn es um Beurteilungen der Kreditwürdigkeit oder um Strafmaße in Gerichtsverfahren geht. Das geschieht dann, wenn bereits die Trainingsdaten rassistische Verzerrungen aufweisen. Ein anderes Beispiel für verzerrte Algorithmen findet sich in der Medizin. Nicht alle Krankheiten betreffen Patienten unterschiedlicher Herkunft und unterschiedlichen Geschlechts gleichermaßen. Und die Symptome sind auch nicht immer gleich. KI-Systeme können Diagnosefehler machen, wenn sie auf unausgewogenen Trainingsdaten beruhen. So wurde ein Tool zur Prognose von Nierenversagen der Google-KI »DeepMind« mit Trainingsdaten angelernt, die ganz überwiegend von Männern stammten. Der Algorithmus machte dann unzuverlässige Prognosen bei weiblichen Patienten.

Eine weitere wichtige Aufgabe des Menschen besteht bei KI-unterstützter Entscheidungsfindung in der **Vorgabe der Ziele**. Im Unternehmenskontext sind das die Vision, die Werte und die langfristigen Strategien. Im Bereich der Verwaltung geht es um politische Ziele und Ermessensspielräume in der Auslegung von Gesetzen und Verfahrensvorschriften. Im Privatleben geben Menschen einer KI die zu lösenden Aufgaben und die anzulegenden ethischen Richtlinien vor. Auf jeden Fall kann sich der Mensch über die Empfehlungen einer KI hinwegsetzen, wenn es mehrere oder sogar miteinander in Konflikt stehende Ziele gibt. So könnte eine KI eine Bestellpolitik für ein Warenlager vorschlagen, die niedrigere Bestände vorsieht und so die Gewinne maximiert, aber wegen häufigerer Fahrten die CO_2-Emissionen des Unternehmens erhöht. In einem solchen Fall müssen Menschen abwägen, was das wichtigere Ziel ist. Ganz besonders bedeutsam ist das im Fall behördlicher Entscheidungen, bei denen die Betroffenen nicht zu einem anderen Anbieter wechseln können. Hier muss sehr sorgfältig geprüft werden, ob eine Entscheidungsunterstützung durch KI nicht zu unakzeptablen Härten im Einzelfall führt oder sogar die Rechte der Betroffenen verletzt.

Es ist in vielen Bereichen empfehlenswert, dass Menschen die Vorschläge der KI erst überprüfen, bevor sie verwendet werden. Es geht um einen **Plausibilitätstest**. Ein solcher Bereich ist der Journalismus. Hier wird KI bereits eingesetzt, um Spielberichte zu Sportveranstaltungen zu schreiben. Ähnliche Algorithmen gibt es für die politische Berichterstattung. Dennoch ist Vorsicht geboten. Es kann sein, dass sich Fake News einschleichen oder die KI echte Fehler macht. Automatisch generierte Berichte müssen also erst von einem Menschen gesichtet werden, bevor man sie veröffentlicht. Dasselbe gilt für Video- und Bildmaterial. Ein lustiges Beispiel dafür, was ansonsten schief gehen kann, war ein schottischer Fußballclub. Er hatte im Jahr 2020 ein Heimspiel mit einer KI-gesteuerten Kamera aufgenommen und live gestreamt. Die KI fokussierte sich allerdings nicht auf den Ball, sondern aus Versehen auf den kahlen Schädel eines der Linienrichter. Er wurde vom Algorithmus als Ball identifiziert und dann konsequent während des gesamten Spiels mit der Kamera verfolgt. Vom eigentlichen Fußballspiel war nichts zu sehen. Auch Leserbriefe können nicht einfach ungeprüft abgedruckt werden. Denn eine Redaktion kann nicht mehr beurteilen, ob sie von einem echten Menschen stammen oder von einem Bot verfasst wurden. Am offensichtlichsten ist der Bedarf für Plausibilitätschecks bei automatisch generierten Phishing-E-Mails. Wenn Ihnen jemand schreibt, dass sie in einer Ihnen völlig unbekannten Lotterie gewonnen haben oder dass Ihnen jemand einen Millionenbetrag überweisen will, dann sollte Ihnen klar sein, dass es um Betrug geht.

Menschliche Entscheidungen werden auch immer dann wichtig und erforderlich sein, wenn die Umweltbedingungen nicht stabil sind, wenn also **viel Unsicherheit** besteht. Denn die wesentliche Grundannahme der Nutzung von Algorithmen ist ja, dass die Zukunft wie die Vergangenheit sein wird. Die Trainingsdaten für KI sind immer Daten der Vergangenheit. Wenn sich Trendbrüche, neue Umstände oder unerwartete Handlungsalternativen ergeben, dann sind vergangene Daten keine hilfreiche Grundlage für Entscheidungen mehr. Besonders viel Unsicherheit entstammt dem Verhalten von anderen Menschen. Gigerenzer verweist auf das Beispiel des Schachspiels (Gigerenzer 2022, S. 38–39). Weil es da feste Regeln gibt, wird KI tatsächlich irgendwann besser sein als selbst der beste menschliche Spieler (oder ist es schon). Weil es allerdings bei realen Interaktionen denkbar ist, dass die Beteiligten plötzlich von den Regeln abweichen oder sich irrational verhalten, wird eine KI nicht immer überlegene Strategien vorschlagen können. Gerade bei menschlichem Verhalten liegt typischerweise keine stabile Umwelt vor, es folgt nicht den immer gleichen Regeln. Deswegen hat es eine KI beispielsweise sehr schwer, im normalen Straßenverkehr einer Großstadt zurechtzukommen. Sie kennt die Verkehrsregeln und die Straßenkarten, kann aber nicht gut das manchmal erratische Verhalten von Menschen im Straßenverkehr vorhersagen.

Zusammenfassung

1. Schon einfache Modelle machen oft reliablere und damit bessere Prognosen als Experten, weil sie weder persönlichen Verzerrungen noch zufälligen Bewertungsstreuungen unterliegen.
2. Prognosen und Entscheidungen von KI-Systemen sind umso besser, je mehr Daten zur Verfügung stehen und je mehr kausale Zusammenhänge zwischen beobachteten Daten bestehen.
3. Menschen sind KI-Systemen überlegen, wenn es um Empathie mit anderen Menschen, um kreative Aufgaben und um die vernünftige Auslegung von Ermessensspielräumen staatlichen Handels geht.
4. KI-Lösungen machen vielen Menschen Angst, vor allem wenn die Kriterien, die ein Algorithmus anwendet, nicht erkennbar sind.

5. KI wird menschliche Entscheidungen nicht komplett ersetzen. Menschen müssen für KI-Anwendungen die Ziele vorgeben, ihre Ergebnisse auf Plausibilität testen und bei großer Unsicherheit eigene Entscheidungen treffen.

15 Methoden zur Verbesserung von individuellen Entscheidungen

Die Entscheidung Fachleuten überlassen

Es gibt immer wieder Entscheidungssituationen, die uns schwierig erscheinen oder uns überfordern, obwohl wir genug Zeit haben, über sie nachzudenken. Das liegt entweder an mangelnden Informationen oder an unserer fehlenden Qualifikation, vorhandene Informationen richtig zu deuten. Charlie Chaplin soll einmal gesagt haben: An den wichtigen Weggabelungen des Lebens stehen keine Hinweisschilder. In solchen Situationen bietet es sich an, **Freunde oder ausgewiesene Fachleute** um Rat zu bitten. Ein offensichtliches Beispiel ist die geeignete Behandlung von Krankheiten. Da sollten wir uns auf den Rat von Ärzten verlassen und uns nicht eigene Therapievorschläge aus einer Internetrecherche ableiten. Expertenrat wird auch bei der Investition in kostspielige Produkte benötigt, die wir selbst (noch) nicht richtig verstehen. Beispiele sind eine Heizungsanlage, eine Buchhaltungssoftware oder ein Elektroauto. Bei rechtlich relevanten Entscheidungen wie beispielsweise der Abfassung eines Testaments ist es ebenfalls unbedingt empfehlenswert, externen Sachverstand einzubinden. Sonst droht die Gefahr, ein unwirksames Testament zu verfassen oder Regelungen zu treffen, deren Konsequenzen so gar nicht gewollt waren. Im idealen Fall handelt es sich bei den Fachleuten, die uns beraten, um erfahrene Freunde. Die verlangen für ihre Tipps kein Geld. Sie verfolgen auch keine eigenen Interessen. Und sie standen möglicherweise selbst schon vor derselben Entscheidungssituation.

Wir hatten allerdings bereits auf die Probleme von Expertenratschlägen hingewiesen. Nicht jede Person, die sich Experte oder Expertin nennt, hat wirklich den erforderlichen Sachverstand. Und kommerziell tätige Experten können durchaus eigennützige Ratschläge geben, anstatt sich an Ihrem besten Interesse zu orientieren. Dennoch ist es klar, dass wir nicht in allen Fragen über genug Wissen verfügen und damit auf den Sachverstand anderer Menschen angewiesen sind. Die Kunst besteht nur darin, dieses **Expertenwissen richtig abzufragen** und zu nutzen. Ein typischer Fehler ist die Frage nach einer Empfehlung. Bessere Ergebnisse erzielen Sie, wenn sie danach fragen, was der Experte oder die Expertin für sich selbst tun würde. Ein eher harmloses Beispiel sind Restaurantbesuche. Wenn Sie nicht ganz sicher sind, was Sie essen oder welchen Wein Sie bestellen sollen, dann können Sie den Kellner nach einer Empfehlung fragen. Die wird er auch sicher aussprechen. Dabei besteht allerdings die Gefahr, dass Ihnen das teuerste Angebot empfohlen wird, nicht unbedingt die beste Option. Fragen Sie also lieber danach, was der Kellner selbst von der Karte auswählen würde. Jetzt versetzt sich der Experte oder die Expertin in Ihre Lage und denkt an das eigene Verhalten. Auch bei Medizinern können Sie diese Fragetechnik anwenden. Denken Sie nur an wirklich lebenswichtige Entscheidungen wie riskante Operationen oder geeignete Krebstherapien. Fragen Sie Ihre Ärztin, was sie tun würde, nicht, was sie empfiehlt (Gigerenzer 2013, S. 88).

Bei Befragungen von Experten gibt es ein interessantes Phänomen, das Fragestellern zugutekommt. Selbst wenn Sie eine falsche Frage stellen, neigen andere Menschen dazu, sie gedanklich zu korrigieren und dann richtig zu beantworten. Psychologen sprechen von der **Moses-Illusion**. Das Wort entstammt der typischen Reaktion von Versuchspersonen auf folgende Frage: Wie viele Tiere von jeder Art hat Moses mit auf seine Arche genommen? Ich weiß nicht, was Sie antworten würden, aber die meisten Menschen sagen »zwei«. Diese Antwort ist strenggenommen nicht richtig, weil die Frage schon falsch gestellt wurde. Es war in der biblischen Geschichte nicht Moses, der Tiere mit auf seine Arche nahm, sondern Noah. Eine richtige Antwort müsste also lauten: »Das weiß ich nicht« oder »gar keine«. Den Fehler in der Frage erkennen wir aber oft gar nicht bewusst. Wir denken automatisch an die Arche Noah und geben für diesen Fall eine korrekte Antwort. Die Moses-Illusion tritt insbesondere dann auf, wenn in Fragen falsche, aber semantisch verwandte Begriffe verwendet werden (Moses und Noah werden gedanklich ähnlich eingruppiert, nämlich als Personen aus dem Alten Testament). Wir unterliegen der Illusion auch dann noch, wenn wir die Frage selbst laut vorlesen müssen oder vorher vor möglichen inhaltlichen Fehlern gewarnt werden (Erickson/Mattson 1981).

Statistische Hilfsmittel verwenden

Ein erstes Hilfsmittel zur Vermeidung von Bewertungs- und Entscheidungsverzerrungen besteht in der bewussten Verbesserung der Informationslage. Das gilt insbesondere bei wichtigen Entscheidungen, die nicht leicht revidiert werden können. Verlassen Sie sich nach Möglichkeit nicht auf eine einzige Informationsquelle, schon gar nicht, wenn Sie aus dem Internet oder vom Anbieter des entsprechenden Produkts stammt. Sie müssen nicht zwangsläufig jeder Information misstrauen, aber eine gewisse Portion Skepsis ist manchmal sehr nützlich. **Holen Sie Informationen aus verschiedenen Quellen ein**, um sie miteinander vergleichen zu können. Nehmen Sie bewusst auch Meinungen zur Kenntnis, die Ihren jetzigen Ansichten widersprechen. Das hilft dabei, sich nicht in Informationsblasen zu verfangen. Wer das nicht tut, kommt manchmal zu völlig fehlgeleiteten Erwartungen und Überzeugungen. Ich will das an einem aktuellen Beispiel illustrieren. Zu Beginn des Jahres 2024 gab es in Deutschland große Bauernproteste. Sie wurden von intensiven Diskussionen im Internet begleitet, an denen sich insbesondere auch Verschwörungstheoretiker und Untergangspropheten beteiligten. Sie stilisierten den Bauernprotest zu einem Generalstreik der gesamten Bevölkerung gegen die Regierung der Bundesrepublik hoch. Eine Frau hatte sich nur im Internet informiert und die Geschichte vom Stillstand des ganzen Landes offensichtlich geglaubt. Sie zeigte sich jedenfalls in einem spontanen Fernsehinterview völlig überrascht, dass im Supermarkt ihres Wohnorts normal eingekauft wurde, die Busse nach Fahrplan fuhren und Menschen wie gewohnt zum Arzt gingen.

Das Einholen mehrerer Meinungen bietet sich auch an, wenn die Bewertungen anderer Menschen zufällig streuen. Wir hatten als typisches Beispiel für dieses Phänomen bereits an anderer Stelle des Buches medizinische Diagnosen und ihre Irrtumswahrscheinlichkeiten betrachtet. Ärztinnen und Ärzte geben ihren Patienten sicher keine bewussten Falschinformationen, aber ihre Einschätzungen unterliegen doch natürlichen Streuungen und zufälligen Fehlern. Der Abgleich verschiedener Bewertungen eliminiert einen Teil dieser Streuung, verbessert also die Informationsgrundlage einer Entscheidung. In der Medizin hatten wir diese Technik als Einholen einer Zweitmeinung bezeichnet. Sie ist zwar manchmal ein bisschen aufwändig, aber hilft uns auch in anderen Lebensbereichen. Bevor Sie Ihre Immobilie zum Verkauf anbieten, fragen Sie nicht nur einen Makler nach einer Preisschätzung, sondern zwei. Bevor Sie Ihr Kind bei einer bestimmten Schule anmelden, sprechen Sie nicht nur mit den Eltern eines Kindes, das schon auf dieser Schule ist, sondern nach Möglichkeit mit mehreren. Und Kundenbewertungen von Produkten und Dienstleistungen können wir oft auch auf verschiedenen Plattformen einsehen und dann miteinander abgleichen.

Ein anderer informatorischer Leitsatz, dessen Befolgung nur wenig Mühe macht, lautet: **Glauben Sie vollkommen unrealistische Informationen nicht**. Wenn etwas zu gut klingt, als dass es wahr sein könnte, dann ist es genau das, nämlich nicht wahr. Wenn Ihnen jemand Finanzprodukte anbietet, die angeblich risikolos sind und doch eine Rendite von 10 Prozent versprechen, dann kaufen sie die nicht. Wenn Sie von einer nur wenigen Menschen bekannten Wundermedizin hören, die auf pflanzlicher Basis beruht und Schuppenflechte für immer heilen kann, dann seien Sie skeptisch. Wenn Sie über eine E-Mail erfahren, dass eine berühmte Milliardärin Sie zufällig ausgewählt hat, um Ihnen eine große Summe Geld zu schenken, dann antworten Sie nicht auf diese E-Mail und geben schon gar nicht Ihre Kontoverbindung an. Ich würde das Prinzip einfach als gesunden Menschenverstand oder auch als begründete Skepsis bezeichnen. Sie hilft uns, menschliche Eigenschaften wie Gier und Spieltrieb zu kontrollieren. Sie hilft uns auch, unseriöse Marketingangebote rechtzeitig zu erkennen. Auch das will ich an einem bekannten Beispiel illustrieren. Wenn Ihnen jemand eine spektakulär billige Urlaubsreise mit Verpflegung und Unterkunft anbietet, eine sogenannte Kaffeefahrt, dann hat die Sache einen Haken. Sie werden irgendwie irgendetwas zusätzlich bezahlen, sonst würde sich das Angebot für den Veranstalter nicht rechnen. Meistens werden Sie von psychologisch gut geschultem Verkaufspersonal während der Reise dazu gedrängt, eine überteuerte Heizdecke, Schmuck oder einen Teppich zu kaufen.

So wie **Checklisten** in Unternehmen helfen können, Wahrnehmungs- und Bewertungsverzerrungen in Gruppen zu verringern, so können sie auch Einzelpersonen helfen, bessere Entscheidungen zu treffen. Wenn Sie also eine schwierige Entscheidung zu treffen haben, bei der Sie mehr als ein Kriterium zugrunde legen wollen, dann schreiben Sie die relevanten Kriterien zunächst auf. So verhindern Sie, dass Sie sich spontan für etwas entscheiden, das zwar hinsichtlich eines Kriteriums sehr gut aussieht, aber die anderen Kriterien nicht erfüllt. Denn für unser Gehirn ist das Abgleichen mehrerer Kriterien schwierig. Es sucht eher nach einer plausiblen Geschichte und nach einem einzigen, leicht zu erkennenden Auswahlmerkmal. Das macht uns Menschen anfällig dafür, von einzelnen, möglicherweise sogar irrelevanten Kriterien geblendet zu werden. Wir wollen beispielsweise ein Auto kaufen, das verschiedenen rational vernünftigen Anforderungen wie Platz, Verbrauchseffizienz, gutes Aussehen, Langlebigkeit und günstigem Anschaffungspreis genügen sollte. Beim Händler laufen wir allerdings Gefahr, ein besonders schönes Auto zu kaufen oder bei einem angeblich unschlagbaren Sonderangebot zuzugreifen, selbst wenn es die anderen Anforderungen gar nicht richtig erfüllt. Mit einer Checkliste wird eine solche vorschnelle Entscheidung anhand eines dominanten Kriteriums (zumindest potenziell) verhindert.

Schwierig bleibt der Umgang mit Stochastik. Versuchspersonen machen in den klassischen Experimenten der Verhaltensökonomie jedoch weniger Fehler, wenn **Häufigkeiten statt Wahrscheinlichkeiten** verwendet werden (Zamir/Teichman 2018, S. 136). Vergleichen bitte einmal die folgenden zwei Sätze: (A) Die Wahrscheinlichkeit, bei einer bestimmten Operation zu versterben, liegt bei 10 Prozent. (B) Von 100 Patienten, die sich einer bestimmten Operation unterziehen, versterben 10. Für die meisten Menschen ist die Formulierung B anschaulicher und leichter zu verstehen. Auch in Experimenten in der Tradition des berühmten Linda-Problems, mit dem der Verknüpfungs-Fehlschluss und die Repräsentationsheuristik nachgewiesen wurden (Kahneman/Tversky 1983), führt eine Frage nach Häufigkeiten zu besseren Ergebnissen als die im Original-Experiment gestellte Frage »für wie wahrscheinlich halten Sie es, dass ...«. Die meisten Menschen verstehen intuitiv sehr wohl, dass im Linda-Beispiel die Menge der Bankangestellten, die sich in der Feminismus-Bewegung engagieren, eine Teilmenge der Menge aller Bankangestellten ist. Man muss ihnen nur bildlich eine Grundgesamtheit von 100 Bankangestellten vor Augen führen und dann nach der Häufigkeit von feministisch aktiven Bankangestellten fragen. Dann nennen die Versuchspersonen eine Zahl unter 100 (Fiedler 1988).

Wenn es um Ihre eigenen Entscheidungen geht, dann sollten Sie also versuchen, Informationen zu stochastischen Ereignissen unabhängig von ihrer verbalen Beschreibung in Häufigkeiten zu übersetzen. Stellen Sie sich Wahrscheinlichkeiten gedanklich als Häufigkeiten bei einer 100-maligen Wiederholung vor. Das ist natürlich nur möglich, wenn Ereignisse tatsächlich wiederholt stattfinden. Im genannten Beispiel eines medizinischen Eingriffs kann es durchaus sein, dass er so oft durchgeführt wird, dass Daten für 100 Operationsverläufe oder mehr vorliegen. Bei singulären Ereignissen, für die eine Prognose abgegeben werden soll, helfen Häufigkeiten nicht weiter. Wenn Sie beispielsweise gefragt werden, für wie wahrscheinlich Sie eine Wiederwahl von Joe Biden bei der nächsten Präsidentenwahl in den USA halten, dann ist die Antwort schwierig. Sie geben zwar einen Schätzwert ab, vielleicht 60 Prozent. Wir sollten einen solchen Schätzwert allerdings eher als **Überzeugungsgrad** denn als Wahrscheinlichkeit bezeichnen (Gigerenzer 2013, S. 40). Er bildet ab, was Sie persönlich erwarten. Er drückt auch aus, wie sicher Sie sich Ihrer Sache sind. Aber man kann Ihren Schätzwert nicht empirisch überprüfen. Die Wahl findet nicht als stochastisches Ereignis hundertmal statt, sondern nur einmal. Joe Biden wird wiedergewählt oder nicht.

Viele Bewertungsfehler und Entscheidungsverzerrungen zu stochastischen Fragen entstehen, wenn Menschen übertrieben stark auf einzelne Ereignisse reagieren. Ein anschauliches Beispiel sind Terroranschläge. Sie machen jedem von uns Angst und führen oft zu sehr weitreichenden Reaktionen. So werden seit einem LKW-Anschlag auf einen Berliner Weihnachtsmarkt häufig große Betonblöcke um Weihnachtsmärkte herum platziert. Sie sollen verhindern, dass Fahrzeuge in solche Märkte fahren, schützen allerdings überhaupt nicht vor anderen Anschlagsformen. Eine rationalere Reaktion bestünde darin, zunächst die Wahrscheinlichkeit zu ermitteln, in Deutschland bei einem Terroranschlag umzukommen. Sie ist sehr gering. Die Wahrscheinlichkeit, beim Besuch des Weihnachtsmarkts zu viel Glühwein zu trinken und dann auf dem Heimweg tödlich mit dem Auto zu verunglücken, ist ungleich höher. Mathematisch betrachtet konzentrieren wir uns bei sehr emotional aufwühlenden Ereignissen auf den Zähler eines Bruchs (den einen LKW-Anschlag) und nicht so sehr auf den Nenner, also die Grundgesamtheit aller bundesweit stattfindenden Jahr- und Weihnachtsmärkte. Die Wissenschaft nennt das »denominator neglect« (Levitin 2014, S. 255). Eine einfache Entscheidungshilfe besagt daher, dass wir bei Informationen zu einzelnen Ereignissen **nach vergleichbaren Fällen suchen** und die statistische Grundgesamtheit ermitteln sollten. Dann ergibt sich ein besseres Gefühl für die Eintrittswahrscheinlichkeit eines bestimmten Ereignisses.

System 2 nutzen und stärken

Die typischen Entscheidungsverzerrungen, die in der Verhaltensökonomie erforscht werden, entstammen alle der Funktionsweise von System 1. Wenn unser System 2, unser rationaler Verstand, erschöpft ist oder nicht sofort eine Lösung weiß, dann übernimmt System 1, unser Autopilot. Wenn es sehr schnell gehen muss, unternehmen wir erst gar nicht den Versuch, unseren Verstand einzuschalten. Wir reagieren mit System 1 über den »unteren Pfad« instinktiv. Dieses Zusammenspiel von System 1 und System 2 hat sich bewährt. Die Menschheit ist sehr weit damit gekommen. Allerdings passieren uns bei der Nutzung von System 1 auch immer wieder Fehler. Die vielleicht offensichtlichste Möglichkeit zur Verbesserung unserer eigenen Prognosen und Entscheidungen besteht deshalb in der **Schaffung eines Bewusstseins für die typischen Verzerrungen** und Fehler, denen unser System 1 unterliegt. Dieses Bewusstsein wird sie nicht alle immer unterbinden können, aber es ist ein erster Schritt zur Stärkung unserer eigenen Rationalität (Zamir/Teichman 2018, S. 135). Wenn Sie beispielsweise wissen, welche psychologischen Tricks in Verkaufsgesprächen gerne angewendet werden, dann werden Sie die beim nächsten Mal leichter erkennen und weniger anfällig für sie werden. Wenn Sie sich bewusst machen, dass Sie bei Ihrer Geldanlage anfällig für Herdeneffekte sind, dann können Sie leichter aus der Reihe der Lemminge ausscheren und sich antizyklisch verhalten.

Viele Bewertungsfehler und Entscheidungsverzerrungen, die die verhaltensökonomische Forschung festgestellt hat, folgen aus der Tendenz unseres Gehirns, schnell auf Herausforderungen zu reagieren. Wenn wir mit schwierigen Fragen konfrontiert sind, dann versuchen wir, sie durch einfachere Fragen zu ersetzen, die wir sofort beantworten können. Wir lassen uns durch die Wortwahl in Fragestellungen und Angeboten zu bestimmten Entscheidungen drängen. Wir werden in unseren Urteilen von momentanen Stimmungen und Vorurteilen beeinflusst. Wir lassen uns in Geschäften durch Musik und durch Sonderangebote zu Spontankäufen verleiten. Gegen alle diese Einflüsse gibt es einen Schutzmechanismus. Treffen Sie nach Möglichkeit **keine vorschnellen Entscheidungen**. Natürlich gibt es im Leben immer wieder Situationen, wo wir instinktiv und sofort reagieren müssen. Aber oft bleibt genug Zeit, um eine Entscheidung zu überdenken. Wir können unsere akuten Gefühle abklingen lassen und erst in einem emotional »kalten« Zustand auf eine Herausforderung reagieren. Wir können vor wichtigen Entscheidungen eine Nacht darüber schlafen. Wir können uns in dieser Bedenkzeit leichter der Manipulationsversuche durch andere Menschen und durch Organisationen bewusstwerden.

Allerdings wird unser System 2 durch digitale Medien zunehmend in Anspruch genommen. Der Verstand wird nicht wie in Zeiten unserer Urahnen ab und zu eingeschaltet, sondern befindet sich in einem Zustand der Daueraktivierung. Es kommt daher immer öfter und immer früher am Tag zu Erschöpfungszuständen des Kortex. Dagegen hilft jedoch ein einfaches Gegenmittel: **Entlasten Sie Ihr Gehirn**. Strapazieren Sie Ihr kostbares System 2 nicht mit unnötiger Informationsverarbeitung wie den bereits sprichwörtlichen Katzenvideos oder mit Multitasking. Wenn es wichtige Dinge zu entscheiden gibt, dann beschäftigen Sie sich gleich nach dem Aufstehen damit, versorgt mit einer Tasse Kaffee und ohne weitere Ablenkungen. Werfen Sie umgekehrt nicht immer Ihren Verstand an, wenn es um vergleichsweise unwichtige Entscheidungen geht. Sie müssen nicht für jeden Lebensmitteleinkauf zuerst eine vollständige Marktstudie erstellen und dann daraus eine durchoptimierte Einkaufsliste erstellen. Lassen Sie manchmal einfach Ihren Instinkt den Einkauf übernehmen. Und wenn Sie etwas entschieden haben, dann grübeln Sie nicht endlos weiter darüber nach. Haken Sie es gedanklich ab. Machen Sie bildlich gesprochen Platz im Arbeitsspeicher Ihres Kortex frei, damit er sich anderen wichtigen Fragen zuwenden kann.

In der Neurobiologie sind weitere sehr wirksame Verhaltensweisen entwickelt worden, mit denen Sie im Zeitalter der Informationsüberflutung bestehen können, sogenannte »brain rules« (Medina 2014). Zu diesen Regeln, die unsere mentalen Fähigkeiten stärken, gehören körperliche Bewegung, ausreichend Schlaf und die Vermeidung von Dauerstress. Zu den vielleicht weniger bekannten Verhaltensweisen zählt die Konzentration auf jeweils nur eine Aufgabe. Wenn Sie eine E-Mail schreiben wollen, dann schreiben Sie diese E-Mail bis zum Ende und schicken sie ab. Lassen Sie sich nicht unterbrechen. Wenn wir bei der Bearbeitung einer Aufgabe unterbrochen werden, benötigen wir 50 Prozent mehr Zeit für ihre Erledigung. Weiterhin können wir unser System 2 entlasten, wenn wir unsere Aufgaben aufschreiben und sie nicht dauernd parallel im Kopf behalten. So einfache Instrumente wie **eine To-do-Liste** helfen dabei, eine Aufgabe nach der anderen zu erledigen und den Verstand zu entlasten. Wenn Sie diese Liste nach Prioritäten sortiert haben, dann beginnen Sie oben. Starten Sie jeden Tag mit der wichtigsten Aufgabe, nicht der dringlichsten, auch wenn sie unangenehm ist. Dieses Arbeitsprinzip heißt »eat that frog« (Tracy 2019). Es verhindert Prokrastination. Und es stellt sicher, dass Sie beim Treffen wirklich wichtiger Entscheidungen über volle Energiespeicher im Kortex verfügen.

Hilfreich ist es auch, sich zunächst die einzelnen Aufgaben anzusehen und sie jeweils nach **Wichtigkeit und Dringlichkeit** zu sortieren. Ein typischer Fehler besteht nämlich darin, mit der dringlichsten Aufgabe anzufangen und nicht mit der wichtigsten. Wenn Sie Glück haben, dann ist die dringlichste Aufgabe auch die wichtigste. Dann setzen Sie die richtigen Prioritäten. Wenn Sie aber Pech haben, dann ist Ihre dringlichste Aufgabe nicht besonders wichtig und Ihre wichtigste Aufgabe ist nicht besonders dringlich. In solchen Fällen laufen Sie Gefahr, sich mit den zahllosen kleinen dringlichen Dingen abzugeben, die viel Zeit kosten, so dass dann am Ende eines Tages für die wirklich wichtigen Aufgaben keine Zeit und keine Energie mehr übrigbleibt. Und eine andere Gefahr besteht darin, Dinge zu tun, die weder dringlich noch wichtig sind, aber Ihr Gehirn beanspruchen. Das für mich deutlichste Beispiel dieser Kategorie sind Aktivitäten auf Social Media. Sie sind fast immer ganz unwichtig und auch nicht dringlich. Aber unser Gehirn hält sie wegen der vielen bewegten Bilder für wichtig und dringlich, es widmet ihnen volle Aufmerksamkeit. Daher starren Menschen so oft wie gebannt auf ihren Bildschirm und vergessen förmlich die Welt um sie herum. Die folgende Darstellung zeigt den Unterschied zwischen Wichtigkeit und Dringlichkeit am Beispiel verschiedener Aktivitäten im Arbeitsleben (Witt 2019, S. 161).

Dar. 28: Konzentration auf das Wichtige

	Hohe Dringlichkeit	Geringe Dringlichkeit
Hohe Wichtigkeit	Anfragen des Chefs beantworten, Kunden zurückrufen	Weiterbildung, Kollegen aus anderen Unternehmen treffen
Geringe Wichtigkeit	An Meetings und Sitzungen teilnehmen, Berichte erstellen	Nachrichten im Internet lesen, Ablage aufräumen, Berichte archivieren

System 2 funktioniert auch besser, wenn wir ihm immer wieder mal Pausen erlauben. In der modernen Arbeitswelt (und auch im Privatleben) ist uns ein wenig die **Fähigkeit zur Muße** abhandengekommen. Wir glauben, immer etwas tun zu müssen. Oft haben wir uns angewöhnt, zwei Dinge gleichzeitig zu tun, zum Beispiel fernsehen und durch Instagram scrollen. Viele Aktivitäten können digital gemessen werden und verursachen so zusätzliche mentale Aufmerksamkeit oder sogar Leistungsstress. Fragen Sie sich selbst: Erinnert Ihre smarte Uhr Sie daran, dass Sie heute noch nicht genug Schritte gemacht oder nicht oft genug tief geatmet haben? Müssen Sie einen Joghurt, den Sie essen wollen, erst mit einer Lebensmittel-App scannen und auf seinen Nährwert überprüfen? Was über alle diese an und für sich sinnvollen Anregungen und Informationen verloren geht, ist die Fähigkeit, nichts zu tun. Unser Gehirn braucht allerdings solche Pausen. Es fühlt sich am wohlsten, wenn nichts passiert. Es verbindet dann gemachte Wahrnehmungen zu sinnvollen Erfahrungen. Es ordnet unser Gedächtnis. Es bringt umgangssprachlich ausgedrückt den geistigen Müll hinaus und schaltet ab. Für unsere Vorfahren war das ein häufiger Zustand. Auf einige kurze Phasen der maximalen Anspannung, bei der Jagd oder auf der Flucht, folgten lange Phasen der Inaktivität. Man starrte ins Feuer, unterhielt sich oder hing Tagträumen nach. Heutzutage gibt es kaum noch solche Phasen. Auf den Stress bei der Arbeit folgt der Freizeitstress. Wir sind nie einfach nur da, sondern optimieren andauernd unsere Aktivitäten. Bei dem Versuch, »immer die beste Version von uns selbst zu sein«, geraten wir in Daueranspannung mit den entsprechenden kognitiven und emotionalen Überlastungssymptomen.

Ein weiterer stabiler Befund der psychologischen Forschung betrifft unser Erinnerungsvermögen, das wir systematisch überschätzen. Zum einen halten wir unsere Erinnerungen für zutreffende Darstellungen der Realität, obwohl sie oft auf fehlerhaften Wahrnehmungen beruhen sowie regelmäßig von neuen Sinneseindrücken ergänzt und abgeändert werden (Levitin 2014, S. 56). Zum anderen vergessen wir vieles schon nach sehr kurzer Zeit. Das gilt insbesondere für Dinge, die nicht emotional aufgeladen sind und die wir damit nicht automatisch in unsere Erinnerungen aufnehmen. Das sind Informationen, die wir bewusst lernen und behalten müssen. Das typische Beispiel sind Passwörter, Kontonummern oder Vorlesungsinhalte. Wenn wir die nicht wiederholt nutzen oder sie uns immer wieder neu einprägen, dann werden sie schnell aus unserer Erinnerung gelöscht. Ganz anders ist es bei Informationen mit hoher emotionaler Aufladung, wie zum Beispiel sehr schöne Momente oder schreckliche Erlebnisse. Die prägen sich von selbst ein. Die vergessen wir auch nie mehr. Glücklicherweise gibt es effektive Methoden zur **Stärkung des Erinnerungsvermögens**. Bei wenig emotional aufgeladenen Informationen können wir unser Gehirn entlasten, wenn wir sie uns irgendwo aufschreiben oder sie als Fotos auf unserem Mobiltelefon mitnehmen (was natürlich immer auch ein bisschen gefährlich ist). Es hilft auch, wenn wir ein Tagebuch führen, wenn wir wichtige Informationen mehrfach für uns selbst wiederholen oder wenn wir uns unmittelbar nach einem Erlebnis mit anderen Menschen darüber unterhalten (Medina 2014, S. 149).

Sich der eigenen Entscheidungsverzerrungen bewusst zu sein, bedeutet auch, das Phänomen der Selbstüberschätzung anzuerkennen. Sie ist einer der stabilsten Befunde der Verhaltensökonomie. Sie betrifft jeden Menschen, ist also überhaupt kein persönlicher Makel. Wir alle halten uns für klüger als unsere Mitmenschen.

Wir alle überschätzen unsere Prognosefähigkeiten. Jeder von uns glaubt früher oder später, auf stochastische Entwicklungen der Umwelt Einfluss nehmen zu können, auch wenn das objektiv unmöglich ist. Wir vertrauen auf unsere Erinnerung, obwohl sie höchst unzuverlässig ist. Das Gegenmittel heißt Bescheidenheit oder sogar **Demut**. Sie hat viele Vorteile. Wir hören anderen Menschen besser zu, wenn wir nicht immer glauben, es besser zu wissen. Wir fragen bei wichtigen Entscheidungen, zu denen es uns an Informationen fehlt, eher sachkundige Experten um Rat. Wir unterschätzen nicht so häufig die Fähigkeiten von Wettbewerbern oder Gegnern. Demut bedeutet nicht, sein Licht unter den Scheffel zu stellen oder sich anderen Menschen unterzuordnen. Es geht vielmehr um das Bewusstsein, dass Selbstüberschätzung oft zu katastrophalen Fehlern führt. Demut fördert die Einsicht, dass man viele Dinge nicht weiß und nicht gut kann. Sie erhöht die Bereitschaft zum Lernen und zum Üben. Und sie macht uns offener für Feedback, auch wenn es kritisch ausfällt. Wer demütig ist, der freut sich über Rückmeldungen und Kommentare, weil er oder sie weiß, dass sich dadurch zukünftige Bewertungen und Entscheidungen systematisch verbessern lassen. Umgekehrt ist es ein Hauptnachteil von Menschen mit starker Selbstüberschätzung, dass sie sich gegen Kritik immunisieren und nichts mehr dazu lernen.

Anreize zu vernünftigem Verhalten nutzen oder selbst setzen

Die verhaltensökonomische Forschung hat sich auch mit der Umsetzung von Entscheidungen beschäftigt. Die Befunde zeigen, dass wir oft nicht in unserem besten eigenen Interesse handeln. Wir wissen also eigentlich, was gut für uns ist, können auch entsprechende Entscheidungen treffen, schaffen es dann aber nicht, diese auch zu realisieren. Man könnte vereinfachend sagen: »Der Geist ist willig, das Fleisch ist schwach«. Wir geraten in Versuchung, wir denken nicht langfristig genug und wir folgen in emotional erregtem Zustand manchmal schädlichen Handlungsimpulsen. Eine wissenschaftliche Antwort auf diese Phänomene ist der **Paternalismus**. Eine externe Institution wie der Staat oder ein Unternehmen macht uns richtige Entscheidungen leichter. Sie gibt Anstupser (Thaler/Sunstein 2008). Wir hatten verschiedene Formen solcher Anstupser besprochen, beispielsweise das Setzen einer automatisch aktivierten Standardentscheidung bei passivem Verhalten oder die Beschränkung der Auswahloptionen. Leider ist nicht garantiert, dass es sich wirklich immer um Vorgaben in unserem besten Interesse handelt, dass der Paternalismus also wohlmeinend ist. Wenn wir Pech haben, dann werden Voreinstellungen gesetzt oder Auswahlbeschränkungen vorgenommen, die uns im Interesse des Anbieters beeinflussen. Besser geeignet sind daher Entscheidungs- und Implementierungshilfen, die wir uns selbst setzen.

Wir alle wissen, dass gute Vorsätze oft nicht funktionieren. Wir nehmen uns an bestimmten Tagen wie dem Jahresanfang etwas vor oder machen uns selbst ein Versprechen, halten es aber dann nach wenigen Tagen schon nicht mehr ein. Vorsätze allein entfalten zu wenig Bindungswirkung. Sie machen uns nicht weniger schwach, wenn es darauf ankommt. Ein besserer Anreiz zu vernünftigem

Verhalten sind daher **Versprechen gegenüber anderen Menschen.** Aus psychologischer Sicht geht von ihnen eine größere Bindungswirkung aus als von einfachen Vorsätzen. Wir fühlen uns anderen Menschen gegenüber stärker verpflichtet als uns selbst, vor allem wenn es nahestehende Menschen sind, auf deren Urteil wir Wert legen. Die psychologische Forschung hat insbesondere untersucht, ob wir mit Hilfe von Versprechungen gegenüber anderen Menschen ungünstige Gewohnheiten wie das Rauchen, das riskante Autofahren oder das Trinken loswerden können. Die Ergebnisse sind ermutigend, nicht nur in Laborexperimenten, sondern auch in realen Lebenssituationen (Armitage 2016).

Eine andere wirkungsvolle Methode, um sicherzustellen, dass wir selbst gesteckte Ziele auch erreichen oder uns in unserem eigenen besten Interesse entscheiden, ist die **Schaffung von vollendeten Tatsachen.** Das entspricht dem bereits erwähnten Prinzip der Selbstbindung. Binden Sie sich, wenn es irgendwie möglich ist, an Ihr zukünftiges Verhalten (Witt 2019, S. 223–224). Wenn Sie abnehmen wollen, aber der Versuchung durch sichtbare Süßigkeiten schlecht widerstehen können, dann kaufen Sie am besten keine Süßigkeiten mehr. Wenn Sie denken, dass Sie zu viel Zeit mit digitalen Medien verbringen, von deren Suchtpotenzial Sie aber nicht leicht loskommen, dann verbannen Sie diese Geräte außer Reichweite, zur Not in einem Handy-Gefängnis, das per Zeitschaltuhr gesteuert wird. Wenn Sie anfällig für Zeitverschwendung durch Fernsehkonsum sind, dann verkaufen Sie Ihren Fernseher. Wenn Ihnen eine Social-Media-Plattform mit den vielen dort erscheinenden Pöbeleien und den sinnlosen Nachrichten die mentale Energie raubt, dann melden Sie sich einfach ab. Die folgende Darstellung (Witt 2019, S. 225) gibt Ihnen noch einige weitere Anregungen für Verfahren der Selbstbindung.

Dar. 29: Maßnahmen der Selbstbindung

Entscheidung	Maßnahmen
Abnehmen	Essen wegschieben, wenig auf den Teller tun, keine Süßigkeiten kaufen
Selbstbewusstsein gewinnen	aufrecht gehen, sich gut anziehen, Gesprächspartnern in die Augen sehen
die Beziehung verbessern	aktiv zuhören, körperliche Zuwendung, Zustimmung, kleine Geschenke machen
ruhiger werden	Atempausen machen, früher aufstehen, Freiräume einplanen
mehr Sport machen	Sportgerät kaufen, sich mit Freunden zum Sport verabreden, Fernseher verkaufen
das Rauchen aufgeben	alle Zigaretten wegwerfen, Freunde informieren, Selbstbelohnungen einplanen
mehr Geld sparen	weniger shoppen, feste Überweisungen auf das Sparbuch, Kreditkarte abmelden

Das Umsetzen von Entscheidungen wirft eine grundsätzlichere und nach jetzigem Stand der Forschung noch offene Frage auf, nämlich die nach dem **Zusammenhang von Verhaltensabsichten und tatsächlichem zukünftigen Verhalten**. So wurde untersucht, wann Menschen nachhaltigere Konsumentscheidungen treffen (Steg/ Fleck 2009; White et al. 2019). Das typische Beispiel, das in Experimenten mit Studierenden leicht in verschiedenen Kontexten gestaltet werden kann, betrifft das Mitbringen einer eigenen Kaffeetasse in die Mensa, um den Verbrauch an Pappbechern zu reduzieren. Manchen Menschen ist die Nachhaltigkeit ihres Konsums so wichtig, dass sie aus echter Überzeugung immer eine eigene Tasse mitbringen. Viele tun das jedoch nicht, weil es einen zusätzlichen Aufwand bedeutet. Die eigene Kaffeetasse muss nicht nur eingepackt, sondern nachher auch wieder gespült werden. Das ist vielen Menschen zu mühsam. Bei solchen Probanden konnte jedoch manchmal eine Verhaltensänderung bewirkt werden, wenn es eine Belohnung für nachhaltiges Verhalten gab, zum Beispiel einen niedrigeren Kaffeepreis für das Abfüllen in eine eigene Tasse. Alternativ wurde mit Aufklärungskampagnen versucht, ein nachhaltigeres Konsumverhalten beim Kaffeekauf zu bewirken, was bei etlichen Versuchspersonen auch gelang. Sie brachten in Reaktion auf eine informative E-Mail zu den schädlichen Folgen des Pappbecherverbrauchs ihre eigene Tasse mit oder gaben an, in Zukunft ihre eigene Tasse mitbringen zu wollen.

Der etwas frustrierende Befund wiederholter Experimente lautet jedoch, dass in Befragungen geäußerte Verhaltensabsichten oft nicht realisiert werden. Es bedarf eines immer neuen finanziellen Anreizes, um nachhaltige Konsumentscheidungen zu bewirken. Ansonsten fallen die Menschen in ihr altes Verhaltensmuster zurück. Dafür gibt es mehrere mögliche Erklärungen. Die eine lautet, dass Menschen in wissenschaftlichen Experimenten, die nach Verhaltensabsichten fragen, soziale Erwartungen erfüllen. Sie geben die erwünschten Antworten, weil es sie nichts kostet. In der späteren konkreten Situation, wenn ein bestimmtes Verhalten doch etwas kostet, verhalten sie sich anders als angegeben. Dann zeigen sie ihre wahren Präferenzen. Die andere Erklärung für die Inkonsistenz zwischen geäußerten Verhaltensabsichten und tatsächlichem Verhalten verweist auf die Stabilität von Angewohnheiten, vor allem wenn sie von Kindertagen an praktiziert wurden. Die entsprechenden Verhaltensweisen und ihre Belohnungswirkungen sind dann so oft aktiviert worden, dass sie wie **eine neuronale Autobahn** in unserem Gehirn wirken. Wenn wir nicht bewusst aufpassen und aktiv dagegen vorgehen, biegen wir immer wieder auf diese Autobahn ab. Das neue Verhalten ist dagegen noch nicht so oft erprobt. Es entspricht einem schmalen und holprigen Pfad durch die Synapsen unseres Gehirns. Erst nach jahrelanger Nutzung wird dieser neuronale Pfad so breit sein wie die Autobahn unseres früheren Verhaltens.

Den eigenen Referenzpunkt immer wieder überprüfen

Wenn man den wichtigsten Beitrag der Psychologie zur Theorie der Verhaltensökonomik benennen müsste, dann wäre es ohne Zweifel die Verlustaversion im Sinne der Prospect Theory (Kahneman 2012, S. 300). Sie besagt, dass wir die potenziellen Ergebnisse einer risikobehafteten Entscheidung anhand eines Referenzpunkts beurteilen. Unter einer Schlechterstellung, einem Verlust im Vergleich zu diesem Referenzpunkt, leiden wir mehr als wir uns über einen gleich großen Gewinn freuen (Kahneman/Tversky 1979). Ebenso interessant ist jedoch die Erkenntnis der **Beeinflussbarkeit des Referenzpunkts**. Er liegt nicht ex ante unveränderlich fest. Häufig verschiebt er sich in Abhängigkeit von der Formulierung der Problemstellung, dem Framing. Oft setzen wir ihn uns selbst in Form mehr oder weniger realistischer Erwartungen. Und manchmal wird der Referenzpunkt auch durch soziale Normen oder durch die Erwartungen anderer Menschen vorgegeben. Tversky und Kahneman sprechen daher von der »lability of reference outcomes« (Tversky/Kahneman 1981, S. 456). Diese Variabilität oder Instabilität des Referenzpunkts wird, wie wir gesehen haben, auf Märkten häufig ausgenutzt. Unternehmen wählen in ihren Marketingbotschaften einen verbalen Rahmen, der uns entweder risikoscheu macht (zum Beispiel beim Kauf von Versicherungen und medizinischen Zusatzleistungen) oder risikofreudig (zum Beispiel bei einem Besuch in einem Kasino oder bei einem Wettanbieter).

Die gute Nachricht lautet jedoch, dass wir vor wichtigen Entscheidungen **unseren eigenen Referenzpunkt kritisch hinterfragen** können. Wir können ihn gedanklich variieren und überprüfen, ob das möglicherweise zu einer anderen Entscheidung führen würde. Für mich ist ein besonders anschauliches Beispiel die Bewertung eines Hauses. Die Prospect Theory sagt voraus, dass eine Person, die schon (oder noch) in dem Haus wohnt, zu einer höheren Bewertung kommt als die Person, die (noch) nicht darin wohnt. Das ist der Besitzstand-Effekt. Wenn ich in einem Haus wohne, und jetzt eventuell ausziehen muss, dann stellt das einen Verlust dar. Er wird vermutlich als schmerzlich empfunden und durch den finanziellen Gewinn des Verkaufserlöses möglicherweise nicht aufgewogen. Wenn ich aber schon ausgezogen bin und in einer Wohnung wohne, dann entsteht durch den Verkauf des Hauses kein emotionaler Verlust mehr. Es entsteht nur noch ein Gewinn in Form des Verkaufserlöses. Viele Hausverkäufer gehen aus diesem Grund mit überzogenen Preisforderungen in den Verkaufsprozess. Sie wollen psychologisch nicht nur den Marktwert des Hauses erzielen, sondern auch für ihren emotionalen Verlust kompensiert werden. Das gelingt typischerweise nicht, was den Verkaufsprozess in die Länge zieht und dazu führt, dass die Preisforderung nach und nach reduziert werden muss. Wenn das allerdings zu oft passiert, dann kauft gar keiner mehr die betreffende Immobilie. Potenzielle Hauskäufer werden abgeschreckt, wenn sie sehen, dass ein Objekt schon lange am Markt ist und der Preis immer wieder gesenkt wurde.

Um solche Fehler zu vermeiden, hilft ein **Perspektivenwechsel**. Variieren Sie bewusst Ihren Referenzpunkt. Stellen Sie sich beim Verkauf Ihres Hauses vor, Sie besäßen es gar nicht, sondern wohnten woanders und überlegten, es zu kaufen. Was wäre jetzt Ihre Zahlungsbereitschaft? Verändern Sie gedanklich die Formulierungen in Verkaufsprospekten und in den Beschreibungen medizinischer Leistungen. Stellen Sie Ihre eigene Sichtweise immer mal wieder in Frage. Mit dieser Methode verhindern Sie auch, zu einem Frosch zu werden, der allmählich im heißer werdenden Wassertopf verkocht. Fragen Sie sich beispielsweise, ob Sie sich auf Ihren jetzigen Job neu bewerben würden, wenn Sie woanders tätig wären. Würden Sie Ihrem Mann oder Ihrer Frau morgen einen Heiratsantrag machen, wenn Sie noch nicht verheiratet wären? Würden Sie, wenn Sie Ihren Wohnort ganz frei wählen könnten, wieder in die Gegend ziehen, in der Sie jetzt gerade wohnen? Falls Ihre Antwort auf eine dieser Fragen nein war, dann können Sie die (unangenehme) nächste Frage stellen, warum Sie eigentlich in Ihrem jetzigen Job, bei Ihrem jetzigen Ehepartner oder in Ihrer jetzigen Wohngegend bleiben. Vielleicht wäre ein Wechsel ja eine deutliche Verbesserung. Vielleicht sind Sie einfach zu risikoscheu, weil Ihr Referenzpunkt zu stark von Ihrer jetzigen Situation und Ihrem jetzigen Besitz geprägt ist.

Referenzpunkte werden immer auch durch unsere eigenen **Ansprüche und Zielsetzungen** geprägt. Zu ehrgeizige Ziele werden häufiger zum Empfinden eines Verlustes oder eines Versagens führen, denn sie werden einfach seltener erreicht. Weniger ambitionierte Ziele verlagern den Referenzpunkt nach unten und erhöhen so die Wahrscheinlichkeit, dass das Ziel übertroffen wird. Die Wahrscheinlichkeit des Empfindens eines Gewinns oder eines Erfolgs steigt dann an. Zu ehrgeizige Ziele und zu hohe Ansprüche erhöhen also die Gefahr einer Unzufriedenheit mit dem tatsächlich erreichten Zustand. Das Anspruchsniveau verändert über den Referenzpunkt aber nicht nur die Zufriedenheit mit dem Ergebnis, sondern auch die Risikobereitschaft und die zukünftige Anstrengung. Bei sehr hohen Ansprüchen liegt ein bestimmtes Ergebnis eher im Verlustbereich, wir müssten also risikofreudiger werden. Vermutlich werden wir uns beim nächsten Mal auch mehr anstrengen. Bei niedrigen Ansprüchen liegt dasselbe Ergebnis eher im Gewinnbereich, so dass wir uns erwartungsgemäß bei späteren Aktivitäten risikoscheuer verhalten und uns auch weniger anstrengen. Der Nettoeffekt ist ein bisschen unklar. Betrachten Sie deshalb bitte einmal das folgende Gedankenexperiment (in Anlehnung an Heath/Larrick/Wu 1999, S. 84–86). Anna und Barbara sind gemeinsam im Skiurlaub. Ihr täglicher Plan sieht üblicherweise 25 Pistenkilometer vor.

Dar. 30: Variationen des Referenzpunkts durch selbst gesetzte Ziele

Zielvorgabe	Zu erwartende emotionale Reaktion	Zu erwartendes Verhalten für den folgenden Tag
An einem Tag setzt sich Anna ein Ziel von 30 Kilometern. Nach 35 Kilometern ist sie sehr erschöpft und beendet ihren Skitag.	Stolz, Zufriedenheit, eher geringe Emotionsintensität	Gleichbleibende Anstrengung, weniger Risikobereitschaft
Am selben Tag setzt sich Barbara ein Ziel von 40 Kilometern. Nach 35 Kilometern ist sie sehr erschöpft und beendet ihren Skitag.	Enttäuschung, Unzufriedenheit, eher hohe Emotionsintensität	Verstärkte Anstrengung, mehr Risikobereitschaft

Das Beispiel zeigt sehr anschaulich **das psychologische Dilemma** mehr oder weniger hoher Ansprüche an die eigene Leistung. Wer sich anspruchslose Ziele setzt, der ist zwar häufiger mit dem Erreichten zufrieden, er wird aber auch weniger tun und weniger Risiken eingehen, um besser zu werden. Umgekehrt erleben sehr ehrgeizige Menschen häufiger Misserfolgserlebnisse und Frustration, aber dafür strengen sie sich auch stärker an und gehen mehr Risiken ein, um ihre hochgesteckten Ziele doch noch zu erreichen. Es gibt folglich keine allgemeingültigen Empfehlungen für das Setzen des eigenen Anspruchsniveaus. Sehr ehrgeizige Skifahrer laufen Gefahr, am Ende des Tages unvorsichtig zu werden, sich zu überanstrengen und dadurch höhere Unfallrisiken einzugehen, nur um noch ihre Leistungsziele zu erreichen. Dafür werden sie im Laufe der Jahre aber wahrscheinlich auch bessere Skifahrer als ihre weniger ambitionierten Kolleginnen und Kollegen. Ähnliches lässt sich beim Eingehen finanzieller Risiken beobachten. Wer sehr ambitionierte Renditeziele bei der Geldanlage verfolgt, der wird sie häufig verfehlen und damit psychologisch im Verlustbereich liegen. Und das wird diese Person dann möglicherweise verleiten, in Zukunft noch größere Risiken einzugehen. Im Extremfall führen zu hohe Renditeerwartungen dann zu Anlageverhalten ähnlich wie bei einer Spielsucht und irgendwann zum persönlichen Bankrott.

Zusammenfassung

1. Fragen Sie Fachleute und Freunde, wenn Sie selbst sich bei einem Problem zu wenig auskennen. Fragen Sie nicht nach deren Rat, sondern danach, was diese Menschen an Ihrer Stelle tun würden.
2. Nutzen Sie statistische Hilfsmittel wie Checklisten, Häufigkeiten und den Vergleich mehrerer Informationsquellen wann immer es geht. Glauben Sie Information nicht, die zu gut (oder zu schlecht) sind, um wahr sein zu können.
3. Nutzen Sie, wenn es um wirklich wichtige Fragen geht, aktiv und bewusst Ihren Verstand. Verschonen Sie ihn dagegen mit unwichtigen Fragen und schützen sie ihn vor digitaler Überlastung.
4. Erleichtern Sie es sich selbst, Ihre Entscheidungen auch tatsächlich umzusetzen, indem Sie Vorgaben nutzen und sich selbst an Ihre Entscheidung binden.
5. Überprüfen Sie immer wieder den Referenzpunkt Ihrer Entscheidung, um nicht in eine unnötige Verlustaversion zu verfallen.

Literaturverzeichnis

Abrahamson, Eric (**1991**): Managerial fads and fashion: The diffusion and rejection of innovations, Academy of Management Review 16 (3), 586–612.

Abrahamson, Eric/**Eisenman**, Mickie (**2008**): Employee-management Techniques: Transient Fads or Trending Fashions?, Administrative Science Quarterly 53, 719–744.

Alesina, Alberto/**Di Tella**, Rafael/**MacCulloch**, Robert (**2004**): Happiness and Inequality: Are Europeans and Americans Different?, Journal of Public Economics 88 (9–10), 2009–2042.

Angner, Erik (**2021**): A Course in Behavioral Economics, 3. Aufl., Bloomsbury: London.

Ariely, Dan (**2015**): Wer denken will, muss fühlen. Die heimliche Macht der Unvernunft, Droemer: München.

Ariely, Dan/**Loewenstein**, George (**2005**): The Heat of the Moment: The Effect of Sexual Arousal on Sexual Decision Making, Journal of Behavioral Decision Making 19, 87–98.

Armitage, Christopher J. (**2016**): Evidence That Implementation Intentions Can Overcome the Effects of Smoking Habits, Health Psychology 32 (9), 935–943.

Ashraf, Nava/**Camerer**, Colin F./**Loewenstein**, George (**2005**): Adam Smith, Behavioral Economist, Journal of Economic Perspectives 19 (3), 131–145.

Ashraf, Nava/**Karlan**, Dean/**Yin**, Wesley (**2006**): Tying Odysseus to the Mast: Evidence from a Commitment Savings Product in the Philippines, Quarterly Journal of Economics 121 (2), 635–672.

Bamberger, Günter/**Coenenberg**, Adolf G./**Krapp**, Michael (**2019**): Betriebswirtschaftliche Entscheidungslehre, 16. Auflage, Vahlen: München.

Barber, Brad M./**Odean**, Terrance (**2001**): Boys will be boys: gender, overconfidence and common stock investment, The Quarterly Journal of Economics 116 (1), 261–292.

Barshop, Paul (**2016**): Capital Projects, Wiley: New York.

Beck, Hanno (**2014**): Behavioral Economics: eine Einführung, Springer: Wiesbaden.

Beck, Henning (**2013**): Biologie des Geistesblitzes – Speed up your mind!, Springer Spektrum: Heidelberg.

Beckert, Jens (**1996**): What is sociological about economic sociology? Uncertainty and the embeddedness of economic action, Theory and Society 25, 803–840.

Benartzi, Shlomo (**2001**): Excessive Extrapolation and the Allocation of 401(k) Accounts to Company Stock, Journal of Finance 56 (5), 1747–1764.

Benartzi, Shlomo/**Thaler**, Richard H. (**1995**): Myopic Loss Aversion and The Equity Premium Puzzle, The Quarterly Journal of Economics 110 (1), 73–92.

Benartzi, Shlomo/**Thaler**, Richard H. (**2007**): Heuristics and Biases in Retirement Savings Behavior, Journal of Economic Perspectives 21 (3), 81–104.

Berg, Joyce/**Dickhaut**, John/**McCabe**, Kevin (**1995**): Trust, Reciprocity and Social History, Games and Economic Behavior 10, 122–42.

Bewley, Truman (**1995**): A Depressed Labor Market as Explained by Participants, American Economic Review 85 (2), 250–254.

Bolton, Gary E./**Ockenfels**, Axel (**2000**): ERC: A Theory of Equity, Reciprocity, and Competition, American Economic Review 90 (1), 166–93.

Browning, Christopher R. (**1999**): Ganz normale Männer: Das Reserve-Polizeibataillon 101 und die »Endlösung« in Polen, rowohlt: Reinbek.

Buelow, Melissa T./**Cayton**, Charles (**2020**): Relationships between the big five personality characteristics and performance on behavioral decision making tasks, Personality and Individual Differences 160, 109931.

Camerer, Colin/Babcock, Linda/Loewenstein, George/Thaler, Richard H. (1997): Labor Supply of New York City Cabdrivers: One Day at a Time, Quarterly Journal of Economics 112 (2), 407–441.

Camerer, Colin/Loewenstein, George (2004): Behavioral Economics: Past, Present, Future, in: Camerer, Colin/Loewenstein, George (Hrsg.): Advances in Behavioral Economics, Princeton University Press: Princeton, 3–51.

Carter, Rita (2014): Das Gehirn: Anatomie, Sinneswahrnehmung, Gedächtnis, Bewusstsein, Störungen, DK: London/New York.

Case, Karl E./Shiller, Robert J. (2003): Is There a Bubble in the Housing Market?, Brookings Papers on Economic Activity 2, 299–362.

Cheung, Stephanie G./Goldenthal, Ariel R./Uhlemann, Anne-Catrin/Mann, J. John/Miller, Jeffrey M./Sublette, M. Elizabeth (2019): Systematic Review of Gut Microbiota and Major Depression, Frontiers in Psychiatry 10, Article 34, 1–17.

Christensen, Clayton M./Alton, Richard/Rising, Curtis/Waldeck, Andrew (2011): The New M&A Playbook, Harvard Business Review 89 (3), 3–11.

Cialdini, Robert B. (2007): Influence. The Psychology of Persuasion. Collins Business: New York.

Cicchetti, Charles J./Dubin, Jeffrey A. (1994): A Microeconometric Analysis of Risk Aversion and the Decision to Self-Insure, The Journal of Political Economy 102 (1), 169–186.

Cohn, Alain/Fehr, Ernst/Maréchal, Michel André (2014): Business culture and dishonesty in the banking industry, Nature 516 (4), 86–89.

Covey, Stephen R. (1994): Die sieben Wege zur Effektivität, Campus: Frankfurt/New York.

Crombie, D. L./Cross, K. W./Fleming, D. M. (1992): The problem of diagnostic variability in general practice, Journal of Epidemiology and Community Health 46, 447–454.

Dahrendorf, Ralf (1965): Homo sociologicus. Ein Versuch zur Geschichte, Bedeutung und Kritik der Kategorie der sozialen Rolle, Westdeutscher Verlag: Opladen.

Damasio, Antonio R. (1998): Emotion in the perspective of an integrated nervous system, Brain Research Reviews 26, 83–86.

Dana, Jason/Dawes, Robyn/Peterson, Nathanial (2013): Belief in the Unstructured Interview: The Persistence of an Illusion, Judgement and Decision Making 8 (5), 512–520.

Davis, Harry L./Silk, Alvin J. (1972): Interaction and influence processes in personal selling, Sloan Management Review 12, 59–76.

Dawes, Robyn M. (1979): The Robust Beauty of Improper Linear Models in Decision Making, American Psychologist 34 (7), 571–582.

Daxhammer, Rolf J./Facsar, Máté/Papp, Zsolt (2023): Behavioral Finance. 3. Aufl., UVK Verlag: München.

De Bondt, Werner F. M./Thaler, Richard H. (1985): Does the Stock Market Overreact?, Journal of Finance 40, 793–805.

De Bondt, Werner F. M./Thaler, Richard H. (1990): Do Security Analysts Overreact?, American Economic Review 80 (2), 52–57.

DellaVigna, Stefano (2009): Psychology and Economics: Evidence from the Field, Journal of Economic Literature 47 (2), 315–72.

DellaVigna, Stefano/Malmendier, Ulrike (2006): Paying Not to Go to the Gym, American Economic Review 96 (3), 694–719.

De Martino, Benedetto/Kumaran, Darshan/Seymour, Ben/Dolan, Raymond J. (2006): Frames, Biases, and Rational Decision-Making in the Human Brain, Science 313 (5787), 684–687.

Deming, David J. (2017): The growing importance of social skills in the labor market, The Quarterly Journal of Economics 132 (4), 1593–1640.

Dimbath, Oliver (2021): Einführung in die Soziologie, 4. Auflage, Wilhelm Fink Verlag: Paderborn.

Denis, David J./Hanouna, Paul/Sarin, Atulya (2006): Is there a dark side to incentive compensation?, Journal of Corporate Finance 12 (3), 467–488.

Eagleman, David (2012): Incognito. Die geheimen Eigenleben unseres Gehirns, Pantheon: München.

Earl, Peter E. (2022): Principles of Behavioral Economics, Cambridge University Press: Cambridge.

Ekman, Paul (**1999**): Basic Emotions, in: Dalgleish, Tim/Power, Mich (Hrsg.): Handbook of Cognition and Emotion, John Wiley: New York, 45–60.

Ellingsen, Tore/**Johannesson**, Magnus/**Möllerstrom**, Johanna/**Munkhammar**, Sara (**2012**): Social framing effects: Preferences or beliefs?, Games and Economic Behavior 76 (1), 117–130.

Elsner, Bejamin/**Isphording**, Ingo E. (**2017**): A Big Fish in a Small Pond: Ability Rank and Human Capital Investment, Journal of Labor Economics 35 (3), 787–828.

Elster, John (**1998**): Emotions and Economic Theory, Journal of Economic Literature 36 (1), 47–74.

Eren, Ozkan/**Mocan**, Naci (**2018**): Emotional Judges and Unlucky Juveniles, American Economic Journal: Applied Economics 10 (3), 171–205.

Erickson, Thomas A./**Mattson**, Mark E. (**1981**): From words to meaning: A semantic illusion, Journal of Verbal Learning and Verbal Behavior 20, 540–552.

Fallgatter, Michael (**2020**): Management und Managementerfolg, Springer Gabler: Wiesbaden.

Falk, Armin (**2022**): Warum es so schwer ist, ein guter Mensch zu sein, Siedler: München.

Falk, Armin/**Heckman**, James J. (**2009**): Lab Experiments Are a Major Source of Knowledge in the Social Sciences, Science 326 (5952), 535–38.

Falk, Armin/**Ichino**, Andrea (**2006**): Clean Evidence on Peer Effects, Journal of Labor Economics 24 (1), 39–57.

Fehr, Ernst/**Gächter**, Simon (**2000**): Fairness and Retaliation – The Economics of Reciprocity, Journal of Economic Perspectives 14 (3), 159–181.

Fehr, Ernst/**Schmidt**, Klaus M. (**1999**): A Theory of Fairness, Competition, and Cooperation, The Quarterly Journal of Economics 114 (3), 817–68.

Felden, Birgit/**Hack**, Andreas/**Hoon**, Christina (**2019**): Management von Familienunternehmen, 2. Auflage, Springer Gabler: Wiesbaden.

Fiedler, Klaus (**1988**): The dependence of the conjunction fallacy on subtle linguistic factors, Psychological Research 50, 123–129.

Fischhoff, Baruch (**1975**): Hindsight ≠ Foresight: The Effect of Outcome Knowledge on Judgement Under Uncertainty, Journal of Experimental Psychology 1 (3), 288–299.

Fischhoff, Baruch (**1977**): Perceived informativeness of facts, Journal of Experimental Psychology 3 (2), 349–358.

Forbes, Daniel P./**Milliken**, Frances J. (**1999**): Cognition and Corporate Governance: Understanding Boards of Directors as Strategic Decision-Making Groups, Academy of Management Review 24 (3), 489–505.

Forgas, Joseph P. (**2002**): Affective Influences on Interpersonal Behavior, Psychological Inquiry 13 (1), 1–28.

Frambach, Hans (**2013**): Basiswissen Mikroökonomie, 3. Auflage, UVK Lucius: München.

Frederick, Shane/**Loewenstein**, George/**O'Donoghue**, Ted (**2002**): Time Discounting and Time Preference: A Critical Review, Journal of Economic Literature 40 (2), 351–401.

French, Kenneth/**Poterba**, James (**1991**): Investor Diversification and International Equity Markets, American Economic Review, 81 (2), 222–226.

Friedman, Milton (**1956**): A Theory of the Consumption Function, Princeton University Press: Princeton.

Furnham, Adrian/**Boo**, Hua Chu (**2011**): A literature review on the anchoring effect, The Journal of Socio-Economics 40 (1), 35–42.

Gervais, Simon/**Heaton**, J. B./**Odean**, Terrance (**2011**): Overconfidence, Compensation Contracts, and Capital Budgeting, Journal of Finance 66 (5), 1735–1777.

Gigerenzer, Gerd (**1991**): How to make cognitive illusions dissapear: Beyond »Heuristics and Biases«, European Review of Social Psychology 2 (1), 83–115.

Gigerenzer, Gerd (**2008**): Bauchentscheidungen. Die Intelligenz des Unbewussten und die Macht der Intuition, Goldmann: München.

Gigerenzer, Gerd (**2013**): Risiko. Wie man die richtigen Entscheidungen trifft, Bertelsmann: München.

Gigerenzer, Gerd (**2022**): How to Stay Smart in a Smart World. Why Human Intelligence Still Beats Algorithms, Penguin: London.

Gigerenzer, Gerd/**Goldstein**, Dan (**1996**): Reasoning the Fast and Frugal Way: models of bounded rationality, Psychological Review 103 (4), 650–669.

Gigerenzer, Gerd/**Goldstein**, Dan (**2011**): The recognition heuristic: a decade of research, Judgement and Decision Making 6 (1), 100–121.

Glover, Dylan/**Pallais**, Amanda/**Pariente**, William (**2017**): Discrimination as a Self-Fulfilling Prophecy: Evidence from French Grocery Stores, The Quarterly Journal of Economics 132 (3), 1219–1260.

Goleman, Daniel (**1997**): Emotionale Intelligenz, dtv: München.

Goleman, Daniel (**2014**): Focus. The Hidden Driver of Excellence, Harper: New York.

Granovetter, Mark S. (**1973**): The Strength of Weak Ties, American Journal of Sociology 78, 1360–1380.

Granovetter, Mark S. (**1985**): Economic Action and Social Structure: The Problem of Embeddedness, American Journal of Sociology 91, 481–510.

Gray, Jeffrey A. (**1990**): Brain Systems that Mediate both Emotion and Cognition, Cognition and Emotion 4 (3), 269–288.

Greene, Robert (**2018**): The Laws of Human Nature, Penguin: London.

Gutenberg, Erich (**1929**): Die Unternehmung als Gegenstand der betriebswirtschaftlichen Theorie, Industrieverlag Spaeth & Linde: Berlin/Wien.

Güth, Werner/**Schmittberger**, Rolf/**Schwarze**, Bernd (**1982**): An Experimental Analysis of Ultimatum Bargaining, Journal of Economic Behavior and Organization 3 (4), 367–388.

Harari, Yuval Noah (**2014**): Sapiens. A Brief History of Humankind. Vintage: London.

Harari, Yuval Noah (**2016**): Homo Deus. A Brief History of Tomorrow, Vintage: London.

Hauser, John (**2011**): A marketing science perspective on recognition-based heuristics (and the fast-and-frugal paradigm), Judgment and Decision Making 6 (5), 396–408.

Heath, Chip/**Larrick**, Richard P./**Wu**, George (**1999**): Goals as Reference Points, Cognitive Psychology 38, 79–109.

Heller, Jutta (**2013**): Resilienz. 7 Schlüssel für mehr innere Stärke, Gräfe und Unser: München.

Heukelom, Floris (**2014**): Behavioral Economics: A History, Cambridge University Press: Cambridge.

Hoffmann, Joachim/**Engelkamp**, Johannes (**2017**): Lern- und Gedächtnispsychologie, 2. Auflage, Heidelberg: Springer.

Iyengar, Sheena/**Lepper**, Mark (**2000**): When Choice is Demotivating: Can One Desire Too Much of a Good Thing?, Journal of Personality and Social Psychology 79 (6), 995–1006.

Jacowitz, Karen E./**Kahneman**, Daniel (**1995**): Measures of Anchoring in Estimation Tasks, Personality and Social Psychology Bulletin 21 (11), 1161–1166.

Johnson, Katerina (**2020**): Gut microbiome composition and diversity are related to human personality traits, Human Microbiome Journal 15, 100069.

Jolls, Christine/**Sunstein**, Cass R./**Thaler**, Richard H. (**1998**): A Behavioral Approach to Law and Economics, Stanford Law Review 50, 1471–1550.

Kahneman, Daniel (**2003**): Maps of Bounded Rationality: Psychology for Behavioral Economics, American Economic Review 93 (5), 1449–75.

Kahneman, Daniel (**2012**): Thinking Fast and Slow, Penguin: London.

Kahneman, Daniel/**Klein**, Gary (**2009**): Conditions for Intuitive Expertise. A Failure to Disagree, American Psychologist 64 (6), 515–526.

Kahneman, Daniel/**Knetsch**, Jack L./**Thaler**, Richard (**1986a**): Fairness as a Constraint on Profit Seeking: Entitlements in the Market, American Economic Review 76 (4), 728–741.

Kahneman, Daniel/**Knetsch**, Jack L./**Thaler**, Richard H. (**1986b**): Fairness and the assumptions of economics, Journal of Business 59 (4), 285–300.

Kahneman, Daniel/**Knetsch**, Jack L./**Thaler**, Richard H. (**1990**): Experimental Tests of the Endowment Effect and the Coase Theorem, Journal of Political Economy 98 (6), 1325–1348.

Kahneman, Daniel/**Krueger**, Alan B./**Schkade**, David/**Schwarz**, Norbert/**Stone**, Arthur (**2004**): Toward National Well-Being Accounts, American Economic Review 94 (2), 429–434.

Kahneman, Daniel/**Lovallo**, Dan (**1993**): Timid Choices and Bold Forecasts: A Cognitive Perspective on Risk Taking, Management Science 39 (1), 17–31.

Kahneman, Daniel/**Sibony**, Olivier/**Sunstein**, Cass R. (**2021**): Noise. A Flaw in Human Judgement. Little, Brown Spark: New York.

Kahneman, Daniel/**Tversky**, Amos (**1973**): On the psychology of prediction, Psychological Review 80 (4), 237–251.

Kahneman, Daniel/**Tversky**, Amos (**1979**): Prospect Theory: An Analysis of Decision under Risk, Econometrica 47 (2), 263–91.

Kahneman, Daniel/**Tversky**, Amos (**1984**): Choices, values, and frames, American Psychologist, 39 (4), 341–350.

Kahneman, Daniel/**Tversky**, Amos (**1996**): On the Reality of Cognitive Illusions, Psychological Review, 103 (3), 582–591.

Kelman, Mark/**Rottenstreich**, Yuval/**Tversky**, Amos (**1996**): Context-Dependence in Legal Decision Making, The Journal of Legal Studies 25 (2), 287–318.

Kleinberg, Jon/**Lakkaraju**, Himabindu/**Leskovec**, Jure/**Ludwig**, Jens/**Mullainathan**, Sendhil (**2018**): Human Decisions and Machine Predictions, Quarterly Journal of Economics 133 (1), 237–293.

Koo, Minjung/**Fishbach**, Ayelet (**2010**): A Silver Lining of Standing in Line: Queuing Increases Value of Products, Journal of Marketing Research 47 (4), 713–724.

Kroll, Yoram/**Davidovitz**, Liema (**2003**): Inequality Aversion versus Risk Aversion, Economica 70, 19–29.

Krueger, Alan/**Mas**, Alexandre (**2004**): Strikes, Scabs and Tire Separations: Labor Strife and the Production of Defective Bridgestone/Firestone Tires, Journal of Political Economy 112 (2), 253–89.

Kruger, Justin/**Dunning**, David (**1999**): Unskilled and unaware of it. How difficulties in recognizing one's own incompetence lead to inflated self-assessments, Journal of Personality and Social Psychology 77 (6), 1121–1134.

Kumar, Alok (**2009**): Who Gambles in the Stock Market?, Journal of Finance 64 (4), 1889–1933.

Kuran, Timur/**Sunstein**, Cass R. (**1999**): Controlling Availability Cascades, Stanford Law Review 51 (4), 683–768.

Langner, Tobias/**Schmidt**, Jennifer/**Fischer**, Alexander (**2015**): Is it really love? A comparative investigation of the emotional nature of brand and interpersonal love, Psychology & Marketing 32 (6), 624–634.

LeDoux, Joseph (**1996**): The emotional brain: The mysterious underpinnings of emotional life, Simon & Schuster: New York.

Lekovic, Miljan (**2020**): Cognitive biases as an integral part of behavioral finance, Economic Themes 58 (1), 75–96.

Lerner, Jennifer S./**Li**, Ye/**Valdesolo**, Piercarlo/**Kassam**, Karim S. (**2015**): Emotion and Decision Making, Annual Review of Psychology 66, 799–823.

Levitin, Daniel (**2014**): The Organized Mind. Thinking Straight in the Age of Information Overload, Penguin: New York.

Levitt, Steven D./**List**, John A. (**2007**): What Do Laboratory Experiments Measuring Social Preferences Reveal About the Real World?, Journal of Economic Perspectives 21 (2), 153–74.

Libet, Benjamin (**1985**): Unconscious cerebral initiative and the role of conscious will in voluntary action, Behavioral and Brain Sciences 12, 181–187.

Loewenstein, George (**1988**), Frames of mind in intertemporal choice, Management Science 34, 200–214.

Loewenstein, George/**Thaler**, Richard H. (**1989**): Anomalies: Intertemporal choice, Journal of Economic Perspectives 3 (4), 181–193.

Lueger, Günther (**1992**): Die Bedeutung der Wahrnehmung bei der Personalbeurteilung. Zur psychischen Konstruktion von Urteilen über Mitarbeiter, Hampp: München.

Malenko, Nadya (**2014**): Communication and Decision-Making in Corporate Boards, Review of Financial Studies 27 (5), 1486–1532.

Malmendier, Ulrike/**Schmidt**, Klaus (**2017**): You Owe Me, American Economic Review 107 (2), 493–526.

Malmendier, Ulrike/**Tate**, Geoffrey (**2005a**): CEO Overconfidence and Corporate Investment, Journal of Finance 60 (6), 2661–2700.

Malmendier, Ulrike/**Tate**, Geoffrey (**2005b**): Behavioral CEOs: The Role of Managerial Overconfidence, Journal of Economic Perspectives 29 (4), 37–60.

March, James G./**Shapira**, Zur (**1987**): Managerial Perspectives on Risk and Risk Taking, Management Science 33 (11), 1404–1418.

Mas, Alexandre (**2006**): Pay, Reference Points, And Police Performance, Quarterly Journal of Economics 121 (3), 783–821.

Mas, Alexandre/**Moretti**, Enrico (**2009**): Peers at Work, American Economic Review 99 (1), 112–145.

Maslow, Abraham H. (**1943**): A theory of human motivation, Psychological Review 50 (4), 370–396.

Maslow, Abraham H. (**1970**): Motivation and Personality, 2. Auflage, Harper & Row: New York.

Mather, Mara/**Lighthall**, Nichole R. (**2012**): Risk and Reward Are Processed Differently in Decisions Made Under Stress, Current Directions in Psychological Science 21 (1), 36–41.

McClelland, David C. (**1961**): The Achieving Society. Van Nostrand: Princeton.

McClure, Samuel M./**Li**, Jian/**Tomlin**, Damon/**Cypert**, Kim S./**Montague**, Latané M./**Montague**, P. Read (**2004**): Neural correlates of behavioral preference for culturally familiar drinks, Neuron 44 (2), 379–387.

McCrae, Robert R./**Costa**, Paul T. (**1987**): Validation of the Five-Factor Model of Personality Across Instruments and Observers, Journal of Personality and Social Psychology 52 (1), 81–90.

McNeil, Barbara/**Pauker**, Stephen G./**Sox**, Harold C./**Tversky**, Amos (**1982**): On the Elicitation of Preferences for Alternative Therapies, New England Journal of Medicine 306, 1259–1262.

Medina, John (**2014**): Brain Rules. 12 principles for Surviving and Thriving at Work, Home, and School, Pear Press: Seattle.

Meehl, Paul E. (**1954**): Clinical Versus Statistical Prediction: A Theoretical Analysis and a Review of the Evidence, University of Minnesota Press: Minneapolis.

Mehra, Rajnish/**Prescott**, Edward C. (**1985**): The equity premium: a puzzle, Journal of Monetary Economics 15, 145–161.

Milgram, Stanley (**1963**): Behavioral Study of Obedience, Journal of Abnormal and Social Psychology 67, 371–378.

Miller, George A. (**1956**): The magical number seven, plus or minus two: Some limits on our capacity for processing information, Psychological Review 101 (2), 343–352.

Moore, Don A. (**2017**): How to Improve the Accuracy and Reduce the Cost of Personnel Selection, California Management Review 60 (1), 8–17.

Mullainathan, Sendhil/**Thaler**, Richard H. (**2001**): Behavioral Economics, in: Smelser, Neil J./Baltes, Paul B. (Hrsg.): International Encyclopedia of the Social and Behavioral Sciences. Elsevier: Amsterdam, 1094–1100.

Myers, David G./**DeWall**, C. Nathan (**2023**): Psychologie, 4. Auflage, Berlin: Springer.

Neumann, John von/**Morgenstern**, Oskar (**1944**): Theory of Games and Economic Behavior, Princeton University Press: Princeton.

Northcraft, Gregory B./**Neale**, Margaret A. (**1987**): Experts, amateurs, and real estate: An anchoring-and-adjustment perspective on property pricing decisions, Organizational Behavior and Human Decision Processes 39 (1), 84–97.

Notebaert, Karolien/**Creutzfeldt**, Peter (**2015**): Wie das Gehirn Spitzenleistung bringt, Frankfurter Allgemeine Buch: Frankfurt.

Ockenfels, Axel/**Sliwka**, Dirk/**Werner**, Peter (**2015**): Bonus payments and reference point violations, Management Science 61 (7), 1496–1513.

Odean, Terrance (**1998**): Are Investors Reluctant to Realize Their Losses?, Journal of Finance, 53 (5), 1775–1798.

Petersen, Anne Helene (**2021**): Can't Even. How Millenials became the Burnout Generation, Mariner Books: Boston.

Pinker, Steven (**2022**): Rationality. What It Is, Why It Seems Scarce, Why It Matters, Penguin: New York.

Preisendörfer, Peter (**2015**): Organisationssoziologie: Grundlagen, Theorien und Problemstellungen, 4. Auflage, Springer: Berlin.

Prelec, Drazen/**Loewenstein**, George (**1998**): The red and the black: Mental accounting of savings and debt, Marketing Science 17 (1), 4–28.

Pulakos, Elaine/**Mueller-Hanson**, Rose/**Arad**, Sharon (**2019**): The Evolution of Performance Management: Annual Review of Organizational Psychology and Organizational Behavior 6, 249–271.

Rabin, Matthew (**2002**): Inference by Believers in the Law of Small Numbers, Quarterly Journal of Economics 117 (3), 775–816.

Rachlinski, Jeffrey J. (**2000**): A Positive Psychological Theory of Judging in Hindsight, in: Sunstein, Cass R. (Hrsg.): Behavioral Law and Economics, Cambridge, 95–115.

Redlefsen, Matthias/**Witt**, Peter (**2006**): Gesellschafterausstieg in großen Familienunternehmen, Zeitschrift für Betriebswirtschaft 76 (1), 7–27.

Roe, Mark J. (**1994**): Strong Managers, Weak Owners. The Political Roots of American Corporate Finance, Princeton University Press: Princeton.

Roediger, Eckhard (**2009**): Wege aus der Angst, 2. Auflage, aethera: Stuttgart.

Ross, Jerry/**Staw**, Barry M. (**1986**): Expo 86: An Escalation Prototype, Administrative Science Quarterly 31 (2), 274–297.

Roth, Gerhard (**2007**): Persönlichkeit, Entscheidung und Verhalten, Klett-Cotta: Stuttgart.

Sagi, Adi/**Friedland**, Nehemia (**2007**): The Cost of Richness: The Effect of the Size and Diversity of Decision Sets on Post-Decision Regret, Journal of Personality and Social Psychology 93 (4), 515–524.

Samuelson, William/**Zeckhauser**, Richard (**1988**): Status Quo Bias in Decision Making, Journal of Risk and Uncertainty 1 (1), 7–59.

Schabacker, Richard W. (**1932**): Technical Analysis and Stock Market Profits, Harriman House: Petersfield.

Schäfers, Bernhard (**2019**): Einführung in die Soziologie, 3. Auflage, Springer: Wiesbaden.

Schilke, Oliver/**Reimann**, Martin (**2007**), Neuroökonomie: Grundverständnis, Methoden und betriebswirtschaftliche Anwendungsfelder, Journal für Betriebswirtschaft 57, 247–262.

Schroth, Holly (**2019**): Are You Ready for Gen Z in the Workplace?, California Management Review 61 (3), 5–18.

Shanteau, James (**1988**): Psychological Characteristics and Strategies of Expert Decision Makers, Acta Psychologica 68, 203–215.

Shefrin, Hersh M./**Statman**, Meir (**1985**): The Disposition to Sell Winners Too Early and Ride Losers Too Long: Theory and Evidence, Journal of Finance 40 (3), 777–790.

Shefrin, Hersh M./**Thaler**, Richard H. (**1988**): The Behavioral Life-Cycle Hypothesis, Economic Inquiry 26 (4), 609–643.

Shiller, Robert J. (**1981**): Do stock prices move too much to be justified by subsequent changes in dividends?, American Economic Review 71 (3), 421–436.

Shiller, Robert J. (**1984**): Stock Prices and Social Dynamics, Brookings Papers on Economic Activity 2, 457–510.

Shiller, Robert J. (**2000**): Irrational Exuberance, Princeton University Press: Princeton.

Shleifer, Andrei/**Vishny**, Robert (**1997**): The Limits of Arbitrage, Journal of Finance 52 (1), 35–55.

Sibony, Olivier (**2020**): You're about to make a terrible mistake!, Little Brown Spark: New York.

Simon, Herbert A. (**1955**): A Behavioral Model of Rational Choice, Quarterly Journal of Economics 69 (1), 99–118.

Simon, Herbert A. (**1979**): Rational Decision Making in Business Organizations, American Economic Review 69 (4), 493–513.

Simon, Herbert A. (**1987**): Behavioural Economics, in: Eatwell, John/Milgate, Murray/Newman, Peter (Hrsg.): The New Palgrave: A Dictionary of Economics, Palgrave McMillan: New York.

Smith, Adam (**1759**): The Theory of Moral Sentiments, Liberty Fund: Indianapolis.

Smith, Adam (**1776**): The Wealth of Nations, Liberty Fund: Indianapolis.

Smith, Vernon L./**Suchanek**, Gerry L./**Williams**, Arlington W. (**1988**): Bubbles, Crashes, and Endogenous Expectations in Experimental Spot Asset Markets, Econometrica 56 (5), 1119–1151.

Steg, Linda/**Vlek**, Charles (**2009**): Encouraging pro-environmental behaviour: An integrative review and research agenda, Journal of Environmental Psychology 29 (3), 309–317.

Steinman, Michael A./**Shlipak**, Michael G./**McPhee**, Stephen J. (**2001**): Of Principles and Pens. Attitudes and Practices of Medicine Housestaff Toward Pharmaceutical Industry Promotions, American Journal of Medicine 110 (7), 551–557.

Sunstein, Cass R. (Hrsg.) (**2000**): Behavioral Law and Economics, Cambridge University Press: New York.

Sunstein, Cass R./**Ullmann-Margalit**, Edna (**1999**): Second-Order Decisions, Ethics 110 (1), 5–31.

Sutter, Matthias (**2023**): Der menschliche Faktor oder worauf es im Berufsleben ankommt, 2. Auflage, Carl Hanser Verlag: München.

Syed, Matthew (**2015**): Black Box Thinking, John Murray: London.

Taffler, Richard (**2018**): Emotional finance: investment and the unconscious, The European Journal of Finance 24 (7–8), 630–653.

Thaler, Richard H. (**1980**): Toward a Positive Theory of Consumer Choice, Journal of Economic Behavior and Organization 1 (1), 39–60.

Thaler, Richard H. (**1981**): Some empirical evidence on dynamic inconsistency, Economic Letters 8, 201–207.

Thaler, Richard H. (**1985**): Mental Accounting and Consumer Choice, Marketing Science 4 (3), 199–214.

Thaler, Richard H. (**1987**): Anomalies. The January Effect, Journal of Economic Perspectives 1 (1), 197–201.

Thaler, Richard H. (**1988**): Anomalies. The Winner's Curse, Journal of Economic Perspectives 2 (1), 191–202.

Thaler, Richard H. (**2016**): Behavioral Economics: Past, Present, and Future, American Economic Review 106 (7), 1577–1600.

Thaler, Richard H. (**2019**): Misbehaving. Was uns die Verhaltensökonomik über unsere Entscheidungen verrät, Pantheon: München.

Thaler, Richard H./**Sunstein**, Cass R. (**2008**): Nudge. Improving decisions about health, wealth and happiness, Penguin: London.

Thompson, Richard (**2016**): Das Gehirn: Von der Nervenzelle zur Verhaltenssteuerung, Springer: Berlin.

Tracy, Brian (**2019**): Eat that frog. 21 Wege, wie Sie in weniger Zeit mehr erreichen, Gabal: Offenbach.

Tversky, Amos/**Kahneman**, Daniel (**1973**): Availability: A heuristic for judging frequency and probability, Cognitive Psychology 5 (2), 207–232.

Tversky, Amos/**Kahneman**, Daniel (**1974**): Judgement under uncertainty: heuristics and biases, Science 185, 1124–1131.

Tversky, Amos/**Kahneman**, Daniel (**1981**): The Framing of Decisions and the Psychology of Choice, Science 211 (4481), 453–58.

Tversky, Amos/**Kahneman**, Daniel (**1983**): Extensional versus intuitive reasoning: The conjunction fallacy in probability judgment, Psychological Review 90 (4), 293–315.

Uzzi, Brian (**1999**): Embeddedness in the Making of Financial Capital: How Social Relations and Networks Benefit Firms Seeking Financing, American Sociological Review 64 (4), 481–505.

Weber, Elke U./**Siebenmorgen**, Niklas/**Weber**, Martin (**2005**): Communicating Asset Risk: How Name Recognition and the Format of Historic Volatility Information Affect Risk Perception and Investment Decisions, Risk Analysis 25 (3), 597–609.

Weis, Susanne/**Hoppe**, Christian/**Weber**, Bernd/**Baumann**, Axel/**Fernández**, Guilen/**Elger**, Christian (**2006**): Warum sind Prominente in der Werbung so wirkungsvoll? – Eine funktionelle MRT Studie, NeuroPsychoEconomics 1 (1), 7–17.

White, Katherine/**Habib**, Rishad/**Hardisty**, David J. (**2019**): How to SHIFT Consumer Behaviors to Be More Sustainable: A Literature Review and Guiding Framework, Journal of Marketing 83 (3), 22–49.

Windscheid, Leon (**2021**): Besser Fühlen. Eine Reise zur Gelassenheit, Rowohlt Polaris: Hamburg.

316

Witt, Peter (**2003**): Corporate Governance-Systeme im Wettbewerb, Deutscher Universitäts-Verlag: Wiesbaden.

Witt, Peter (**2004**): Entrepreneurs' networks and the success of start-ups, Entrepreneurship & Regional Development 16 (5), 391–412.

Witt, Peter (**2019**): Besser entscheiden in unsicheren Situationen, Erich Schmidt Verlag: Berlin.

Witt, Peter (**2023**): Beziehungskompetenz, Soziale Bindung in Zeiten von Digitalisierung und gesellschaftlichen Krisen, Kohlhammer: Stuttgart.

Yang, Yang/**Onderstal**, Sander/**Schramm**, Arthur (**2016**): Inequity aversion revisited, Journal of Economic Psychology 54, 1–16.

Zamir, Eyal/**Teichman**, Doron (**2018**): Behavioral Law and Economics, Oxford University Press: New York.

Zook, Chris (**2004**): Beyond the Core, Harvard Business School Press: Boston.

Über den Autor

Peter Witt, Jahrgang 1966, ist Professor für Technologie- und Innovationsmanagement an der Bergischen Universität Wuppertal (seit 2010). Zuvor war er Lehrstuhlinhaber an der Technischen Universität Dortmund (2006–2010) und an der Wissenschaftlichen Hochschule für Unternehmensführung (WHU) – Otto Beisheim School of Management in Vallendar (2000–2006). Herr Witt hat Volkswirtschaftslehre an der Universität Bonn studiert, wurde an der WHU promoviert und habilitierte sich im Fach Betriebswirtschaftslehre an der Humboldt-Universität zu Berlin.

Peter Witt wohnt in Euskirchen, ist verheiratet und hat drei erwachsene Töchter.

Email: witt@wiwi.uni-wuppertal.de.